JN441449

해상 보험

제7판

| 구종순 지음 |

MARINE INSURANCE

유원북스

제7판을 내면서

먼저 이 책을 애독해 주신 독자 분들에게 무한한 감사를 드리고자 한다. 특히 대학 교단에서 이 책을 교재로 채택하여 강의하면서 많은 조언을 해 주신 교수님들, 그리고 관세사 시험을 준비하면서 까다로운 질문을 해 주신 수험생들에게 감사인사를 드린다.

이 책은 1995년 8월 처음 출간되었고 그 사이 여섯 차례 걸쳐서 개정되었다. 그 간의 개정은 주로 독자들의 이해를 돕기 위해서 문맥을 매끄럽게 다듬거나 과거 해상보험이 정착되던 범선 시대의 사례를 가급적 현대적인 것으로 대체하거나, 협회적하약관 신약관(2009년)을 정리 소개하는 정도였다.

이런 개정은 해상보험이 극도의 보수적인 영국 보험시장을 중심으로 발전되어 왔기 때문에 큰 변혁이 없었던 까닭이다. 해상보험 이론의 근간은 1906년에 제정된 영국의 해상보험법이며, 이 법은 전 세계 대부분 국가들의 해상보험법의 모체가 된다.

영국해상보험법은 제정된 지 100년도 훨씬 지났기 때문에 당시의 보험환경을 토대로 형성된 해상보험이론은 오늘날 맞지 않는 부분도 있기 때문에 개정의 필요성은 당연히 있어 왔었다. 하지만 영국의 보수성과 불문법 체계 그리고 세계 각국의 해상보험법에 미치는 영향 등을 고려하여 지금까지 그대로 남아 있는 실정이다.

하지만 오늘날 보험소비자(보험계약자)의 권익이 높아지면서 영국해상보험법의 몇몇 규정은 보험소비자에게 일방적으로 불리하다는 비판을 받기 시작하였다. 특히 보험계약은 최대선의의 계약이라는 규정은 보험자가 이를 폭넓게 이용할 수 있어서 자칫하면 보험계약자에게 불리하게 작용할 수 있는 것이다.

이에 영국은 2015년 새로운 보험법을 제정하여 2016년 8월 여왕의 재가를 거쳐 현재 사용 중이다. 영국이 보험법을 새로 제정했다고 하여 해상보험이 영향을 받느냐하는 의구심이 들 수 있는데 영국의 보험법은 1906년에 제정된 영국 해상보험법의 상위법으로 해상보험법보다 우선 적용되기 때문에 보험법과 해상보험법의 내용이 상충될 경우 새로 제정된 보험법의 내용이 우선한다.

이번 개정에서는 먼저 영국보험법(2015년)의 개요와 기존의 영국해상보험법(1906년)과 상충되는 부분의 요점을 소개하였다. 그리고 복습 및 토의문제도 너무 추상적이거나 별도의 참고문헌을 필요로 하는 것은 배제하여 가급적 교재의 내용에서 명확한 답을 구할 수 있는 것으로 대체하고, 일선의 교수님들이 조언하신 몇몇 의구심 나는 문구를 명확하게 다듬었다.

새로운 영국보험법은 앞으로 해상보험 분야에도 영향을 미칠 것은 분명하지만 그것이 이론으로 정착되려면 많은 시일이 필요할 것으로 판단된다. 저자는 끊임없이 이 부분을 연구하여 낙후되는 일이 없도록 최선을 다할 예정이다. 지금까지 해왔던 것처럼 아낌없는 질타를 부탁드린다.

끝으로 이번 제7차 개정작업을 흔쾌히 허락해 주신 유원북스 이구만 사장님께 감사드리며 이제 중견 출판사로서 자리를 잡은 유원북스의 무궁한 발전을 바란다.

2023년 1월

저자 씀

차 례

PART I 해상보험의 기초

Chapter 1 보험과 위험

PART II 해상보험계약의 원리

Chapter 4 해상보험계약

Chapter 6 해상보험료

Chapter 7 피보험이익

Chapter 8 해상위험

Chapter 9 해상보험증권

PART III 해상손해

Chapter 12 비용손해

Chapter 14 충돌손해배상책임

PART IV 협회약관

Chapter 15 협회적하약관

PART V 해상보험실무

Chapter 17 해상보험실무

제7판

해상 보험

One Centimeter Tall

If I were only one centimeter tall,
I would sleep on the petals of a rose
I would hide under the hose
I would ride a bird to school
But, I would not go to the swimming pool!

If I were only one centimeter tall,
I would wear petal pants
I would play with ants
I would travel on a butterfly
But, I would NOT travel on a fly!

Jee-Young Koo
Whittier Elementary
Boulder, CO

PART I

해상보험의 기초

Chapter 01

보험과 위험

| 제 1 절 | 위험의 본질

| 제 2 절 | 보험의 개요

| 제 3 절 | 보험의 분류

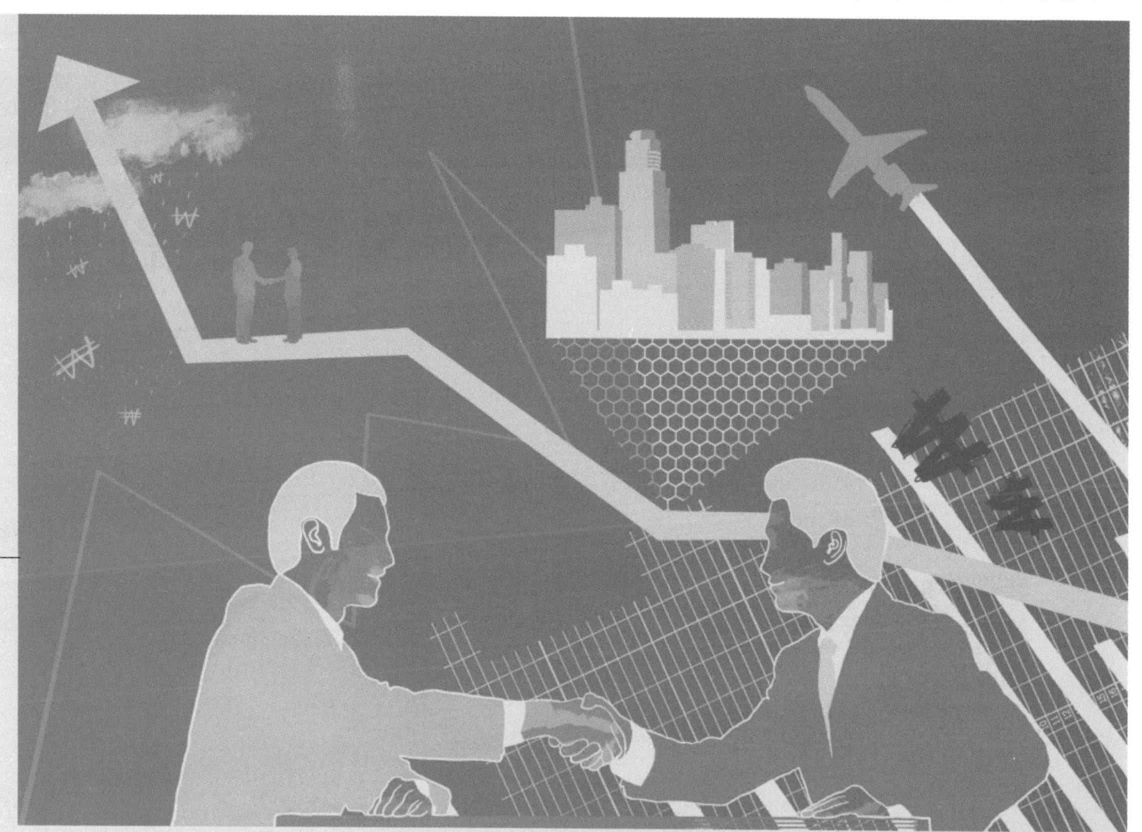

역사적으로 보면 해상보험이 가장 먼저 발달하였고, 그 후 해상보험의 원리를 응용하여 화재보험과 생명보험이 등장하였다. 그러나 오늘날 해상보험은 보험의 한 종목으로 분류되고 있다. 해상보험에 관한 논의를 하기 전에 보험에 관한 이야기를 먼저 하는 것이 순리적이라 할 수 있다.

위험이 없는 곳에는 보험도 존재하지 않는다는 말처럼 보험은 위험을 대상으로 하며, 위험과 밀접한 관계에 있다. 이에 따라 이 장에서는 위험의 본질, 보험의 원리, 보험의 종류 등 해상보험을 이해하는 데 필요한 몇 가지 기초개념을 전반적으로 살펴보고자 한다.

Chapter 01

보험과 위험

01 위험의 본질

1. 위험의 정의

"위험이 없는 곳에는 보험도 존재하지 않는다"(No risk, no insurance)는 말처럼 보험이 대상으로 하는 것은 위험이다. 위험에 관한 정의는 학자들마다 조금씩 차이가 있는데 관점에 따라 다음 두 가지로 나누어 살펴볼 수 있다.

1-1 손실발생의 가능성

위험을 손실발생의 가능성(chance of loss)으로 보는 견해는 주로 독일과 미국의 위험관리론에서 제기되고 있다. 대부분의 독일학자들은 위험(Risiko)을 손실과 가능성이라는 두 개념을 결합하여 설명하면서, 후자를 보다 강조하는 손실발생의 가능성(Schadensmöglichkeit)으로 정의하고 있다.

독일에서 위험의 개념을 체계적으로 연구한 초기의 대표적 학자 레만(Lehmann, 1928)은 일반경영경제학(Allgemeine Betriebswirtschaftslehre)에서 위험을 소극적 우연성의 개념으로 설명하고 있다. 즉, 우연을 적절한 사고를 발생시키는 개연성과 부적절한 사고를 발생시키는 개연성으로 구분하여, 후자의 우연을 위험으로 보는 것이다. 이 견해를 단적으로 설명하면 위험은 곧 손실발생의 가능성을 의미하는 것으로 집약된다.

이후 독일학자들이 내린 위험에 관한 정의는 대부분 레만의 정의와 유사하다. 대표적으로 슈타드러(Stadler, 1932)는 위험을 지불저해 또는 우연사고의 가능성으로 보며, 리소스키(Lisowsky, 1948)는 위험을 손실발생 가능성의 경영 · 경제적 존재 혹은 현상으로 정의를 내리고 있다.

한편 미국의 위험관리론에서도 위험을 손실발생의 가능성으로 보는 견해가 지배적이다. 최초로 위험의 개념과 형태를 정립한 헤인즈(Haynes, 1895)는 위험을 손실의 가능성으로 정의를 내리면서 "특정 행위를 함에 따라 유해한 결과의 발생 여부가 불확실할 경우, 그것은 바로 위험을 부담하는 것이다"라고 설명하고 있다.[1)]

바그리니(Baglini, 1976)도 역시 위험을 손실의 가능성으로 정의를 내리고 있는데, 단지 가능성을 'chance' 대신 'possibility'로 표현하고 있다. 그러나 이들 두 의미 사이에 큰 차이는 없으며 모두 가능성으로 해석된다. 이 외에도 많은 학자들이 위험에 대해 이와 유사한 정의를 내리고 있다.

1-2 손실에 관한 불확실성

위험을 손실에 관한 불확실성(uncertainty concerning loss)으로 보는 견해는 미국의 보험관리론에서 제기되고 있는데, 관련된 정의를 몇 가지 살펴보면 다음과 같다.

크레인(Crane)은 위험을 미래의 손실에 관한 불확실성, 즉 장차 발생할 수 있는 손실의 발생빈도와 그 규모를 예측할 수 있는 능력이 결여됨으로써 조성되는 불확실한 상태로 표현하고 있다.[2)]

레즈다(Rejda)도 위험의 정의를 손실 발생에 관한 불확실성으로 내리고 있으며[3)] 이와 유사하게 도프만(Dorfman)도 위험을 앞으로 일어날 수 있는 손실과 관련된 불확실성으로 보고 있다.[4)]

1) 龜井利明, 「위험관리론」, 송 일(역)(법문사, 1989), pp. 30-32.
2) Frederick G. Crane, *Insurance Principles and Practices*(2nd ed.)(New York: John Wiley & Sons, 1984), p. 4.
3) George E. Rejda, *Principle of Risk Management and Insurance*(11th ed.)(New York: Addison-Wesley, 2010), p. 4.
4) Mark S. Dorfman, *Introduction to Risk Management and Insurance*(10th ed.) (Englewood Cliffs, New Jersey: Prentice-Hall, Inc., 2013), p. 6.

1-3 가능성과 불확실성의 차이

위험을 손실발생의 가능성으로 보는 견해와 손실에 관한 불확실성으로 보는 견해는 유사한 것으로 인식될 수 있지만, 가능성과 불확실성의 개념은 확률론적으로 차이가 있기 때문에 두 견해는 엄격히 구분된다.

가능성(chance, possibility)은 존재의 유무가 아니라, 유와 무의 중간상태를 의미한다. 즉 가능성은 특정 현상이 발생할지, 안할지에 대해서 필연(necessity)도 아니고 불가능(impossibility)도 아닌 상태이다.

확률론적 의미에서 보면, 〈그림 1-1〉에서처럼 확률 1은 필연을 의미하고 확률 0은 불가능을 뜻한다. 따라서 가능성의 개념은 확률 0에서 1의 범위에 분포하고, 확률이 높을수록 가능성의 정도가 커진다.

불확실성은 장차 발생할 수 있는 특정 현상을 사전에 정확히 예측할 수 없기 때문에 조성되는 상태이다. 불확실성의 정도는 확률에 따라 증감하고, 확률이 1/2인 경우에 최대가 된다. 따라서 불확실성은 〈그림 1-1〉에서와 같이 확률이 0에서 1/2 이내에 있을 때는 확률이 커짐에 따라 증가하며, 확률이 1/2인 경우에 최대로 된다. 그러나 확률이 1/2보다 크면서 1에 가까워지면 필연에 접근하기 때문에 불확실성은 감소한다.[5)]

■ 그림 1-1 가능성과 불확실성의 차이

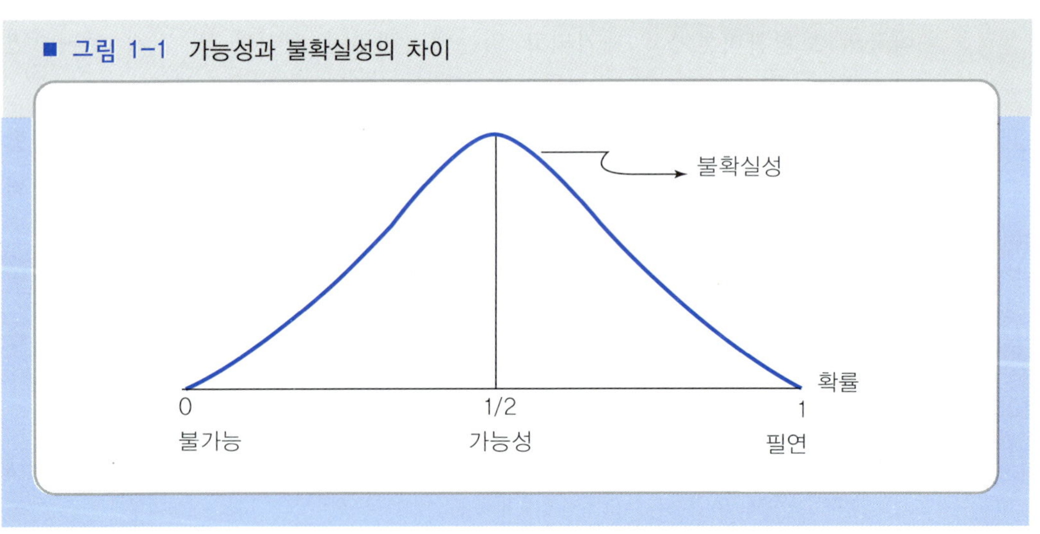

5) 龜井利明, 앞의 책, p. 37.

2. 위험의 형태

2-1 순수위험과 투기위험

(1) 순수위험

위험은 발생결과에 따라 순수위험과 투기위험으로 나누어진다. 순수위험(pure risk)은 잠재적 이익이 포함되어 있지 않은 순수한 손실발생의 위험을 의미하며, 발생결과가 반드시 손실로 나타난다. 건물에 화재가 발생하면 그 결과는 반드시 손실로 나타나기 때문에 화재는 순수위험에 해당된다.

순수위험의 특성을 보면 첫째, 순수위험의 발생은 특정 개인이나 기업에 국한되는 것이 아니며, 모든 사회현상에 공통적으로 발생한다. 또한 순수위험은 동일한 환경하에서는 반복하여 발생하는 경향이 있어, 이에 대한 경험자료가 존재하게 된다.

둘째, 순수위험은 개별단위로 보면 우연적이고 불규칙적인 위험이지만, 유사한 위험을 집단으로 결합하여 관찰하면 위험발생의 규칙성을 발견할 수 있게 된다. 따라서 순수위험은 동질적(homogeneous)인 경험자료들을 결합함으로써 위험의 발생빈도와 손실규모를 통계적으로 예측할 수 있다.

(2) 투기위험

투기위험(speculative risk)은 잠재이익과 잠재손실이 혼재하고 있어, 위험이 발생하면 그 결과가 손실 또는 이익으로 나타날 수 있는 위험이다. 도박은 대표적인 투기위험에 해당된다.

투기위험은 존재하지 않는 위험을 인간이 창출하는 인위적인 위험이며, 이는 기업경영 · 투기행위 · 도박 등에 수반한다. 기업경영의 결과는 이익 또는 손실의 어느 경우로 나타날지 불확실하기 때문에 투기위험에 해당된다. 투기위험은 그 성격상 보험의 대상이 될 수 없다.

2-2 정태위험과 동태위험

(1) 정태위험

정태위험과 동태위험의 분류는 위험의 발생배경과 근원을 기준으로 한 것이다. 정태위험(static risk)은 정상적인 경제사회에서 발생하는 위험이다. 이 위험은 사회적 변화와 관계 없이 주로 자연현상 · 인간의 과실 등으로 발생한다. 기업위험 중 정태위험의 성격을 띠는 것은 자산의 물리적 손실, 사기 및 범죄에 의한 손실, 법의 잘못된 판단(법에 의한 배상책임), 수익력 감소에 의한 재산상의 손실, 경영자의 사망 또는 질병 등이 있다.

정태위험의 발생결과는 순수위험과 마찬가지로 반드시 손실로 연결된다. 따라서 개인이나 기업이 손실을 입을 경우 사회도 동시에 손실을 입게 된다. 또한 정태위험은 모든 경제사회에 공통적으로 발생하는 일반적 현상이며, 위험이 발생하더라도 그 영향은 특정 단위에 국한된다. 정태위험과 순수위험은 분류기준은 다르지만 거의 동일한 성격을 지니고 있다.

(2) 동태위험

동태위험(dynamic risk)은 생산양식의 변화, 소득수준의 변화, 가격변동, 기술혁신, 경영방식의 개선, 산업구조의 변동 등 주로 급변하는 사회에서 발생하는 위험이다. 동태위험은 특수한 사회적 · 경제적 환경이 조성됨으로써 발생하고, 또한 동시다발적인 성격을 지니고 있기 때문에 일단 위험이 발생하면, 동일한 환경하에 있는 모든 관련 집단에 그 영향이 미치게 된다.

동태위험의 특성을 보면 첫째, 특정 단위별로 발생하는 정태위험에 비해 손실강도가 높게 나타난다. 둘째, 동태위험은 다양한 사회적 변화로 인하여 발생하기 때문에 이에 대한 예측과 통제가 불가능하다. 셋째, 동태위험의 발생결과는 손실과 이익의 양면적인 성격을 지니고 있으며, 마지막으로 동태위험은 위험관리대상에서 제외된다.

2-3 주관적 위험과 객관적 위험

(1) 주관적 위험

주관적 위험(subjective risk)은 개인의 성격, 정신상태, 감각 등으로부터 파생되는 심리적인 불확실성을 의미하며 개인에 따라 그 종류와 크기를 달리한다. 동일한 위험대상에 대해서 불확실성을 크게 인식하는 사람은 상대적으로 더 큰 주관적 위험을 가진다고 할 수 있다.

■ 그림 1-2 위험의 형태

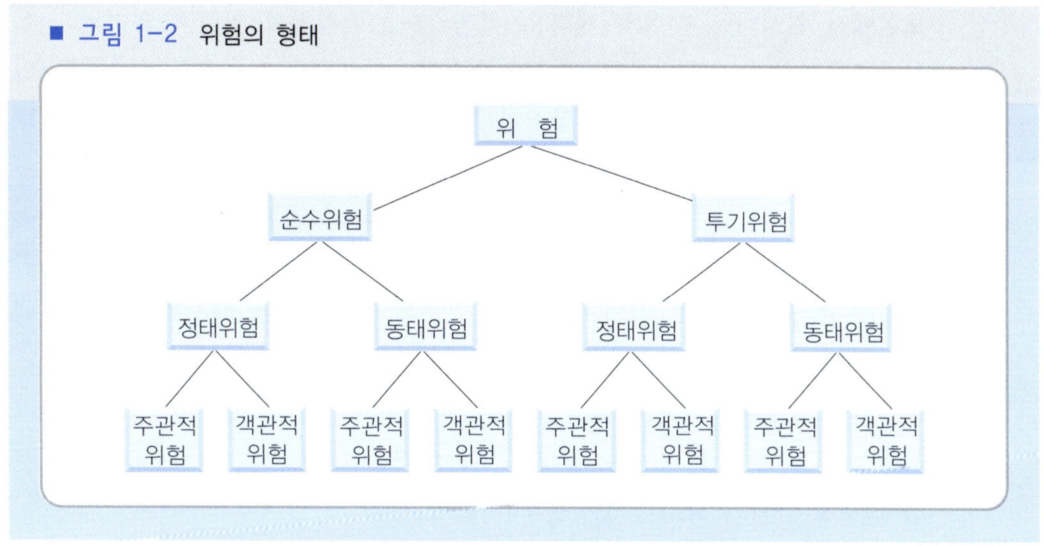

(2) 객관적 위험

객관적 위험(objective risk)은 우연이나 불가항력에 의해 발생하는 위험을 말한다. 예를 들어 등산 기술에 상관없이 낙석이나 산사태 등으로 부상을 당하거나 사망하는 등 우리 주변에서 흔히 발생하는 일반적인 위험을 말한다. 객관적 위험은 주관적 위험과 달리 관측할 수 있고 측정이 가능하여 유사한 위험을 결합하면 미래에 발생할 수 있는 빈도나 손실 규모 등을 어느 정도 예측할 수 있기 때문에 이는 곧 순수 정태위험과 동일한 의미로 볼 수 있다.

순수위험과 투기위험, 정태위험과 동태위험, 주관적 위험과 객관적 위험의 세 가지 형태는 상호 배타적인 분류가 아니기 때문에 모든 위험은 〈그림 1-2〉와 같이 세 가지 형태에 따라 동시에 분류될 수 있다.[6]

3. 손실 · Peril · Hazard의 개념

3-1 손실의 개념

일반적으로 손실(loss or damage)[7]은 가치의 상실이나 감소를 의미하지만,

6) James S. Trieschmann, Robert E. Hoyt, and David W. Sommer, *Risk Management and Insurance*(12 ed.)(South-Western, Thomson, 2005), p.4.

7) 그 동안의 관행으로 보면 'loss'는 멸실을 의미하고 'damage'는 손상을 의미한다. 그러나 굳이 구분할 필요가 없기 때문에 이 책에서는 글의 흐름에 따라서 손실 · 손해 · 멸실 · 손상 등으로 표현한다.

보험에서 인식하는 손실의 개념은 〈그림 1-3〉에서처럼 일반적 의미의 손실보다 그 범위가 좁다. 만약 미래의 손실발생이 확실하면, 그것은 손실로 인정되지 않는다. 또한 가치의 상실이 금전적으로 계산될 수 있어야만 손실로 인정된다.

예를 들어, 감가상각비는 경제적 가치의 감소이지만 이러한 손실은 사전에 예상할 수 있기 때문에 위험발생으로 인한 손실로 인정되지 않는다. 또한 예상할 수는 없더라도 정신적 가치의 감소는 금전적으로 계산될 수 없기 때문에 손실의 개념에서 배제된다.

따라서 보험에서 의미하는 손실은 반드시 예상할 수 없다는 점과 경제적 가치라는 두 요소를 동시에 충족시켜야 한다. 그러므로 손실은 예상하지 못한 경제적 가치의 감소나 소멸을 의미한다고 볼 수 있다.

그리고 손실은 〈그림 1-4〉와 같이 먼저 부보가능손실과 부보불능손실로 분류될 수 있으며 부보가능손실은 다시 인적 손실 · 재산손실 · 배상책임손실로 분류할 수 있다.[8] 다음에서는 관련 위험을 설명하면서 각 손실의 분류기준과 세부형태에 관하여 살펴보기로 한다.

■ 그림 1-3 보험에서 의미하는 손실의 범위

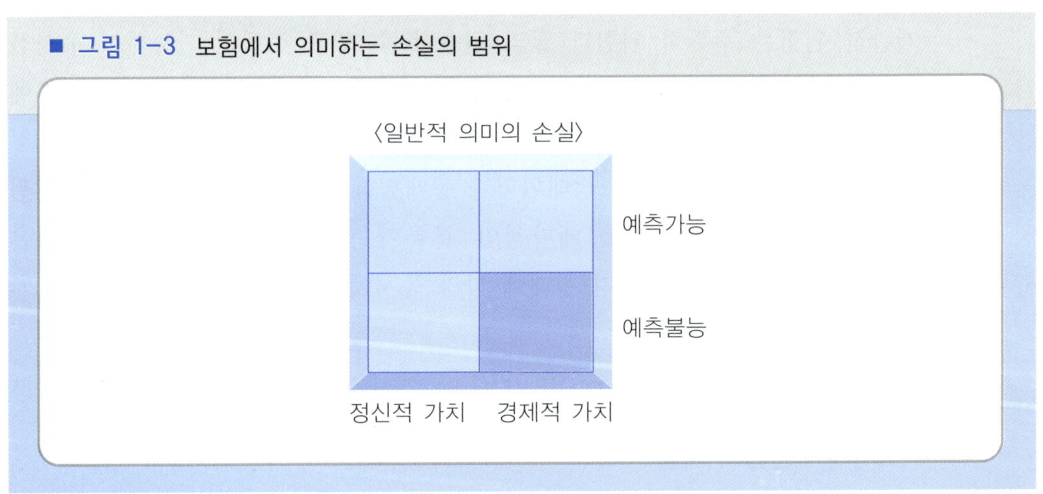

8) David L. Bickelhaupt, *General Insurance*(11th ed.)(Homewood, Illinois: Richard D. Irwin, 1990), p. 10의 내용을 각색한 것임.

■ 그림 1-4 손실형태의 분류

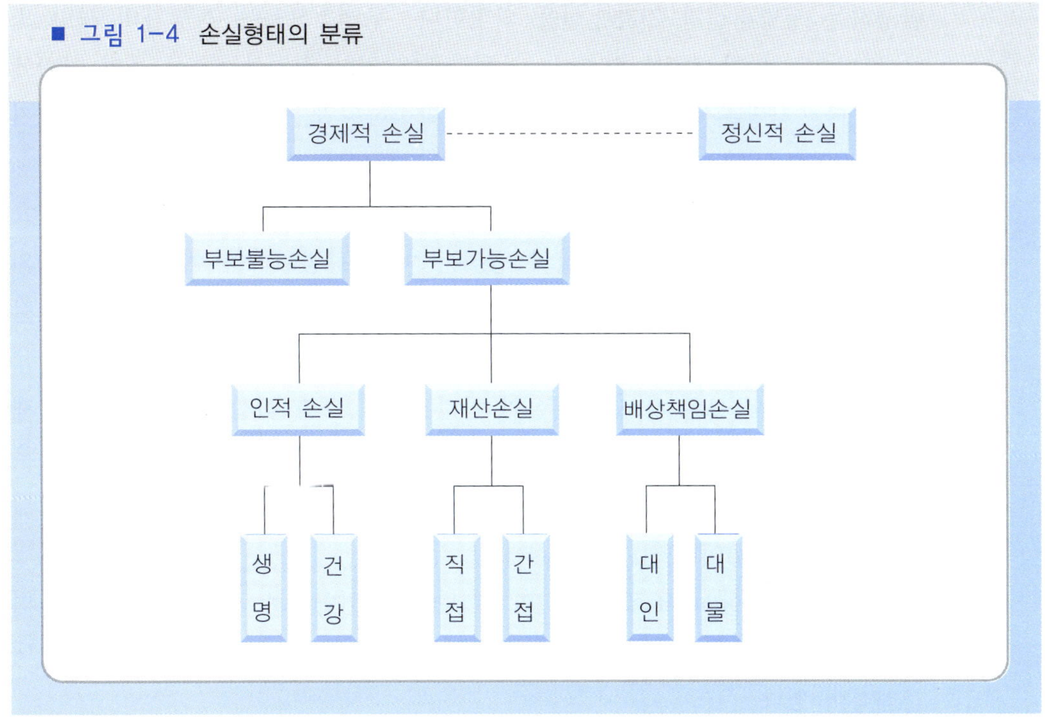

(1) 부보가능손실 · 부보불능손실

모든 손실은 부보가능손실(insurable loss)과 부보불능손실(uninsurable loss)로 구분된다.[9] 이는 보험관리의 대상 여부를 기준으로 분류한 것이며, 전자는 상업보험(사영보험)이나 정책보험으로 보험계약체결이 가능한 손실을 의미한다. 반면 후자는 손실의 성격상 원천적으로 보험의 대상이 되지 않거나 또는 보험제도가 발전되어 있지 않아서 보험관리가 현실적으로 불가능한 손실을 뜻한다.

(2) 인적 손실 · 재산손실 · 배상책임손실

부보가능손실은 다시 인적 손실 · 재산손실 · 배상책임손실로 세분할 수 있다. 이는 손실발생의 근원인 위험을 인적 위험 · 재산위험 · 배상책임위험으로 분류한 것에 기인한다.

인적 손실(personal loss)은 인적 위험으로 인하여 인간의 생명과 관련되어

9) 부보(付保)는 "보험에 붙인다" 또는 "보험계약을 체결하다"는 의미이다.

발생하는 생명손실과 건강손실을 의미한다. 구체적으로는 경영자의 사망 또는 질병으로 인한 경영능력상실, 신체장애에 의한 취업불능손실 등이 여기에 해당한다. 사망손실은 그 발생 여부는 확실하지만, 발생시기가 불확실하기 때문에 위험발생으로 인한 경제적 손실로 간주된다.

재산손실(property loss)은 금전적 가치로 평가되는 재산이 위험의 발생으로 감소하는 것이다. 재산손실의 범위는 매우 광범위하여 여기에는 재산의 소유권을 상실한다든지 그 가치가 감소되는 것이 포함된다. 또한 소득이 감소된다든지 반대로 비용이 증가되는 것도 재산손실에 해당된다.

한편 재산손실은 사고와 손실의 인과관계에 따라 직접재산손실과 간접재산손실로 구분된다. 전자는 위험발생의 직접적인 결과에 따른 손실이고, 후자는 간접적으로 영향을 받음으로써 2차적으로 발생하는 부수적 손실(consequential loss)이다.

배상책임손실(liability loss)은 과실이나 계약위반으로 제3자에 대하여 법적으로 배상책임을 부담함으로써 발생하는 손실이며, 이에는 대인배상과 대물배상이 있다.

3-2 Peril의 개념

위험(risk)과 유사한 개념으로 peril과 hazard가 있다. 우리 말로는 일반적으로 모두 위험이라 표현하지만 그 구체적 의미는 상호 구분이 뚜렷하기 때문에 보험의 이해를 위해서는 이에 대한 개념이 확립되어야 한다.

peril은 대체로 손실의 원인(cause of loss)인 사고, 혹은 손실을 발생시키는 우연사고(contingency)의 의미이다. 따라서 peril은 손인(損因) 또는 위인(危因)으로 번역될 수 있다.

손인은 그 발생원천에 따라 자연적 손인, 인위적 손인, 경제적 손인으로 구분된다.

(1) 자연적 손인

자연적 손인(natural peril)은 폭풍 · 질병 · 홍수 등 그 발생 여부를 인간이 통제할 수 없는 손인을 뜻한다.

(2) 인위적 손인

인위적 손인(human peril)은 인간의 과실, 태만, 부주의 등으로 발생하며, 이로 인한 손실규모와 빈도는 어느 정도 통제 가능하다.

(3) 경제적 손인

경제적 손인(economic peril)은 집단행동 또는 정부의 정책 · 규제 등을 말한다. 구체적으로 파업 · 노사분규 · 기술혁신 · 소비자의 기호변화 등이 있으며, 대체로 경제적 손인으로 인한 손실은 보험의 대상이 될 수 없다.

3-3 Hazard의 개념

hazard는 손인을 일으키는 요인 또는 손실을 야기시키는 표면상의 원인 등으로 정의되고 있다. 이는 곧 손인으로 인한 경제적 손실의 발생 가능성을 초래하거나 증가시키는 위험한 상태를 말한다. 따라서 hazard는 위험성을 만들어 내고 증가시키는 상태이기 때문에 위험한 상태, 즉 위태(危態)[10]로 표현될 수 있다.

위태는 단일한 요건으로 구성되어 있지 않고 대부분 여러 가지 요건들이 혼재되어 있으며, 이러한 요건들이 내부에서 상호 · 연쇄작용을 함으로써 우연사고가 발생하게 된다. 따라서 위태는 손인을 야기시키는 원인들이 모인 집합체의 개념으로 볼 수 있다.

위태는 실체적 위태 · 도덕적 위태 · 정신적 위태 등의 세 형태로 분류될 수 있다.

(1) 실체적 위태

실체적 위태(physical hazard)는 인간이나 사물에 존재하는 물리적이고 객관적인 위험한 상태이며, 대부분 가시적(tangible)인 특성을 지니고 있다. 이는 위험관리의 1차적 대상이다. 예를 들어 주유소 근처에 인화물질이 흩어져 있는 경우 화재 위험이 새로 생겨나거나 증가된다. 이 경우 화재를 일으킬 수 있는 인화물질의 방치는 실체적 위태에 해당된다.

---

10) 방갑수, 「최신보험학」(제 5 전정판)(박영사, 1999), p. 16.

(2) 도덕적 위태

도덕적 위태(moral hazard)는 방화벽 · 사기성향 · 횡령성향 등 인간의 부도덕성으로 인하여 우연사고가 발생할 수 있는 심리적이며 주관적인 위태이다. 도덕적 위태의 발견과 예방은 매우 어렵기 때문에 위험관리의 직접적 대상이라기보다는 경계대상으로 인식된다.

(3) 정신적 위태

정신적 위태(morale hazard)는 부주의 · 무관심 · 사기저하 등으로 유발되는 위험한 환경이다. 이는 인간의 잠재의식적인 손실욕구에서 발생하는데 그 대표적인 예는 보험계약에서 찾아 볼 수 있다.[11]

일반적으로 보험계약체결은 손실을 보상받을 수 있다는 심리적 해이감을 유발하기 때문에 그만큼 사고발생의 가능성을 높이게 된다. 따라서 보험은 한편으로는 정신적 위태를 스스로 창출하는 결과가 되기도 한다. 정신적 위태가 도덕적 위태와 다른 점은 도덕적 위태는 고의성이 주된 요인으로 작용하나 정신적 위태는 고의성은 없고 단순히 무관심과 부주의를 그 주된 요인으로 하고 있다는 사실이다.

4. 위험관리방안의 개요

위험으로 인한 경제적 손실은 개인적으로나 사회적으로 큰 부담을 안겨주고 있다. 이러한 위험을 관리하는 방안에는 위험회피 · 위험분산 · 손실통제 · 위험보유 · 보험 등이 있는데 여기에서는 보험 외에 위험을 관리하는 방안을 살펴보기로 한다.[12]

4-1 위험의 회피

위험회피(risk avoidance)는 손실발생의 가능성이 있는 재산 · 인간 · 활동 등을 회피함으로써 위험을 관리하는 방안이다. 즉 손실발생의 확률이 높다고 판단될 경우, 재산의 소유권을 취득하지 않거나, 특정인을 고용하지 않거나

---

11) 정신적 위태를 품행적 위태 또는 풍기적 위태로 표현하기도 한다.

12) George E. Redja, *op. cit.*, pp. 45~51 참조.

또는 활동이나 행위를 하지 않음으로써 손실발생의 불확실한 상황을 사전에 제거하는 것이다. 회피방법으로는 처음부터 위험을 택하지 않거나 또는 처음에 택하더라도 후에 이를 포기하는 방법이 있다.

이 기법은 가장 쉬운 위험관리방안이지만 회피하지 않는 것이 오히려 유리한 경우, 위험회피가 불가능한 경우, 혹은 하나의 위험을 회피했을 때 또 다른 위험이 발생할 수 있는 경우가 있기 때문에 최선의 방법이 될 수 없다.

4-2 위험의 분산

위험분산(risk separation)은 위험에 노출되는 손실단위수를 분산하여 손실규모를 축소시킴으로써 위험을 관리하는 기법이다. 손실이 발생할 수 있는 대상을 집중시키지 않고 장소 · 기술 · 시간에 따라 분산하게 되면 1차적으로 위험발생에 따른 최대가능손실의 규모가 축소된다. 이렇게 되면 위험이 발생하더라도 손실규모는 그만큼 감소하게 된다. 위험 분산의 예를 들어보면 공장, 건물 등을 한 곳에 밀집시키지 않는다든지 방화벽, 방화계단 등을 설치하여 기술적으로 위험을 분리시킨다든지 시간적으로 선적을 나누어 하는 경우 등이다.

4-3 손실의 통제

손실통제(loss control)는 위험이 발생할 확률을 줄여서 발생빈도를 감소시키거나 또는 발생된 손실의 규모를 축소시키는 방법이다. 화재경보기 · 피뢰침 등의 설치는 손실을 통제하는 방법에 속한다.

손실통제는 손실의 원천제거 → 위태(hazard)경감 → 손실최소화 → 구조로 연결되는 연쇄적인 활동으로 이루어진다. 효과적인 손실통제를 위해서는 1차적으로 손실의 원천을 봉쇄하거나 또는 손실을 야기시킬 수 있는 위험한 상태를 경감시켜야 한다. 만일 손실이 발생하면 규모를 최소화하도록 노력하고 마지막으로 구조작업을 통하여 손실을 감소시키거나 복구해야 한다.

4-4 위험의 보유

위험보유(risk retention)는 위험발생으로 부담하게 될 손실의 일부 또는 전부에 대한 재무적 보전을 제 3 자를 통하지 않고 관리자 스스로 이행하는 위험대비방안이다.

이 기법을 사용할 경우 손실보전에 필요한 자금을 조달하는 방법이 우선적으로 강구되어야 한다. 그 방법으로는 경상비용 · 기금적립 · 자가보험에 의존하는 방법 등이 있으며, 이들 가운데서 관리위험의 성격에 따라 적절히 선택할 수 있다.

대체로 발생빈도는 높지만 이로 인한 경제적 손실의 규모가 크지 않은 위험이나 부정적 결과가 초래되지 않을 것이라고 판단되는 사소한 손실은 의도적으로 보유하여 예산에 반영된 경상비용으로 충당하는 것이 바람직하다.

한편 자금동원능력이 있는 대기업의 경우는 자체 내에 위험보유에 필요한 기금을 별도로 적립할 수 있다. 이 경우에는 기금을 타용도로 사용하는 것을 제한한다든지 또는 환가성이 높은 자산형태로 기금을 보유하는 방법 등을 고려해야 한다. 그러나 기금이 충분히 적립되기 전에 위험이 발생할 수 있고, 기금적립에 따른 기회비용도 발생하기 때문에 이에 대한 방안도 강구되어야 한다.

자가보험(self-insurance)은 관리재산의 손실발생률을 기초로 손실보전기금을 적립하는 방안이다. 예를 들어 선박을 여러 척 보유한 회사는 해난사고나 화재 등으로 인한 손실발생률이나 손실규모를 선박 단위당 어느 정도 예측할 수 있기 때문에 일정비율의 금전을 사전에 적립하여 위험의 일부를 보유할 수 있다. 이 점이 단순한 저축이나 기금적립과는 달라서 보험이라는 용어를 사용하지만, 보험은 다수로부터 보험료를 거두어서 기금을 적립하기 때문에 자가보험과 보험은 근본적으로 차이가 있다.[13)]

---

13) 이외에도 위험관리방안으로 위험의 전가(risk transfer)가 있다. 위험의 전가는 보유하고 있는 위험을 제 3 자에게 전가함으로써 위험을 통제하는 관리기법이다. 이 기법은 위험을 보유하고 있다는 점과 이를 다시 타인에게 전가한다는 점에서 처음부터 위험을 택하지 않는 회피와는 구분된다. 보험도 위험을 보험자에게 전가하는 기법이지만 일반적으로 위험의 전가는 주로 하청계약이나 면책계약(hold harmless agreement) 등 특정 계약을 통하여 위험을 제 3 자에게 전가하는 것을 말한다.

02 보험의 개요

1. 보험의 원리와 정의

1-1 보험의 원리

보험의 기본 원리는 다수의 사람으로부터 기금을 모아서 미래에 손실을 입는 당사자에게 이 기금을 분배하는 것이다. 이에 대한 이해를 돕기 위해서 가상으로 컴퓨터가 도난 · 파손될 경우 손해를 보상해 주는 보험종목을 개발해 보자.[14)]

보험회사(보험자)는 컴퓨터 도난 · 파손보험(가칭)을 운영하는 데 필요한 기금액을 정확하게 산출해야 한다. 기금액을 산출하기 위해서는 먼저 과거의 경험자료를 통하여 통상 1년 동안 컴퓨터가 도난당하거나 파손되는 손실률(loss ratio)을 구해야 하는데, 이를 2/100라고 가정하자. 만약 컴퓨터의 가액이 2,000,000원이라면 2대의 손실보상금으로 4,000,000원이 필요하게 된다. 그리고 경상비 · 안전적립금(safety money)[15)] 등 부대비용을 모두 합한 것이 500,000원이라고 하면 이 보험을 운영하는 데 소요되는 총기금액은 4,500,000원이 된다.

총기금액이 결정되면 이를 몇 명으로부터 모을 수 있는지를 추정해야 한다. 따라서 시장조사를 통하여 컴퓨터 도난 · 파손보험에 가입할 것을 희망하는 사람(보험계약자)이 몇 명 정도인지 파악되어야 한다. 만약 100명이 이 보험에 가입할 것이라는 예측이 되면 각자로부터 45,000원(보험료)을 거두어야 한다.

즉 보험자는 〈그림 1-5〉에서처럼 100명의 보험계약자로부터 각각 45,000원의 보험료를 징수하여 4,500,000원의 기금을 모았다가 손해를 입는 2명의 보험계약자에게 2,000,000원씩 보상해 준다.

---

14) Frederick G. Crane, *op. cit.*, p. 32.

15) 컴퓨터 도난 · 파손보험에서 손실률이 2/100인데, 이는 예측치이지 반드시 2대의 컴퓨터가 도난당하거나 파손되는 것을 뜻하는 것이 아니다. 운이 좋을 때는 사고가 전혀 일어나지 않지만 어떤 경우에는 4대가 도난 · 파손될 수 있다. 여기에 대비해서 보험종목마다 일정한 기금을 적립 · 운영하는데 이를 안전적립금이라 한다.

이와 같이 보험은 분배의 과정을 통하여 손해를 보상하는 경제제도이다. 한편으로 보험은 확실하지만 적은 금액(45,000원)과 불확실하지만 큰 금액(2,000,000원)을 상호 교환하는 제도라고 할 수 있다. 또한 100명의 보험계약자들은 자신들의 위험을 보험자에게 전가시킴으로써 위험을 관리하고 있다.

1-2 보험의 정의

보험의 원리는 분배의 과정이지만, 과연 보험이 무엇인가에 대해서는 여러 측면에서 설명이 가능하다. 보험의 정의를 경제적 · 법적 · 사회적 · 수리적 측면에서 살펴보기로 한다.[16)]

(1) 경제적 정의

보험은 다수의 동질적인 위험을 결합함으로써 위험을 감소시키는 경제제도이다. 보험은 〈그림 1-5〉에서처럼 100명의 유사한 위험을 결합하여 얻는 손실률을 가지고 손해의 발생빈도와 규모를 예측한다. 그리고 보험계약자로부터 손해를 보전할 수 있는 기금을 모아서 실제로 손해를 입는 당사자에게 이 기금을 지급하는 경제제도이다.

■ 그림 1-5 보험의 원리

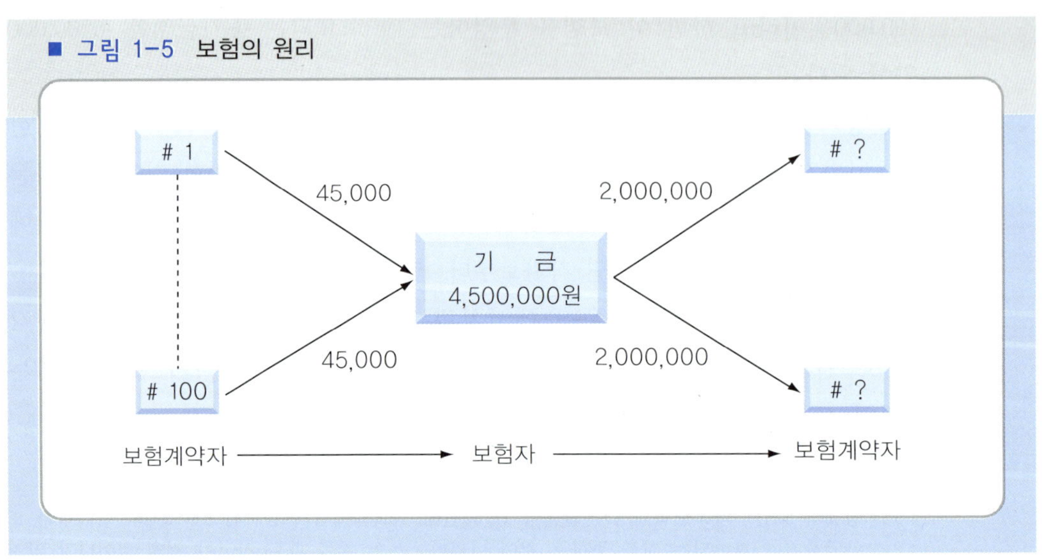

16) David L. Bickelhaupt, *op. cit.*, pp. 27-29.

따라서 보험은 위험의 결합을 통하여 불확실성을 확실성으로 전환시키게 된다. 즉 〈그림 1-5〉에서 보험계약자 100명은 자기한테 언제 우연한 사고가 발생할지 모르는 불확실한 상태이지만 보험에 가입함으로써 설령 사고가 나더라도 보상을 받을 수 있기 때문에 확실한 상태가 된다.

(2) 법적 정의

보험은 법적 계약을 통하여 손실을 보상하는 법률적 제도이다. 즉 보험자는 보험계약자와 보험계약을 체결하고 만약 손해가 발생하게 되면 이를 보상할 것을 약속한다. 그리고 보험계약자는 이러한 손해보상의 약속을 받는 대가로 보험료를 지급하게 된다.

또한 보험은 불확실하지만 거대한 손실을 확실하고 적은 손실과 서로 교환하는 법적 계약이라 할 수 있다. 여기서 불확실하지만 거대한 손실은 〈그림 1-5〉에서 2,000,000원짜리의 컴퓨터가 도난당하거나 파손당함으로써 입는 손실이다. 그리고 확실하지만 상대적으로 적은 손실은 보험계약자가 부담하게 되는 보험료이다.

(3) 사회적 정의

보험은 기금의 형성을 통하여 소수인이 입는 손실을 다수인이 부담하는 사회적 제도이다. 〈그림 1-5〉에서처럼 보험자는 100명으로부터 보험료를 징수하여 4,500,000원의 기금을 모았다가 손해를 입은 두 사람에게 나누어 주게 된다. 따라서 손해를 입은 두 사람이 받는 보상금은 결국 100명이 부담한 결과가 된다.[17)]

(4) 수리적 정의

보험은 확률의 원리와 통계적 기법을 이용하여 손실을 예측하고 분배하는 수리적 제도이다. 보험은 요행이나 사행이 아니고 확률의 원리와 통계적 기법을 사용하여 미래에 발생하는 손실의 규모와 빈도를 예측하고 보험계약자가 각각 부담해야 할 몫을 계산하는 과학적 제도이다.

---

17) 이런 점으로 보험에서는 "만인은 일인을 위하고 일인은 만인을 위한다"(All for one, one for all) 라는 말이 자주 인용된다.

1-3 보험과 도박의 비교

(1) 유사한 점

보험과 도박(gambling)은 모두 우연한 사고를 전제로 한다는 점에서 서로 유사하다. 보험은 우연히 발생하는 사고에 대해서만 보상하고 사전에 예측할 수 있는 사고는 보험사고로 처리되지 않는다. 마찬가지로 도박도 우연성을 전제로 한다. 도박을 할 때마다 반드시 이긴다거나 진다는 예측이 가능하게 되면 그것은 도박이 아니다.

또한 보험과 도박은 모두 적은 투자로 많은 보상을 받으려는 점에서도 유사하다. 보험에서는 손실에 따른 보상을 받기 위해서 보험료의 지출이 따르고 도박은 적은 금액을 걸고 많은 상금을 타려고 한다.

(2) 차 이 점

보험은 이미 존재해 있는 순수위험(pure risk)을 대상으로 하지만 도박은 투기위험(speculative risk)을 새로이 창출하는 점에서 다르다. 보험은 화재 · 질병 · 폭풍우 등과 같이 항상 손실만 가져다 주는 순수위험을 제거시키는 제도이다. 그러나 도박은 그 자체가 투기이기 때문에 도박을 함으로써 오히려 새로운 투기위험을 창출하게 된다.[18)]

그리고 보험은 사회적으로 생산적이지만 도박은 비생산적이다. 도박을 하는 이유는 부를 얻기 위해서이다. 그러나 도박의 경우 돈을 얻는 자가 있으면 돈을 잃는 자가 반드시 있기 때문에 돈을 얻은 자의 이득은 돈을 잃은 자의 손해를 전제로 한다. 또한 도박에서 돈을 잃은 자의 손실은 영원히 회복될 수 없다.

반면 보험은 도박처럼 부를 얻기 위해서가 아니라 위험을 제거하거나 감소시키는 데 있다. 보험에서 손해가 발생하지 않는 경우에는 당사자 모두에게 경제적으로 이익이며 설령 손실이 발생하더라도 그 전부 또는 일부가 보상된다.

보험은 그 동안 축적된 경험자료에서 구한 확률의 원리를 응용하여 손실의 발생과 규모를 예측하는 과학적 제도이다. 반면 도박은 예측이 전혀 불가능하여 오로지 요행에 의해서만 결과가 결정된다.

---

18) Frederick G. Crane, *op. cit.*, p. 48.
김동훈, 「보험론」(제4판)(학현사, 2011), pp. 56-58.

■ 표 1-1 보험과 도박의 비교

기 준	보 험	도 박
사고발생	• 우 연 성	• 우 연 성
교 환	• 적은 금액과 큰 금액의 교환	• 적은 금액과 큰 금액의 교환
동 기	• 위험의 제거 · 감소	• 부의 획득 · 쾌락
사회적 인식	• 생 산 적	• 비생산적
대상위험	• 순수위험	• 투기위험의 창출
손 실	• 회복가능	• 회복불가능
방 법	• 경험자료 · 확률	• 요 행

보험과 도박의 유사한 점과 차이점을 정리하면 〈표 1-1〉과 같다.

2. 보험의 기능과 사회적 비용

2-1 보험의 기능

보험은 위험을 관리함으로써 안정성의 제고, 능률의 향상, 신용도의 증가, 예방활동의 증가 등 여러 가지 기능을 수행한다.

(1) 안정성의 제고

보험의 주요 기능 중 하나는 안정성을 제고시키는 점이다. 보험은 미래의 불확실한 상황을 확실한 상황으로 만들어 준다. 보험은 미래에 발생할지도 모르는 사고를 일어나지 않도록 하는 것이 아니라 설령 사고가 일어난다 하더라도 그로 인한 경제적 손실을 보상해 줌으로써 마치 사고가 일어나지 않았던 것과 같은 효과를 제공한다.

기업은 보험을 통하여 경제적 손실을 보상받음으로써 사고를 당하더라도 경영활동을 계속 수행할 수 있다. 마찬가지로 개인이나 가정에서도 손실을 입었을 경우 보험을 통하여 보상을 받음으로써 개인이나 가정은 어려운 상황에서 벗어나 과거에 누렸던 부의 수준을 유지할 수 있다. 이와 같이 보험은 기업이나 가계에 일어날지 모르는 불확실성을 제거하거나 감소시킴으로써 안정성을 제고시킨다.

(2) 능률의 향상

보험은 우리 주위에 존재하는 위험이나 불확실성을 원천적으로 제거하거나 감소시킴으로써 기업이나 가계의 능률을 향상시킨다. 즉 보험과 같은 대비방안을 마련함으로써 심리적 · 정신적 평안을 얻어 생산적인 활동과 적극적인 경영을 촉진시킬 수 있다.

(3) 신용도의 증가

보험은 사고발생 후의 경제적 손실을 보전하기 때문에 보험에 가입되어 있다는 그 자체가 신용도를 증가시킨다. 예를 들면 주택을 담보로 은행에서 융자를 받을 때 은행은 반드시 화재보험증권의 제출을 요구하게 된다. 이는 담보로 잡힌 주택이 화재로 인하여 재산상의 가치가 없어지는 경우 화재보험회사로부터 은행이 보상을 받기 위해서이다.

(4) 예방활동의 증가

보험은 사고발생을 방지하는 예방활동을 수행한다. 최근에는 보험의 기능이 사고를 예방하는 활동과, 사고가 발생할 경우 손해를 경감시키는 활동에 있음을 강조하고 있다. 보험이 존재하는 근본적 목적은 손해보상이지만, 사회 전체의 입장에서는 사고를 예방하는 데 있다고 볼 수 있다.

보험자의 입장에서는 사고가 발생하지 않도록 하는 것이 최선의 정책이기 때문에 보험자 스스로 예방조치를 강구하거나 안전교육을 통해서 사고에 대한 예방책을 강구한다. 그리고 보험료의 할인 · 할증을 통하여 보험계약자들에게 사고예방을 장려하며 또한 보험계약자들의 손해방지활동을 의무화하고 이에 대한 손해방지비용을 보험자가 지급하고 있다.

2-2 보험의 사회적 비용

보험은 사회적으로 여러 가지 기능을 수행하지만 이와 관련하여 불가피하게 나타나는 부정적 측면이 있다. 사회에 부담이 되는 보험의 사회적 비용을 살펴보기로 한다.

(1) 보험비용의 발생

보험을 운영하면 많은 부대비용이 소요된다. 예를 들어 보험모집인(salesman)에게 지급하는 수수료, 경상경비, 보험료에 따르는 세금 등의 비용이 필요하다. 이러한 부대비용은 보험이 존재하지 않았다면 발생하지 않는 경비로서 직접적으로 사회에 부담을 주는 비용이다.

이러한 비용은 보험자가 징수하는 보험료에 포함되어 있다. 총보험료에서 부대비용이 차지하는 비율은 보험의 종류나 보험자의 형태에 따라서 다르지만 대략 30~40%에 이르고 있다.[19] 이는 손해가 발생할 경우 보험자가 지급하는 보상금은 보험계약자로부터 거둬들인 총기금의 60~70%에 불과하다는 것이다.

또한 보험자는 사회적 역할을 수행하는 데 있어서 인적 자원 · 자본 · 토지 · 건물 등을 사용한다. 이는 그 사회의 제한된 자원을 사용한다고 볼 수 있으며, 이를 기회비용의 측면에서 보면 비용의 발생으로 간주할 수 있다.

(2) 보험사기의 유발

보험은 도박과 유사하게 적은 금액(보험료)과 많은 금액(보상금)을 서로 교환하는 것이 된다. 따라서 보상금을 받기 위하여 고의적으로 보험사고를 유발시키는 경우가 있다. 특히 보험계약자의 방화벽 · 사기성향 · 부정직 등으로 고의적인 보험사고가 많이 발생한다.

보험계약자가 보험금을 탈 목적으로 화재보험에 가입된 건물에 일부러 방화한다든지, 선박을 침몰시키기 위해 선박의 밑바닥에 고의로 구멍을 뚫는 것은 보험사기의 대표적인 예라고 할 수 있다.

보험이 존재하지 않으면 보험사기가 있을 수 없는 것처럼 보험사기도 보험의 긍정적 측면을 얻기 위해서 감수해야 하는 사회적 비용이라 할 수 있다. 보험사기를 유발하는 인간의 도덕적 위태(moral hazard)는 보험자가 관리할 수 없으며, 또한 보험사기로 인한 보상금의 지급은 결국 보험료의 인상을 가져다 준다. 그리고 보험료의 인상은 선의의 피해자를 낳게 하는 등 사회적 비용을 증가시킨다.

---

19) 방갑수, 앞의 책, p. 271.

(3) 무관심의 증가

보험은 보험계약자의 정신상태를 해이하게 만들기도 하고 사고예방에 대한 무관심을 초래하기도 한다. 보험이 없으면 사고를 내지 않기 위해서 보다 주의하고 사고의 예방이나 감소에 노력을 기울인다. 그러나 보험이라는 사회적 시설은 보험계약자로 하여금 오히려 주의를 게을리하고 손해의 예방과 감소활동을 소홀히 할 수 있는 소지를 마련해 준다.

즉 보험은 보험계약자의 정신적 위태(morale hazard)를 초래하여 마치 "보험에 들었는데 내가 왜 걱정하는가?" 하는 식이 된다. 이는 역시 보험이 가져오는 사회적 비용이라 할 수 있다.

(4) 보상금의 과잉 청구

보험사고로 인하여 보상을 받는 당사자는 대부분 보상금을 과잉 청구한다. 예를 들어 의사들은 보험사고로 인한 환자에 대해서는 일반 환자에 비해 과잉 진료를 하는 경향이 있고 환자들도 보험혜택을 충분히 받기 위해서 입원기간을 고의적으로 연장하기도 한다. 이러한 보험금의 과잉 청구는 결국 보험료의 인상을 초래하고 그로 인해 선의의 피해자가 다시 생기는 악순환이 거듭된다.

3. 보험의 요건과 과학성

3-1 보험의 요건

보험은 모든 위험을 대상으로 하지 않는다. 보험의 대상이 될 수 있는 위험과 사고는 첫째, 동질적인 위험이 다수 존재해야 하며, 둘째 보험사고의 발생시기와 장소가 명확해야 하고, 셋째 보험사고는 우연히 발생해야 하며, 마지막으로 위험은 보편적이어야 한다.

(1) 위험의 동질성과 다수성

보험의 과학성은 사고발생의 가능성을 예측하는 데 있다. 보험과 유사한 도박은 미래의 현상에 대하여 오로지 요행을 기대할 뿐이지만 보험은 확률의 원리를 통하여 미래에 발생하는 현상을 예측한다. 이러한 미래의 예측성이 없으면 보험은 존재할 수 없다. 앞의 〈그림 1-5〉에서 컴퓨터의 도난 · 파손 가능성을 2/100로 보고 있다. 즉 보험자는 사고발생률을 2/100로 예측하고 이것을 가지고 보험료를 계산하여 보험을 운영한다.

그런데 이러한 사고발생률을 구하기 위해서는 유사한 동질적인 (homogeneous) 위험이 다수(mass) 존재해야 한다. 즉 확률의 원리를 통하여 평균손실(average loss)을 정확하게 산출하기 위해서는 상당수의 동질적인 위험이 있어야만 한다는 것이다. 따라서 보험의 대상이 될 수 있는 위험은 동질성과 다수성이란 요건을 반드시 갖추어야 한다. 위험의 수가 어느 정도이어야 하는가는 위험의 종류에 따라 다르며, 대체로 수가 많으면 많을수록 좋은 평균치를 얻을 수 있다.

(2) 보험사고의 명확성

보험사고는 발생하는 때와 장소가 명확해야 한다. 사고가 발생하는 시간이 명확하지 않거나 그 장소를 파악할 수 없으면 객관적으로 보험사고의 발생 여부를 결정할 수 없게 된다. 생명보험에서는 보험사고(사망)가 언제 발생할 지는 모른다. 그러나 인간은 언젠가는 죽고 또는 보험기간의 만기가 도래하게 되어 생명보험에서의 보험사고는 명확하다. 해상보험에서도 보험사고는 대체로 명확하지만 선박이 행방불명되는 것처럼 보험사고의 때와 장소를 알 수 없는 경우가 있다. 이런 경우에는 행방불명의 기간을 정하여 그것을 보험사고의 발생시기로 간주한다.

보험사고의 발생시기와 장소가 명확해야만 동질적인 위험을 결합할 수 있다. 보험사고가 명확하지 않으면 그러한 위험들이 동질적인가 아닌가를 판단하는 것이 불가능하고 또한 동질성을 파악할 수 없기 때문에 다수성의 요건도 자동적으로 결핍된다. 따라서 사고의 발생시기와 장소가 명확하지 않은 위험은 동질성 및 다수성의 요건을 갖추지 못하여 보험의 대상에서 제외된다.[20]

20) 보험사고는 발생하는 때와 장소가 명확해야 될 뿐만 아니라 보험사고로 인한 손해액도 정확하게 금전적으로 계상될 수 있어야 보험의 대상이 될 수 있다. 예를 들어 애완견의 죽음 등은 가족들에겐 큰 슬픔이지만 금전적 계산이 불가능하기 때문에 보험의 대상이 되지 못하고 있다. Mark S. Dorfman, *op. cit.*, p. 20.

(3) 보험사고의 우연성

보험은 우연히 발생하는 위험을 대상으로 한다. 보험사고는 반드시 우연히 일어나야 하며 그 어느 누구도 사고발생을 사전에 예측하고 시간이나 장소를 예견할 수 있어서는 안 된다. 이와 같은 우연성은 도박의 성질이기도 하다. 즉 보험이나 도박은 모두 우연히 발생하는 사실에 의해 좌우된다. 그러나 보험은 위험을 제3자(보험자)에게 전가시킴으로써 위험을 관리하는 수단이지만, 도박은 오히려 위험을 창출하는 것이 되기 때문에 근본적으로 차이가 있다.

보험에서 사고의 우연성을 강조하는 것은 고의적인 보험사고를 방지하기 위해서이다. 보험은 보험계약자가 현재 부담하는 적은 금액(보험료)과 앞으로 보상받을지도 모르는 큰 금액(보험금)을 바꾸는 것이기 때문에 간혹 보험금을 타기 위한 고의적인 보험사고가 발생할 수 있다. 이런 점을 방지하기 위해 보험계약자의 중과실이나 고의성이 조금이라도 있게 되면 그러한 사고는 보험사고로 처리되지 않는다.

(4) 위험의 보편성

보험이 대상으로 하는 위험은 일반적이고 보편적이어야 하며, 대이변적(catastrophic)이어서는 안 된다. 보험사고가 발생해서 보험집단 전체에 심대한 영향을 줄 수 있는 그러한 위험은 보험의 대상에서 제외된다. 대이변적인 위험은 발생빈도는 극히 희박하지만 손실규모가 매우 심각하여 확률의 원리가 적용되지 않는다.

3-2 보험의 과학성

보험은 확률의 원리와 대수의 법칙에 의해서 과학적으로 운영된다.

(1) 확률의 원리

보험은 우연히 발생하는 사고를 대상으로 하지만 그 이면을 보면 확률의 원리(theory of probability)에 의해 과학적으로 운영된다. 보험자가 위험을 인수할 수 있는 것은 확률의 원리에 의해 손해발생률을 구할 수 있기 때문이다. 보험에서는 확률을 통해서 특정 현상의 발생 가능성을 추정할 수 있기 때문에 보험료를 산정할 수 있고 보험사업을 안정적 · 지속적으로 운영할 수 있다. 보험의 요건에서 위험의 동질성과 다수성을 강조하고 있는 이유는 과거에 일어났던 동질적인 다수의 위험을 결합하여 확률을 얻기 위해서이다.

(2) 대수의 법칙

확률의 원리를 보험에 적용시키기 위해서는 다수의 경험자료가 있어야 한다. 다수의 경험자료를 결합시켜야만 대수의 법칙(law of large number)에 따라서 보다 나은 평균치를 얻을 수 있기 때문이다. 대수의 법칙은 어떤 위험에 대해서 그 관찰대상을 늘리면 늘릴수록 실제 결과(actual results)는 예상 결과(expected results)에 가까워지는 통계학상의 법칙을 말한다.

예를 들어 동전 던지기에서 앞면과 뒷면이 나올 확률은 각각 1/2이다. 그렇지만 실제로 10번 동전을 던져보면 앞면이 8번 뒷면이 2번 나올 수도 있다. 심지어 모두 앞면이나 뒷면이 나오는 등 여러 결과가 나올 수 있다. 그러나 동전을 십만 번 정도 던져보면 앞면과 뒷면이 각각 5만 번 정도 나오게 되는데 이것을 대수의 법칙이라고 한다.

대수의 법칙에 따라 관찰대상으로 삼은 위험의 수가 많으면 많을수록 보다 정확하게 그 위험의 발생 가능성을 측정할 수 있다. 관찰대상 하나를 갖고서는 어떤 현상의 발생 여부를 예측할 수 없으나 동일한 관찰대상을 다수 놓고 측정하면 그 현상의 발생을 예측할 수 있게 된다.

따라서 우연히 발생하는 개별적인 위험도 오랜 기간 대량으로 관찰하게 되면 규칙적이고 정기적으로 발생하는 것을 알 수 있다. 보험자는 관찰결과를 바탕으로 사고발생을 예측하여 보험료를 산정하고 위험의 인수 여부를 결정한다. 대수의 법칙이 적용될 수 있는 위험집단이 아니면 보험은 성립되지 않게 된다.[21)]

---

21) 간혹 신문지상에서 유명한 선수 혹은 배우들의 신체 일부가 거액의 보험에 가입되어 있다는 기사를 볼 수 있는데, 이것은 보험이라고 볼 수 없고 다만 유명 선수나 배우들을 보호한다는 차원에서 다루어야 한다. 왜냐하면 유명한 축구 선수의 다리, 기타리스트의 손가락 등은 결국 동질적인 위험이 다수 결합되어 대수의 법칙이 적용되는 성질이 아니기 때문이다.

영국의 로이즈 보험자가 그 동안 인수했었던 독특한 예를 보면 다음과 같다.

- 전설적인 록밴드 롤링스톤의 기타리스트인 키스 리처드의 손가락
- 미국 인기 TV 연속극 어글리 베티의 주인공인 아메리카 페레라의 미소
- 영국 코스타 커피 시음가인 젠나로 펠리시아의 혀

03 보험의 분류

보험은 분류기준에 따라 여러 가지로 구분되는데 여기에서는 해상보험의 성격을 이해하기 위해서 다음과 같이 살펴보기로 한다.

1. 공보험과 사보험

보험정책적 관점에서 보면 보험은 공보험(public insurance)과 사보험(private insurance)으로 분류된다. 공보험은 국가 경제적 관점에서 행하여지는 보험이고, 사보험은 개인 경제적 관점에서 행하여지는 보험이다.

공보험은 국민건강보험과 같이 사회정책적 견지에서 행하여지는 사회보험과 산업재해보상보험과 같이 산업정책적 견지에서 행하여지는 산업보험으로 나누어진다. 해상보험은 보험회사나 무역회사의 사경제적 관점에서 행하여지기 때문에 사보험에 해당된다.

2. 공영보험과 사영보험

보험은 경영주체에 따라 공영보험과 사영보험으로 구분된다. 공영보험은 국가나 기타 공법인이 경영하는 보험이며, 사영보험은 영리를 목적으로 개인이나 사법인이 운영하는 보험이다.

일반적으로 공보험은 공영보험이며, 사보험은 개인이나 보험회사가 운영하는 사영보험이다. 해상보험은 보험회사 또는 개인보험업자가 운영하는 사영보험이다.

3. 인보험과 물건보험(재산보험)

이는 보험의 목적물에 따른 분류이다. 인보험은 사람을 보험목적물로 하며, 물건보험 또는 재산보험은 물건이나 기타의 재산을 그 대상으로 한다. 물건에 대립되는 개념은 정신이지만, 정신은 보험목적물이 될 수 없기 때문에 물건과 사람을 대립시키고 있다. 대체로 해상보험은 선박 · 화물 등을 보험목적물로 하기 때문에 물건보험에 해당된다.

4. 손해보험과 정액보험

손해보험과 정액보험의 분류는 보상방법(보험급여)에 따른 것이다. 손해보험은 실제로 생긴 손실액만큼을 보상하는 보험이며, 정액보험은 보험사고가 발생할 경우 보험계약에서 약정된 금액을 지급하는 보험이다. 따라서 손해보험의 경우는 보험사고가 발생해야만 보상받는 금액을 알 수 있지만, 정액보험은 보험계약을 체결할 때 이미 보상금액을 알 수 있게 된다.

생명보험은 보험계약자가 사망하거나 보험만기가 되면 약정금액을 지급하는 정액보험이며,[22] 해상보험은 손실액을 보상하는 손해보험이다.

5. 강제보험과 임의보험

강제보험(compulsory insurance)은 보험가입이 강제적이며, 임의보험(voluntary insurance)은 가입자의 자유의사에 따라 보험가입이 결정되는 보험이다. 해상보험은 수출업자나 수입업자, 혹은 선주의 의사에 따라 가입되는 임의보험이 대부분이다.

6. 육상보험 · 해상보험 · 항공보험

보험은 보험사고가 발생하는 장소에 따라 육상보험 · 해상보험 및 항공보험으로 구분된다. 그러나 해상보험의 경우 담보구간을 연장하여 육상에서 발생하는 위험도 해상보험에서 담보하고 있다.

7. 원보험과 재보험

보험자가 보험계약을 인수하더라도 계약금액이 거액일 경우 위험을 분산

22) 생명보험은 대표적인 정액보험이지만 최근에는 보험자의 투자수익에 따라 보상금이 달라지는 변액보험으로도 많이 운영되고 있다.

■ 표 1-2 해상보험의 성격

보험정책	공 보 험,	사 보 험
경영주체	공영보험,	사영보험
보험목적물	인 보 험,	물건보험
급여방법	정액보험,	손해보험
보험가입	강제보험,	임의보험
사고발생장소	항 공,	육 상, 해 상
보험형태		원 보 험, 재 보 험

시키기 위해 자신이 보험계약자가 되어 다른 보험자와 다시 보험계약을 체결하는 경우가 많다. 이와 같이 특정 보험자가 인수한 보험계약상의 책임 전부 또는 일부를 다른 보험자가 인수하는 경우를 재보험(reinsurance)이라 한다. 이 경우 보험자가 보험계약자로부터 직접 인수한 보험을 원보험(original insurance)이라 한다. 해상보험에서는 원보험·재보험 모두가 체결된다. 특히, 대형선박은 가액이 높기 때문에 선박보험을 인수한 원보험자는 대부분 재보험자와 재보험계약을 체결한다.[23]

지금까지 살펴본 보험의 분류기준을 토대로 해상보험의 성격을 요약하면 〈표 1-2〉와 같다.

8. 상법상의 분류

우리나라의 현행 상법(제665조~제739조)에서는 보험을 〈그림 1-6〉과 같이 분류하고 있다. 상법에서 분류하고 있는 손해보험과 인보험은 상호 대립되는 개념이 아니다. 앞에서 설명된 바와 같이 손해보험은 정액보험, 그리고 인보험은 물건보험(재산보험)과 대립된다. 따라서 보험을 손해보험과 인보험으로 분류하는 것은 각기 다른 기준을 가지고 분류한 결과이다.

우리나라 상법에서 이와 같이 분류하고 있는 이유는 구상법(1962년 상법이 제정되기 전에 우리나라에서 사용된 일본의 상법)의 영향을 받았기 때문이다. 우리나라는 보험의 역사가 일천하고 손해보험·생명보험·해상보험 등 몇 가지 종목만 한정적으로 발전되어 왔기 때문에 구상법에서는 특별한 분류기준을

23) 재보험에 관한 자세한 내용은 제17장 「해상보험실무」에 설명되어 있다.

■ 그림 1-6 상법에서의 보험분류

제시하지 않고 보험을 손해보험 · 생명보험 및 해상보험으로 분류하였다. 그러나 손해보험과 생명보험으로 나누는 것은 손해와 생명을 비교하는 것이 되어 불합리한 비교가 되고, 또한 손해보험과 해상보험은 그 성질이 같기 때문에 분류될 성질이 아니다.

새로운 상법을 제정할 때 구상법의 관행에 따라 생명보험을 인보험으로 바꾸고 해상보험을 손해보험에 포함시켜 보험을 손해보험과 인보험으로 크게 분류하였다. 손해보험은 다시 화재 · 운송 · 해상 · 책임보험 및 자동차보험으로 분류하고, 인보험은 생명보험과 상해보험으로 분류하고 있다.

이러한 분류의 취지에 따라서 우리나라의 보험회사는 손해보험과 생명보험을 함께 취급할 수 없게 되어 있다. 그래서 손해보험업무를 취급하는 보험회사의 상호는 대부분 화재해상보험회사 또는 해상화재보험회사로 표현되고, 인보험을 취급하는 보험회사의 상호는 생명보험회사로 표현되고 있다.[24] 우리나라는 화재 · 해상보험과 생명보험의 겸업이 금지되어 있지만 보험이 발달한 선진국의 경우는 겸업이 허용되고 있다.

24) 우리나라의 손해보험회사들은 대부분 화재보험업무를 먼저 취급했기 때문에 상호를 화재해상보험으로 하고 있다. 그러나 해상보험업무를 먼저 취급한 현대해상화재보험(주)은 아직까지 상호를 해상화재보험으로 사용하고 있다. 최근에는 ○○손해보험회사로 표현하는 회사도 등장하고 있다.

복습 및 토의 문제

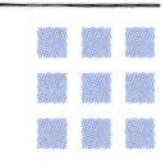

01 'risk' 의 우리나라 표현은 '위험' 이지만 정확한 번역으로 보기 힘들어 원어 발음 그대로인 '리스크' 로 표현하기도 한다. 영문식 표현도 요즈음 세대에는 자연스러운 것으로 받아들여질 수 있다고 생각되는데 어떤 것이 적합한지 토론해 보시오.

02 최근 온 세계는 코로나 19 팬데믹(pandemic)을 겪고 있다. 코로나 19 위험을 앞의 〈그림 1-2〉 위험의 형태에 따라서 분류해 보시오.

03 risk, peril, hazard 및 loss의 개념을 각각 설명하고 이들의 관계를 그림을 통해 설명하시오.

04 최근 우리나라에서는 일본 후쿠시마 원전 폭발 사고로 인해 일본산 생선 수입이 제한되고 있다. 일본산 생선에 대해 어떤 사람은 꺼려 하고 어떤 사람은 거리낌 없이 먹고 있다. 이를 리스크의 관점에서 토의해 보시오.

05 우리 주변에서 흔히 발생하는 모럴 해저드(moral hazard)의 예를 찾아 보시오.

06 미국의 오바마 대통령도 한국의 건강보험제도를 칭찬하고 있다. 우리나라 건강보험의 기능과 역기능에 대해 토의해 보시오,

07 보험은 경제적 측면에서 보면 불확실성을 감소시키는 제도라 할 수 있는데 이를 달성하기 위해서는 위험의 결합(combination)이 필요하다. 그렇다면 보험을 법적, 사회적 그리고 수리적 측면에서 볼 경우 이를 달성하기 위한 수단은 무엇인지 각각 설명해 보시오.

08 현재 우리나라는 자연재해로 인한 과수농가의 피해를 보상하기 위한 사과, 배 등을 대상으로 농작물재해보험을 운영하고 있다. 이 보험은 일반적인 보험성립요건과 어떤 차이가 있는지 토의해 보시오.

09 우리나라는 손해보험과 생명보험의 겸업 사업을 금지하고 있다. 따라서 손해보험회사는 손해보험 종목만 취급하고 생명보험회사는 생명보험 종목만 취급한다. 그런데 상해보험은 모든 보험회사들이 취급하는데 그 이유에 대해서 토의해 보시오.

10 우리나라의 상법에서 분류하고 있는 보험의 분류체계를 비판하고 적합한 분류체계에 대해 토의하시오.

Chapter 02

해상보험의 개요

| 제 1 절 | 해상보험의 의의

| 제 2 절 | 해상보험에 관한 법규

| 제 3 절 | 해상보험의 종류

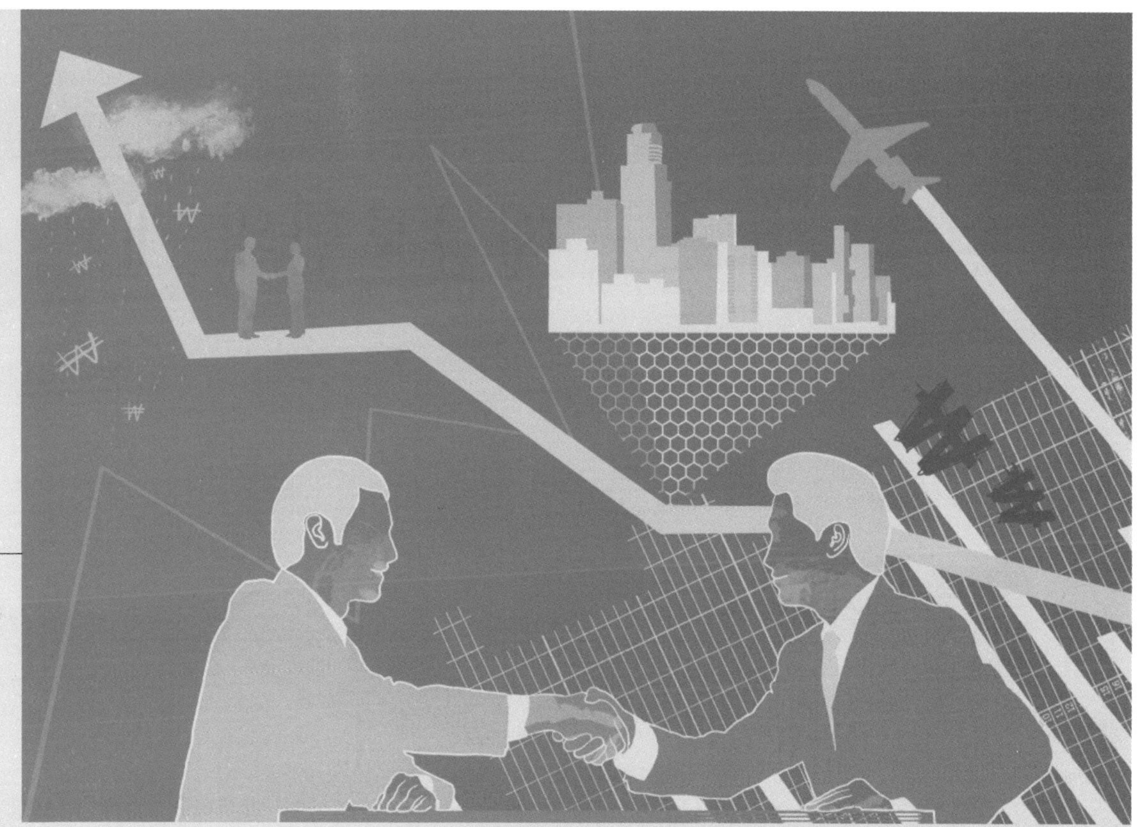

해상보험은 해상에서 발생하는 손해를 보상해 주는 손해보상계약의 일종으로 영국을 중심으로 발전해 왔다. 그러나 오늘날의 해상보험은 비단 해상구간뿐만 아니라 육상운송 심지어 항공운송에서 발생하는 손해까지도 보상하고 있다. 그리고 해상보험은 그 성질상 국제성이 아주 강하며 이에 따라서 영국의 법과 관습이 적용되고 있다. 이 장에서는 해상보험의 의의, 관련 법규, 종류 등 해상보험에 관한 기초 개념을 배우고자 한다.

Chapter 02

해상보험의 개요

01 해상보험의 의의

1. 해상보험의 정의

해상보험(marine insurance)은 해상사업과 관련하여 발생하는 손해를 보상하는 경제적 제도이다. 그리고 해상보험은 보험자와 피보험자간에 체결되는 해상보험계약(contract of marine insurance)에 의해서 구체적으로 시행된다.

〈그림 2-1〉은 해상보험의 내용을 간결하게 설명하고 있는데, 이 그림에서 보험자는 피보험자에게 장차 손해가 발생할 경우 이를 보상해 줄 것을 약속한다. 그리고 피보험자는 이러한 손해보상의 약속을 받는 대가로 소위 보험료를 지불하게 된다. 이와 같이 두 당사자간에 체결되는 일종의 손해보상

■ 그림 2-1 해상보험의 개요

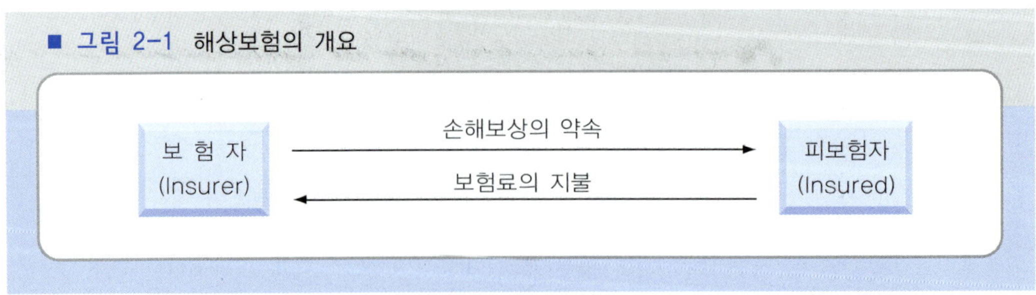

계약(contract of indemnity)이 해상보험이다.[1)]

해상보험에 관한 정의를 영국의 해상보험법(The Marine Insurance Act, 1906)과 우리나라의 상법을 통해서 살펴보면 아래와 같다.

1-1 영국해상보험법상의 정의

영국의 해상보험법 제1조에서는 해상보험을 다음과 같이 정의하고 있다.

해상보험의 정의 MARINE INSURANCE

Marine insurance defined

1. A contract of marine insurance is a contract whereby the insurer undertakes to indemnify the assured, in manner and to the extent thereby agreed, against marine losses, that is to say, the losses incident to marine adventure.

1. 해상보험계약은 보험자가 피보험자에게 계약에서 합의된 방법과 범위 내에서 해상손해, 다시 말해서 해상사업에 수반하여 발생하는 손해를 보상해 줄 것을 약속하는 계약이다.

해상보험의 정의를 포괄적으로 이해하기 위해서 이 규정에 있는 주요 용어의 의미를 살펴보기로 한다.

(1) 해상보험계약

해상보험계약은 해상보험이라는 제도를 실제로 운영하는 방법을 의미한다. 해상보험과 해상보험계약을 반드시 구분할 필요는 없지만 해상보험은 일종의 제도이고 해상보험계약은 이러한 제도를 구체적으로 시행하는 방법이라 할 수 있다. 이 규정에서도 제목은 '해상보험의 정의'이지만 그 내용은 '해상보험계약'에 관한 것이다. 즉 영국 해상보험법에서도 해상보험과 해상보험계약을 구분하지 않고 사용하고 있다.

---

1) E. R. Hardy Ivamy, *Marine Insurance*(4th ed.)(London: Butterworths, 1985), p. 4.

(2) 합의된 방법과 범위

합의된 방법과 범위는 보험자와 피보험자가 합의하여 체결한 보험계약의 내용을 의미하며 이것은 보험증권에 명시된다. 해상보험은 손해보상계약이기 때문에 보험계약을 체결할 때 당사자들은 손해보상의 방법과 범위를 약정한다. 보상방법은 대부분 현금지급이며, 보상범위는 피보험자가 보험에 가입한 조건에 따른다.

(3) 해상사업에 수반하는 손실

해상사업(marine adventure)은 해상에서 영리를 목적으로 행하는 상업적 행위를 말한다. 선박은 운임을 벌기 위해서 화물을 운송하고, 화물은 이윤을 추구하기 위해서 수송된다. 그런데 해상사업을 수행하다 보면 해상위험으로 인하여 많은 손실이 발생할 수 있다.

예를 들어 일정량의 화물을 목적지까지 운송할 경우 약정된 운임을 지급하기로 운송계약을 체결하고 항해하던 중 폭풍우로 선박이 침몰하였다고 하자. 이 때 선박의 주인이 입게 되는 손실은 첫째, 자신이 소유하고 있던 선박이 침몰됨으로써 입는 손실, 둘째 화물을 목적지까지 운송할 경우 받기로 한 운임을 받지 못함으로써 생기는 손실, 셋째 선박과 함께 침몰한 화물에 대하여 하주가 손해배상을 청구할 경우 배상금을 지급함으로써 생기는 손실 등이다.

이런 점을 감안하여 영국해상보험법(제3조 2항)에서는 해상보험계약이 체결될 수 있는 해상사업의 경우를 다음과 같이 규정하고 있다.

① 선박 · 화물(피보험재산, insurable property) 등이 해상위험에 직면할 경우
② 선박 · 화물 등이 해상위험에 직면함으로써 운임 · 여객운임 · 수수료 등을 받지 못할 경우
③ 선박 · 화물 등이 해상위험에 직면함으로써 선불금(advances) · 대부금 · 선비(disbursements) 등에 대한 담보를 상실할 경우
④ 선박 · 화물 등을 소유함으로써 이의 소유자가 제3자에 대해서 배상책임을 부담하게 될 경우

1-2 우리나라 상법상의 정의

우리나라의 상법에는 해상보험의 정의에 관하여 직접 규정한 조항은 없지만 해상보험의 정의와 관련될 수 있는 몇 가지 조항들은 찾아 볼 수 있다.

(1) 보험의 의의

상법 제638조에는 보험의 의의를 다음과 같이 규정하고 있다.

상법의 정의는 보험의 정의가 아니라 보험계약의 정의로서 보험과 보험계약을 서로 구분하지 않고 사용하고 있는 점은 영국해상보험법과 동일하다. 여기서 보험료를 지불하는 당사자는 피보험자이고 손해를 보상할 것을 확약하는 상대방은 보험자를 가리킨다. 그리고 이 규정은 손해보험과 생명보험 모두에 해당되기 때문에 보험자는 재산 또는 생명이나 신체에 관한 사고를 보상할 것을 약정한다.

의 의 MARINE INSURANCE

보험계약은 당사자 일방이 약정한 보험료를 지급하고 상대방이 재산 또는 생명이나 신체에 관하여 불확정한 사고가 생길 경우에 일정한 보험금액 기타의 급여를 지급할 것을 약정함으로써 효력이 생긴다.

이 규정에서 의미하는 일정한 보험금액은 손해보험에서는 손해보상액 그리고 정액보험에서는 보험계약에서 합의된 약정금액을 뜻한다. 기타의 급여는 현금 외의 보상방법을 말한다. 일반적으로 보험자가 보상하는 방법으로는 현금지급 · 대체(replacement) · 수선(repair) 등이 있는데, 대부분의 보험계약에서는 현금지급이다.

그러나 유리보험(glass insurance) · 반지보험(ring insurance) 등에서는 파손된 유리나 분실된 반지 등을 보험자가 새로운 것으로 대체해 주기도 한다.[2] 그리고 자동차보험에서는 수선으로 보상을 대신할 수 있다.

---

2) Gordon C. A. Dickson & John T. Steele, *Principles and Practices of Insurance* (London: The CII Tuition Service, 1981), p. 4/3.

(2) 해상보험자의 책임

상법 제693조에서는 해상보험자의 책임에 관하여 다음과 같이 규정하고 있다.

여기서 항해사업은 해상에서 영리를 목적으로 행하는 모든 상업적 행위를 말하는데, 영국해상보험법에서는 이를 해상사업으로 표현하고 있다.

해상보험자의 책임 MARINE INSURANCE

> 해상보험계약의 보험자는 항해사업에 관한 사고로 인하여 생길 손해를 보상할 책임이 있다.

(3) 상법상의 정의

보험의 의의(제638조)와 해상보험자의 책임(제693조)에 관한 조항을 토대로 우리나라의 상법에서 의미하고 있는 해상보험의 정의를 추정해 보면, "해상보험계약은 당사자의 일방이 약정한 보험료를 지급하고 상대방은 항해사업에 관한 사고로 인하여 생길 재산상의 손해를 보상할 것을 약정함으로써 효력이 생긴다"라고 할 수 있다.

보험료를 지불하는 당사자의 일방은 피보험자이고 손해를 보상할 것을 확약하는 상대방은 보험자이다. 따라서 보험자 · 피보험자의 용어를 사용하게 되면 상법에서 규정하고 있는 해상보험의 정의는 영국해상보험법상의 정의와 유사하다고 하겠다.

2. 해상보험의 범위

해상보험은 해상에서 우연히 발생하는 사고(perils)로 인하여 손해가 야기될 경우 이를 보상하는 제도이다. 그러나 영국의 해상보험법 제2조에서는 다음과 같이 해상보험계약은 그 명시된 특약 또는 상관습에 의해 담보의 범위를 확장해서 해상항해에 수반되는 내수로(inland waters) 또는 육상위험으로 인한 손해에 대해서도 보상할 것을 규정하고 있어, 사고가 발생하는 지점이 반드시 해상이 아니라도 됨을 시사하고 있다.

해륙혼합의 위험 MARINE INSURANCE

Mixed sea and land risks

2(1) A contract of marine insurance may, by its express terms, or by usage of trade, be extended so as to protect the assured against losses on inland waters or on any land risk which may be incidental to any sea voyage.

해륙혼합의 위험

2(1) 해상보험계약은 그 명시적 규정 또는 상관습에 의해서 해상항해에 부수하는 내수로 또는 육상위험으로 인한 손해에 대해서 피보험자를 보호하기 위하여 그 담보위험을 확장할 수 있다.

따라서 해상운송과 연계하여 육상운송을 하더라도 별도로 육상운송 보험계약을 체결할 필요 없이 해상보험계약만으로도 전운송구간에 대한 보험계약의 체결이 가능하다. 해상보험에 의한 담보의 구간을 내륙지점까지 확장 담보할 수 있는 부대조건으로는 내륙운송연장담보조건(Inland Transit Extension; ITE)이 있다. ITE조건을 활용하게 되면 육상운송 도중 발생할 수 있는 위험까지도 해상보험으로 담보된다.[3)]

그리고 현재 사용되고 있는 협회적하약관[4)](Institute Cargo Clauses, 2009)의 운송약관(Transit Clause)에서도 보험자의 보상책임이 선적항의 창고에서부터 시작하여 도착항의 창고까지 연장되도록 규정하고 있다. 따라서 선적순서를 기다리기 위해 선적항의 창고에 화물을 임시로 보관할 경우에도 별도로 화재보험에 가입할 필요가 없으며 해상보험으로 보호가 된다.

이와 같이 오늘날의 해상보험은 육상운송위험까지도 연장담보하도록 되어 있어, 해상 및 육상의 혼합보험 성격을 띠고 있다. 그러나 해상보험이 혼합보험이라 하더라도, 항공운송에 따른 위험을 연장담보하는 경우는 드물

3) 담보(擔保)의 일반적 의미는 채무자가 그 채무를 이행하지 아니할 경우에 채권자가 입을 위험에 대비해서 채권자에게 제공되어 채무의 이행을 확보하며, 그 손해를 보전하기 위하여 설정되는 조치를 말한다. 그러나 보험에서 담보(cover)라고 하면 보험자가 위험을 부담하여 손해가 발생했을 때, 피보험자를 보호해 주기로 약속한 경우를 말한다. 따라서 담보의 범위는 곧 보험자가 손해보상을 약속한 범위를 일컫는다.

4) 협회적하약관(2009)에 관한 자세한 내용은 「제15장 협회적하약관」을 참고할 것.

다.[5] 그 이유는 해상운송이 주로 대량의 화물을 운송하는 수단인 데 비해, 항공운송은 신속성을 요하는 소량화물을 운송하기 때문에 해상운송과 항공운송이 연계되어 운송하는 경우가 드물기 때문이다.

3. 해상보험의 특성

3-1 해상보험의 국제성

해상보험은 다른 분야의 보험에 비해 국제성이 아주 강한 편이다. 해상보험은 해상운송에서 발생하는 위험을 그 대상으로 하기 때문에 자연히 해상운송이 필요한 국제무역과 밀접한 관계가 있다. 오늘날의 해상운송이 국제무역의 물동량을 대부분 수송할 수 있는 것은 해상보험이 이를 뒷받침하고 있기 때문이다. 국제무역에 2개국 이상이 관여하듯이 해상보험도 마찬가지로 하나의 보험계약에 2개국 이상 관련되는 경우가 많다.

예를 들어 수출업자와 수입업자가 CIF 가격조건으로 매매계약을 체결하게 되면 수출업자는 자국의 보험회사와 적하보험계약을 체결하지만, 실제 보험사고가 발생할 경우에는 수입업자가 수입국에서 보상청구를 하게 된다. 수입업자는 수출업자가 거래은행을 통하여 제시한 보험증권을 입수하여 손해배상을 제기하지만 이 보험증권은 수출국에서 발행된 보험증권이다. 이와 같이 해상보험은 수출국과 수입국이 동시에 관여하는 국제적인 보험의 성격을 지닌다.

또한 선박은 그 가액이 매우 크기 때문에 1차적으로 국내의 보험회사가 이를 인수하고 다시 재보험을 보내는 경우가 많다. 즉 국내 손해보험회사가 선박보험을 인수한 후 위험을 분산하기 위해 자기가 인수한 보험금액의 일부를 국내 재보험전문회사 혹은 해외재보험회사와 재보험거래를 한다. 국내 재보험전문회사(코리언 리)도 재보험으로 인수한 금액의 일부를 해외로 다시 재재보험으로 보내는 경우가 많기 때문에 해상보험은 외국보험자와의 재보험거래 측면에서도 국제성이 매우 강조되고 있다.

---

5) 항공화물과 우편물에 대해서는 별도의 항공보험이 있다. 그러나 항공화물에 대한 보험도 해상보험으로 부보하는 것이 관례이고 해상보험의 법률과 원칙이 적용된다. 항공화물에 적용되는 약관은 협회항공적하약관(Institute Cargo Clauses; Air)이다.

3-2 영국의 법률과 관습의 적용

역사적으로 해상보험은 영국을 중심으로 발전되어 왔으며, 오늘날에도 전세계의 재보험은 영국으로 모일 정도로 아직까지 영국이 해상보험의 중심지가 되고 있다. 해상보험에서 공식적으로 처음 사용된 보험증권은 영국의 로이즈(Lloyd's)에서 채택된 'Lloyd's SG 보험증권'이다.

200년 이상 세계 각국에서 로이즈 보험증권이 사용되면서 이 보험증권을 중심으로 해상보험에 관한 주요 원칙이 정립되었으며 또한 해상보험에 관한 수많은 판례(case)가 생겨났다. 지금도 해상보험과 관련되는 사건에는 영국의 판례가 인용되고 있는 실정이다.

아울러 해상보험거래에서 사용되고 있는 약관은 대부분 영국의 기술 및 약관위원회(Technical and Clauses Committee)에서 제정한 협회약관(Institute Clauses)이다. 해상보험의 전통과 관습에 따라서 대부분의 국가에서는 협회약관을 일부만 수정하여 그대로 사용하고 있다.

이에 따라 현재 사용되고 있는 해상보험증권에는 "이 보험증권의 규정 또는 이 보험증권에 첨부된 어떠한 반대규정에도 불구하고 이 보험은 모든 구상청구(claim)에 대한 해결과 정산에 대하여 영국의 법률과 관습에만 따를 것을 합의한다"라는 약관이 인쇄되어 있다. 따라서 모든 클레임에 대한 보험자의 책임 유무와 클레임의 정산에 관해서는 영국의 법률과 관례에 따르게 된다. 선박보험에서 이용되는 협회기간약관(Institute Time Clauses-Hulls)의 서두에도 "이 보험은 영국의 법률과 관습에 준거한다"는 내용이 명시되어 있다. 따라서 해상보험에 관한 사항은 사실상 영국의 법률과 관습에 따르게 된다.

이런 취지는 우리나라의 판례에서도 찾아 볼 수 있다. 먼저, 해상보험계약에서 야기되는 일체의 책임문제는 영국의 법률 및 관습에 의거하여야 한다는 준거법약관은 당사자 사이에 유효하다는 대법원 판결이 있다(대법원 1977. 1. 11 판결, 71다2116 보험금-파기 환송).

그리고 해상보험계약에서 영국의 법률과 관습을 적용한다는 약정은 선량한 풍속, 기타 사회질서에 위반되는 사항을 내용으로 하는 법률행위라고 보여지지 아니 하므로 그 준거법 약정은 유효하다는 서울고등법원의 판결이 있다(서울고등법원 1980. 8. 19 판결, 77나340 보험금-청구기각).[6)]

6) 송상현 · 김현, 「해상법원론」(제5판)(박영사, 2015), p. 580.

4. 해상보험의 목적물

보험목적물(subject-matter insured) 혹은 보험목적은 보험계약이 체결될 수 있는 대상물을 의미한다.[7] 해상위험으로 인하여 경제적 손해가 생길 수 있는 객체는 모두 해상보험의 목적물이 될 수 있으며 이에는 선박 · 적하 · 운임 등이 있다.[8]

4-1 선 박

사회통념상 선박(ship)이라고 인정되는 선박은 모두 해상보험의 목적물이 된다. 따라서 상거래에 사용되는 선박 이외에 특수한 목적을 가진 선박도 해상보험의 대상이 될 수 있다. 실제 해상보험에 가입되고 있는 선박의 종류는 화물전용선 · 탱커선 · 여객선 · 어선 등 다양하다.

그리고 선박에는 여러 가지 장비와 용품 등이 설치 · 보관되어 있기 때문에 해상보험에 가입할 때는 무엇을 포함시킬 것인지 부보대상의 범위를 정확히 규정할 필요가 있다.

영국해상보험법 제1부칙인 보험증권의 해석에 관한 규칙(Rules for Construction of Policy; RCP)은 해상보험에서 자주 사용되고 있는 주요 용어에 대한 정의를 내리고 있는데 제15조에서는 선박의 범위를 포괄적으로 규정하고 있다.

이에 의하면 해상보험에서 의미하는 선박에는 선체(hull) · 선박자재(materials) · 의장용구(outfits) · 고급선원 및 보통선원의 용품과 식료품 등이 모두 포함된다. 의장용구는 나침판 · 구명보트 등 항해에 필요한 선박의 부속물을 말하며 특수 사업에 사용되는 선박의 경우에는 그 사업에 통상적으로 필요한 의장까지 포함된다. 또한 기선의 경우에는 기계 · 기관이 포함되며 선주가 소유하고 있는 석탄과 기관용 소모품도 선박의 범위에 포함된다.

---

7) 보험목적물과 유사한 용어로서 피보험목적물(subject of insurance)이 있는데, 이는 보험대상물 중에서 구체적으로 특정 보험에 의해 보호받게 되는 대상을 말한다. 즉 보험목적물 중에서 실제 보험계약이 체결되어 있는 대상을 피보험목적물이라 한다. 그러나 보험목적물의 전부 또는 일부가 피보험목적물이 될 수 있기 때문에 서로 동의어로 사용해도 무방하다. 이 책에서도 양자를 동의어로 보고 상호의 의미를 구분하지 않고 있다.

8) 이 외에 이윤 · 수수료 · 급료, 하주에 대한 선주의 배상책임, 대부금 · 선불금 · 선비 등도 해상보험의 목적물이 될 수 있다.

4-2 화　물

해상보험에서 의미하는 화물(goods)은 상품의 성질을 가지는 모든 화물을 뜻하지만, 개인소지품 · 선내에서 사용하기 위한 식료품과 용품은 화물의 범위에 포함되지 않는다. 그리고 갑판적재화물(deck cargo)과 생동물(living animals)에 대해서는 반드시 명칭을 명시하고 보험계약을 체결하도록 규정하고 있다. 따라서 갑판적재화물과 생동물은 화물이라는 포괄적 명칭을 사용해서는 보험계약이 체결되지 않는다(영국해상보험법 제1부칙 제17조).

운송 화물은 원래 갑판 아래에 적재하고 폭발성화물 · 장척화물(lengthy cargo) 등 다른 화물과 혼재될 수 없는 화물만을 갑판상에 적재한다. 갑판적재화물은 갑판 하에 적재되는 화물(under-deck cargo)보다 위험하기 때문에 보험료가 할증되며 여기에 적용되는 보험조건도 일반화물에 비해 매우 제한되어 있다.

그리고 생동물도 먹이 · 배설물 · 통풍장치 등 여러 가지 이유로 일반화물과는 다르기 때문에 특수한 보험조건으로만 계약이 체결된다. 예를 들어 토끼는 'Total Loss Only caused by Total Loss Vessel(TLO by TLV)'조건으로만 부보되어 적재선박에 침몰 · 행방불명 등 전손이 발생하여 화물도 함께 전손될 경우에만 보상된다.

해상운송에서도 두 가지 화물을 특별히 취급하여 헤이그 규칙(Hague Rules, 1924)은 운송의 목적이 되는 화물의 정의에 갑판적재화물과 생동물을 제외하고 있다. 그러나 함부르크 규칙(Hamburg Rules, 1978)에서는 주로 동물들을 많이 수출하는 개발도상국가나 후진국들의 주장에 굴복하여 생동물도 일반화물과 똑같은 대우를 받게 되었고, 갑판적재화물도 화물의 예외 대상에서 빠졌다.[9)]

---

9) 헤이그 규칙은 1924년 브뤼셀 외교회의에서 채택된 '선하증권에 관한 규칙의 통일을 위한 조약(브뤼셀조약)' 인데 주요 선진국 해운법의 모체가 되었다. 이 규칙은 1969년 일부 수정되어 헤이그-비스비 규칙(Hague-Visby Rules)으로 명명되고 현재 주요 선진국들이 비준함으로써 국제해상운송의 주요 규칙으로 사용되고 있다. 따라서 갑판적재화물과 생동물에 대해서 특별보험조건과 할증요율이 적용되는 것이 국제규칙에 위배되는 것은 아니다.

한편 함부르크 규칙은 기존의 헤이그규칙 체계에서는 주로 선진국의 이익을 대변했다는 개도국의 주장을 수용하여 1978년 유엔에서 제정하여 1992년부터 발효된 해상물품운송에 관한 UN협약을 말한다. 주로 아프리카 국가들이 비준하여 현재 사용하고 있다.

4-3 운 임

보험증권의 해석에 관한 규칙(제16조)에 의하면 운임(freight)은 제 3 자에 의하여 지불되는 운임 이외에 선주가 자기의 선박을 사용하여 자신의 화물을 수송할 때 얻는 운임까지도 포함한다. 그러나 여객운임(passage money)은 운임에 포함되지 않는다. 따라서 운임은 일반운임과 용선운임, 그리고 선주가 자신의 화물을 운송할 경우의 운임으로 구분된다.[10)]

일반운임(ordinary freight)은 선주가 화물을 운송하고 하주로부터 받는 보상금을 말한다. 무역거래에서 일반화물선으로 가장 많이 이용되고 있는 정기선은 컨테이너선 운임과 일반정기선 운임으로 구분된다.

컨테이너선 운임은 컨테이너 내용물에 따라 운임을 달리 적용하는 품목별 운임(commodity rate), 내용물에 상관없이 무조건 1컨테이너 단위당 동일한 운임을 적용하는 무차별운임(freight all kinds rate), 물품을 몇 가지 등급으로 분류해서 운임을 차등 적용하는 품목별 박스운임(commodity box rate) 등이 있다.

그리고 일반정기선 운임은 화물의 용적과 중량으로 운임을 계산하여 높은 것을 운임으로 하는 운임톤(revenue ton)을 적용한다. 고가품일 경우에는 종가운임(*ad valorem* freight)이 적용된다.

용선운임은 선박을 임대한 용선계약자(charterer)가 선주에게 지불하는 용선료(charterage)를 말한다. 용선은 항해용선, 정기용선 등이 있는데 항해용선은 특정 항구에서 특정 항구까지의 1회 항해를 중심으로 선박을 임대하는 것으로 용선료는 보통 적재 화물량에 상관없이 1회 항해 얼마라고 하는 포괄운임(*lump sum* freight)으로 계산된다. 그리고 정기용선은 일정 기간 용선하는 것으로 용선료는 임대기간에 따라 계산된다.

그리고 선주가 자신의 선박으로 자신의 화물을 운반할 경우 추측할 수 있는 운임(owner's trading freight)도 운임의 범위에 포함된다. 선주는 자신의 화물을 운송하고 실제로 운임은 지급하지 않는다. 그러나 자신의 화물이 다른 지역으로 운송되어 가치가 상승되면 보험목적물의 가치도 그만큼 상승한 결과가 되어 그 부분만큼 보험계약이 체결될 수 있기 때문에 운임의 범주에 포함시키는 것이다.

---

10) E. R. Hardy Ivamy, *op. cit.*, p. 10.

02 해상보험에 관한 법규

1. 영국해상보험법

1-1 영국해상보험법의 의의

해상보험은 그 성격상 2개국 이상이 관여하는 국제성이 매우 강한 보험이기 때문에 보험거래에서 발생할 수 있는 분쟁을 방지하고 이를 해결할 수 있는 준거법이 필요하다. 해상보험은 영국을 중심으로 발전되어 왔기 때문에 전통적으로 해상보험에 관해서는 영국의 법률과 관습이 적용되고 있다. 이에 따라 오늘날 사용되고 있는 해상보험증권에도 영국의 법률과 관습에 따라서 모든 것을 해결한다는 준거법약관이 인쇄되어 있다.

해상보험에 관한 대표적인 영국법은 1906년도에 제정된 영국의 해상보험법(The Marine Insurance Act, 1906; MIA)이 있다. 이 해상보험법은 그 동안 의 각종 판례를 정리한 것으로 해상보험에 대한 영국의 성문법이다. 이 법은 1906년까지 사용해 오던 해상보험에 관한 관습이나 보편적인 원리를 거의 수용하고 있어 아직까지도 영국해상보험의 체계를 이루고 있으며, 대부분의 국가들도 이 법을 원용하여 자국 법률의 모체로 삼고 있다.

1-2 영국해상보험법의 제정배경과 구성

해상보험이 영국을 중심으로 일찍이 발전되어 왔지만 1906년도 이전까지는 해상보험에 관한 영국의 법들은 거의 대부분이 관행의 형태로 존재하는 관습법 혹은 판례법 등으로 산재되어 있었다. 관습법, 판례법 등은 성문화된 법이 아니고 불문법이기 때문에 해상보험과 관련된 관습을 체계화하려는 노력이 시도되어 왔다.

대표적으로 맨스필드(Mansfield) 경은 1756년 영국의 대법원장으로 당선된 후 프랑스의 해상보험법령, 영국의 해상보험에 관한 관습 등을 연구하면서 해상보험에 관한 중요한 판례를 많이 남겼는데 이 판례들이 오늘날 영국해상보험법의 기초가 되었다. 그 후, 찰머스(D. Chalmers) 경은 지금까지 내려오던 불문법을 수정하지 않고 될 수 있는 대로 정확히 성문법으로 재현하려는 의도에서 해상보험성문법안(Marine Insurance Codification Bill)을 기초하였는데, 이 법안은 1894년 헤셀(Hershell) 대법원 판사를 통하여 상원에 제안되었다. 그 후 1900년에 상원을 통과하여 1906년 12월 21일에 정식으로 제정되어 다음 해 1907년 1월 1일부터 시행되었다.[11)]

영국해상보험법은 총 94개조로 구성되어 있으며 주요 규정을 정리해 보면 〈표 2-1〉과 같다.

그리고 영국해상보험법의 부칙인 보험증권의 해석에 관한 규칙(Rules for Construction of Policy; RCP)에는 해상보험에서 많이 사용되고 있는 용어들의 정의가 명확하게 규정되어 있다.

■ 표 2-1 영국 해상보험법의 구성체계

주요규정	조 항	주요규정	조 항
1) 해상보험 Marine Insurance	1- 3	10) 보험료 The Premium	52-54
2) 피보험이익 Insurable Interest	4-15	11) 손해와 위부 Loss & Abandonment	55-63
3) 보험가액 Insurable Value	16	12) 분 손 Partial Losses	64-66
4) 고지 및 표시 Disclosure & Representations	17-21	13) 손해보상한도 Measure of Indemnity	67-78
5) 보험증권 The Policy	22-31	14) 보험금을 지급한 보험자의 권리 Rights of Insurer on Payment	79-81
6) 중복보험 Double Insurance	32	15) 보험료환급 Return of Premium	82-84
7) 담보 및 기타 Warranties, etc.	33-41	16) 상호보험 Mutual Insurance	85
8) 항 해 The Voyage	42-49	17) 보 칙 Supplemental	86-94
9) 보험증권의 양도 Assignment of Policy	50-51		

11) 영국은 따로 성문법규가 없고 법원에서 내려진 판례나 관습을 법으로 하는 불문법 내지 판례법 국가인데, 해상보험에 관해서는 예외적으로 이와 같은 성문법규를 가지고 있다.

2. 영국보험법(2015)

MIA는 1906년 제정된 이래로 영국을 비롯한 여러 나라 해상보험법의 기반이 되어 왔다. 하지만 이 법은 제정 당시의 상관습, 판례 등을 기초로 입법화되었기 때문에 일부 내용은 너무 엄격하고 불명확하며 또한 시대적으로도 오늘날의 보험 관행을 제대로 반영하지 못하고 있다는 비판이 제기되어 왔다.

영국의 불문법 체계의 특성과 여러 나라 해상보험법의 근간이 되고 있는 MIA를 함부로 개정할 수 없었기 때문에 영국은 2015년 영국보험법(New Insurance Act, 2015)을 제정하였다. 이 법은 보험계약자의 의무 위반에 대한 보험자의 계약취소를 제한하고, 보험에 대한 사기유형을 5가지로 나열하여 부당할 경우 계약을 종료할 수 있는 권리를 부여하는 등 보험계약자의 불이익을 최대한 보호하고 있다.

영국보험법(2015)은 일종의 특별법의 성격을 지니고 있어 MIA에 우선하여 적용된다. 따라서 지금까지 MIA에만 의존해 왔던 보험자와 보험계약자 간의 분쟁은 영국보험법의 영향을 받게 되어 그 동안 엄격하게 적용되어 왔던 보험계약자의 의무 위반 등이 앞으로는 완화될 전망이다.

3. 우리나라의 상법

대부분의 국가들은 상법 · 보험업법 등을 통하여 보험사업을 관리 · 감독하고 있다. 해상보험도 손해보험의 일종으로서 당국의 행정규제를 받을 뿐만 아니라 해상보험에 관련되는 제반 법규의 제한도 받는다.

보험사업은 공공성이 강하고 국민경제 전반에 미치는 영향이 대단히 큰 사업이다. 보험은 보험자가 수많은 피보험자로부터 징수한 보험료를 관리 · 운영하여 보험사고가 발생할 경우에 보험금을 지급하는 경제제도이므로 만약 보험자가 보험사업을 방만히 운영하여 보험사고가 발생했는데도 보험금을 지급할 수 없으면 피보험자들이 입는 피해는 매우 크며 나아가 사회 전체에도 심각한 영향을 미치게 된다.

이에 따라 각 국가들은 보험사업을 엄격히 감독하기 위하여 상법 · 보험업법 등을 제정 · 운영하고 있다. 우리나라도 상법 · 보험업법 · 보험업법 시행령 등을 통하여 금융감독원에서 보험사업을 관리 · 감독하고 있다. 먼저 우리나라 상법 제4편 보험의 통칙과 제2장 손해보험의 통칙에는 보험일반에 관한 내용이 규정되어 있으며, 상법 제693조부터 제718조까지에는 해상보험에 관한 내용이 규정되어 있다. 또한 보험사업을 효율적으로 지도 · 감독하고, 보험계약자 · 피보험자 · 기타 이해관계인의 권익을 보호하여 보험사업의 건전한 육성과 국민경제의 균형 있는 발전을 도모하기 위하여 보험업법과 보험업법 시행령이 제정 · 운영되고 있다.[12)]

해상보험은 손해보험의 일종으로서 당연히 우리나라 상법의 적용을 받으며 또한 해상보험을 운영하는 보험자는 보험업법과 그 시행령을 준수해야 한다. 그러나 해상보험은 국제성이 강한 보험이기 때문에 해상보험의 주요 내용은 영국의 법과 관습에 따른다.

상법은 일부의 강행규정 이외에는 임의법이기 때문에 당사자간의 계약이 우선한다.[13)] 우리나라를 비롯한 대부분의 국가에서 사용하고 있는 해상보험증권에는 영국의 법과 관습을 따라야 한다는 약관이 규정되어 있어 해상보험에 관해서는 영국의 해상보험법이 준거법으로 사용되고 있다.

그러나 해상보험에서 영국의 법과 관습이 아무리 중요하다고 해도 보험사업의 궁극적 목적과 운영에는 우리나라의 상법과 보험업법이 적용된다. 영국의 법과 관습은 주로 보험자와 피보험자간의 보험계약관계에 적용되는 것이지, 보험회사의 설립이나 이를 운영하는 방법까지 영국의 법과 관습을 적용해야 한다는 것은 아니다.

그리고 우리나라의 법영역에 한정될 수 있는 해상보험은 굳이 영국의 법과 관습을 이용할 필요 없이 우리나라의 상법을 준거법으로서 사용할 수 있다. 예를 들어 연안해운에 종사하는 선박이나 부산과 인천 사이와 같이 국내에서 해상운송되는 화물 등에 대한 해상보험은 반대규정의 약관이 없으면 우리나라의 해상보험법이 적용된다.

---

12) 1962년 1월 15일 법률 제973호로 보험업법이 제정되었으며, 1962년 1월 20일 각령 제460호로 보험업법 시행령이 제정되었다.

13) 일반적으로 당사자의 의사에 의하여 그 규정의 적용을 배제할 수 있는 규정을 임의규정 또는 임의법규라 하고 당사자의 의사 여하에 불구하고 강제적으로 적용되는 규범을 강행규정 또는 강행법규라 한다. 공법에 속하는 규정은 거의 강행법규이고 임의법규는 사적자치를 원칙으로 하는 사법에 속하는 규정이 많다. 상법은 공법적 규정을 포함하고 있기는 하지만 기업에 관한 사법으로 보는 견해가 지배적이다.

03 해상보험의 종류

해상보험은 화물을 대상으로 하는 적하보험과 선박을 대상으로 하는 선박보험이 주종을 이루고 있다. 그러나 해상사업과 관련하여 여러 가지 위험이 발생하기 때문에 여기에 대비할 수 있는 다양한 보험종목들이 개발되어 있다. 해상보험의 이해를 돕기 위하여 실제로 이용되고 있는 해상보험종목들을 개략적으로 설명하고자 한다.

1. 선박보험(Hull Insurance)

1-1 선체 및 기관보험

선체 및 기관보험은 선박을 대상으로 하는 보험이다. 선체 및 기관보험은 반드시 선박 그 자체인 동체만을 대상으로 하는 것은 아니며 선박의 의장용구나 항해에 필요한 모든 물건도 대상으로 한다. 따라서 선체보험이라고 하면 선체 · 선박자재 · 의장용구 · 기관 · 항해용구 및 기타 비품들을 포함하는 선박을 보험목적물로 한다.[14)]

1-2 선박건조보험

선박의 건조에는 상당한 비용과 오랜 기간이 소요되고, 육상에서의 건조, 해상에서의 시운전 등으로 인해 위험이 육상 및 해상에서 동시에 발생한다. 선박의 건조에서부터 진수 · 시운전 및 인도에 이르기까지 이에 따른 제반 손해를 보상해 주는 보험이 선박건조보험(ship building insurance)이다.

통상적으로 선박건조보험의 대상물은 선박건조자의 건조장 또는 기타의 구내에서 건조중인 선박 · 기관 · 기관부품 등이며, 건조장 밖에서 제조중에 있거나 건조장 밖으로 운송중인 선체의 부품도 확장 · 담보할 수 있다.

---

14) 선박보험은 선박과 관련되는 모든 보험을 뜻하는 넓은 의미이다. 선박보험의 가장 대표적이고 기본이 되는 것은 선체 및 기관보험이기 때문에 선박보험이라고 하면 곧 선체 및 기관보험을 의미한다고 보아도 무방하다. 그리고 선체 및 기관보험을 줄여서 선체보험이라 한다.

보험기간은 일반적으로 보험목적물이 건조자에게 인도된 시점부터 시작되고 선박이 예정 건조기일 내에 완공되어 선주에게 인도되면 위험이 종료된다. 만약 보험증권에 명시된 예정 기일 내에 선박의 건조가 완공되지 않으면 추가보험료를 납입하고 연장 · 담보할 수 있다.

1-3 선박불가동손실보험

선박불가동손실보험은 보험사고로 인하여 선박이 운항하지 못하게 되었을 경우, 선주나 선박운항관리자가 입게 되는 예상수익의 손해를 보상해 주는 보험이다. 주로 선박의 침몰 · 좌초 · 화재 · 충돌로 인한 일시적인 불가동 손실을 보상한다. 그러나 유조선의 기름이 폭발하는 경우나 기관고장으로 인한 불가동손실은 별도로 확장 · 담보조건을 이용해야 한다.

2. 적하보험(Cargo Insurance)

적하보험은 운송 화물을 대상으로 하는 보험이다. 따라서 적하보험계약이 체결될 수 있는 보험목적물은 화물이다. 여기서 의미하는 화물은 대체로 상품 그 자체를 말한다. 그리고 사유물이나 선내에서 소비하기 위한 식료품이나 소모품 등은 화물로 취급되지 않으며 이들 품목은 적하보험의 대상이 될 수 없다.

3. 운임보험(Freight Insurance)

운임보험은 운임을 대상으로 하는 보험이다. 운임이 선불인 경우는 하주가 운임보험을 체결하고 운임이 도착지에서 지불될 경우에는 선주가 체결한다. 운임보험은 제3자에 의해서 지불되는 운임뿐만 아니라 선주가 자신의 선박으로 자신의 화물을 운반할 경우 추측할 수 있는 운임도 대상으로 한다. 그러나 여객이 지급하는 여객운임은 운임에 포함되지 않기 때문에 운임보험의 대상에서 제외된다.

4. 보험기간에 따른 분류

보험기간은 보험자의 책임이 존속되는 기간을 말하며 보험기간을 정하는 방법에 따라서 해상보험은 기간보험, 항해보험, 혼합보험 등으로 구분된다(영국해상보험법 제25조 1항).

4-1 기간보험

기간보험(time insurance)은 일정한 기간을 표준으로 하는 보험이며 이 때 기간보험증권(time policy)이 발급된다. 선박보험은 통상적으로 1년을 보험기간으로 하는 기간보험이다. 우리나라에서 선박기간보험의 보험개시시간은 한국표준시간으로 개시일의 정오 12:00이며 종료일의 같은 시간에 종료한다.

4-2 항해보험

항해보험(voyage insurance) 또는 구간보험은 보험목적물을 부산항에서 뉴욕항까지 부보하는 것처럼 어느 지점에서 다른 지점까지 보험에 가입하는 경우이며 이 때 발행되는 보험증권을 항해보험증권(voyage policy)이라 한다. 항해보험에서는 항해가 끝날 때마다 보험계약을 갱신해야 한다. 적하보험은 항해보험으로 계약이 체결되며 선박보험에서도 특별한 경우에는 항해보험으로 가입하기도 한다. 예를 들어 고철선을 수입하여 해체할 때는 이번 항해가 마지막이기 때문에 1회 항해에 국한되는 항해보험이 적합하다.

4-3 혼합보험

혼합보험(mixed insurance)[15]은 일정 항해 및 일정 기간을 동시에 보험기간으로 정하는 보험이다. 예를 들어 보험기간을 "런던에서 뉴욕까지, 단 2016년 1월 1일부터 30일간을 한도로 한다"는 식으로 정하게 되면 혼합보험이 된다.

---

15) 혼합보험은 고유명사가 아니기 때문에 다른 용도에서도 사용된다. 보험사고가 발생하는 장소를 표준으로 손해보험을 분류하게 되면 육상보험, 해상보험 및 항공보험으로 구분된다. 오늘날의 해상보험은 육상위험까지도 포함하기 때문에 이를 표현할 때에도 혼합보험이라는 용어를 사용한다.

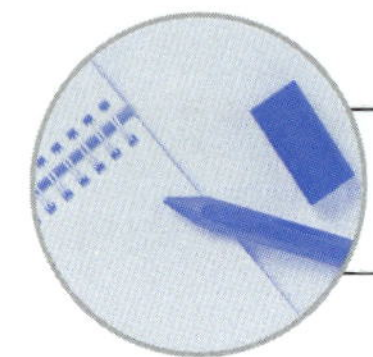

복습 및 토의 문제

01 해상보험의 정의를 ① 해상보험계약, ② 합의된 방법과 범위, ③ 해상사업에 수반하는 손실을 주제로 하여 설명하시오.

02 해상보험계약이 체결될 수 있는 해상사업을 네 가지로 나누어 설명해 보시오.

03 일반적으로 보험자가 손실을 보상해 주는 방법으로 현금지급, 대체(replacement), 수선(repair) 등이 있다, 대체와 수선 등으로 보상해주는 보험에 대해서 토의해 보시오.

04 일본 고베에서 대전까지 컨테이너 5대 분량의 신문용지를 수입운송하면서 고베항에서 부산항까지는 해상보험을 이용하고, 부산항에서 대전까지는 별도의 육상보험에 가입하고자 한다. 이런 보험가입이 적절한 지에 대해서 토의해 보시오.

05 현행 Incoterms에서 규정하고 있는 CIF 거래조건(가격조건)에 대해서 수출업자가 체결해야 할 해상적하보험에 대해서 검색해 보시오.

06 해상보험에서 영국의 법률과 관습을 적용하는 원칙은 왜 필요한가에 대해서 토의해 보시오.

07 해상보험의 목적물은 크게 선박, 화물 및 운임으로 나누어진다. 그런데 영국 해상보험법 제1부록인 해상보험증권의 해석 규칙에는 운임 중에서 여객 운임은 제외한다고 규정하고 있다. 그 이유에 대해서 토의해 보시오.

08 다음은 영국해상보험법 제1부록 해상보험증권의 해석규칙에 나오는 표현이다. 밑줄 친 부분을 흔히 선주교역운임이라 하는데 이를 구체적으로 설명해 보시오,

> The term freight includes the profit derivable by a shipowner from the employment of his ship to carry his own goods or moveables, as well as freight payable by a third party, but does not include passage money.

09 해상보험은 손해보험의 일종인데 현재 해상보험에 적용되는 우리나라의 법체계와 감독기관에 대해서 토의해 보시오.

10 연안 해운에만 종사하는 선박이나 부산항과 인천항 간을 운송하는 화물에 대해서도 영국의 법과 관습이 적용되는 지에 대해서 토의해 보시오.

Chapter 03

해상보험의 역사

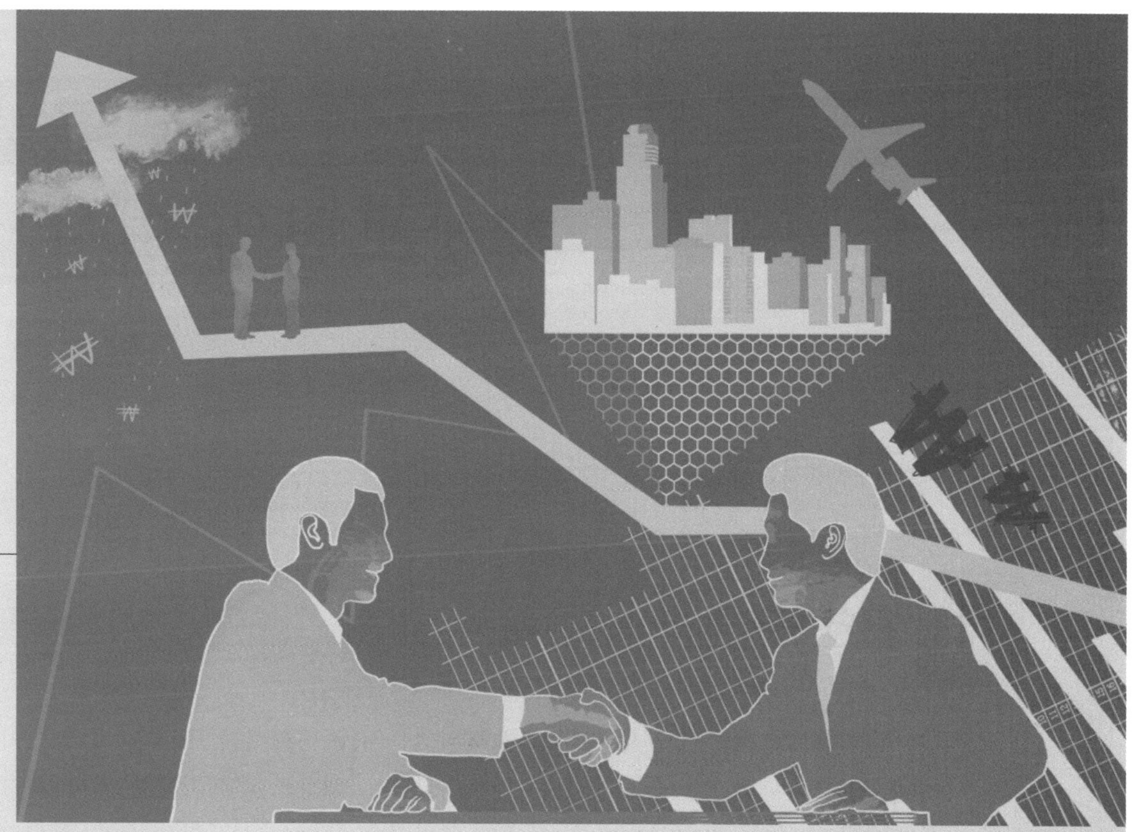

해상보험의 뿌리는 어디에 있는가? 그리고 해상보험의 대명사가 된 로이즈(Lloyd's)는 어떻게 발전되어 왔는가? 해상보험은 지중해를 중심으로 한 동서양과의 해상교역으로 이탈리아에서 시작되어 영국에서 꽃을 피웠다. 그리고 이런 과정에서 로이즈와 같은 보험업자들의 집합장소가 등장하여 오늘날까지 독특한 보험집단으로 발전해 오고 있다. 이 장에서는 해상보험의 역사를 배우기 위해 영국해상보험의 발전과정과 로이즈의 생성과정을 살펴보기로 한다.

Chapter 03

해상보험의 역사

01 해상보험의 역사

해상보험제도가 언제 어디서 시작되었는지에 대해서는 여러 가지 학설이 있지만 모두 명확한 증거가 있는 것은 아니다. 해상보험의 기원은 역사의 수수께끼로 남아 있지만 바다를 이용한 국가간의 교역을 시작할 때부터 해상의 각종 위험에 대한 대비책으로서 무엇인가가 강구되었을 것이다. 그것이 반드시 오늘날의 해상보험제도로 발전되었다고는 볼 수 없지만 인간의 능력이 미치지 못하는 천재지변에 대해서 교역을 하던 당사자들은 스스로 위험에 대비할 수 있는 방법을 실시하였을 것으로 추측되고 있다.

역사적으로 해상보험제도와 유사한 제도를 찾아 보면 모험대차제도가 있는데, 이 제도는 해상보험과 매우 밀접한 관계가 있다. 해상보험의 기원에 관한 이해를 돕기 위해서 해상보험의 전사(前史)라고 할 수 있는 모험대차제도를 먼저 살펴보기로 한다.

1. 모험대차(冒險貸借)

초창기의 상거래에서는 항해에 필요한 자본이 축적되어 있지 않았기 때문에 항해를 하기 전 무역업자들은 선박이나 화물을 담보로 하여 금융업자로부터 융자를 받았다. 그런데 이 당시의 항해기술이나 선박시설은 매우 미흡하여 해상사업은 일종의 모험이었기 때문에, 자본을 융통할 때 항해가 성공할 경우에 한하여 이를 변제할 것을 약속했었다.

사실상 항해가 성공해야만 무역업자들도 변제할 능력이 생겼기 때문에 이러한 약속은 당연한 것으로 간주되었다. 대신 금융업자들은 항해가 실패할 경우 원전까지 잃게 되므로 여기에 대비해서 높은 이자를 징수하였다. 이러한 무역업자와 금융업자간의 자본의 대차를 모험대차 또는 해상대차라고 하였다.

다시 말해서 모험대차는 해상사업을 영위하는 무역업자들이 선박이나 화물을 담보로 하여 금융업자로부터 일정한 금액을 융자받아 항해가 무사히 종료되면 원금과 이자를 상환하고 만일 해상사고로 인하여 항해를 종료하지 못하면 원금과 이자를 상환하지 않는 제도를 말한다.

모험대차를 약속할 때 담보물이 선박인 경우에는 선박모험대차(bottomry) 라 하고, 화물을 담보로 제공할 때는 적하모험대차(respondentia)라고 하였다. 그리고 모험대차의 약속을 문서상으로 명시한 증서를 본드(bond)라고 하였다.

한편, 모험대차에서 해상사업이 성공할 경우 금융업자가 받는 이자를 'usura nautica' 또는 'usura maritima'라고 하는데, 이자율이 매우 높아 통상 22~33%에 이르렀다. 이자가 이처럼 높은 이유는 대부금에 대한 순수한 이자에다 해상사업이 실패할 경우 금융업자가 부담하게 되는 원금손실 보전비용을 합한 것이기 때문이다. 이와 같이 금융업자는 항해 실패 시 부담하게 될 원금손실을 항해성공 시마다 조금씩 모아 대비한 것이다.

한편 무역업자의 입장에서 보면 항해가 성공할 경우 원금손실 보전비용을 이자에 포함시켜 금융업자에게 지급함으로써 자신이 항해 실패 시 대비해야 할 일을 금융업자에게 전가시킨 결과가 된다. 이 점에서 금융업자는 오늘날의 보험자, 그리고 원금손실 보전비용은 오늘날의 해상보험료에 가까운 개념으로 볼 수 있다.

모험대차는 기원전 4세기 그리스 시대부터 지중해 지방에서 성행하였는데, 특히 지중해가 해상사업의 중심지로서 등장한 12~13세기에는 이탈리아, 프랑스, 스페인, 포르투갈의 여러 항구에서도 널리 이용되었다.[1)]

---

1) 바빌로니아인들이 사용했던 함무라비 법전(Code of Hammurabi)에도 모험대차의 흔적이 있기 때문에 모험대차의 기원을 B.C. 2250년대 이전으로 추정하는 학자도 있다. Victor Dover(revised by R. H. Brown), *A Handbook to Marine Insurance*(8th ed.) (London: Witherby, 1982), pp. 4-5.

그러나 1236년 이자징수를 죄악시 하는 교회법에 따라 로마 교황이 이자징수금지령을 공포함으로써 모험대차도 사실상 금지되었다. 당시의 시대상황으로 보아서 로마 교황이 공포한 법령을 위반할 수도 없을 뿐더러, 항해가 성공할 경우 받는 이자를 징수할 수 없었기 때문에 금융업자들도 기피하기 시작했다.

2. 모험대차의 변형

이자징수를 금지하는 교회법에 따라 모험대차가 중지되었지만 해상사업에서 이 제도가 필요했기 때문에 상인들은 기존의 모험대차에서 이자를 숨기는 형태로 모험대차를 이용하기 시작하였다. 결과적으로 보면 모험대차와 같은 효과가 있지만 겉보기에는 이자를 징수하는 것이 아니기 때문에 이자징수 금지령의 법망을 피할 수 있었다.

그런데 13세기 후반에는 무역업자들도 웬만큼 자본을 축적하여 항해를 하기 전에 자본을 융통할 필요가 없었고 금융업자도 융자금을 회수하는 데 실제로 많은 어려움이 따랐다. 이런 상황에서 상인들은 과거의 모험대차를 변형하여 사용했는데, 이들의 주목적은 금융거래가 아니라 항해가 실패할 경우 손해를 보상받는 것이었다. 과거의 모험대차는 금융거래가 따랐기 때문에 이를 해상대차라 하고, 변형된 모험대차는 금융거래를 하지 않는 손해보상거래이기 때문에 보험대차라고 한다.

변형된 모험대차의 형태에는 소비대차와 모험대차를 동시에 체결하는 형태와 가상으로 매매계약을 체결하는 형태가 있다.[2)]

2-1 모험대차와 소비대차의 병행방식

이 방식은 〈그림 3-1〉과 같이 모험대차계약을 체결할 때 반대방향으로 동액의 소비대차계약을 체결하는 방식이다.[3)] 초기에는 금전을 주고 받았지만 점차로 금전거래는 하지 않고 형식적으로 계약만 체결하였다.

---

2) 김성욱, 「해상보험」(박영사, 1992), pp. 27-29.

3) 소비대차는 당사자의 일방(대주, 貸主)이 금전 또는 기타 대체물의 소유권을 상대방(차주, 借主)에게 이전할 것을 약속하고 상대방은 동종 · 동질 · 동량의 물건을 반환할 것을 약정함으로써 성립하는 계약이다. 소비대차는 빌린 물건 그 자체를 반환하지 않고 다른 동종 · 동질 · 동량의 것을 반환한다는 점에서 사용대차 및 임대차와 구별된다.

■ 그림 3-1 모험대차와 소비대차의 병행방식

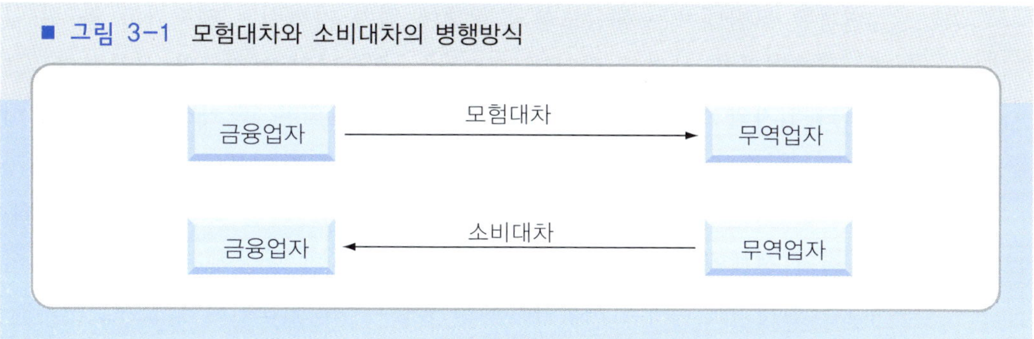

즉, 항해를 하기 전 금융업자는 무역업자와 모험대차계약을 체결하는데, 이 계약에 따라서 금융업자는 무역업자에게 돈을 빌려 준 입장이 된다. 그리고 모험대차계약을 체결함과 동시에 무역업자는 금융업자와 소비대차계약을 체결하는데, 이렇게 되면 무역업자가 금융업자에게 돈을 빌려 준 입장이 된다. 이와 같이 무역업자와 금융업자가 모험대차계약과 소비대차계약을 반대방향으로 체결하게 되면 두 당사자간의 채권 · 채무관계가 서로 상쇄되므로 계약이 완전히 이행되었거나 계약관계가 없는 것과 같은 효과를 얻을 수 있다.

이런 상황에서 항해가 무사히 종결되면 모험대차계약과 소비대차계약은 모두 이행된 것으로 간주하여 금융업자와 무역업자간의 채권 · 채무관계가 없어진다. 그러나 해상사고로 인하여 선박이나 화물에 손해가 발생하면 모험대차계약은 무효로 하고 소비대차계약은 유효한 것으로 한다. 후자의 계약은 무역업자가 금융업자에게 돈을 빌려 준 형식으로 되어 있기 때문에 이 대부금을 금융업자가 무역업자에게 상환해 주어야 했는데, 이것은 곧 손해를 보상하는 결과처럼 된다.

이처럼 손해가 발생하면 금융업자는 마치 자기가 빌렸던 돈을 상환하는 형식이지만 무역업자에게 보상을 하기 때문에, 손해보상을 한다는 점에서 변형된 모험대차는 오늘날의 보험과 유사한 점을 찾아 볼 수 있다. 소비대차계약을 체결할 때 금융업자는 수수료를 사전에 징수하는데, 이 수수료는 해상사고가 발생하지 않으면 순전히 금융업자의 몫이 된다. 이와 같이 변형된 모험대차는 선박이나 화물에 손해가 발생할 경우에만 손해보상거래가 일어나기 때문에 과거의 단순한 모험대차가 지니는 기능 중에서 위험담보의 기능만을 살린 결과라 할 수 있다.

변형된 모험대차는 해상보험의 형태에 점차 가까워진 제도라고 볼 수 있는데, 금융업자가 사전에 받았던 수수료는 오늘날의 보험료와 유사하다. 그리고 금융업자와 무역업자간에 체결된 소비대차계약은 곧 해상보험계약에 해당된다고 볼 수 있다. 소비대차계약은 1340년대까지 이용된 것 같으며 현재 발견된 계약증서 중에서 가장 오래된 것은 1347년 10월 23일자의 클라라(S. Clara) 호의 선체에 관한 것과 1348년 1월 15일자의 화물에 관한 것이다. 이 문서들은 현재 이탈리아의 제노아(Genoa) 공증사무소에 보관되어 있다.

2-2 매매계약으로 가장하는 방식

이 방식의 모험대차는 손해를 보상해 주기 위해서 가상으로 매매계약을 체결하는 것이다. 금융업자는 무역업자로부터 선박이나 화물을 매입하는 계약을 체결하였다가 항해가 무사히 종료되면 매매계약을 무효로 하고, 만약 해난으로 손해가 발생하게 되면 매매계약에 따른 금액을 금융업자가 지급한다. 따라서 매매계약을 체결하는 것은 진정으로 선박이나 화물을 매매하기 위해서가 아니라 사고로 무역업자가 입은 손해를 보상해 주기 위해서이다.

금융업자는 매매계약을 체결하면서 무역업자로부터 상당한 수수료를 징수하는데, 해상사업이 무사히 끝나면 이것은 금융업자의 순수한 수입에 해당하고, 만약 해난이 발생하면 금융업자는 수수료의 몇 배를 보상하게 된다. 지금까지의 기록에 의하면, 스페인에서 이탈리아까지 운송된 화물에 대해서 1370년 6월 13일에 체결된 매매계약서가 가장 오래된 것이다.

이 방식의 모험대차는 앞에서 언급된 소비대차계약과 모험대차계약을 병행하여 체결하는 방식보다 간단하고 오늘날의 해상보험제도와 아주 유사한 것으로 볼 수 있다. 〈표 3-1〉은 매매계약으로 가장한 모험대차와 오늘날의

■ 표 3-1 변형된 모험대차와 해상보험제도의 비교

변형된 모험대차	해상보험제도
가상매매계약	해상보험계약
매매예정금액	보험금액(보험가액)
수 수 료	보 험 료
매매대금지급	보험금지급

해상보험제도를 서로 비교한 것이다. 금융업자와 무역업자간에 가상으로 체결된 매매계약은 해상보험계약에 해당되고, 매매계약에서 매입하기로 약정한 금액은 보험금액이 된다. 보험금액은 보험자가 보상하기로 약속한 금액이다. 그리고 금융업자가 받았던 수수료는 오늘날의 보험료에 해당되고 사고가 발생하여 금융업자가 매입대금을 지불하는 것은 오늘날 보험자가 보상금(보험금)을 지급하는 것과 똑같다.

3. 해상보험의 등장과 발전

3-1 해상보험의 등장

해상보험이 상거래에 있어서 손해보상을 해 주는 가장 오래된 제도이지만, 이 제도가 언제부터 시행되었는가에 대해서는 확실한 증거를 찾아 볼 수 없다. 해상보험제도의 등장 시기에 대하여 여러 가지 학설이 있는데, 먼저 14세기 초반 이탈리아의 역사가 빌라니(Giovanni Villani)의 기록에 따르면 1182년 유태인들이 아우구스투스(Philip Augustus)에 의하여 프랑스 가울(Gaul)에서 추방당할 때 자신들의 재산을 이동중에 보호하기 위하여 해상보험제도를 채택했었다는 설이 있다.[4] 또한 1310년에 플랑드르(Flanders) 지방[5]에 보험회의소가 설립된 기록이 있기 때문에 해상보험의 발상지를 플랑드르로 보는 학설이 있다. 그리고 14세기 후반에 포르투갈에서 설립된 상호부조적 성격의 해상보험이 그 효시라는 설도 있다.

이처럼 해상보험제도의 기원과 발생지에 대해서 몇 가지 학설이 있지만, 모두 해상보험의 역사를 확실하게 설명하지는 못하고 있다. 이러한 이유는 해상보험이 바다를 무대로 활동했던 상인들간에 유행했던 어떤 상관습이 점차 변형되어 형성된 제도이기 때문이다. 즉, 어떻게 하면 태풍, 폭풍 등 자연의 위험으로부터 손해를 입은 당사자를 보호해 줄 수 있는가를 상인들이 궁리해 오는 과정에서 위험에 대비한 상관습이 자연발생적으로 잉태되었고 그것이 변형되어 점진적으로 해상보험제도가 형성되었기 때문이다.

---

4) Victor Dover(revised by R. H. Brown), *op. cit.*, p. 8.

5) 플랑드르는 현재의 벨기에 서부, 네덜란드 남서부 및 프랑스 북부를 포함한 북해에 면한 중세의 국가를 말한다.

이러한 관점에서 보면 해상보험은 그리스 · 로마 시대부터 지중해를 중심으로 성행하였던 모험대차에서 점차 발전되어 온 제도로 볼 수 있다. 역사적으로 보면 모험대차는 이자징수를 금지하는 교회법이 계기가 되어 변형된 형태로 발전되면서 오늘날의 해상보험과 점차 가까워지게 되었음을 유추할 수 있다. 특히, 금융업자와 무역업자간에 매매계약을 가상으로 체결하여 마치 선박이나 화물을 금융업자가 매입하는 방식으로 손해보상을 한 점은 해상보험에 일보 접근했다고 볼 수 있다.

해상보험이 보다 과학적인 형태로 보험료를 받고 실시되었던 시기는 1250년 경 플로렌스(Florence) 지방의 도시 상인들이 한창 번성하고 있을 때까지 거슬러 올라갈 수 있다. 그러나 현재 발견된 보험증권 중에서 가장 오래된 보험증권은 산타클라라(Santa Clara) 선박에 관한 것인데, 피사(Pisa)에서 사보나(Savona)까지 수송하는 직물 4베일이 부보되어 있었다. 그리고 이 보험증권은 1384년 4월 24일자로 보험자 단체에 의해서 발급되었다.[6)]

3-2 해상보험의 발전

변형된 모험대차가 점차 진화되어 해상보험제도로 정착되기 시작한 시기는 대략 14세기 르네상스 초기라 할 수 있으며, 당시 지중해 무역이 활발했던 이탈리아의 여러 상업도시에서 번창하였다. 그 이후 국제상거래의 중심지가 이탈리아에서 점차 북유럽으로 옮겨 가자 해상보험도 바르셀로나(Barcelona) · 앤트워프(Antwerp)를 거쳐 영국에서 비약적으로 발전되어 오늘날의 해상보험이 완성되었다.

14세기 중엽에서 15세기 초기에 이르는 동안 이탈리아를 중심으로 지중해 무역이 매우 발전하였고 당연히 해상보험거래도 이 지역을 중심으로 성행하였다. 더구나 14세기에는 해도나 나침반과 같은 항해용구가 널리 보급되고 선박도 점차 대형화되는 등 해상운송이 비약적으로 발전하기 시작하였다. 해상운송이 발전됨에 따라 해상위험으로 인한 손해를 담보하기 위한 해상보험의 필요성도 상인들간에 높이 인식되기 시작하여 제노아, 피사, 플로렌스, 베니스 등의 상업도시에서 해상보험거래가 매우 번창하였다.

---

6) *Ibid.*, p. 9.

1383년 및 1384년에 피사, 1395년 베니스 등에서 체결되었던 보험계약을 보면 오늘날의 보험계약의 형태를 취하고 있다. 보험자는 해상사고가 발생할 경우, 피보험자에게 그 손해를 보상할 것을 약속하고 그 대가로 먼저 보험료를 받는 형태를 취하고 있다. 그리고 보험계약의 내용은 보험증권에 기재되었는데 이 당시의 보험증권서식은 영국해상보험증권을 통하여 오늘날까지 계승되고 있다.[7)]

그러나 15세기에 들어와서 이탈리아의 여러 상업도시에서 성행하던 해상보험은 지중해 무역이 점차 쇠퇴하고 그 동안 이탈리아의 금융 · 무역 등을 장악해 왔던 롬바드(Lombard) 상인들이 해외로 이주함에 따라서 북대서양의 항구로 전파되었다.

먼저, 15세기 초반경 이탈리아를 중심으로 한 상거래가 지리적으로 가까운 스페인, 포르투갈로 옮겨 감에 따라 해상보험도 스페인의 바르셀로나가 중심도시가 되었다. 스페인에서는 해상보험거래가 활성화되자 이를 규제할 보험계약에 관한 법령이 제정되었는데, 특히 1435년에 제정된 바르셀로나 조례는 세계 최초의 체계적인 보험계약법으로 알려지고 있다. 이 조례에 따라서 해상보험은 손해보상을 목적으로 하며 도박과는 근본적으로 다른 계약이라는 원칙이 확립되었다.

바르셀로나를 중심으로 번창하던 해상보험은 점차 북상하여 15세기 후반경에는 당시의 무역중심지인 브루그즈(Bruges)와 앤트워프 도시를 중심으로 성행하기 시작하였다. 벨기에의 주요 항구인 브루그즈 항구는 지리적으로 지중해와 북해를 연결하는 위치에 있어 13~14세기에 걸쳐서 서북유럽에서 가장 번창한 상업도시 중 하나였다. 기록에 의하면 1377년 브루그즈에서 해상보험 거래가 있었다.

그러나 이 항구가 15세기 말경 모래에 매몰됨으로써 대신 앤트워프가 중요한 상업도시로 등장하였다. 특히 앤트워프는 지리적으로 런던 · 암스테르담 · 함부르크 등 인접국가의 주요 항구와 가까워서 앤트워프의 보험관습은 이들 국가에 많은 영향을 미쳤다.

---

7) 이은섭, 「해상보험론」(제 3 판)(신영사, 1996), p. 35.
Barrie Jervis, *Reeds Marine Insurance*, Adlard Coles Nautical, London, 2005, pp. 4–5.

02 영국해상보험의 발전

1. 영국해상보험의 기원

영국은 현재까지도 해상보험을 포함한 모든 보험의 세계적 중심지이며 특히 로이즈(Lloyd's)는 보험의 대명사라 할 수 있다. 그러나 영국의 보험과 금융은 해외에서 이주해 온 외국 상인들에 의해 발전되었다. 엘리자베스 1세(Elizabeth I, 1558~1603) 시대에 이르기까지 영국인은 주로 농업에 종사하였으며 금융 · 보험 · 무역 등은 외국 상인들이 장악하고 있었다. 금융과 보험은 12세기 경부터 이탈리아에서 이주해 온 롬바드 상인, 그리고 무역은 중세기에 결성된 한자 동맹의 상인들이 독점하고 있었다. 롬바드 상인과 한자 상인들은 오늘날 영국해상보험의 기초를 확립했는데, 영국해상보험의 기원을 알아보기 위해 먼저 이들 상인들의 역사적 흥망성쇠를 살펴보기로 한다.

1-1 롬바드(Lombard) 상인

롬바드인들은 6세기경 이탈리아를 정복한 게르만 민족으로서 12세기 말까지 이탈리아의 상권을 장악하고 있었다. 그러나 로마 교황과 독일의 프리드리히 2세(Friedrich Ⅱ)간의 전쟁으로 로마가 점차 황폐해지자, 13세기 초반부터 롬바드 상인들은 해외로 이주하기 시작하였다. 이들은 벨기에 · 프랑스 · 영국 등에 정착하여 자유롭게 통상을 시작하였으며 금융업 · 해상보험업 · 고리대금업(usury)까지 영위하였다. 영국에 정착한 롬바드인들은 처음에는 유태인들과 함께 상거래를 시작하였으나, 1290년부터 유태인이 추방당하자 이 때부터 금융업과 보험업은 롬바드인들이 통제하기 시작하였다.

특히 롬바드인들은 해상보험의 발전에 많은 영향을 미쳤다. 이의 흔적은 곳곳에서 찾아볼 수 있는데, 먼저 17세기 앤트워프의 보험자들이 사용했던 보험증권에는 "런던 롬바드가에서 사용하고 있는 보험증권의 모든 조건과 동일한 것으로 간주한다"는 문언이 삽입되어 있을 정도로 당시의 해상보험은 롬바드인들이 주름잡고 있었다.[8)]

---

8) Victor Dover(revised by R. H. Brown), *op. cit.*, p. 10.

또한 1982년까지 약 200년 동안 사용되어 온 해상보험증권상에도 "이 보험증권은 롬바드가, 로열 엑스체인지 혹은 런던의 기타 지역에서 작성된 가장 확실성이 있는 보험증권과 동일한 효력을 가진다"고 명시되어 있었다. 극히 최근까지 롬바드인의 흔적이 남아 있었다는 사실을 알 수 있다.

그러나 롬바드인들의 번창에 대해 영국 원주민들의 반감이 매우 심하였고, 롬바드인들도 원주민들과 혼인을 삼가하는 등 아주 배타적이어서 영국사회에 깊이 파고 들지 못하였다. 이 때에 당시의 국왕 헨리 4세(Henry Ⅳ)는 런던의 특정 지역을 롬바드인들의 주거지로 제한하였는데, 그 거주지를 롬바드가(Lombard Street)라 하였다. 롬바드가에 건축된 상가들은 1666년 런던의 대화재로 전소되었지만 그 자리는 오늘날까지도 남아 영국의 금융·보험 중심지로 알려지고 있다.

롬바드인들은 영국의 입장에서 보면, 어디까지나 외국인이고 외국 상인들의 부유한 발전상에 대해 영국 본토인들의 원한이 점차 깊어 롬바드인들에 대한 억압이 계속되어 왔다. 이런 차에 엘리자베스 여왕은 즉위하자 롬바드인들의 상행위를 제한하고 여러 가지 면에서 노골적으로 이들을 탄압하여 롬바드인들은 영국을 떠나기 시작하였다. 이 때부터 롬바드인들이 가지고 있던 금융과 보험의 실권이 점차 영국인에게로 이양되었다.

1-2 한자(Hansa) 상인

역사적으로 한자 동맹(Hansa League)은 14~15세기경 북유럽의 주요 상업도시들이 그들의 정치적·상업적 목적을 달성하기 위하여 조직한 동맹이다. 전성기에는 독일의 상업 중심지 약 84개 주를 연합하고 브레멘(Bremen)과 앤트워프까지 포함하는 광범위한 동맹지역을 결성하여 해외통상을 실질적으로 독점하였다.

영국에서 한자 상인들은 에드워드 즉위기간에 처음으로 토대를 잡아 영국 무역을 장악했다.[9] 이들은 헨리 3세의 양해를 얻어서 런던에 창고와 대형 분배장을 만들어 사용하였는데, 이를 튜톤의 조합장(Guildhall of the Teutons)이

9) 이 당시 한자 상인들은 '동방의 사람들'(Esterlings 또는 Easterlings)로 불리어졌는데 지금 영국의 화폐단위인 Sterling의 기원으로 볼 수 있다. Victor Dover(revised by R. H. Brown), *op. cit.*, p. 11.

라 하였다. 이 조합장은 그 이후 스틸야드(Steelyard)라고 불리워졌는데, 19세기에 파괴되었다.[10)]

한자 상인들은 발틱(Baltic) 국가들과의 통상권을 장악하여 양모수출을 독점하는 등 영국의 통상무역을 독점하다시피 하였다. 그러나 한자 상인들은 롬바드 상인들과 마찬가지로 매우 배타적이고 자신들만의 구역에서 금욕적인 생활을 영위하여 영국 원주민들로부터 많은 배척을 받았다. 대표적인 예를 보면 그레샴(Thomas Gresham, 1519~1579)은 1552년에 자신의 주도하에 한자 상인들의 양모수출면허를 취소해 버렸다.

이러한 조치에 대해 한자 상인들은 매년 루벡(Lubeck)에서 한자동맹회의를 개최하여 엘리자베스 여왕의 양모수출독점권의 취소에 관한 칙령이 철폐되지 않는 한 한자 동맹의 통제하에 설립된 상인사업조합(Company of Merchant Adventurers)의 회원들은 해산하게 될 것이라고 협박하였다. 이러한 협박에도 불구하고 엘리자베스 여왕은 1597년 2월 28일까지 모든 한자 상인들은 영국에서 출국하도록 지시하였다.

한편 그레샴은 1568년 앤트워프의 상업거래소를 모방하여 영국인들이 운영하는 거래소를 만들어 그 동안 개인보험업자간에 개별적으로 이루어지던 보험거래를 이 거래소에서 하도록 하였다.[11)] 그레샴의 영향력으로 이 거래소는 엘리자베스 여왕에 의하여 일종의 왕립거래소인 로열 엑스체인지(First Royal Exchange)로 개소되어 대부분의 해상보험거래가 이곳에서 이루어졌다.

이 로열 엑스체인지는 1667년경 타워가(Tower Street)에 로이즈 커피점이 개점될 때까지 1세기 이상 동안 전세계 해상보험의 중심지가 되었다. 이 시기에 엘리자베스 여왕은 해상보험을 전문적으로 취급하는 엘리자베스 보험회관(The Elizabethan Chamber of Assurances)을 설치하는 법안을 1574년에 승인하였다. 그리고 1601년에는 바콘(Francis Bacon)에 의하여 해상보험에 관한 최초의 법률인 상인용 보험계약법(Act touching Policies of Assurance used among Merchant)이 제정 · 공포되었다.

10) 스틸야드는 이 당시 한자 상인들이 사용했던 대저울을 말한다.

11) 토머스 그레셤(Thomas Gresham)은 영국의 금융업자 · 무역가로서 '악화(惡貨)는 양화(良貨)를 구축한다.'는 '그레셤 법칙'의 제창자로서 알려져 있다. 에드워드 6세(재위 1547~1553), 엘리자베스 1세(재위 1558~1603)의 밑에서 재정 고문으로 근무하였으며, 왕립 증권거래소를 창설하기도 하였다(1566~1568).

2. 로이즈 커피점의 등장

1597년 엘리자베스 여왕에 의해 한자 상인들이 영국에서 완전히 추방당하자 해상보험거래는 이제 영국인들이 담당하게 되었다. 이 당시의 보험계약은 상인이나 은행가 등 개인이 인수하였고 일정한 모임장소는 없었으나, 대부분 로열 엑스체인지의 복도에서 중개인이 보험증권을 갖고 다니면서 계약을 체결하였다. 보험자가 보험계약을 인수하고자 할 때는 인수희망금액을 명기하여 자기의 성명 밑에 기명 · 날인하고 사고가 발생하면 그로 인한 손해를 자기가 인수한 비율만큼 책임지도록 하였다.

이와 같은 해상보험거래가 로열 엑스체인지를 중심으로 약 100년간 지속되었으며 이 당시의 로열 엑스체인지는 세계보험의 중심지 역할을 하였다. 그러다가 17세기 말부터 런던에서 커피점이 유행하기 시작하자 해상보험거래도 점차 이 커피점을 중심으로 이루어졌다. 이 당시의 커피점은 단순한 휴식처가 아니라 정치 · 경제 · 사회 · 문화 등을 논의하고 실제로 거래가 이루어지는 장소로서 이용되었다.

에드워드 로이드(Edward Lloyd, 1648~1713)가 경영하는 커피점은 템스강변의 타워가에 자리잡고 있어 당시 런던항을 출입하던 해상활동 관계자가 자연스럽게 많이 모여들었다. 이들은 여기서 해상보험계약을 체결하기도 하고 선박이나 화물 등의 매매거래를 직접 하였다. 이것이 오늘날의 로이즈(Lloyd's)이며, 영국의 해상보험은 이 때부터 타워가를 중심으로 발전되기 시작하였다.

3. 해상보험회사의 설립

17세기 말 해상보험회사가 설립되기 전까지 보험자는 자본가나 금융업자 등 개인이었다. 로이즈는 지금까지도 개인보험업자들로 구성되어 있다. 회사형태를 갖춘 보험회사가 처음으로 설립된 곳은 영국이 아니라 프랑스인데, 17세기에 있었던 영국과 프랑스간의 전쟁으로 인한 재산상의 손해를 보상할 수 있는 대책을 마련하기 위해 1688년 파리에서 근대식 해상보험회사가 처음으로 조직되었다.

영국에서는 1720년에 'London Assurance Corporation'과 'Royal Exchange Corporation' 두 개의 보험회사가 처음으로 설립되었다. 두 해상보험회사는 당시 영국 왕실의 부채 600,000파운드를 부담하는 조건으로 조지 1세(George I, 1714~1727 재위)가 두 회사를 무조건 설립할 수 있는 법안을 통과시킴으로써 설립되었다. 두 회사는 설립 후 약 100년 동안 독점적 지위를 누리면서 완만하게 성장하여 왔다.

그러나 두 회사의 독점에 대하여 대중들로부터 상당한 비판이 있었고 당시의 재력가 로스쉴드(Nathan Rothschild)도 독점법안을 폐지시키려고 많은 노력을 기울였다. 그러다가 1824년에 두 회사의 독점에 관한 법률이 폐지됨으로써 'The Alliance Marine Insurance Company'가 세 번째로 설립되었다. 그 후 보험회사들이 점차 설립되기 시작하였는데, 특히 1862년에는 합동주식회사법(Joint Stock Companies' Act)이 통과되어 더욱 많은 보험회사가 난립하기 시작하였다.[12)]

영국에서는 로이즈와 같은 개인보험업자들이 먼저 보험을 시작했기 때문에 후발주자인 보험회사들은 자연히 로이즈와 경쟁하기 시작했는데, 처음에는 로이즈의 개인보험업자들도 두 회사의 설립으로 상당한 위협을 느꼈다. 그러나 두 회사들은 로이즈에 비해 발전속도가 느렸고 결과적으로 크게 성공하지 못하였다. 특히 두 회사의 독점법은 자유경쟁을 원하는 대중들로부터 외면을 당하여 독점법이 오히려 로이즈에게 유리한 영향을 미쳤다.

그러나 독점법이 폐지된 후에는 많은 보험회사들이 설립되어 로이즈와 경쟁적으로 영업활동을 벌이게 되었다. 그 후 1950년 경에는 로이즈와 보험회사들간의 계약실적이 거의 비슷하여 영국보험시장을 균등하게 지배하게 되었는데 이에 따라서 오늘날의 영국보험시장을 'Companies Market'과 'Lloyd's Market'으로 구분하고 있다.

---

12) 합동주식회사법으로 설립된 많은 보험회사들 중에서 지금까지 남아 있는 주요 보험회사들은 The British and Foreign Marine Insurance Co., Ltd.(1863) · The Maritime Insurance Co. Ltd.(1864) · The Sea, and the Commercial Union Assurance Co. Ltd.(1863) 등이다. Victor Dover(revised by R. H. Brown), *op. cit.*, p. 44.

03 로이즈(Lloyd's)

1. 로이즈의 기원과 발전

1-1 로이즈의 기원

오늘날 해상보험뿐만 아니라 모든 보험의 대명사가 되고 있는 로이즈(Lloyd's)는 대략 17세기 경부터 발전되어 왔다. 1666년 런던의 대화재사고가 있은 후, 런던에서는 커피점이 유행하기 시작했는데 이 커피점들은 술집을 대신하여 일반 시민들의 휴식처가 되기도 하고 상거래의 장소로도 이용되어 왔다. 영국 국왕 찰스 2세(Charles Ⅱ, 1660~1685 재위)는 커피점이 정부비판장소로 이용된다고 하여 이를 없애려고 하였으나 성공하지 못하고 오히려 번창하게 되었다.

커피점이 점차 일상 생활화되자 신분이나 직업이 비슷한 사람들이 한 곳의 커피점에 모이게 되었는데, 해상보험거래에 관심이 있는 사람들이 많이 모였던 커피점 중 하나가 로이즈 커피점이다. 에드워드 로이드가 경영하는 이 커피점은 현재의 런던교(London Bridge)가 자리잡고 있는 'Pool of London'에 위치하였는데 이 곳은 당시 런던에 출입하는 선박의 선착장이었다. 자연히 해운이나 보험에 관심이 있는 상인들이 자주 출입하게 되었으며 로이즈 커피점에서 논의되거나 입수한 정보가 실무에서 사용되기도 하여 이 곳이 정보센터나 상담장소로 활용되었다.

로이즈 커피점이 정확하게 언제부터 시작되었는지에 대해서는 확실하지 않다. 다만 1688년 2월 18일자 'London Gazette' 제2429호에 로이즈 커피점과 관련 있는 광고가 게재된 것으로 보아 그 이전부터 영업을 했던 것으로 추측할 뿐이다. 이 커피점에서 해상보험거래가 매우 활발하게 이루어지자 에드워드 로이드는 타워가의 커피점이 너무 비좁아 1691년 롬바드가 16번지 애브처치가(Abchurch Lane)로 이주하였다. 로이드는 직접 보험거래를 하지 않았고, 커피점 고객들의 편의를 위하여 템스강의 선착장으로부터 급사가 가져온 뉴스를 발표하기도 하고, 해사정보를 편집하여 'Lloyd's News'를 발행하였다.

로이즈 커피점이 점차 해상활동 관계자들로 붐비게 되자 해상보험거래가 본격적으로 시작되었으며, 보험증권의 내용에 대해서 인수자가 책임진다는 의미로 보험증권의 하단에 서명을 하게 되었다. 이 때부터 'Underwriter'는 보험계약을 인수하는 자, 즉 오늘날의 보험자를 뜻하게 되었다.

1-2 로이즈의 발전

18세기 중엽에 이르러 로이즈 커피점을 중심으로 보험사업이 극도로 번창하게 되자, 이 커피점에서도 유명한 정치가의 선거당락 등을 두고 내기를 하는 도박보험이 성행하게 되었다. 이를 피하기 위해 1769년 토마스 필딩(Thomas Fielding)을 중심으로 하는 일부 조합원들은 'Pope's Head Alley'로 이전하여 새로운 로이즈 커피점(New Lloyd's Coffee House)을 설립하여 일종의 회원제로 운영하였다. 신 로이즈는 옛날의 로이즈와 상호 경합하는 입장에서 해상사업의 중개업무와 해상보험의 인수업무를 취급하게 되었으며, 오늘날 로이즈 조합(Corporation of Lloyd's)의 근원이 되었다.[13)]

로이즈가 획기적으로 변화하게 된 것은 로열 엑스체인지 내에 사무실을 마련하고부터이다. 1771년 신 로이즈는 보험자와 중개인 79명이 투표에 의해 선임된 위원회의 이름으로 각각 100 파운드씩을 영국은행에 공탁하여 신 로이즈의 건물을 신축하기로 결정하였다. 이 때 위원 중 한 사람인 앵거스틴(John Julius Angerstein)이 정부당국과 협의하여 로열 엑스체인지 내에 사무실을 두 개 빌려서 입주하게 되었다. 여기서 로이즈 커피점 시대는 끝나고 보험거래소로서 로이즈가 새롭게 시작되었다.

앵거스틴은 '로이즈의 아버지'(Father of Lloyd's)라고 불리울 정도로 로이즈의 발전에 지대한 공을 세웠다. 원래 앵거스틴은 로이즈 커피점에 자주 내왕하던 구 로이즈의 보험인수자의 한 사람이었다. 그러나 그의 보험인수능력과 성실성이 업계에 정평이 나자, 그가 인수하고 서명한 보험증권은 '쥴리안스'(Julians)라 통칭하여 자신이 서명한 보험계약청약서에 대해서 다른 보험자는 무조건 따를 정도가 되었다. 앵거스틴은 1782년부터 1796년까지 여러 차례 로이즈 위원회의 위원장으로 피선되었다.

---

13) Victor Dover(revised by R. H. Brown), *op. cit.*, p. 36.

■ 표 3-2 로이즈 연보

연 도	내 역
1687	• 에드워드 로이드가 템스강변 타워가에 커피점을 개업한 것으로 추정함.
1688	• 'London Gazette' 지에 로이즈 커피점에 대한 광고문이 게재되어 있음.
1691	• 타워가에서 롬바드가로 커피점을 이전함.
1696	• Lloyd's News 가 주 3회 발간됨.
1697	• Lloyd's News 폐간－영국 상원의 생사수입문제를 비판하는 기사로 인하여 자진 폐간함.
1713	• 에드워드 로이드 사망
1734	• 커피점의 경영자인 토마스 젬슨(Thomas Jemson)에 의하여 Lloyd's List 가 발간됨.
1769	• 도박보험을 피하기 위하여 Pope's Head Alley 로 이전하여 새로운 로이즈 커피점이 설립됨. • Lloyd's List와 유사한 New Lloyd's List가 발간됨.
1771	• 보험자와 중개인 79명의 투표에 의하여 선임된 위원회에서 신 로이즈 커피점의 건물을 신축하기로 결정함.
1774	• 앵거스틴(John Julius Angerstein)의 도움으로 커피점 사무실을 Pope's Head Alley 에서 로열 익스체인지로 입주함.
1789	• 구 로이즈 커피점은 폐점됨. • 신 로이즈 커피점에서 간행해 왔던 New Lloyd's List를 Lloyd's List 로 개명함.
1871	• 영국 의회에서 로이즈 법(Lloyd's Act)이 제정됨. 모든 보험거래는 로이즈 법에 따라서 실시됨.
1911	• 로이즈 법이 다시 개정됨. 이에 따라서 로이즈는 보증보험을 포함한 모든 보험거래를 취급함.
1928	• 로열 엑스체인지에서 신사옥으로 이전함.
1978	• 로이즈 위원회(Committee of Lloyd's)는 로이즈의 자체관리강화를 위한 작업에 착수함. 이에 따라 로이즈 평의회(Council of Lloyd's)가 발족됨.
1981	• 영국 의회에서는 로이즈 평의회의 보고서 내용을 반영하여 로이즈 법을 개정함.

보험거래로서 로이즈가 새롭게 시작된 후, 1871년에는 첫 로이즈 법(Lloyd's Act)이 통과되어 로이즈는 법인격을 가지는 로이즈 조합(Corporation of Lloyd's)이 되었다. 로이즈 법에 의해 로이즈의 사업목적은 첫째, 회원이 해상보험을 경영하고, 둘째, 선박 · 화물 · 운임과 관련된 회원의 이익을 신장 · 옹호하며, 셋째, 정보를 수집 · 간행 · 배포하는 것으로 분명해졌다. 또한 로이즈는 1911년에 개정된 로이즈 법에 의해서 보증보험을 포함한 모든 종류의 보험사업을 운영할 수 있게 되었으며, 로이즈의 신용이 높아져 오늘날에는 전세계의 보험시장 중심지로서 그 역할을 수행하고 있다.

참고로 로이즈의 발전경위를 연보로 나타내면 〈표 3-2〉와 같다.

2. 로이즈의 조직

우리가 일반적으로 알고 있는 보험자는 회사 형태를 갖춘 보험회사이지만 로이즈는 회사가 아니고 개인보험업자(underwriter)의 집합체이다. 로이즈가 개인보험인수자들의 모임 단체이기 때문에 여기에는 기관조직이 필요한데, 현재 로이즈를 구성하고 있는 조직은 다음과 같다.

2-1 로이즈 조합

로이즈는 1871년에 제정된 로이즈 법에 의해 로이즈 조합(Corporation of Lloyd's)으로서 법인화되었다. 로이즈가 외견상으로 법인격을 갖추었지만 개인보험업자들의 연합체라는 본질에는 변함이 없다. 법인으로서의 로이즈 조합은 그 회원인 개인보험업자들의 재력과 신용도를 보증하거나 책임지거나 하는 일은 없다. 단지 보험거래에 필요한 장소를 제공하고 보험증권의 날인·정보제공 등의 보험관련 서비스만을 제공한다. 이런 의미에서 로이즈는 보험거래의 장소, 즉 보험거래소라고 할 수 있다.

2-2 로이즈 위원회

로이즈 위원회(Committee of Lloyd's)는 대외적으로 로이즈를 대표하는 기관으로서 16명의 운영위원으로 구성되어 있는데, 이 운영위원들은 개인보험업자인 영업회원(underwriting member)들이 선출한다. 1명의 의장과 2명의 부의장이 있으며, 의장은 대외적으로 로이즈의 유일한 대변자이기도 하다. 16명의 운영위원은 매년 3명이 교체되도록 규정되어 있다.

로이즈 위원회는 보험을 인수하는 영업업무를 제외한 모든 행정업무를 수행한다. 즉 로이즈 위원회는 대외적으로 로이즈를 대표하고 대내적으로는 로이즈 회원을 징계할 수 있는 통제기능을 수행한다. 로이즈 위원회는 로이즈 조합의 사무와 클레임을 담당하고, 로이즈 대리점·보험증권발권부·외국법규부·회원부·감사부 등을 관장한다. 그러나 로이즈가 어디까지나 개인보험업자들의 조직체인 만큼 회원 개개인의 자유와 창의를 존중하며, 보험계약조건이나 보험요율 등의 보험영업과 업무에 관해서는 일체 간섭하지 않는다.

2-3 로이즈 평의회

로이즈 평의회(Council of Lloyd's)는 로이즈 운영의 공정성과 대외적인 공신력을 제고하기 위하여 1982년에 개정된 로이즈 법에 의해 신설된 기구이다. 주로 로이즈 자체 내의 내부규정의 강화에 따른 제반 행정업무를 처리한다.

로이즈 평의회는 25명의 위원으로 구성되어 있으며 그 중 16명은 실무전문위원이고, 나머지는 전문위원 6명, 타업계 및 학계인사 3명으로 되어 있다. 로이즈 평의회의 의장은 로이즈 위원회의 부위원장을 겸직한다. 평의회 의장은 외부적으로는 행정업무와 관련하여 로이즈 위원회의 위원장을 보좌하고, 내부적으로는 평의회가 결정한 사항들을 관장한다. 특히 로이즈 규정의 개정과 회원의 징계에 관한 권한은 로이즈 평의회에 위임되어 있다. 과거에는 보험인수회원을 로이즈 위원회에서 선발하였지만 1982년부터는 이 평의회에서 선발한다.

로이즈 평의회가 발족하게 된 동기는 로이즈 법이 너무 오래 전에 제정되어 로이즈 회원들의 이익을 보호하기에는 역부족이어서 이를 대폭 강화하기 위한 조치가 필요했기 때문이다. 이에 따라 1978년 로이즈 위원회의 회장은 위원회의 승인을 받아 피셔(Fisher) 외 6인의 전문실무위원을 선임하고 로이즈의 자체관리강화를 위한 작업에 착수하였다. 1980년 피셔의 전문실무위원은 로이즈 자율규정(self-regulation at Lloyd's)을 발표했는데, 그 중 하나가 25명의 위원으로 된 로이즈 평의회를 발족시키는 것이었다. 영국 의회는 전문실무위원들의 보고서 내용을 반영한 로이즈 법의 개정안을 통과시켜 법령으로 공포하였다.

3. 로이즈의 구성

로이즈는 개인보험업자들의 집합체이지만 이를 구성하고 있는 회원들은 그 성격에 따라서 영업회원(underwriting member), 비영업회원(non-underwriting member) 및 준회원(associator)으로 구분된다.

3-1 영업회원

로이즈의 영업회원은 보험계약을 인수하는 개인보험업자로서 일명

'Name'이라고도 한다. 이들 개인보험업자들은 개별적으로 보험계약을 인수하지 않고 회원들이 모여 신디케이트(syndicate, 보험인수단)를 형성하고, 이 신디케이트가 보험계약을 인수한다. 신디케이트의 가입자 수에는 제한이 없으며 가입자의 수가 많을수록, 그리고 가입자의 재력이 클수록 신디케이트의 보험인수능력은 커진다.

각 신디케이트는 이를 대표하는 간사보험자(active underwriter)를 두는데 이 간사보험자가 직접 영업활동을 한다. 간사보험자는 로이즈 빌딩(Temple of Insurance)에서 보험중개인으로부터 보험계약을 인수한 후, 이를 신디케이트의 구성원들에게 할당한다. 간사보험자가 보험을 인수하면 구성원들은 무조건 참여해야 하며, 각 구성원들의 책임분담률은 각자의 재력에 따라 사전에 결정되어 있어서 변동되지 않는다.

3-2 비영업회원

한편 로이즈에서는 로이즈 브로커(Lloyd's broker)와 외부가입자들을 비영업회원이라고 한다. 로이즈 브로커는 보험중개인으로서 피보험자를 대리하여 보험자와 직접 보험계약을 체결한다. 해상보험은 그 계약내용이 복잡하고 전문적인 지식을 요구하기 때문에 로이즈에서의 보험계약은 등록된 로이즈 브로커를 통해서만 가능하도록 되어 있다.[14] 그리고 외부가입자(outside subscriber)는 로이즈에서 제공하는 정보와 참고서적 등을 사용할 수 있는 보험회사들을 말한다.

로이즈의 준회원은 해상보험에 관한 전문지식을 제공하는 법률가, 해손정산인, 회계사 등을 말한다.

3-3 로이즈 대리점

로이즈는 세계 전역에 걸쳐 주요 항구에 로이즈 대리점(Lloyd's agent)을 지명하여 운영하고 있다. 로이즈 대리점은 로이즈를 대리하여 보험계약을 인수하기 위한 것이 아니고 로이즈를 비롯한 모든 보험자들에게 서비스를 제공하기 위한 대리점이다. 주로 조난중인 선박을 지원하고, 보험사고가 발생할 경우 손해조사

---

14) John Birds, *Modern Insurance Law*(3rd ed.)(London: Sweet & Maxwell, 1993), p. 147.

를 위한 조사관을 지명하고 검정보고서를 발급한다. 각 항구에서 일어나는 해운 정보를 모아서 정기적으로 영국의 로이즈에 송부하는 일도 한다.

3-4 보험증권발행실

로이즈에서 발급되는 모든 보험증권은 보험증권발행실(Lloyd's policy signing office; LPSO)에서 심사하고 제작한다. 로이즈 브로커는 고객(피보험자)으로부터 위임받은 위험을 각 신디케이트의 간사보험자들과 접촉하여 인수를 희망하는 간사보험자들로부터 슬립(slip)이라는 조그만 서류에 서명을 받는다. 인수가 완료되면(placing) 로이즈 브로커는 이 슬립과 필요한 계산서를 보험증권발행실에 제출하여 보험증권을 발급받는다. 그리고 보험증권상에 변경사항이 있을 때도 이 보험증권발행실에서 배서사항을 점검하고 인증한다.

3-5 손해사정실

로이즈에서 손해를 사정하는 부서를 말한다. 로이즈 보험업자가 관계되는 보험사고에 대해서는 손해사정실(Lloyd's underwriters claim office; LUCO)에서 손해의 원인을 조사하여 보상 유무를 결정하고 보험금을 지급한다. 해외에 있는 피보험자에게 보험금을 지급하는 업무도 손해사정실에서 한다.

4. 로이즈의 특징

로이즈는 회사 형태의 보험자와 비교하여 여러 가지 면에서 독특한 성격을 지니고 있다.

4-1 개인보험업자의 집합체

대부분의 국가에서 보험자라고 하면 주식회사의 형태를 의미하며 개인보험업자들을 법으로 허용하고 있지 않다. 그러나 로이즈는 외견상으로는 법인체이지만 그 본질은 개인보험업자들의 집합체이다. 따라서 영국에서는 보험계약을 체결할 수 있는 재력만 있으면 누구든지 보험자가 될 수 있다. 1969년부터는 외국인에게 그리고 1970년부터는 여성에게도 문호가 개방되었으며 현재 로이즈에는 약 30,000명 정도의 개인보험업자들이 있다. 그러나 로이즈의 공신력을 높이고 고객들을 보호하기 위해서 로이즈에서는 개인보험업자들을 감시하여 이들의 파산을 사전에 방지한다. 또한 개인보험업자가 신규로 로이즈에 가입할 때는 상당액의 보증금을 예탁시켜야 한다.

로이즈가 개인보험업자들에 의해 운영됨으로써 여러 가지 장점을 갖게 되는데 먼저 개인보험업자들은 각자가 특정한 보험부문에 주력하기 때문에 그 분야에 많은 경험을 쌓아 자신들의 육감이나 경험을 통해서 보험사업을 안정적으로 운영할 수 있다. 또한 재력이 풍부한 개개인의 보험자가 무한책임으로 위험을 인수하기 때문에 재력부족으로 인한 지급불능의 경우가 거의 없어 대외적인 신용도를 높일 수 있다.

4-2 중개인을 통한 보험계약의 체결

로이즈에서 보험계약을 체결하기 위해서는 반드시 로이즈에 등록되어 있는 로이즈 브로커를 통해야 한다. 로이즈 브로커는 해상보험에 대한 전문지식을 지닌 자로서 오랫동안 이 분야에 종사하여 위험을 판단할 수 있는 능력을 가지고 있어 피보험자의 자문에 충분히 응할 수 있다. 우리나라를 비롯한 동양 사회에서는 브로커라고 하면 일종의 거간군으로 좋지 않은 의미가 다소 있지만, 로이즈에서의 브로커는 보험계약을 체결할 때 없어서는 안 될 전문가이다.

로이즈에서처럼 브로커를 통해 보험계약을 체결하면 부대비용을 절감할 수 있다. 로이즈에서 계약체결시 소요되는 경비는 브로커에게 지급하는 수수료(brokerage)뿐이다. 만약 보험대리점이나 보험모집인을 통하여 보험계약을 체결하면 이들의 운영비용은 상당히 소요될 것이며 이와 같은 부대비용은 피보험자에게 전가되어 종국적으로 보험료의 인상요인이 된다. 이는 보험산업의 경쟁력을 저하시키는 결과를 초래하게 된다.

4-3 재보험 위주의 보험계약

로이즈에서는 원보험도 물론 취급하지만, 대부분 전세계에서 들어오는 재보험(reinsurance)을 취급한다. 로이즈는 비록 개인보험업자들로 구성되어 있지만 이들의 재력은 엄격한 심사를 거쳐 매우 탄탄하기 때문에 아직까지 보험금의 지급불능사태는 발생하지 않고 있다. 이와 같이 로이즈의 대외적 공신력이 매우 높다 보니 전세계에서 재보험이 집중되고 있는데, 우리나라의 경우도 일정 보험금액을 초과하는 계약은 대부분 로이즈와 재보험계약이 체결된다.

재보험이 로이즈에게 몰리게 되면 그만큼 보험료가 들어오기 때문에 영국의 국제수지개선에 큰 이바지를 한다. 보험은 무형의 수출로서 거의 100%에 가까운 무역가득액을 보이고 있다. 이런 관계로 로이즈나 영국보험회사들은 자국 내에서 광고할 때 자신들이 영국의 국제수지개선에 이만큼 기여를 하고 있다는 문구를 삽입하기도 한다.[15)]

5. 로이즈의 간행물

로이즈는 전통적으로 해운 · 선박 · 보험에 관계되는 많은 출판물을 간행하고 있다. 로이즈가 정보교환을 목적으로 처음 발간한 간행물은 1696년도의 'Lloyd's News'이다. 그 이후 여러 가지 간행물이 발간되어 왔는데, 특히 1973년에는 'Lloyd's of London Press Ltd.'를 설립하여 전세계에 해사문제에 관한 정보를 제공하고 있다. 현재 로이즈에서 발간하고 있는 주요 간행물은 아래와 같다.

(1) Lloyd's List

1734년에 창간된 일간 해사신문이다. 세계의 주요 항구에 설치되어 있는 로이즈 대리점으로부터 수집한 정보를 토대로 해상 · 항공에 관한 사고, 운임동향, 선박시장동향, 파업 및 노동분쟁, 기후변동 등을 주로 보도한다.

(2) Lloyd's Shipping Index

월요일에서 금요일까지 매일 발행되는 세계의 주요 선박에 관한 목록서이다. 약 2만 척의 선박에 대하여 그 종류 · 선주 · 선적 · 선급 · 건조연도·톤수 · 소재지 등을 알파벳순으로 보도하고 있다.

---

15) 신윤부, 「해상재보험」(삼화출판사, 1980), p. 10.

(3) Lloyd's Voyage Record

주요 선박의 항해일정을 매주 보고하는 주간지이다.

(4) Lloyd's Loading List

화물수송에 관한 정보를 게재하는 주간지이다. 주요 선박의 항해일자, 운송중개인의 명단 등이 실려 있어 수출업자들이 주로 이용한다.

(5) Lloyd's Law Reports

해운 · 보험 · 항공 · 상거래 등에 관한 영 · 미 법원의 판례를 수록한 판례집으로 월간으로 발행된다.

(6) Lloyd's Maritime and Commercial Law

해사 및 상거래에 적용되는 법에 관한 계간집이다. 외국법의 체계에 관한 내용도 많이 소개되는 편이다.

(7) Lloyd's Weekly Casualty Reports

매주 문고판 형식으로 간행되는 사고에 관한 보고서이다. 매일 발행되는 'Lloyd's List'에 있는 사고내용을 일주일분씩 간결하게 편집한 것이다.

(8) Lloyd's Maritime Atlas

세계 주요 항구의 위치를 알파벳순 및 지역별로 표시한 지도이다. 대체로 2년 간격으로 신판이 간행되고 있다.

(9) Lloyd's Nautical Year Book

로이즈의 활동을 중심으로 해사에 관한 각종 정보를 수록한 연감이다. 과거에는 'Lloyd's Calender'라는 명칭으로 발행되었다.

(10) Lloyd's Survey Handbook

1952년에 처음 간행된 선박 및 화물의 손해사정을 위한 지침서이다.

04 미국의 해상보험

1. 미국해상보험의 태동과 발전

미국의 역사가 그렇듯이 해상보험의 역사도 매우 짧다. 미국은 처음부터 영국의 식민지 국가로 출발했기 때문에 전통이나 상관습이 영국과 비슷하였고 식민지 시절에는 많은 지식과 경험을 필요로 하는 분야는 모두 영국인이 관장하였다. 해상보험도 모두 영국의 보험자들에 의해서 운영되었기 때문에 필라델피아, 뉴욕 등지의 상인들은 영국에 있는 보험업자와 해상보험계약을 체결하지 않으면 안 되었다.

그러나 미국의 상거래도 점차 번창하고 해상교역이 많아짐에 따라 영국 보험자들과 일일이 보험계약을 체결하는 것이 매우 번거롭고 불편하여 미국 내에서도 보험회사가 설립되어야 한다는 주장이 점차 제기되기 시작하였다. 이런 흔적은 여러 곳에서 찾아볼 수 있는데, 가령 1721년 캅슨(John C. Capson)은 필라델피아에서 발간되는 5월 25일자 'American Weekly Mercury'에 필라델피아의 상인들이 영국과 보험계약을 체결함으로써 겪는 불편을 해소하기 위하여 보험인수사무소를 자기 자택에 개설한다는 광고를 낸 적이 있다. 또한 필라델피아에서는 영국의 로이즈를 본따서 커피점에서 해상보험을 취급한 적도 있다. 그리고 뉴욕에서는 1759년에 보험사무소가 설립되었다는 기록이 있고 1778년에는 'New Insurance Office'가 설립되어 보험계약의 인수업무를 취급하기도 하였다.[16)]

그러나 이 당시 설립된 보험사무소들은 모두 영국에 있는 개인보험업자나 보험회사의 계획에 따라서 설립 · 운영되었다. 따라서 미국에 있어서 보험회사의 시초는 1792년 필라델피아에서 설립된 'Insurance Company of North America'라 할 수 있다. 그리고 6년 후 뉴욕에서도 'New York Insurance Co.'가 설립되었는데 두 보험회사의 설립을 계기로 그 후 많은 보험회사들이 생겨났다.

---

16) 이기태, 「해상보험」(법문사, 1992), pp. 520-525.

미국의 보험회사들은 나폴레옹 전쟁(1805~1811)과 남북 전쟁(1861~1865)으로 발전과 도산을 거듭하면서 성장해 오다가 제 1 차 세계대전 이후 급속히 발전하기 시작하였다. 제 1 차 세계대전이 끝나자 미국 정부는 전쟁에서 사용했던 거대한 상선들을 개인에게 불하하기 시작했는데, 이 때 선박을 보호할 수 있는 보험제도가 필요하게 되었다. 이를 위해서 미국 정부는 기존의 해상보험회사들로 하여금 신디케이트를 형성하여 정부가 불하한 선박을 공동인수하도록 설득하여 마침내 미국해상보험 신디케이트(American Marine Insurance Syndicate)가 1921년에 형성되었다.[17)]

미국해상보험 신디케이트가 계기가 되어 미국의 보험회사들도 영국의 로이즈처럼 신디케이트를 조직하여 영업활동을 벌이게 되었다. 특히 선박보험에 있어서 대형위험이나 특수한 위험에 대한 보험계약은 공동인수기관을 통하여 인수되고 있다.[18)]

미국이 세계적인 경제대국이지만 보험산업에 있어서는 영국에 비해 낙후되어 있어 지금도 미국보험시장의 상당한 부분이 영국으로 유출되고 있다. 이와 관련하여 1980년부터 미국의 보험업계에서도 기존의 신디케이트를 회원으로 하는 초대형의 기구인 보험거래소(insurance exchange)를 설립하여 영국의 로이즈와 경쟁을 벌이고 있다.

2. 미국의 해상보험기구

미국의 해상보험과 관련하여 많은 기구와 각종 협회가 있는데, 그 중에서 가장 중요한 것은 미국선박보험 신디케이트와 미국해상보험자협회이다.

---

17) 미국은 카르텔(cartel), 트러스트(trust), 신디케이트 등 독점에 대해서 아주 예민하여 이를 엄격히 규제해 왔다. 그러나 1920년의 상선법(Merchant Marine Act)에 의해 미국 내에서 또는 외국에서 해상원보험 및 재보험사업을 영위하기 위하여 다수의 해상보험회사들이 결합해도 이는 미국의 독점금지법에 저촉되는 것으로 해석되어서는 안 된다는 일종의 제한된 특혜가 부여되어 신디케이트가 형성될 수 있다.

18) 해상보험과 관련된 미국의 주요 공동인수기관은 아래와 같다.
- American Hull Insurance Syndicate
- American Marine Insurance Syndicate for Insurance of Builder's Risk
- Coastwise, Great Lakes and Inland Hull Association
- Tugboat Underwriting Syndicate

(1) 미국선박보험 신디케이트

미국의 해상보험에서는 1921년 정부 주도하에 세 개의 신디케이트가 처음으로 조직되었다. 이 때 형성된 미국보험 신디케이트가 모체가 되어 오늘날의 미국선박보험 신디케이트(American Hull Insurance Syndicate)가 만들어졌으며 이를 단순히 'Syndicate'라고도 한다. 이 신디케이트는 대형종합보험회사들이 구성원이며 주로 대형선박보험이나 특수한 위험을 인수하고 있다.[19)]

미국선박보험 신디케이트는 회원들을 위하여 선박보험의 원수 및 재보험을 인수하여 이를 사전에 정해진 비율에 따라서 회원들에게 분배한다. 각 회원들은 자기가 인수한 비율만큼 책임을 지지만 상호 연대책임은 지지 않는다. 그리고 이 신디케이트는 보험증권을 발행하고 손해사정을 담당하고 있으며 보험금의 지급업무도 관장하고 있다.

(2) 미국해상보험자협회

미국해상보험자협회(American Institute of Marine Underwriters; AIMU)는 미국 내에서 해상보험을 취급하는 보험자들이 자신들의 권익을 옹호하기 위해서 만든 단체이다. 이 협회에서는 해상보험에서 사용하는 약관(American Institute Clause)을 작성하고 손해사정과 공동해손의 정산업무를 취급하고 있다. 그 외에도 해사에 관련된 각종 정보를 수집하여 회원들에게 제공하며, 홍보활동과 회원들의 교육업무도 맡고 있다.

(3) 보험거래소

미국의 보험업계가 자국 내의 보험이 영국으로 유출되는 것을 막고 또한 로이즈와 경쟁하기 위해서 만든 기구가 보험거래소(insurance exchange) 또는 보험교환기구이다. 보험거래소는 증권거래소와 같이 그 구성원인 종합보험회사들이 한 곳에 모여서 보험거래를 할 수 있도록 장소를 제공해 주고, 보험거래에 필요한 편의를 도모해 준다. 보험거래소의 구성원은 로이즈와 마찬가지로 보험인수회원(underwriting member)과 중개회원(broker member)이다.

보험인수회원은 개별적인 보험회사가 아니고 이들 보험회사가 모여서 조

19) 영국의 로이즈에서는 개인보험업자들이 모여서 신디케이트를 조직하지만, 미국의 신디케이트는 대형종합보험회사들이 만든 연합체이다.

직한 신디케이트이다. 이런 신디케이트가 다시 모여서 만든 초대형기구가 보험거래소인 것이다.

최초의 보험거래소는 1980년 3월에 문을 연 뉴욕보험거래소(New York Insurance Exchange; NYIE)이다. 뉴욕보험거래소는 전종목의 재보험, 미국 밖의 원수보험 · FTZ[20]에서 인수거절이 확인된 국내원수보험 등을 취급한다. 그러나 뉴욕보험거래소는 일부 영업회원들의 파산으로 1987년부터 새로운 보험거래를 중단하고 이미 맡은 보험에 대한 청산업무만 계속하고 있는 형편이다.

그리고 1982년 일리노이 보험거래소(Illinois Insurance Exchange; IIE)가 시카고에서 영업을 시작했는데 이 보험거래소는 주로 재산 · 재해보험분야에서 대규모의 원보험과 재보험 그리고 일반보험자가 취급하기 어려운 원보험과 재보험을 취급하고 있다.

05 우리나라의 해상보험

우리나라 해상보험의 역사는 매우 일천하기 때문에 역사라 하기보다는 현재의 상황이라 할 수 있다. 편의상 해방 전과 해방 후로 구분하여 우리나라 해상보험의 변천과정을 살펴보기로 한다.

1. 해방 전의 상황

우리나라에서는 사농공상의 유교사상이 뿌리를 내리고 있고 상업 중에서도 바다에서 장사하는 것을 아주 천하게 여겼다. 이와 같이 바다를 천시하는 사상으로 해상운송 · 해상보험과 관련된 문헌이 빈약하고, 특히 해상보험의 기원이

20) 뉴욕자유무역지역(Free Trade Zone; FTZ)은 1979년에 생겼는데, 이 지역에서 영업활동을 하는 보험자는 대형위험이나 정규보험시장에서 취급할 수 없는 위험을 인수한다. 이 지역에서의 영업은 주정부로부터 인가받은 보험자에 한해서 허용되고 있다. 뉴욕보험거래소는 설립 당시부터 뉴욕 자유무역지역과 관련을 맺도록 그 정관과 규칙에 명시되어 있어 이 지역에서 보험자들이 인수거절하는 국내원수보험을 취급한다.

라 할 수 있는 모험대차제도에 관한 문헌은 아직까지 발견된 것이 없다.

우리나라에 해상보험이 도입된 계기는 1876년의 강화도 조약체결이다. 강화도 조약으로 부산 · 원산 · 인천 등의 항구가 개항되고 외국의 은행과 무역상사가 진출했는데, 이들 업체는 대부분 자국보험회사의 대리점 업무를 겸하고 있었다.

우리나라에 제일 먼저 진출한 보험회사는 동경해상보험주식회사로 1880년 1월에 제일은행 부산지점과 보험업무 대리점 계약을 체결하였다. 그 후 1884년에 영국계의 'Hongkong Fire Insurance' 대리점이 인천에 설치되었고 계속해서 각 개항항구에는 일본계 · 영국계 · 독일계 등의 보험회사의 대리점이 설치되었지만 그 실적은 매우 미미했다.

한일합방 이후에는 자연히 일본계 보험회사가 국내의 보험을 독점하다시피 했다. 이 당시에도 외국계의 보험회사가 허용되었지만 그 실적은 아주 보잘것 없었다. 그러다가 1933년 4월 '외국환관리법에 의한 명령'이 식민지 당국에 의해서 공포됨에 따라 외화표시보험계약은 제한과 통제를 받게 되었고 그 뒤 태평양전쟁을 계기로 외국계 보험회사들은 우리나라에서 모두 철수되었다.[21]

우리나라에 본점을 둔 보험회사의 효시는 1922년 일본인에 의해 설립된 조선화재해상보험주식회사(지금의 메리츠화재해상보험주식회사)이다. 자본금 500만원으로 설립된 이 회사는 단지 본점을 국내에 두고 있을 뿐이지 일본인에 의해 설립 · 운영된 것이기 때문에 우리나라 해상보험의 출발지로 볼 수는 없다.

2. 해방 후의 상황

1946년 5월 조선화재해상보험주식회사가 다시 업무를 개시하면서부터 1949년까지 무려 10개의 손해보험회사가 설립되었지만 모두 화재보험만을 취급하였다. 이 당시만 하더라도 우리나라는 선박이 없었으며, 대외무역거래도 극히 미미했고, 해상보험에 대한 실무도 매우 까다로워서 해상보험을 취급하지 않았다. 따라서 우리나라의 해상보험은 모두 외국의 보험회사와 계약을 체결했는데 이 당시에는 미국의 'The Hanovers Insurance Company' 극동지

21) 김준헌 등, 「신해상보험론」(법문사, 1994), p. 24.

사를 비롯한 몇몇 외국보험회사 대리점이 국내에 있었다.

해상보험의 운영방안을 계속 논의하던 중에 1953년 12월 해상보험준비위원회가 조직되었고 그 집행기관으로서 손해보험회사의 공동체인 대한해상운송보험공동사무소가 설립되었다. 이듬해인 1954년 2월부터 공동사무소는 적하보험을 인수하기 시작하여 우리나라는 비로소 단독으로 해상보험 영업활동을 시작할 수 있었다.

이어서 1955년 7월 동방해상보험(주), 그리고 1959년 1월에는 범한해상보험(주)이 설립되어 해상보험을 전문으로 취급하였다. 그러다가 1963년부터 두 회사도 화재보험업무를 취급하기 시작하여 회사 이름도 각각 해상화재보험주식회사로 바꾸었다. 그리고 대한해상운송보험 공동사무소도 1964년 2월에 해체되어 각 손해보험회사에서 개별적으로 해상보험을 전담하는 부서를 두어 자유경쟁적 입장에서 해상보험의 영업을 계속하였다.

그리고 보험사업자 상호간에 업무 질서를 유지하고 보험사업의 발전을 도모하기 위해 대한손해보험협회가 설립·운영되고 있다. 대한손해보험협회에는 현재 14개의 정회원사[22]와 7개의 준회원사 및 특별회원사가 다수 속해 있는데 이들 모두 해상보험업무를 취급하고 있으며 코리안 리(Korean Re; 과거의 대한재보험) 및 보증보험(주)에서는 해상재보험계약을 인수하고 있다. 그리고 총톤수 500톤 미만의 소형선박보험 및 방위산업과 관련되는 선박건조보험은 손해보험협회에서 공동(pooling)으로 인수한다.

22) 해상보험을 비롯한 손해보험업무를 취급하는 손해보험협회 정회원사는 ① 삼성화재, ② 현대해상, ③ DB손해보험, ④ KB손해보험, ⑤ 메리츠화재, ⑥ 한화손해보험, ⑦ 흥국화재, ⑧ NH농협손해보험, ⑨ 롯데손해보험, ⑩ MG손해보험, ⑪ 코리안리재보험, ⑫ SGI서울보증, ⑬ AXA손해보험, ⑭ AIG손해보험, ⑮ 하나손해보험, ⑯ 카카오페이손해보험 등이다.

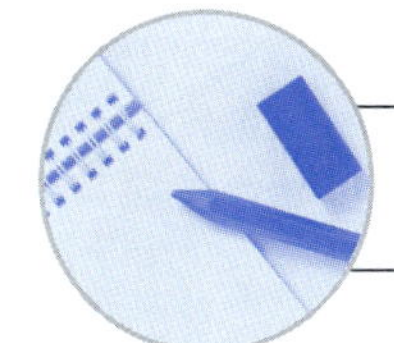

복습 및 토의 문제

01 콜럼버스가 스페인 이사벨라 여왕의 지원을 받고 미 대륙을 발견한 역사적 사실을 모험대차의 개념으로 토의해 보시오.

02 모험대차의 본질과 한때 우리나라에서 유행했던 벤처기업의 본질을 비교 · 토의해 보시오.

03 bottomry, respondentia 및 bond 의미를 모험대차의 각도에서 설명해 보시오.

04 소비대차, 사용대차 및 임대차의 의미를 정리해 보시오.

05 해상보험의 발전과정을 이탈리아 → 스페인 바르셀로나 → 네덜란드 앤트워프 → 영국 런던 순서로 토의해 보시오.

06 영국 개인보험업자와 우리나라 개인택시제도를 비교 · 토의해 보시오.

07 영국의 로이즈와 미국의 보험거래소를 비교 · 설명하시오.

08 로이즈 브로커(Lloyd's broker)의 역할에 대해서 토의해 보시오.

09 영국의 롬바르드 스트리트와 미국의 월 스트리트의 역사적 배경에 대해서 토의해 보시오.

10 우리나라 해상보험의 발전을 연대기 순서로 도표를 만들어 설명하시오.

MY FISH

Oh my fish,
My darling fish,
I'm wondering what you are thinking.

Are you thinking about the ocean,
swimming along in the sea?
Are you thinking about passing all of the fishermen?
Are you thinking about looking at the rainbows,
Made by the sun shining on the water?

I wonder, I wonder please tell me.
I love you because you swim so silently and calmly.

Emily Anne Ahles
Rooney Ranch Elementary School
Lakewood, CO

PART Ⅱ

해상보험계약의 원리

Chapter 04

해상보험계약

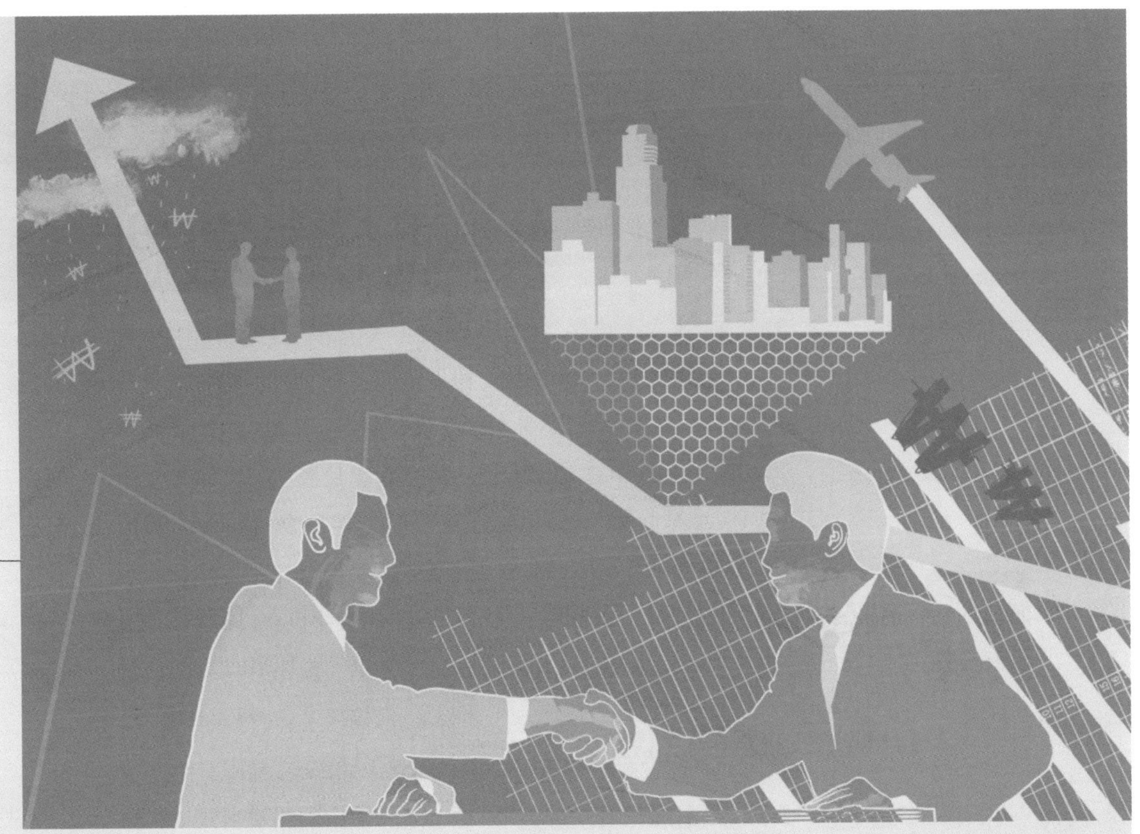

해상보험과 해상보험계약은 구분하지 않고 동의어로 사용되고 있지만 해상보험은 손해를 보상해 주는 사회적 · 경제적 제도를 말하고 해상보험계약은 이러한 제도를 운영하는 방법이라 할 수 있다. 따라서 해상보험은 해상보험계약을 통해서만 구체적으로 실현될 수 있다. 이 장에서는 해상보험계약의 개념, 주요 당사자, 법적 성질 등에 관해 살펴보기로 한다.

Chapter 04

해상보험계약

01 해상보험계약의 의의

1. 해상보험계약의 개념

일반적으로 보험제도와 보험계약은 그 의미가 비슷하여 서로 구분하지 않고 동의어로 사용되고 있다. 보험은 위험의 결합(pooling)을 통하여 개인이나 기업이 우발적인 사고발생으로 입게 되는 손실을 보상해 주는 제도이다. 그리고 보험계약은 보험을 이용하려는 당사자들이 서로를 구속하기 위하여 체결하는 계약이다. 즉 보험자와 보험계약자가 자신들의 관계를 권리와 의무의 관계로 만들기 위해 취하는 법률적 수단을 보험계약이라 할 수 있다. 따라서 보험은 일종의 경제적·사회적 제도이며 보험계약은 이러한 제도를 구체적으로 실행하는 수단을 뜻한다고 할 수 있다.

보험과 보험계약의 관계와 마찬가지로 해상보험과 해상보험계약은 동의어로서 사용되고 있다. 영국해상보험법(제 1 조)에서도 해상보험을 해상손해를 보상해 주는 해상보험계약으로 정의를 내리고 있다. 즉 해상보험은 보험자와 보험계약자간에 체결되는 해상보험계약에 의해서 보험계약자는 소정의 보험료를 부담하고 보험자는 이에 대한 대가로 합의된 방법과 범위 내에서 손해보상을 약속하는 것이다.

보험자의 손해보상은 우발적인 보험사고를 전제로 하며 또한 보험사고의 발생구간이 반드시 해상일 필요는 없다. 해상운송과 연계되는 내수로운송 · 육상운송의 구간에서 보험사고가 발생하더라도 보상이 가능하다(영국해상보험법 제2조 1항). 이와 같은 해상보험의 모든 내용은 당사자간에 체결되는 해상보험계약에 의해서 결정된다.

2. 해상보험계약의 성립

해상보험계약은 다른 계약과 마찬가지로 계약이 성립되고 그 효력이 발생하기 위해서는 다음과 같은 기본요건을 갖추어야 한다.[1)]

2-1 청약과 승낙

일반적으로 계약이 유효하게 성립되려면 청약(offer)과 승낙(acceptance)이 필요하다. 청약은 일정한 계약을 성립시킬 것을 목적으로 행하는 일방적 · 확정적 의사표시를 말하며 이 청약에 대하여 상대방이 역시 계약을 성립시킬 것을 목적으로 청약자에게 행하는 의사표시를 승낙이라고 한다.[2)]

보험계약에서 청약은 보험청약자(proposer)[3)]가 일정한 보험계약을 맺을 것을 목적으로 보험자에게 행하는 의사표시이고, 승낙은 특정한 보험계약의 청약에 응하여 보험자가 보험계약의 성립을 목적으로 행하는 의사표시이다. 보험청약자는 보험계약을 맺을 것을 보험자에게 청약하고 보험자가 이를 승낙해야만 보험계약이 합법적으로 성립된다.[4)]

청약은 구두로 하든 서면으로 하든 상관이 없으나 오늘날에는 혼란과 분쟁을 방지하기 위하여 대부분 서면으로 하고 있다. 그리고 청약은 계약체결을 위한 의사표시이고 하나의 법률사실이기 때문에 내용의 확정성 또는 확정가능성이 계약의 효력요건이 된다. 따라서 청약자는 확정된 내용을 가지고 상대방에게 청약해야만 한다.

---

1) A. H. Mowbray, R. H. Blanchard, and C. A. Willians, *Insurance*(6th ed.)(New York: McGraw-Hill, 1969), p. 107.
2) Raoul Colinvaux, *The Law of Insurance*(4th ed.)(London: Sweet & Maxwell, 1979), s. 1-23.
3) 보험청약자 또는 보험계약청약자는 보험계약을 체결하려고 청약을 하는 당사자를 말하는데, 보험계약이 체결되면 정식으로 보험계약자가 된다.
4) 박세민, 「보험법」(제3판)(박영사, 2015), pp. 135-139.

실무에서 보험계약의 청약은 보험계약청약서(application: order)를 이용한다. 대부분의 보험계약청약서에는 보험계약자가 기재해야 할 사항과 보험자가 보험계약자에게 질문하는 질문표(questionnaire)가 인쇄되어 있다. 보험청약자(보험계약자)가 기재사항과 질문란에 성실히 답변하여 작성하고 이를 보험료 또는 최초의 보험료(생명보험 등의 경우)와 함께 보험자에게 제출하면 보험계약의 청약으로 간주된다.

보험청약자가 제출한 청약서를 보험자가 승낙하면 이는 곧 보험계약의 합의사항이 되기 때문에 보험청약자는 성실히 청약서를 작성해야 한다. 만약 보험청약서에 허위사실이 기재되어 있으면 이것은 사기(fraud)로 간주되어 보험계약이 무효가 될 수 있다.

보험청약자의 청약에 대하여 보험자는 이의 승낙 여부를 결정해야 한다. 보험청약자가 제출한 보험계약청약서의 내용을 검토하여 아무런 이의가 없으면 보험료 또는 최초의 보험료를 받고서 이를 승인한다. 이 때 보험자는 청약서를 승인한 날짜를 기해 보험의 효력이 발생한다는 보험료 영수증을 발급하는데 이것이 곧 보험자가 청약을 승낙한 것이 된다. 그리고 승낙에 대한 보험자로부터의 서면통지가 없어도 보험계약은 성립되며, 보험계약의 내용을 법적으로 증명하는 보험증권(policy)은 통상 한 달 후쯤 발급된다.

2-2 대가지불

해상보험계약이 성립되고 그 효력이 발생하는 데에는 반드시 합법적인 대가지불 또는 약인(consideration)이 있어야 한다. 보험계약에서 보험자는 장차 보험사고가 발생할 경우 보험계약자가 입는 경제적 손실을 보험계약조항에 따라 보상해 줄 것을 약속한다. 그리고 보험계약자는 이러한 약속의 대가로 보험료를 지불한다.

대가지불을 약인이라고 하는데, 약인은 보험에서만 사용되는 용어가 아니고 일반적으로 약속자(promiser)의 약속대가로 수약자(promisee)가 지불하는 금전적 서비스를 모두 약인이라고 한다. 상거래에서 매도인이 계약물품을 인도하는 대가로 매수인이 매매대금을 지불하는 경우, 이 매매대금도 약인의 개념에 해당된다. 보험에서 약인이라고 함은 곧 보험자의 손해보상약속의 대가로 보험계약자가 지불하는 보험료를 의미한다.

보험계약은 보험자와 보험계약자간에 대가지불이 있어야만 하는 유상계약의 일종이기 때문에 보험자로부터 손해보상을 받기 위해서는 먼저 보험계약자가 보험료를 지불해야 한다. 만약 보험계약자가 보험료를 지급하지 않으면 이런 계약은 상호간의 대가지불이 없는 무상계약이 된다. 무상계약은 그 계약의 이행을 법적으로 요구할 수 없기 때문에 보험계약자는 반드시 대가, 즉 보험료를 지불해야만 손해보상을 받을 수 있다.

2-3 합 법 성

모든 보험계약은 불법적인 목적으로 체결되어서는 안 된다. 보험계약은 반드시 법에 저촉되지 않는 합법적인 목적을 가진 계약이어야 하며, 공익과 사회의 건전성을 해치는 보험계약은 무효이다. 보험계약을 체결하기 위해서 보험계약자는 보험목적물과 반드시 재산상의 이해관계가 있어야 하는데, 이를 부정하고 단순히 도박을 목적으로 보험계약을 체결하는 것도 무효이다.

해상보험계약을 체결하는 목적도 합법적이어야 한다. 만약 밀수품 · 마약 등을 적하보험계약에 체결하면 그것은 법적 효력을 갖지 못하는 불법계약이 된다. 그리고 자기와 아무런 재산상의 이해관계가 없는 선박 · 화물 등을 보험에 붙이는 사행 또는 도박을 목적으로 하는 일체의 해상보험계약도 무효이다.

보험계약이 합법성을 지니기 위해서는 계약당사자들이 모두 법적으로 유자격자(legal competency)이어야 한다. 보험자는 보험대리점, 보험회사, 개인보험업자 등으로 구분되는데, 모두 합법적으로 조직되어 법인 자격을 얻고 정부 당국으로부터 보험사업허가를 받아야 한다. 만약 보험자가 파산선고를 받거나 보험사업의 허가가 취소되어 법적 자격을 상실하게 되면 보험계약자는 그 시점에서부터 보험계약의 해지를 요구할 수 있다.

한편 대부분의 성인들은 보험계약자가 될 수 있다. 그러나 미성년자, 금치산자 · 마약중독자 등은 보험계약자로서 합법적인 유자격자가 될 수 없다. 미성년자는 그가 체결한 보험계약을 성년이 된 후에 그의 선택에 따라 파기할 수 있다. 만약 그가 파기하지 않을 경우에는 보험자는 보험계약조건을 이행해야 한다. 그리고 정신에 이상이 있어 금치산자의 선고를 받았거나 보험계약을 체결할 당시 마약이나 술에 취해 있으면 합법적인 계약당사자가 될 수 없다.

02 해상보험계약의 당사자

해상보험계약에 관련되는 주요 당사자들은 다음과 같다.

1. 보 험 자

보험자(insurer, assurer: underwriter)는 보험계약을 인수하고 이에 따라 보험계약자에게 손실보상을 약속하는 당사자이다. 'Insurer' 또는 'Assurer' 는 불확실한 미래의 상황을 확실하게 보장해 주는 사람이라는 의미에서 보험자를 지칭한다. 보험자는 보험계약자에게 발생할지도 모르는 미래의 손실을 금전적으로 보상할 것을 약속하기 때문에 불확실한 상황을 곧 확실하게 보장해 준다는 뜻이다.

한편 'Underwriter' 는 원래 상업협정서의 하단에 기명 · 날인하고 그 내용에 따를 것을 약정하는 사람을 의미했었다. 해상보험에서는 17세기 경부터 보험증권을 발행하는 보험자가 보험증권의 내용에 대하여 책임을 진다는 의미에서 보험증권의 하단에 직접 서명을 했는데, 이후 'Underwriter' 는 보험계약을 인수하는 개인보험업자를 뜻하게 되었다.

보험자는 일반적으로 회사 형태를 갖추지만 영국의 로이즈(Lloyd's)와 같이 보험자가 개인인 경우도 있다. 우리나라를 비롯한 대부분의 국가에서는 보험자가 주식회사의 형태를 띠고 있는데, 보험사업은 공공의 이익과 아주 밀접한 관계에 있기 때문에 보험자의 자격에 대해서는 일정한 제한을 두고 있다.

우리나라에서도 보험사업을 영위하고자 하는 자는 보험종목별로 금융위원회의 허가를 받아야 한다. 보험사업의 허가를 받을 수 있는 자는 주식회사 · 상호회사와 외국보험사업자에 한하며 300억원 이상 자본금 또는 기금을 납입하여야 한다. 그리고 대통령령이 정하는 범위 안에서 보험계약자를 보호하기 위한 보호예탁금을 금융감독원에 예탁하여야 한다.[5)]

5) 상호회사의 상호보험은 보험을 이용하려고 하는 사람들이 모여서 단체를 형성하고 자금을 각출하여 단체의 구성원 가운데 보험사고를 당한 사람에 대하여 보상하는 제도이다.

2. 로이즈의 개인보험업자

대부분의 국가에서 보험자라고 하면 주식회사의 형태를 의미하며 개인보험업자들을 법으로 허용하고 있지 않다. 그러나 영국은 개인보험업자들에 의해 해상보험이 발전되어 왔기 때문에 전통적으로 개인보험업자를 허용하고 있다. 따라서 영국에서는 보험계약을 체결할 수 있는 재력만 있으면 누구든지 보험자가 될 수 있는데, 이 개인보험자들의 집합체를 통칭하여 'Lloyd's' 라고 표현하고 있다. 따라서 로이즈는 보험회사가 아니라 개인보험자들의 모임단체이다. 로이즈는 1871년 로이즈 법에 의해 외견상으로 법인격을 가지는 로이즈 조합(Corporation of Llyod's)이 되었다.

로이즈는 해상보험에서 출발했지만 오늘날에는 손해보험 · 인보험 등 모든 보험분야에 있어서 세계보험시장의 중심이 되고 있다. 특히 다른 나라의 보험시장으로부터 재보험을 많이 인수하고 있으며, 위험도가 매우 크거나 다른 보험자가 인수하기를 꺼리는 위험들을 취급한다.

3. 보험계약자 · 피보험자

보험계약자(policy holder)는 자기 명의로 보험자와 보험계약을 체결하고 보험료를 지불할 의무가 있는 당사자를 말한다. 보험계약자는 보험계약의 체결에 직접적으로 관여하는 당사자이기 때문에 계약상의 모든 의무를 부담해야 한다. 보험계약자의 자격에 대하여 별도의 제한은 없으며 보험계약자는 대리인으로 하여금 보험계약을 체결하도록 할 수 있다.

피보험자(insured, assured)는 손실이 발생할 경우 보험계약에 의해 보상을 받을 수 있는 당사자이다.[6] 그러나 피보험자는 손해보상을 청구하기 위해서는 피보험이익(insurable interest)을 가져야만 한다. 피보험이익은 보험목적물에 대하여 특정인이 갖는 금전적 이해관계를 말한다. 이해관계가 없으면 손해를 당할 일도 보상을 받을 필요도 없기 때문에 피보험자는 반드시 피보험이익을 가지고 있거나 이를 취득할 가능성이 있어야 한다.

6) 우리나라의 상법에서는 인보험의 경우 보험계약상의 혜택을 받는 자를 보험수익자(beneficiary)로서 표현하고 있다. 보험수익자는 인보험계약에서 보험금청구권을 가지는 사람이고 그 수나 자격에는 제한이 없다. 보험계약자가 동시에 보험수익자인 경우에는 자기를 위한 인보험이고 그렇지 아니한 경우에는 타인을 위한 보험계약이다.

법적으로 보면 피보험자는 보험계약의 직접 당사자가 아니고 관련 당사자에 불과하다. 그러나 피보험자는 피보험이익을 가지는 주체로서 손해보상을 받을 수 있는 중요한 당사자이기 때문에 특정한 경우에는 보험료의 지불과 같은 보험계약자의 의무를 부담할 수도 있다.

보험계약자와 피보험자는 동일인이 될 수도 있고 서로 다른 사람이 될 수도 있다. 자신을 위하여 보험계약을 체결하게 되면 보험계약자와 피보험자는 동일인이 되지만 타인을 위하여 보험계약을 체결하게 되면 보험계약자와 피보험자는 다른 사람이 된다.

CIF 계약에서는 수출업자가 수입업자를 위하여 적하보험을 체결해야 한다. 수출업자는 보험계약을 체결하고 보험료를 지불하는 보험계약자가 되고, 사고가 발생할 경우 이에 대한 보상청구는 수입업자가 하기 때문에 피보험자는 수입업자가 된다. 그러나 실무적으로는 수출업자가 자기를 피보험자로 하여 보험계약을 체결한 후 보험증권을 배서하여 수입업자에게 양도하는 형식을 취한다. 보험사고가 발생할 경우 수입업자는 보험증권의 소지인으로서 손해보상을 보험자에게 요구한다.

우리나라의 상법에서는 보험계약자와 피보험자의 개념을 분명하게 구분하지만 영국에서는 이를 구분하지 않고 피보험자의 개념 속에 보험계약자의 의미까지 포함시키고 있다. 따라서 피보험자라고 하면 보험계약을 체결하고 보험료를 지불해야 하며 또한 보험사고가 발생할 경우 손실보상을 받는 당사자가 된다.

만약 제3자가 피보험자를 위하여 보험계약을 체결할 경우에는 자신을 피보험자의 대리인으로 보고 피보험자의 명의로 계약을 체결하게 된다. 해상보험은 영국의 법률과 관습에 따르기 때문에 피보험자와 보험계약자를 이론적으로 구분하지 않고 보험자의 계약체결 상대자로서 그리고 손실보상을 청구하는 자를 통털어 피보험자라고 한다.

4. 기타의 관련 당사자

오늘날의 보험거래에서는 많은 보험계약이 보험자와 직접 체결되기보다는 보험설계사, 보험대리점, 보험중개사 등을 통하여 체결되고 있다.

4-1 보험설계사

보험설계사는 특정 보험자를 위하여 보험계약의 체결을 중개하는 자로서 보험외무원 혹은 보험모집인이라고도 한다. 우리나라의 보험업법(제2조 9)에서는 보험설계사를 보험회사 · 보험대리점 또는 보험중개사에 소속되어 보험계약의 체결을 중개하는 자로 규정하고 있다. 그리고 보험회사 · 보험대리점 및 보험중개사는 소속 보험설계사가 되려는 자를 금융위원회에 등록하여야 한다(보험업법 제84조). 보험설계사는 보험자에게 종속되어 보험을 모집한다는 점에서 독립된 지위에서 보험모집을 하는 보험대리점하고는 다르다.

보험설계사는 특정 보험자에게 종속되어 있기 때문에 법적으로 보면 보험자와 동일인이다. 따라서 보험자는 자신을 위하여 일하는 보험설계사의 행위에 대하여 책임을 진다. 보험설계사는 소속된 보험자와의 계약에 의해 일정한 권한을 가질 수 있지만 대체로 일반인을 상대로 보험가입을 권유하고 보험청약서를 받아 보험자에게 전달하는 정도의 권한만 있고 보험계약체결권은 인정되지 않는다. 따라서 보험설계사는 보험자를 대리하여 보험계약을 체결할 수 없으며 보험료를 징수할 수도 없다.

4-2 보험대리점

보험대리점(insurance agent)은 일정한 보험자를 위하여 항시 그 영업부류에 속하는 보험계약의 체결을 대리하거나 중개하는 것을 영업으로 하는 독립된 상인이다(상법 제87조). 이 보험대리점은 보험계약의 체결권을 가지는 보험체약대리점과 중개만을 하는 보험중개대리점으로 나눌 수 있다. 일반적으로 손해보험의 경우에는 주로 보험체약대리점이 이용되고, 생명보험의 경우에는 보험인수의 특수한 성격으로 보험계약체결권을 보험자에게 집중시킬 필요가 있기 때문에 보험중개대리점을 통하여 보험계약이 체결된다.[7)]

우리나라의 보험업법(제2조 10)에서는 보험대리점을 보험사업자를 위하여 보험계약의 체결을 대리하는 보험체약대리점으로 한정하고 있다. 보험대리점은 자연인이든 법인이든 상관없이 일정한 자격을 갖춘 자로서 금융위원회에 등록을 하여야 한다.

---

7) 양승규, 「보험업법」(제5판)(삼지원, 2004), p. 94.

보험대리점은 법적으로 보험자의 권한을 대행할 수 있기 때문에 보험자와 동일한 위치에 있다. 따라서 보험대리점은 보험자의 대리인으로서 보험계약을 체결할 수 있고 보험료를 수령할 수 있다. 뿐만 아니라 보험계약을 변경 · 연기 · 해지할 수 있는 권한을 가진다.

4-3 보험중개사

보험중개사(insurance broker)는 독립적으로 보험계약의 체결을 중개하는 것을 영업으로 하는 자이다. 보험중개사는 보험가입을 원하는 사람을 위해 보험자와 접촉해서 자신의 고객인 보험가입 희망자에게 필요한 보험을 알선한다. 보험중개사는 법적으로 피보험자를 대리하기 때문에 오로지 피보험자로부터 위촉받은 권한을 대행할 수 있을 뿐이다.

보험중개사의 주된 임무는 보험가입 희망자에게 가장 적합한 보험을 알선해 주는 것이기 때문에 특정 보험자와만 관련을 맺는 것이 아니라 여러 보험자와 사업관계를 맺고 있다.

우리나라는 보험시장이 협소하여 아직까지 보험중개사의 활동은 미미하지만, 영국 · 네덜란드 · 독일 등 보험이 발달한 국가에서는 보험중개사에 의해 보험계약이 많이 체결된다. 특히 로이즈에서는 반드시 등록된 보험중개사를 통해서만 계약이 체결된다.[8)]

로이즈 브로커도 보험중개사와 마찬가지로 보험자를 대리하는 것이 아니며 피보험자를 대리한다. 따라서 로이즈 브로커는 피보험자의 지시에 충실히 따라야 하며 만약 피보험자의 지시에 동의할 수 없을 경우에는 그러한 취지를 피보험자에게 통지하여 피보험자로 하여금 다른 보험에 가입하도록 유도해야 한다. 또한 로이즈 브로커는 단순한 계약의 중개가 아니라 최적의 보험조건을 알선해야 하는 전문적인 대리인이기 때문에 상당한 전문지식을 가지고 있어야 한다.

---

8) 우리나라도 보험중개사를 통한 보험계약 체결을 유도하고 보험계약자를 보호하기 위해 금융감독원(보험개발원 위탁)에서는 매년 보험중개사 자격시험을 시행하고 있다. 보험중개사는 자격시험에 합격한 후 금융위원회에 등록을 하여야 한다.

03 해상보험계약의 법적 성질

일반적으로 보험은 법적 계약을 통하여 미래에 발생할지도 모르는 경제적 손해를 보상하는 제도이다. 그러므로 보험제도가 구체적으로 실행되기 위해서는 보험자와 피보험자간에 반드시 보험계약이 체결되어야 한다. 해상보험계약을 비롯한 보험계약이 지니는 법적 성질을 살펴보면 다음과 같다.[9)]

1. 낙성(諾成)계약

계약은 당사자간의 합의만으로 성립되느냐 아니면 그 밖에 특별한 법률사실이 있어야만 성립되느냐에 따라 낙성계약과 요물(要物)계약으로 구분된다. 낙성계약은 당사자간의 합의만으로 성립하는 계약이며 요물계약은 당사자간의 합의 외에 어느 일방이 물건의 인도 혹은 기타의 급부를 해야만 성립하는 계약을 말한다. 현상광고는 응모자가 특정 행위를 완료함으로써 계약이 성립되므로 요물계약의 일종으로 볼 수 있다.

해상보험계약은 당사자 쌍방의 의사표시 합치만으로 성립하고, 계약성립을 위하여 당사자간에 아무런 급여를 요하지 않는 낙성계약이다. 보험계약이 성립되기 위해서는 당사자 일방의 청약(offer)과 이에 대한 상대방의 승낙(acceptance)만 있으면 된다. 즉 피보험자가 보험에 가입하고 싶다는 의사표시를 하고, 보험자가 이를 승낙하게 되면 보험계약은 성립된다.[10)]

일반적으로 보험자가 보험증권을 교부해야 한다든지, 피보험자가 1회의 보험료를 납입해야 한다는 것 등은 보험계약의 성립에 하등 영향을 주지 않는다. 대부분의 법률 및 보험약관에는 최초의 보험료가 납부되어야만 보험자의 책임이 개시된다는 규정이 있지만 이것은 보험자의 책임개시를 위하여 필요한 요건이지 보험계약의 성립에 영향을 미치는 요건은 아니다.

---

9) 최기원, 「보험법」(제 3 판)(박영사, 2002), pp. 62-68.

10) 보험계약에서는 일반 계약과 달리 보험가입자가 청약자가 되고 보험자가 승낙자가 된다. 그리고 보험설계사의 가입에 대한 권유는 청약의 유인으로 본다. 박세민, 앞의 책, p. 81. 청약의 유인은 상대방이 청약해 오도록 유인하는 의사표시로 계약의 준비행위이다.

2. 불요식계약

보험계약은 그 성립을 위하여 당사자간의 합의 외에는 다른 특별한 방식을 필요로 하지 않는 불요식계약이다. 보험계약에서는 법률행위의 요소인 의사표시를 일정한 방식에 의해 행할 것을 필요로 하지 않는다. 보험자는 보험계약자의 청구가 있을 경우에는 보험증권을 작성하여 교부해야 할 의무가 있지만 이것은 보험계약의 성립요건이 아니고 이미 성립한 계약의 효과로서 생기는 의무이다.

그러나 보험계약을 체결할 때는 청약 의사표시로서 보험계약자는 보험청약서에 필요한 사항을 기재하고 서명 · 날인한다. 소정의 보험청약서에 의하지 않는 청약에 대해서는 보험자가 승낙을 하지 않기 때문에 오늘날의 보험계약은 점차 요식화되어 가고 있다.

3. 유상 · 쌍무계약

유상계약은 계약의 효과로서 당사자들이 상호 대가를 치른다는 의미로 출연(出捐)을 행하는 계약을 말한다. 매매 · 교환 · 임대차 · 고용 등의 계약은 유상계약이며 증여는 무상계약이다. 그리고 쌍무계약은 계약의 효과로서 당사자들이 서로 채무를 부담하는 계약을 의미한다. 이에 반해 편무계약은 당사자 일방만이 급부를 하고 상대방은 이에 대응하는 반대급부를 하지 않는 계약을 말한다. 증여 · 현상광고 등은 전형적인 편무계약이다.

보험계약은 보험계약자가 보험료를 부담하고 이에 대해 보험자는 보험사고가 발생할 경우 보상금(보험금)을 지급할 의무가 있기 때문에 유상계약이라 할 수 있다. 보험자의 보험금 지급은 보험사고를 전제조건으로 하기 때문에 보험계약을 유상계약이라고 할 수 있는가에는 이의가 있다. 그러나 보험사고가 발생하면 보험금이 지급된다고 하는 기대를 통하여 보험계약자(피보험자)는 경제생활의 안정을 도모할 수 있는데, 이것은 곧 보험자가 위험을 부담하기 때문이다. 위험부담은 그 자체가 현실적인 유상계약으로 해석될 수 있다.

한편 보험계약은 보험계약자가 보험료를 지불하는 데 대하여 보험자의 위험부담이 계약성립과 동시에 채무로서 발생하기 때문에 양 당사자의 채무는 서로 구속관계에 있는 쌍무계약이라 할 수 있다.

4. 사행(射倖)계약

사행계약(aleatory contract)은 보험계약, 추첨, 경품 등과 같이 당사자에게 발생하는 손실 또는 이익이 불확실한 사건의 발생과 관련되는 계약, 즉 우연성을 가지는 계약이다.[11] 이에 반대되는 계약은 우연적 사실의 발생과는 무관한 실정계약(commutative contract)이다.

보험자는 우연적으로 발생하는 보험사고에 대해서만 그 손실을 보상하기 때문에 보험자의 보험금 지급은 우연성에 좌우되고 이에 따라 보험계약은 사행계약이라고 할 수 있다. 이 점으로만 보면 보험과 도박이 유사하지만 보험은 위험(risk)을 제거하는 것이고, 도박은 오히려 위험을 창출하는 것이기 때문에 근본적으로 차이가 난다.

5. 최대선의의 계약

보험계약은 당사자들의 신의 성실의 원칙에 입각하여 체결되는 최대선의(utmost good faith)의 계약이다.[12] 최대선의의 원칙은 보험계약에서 뿐만 아니라 모든 계약에서 요구되는 기본원칙이라 할 수 있는데, 특히 보험계약에서 강조되는 이유는 보험계약이 추첨, 경품 등과 마찬가지로 우연적 사고를 대상으로 하는 사행계약이기 때문이다.

보험금 지급은 우연적 사고발생을 전제로 하며, 또한 적은 금액(보험료)으로서 큰 금액(보험금)을 얻을 수 있기 때문에 보험은 쉽게 도박화될 수 있다. 이에 따라 보험계약에서는 보험의 도박화를 방지하기 위하여 당사자 쌍방에게 최대선의의 원칙을 요구하고 있다. 영국의 해상보험법에서도 해상보험계약은 최대선의를 기초로 하는 계약임을 규정하고 있다(영국해상보험법 제17조). 만약 최대선의의 원칙을 위반할 경우 일방은 보험계약을 취소할 수 있는 권한을 가질 수 있다.[13]

---

11) 콜린박스는 보험계약의 우연성을 다음과 같이 표현하고 있다. "Contracts of insurance, like wagering contracts, are aleatory contracts depending on an uncertain event or contingency as to both profit and loss; for financial or other consideration the insurer agrees to pay or otherwise benefit the assured on the happening of a specified event or contingency." "Insurance is a contract upon speculator." Raoul Colinvaux, *op. cit.*, s. 1-01.

12) The insurance contract is an agreement uberrimae fidei ; i.e., of the utmost good faith. A. H. Mowbray, R. H. Blanchard and C. A. Willians, *op. cit.*, p. 114.

6. 부합(附合)계약

부합계약(contract of adhesion)은 계약 내용이 당사자 일방에 의해 정해지고 상대방은 이 내용을 포괄적으로 승인함으로써 효력이 발생하는 계약이다. 상거래에서 일어나는 운송계약, 보험계약 등은 모두 부합계약의 성질을 띤다.

보험자는 불특정 다수의 보험계약자를 상대로 보험계약을 체결하기 때문에 보험계약을 체결할 때마다 일일이 보험계약자와 계약내용을 합의할 수는 없다. 또한 보험계약상의 법률적 · 기술적 문제에 대하여 전문 지식이 없는 보험계약자와 협의하여 계약을 체결하는 것도 무의미하며, 그리고 개별적으로 계약을 체결하게 되면 보험계약자간에 차별이 발생할 수 있다. 따라서 보험자는 일방적으로 작성한 보통보험약관을 제시하고 보험계약자는 이것을 포괄적으로 승인함으로써 보험계약이 체결된다.

그러나 보통보험약관은 보험자가 일방적으로 작성한 것이지 보험자와 보험계약자가 상호 협정하거나 합의한 것은 아니다. 따라서 보험계약의 내용을 잘 모르는 보험계약자는 부당한 피해를 입을 수 있다. 이런 점을 감안하여 보통보험약관은 주무장관의 승인을 얻어서 사용하도록 하고 원칙적으로 당사자의 특약에 의해서도 보험계약자에게 불이익이 되도록 약관을 변경하지 못하도록 하고 있다.

7. 상 행 위

영리를 목적으로 하는 영리보험은 기본적으로 상행위의 일종이라 할 수 있다. 주식회사 형태를 갖춘 보험회사나 개인보험업자들도 이윤을 추구하기 위하여 보험을 인수하고 보험계약을 체결하기 때문에 보험을 인수하는 행위

---

13) 하지만 2015년 영국보험법에서는 영국해상보험법에서 보험계약의 당사자 중 일방이 최대선의 의무를 위반할 경우 계약 상대방이 보험계약을 해지할 수 있도록 하는 규정을 삭제시켰다. 해상보험계약은 최대선의의 계약이지만 일방이 이를 위반하였다고 하여 상대방이 무조건적으로 계약을 취소할 수는 없게 된다.

Section 14 (Good faith)

(1) Any rule of law permitting a party to a contract of insurance to avoid the contract on the ground that the utmost good faith has not been observed by the other party is abolished.

그 자체는 상행위가 된다.[14] 그러나 보험은 사회적 공익사업이기 때문에 일반 상행위와는 달리 많은 제약을 받는다. 보험계약의 체결은 반드시 인가를 받은 보험자만이 할 수 있도록 법으로 규정하고 있다.

8. 계속계약

보험계약에서 보험자는 보험사고가 발생할 경우 손해보상을 약속하는데, 이러한 손해보상의 약속은 보험사고가 일정한 기간 내에 발생하는 것이어야 한다. 이 기간을 보험기간이라고 하는데, 보험자와 보험계약자의 관계는 보험기간 동안 지속된다.

매매거래는 1회의 급여로서 계약관계가 종료하지만 보험계약은 보험기간 동안 계속해서 존재하는 계속적 계약의 성질을 갖는다. 따라서 청약과 승낙에 의해 보험계약이 성립되었다하더라도 그 이후 지속적으로 보험계약 당사자 간에는 상호 신뢰관계가 유지되어야 한다.

보험기간은 보험의 종류에 따라서 다르다. 통상적으로 생명보험은 보험기간이 길고, 해상보험과 같은 손해보험은 짧은 편이다. 해상보험 중에서도 선박보험은 1년 단위를 보험기간으로 하지만 적하보험은 보험자의 책임이 1회 항해에 국한되기 때문에 보험기간이 매우 짧다. 예를 들어 우리나라와 중국, 우리나라와 일본 간의 항해일수는 1일 이내이므로 적하보험의 보험기간도 1일 이내에 해당된다.

보험기간 동안은 보험계약이 지속되기 때문에 이 기간 내에 발생하는 보험사고에 대해서 보험자는 손해보상의 책임이 있다. 그리고 보험계약자도 설령 보험료를 모두 지급했다 하더라도 보험기간 동안은 보험계약법상의 의무를 부담해야 한다.

---

14) 보험계약의 상행위성으로 인해 보험계약 체결 당사자 모두에게 원칙적으로 상법이 적용된다. 그리고 상호보험은 그 성격상 영리를 목적으로 하는 보험자가 위험을 인수하는 것이 아니기 때문에 상법상의 상행위성은 인정할 수 없지만 실질은 영리보험과 동일하기 때문에 상호보험에도 상법이 준용된다. 박세민, 앞의 책, p. 89.

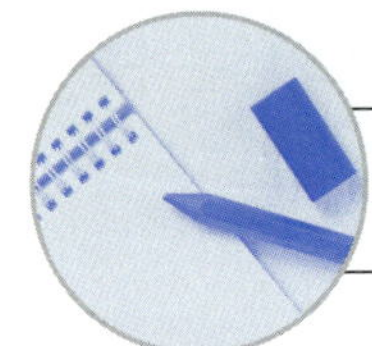

복습 및 토의 문제

01 우리나라에서 일반적으로 보험계약이 체결되는 과정을 토의해 보시오.

02 해상보험, 자동차보험, 생명보험 등 보험종목에 상관없이 우리 주변에서 쉽게 구할 수 있는 보험청약서를 검토하여 그 구조를 확인해 보시오.

03 약인의 법적 의미를 정리하고 실생활에서의 예를 찾아보시오.

04 우리나라 보험업의 허가요건에서 나오는 '상호회사' 및 '보호예탁금'에 대해서 토의해 보시오.

05 보험계약자와 피보험자를 정확하게 구분해 보시오.

06 우리나라의 보험중개사 자격시험에 대해 검색해 보시오.

07 우리나라 보험업법에서 규정하고 있는 보험설계사, 보험대리점 및 보험중개사의 요건을 정리해 보시오.

08 해상보험계약의 법적 성질 중에서 낙성 · 불요식 특성을 토의해 보시오.

09 해상보험계약은 사행 및 최대선의의 성질을 가지고 있다. 이 두 성질은 서로 상반되는 느낌을 주는데 이에 대해서 토의해 보시오.

10 아파트 매매계약과 보험계약의 차이에 대해 토의해 보시오.

Chapter

05

고지와 담보

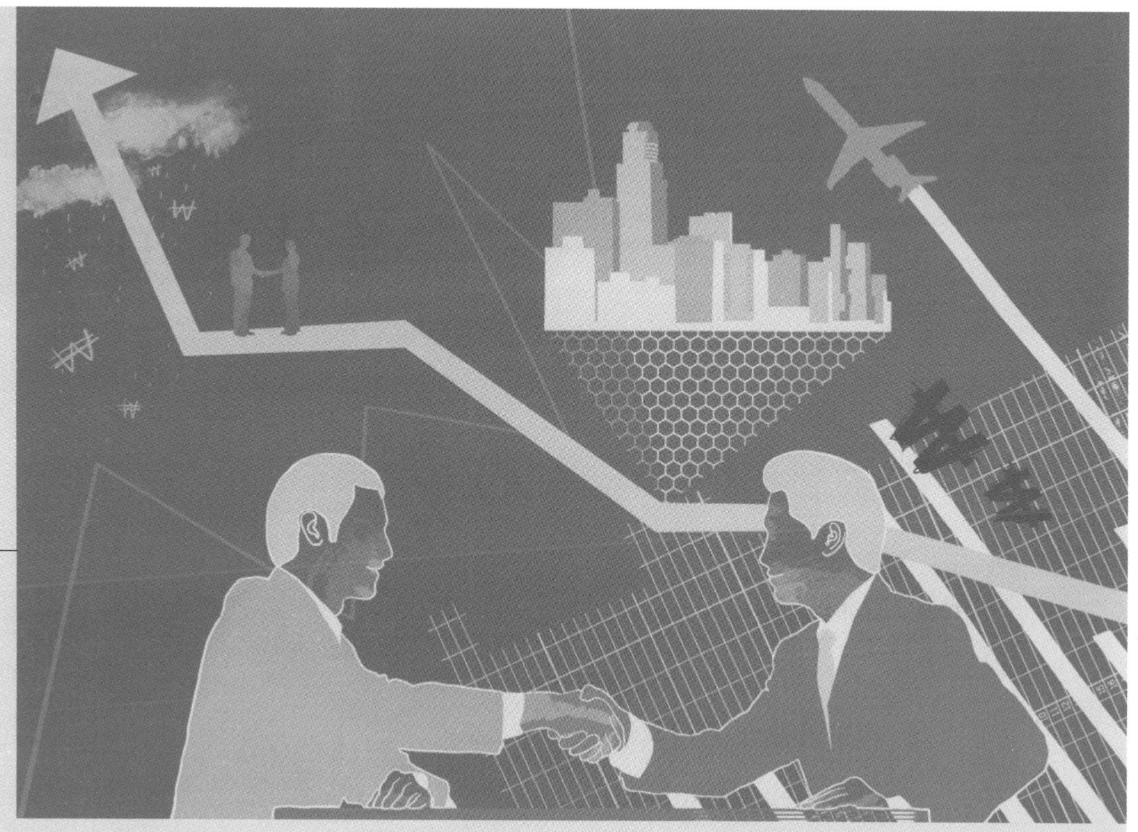

보험자는 피보험자가 소유하고 있는 선박 · 화물 등에 대해서 아는 바가 전혀 없다. 도대체 그것은 어느 정도 위험한 것인가? 보험료는 얼마로 할 것인가? 이를 위해 보험자는 피보험자로 하여금 보험료 결정과 관련되는 중요한 사항을 계약체결 전에 고지할 것을 의무로 하고 있다. 여기에다 필요하면 일정한 조건을 보험증권에 명시하여 피보험자로 하여금 엄격하게 준수하도록 한다. 이 장에서는 보험계약체결 전에 특별한 주의를 요하는 피보험자의 고지의무와 담보준수의무에 관해서 배우고자 한다.

Chapter 05

고지와 담보

01 고지의무

1. 피보험자의 고지의무

1-1 고지의무의 개념

보험자는 보험계약을 체결할 때 보험목적물의 손실발생 가능성을 측정하여 이것을 토대로 보험계약의 체결 여부를 결정하고 적정한 보험료를 산정한다. 그런데 보험자는 수많은 피보험자를 상대로 보험계약을 체결하기 때문에 보험목적물의 속성이나 위험한 정도를 잘 알지 못하며, 또한 이를 확인할 수 있는 실사도 불가능한 경우가 많다.

특히 적하보험에서는 보험목적물에 대한 보험자의 실제 조사가 현실적으로 불가능하다. 국제무역에서는 수많은 상품이 교역될 뿐 아니라, 거래조건에 따라서 보험자와 보험목적물이 동일한 국가에 있지 않을 수도 있다. 가령 FOB 계약에서는 보험목적물인 화물은 수출항의 본선에 적재되어 있지만 이에 대한 적하보험은 수입업자가 통상적으로 수입지에 위치한 보험자와 체결해야 한다. 수입지의 보험자는 수입업자가 알려주지 않으면 보험목적물의 위험 정도와 속성을 파악할 수 없게 된다.

따라서 보험자가 보험계약의 체결 여부를 결정하고 합리적인 보험료를 산정하기 위해서는 피보험자가 보험목적물에 대한 구체적 사항을 보험자에게 알려 주어야 하는데 이를 피보험자의 고지의무라 한다. 영국의 해상보험법(제18조 1항)에서도 피보험자는 보험계약이 체결되기 전 자기가 알고 있는 모든 중요한 사항(material circumstances)을 보험자에게 고지할 것을 피보험자의 의무로서 규정하고 있다.

이러한 피보험자의 고지의무는 보험계약체결에 있어서 양 당사자간의 형평을 이루게 된다. 특정 보험목적물을 두고서 피보험자와 보험자가 계약을 체결할 때 피보험자는 보험목적물에 관한 속성을 잘 알고 있지만, 보험자는 전혀 모르고 있다.[1] 따라서 피보험자는 자기가 알고 있는 사항을 보험자에게 고지함으로써 계약체결에 있어서 형평의 원칙이 성립된다.

고지의무의 당사자는 피보험자, 보험계약자 또는 피보험자의 대리인이 된다. 피보험자와 보험계약자는 대부분의 경우 동일인이지만, 제3자를 위한 보험(insurance for the third party)에서는 피보험자와 보험계약자가 다른 사람이 될 수 있다. 이 때는 보험계약자가 고지의무의 당사자가 된다. 그리고 보험계약이 피보험자의 대리인에 의해 체결될 경우에는 피보험자로부터 권한을 위임받은 대리인이 고지의무의 당사자이다.[2]

1-2 고지의 내용

보험계약을 체결할 때 피보험자는 보험목적물과 관련되는 모든 사항을 알릴 필요는 없고 중요한 사항만을 고지할 의무가 있다. 여기서 말하는 중요한 사항은 보험자가 보험계약을 체결할 당시에 보험료를 확정하거나 보험계약의 인수 여부를 결정하는 데 영향을 미칠 수 있는 사항을 의미한다.[3]

---

1) Gorden C. A. Dickson & John T. Steele, *op. cit.*, p. 2/1 (Rozanes v. Bowen).
2) 대리인이 해상보험계약을 체결할 경우에 대리인은 자신이 알고 있는 중요한 사항과 피보험자가 고지할 의무를 지닌 모든 중요한 사항을 보험자에게 고지해야 한다. 그리고 대리인은 통상의 업무수행과정에서 당연히 알고 있어야 하거나 또는 본인에게 당연히 통지되었을 일체의 사항을 알고 있는 것으로 간주된다(영국해상보험법 제19조).
3) "Every circumstance is material which would influence the judgement of a prudent insurer in fixing the premium, or determining whether he will take the risk"(영국해상보험법 제18조 2항).

그리고 이러한 사항들은 피보험자가 정상적인 사업과정에서는 당연히 알고 있는 것으로 간주되기 때문에 피보험자는 그러한 사항을 알지 못했다고 항변할 수 없다(영국해상보험법 제18조 1항). 그런데 영국해상보험법(제18조 4항)에서는 특정 사항이 중요한가 아닌가를 사실 문제(question of fact)로 규정하고 있어 중요한 사항의 결정 여부는 보험계약의 내용에 따라서 달리 판명된다.

특정 보험계약에서 중요한 사항이 다른 보험계약에서도 반드시 중요하다고는 볼 수 없기 때문에 보험에 대하여 전문적인 지식을 가지고 있지 않는 한 피보험자라도 어떠한 사항이 중요한가를 판단하기가 매우 어렵다. 따라서 대부분의 보험에서는 보험계약청약서에 인쇄되어 있는 질문사항을 모두 중요한 사항으로 간주한다.

우리나라의 상법(제651조 2항)에서도 보험자가 서면으로 질문한 사항을 중요한 사항으로 추정한다. 해상보험에서도 보험계약청약서의 기재 내용을 중요한 사항으로 보고 있는데, 적하보험에서는 운송선박명, 화물의 종류, 포장상태, 적부방법, 항로, 환적 여부 등이 중요한 사항에 속하며, 선박보험에서는 선박의 종류 · 국적 · 건조연수 · 톤수 · 재질 · 선급 등이 중요한 사항에 해당된다.[4)]

1-3 고지의 시기와 방법

고지의 시기는 보험계약이 체결되기 전이며, 계약이 성립되는 시점에서 피보험자의 고지의무는 종결된다. 고지의무는 보험자가 보험계약의 체결 여부를 결정하고 보험료를 선정하는 데 필요한 정보를 얻기 위한 것이기 때문에 보험계약이 성립되기 전에 고지하면 된다.

고지의 방법에 대해서는 영국의 해상보험법에서 별다른 제한을 두지 않고 있다. 그러나 고지는 정확하게 표시되어야 하기 때문에 피보험자는 자기가 알고 있는 사항을 구두나 서면으로 진실되게 표시해야 한다.

오늘날에는 보험계약청약서를 이용하여 중요한 사실을 고지한다. 보험계약청약서에는 보험자가 알고 싶어하는 내용이 질문형식으로 인쇄되어 있기 때문에 그 물음에 답하는 것이 고지하는 결과가 된다.

---

4) 적하보험 및 선박보험에서 보험요율에 영향을 미치는 요소에 관한 자세한 내용은 「제6장 해상보험료 제2절」을 참조할 것.

1-4 고지가 필요 없는 사항

다음의 사항들은 보험자가 특별히 질문하지 않는 한 피보험자는 고지할 필요가 없다(영국해상보험법 제18조 3항).

(1) 위험감소요인

위험이 감소되는 사항은 보험자에게 고지할 필요가 없다. 그러나 위험이 현저하게 감소되었을 경우에는 피보험자는 그러한 사실을 보험자에게 통지하고 위험감소부문에 해당하는 만큼의 보험료를 환불받을 수 있다. 이런 경우 보험료의 환불은 보험자의 의무에 속한다.

(2) 보험자가 알고 있는 것으로 간주되는 사항

보험자가 보험목적물의 성질이나 상태 등에 관하여 당연히 알아야 하거나 통상적으로 알고 있는 것으로 간주되는 사항들은 고지할 필요가 없다. 여기에 해당되는 것은 주로 일반적인 상관습, 통상적인 약관, 무역법규 등에 관한 것인데 그 동안의 주요 판례를 통하여 보면 다음과 같은 사항들이다.[5)]

① 보험증권에 명시된 항구에서의 선적방법
② 목적항에서의 하역방법
③ 통상적인 갑판적재(stowage on deck)
④ 보험증권에 명시된 지역의 무역환경
⑤ 새로 형성된 무역의 관습
⑥ 전쟁이 임박하다는 사실
⑦ 원 보험증권에 계속약관(Continuation Clause)이 포함되어 있는 사실[6)]

(3) 보험자가 고지의무를 면제한 사항

보험자가 고지받을 권리를 포기한 사항은 질문이 없는 한 피보험자가 고지할 필요가 없다. 보험자가 고지받을 권리를 포기한 경우가 어떠한 경우인

---

5) 여기에 관련되는 판례명은 E. R. Hardy Ivamy, *op. cit.*, p. 46을 참조할 것.

6) 협회기간약관(ITC-Hulls)의 계속약관은 선박이 보험기간 만료시에 항해중에 있거나 조난중이거나 또는 피난항이나 기항항에 있을 때는 보험자에게 사전 통지를 한 경우에 한해 추가보험료를 내는 조건으로 계속 담보될 수 있다는 내용이다.

가에 대해서 일반적인 원칙은 없다. 보험자가 명시적으로 고지받을 권리를 포기한 경우에는 별문제가 없지만, 단순히 질문을 하지 않았다고 해서 고지받을 권리를 포기한 것으로 보는가에 대해서는 당사자간에 입장 차이가 있다. 대체로 해상보험에서는 보험자가 특정 사실에 대해 완전한 지식을 가지고 의도적으로 행동하는 경우를 제외하고는 이에 대해 고지받을 권리를 포기한 것으로 보지는 않는다.

(4) 담보(Warranty)에 의해 고지가 필요 없는 사항

담보는 보험기간 동안에 피보험자가 지켜야 할 약속을 말한다. 만약 보험계약 상에 담보가 있으면 이 담보에 포함된 사항은 이미 보험자가 알고 있기 때문에 달리 고지할 필요가 없다.

2. 고지의무의 위반

2-1 불고지와 부실고지

피보험자는 보험계약을 체결할 당시에 자기가 알고 있는 모든 중요한 사항을 최대선의의 원칙에 따라서 고지해야 하며 그리고 이러한 고지는 진실되게 표시되어야 한다. 만약 중요한 사항을 고지하지 않거나 허위로 표시하게 되면, 불고지(non-disclosure) 또는 부실고지(misrepresentation)로서 피보험자는 고지의무를 위반한 결과가 된다.

피보험자가 중요한 사항을 고의적으로 알리지 않는 경우를 은폐(concealment)라 하고 실수로 알리지 않을 때를 불고지라 한다.[7] 은폐이든 불고지이든 그 결과는 피보험자가 중요한 사항을 알리지 않은 것이므로 모두 고지의무의 위반에 해당된다. 그리고 고지는 진실되게 표시되어야 하는데[8] 그렇지 못한 경우를 부실고지 또는 허위진술이라 한다. 즉 부실고지는 피보험자가 중요한 사항을 알릴 때 허위로 알리는 경우를 말하며 이것도 고지의무의 위반에 해당된다.

---

7) 방갑수, 앞의 책, p. 200.

8) R. H. Brown, *Marine Insurance–Principles & Basic Practice*(6th ed.)(London: Witherby, 1998), p. 89.

불고지와 부실고지의 예를 보면, 통상 화물이 나무상자에 포장되어 운송되었는데 만약 이번에는 마분지상자에 포장하고 이러한 사실을 알리지 않았다면 이것은 불고지에 해당된다. 그리고 얇은 마분지상자의 포장을 튼튼한 수출용 상자에 포장했다고 진술하는 것은 부실고지에 해당된다.

그리고 표시는 사실 문제에 관한 표시일 때도 있고 기대 또는 신념에 관한 표시일 때도 있다. 사실 문제에 관한 표시는 그것이 실질적으로(substantially) 정확하면 진실한 것으로 간주된다.[9] 기대 또는 신념의 문제에 관한 표시는 그것이 선의(good faith)에서 이루어진 것이라면 진실한 것이다. 따라서 선의로 행동한 피보험자나 중개인이 사실이라는 신념을 갖고 표시한 것은 나중에 사실이 아님이 판명되었을 때도 부실고지가 성립되지 않는다. 그리고 이미 표시된 사항이라도 계약이 성립되기 전에는 이를 철회 또는 정정할 수 있다(영국해상보험법 제20조).

2-2 불고지와 부실고지의 효력

해상보험계약은 최대선의의 계약이다. 만약 최대선의를 보험계약 당사자의 어느 일방이 준수하지 않으면 상대방은 보험계약을 취소할 수 있다.[10] 피보험자의 고지의무위반에 대하여 영국의 해상보험법(제20조 1항)에서는 보험자에게 보험계약을 취소할 수 있는 권한을 부여하고 있다.

이러한 권한은 보험자의 재량권에 속하기 때문에 상황에 따라서 보험자는 계약을 취소할 수도 있고 하지 않을 수도 있다. 그러나 보험계약을 취소하기 위해서는 불고지 사항 또는 부실고지 사항이 반드시 중요한 사항에 속하여야 하며 이에 대한 입증책임은 1차적으로 고지의무위반을 주장하는 보험자측에 있다.

만약 불고지 또는 부실고지 사항이 중요한 사항에 속하여 보험자가 보험계약을 취소하게 되면 그 계약은 처음부터 무효화된다. 따라서 그 동안의 보험료는 피보험자에게 환불되며 또한 보험자는 이미 지급한 보험금이 있으면 이의 반환청구를 할 수 있다.

---

9) 이는 표시된 내용과 실제로 정확한 것과의 차이가 신중한 보험자가 보기에 중요한 것으로 보이지 않는 경우를 말한다(영국해상보험법 제20조 4항).

10) 영국해상보험법 제17조.

보험자의 취소권 행사시기에 관해서는 영국해상보험법에서 별도로 규정하고 있지 않지만 가능한 한 즉각적으로 행사되어야 한다. 그러나 피보험자의 고지의무위반은 주로 보험사고가 발생하여 손해를 사정하는 과정에서 발견되기 때문에, 이 때는 보험자가 보험금 지급을 중단하기 위해서 취소권을 즉각 행사하게 된다. 따라서 보험자의 취소권 행사시기는 실무적으로 크게 문제되지 않는다.

한편 우리나라의 상법(제651조)에 의하면 고지의무위반에 대하여 보험자는 보험사고의 발생 전후를 불문하고 보험계약을 해지할 수 있다. 해지는 그 효력이 미래에 대하여 발생하고 소급효과가 인정되지 않기 때문에 해지시점 이전까지의 보험계약은 어디까지나 유효하다. 따라서 보험자는 보험계약을 해지할 때 해지시점까지의 보험료를 반환할 필요가 없다. 이러한 보험자의 계약해지권은 보험자가 고지의무위반의 사실을 인지한 날로부터 1월 그리고 보험계약이 성립한 날로부터 3년이 경과하면 행사될 수가 없다.

피보험자가 고지의무를 위반하여 보험자로부터 보상받지 못한 판례와 중요한 사항의 결정 여부에 관한 판례를 살펴보기로 한다.

판례 5.1

祝島號 사건에서 피고인 기흥산업(주)은 1961년 3월 20일 일본에서 수입하는 메칠알콜에 대하여 적재 선박명을 모르는 상태에서 범한해상화재보험회사와 적하보험계약을 체결하였다. 수입화물은 1961년 5월 26일 목조선 祝島號에 선적되었다. 동 선박은 고베를 출항하여 항해해 오던 중 5월 29일 대마도 북방 해상에서 폭풍을 만나 침몰해 버렸다. 이에 따라 피보험자는 보험금을 청구하였는데, 원고인 보험회사는 피보험자가 선박명을 고지해야 할 의무를 충실히 이행하지 않았기 때문에 보험금 지급을 거절하였다. 이에 대해 법정에서도 피보험자가 중요한 사항을 고지하지 않았기 때문에 보험계약은 무효가 될 수 있다고 판단하여 피보험자가 패소하였다.

「참고」 적하보험에서는 운송선박명이 확정되지 않은 상태에서도 보험계약이 체결될 수 있는데, 이 경우에는 선박명이 확정되는 대로 지체 없이 보험자에게 통고할 것을 조건으로 한다. 그리고 적하보험에서 화물을 운송하는 선박은 보험료의 산정에 영향을 미칠 수 있는 중요한 사항에 속한다.

판례 5.2

Slattery v. Mance

이 사건에서 피보험자는 보험에 가입 요트의 가치가 4,500파운드라고 기술하였다. 그러나 이렇게 고지를 하기 한 달 전에 피보험자는 요트를 사겠다는 구매자에게 2,250파운드라면 수락하겠다고 말하였다. 이러한 상반된 내용도 중요한 사항에 속한다는 판결이 나왔다.

〈(1962) 1 QB 676〉

판례 5.3

Liberian Insurance Agency Inc. v. Mosse

이 사건에서 '나무상자에 포장된 컵과 접시'라고 기술된 화물이 홍콩에서 먼로비아까지의 해상보험에 들었는데, 파손된 상태로 목적지에 도착하였다. 그러나 화물은 나무상자가 아닌 판지로 포장되었기 때문에 피보험자는 중요 사항을 보험자에게 허위로 고지한 결과가 되어 보상을 받지 못하였다.

〈(1977) 2 Lloyd's Rep 560〉

판례 5.4

K사(피고)와 S화재해상보험 주식회사(원고)는 선박 매수가액 1억 8천만 원, 수리비 3억 3천만 원 및 장비구입비 2억 8천만 원이라는 피보험자(피고)측의 진술을 토대로 보험가액 및 보험금액을 각각 미화 60만 달러로 하는 선박보험계약을 2000년 11월 9일 체결하였다. 동 선박은 2001년 5월 3일경 필리핀 해역에서 화재로 인해 침몰하였다. 그 후 보험금 지급 여부를 결정하기 위한 조사과정에서 동 선박의 실제 매수가격은 7,500만 원이었음이 밝혀졌고 이에 보험자는 피보험자가 고지의무를 위반했다는 이유로 보험금 지급을 거절하였다. 이에 대해 재판부는 피보험자는 보험계약의 체결과정에서 피보험자인 피고가 알았거나 통상의 업무수행과정 중 자신이 알고 있어야만 할 중요한 사항인 이 사건 선박의 매수가액 등 선박의 실제 가치에 관한 정보를 제대로 고지하지 아니한 것은 피보험자의 고지의무 내지 최대선의의 의무를 위반한 것이므로 보험자인 원고는 이 사건의 보험계약을 취소할 수 있다고 판시하였다.

〈대법원 2005. 3. 25. 선고 2004다22711,22728 판결[보험금등 · 채무부존재확인]〉

[공2005.5.1.(225),659]

02 담보(Warranty)

1. 담보의 개념

보험계약이 체결될 때 담보가 조건부로 포함되는 경우가 많다. 피보험자는 보험계약을 체결할 때 보험계약과 관련되는 조건을 약속하기도 하고 어떤 사실의 존재 유무에 대해서 자신의 입장을 명확하게 표명하기도 한다. 이러한 피보험자의 약속이나 입장표명을 모두 담보라고 하는데, 특히 전자의 경우를 약속담보(promissory warranty)라 하고, 후자를 긍정담보(affirmative warranty)라 한다.[11)]

영국의 해상보험법(제33조 1항)에서는 담보를 피보험자의 약속사항만으로 규정하고 있는데 그 내용을 정리하면 다음과 같다.

첫째, 담보는 피보험자가 특정한 행위를 할 것인가 또는 하지 않을 것인가를 약속하는 사항이다. 가령 10일 이내에 출항할 것을 조건으로 선박보험계약을 체결할 경우 이러한 조건은 피보험자가 반드시 이행해야 할 약속, 즉 담보이다.

둘째, 선박보험에서 일정한 선원을 확보할 것을 조건으로 하는 것처럼 피보험자가 특정 조건을 충족시킬 것을 약속하는 사항도 담보에 해당된다.

셋째, 피보험자가 특정한 사실의 존재를 긍정하거나 부정하는 약속사항도 담보이다. 적하보험에서 환적(transshipment) 여부를 알리는 것은 피보험자의 담보이다.

이러한 담보의 원리는 약 200년 전의 해상보험에서부터 시작되었는데, 지금은 모든 보험분야에 채택돼 보험계약에서 중요한 위치를 차지하고 있는 법이론이다. 보험자는 피보험자들로 하여금 담보를 실행하도록 하여 보험사고를 방지하고 피보험자의 주의를 환기시키려고 하는 것이다.

예를 들어 피보험자가 최대선의의 원칙에 따라 중요한 사항을 고지했다

---

11) 'warranty'를 담보 또는 보증이라고 하는데, 만약 담보로 해석할 경우에는 'cover'와 혼동될 수 있다. 즉 보험에서는 '보험자가 보상한다'를 '담보한다'로 표현하며, 또한 보험자가 보상해 주는 위험을 담보위험이라고도 한다. 그러므로 'warranty'를 보증으로 표현하는 것이 바람직하지만 그 동안의 관행에 따라서 이 책에서도 담보로 표현하기로 한다.

하더라도 불고지나 부실고지로 인하여 보험자는 위험발생의 가능성을 정확하게 판단하기는 어렵다. 또한 불고지나 부실고지는 대부분 보험사고가 일어난 후 발견되기 때문에 보험자는 피보험자가 엄격히 이행해야 할 조건, 즉 담보를 보험증권상에 명시함으로써 일종의 안전장치를 마련하게 된다.

그리고 보험계약이 체결되더라도 보험목적물은 피보험자의 통제하에 있다. 만약 보험자가 이를 직접 통제할 수 있으면 가능한 한 보험사고가 발생하지 않도록 최선의 노력을 기울이게 될 것이다. 그러나 이것이 불가능하기 때문에 보험자는 담보라는 안전장치를 통하여 보험목적물을 간접적으로 통제하여 사고를 미연에 방지하려고 한다.

2. 담보의 위반과 허용

2-1 담보의 위반

담보는 그 내용이 중요하든 그렇지 않든 간에 엄격하게 문자 그대로 충족되어야 한다. 담보는 피보험자가 보험자에게 행하는 약속이다. 약속은 그 내용의 중요성을 떠나서 먼저 충족되어야 하므로 해상보험에서는 담보충족의 엄격성이 강조되고 있다.[12)]

만약 피보험자가 담보를 위반하게 되면 그 시점부터 보험계약은 무효가 되기 때문에 그 이후에 발생하는 손해에 대해서 보험자는 아무런 책임이 없다(영국해상보험법 제33조 3항). 설령 담보를 위반한 사실과 손해와의 사이에 하등의 인과관계가 없다 하더라도 담보위반 이후에 발생하는 손해에 대해서 보험자는 면책이 된다.

예를 들어 일정 구역 내에서만 항해할 것을 담보로 한 선박이 보험증권상에 명시된 구역을 벗어나 항해를 하고 아무런 사고 없이 다시 약속된 구역으로 귀항한 후 악천후로 인하여 심한 선체손상을 입었다고 하자. 악천후를 만났던 곳이 비록 명시된 구역이지만 그 이전에 금지구역을 항해한 그 자체가 이미 담보를 위반한 것이기 때문에 보험계약은 무효가 된다. 따라서 악천후에 의한 선체손상과 담보위반과는 하등 인과관계가 없지만 담보의 위반으로 보험자는 면책이 된다.

---

12) 이러한 원칙을 '중요성 불문의 원칙'(principle of non-materiality)이라 한다.

담보위반에 대하여 영국해상보험법에서는 보험자는 담보위반의 시점부터 책임을 면하는 것으로 규정하고 있어 보험자에게 계약의 해지권을 인정하고 있다. 해지권은 미래의 계약부분에 대해서 효력이 발생하는 것이기 때문에 해지권을 행사하기 전의 계약은 유효하다. 따라서 보험자는 담보위반시점 이후의 보험사고에 대해서는 면책이 되지만 그 이전에 발생한 손해에 대해서는 책임이 있다. 그리고 담보위반시점까지의 보험료는 계약의 유효성에 따라 피보험자에게 반환되지 않는다.

한편 담보위반에 대한 입증책임은 원칙적으로 그것을 주장하는 보험자 측에 있다. 보험자는 피보험자가 담보를 위반했다는 사실을 입증해야만 자신의 면책이 인정된다.

2-2 담보위반의 허용

피보험자가 담보를 위반했을 경우 이를 허용하느냐의 여부는 보험자의 의사에 달려 있다. 그러나 영국의 해상보험법(제34조)에서는 첫째, 사정의 변경으로 담보가 계약에 적합하지 않을 경우, 둘째 담보를 충족하는 것이 그 후의 법률에 의하여 위법이 될 경우, 셋째 담보위반이 보험자에 의하여 묵인될 경우에는 담보위반을 허용하고 있다.

실례를 들면 제2차 세계대전중에는 선박보험증권상에 선박이 항해할 때 반드시 무장을 갖추어야 한다는 담보조건이 명시되어 있었다. 그런데 보험기간중 전쟁이 끝난다면 선박은 사실상 무장을 할 필요가 없게 된다.[13] 이런 경우 선박이 무장을 하지 않았다고 하여 담보위반을 주장할 수 없으며 오히려 무장을 갖추는 것이 이상할 뿐더러 법에 위배될 수 있다. 그리고 담보위반이 보험자에 의해 묵인되면 담보위반이 허용될 수 있다.

판례 5.5

보험기간은 1999년 10월 15일 12:00경부터 2000년 10월 15일 12:00까지 이며, 보험증권 및 약관에는 이 보험은 영국의 법률과 관습에 따른다는 내용의 영국법률 준거약관

13) 이기태, 앞의 책, p. 52.

과 함께 보험기간 개시일로부터 60일 이내에 한국선급협회 또는 런던구조협회로부터 선박상태검사(condition survey)를 받아 그 지적사항을 이행하고 검사보고서를 제출한다는 내용의 담보가 명시된 보험계약이 체결되었다.

그런데 피보험자는 선박상태검사 수검기한인 1999년 12월 14일을 경과한 12월 17일에 한국선급협회에 이 사건의 선박에 대한 선박상태검사를 의뢰하였고, 12월 23일 선박상태검사가 이루어졌다. 선박상태검사를 받은 결과 이 사건의 선박은 감항능력에 아무런 문제가 없다는 확인을 받았으며, 이에 따라 2000년 1월 3일 경 8명의 선원을 승선시키고 부산에서 동아프리카 모잠비크로 출항하였다. 그러나 동년 1월 13일 경 조난신호가 포착된 후 행방불명되었고 수색작업 결과 이 사건의 선박은 위 해역에서 침몰하였다는 결론에 이르렀다. 이 사건에서 선박상태검사결과에 의하면 선박의 감항능력에는 아무런 이상이 없었고, 선박의 침몰과 담보위반과도 아무런 인과관계가 없었다. 그러나 보험자는 단지 선박상태검사를 9일이 지난 후 받았기 때문에 담보위반을 이유로 보험금지급을 거절하였다.

이에 대해 재판부는 담보는 위험의 발생과 관련하여 중요한 것이든 아니든 불문하고 정확하게 충족되어야 하는 조건으로서 만약 이것이 정확하게 충족되지 않으면 보험증권상에 명시적 규정이 있는 경우를 제외하고는 보험자는 담보위반일로부터 보험금 지급책임을 면한다고 판단하였다.

〈부산지방법원 2001. 5. 31. 선고, 2001가합6292 판결〉

2-3 고지의무위반과 담보위반의 비교

영국해상보험법에서 규정하고 있는 고지의무위반과 담보위반의 내용을 비교해 보면 〈표 5-1〉과 같다. 피보험자가 고지의무를 위반하게 되면 보험계약이 취소될 수 있지만 위반한 사실이 반드시 중요한 사항이어야 한다. 그러나 담보위반은 그 내용이 중요하든 그렇지 않든 간에 무조건 보험계약이 해지될 수 있다.

■ 표 5-1 고지위반과 담보위반의 비교

	고지위반	담보위반
위반내역	중요한 사항	어떠한 사항
결 과	보험계약의 취소	보험계약의 해지
효 력	보험계약의 전부 무효	해지시점 이후의 보험계약무효
보 험 료	전부 반환	일부 반환

고지의무위반과 담보위반에 대해서 보험자는 보험계약을 취소 또는 해지할 수 있는데, 취소는 보험계약을 완전히 무효로 하는 것이고, 해지는 해지시점 이후의 보험계약을 무효로 하는 것이다. 따라서 보험계약이 해지되더라도 그 이전의 보험계약은 유효한 것이기 때문에 해지시점까지의 보험료는 환불되지 않는다.

3. 담보의 종류

3-1 명시담보

명시담보(express warranty)는 보험증권 또는 보험증권의 일부로 간주되는 서류에 기재되어 있는 담보이다(영국해상보험법 제35조). 명시담보의 예를 들어 보면 다음과 같다.

적하보험의 예 MARINE INSURANCE

Warranted professionally packed.
Warranted surveyed before shipment.

전문적으로 포장되는 것을 조건으로 함.
선적 전 검사를 조건으로 함.

선박보험의 예 MARINE INSURANCE

Warranted not north of 50˘N.
Warranted of 5,000£ uninsured.

북위 50˘ 이상 항해하지 않을 것을 조건으로 함.
5,000파운드 이하는 부보하지 않을 것을 조건으로 함.

한편 영국해상보험법에서 규정하고 있는 명시담보와 실무적으로 많이 사용되고 있는 명시담보를 정리하면 다음과 같다.

(1) 항해제한담보

이는 선박이 운항해서는 안 되는 해역을 명시하는 담보이다. 예를 들어 'North American Warranty', 'Baltic Warranty', 'Arctic Warranty', 'Bering Sea Warranty' 등은 겨울철에 항해를 금지하는 명시담보이다.[14)]

(2) 보험목적물의 부보상한선에 관한 담보

피보험자에게 사고예방에 대한 주의를 환기시킬 목적으로 보험목적물 중 일부를 부보대상에서 제외시켜 그 부분에 대한 손실의 위험을 피보험자 스스로 책임지도록 하는 내용의 담보이다. 가령 선박가액의 1/5은 부보하지 않겠다는 담보가 있는데도 불구하고 피보험자가 선박가액의 4/5 이상을 담보하는 계약을 체결하게 되면 담보위반으로 보험자의 배상책임은 없어진다.[15)]

(3) 안전담보

안전담보는 보험목적물이 특정한 일자에 정상적인 상태에 있거나 안전한 상태에 있을 것을 조건으로 하는 것이다. 이 경우에는 약속된 일자에 안전하면 담보가 충족된 것으로 간주된다(영국해상보험법 제38조).

(4) 선원수에 관한 담보

선박보험에서 선원의 수에 관하여 약속하는 담보이다. 담보된 선원수는 반드시 항해개시 시점에서 충족되어야 한다.[16)]

(5) 중립담보

보험목적물이 중립재산이어야 한다는 담보가 있을 경우에 보험목적물은 보험기간 동안 중립적 성격을 갖고 있어야 한다. 중립담보는 18세기 해상전쟁이 치열할 때 화물이나 선박을 보호하기 위하여 사용했던 것으로 오늘날에는 별 의미가 없다(영국해상보험법 제36조 참조).

---

14) E. R. Hardy Ivamy, *op. cit.*, p. 282.

15) *Ibid.*, p. 288.

16) *Ibid.*, p. 285.

3-2 묵시담보

담보의 내용이 보험증권상에 명시되어 있지는 않으나 피보험자라면 당연히 지켜야 할 약속을 묵시담보(implied warranty)라 한다. 묵시담보에는 대표적으로 내항성담보와 적법담보가 있다.

(1) 내항성담보

이는 선박이라고 하면 반드시 항해를 감당할 수 있는 능력을 갖추고 있어야 한다는 담보이다. 보험증권상에 선박은 내항성(seaworthiness)을 확보하고 있는 것을 조건으로 한다는 명시규정이 없다 하더라도 선박은 반드시 내항성을 확보하고 있어야 한다.

일반적으로 내항성은 항해를 견딜 수 있는 감항능력을 의미하는데, 선박이 통상적인 해상 고유의 위험에 대처할 수 있도록 모든 면에서 적합할 때 내항성이 있는 것으로 본다.[17)] 따라서 선박은 선체와 기관뿐만 아니라 자격을 갖춘 선장, 충분한 선원과 선용품, 연료 등과 필요한 경우에는 의사와 도선사 등 특정 항해에 필요한 모든 것을 구비해야만 내항성을 갖추고 있다고 할 수 있다.

선박의 내항성 확보시기는 해상보험의 종류에 따라서 달리 적용되는데, 선박항해보험(voyage insurance)에서는 항해개시 시점에 선박은 내항성을 지녀야 한다(영국해상보험법 제39조 1항). 그리고 항해가 여러 구간으로 나누어질 경우에는 각 구간의 항해개시 시점에서만 내항성이 요구된다. 각 항해구간은 다른 등급의 장비를 필요로 하기 때문에 선박은 각 구간의 항해개시 시점에서 그 구간의 항해에 필요한 내항성을 갖추어야 하기 때문이다(영국해상보험법 제39조 3항).

선박기간보험(time insurance)에서는 선박이 운항중에 보험계약이 체결되는 경우가 있기 때문에 내항성담보를 일률적으로 적용하는 데는 어려움이 있다. 영국의 해상보험법에서도 선박의 기간보험에서는 내항성담보를 규정하고 있지 않다. 따라서 기간보험일 경우는 반드시 또는 항상 내항성을 확보하여야 할 필요가 없으나 항해를 개시하게 되면 선박은 내항성을 갖추어야 한다.

---

17) 영국해상보험법 제39조 4항.

적하보험은 그 성격상 1회 항해를 기준으로 하는 항해보험이다. 따라서 선박은 항해를 개시할 때 선박으로서 내항성을 갖출 뿐만 아니라 화물을 목적항까지 운송하는 데 적합한 장비를 갖추고 있어야 한다. 그러나 화물 그 자체에 대한 내항성담보는 없다(영국해상보험법 제40조).

(2) 적법담보

해상보험은 합법적이어야 하고 피보험자가 통제할 수 있는 한 합법적으로 수행되어야 한다는 묵시담보이다. 적법담보의 내용은 첫째, 밀무역이나 적대국가와의 통상이 아니어야 하며, 둘째 항해금지구역을 항해하지 않아야 하며, 셋째 출항 전에 반드시 출항허가를 받아야 한다는 것 등이다(영국해상보험법 제41조).

만약 밀수품을 부보했을 경우 설령 보험사고로 손실이 발생했을 경우라도 보험자는 보상을 하지 않는다. 이는 보험계약, 보험목적물 등 모든 보험 관련 사실은 합법적이어야 한다는 묵시담보를 위반했기 때문이다. 합법성이라는 사실이 보험증권 상에 명기되지 않았더라도 이는 당연히 간주되는 피보험자의 약속 즉 묵시담보이기 때문이다.

03 영국보험법상의 고지의무 및 담보의무 위반

2015년에 제정되어 2016년 8월부터 발효되고 있는 영국보험법은 MIA의 상위법이기 때문에 MIA 규정보다 영국보험법의 규정이 우선 적용된다. 영국보험법으로 인해 가장 영향을 많이 받는 MIA 규정은 피보험자의 고지의무위반과 담보의무위반에 대한 보험자의 권한에 관한 것이다.

1. 영국보험법상의 고지의무 위반

영국보험법(제3조)에 따라 피보험자는 보험계약 체결 전 위험에 관해 적절하게 보험자에 설명해야 한다. 피보험자는 자신이 알거나 또는 알아야 하는 모든 중요한 사항을 보험자에게 설명(고지)해야 한다.

보험법상 중요한 사항이란 신중한 보험자가 위험을 인수하거나 또는 인수한다면 어떠한 조건으로 인수할지를 결정함에 있어 그 판단에 영향을 미치는 사항을 말한다. 이는 MIA의 그것과 실질적으로 크게 다르지 않다.

MIA상에는 피보험자가 고지의무를 위반하면 보험자는 보험계약을 취소할 수 있지만 보험법 상에서는 불고지와 부실고지를 하나의 기준으로 통합하고 이를 개별 사항으로 판단하지 않고 전반적으로 의무를 준수했는지 여부로 판단하게 된다.

따라서 피보험자가 완전하게 고지를 하지 못하였거나 하나의 부실고지가 포함된 경우 MIA 상으로는 고지의무위반이 될 수 있지만 보험법 상으로는 위반으로 판단되지 않는다. 만약 개별 사항이 적절히 고지되어 더 높은 보험요율이 적용될 수 있었다면 그 차액 비율만큼 비례하여 감액 보상을 하게 된다. 하지만 고의적이고 무모한 고지의무위반의 경우는 MIA와 마찬가지로 처음부터 보험계약은 취소될 수 있다.

2. 영국보험법상의 담보의무 위반

그 동안 보험자는 피보험자가 담보위반을 했다고 하면 무조건적으로 보험계약을 해지하고 책임을 면할 수 있었다. 이런 보험자의 자동적인 면책 권한은 보험자에게 일방적으로 유리하다는 비판이 제기되어 왔는데 영국보험법에서는 이를 전면 폐지하여 피보험자에게도 담보위반을 치유할 수 있는 권한을 인정하였다.

즉, 피보험자가 담보위반을 했더라도 보험사고가 발생하기 전 그 사실을 알고 이를 충족했으면 담보위반으로 인정되지 않게 된다. 물론 담보위반을 치유하기 전에 보험사고가 발생하였더라면 보험자는 면책이 될 수 있다. 이에 따라 앞으로는 피보험자의 담보위반으로 보험자의 자동적인 면책이 인정되지 않고 담보위반 시점과 담보위반이 치유된 시점 사이의 기간 동안 발생한 손해에 한하여 면책된다.

앞의 판례 5.5에서 선박보험을 체결하면서 선박검사를 12월 14일 받기로 약속(담보)했는데 실제 검사는 12월 23일 완료되었다. 그런데 사고는 그 다음해 1월 13일경 발생했는데 이에 대해서 보험자는 담보위반일자부터 자동적으로 면책됨을 주장하고 법원에서도 이를 인정하여 보험금지급을 거절하였다. 하지만 앞으로는 영국보험법의 영향으로 피보험자가 담보위반을 했지만 이를 치유하였고 그 이후에 사고가 발생하였기 때문에 보험자에게 배상책임이 있게 된다. 판례 5.5에서 만약 사고가 12월 14일(담보위반 일자)과 12월 23일(담보위반 치유일자) 사이에 발생했다면 당연히 보험자는 면책이 된다.

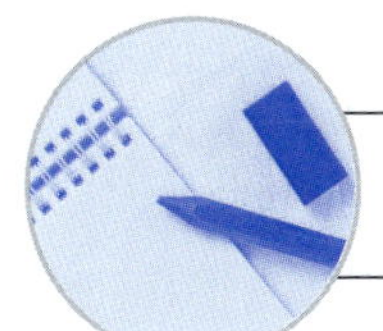

복습 및 토의 문제

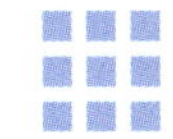

01 MIA 상 피보험자의 고지의무와 그 위반에 대해서 토의해 보시오.

02 MIA 상 피보험자의 담보준수의무와 그 위반에 대해서 토의해 보시오.

03 인천국제공항에서 여행자보험에 가입하려고 하는 60대의 K에게 현재 복용하는 약이 있는지 여부에 대한 물음이 있었다. 복용 약이 없으면 3박 4일 여행자보험료가 23,000원이고 있으면 54,000원이다. 이 물음에 대해 K는 어떻게 해야 할까? 토의해 보시오.

04 2015년에 제정된 영국보험법을 중심으로 피보험자의 고지의무위반과 담보준수의무의 위반에 대한 보험자의 권한을 토의해 보시오.

05 다음 ( ) 안에 disclosure, non-disclosure, representation, misrepresentation 중 적합한 것을 넣고 그 이유를 설명하시오.

> If goods are normally carried in wooden cases and the assured, or his broker, did not disclose that on this occasion the goods were to be carried in cardboard cartons this would be (   ). If the assured, or his broker did disclose that the goods were to be carried in cardboard cartons, and qualified this by saying they were extra strong export cartons, this would be a (   ). If the goods were in fact carried in weaker cardboard cartons the statement regarding extra strong cartons would be a (   ).

Chapter 06

해상보험료

| 제 1 절 | 보험료의 의의

| 제 2 절 | 보험요율의 산정

| 제 3 절 | 보험료의 종류

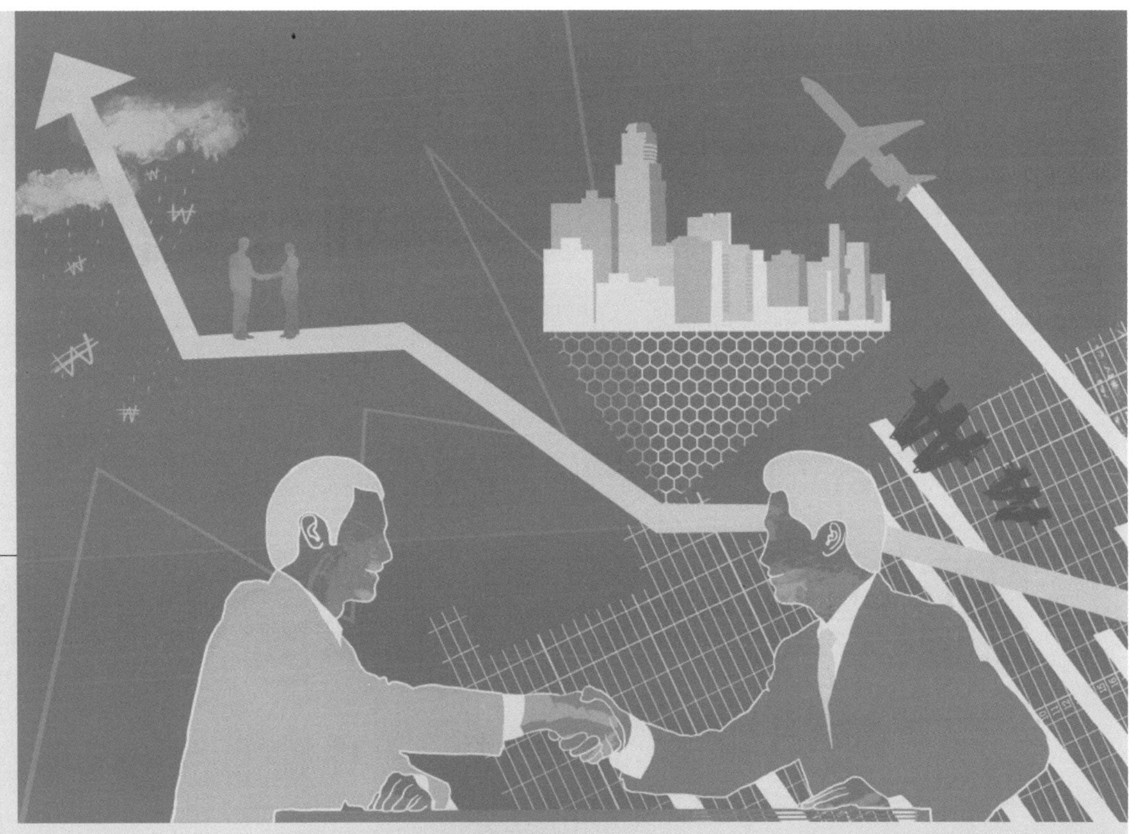

보험계약을 체결할 때 피보험자는 보험자로부터 손해보상의 약속을 받는 대가로 보험료를 지급한다. 보험료는 정당한 상거래에 따라 주고 받는 약인의 개념에 해당되며 또한 보험상품을 제조하는 데 소요되는 원가이기도 하다. 이 장에서는 보험료가 지니고 있는 주요 의의, 보험요율을 산정하는 원칙 및 방식 그리고 해상보험에서 사용되고 있는 보험료 등에 관해서 배우고자 한다.

Chapter 06

해상보험료

01 보험료의 의의

1. 보험료의 개념

1-1 보험료의 법률적 정의

보험계약을 체결할 때 피보험자는 보험자에게 보험료(premium)를 지급한다. 즉 피보험자는 보험자로부터 손해보상의 약속을 받는 대가로 보험료를 부담하게 된다. 따라서 보험료는 법률적 측면에서 보면 약인(consideration)의 개념에 속한다. 일반적으로 약인은 약속자의 약속의 대가로 수약자가 지불하는 금전적 서비스를 의미한다. 보험계약에서 약속자는 보험자이고 약속의 내용은 손해보상이다. 그리고 약속을 받는 수약자는 피보험자이며, 이 피보험자가 지불하는 금전적 서비스는 보험료에 해당한다.

해상보험계약은 유상 · 쌍무계약이기 때문에 계약 중에 반드시 약인이 있어야 그 효력이 발생한다. 이에 따라서 해상보험증권에는 소위 약인약관이 명시되어 있는데, 그 내용은 "보험자는 피보험자가 정해진 보험료를 보험자에게 지급함으로써 손해를 보상할 것에 합의한다"는 것이다. 즉 해상보험계약에서 피보험자의 유가약인(valuable consideration)인 보험료의 지급과 보험자의 손해보상이 반대급부로 약속된다.

1-2 보험료의 경제적 정의

보험료를 경제적 측면에서 보면 보험단위(unit of insurance)의 가격(price) 또는 원가(cost)를 의미한다고 볼 수 있다.[1] 피보험자의 입장에서 보면 보험료는 가격에 해당되고 보험자의 입장에서 보면 원가에 해당된다.

피보험자가 보험계약을 체결하는 것은 마치 보험자가 제공하는 특정 보험상품을 구입하는 것과 동일하다. 따라서 피보험자가 계약을 체결하면서 부담하는 보험료는 보험이라는 상품을 구입하면서 지불하는 비용, 즉 가격의 개념에 해당되는 것이다.

한편 상품의 가격을 산정하려면 일단 원가를 알아야 하는 것처럼 보험자가 특정 보험상품을 개발하여 피보험자들에게 판매하고자 할 때에도 먼저 그 보험상품의 원가를 산정해야 하는데, 보험자가 산정한 원가가 보험료이다. 보험원가는 손실발생률에 기초를 두기 때문에 보험자가 통제할 수 없는 부분이 많다. 일반 상품의 원가는 제조할 때 이미 산정되지만 실제보험원가(actual insurance cost)는 보험상품을 판매한 후 미래에 결정되는 특징을 지니고 있다.[2]

1-3 보험료와 보험요율

보험료는 보험금액(insured amount)에 보험요율(premium rate)을 곱한 금액을 의미하기 때문에 보험요율은 보험금액에 대한 백분비(%)로 표시된다. 보험금액은 보험자의 최고보상액인데, 이 금액은 보험계약을 체결할 때 보험자와 피보험자간에 협정한다. 만약 보험요율이 0.25%인데 보험금액을 100,000파운드로 할 경우, 피보험자가 부담하는 보험료는 250파운드가 된다.

흔히 보험에서는 보험료가 높다 혹은 낮다는 식의 표현이 많이 사용되고 있는데, 이것은 보험요율이 높다 혹은 낮다고 해야 정확하다. 보험금액에 보험요율을 곱한 것이 보험료이기 때문에 보험금액이 높을수록 보험료가 높아진다. 따라서 보험료가 높다는 것은 보험자와 피보험자가 협정하는 보험금액에 의해서도 영향을 받기 때문에 정확한 비교가 될 수 없다.

---

1) Raoul Colinvaux, *op. cit.*, s. 7-01.

2) 예를 들어 제 1 장 〈그림 1-5〉 컴퓨터 도난 · 파손보험에서 손실률을 2/100로 추정하고 보험료를 45,000원으로 책정하였다. 그런데 3-4년 이 보험상품을 운영하고 보니 실제 손실률이 3/100으로 나타났다면 이 보험상품의 정확한 원가, 즉 보험료는 65,000원인 것이다.

2. 보험료의 구성

보험료는 일반적으로 순보험료(net premium)와 부가보험료(loading premium)로 구성된다.

2-1 순보험료

순보험료는 보험료 중에서 보험자가 손해를 보상하기 위한 기금에 해당되는 것으로 흔히 정미(正味)보험료라고도 한다. 보험자가 특정 보험상품을 운영하면서 일정 기간 내에 얼마만큼의 손해보상기금을 마련해야 하는가는 매우 불확실한 문제인데, 대부분의 보험자들은 손해발생빈도(loss frequency)와 손해발생규모(loss severity)를 추정하여 기금을 산정한다.

손해발생빈도는 과거의 경험자료를 토대로 하여 산출된 사고발생률(이재율)을 의미하며, 보험에서 이용하는 사고발생률은 대수의 법칙(law of large number)에 의해 산정되기 때문에 과학적이라 할 수 있다. 이와 같이 대부분의 보험에서는 경험적 수치와 통계적 방식에 의해서 사고발생률을 산정하지만 해상보험에서는 오랜 경험을 가진 개인보험업자들의 경험이나 육감 등에 의해서도 영향을 받는다.

특정 보험상품의 보험료를 산정하기 위해서 먼저 순보험료를 계산해 보면 아래와 같다.

순보험료의 계산 MARINE INSURANCE

- 추정보험금액(보험가액): 2,000,000원(보험목적물의 단위당)
- 연간 사고발생률의 추정: 2/100
- 보험가입 희망자 수의 추정: 100명
- 총손실보상기금: 4,000,000원〔2,000,000(원)×2(명)〕
- 순보험료: 40,000원〔4,000,000(원)／100(명)〕

2-2 부가보험료

부가보험료는 경상경비, 보험자의 적정이윤, 안전적립금(safety money)에 상당하는 보험료이다. 특정 보험상품을 운영하려면 상당한 사업비가 소요될 것이고 영리보험에서는 보험자의 적정이윤이 보장되어야 한다. 안전적립금은 예측한 사고발생률을 초과하여 보험사고가 발생할 것에 대비한 기금이다.

앞의 예와 관련하여 부가보험료를 계산하면 다음과 같다.

부가보험료의 계산 MARINE INSURANCE

경상경비 · 이윤 · 안전적립금 · 기타: 500,000원(추정)
보험가입 희망자 수의 추정: 100명
부가보험료: 5,000원 〔500,000(원)／100(명)〕

따라서 피보험자가 부담하는 보험료는 순보험료 40,000원과 부가보험료 5,000원을 합한 45,000원이 된다.[3)]

순보험료는 보험자가 통제할 수 없는 성격의 보험료이고, 손해발생률을 근거로 한 것이기 때문에 원칙적으로 보험자간에 차이가 있을 수 없다. 그러나 부가보험료는 상당 부분을 보험자가 통제할 수 있어 보험운영을 어떻게 하느냐에 따라서 보험자간에 차이가 발생할 수 있다. 만약 보험운영을 효율적으로 하여 경상경비를 절감하게 되면 그만큼 부가보험료를 인하시킬 수 있어 다른 보험자에 비해 경쟁력을 가질 수 있게 된다.

3. 보험료의 지급

3-1 보험료의 지급 당사자

보험계약에서 보험료의 납부는 피보험자의 중요한 의무이다. 피보험자가 보험료 전부 혹은 최초의 보험료를 납부했을 경우 보험계약의 효력이 발생하고 보험자의 보상의무가 따른다.

---

3) 이 예는 제 1 장 〈그림 1-5〉 보험의 원리에 나타나 있음.

해상보험계약에서 보험료를 지급할 의무가 있는 당사자는 보험계약자 · 피보험자 · 보험중개인 등이다. 영국에서는 보험계약자(policy holder)라는 용어를 사용하지 않기 때문에 피보험자 또는 그의 대리인이 보험료를 지급할 의무가 있으며, 보험계약자를 인정하고 있는 국가에서는 보험계약자가 법률상으로 보험료를 지급할 당사자이다. 그러나 대부분 피보험자와 보험계약자는 동일한 사람이기 때문에 별 차이는 없다.

만약 해상보험계약이 로이즈에서처럼 보험중개인에 의해서 체결되면 보험료 지급에 대해서는 보험중개인이 보험자에게 직접적으로 책임을 져야 한다(영국해상보험법 제53조 1항). 보험중개인은 법적으로 피보험자를 대리하여 피보험자의 의무를 승계하기 때문이다.

그런데 피보험자가 보험료나 기타의 경비를 지급하지 않으면 보험중개인은 보험증권에 대해서 유치권(lien)을 행사할 수 있다(영국해상보험법 제53조 2항). 이렇게 되면 보험중개인은 피보험자로부터 보험료나 기타 비용을 지급받을 때까지 보험증권을 보류할 수 있다.[4)]

3-2 보험료의 지급시기

일반적으로 보험료는 보험계약이 체결될 때 확정되고 지불되어야 한다. 보험계약은 법률적으로 불요식 · 낙성계약이기 때문에 보험자와 피보험자간의 의사합치만으로도 계약이 성립되지만, 보험자의 책임은 보험료 또는 최초의 보험료가 지급된 후에 개시된다. 따라서 피보험자가 보험계약을 청약할 때 보통 1회의 보험료 납부를 청약의 의사표시로서 간주하며 또한 보험청약서에서도 1회의 보험료 납부시점을 보험자의 책임개시시점으로 명시하고 있다.

영국해상보험법(제52조)에서는 보험료의 지급시기에 대해서 "피보험자의 보험료 지급의무와 보험자의 보험증권 발행의무는 동시조건이며, 보험자는 보험료의 지불 또는 지불보증이 있을 때까지는 보험증권을 발행할 의무를 부담하지 않는다"고 규정하고 있다.

---

4) 이 보험료에는 중개인이 받는 수수료(brokerage)가 포함되어 있다. 로이즈 보험시장에서 브로커는 피보험자를 대리하지만 그 수수료는 보험자로부터 받는다. 브로커는 피보험자로부터 받은 보험료 가운데 자신의 수수료를 공제하고 나머지를 보험자에게 지급하지만 보험증권상에는 공제하기 전의 총보험료가 표시된다.

보험증권은 보험계약의 내용을 증명하는 증거서류이기 때문에 보험증권이 발급되어야만 피보험자가 이를 근거로 손해보상을 청구할 수 있다. 따라서 보험증권의 발행의무는 곧 보험자의 보상의무와 연결되기 때문에 보험료의 지급은 보험의 효력개시와 연관됨을 유추할 수 있다. 이런 점을 고려하여 영국해상보험법은 피보험자의 보험료 납부와 보험자의 보험증권 발행을 동시조건으로 규정한 것이다.

보험료는 계약이 체결될 때 대부분의 경우 선불되지만 상관습에 의해 후불되는 경우도 많다. 예를 들어 적하보험은 매일매일 보험계약이 체결되기 때문에 계약을 체결할 때마다 보험료를 지불하는 일은 거의 없으며 보통 보험료는 일괄하여 후일에 지불하게 되는데, 이러한 경우에도 해상보험의 효력은 소멸되지 않는다.[5]

그리고 보험계약을 체결할 때까지 보험료가 확정되지 못하는 경우도 있는데, 이럴 때에는 사후에 확정되는 즉시 보험료를 지불할 것을 조건부로 하여 보험증권을 발급하기도 한다.

보험계약이 체결된 후 피보험자가 보험료를 납부하지 아니하면 그 보험계약은 아무런 효력이 없기 때문에, 설령 보험자의 담보위험으로 인한 손해가 발생하더라도 보험자는 보상할 책임이 없다. 보험료 미지급으로 인하여 보상을 받지 못했던 판례를 보면 아래와 같다.

판례 6.1

세기항공사 대 ○○해상보험회사

세기항공사는 모국회의원에게 진해까지 왕복조건으로 소형비행기를 전세로 대여하고 보험회사와 비행기손해보험계약을 체결하였다. 그러나 보험료는 지급하지 않고 있었다. 비행기는 돌아오는 도중에 낙뢰를 맞아 추락하였다. 세기항공사(피보험자)는 보험료를 지급하겠다고 하며 보험금을 청구하였으나 보험자는 손해가 이미 발생했기 때문에 손해보상을 할 수 없다고 주장하였는데, 결국 세기항공사는 이에 대한 보상을 받지 못하였다

〈김성욱, 앞의 책, p. 131〉

5) 박대위, 「무역실무」(제 8 전정판)(법문사, 2005), p. 204.

02 보험요율의 산정

1. 보험요율의 산정원칙

보험요율은 대체로 적정성, 공평성, 안정성, 신축성, 사고방지의 장려성 등을 토대로 산정된다.[6]

1-1 적정성

보험요율은 보험자가 손해보상을 할 수 있고, 보험사업을 운영할 수 있을 만큼 충분해야 하나 지나치게 과도해서는 안 된다.

보험료는 손해보상을 위한 기금이면서 보험사업을 영위하기 위한 경비이며 또한 보험자가 얻는 이윤이다. 따라서 보험료는 보험자가 자신이 약속한 손해보상을 이행할 수 있을 만큼 충분해야 한다. 만약 보험료가 충분하지 못하면 사고발생시 생기는 손해를 완전하게 보상할 수 없게 되어 피보험자에게 피해를 주게 되므로 피보험자를 보호하는 측면에서 보험요율은 1차적으로 충분히 산정되어야 한다.

한편 보험료는 보험자가 보험계약을 인수하고 이를 관리하는 데 필요한 경비로 지출할 수 있을 만큼 충분해야 한다. 뿐만 아니라 영리보험일 경우에는 보험자에게 적정한 이윤도 보장해야 한다.

그러나 충분성을 고려한 나머지 보험요율이 지나치게 높게 책정되면 보험사업의 경쟁력이 떨어진다. 일반 상품과 비유해서 생각해 보면 보험료는 그 상품의 판매가격에 해당되기 때문에 보험요율이 높다는 것은 곧 상품이 비싸다는 것을 의미한다. 가격이 오르면 경쟁력이 떨어지는 것과 마찬가지로 보험요율이 높으면 보험에 가입하고자 하는 희망자 수, 즉 피보험자의 수가 줄어들게 된다.

---

6) Robert I. Mehr and Emerson Cammack, *Principle of Insurance*(7th ed) (Homewood, Illinois: Richard D. Irwin, 1980), pp. 617-620.

1-2 공평성

보험요율은 동일한 위험에 대해서는 공평하게 산정되어야 한다. 일반적으로 보험자는 보험요율을 산정할 때 위험을 여러 가지 기준으로 분류하여 구분한다. 동일 집단에 속하는 위험이면 같은 수준의 보험요율이 부과되어야 하고 만약 위험의 정도가 뚜렷하게 다르다면 보험요율도 차별적으로 부과되어야 한다.

그러나 동일한 집단에 속하는 위험이라 하더라도 보험금액이 클 경우에는 보험요율을 할인해 주는 제도가 있는데, 이는 공평성의 원칙에 위배되지 않는다. 한 번의 보험계약에 보험금액이 1,000,000달러인 경우는 10,000달러의 보험계약을 100번 체결하는 것과 같으므로 99번의 보험경비가 절약될 수 있다. 즉 보험료 중 부가보험료가 줄어들기 때문에 대규모 보험계약에서는 일정한 보험요율의 할인이 인정되고 있다.

1-3 안정성

보험요율은 부단하게 변동되어서는 안 되며 일정 기간 안정되어 있어야 한다. 만약 보험요율이 자주 변동하게 되면 피보험자들은 보험요율이 낮을 때 집중적으로 보험계약을 체결하고, 보험요율이 오를 것으로 예상되면 보험계약의 체결을 미루게 되어 무보험상태가 된다. 이와 같이 보험요율의 변동에 따라 보험계약체결의 여부가 결정되면 보험은 곧 투기와 같게 된다. 따라서 보험요율은 일단 산정되면 일정 기간 변경되어서는 안 된다.

1-4 신축성

보험요율은 안정적이어야 하지만 필요할 때는 변경될 수 있는 신축성을 지녀야 한다. 즉 보험요율은 정당한 사유가 발생하면 변경될 수 있어야 한다는 것이다. 보험료는 보험이란 상품의 생산비용이지만 이 비용은 미래에 정확하게 산정된다. 그러므로 현재의 보험료가 실제보험원가보다 많을 수도 있고 적을 수도 있기 때문에 일정 기간 보험상품이 판매되면 보험요율은 현실에 맞게 재조정되어야 한다. 뿐만 아니라 보험요율은 사회적 · 경제적 변화에도 적응하여 신축성 있게 산정되어야 한다.

1-5 사고방지의 장려성

보험요율은 사고방지를 유도할 수 있도록 산정되어야 한다. 위험발생을 사전에 방지하게 되면 보험자는 보험금의 지출을 줄일 수 있고, 사회 전체의 입장에서도 이익이 된다. 따라서 보험자는 피보험자로 하여금 스스로 사고를 방지할 수 있도록 유도하는 보험요율을 체계화해야 한다.

특히 보험은 위험을 전가하는 기능을 수행하면서도 한편으로는 피보험자에게 위험에 대한 무관심을 가져다 주는 정신적 위태(morale hazard)를 창출하여 보험에 가입한 사람은 그렇지 않은 사람에 비해 위험발생에 대해서 덜 관심을 가지게 된다. 이러한 피보험자들의 심리를 경계하기 위한 하나의 방법으로서 보험요율을 할증 · 할인하는 것이다.

2. 보험요율의 산정방식

보험요율은 위험의 등급에 따라 산정되는 방식과 개개의 위험에 대하여 각각 산정되는 방식이 있다.

2-1 등급별요율의 산정

보험요율을 산정할 때 가장 많이 사용되는 방식은 등급별로 요율을 산정하는 방식(class rating)이다. 이 방식에 의하면 먼저 위험을 여러 가지 기준의 등급에 따라 분류한 후 같은 등급에 속하는 위험에는 동일한 평균치 요율(average rate)을 적용하고 등급간에는 차등요율을 적용한다.

등급별요율은 위험을 개별적으로 평가하여 요율을 산정하는 것보다 편리하기 때문에 해상보험을 비롯한 대부분의 보험에서 사용되고 있다. 실무에서는 보험자들이 대개 위험의 등급에 따라서 차등 적용되는 보험요율의 체계를 책으로 만들어 고객들에게 제공하는데, 이 책을 흔히 매뉴얼(manual)이라고 한다. 그리고 이 매뉴얼에 기재된 등급별요율을 'Manual Rate'라고 한다. 우리나라의 경우 대한손해보험협회에서 작성한 해상적하보험요율서가 있는데 모든 보험회사는 이 요율서에 정해진 바에 따라 보험료를 징수하고 있다.

2-2 개별(조정)요율의 산정

개별요율 산정방식(individual rating)은 위험을 개별적으로 평가하여 그 특성에 맞는 요율을 산정하는 방식이다. 이 방식은 등급별요율을 적용하는 것이 불합리할 경우 이를 보완하기 위해 사용된다. 같은 등급에 속하는 위험이라 하더라도 위험간에는 다소 차이가 있기 때문에 동일한 요율을 적용하는 것이 불공정할 경우가 있다. 이럴 경우에는 개별 위험의 특수성과 경험을 토대로 등급별요율을 상하로 조정하여 개별요율을 산정 · 적용하는데, 선박보험요율은 이런 방식으로 산정된다.

개별요율의 산정방식에는 예정표요율 적용방법, 판단요율 적용방법 등이 있다.

(1) 예정표요율 적용방법

예정표요율 적용방법(schedule rating plan)은 위험의 등급별로 표준요율을 산출한 다음 개별 위험의 물리적 특성에 따라서 보험요율을 증가 또는 감소시키는 방법이다. 이 때 요율의 증감은 미리 정해진 예정표요율에 따른다. 주로 사고방지시설이나 설비를 갖출 경우 표준요율을 내린다.

이 방법에 따라 보험요율을 산정하면 피보험자로 하여금 사고방지를 유도할 수 있다. 즉 보험요율의 증감이 미리 예정표요율에 나타나 있기 때문에 피보험자들은 보험요율을 낮추기 위해 각종 사고방지시설을 갖추려고 한다.

(2) 판단요율 적용방법

판단요율 적용방법(judgement rating plan)은 통계자료에 의해서 요율을 산정하는 것이 아니라 보험자의 경험과 지식에 의존하여 개별적으로 보험요율을 산정하는 방법이다. 대부분의 경우 보험요율은 과거의 경험자료에 입각해서 과학적인 방법으로 산정된다. 그러나 경험자료가 부족하거나, 위험의 성격이 너무 이질적이어서 등급의 분류가 어려울 경우에는 보험자의 축적된 경험에 의해서 요율이 산정되기도 한다.

판단요율은 해상보험에서 많이 이용된다. 해상사고는 태풍 · 폭풍 등과 같은 자연적 손인(natural peril)에 의해서 빈번히 발생하기 때문에 과거의 통계자료에 입각한 과학적인 요율의 산정이 곤란한 경우가 많다. 이에 따라 보험자는 자기의 경험이나 육감 등을 이용하여 독자적으로 요율을 산정하기도 한다. 특히 로이즈의 개인보험업자들은 전세계로부터 다양한 재보험을 인수하는 경우가 많은데, 이 때는 그들 나름대로 축적된 경험자료를 바탕으로 산정된 요율을 적용한다.

2-3 자유요율제도와 협정요율제도

보험요율을 산정하고 채택하는 방식에 따라서 자유요율제도와 협정요율제도로 구분된다.

(1) 자유요율제도

보험자가 자기의 경험이나 육감을 토대로 보험요율을 산정하고 이를 독자적으로 사용하는 제도를 자유요율제도라고 한다. 이 제도하에서는 보험요율이 보험자의 재량에 따라서 산정되므로 같은 조건이라 하더라도 보험자간에 차이가 있다. 자유요율제도는 보험자간의 상호 경쟁을 유도할 수 있어 보험산업의 경쟁력을 제고시킬 수 있는 장점은 있지만 지나친 경쟁으로 보험료의 덤핑을 초래할 수 있다. 영국 로이즈를 비롯한 대부분의 선진국에서는 자유요율제도를 택하고 있으며 우리나라의 경우도 선박보험에 한하여 보험자가 독자적으로 판단하여 산정한 요율을 적용하고 있다.

(2) 협정요율제도

협정요율제도는 보험자 상호간에 보험요율을 협정하거나 법률에 따라 소정의 방식에 의해 산정하여 공동으로 적용하는 제도를 말한다. 협정요율제도하에서는 보험사업을 안정적으로 운영할 수 있지만 상호간의 경쟁이 없는 것이 단점이 된다. 우리나라의 적하보험요율은 대한손해보험협회에서 정한 요율을 모든 보험회사들이 공동으로 사용하는 협정요율이다.

3. 해상보험요율에 영향을 미치는 요소

해상보험요율은 위험의 정도와 개별적인 상태에 따라서 변동하는데, 해상보험요율에 영향을 미칠 수 있는 요소를 살펴보면 다음과 같다.

3-1 적하보험요율

적하보험요율은 보험조건, 화물의 종류, 운송선박, 운송항로 등을 근거로 산정된다.

(1) 보험조건

보험자의 담보위험과 보상범위를 한정하는 보험조건에 따라 보험요율이 달라진다. 보험조건를 확대하면 그만큼 보험자가 부담하는 위험도가 증가하기 때문에 보험요율도 거기에 비례하여 높아진다. 현행 적하보험에서 기본조건은 ICC A조건 · ICC B조건 및 ICC C조건 세 가지가 있는데, A조건의 담보범위가 가장 넓고 그 다음 B조건 · C조건의 순서이다. 이에 비례하여 보험요율은 A조건이 가장 높으며 그 다음이 B조건 · C조건순이다.

(2) 화물의 종류 · 성질 · 포장상태 · 적부방법

적하보험의 대상이 되는 화물은 다양하기 때문에 특정한 손해가 발생하는 위험이 일률적으로 예측되지 않고 화물의 종류 · 성질에 따라 달라지게 된다. 예를 들면 유리제품이나 정밀기계 등은 일반 화물에 비해 수송중의 충격에 약하기 때문에 파손(breakage)이 일어날 가능성이 크고, 철광석은 비에 젖어도 거기에 따른 손해는 거의 없는 데 비해 만약 설탕이 비에 젖으면 큰 손해를 입게 된다.

포장되지 않은 채로 산적된 화학비료는 밀봉된 경우에 비해 부족손해(shortage)가 생기기 쉽다. 그리고 같은 밀봉화물이라도 2~3겹의 종이봉지에 넣은 것과 5~6겹의 종이봉지에 넣은 다음 다시 폴리에치렌 포장을 하는 것은 포장의 파손에 의한 부족손의 정도가 상당히 달라질 수 있다. 따라서 포장상태의 좋고 나쁨도 중대한 요율산정요소가 된다.

그리고 갑판에 적재된 화학약품이나 목재 등의 화물은 악천후를 만나게 되면 파도에 휩쓸릴 위험이 있고 항상 비·바람에 노출되어 있기 때문에 일반적으로 선창 내에 선적된 화물보다 인수조건이 까다롭고 요율도 높게 된다.[7] 선창 내에 선적된 경우라도 적부방법이 부적절하면 무너지기 쉬우며 또한 인접한 적부화물이 새기 쉬운 액체화물인 경우에는 오손(contamination)을 입을 염려가 있기 때문에 화물의 적부방법에 따라서 보험요율이 차등 적용된다.

---

7) 보험계약체결 당시 갑판적화물인 것을 알 경우 만약 갑판적화물에 대하여 ICC C조건보다 넓은 조건으로 인수하고자 할 때는 선창 내 적재되는 화물요율의 50%를 가산하여 적용한다.

(3) 운송용구(선박)

선박의 사고는 화물의 사고와 직결되기 때문에 선박의 상태는 적하보험 요율의 산정에 중요한 요소이다. 노후선박에 화물을 선적하여 충돌이나 좌초사고가 발생하면 전손될 위험성이 극히 커진다. 신조선박으로 정평이 있는 일류선박회사가 운항하는 선박일 경우, 선박의 보수 · 관리가 확실하기 때문에 화물의 운송이 안전하게 행해지게 된다. 따라서 적하보험을 인수할 때는 통상 선령 · 선급 · 총톤수 등 선박의 상태에 따라 위험도를 측정하고, 경우에 따라 할증보험료를 받는 경우도 있다.

보험자가 보험요율을 산정할 경우 운송선박이 협회선급약관(Institute Classification Clause)에 규정된 적격선박(approved vessel)인 것을 전제로 하고 있기 때문에 이외의 선박에 화물을 선적하면 할증보험료를 받게 된다. 협회선급약관에 규정된 적격선박이라는 것은 다음의 요건을 충족시키는 선박을 말한다.

① 기계력에 의한 자항능력을 지니는 철선일 것.

② 10대 선급 가운데 하나를 취득할 것.[8)]

③ 선령이 15년 이하일 것.

④ 정기선(liner)의 경우는 선령이 15년을 넘어도 좋지만 25년 이하일 것. 다만 용선된 선박(chartered vessel)과 총톤수 1,000톤 미만의 선박에 대해서는 정기선이라도 선령 15년 이하가 아니면 적격선박으로 인정되지 않는다.

8) 세계적으로 약 45개의 선급단체가 있으나 국제선급으로 인정받은 국제선급연합회의 정회원 선급은 다음과 같다.

KR	• Korean Register (한국)
LR	• Lloyd's Register (영국)
ABS	• American Bureau of Shipping (미국)
BV	• Bureau Veritas (프랑스)
GL	• Germanischer Lloyd's (독일)
NK	• Nippon Kaiji Kyokai (일본)
NV	• Norske Veritas (노르웨이)
RI	• Registro Italiano (이태리)
RS	• Register of Shipping (러시아)
PR	• Polish Register of Shipping (폴란드)
ZC	• China Classification Society (중국)

선박에 관한 할증보험료에는 통상 다음과 같은 것이 있지만 이들에 대한 할증료는 원칙적으로 런던보험시장의 규정에 준해서 결정되고 있다.

① 노령선 할증(선령 16년 이상의 선박에 대한 할증보험료)

② 무선급선 할증(소정의 선급을 취득하지 않은 선박에 대한 할증보험료)

③ 소형선 할증(총톤수 1,000톤 미만의 선박에 대한 할증보험료)

④ 특수선 할증('기계력에 의한 자항능력을 지닌 강철선' 이외의 선박에 대한 할증보험료)

(4) 운송구간 · 계절

태풍 · 싸이크론의 진로에 해당되는 해역이나 몬순 등에 의해 악천후가 예상되는 해역, 또는 좌초가 빈발하는 해역을 항해할 경우에는 해상사고가 발생하기 쉽다. 태풍 등은 계절에 따라 발생빈도가 다르기 때문에 운송구간 · 계절 · 출항일 등은 위험측정의 요소가 된다. 그 밖에 출항항 및 도착항의 항만상태, 환적의 회수 및 방법, 도착지의 사정(정치, 사회정세, 도난위험의 정도, 접속육상운송의 방법, 기상조건) 등이 보험요율의 산정에 영향을 미치고 있다.

3-2 선박보험요율

선박보험요율은 보험조건, 선박의 상태, 운항구역 등 여러 가지 요인에 따라서 산정된다.

(1) 보험조건

선박보험조건에 따라서 선박보험요율은 달라진다. 현재 선체보험(Hull & Machinery Insurance)에서 사용되는 보험조건 중 'TLO SC/SL'조건[9]은 전손 · 손해방지비용 · 구조비만을 보상하기 때문에 담보범위가 가장 좁고 그에 따라 보험요율도 낮다. 반면 'ITC-Hulls'조건은 전손 · 손해방지비용 · 구조비 · 공동해손 · 분손 · 충돌배상책임 등을 모두 보상하기 때문에 보험요율이 상대적으로 높아진다.

---

9) 이는 Total Loss Only including Salvage Charge and Sue and Labour Charge의 약자인데, 선박보험에서 가장 기본이 되는 보험조건이다.

(2) 선박의 상태

선종 · 선령 · 톤수(tonnage) · 재질(material) · 국적(flag) · 선급(classification) 등 선박에 관한 일체의 사항은 보험요율에 절대적 영향을 미친다.

선종은 선박의 종류를 말하는데, 특수한 목적으로 사용되는 경우에는 별도의 요율이 적용된다.

선령은 선박이 건조된 해수를 말하는데, 선박의 노후화와 사고는 밀접한 관계가 있기 때문에 선령이 많을수록 보험요율은 올라가게 된다.[10)]

톤수는 선박의 크기를 나타내는 것으로 선박보험에서는 총톤수(gross tonnage)를 기준으로 보험요율을 산정한다. 500톤 미만의 선박은 별도의 요율을 적용한다.

선박의 재질은 철선 · 목조선 · 화이버 글라스(fiber glass) 등이 있으나 선박보험의 인수대상은 대부분 철선이다. 화이버 글라스는 철선으로 간주된다.

국적은 선박의 소속 국적을 말한다. 소속 국적에 따라 요율이 달라지는 이유는 소속 국가의 선박관리가 엄격한가, 소홀한가에 따라 선박의 관리상태가 좌우될 수 있기 때문이다.

선급은 한국선급협회(KR) 또는 외국의 선급협회에서 일정한 검사를 시행하여 선박이 항해하기 위해 적합한 상태를 유지하고 있다는 증명서와 같은 것이다. 500톤 이상의 무선급 선박에 대해서는 "KR 검사관으로부터 내항성 증명서를 발급받고 지적된 사항을 모두 수락할 것을 담보로 함"과 같은 담보조건을 첨부하여 인수한다.

(3) 운항구역

운항구역은 해당 선박이 운항하는 구역을 말하는데 통상 보험증권에는 '한국연안(coastal waters of Korea)', '한국 및 동남아 해역(Korea S.E. Asia within Institutes Warranties)' 등과 같이 기재된다. 그러나 협회항로 정한 약관[11)]에서 규정한 특수 위험 수역을 항해할 때는 사전에 보험자에게 통지하고 추가보험료를 납부해야 한다.

---

10) 선박의 노후화는 사고와 직결되기 때문에 노후선박을 인수할 때는 보험조건을 까다롭게 제시한다. 예를 들어 21년 이상된 선박은 전손만 보상하는 담보범위가 매우 좁은 'TLO' 조건으로만 인수한다.

11) 협회항로 정한약관(Institute Warranties)은 부보된 선박이 항해할 수 없는 항로를 규정한 약관이다.

03 보험료의 종류

보험료는 그 용도에 따라서 다음과 같이 구분된다.

1. 경과보험료와 미경과보험료

보험자가 영수한 총보험료 중에서 아직 경과되지 않은 보험기간에 해당하는 보험료를 미경과보험료(unearned premium)라고 하며, 반면 이미 지나간 기간에 해당하는 비율만큼의 보험료를 경과보험료(earned premium)라고 한다. 예를 들어 선박기간보험에서 보험자가 영수한 총보험료가 1,200,000원이라고 하면, 1년의 보험기간중에서 3개월이 지난 시점에서 300,000원은 경과보험료에 해당하고, 나머지 900,000원은 미경과보험료에 해당된다.

보험자의 입장에서 보면 경과보험료는 보험자의 자산계정에 속하고, 미경과보험료는 부채계정에 속한다. 보험기간이 아직 끝나지 않았기 때문에 미경과보험료는 미래의 손실에 대비해서 적립해야 할 부채에 해당된다. 그러나 시간이 지나감에 따라 미경과보험료는 점차 경과보험료로 바뀌게 되고, 보험기간이 종료되는 시점에 가서는 보험료 전부가 경과보험료가 된다.

2. 연지급보험료

일반적으로 보험료는 선불이기 때문에 피보험자는 보험계약을 체결할 때 보험료를 지불한다. 그러나 선박보험의 경우 보험료가 매우 거액이기 때문에 선주들은 보험료를 일시불로 지급하는 것을 선호하지 않는다. 이러한 경우 보험자는 보험료를 일정 기간에 나누어 분할불로 영수하는데, 이러한 보험료를 연지급보험료(deferred premium)라고 한다.[12)]

---

12) 선박보험에서는 4분기별로 보험료를 납부하기도 한다.

3. 부가조건보험료

적하보험에서 보험자가 담보하는 위험은 세 가지 기본조건인 ICC A조건, ICC B조건 및 ICC C조건에 각각 명시되어 있고 피보험자는 이 중에서 하나를 반드시 선정해야 한다. 만약 피보험자가 자신이 선택한 기본조건에서 담보하지 않는 위험에 대하여 보상받고자 하는 경우에는 이 특별 위험에 해당되는 보험료를 별도로 부담해야 하는데, 이것을 부가조건보험료라고 한다.[13)]

예를 들어 'ICC A including War/Strikes' 조건으로 적하보험을 체결할 경우 ICC A에 해당되는 보험료와 War/Strikes에 해당되는 보험료를 각각 부담해야 하는데 전자가 기본보험료이고, 후자가 선택사양에 해당되는 부가조건보험료이다. 실무에서는 기본보험요율과 부가조건보험요율을 합하여 복합보험요율이라 한다.

4. 추가보험료

피보험자들은 미래에 발생할지도 모르는 보험사고에 대해서 가능한 한 모두 보험자로부터 보상받기를 원한다. 이에 따라서 기본조건 외에도 특별히 예상되는 위험에 대해서는 부가조건보험료를 부담하면서까지 보험계약을 체결한다.

그러나 아무리 철저하게 대비하여도 어떠한 사건이 언제 발생할지 모르기 때문에 피보험자들은 특정 사건이 발생하면 보험자가 이를 계속담보하는 조건으로 보험계약을 체결한다. 만약 계속담보조건으로 계약이 체결될 경우 이에 상응하는 보험료는 추후에 별도로 계산하는데, 이러한 보험료를 추가보험료(additional premium)라 한다.

추가보험료와 계속담보조건의 규정에 관한 예를 보면 만약 화물이 지정된 선박에 적재되는 것을 조건으로 적하보험계약이 체결되었다고 하자. 물론 피보험자는 이러한 사실을 준수하기 위하여 최선의 노력을 기울이지만 만의

13) 부대조건을 이용함으로써 새로 부가되는 보험료를 'loading premium'라고 한다(R. H. Brown, *op. cit.*, p. 54). 이를 부가보험료로 번역하면 보험료의 구성에서 순보험료와 대응되는 부가보험료와 혼동되므로 서로 구분하기 위해 부가조건보험료로서 표현한다.

하나 지정된 선박에 보험목적물이 적재되지 않으면 보험계약은 효력을 상실하게 되어 자칫하면 무보험상태가 될 수 있다. 이럴 경우 화물이 기타의 선박에 적재되더라도 보험자는 이를 계속 담보하기로 한다는 조건으로 보험계약을 체결할 수 있다.

적하보험에서는 목적지가 변경될 경우, 보험자의 책임이 해제되는 것으로 본다.[14] 왜냐하면 적하보험은 특정 항구에서 특정 항구까지 보험자가 책임지는 항해보험(voyage insurance)이기 때문에 목적항이 바뀐다는 것은 곧 보험자의 책임구간이 변경되는 것을 뜻하기 때문이다.

그러나 보험이 개시된 후 목적지가 피보험자에 의하여 변경된 경우에도 보험자에게 지체 없이 통지할 것을 조건으로 추후에 협정할 보험료에 의하여 계속 담보될 수 있다.[15]

추가보험료는 보험증권상에서 담보하지 않지만 발생 가능한 추가 위험에 적용되는 보험료이다. 따라서 추가보험료는 그 성격상 보험계약을 체결할 때 부과되지 않고 추후에 별도로 협정된다. 그러나 추후에 협정된다는 것은 보험자가 보험료를 과다하게 책정할 여지가 있기 때문에 영국해상보험법(제31조)에서는 추후에 책정될 보험료는 합리적(reasonable)이어야 한다고 규정하고 있다. 물론 합리적이라는 의미는 다른 경우에서와 마찬가지로 사실의 문제이다.

5. 환급보험료

보험에서는 보험자가 이미 영수한 보험료를 피보험자에게 되돌려 주어야 할 경우가 발생하는데, 이러한 보험료를 환급보험료(returnable premium)라고 한다. 보험료 환급의 사유가 발생할 경우 만약 보험료가 이미 납부되었으면 피보험자는 환불받을 수 있고, 보험료가 아직까지 납부되지 않았으면 피보험자는 보험료 지불을 유보할 수 있다(영국해상보험법 제82조).

해상보험에서는 첫째, 보험자와 피보험자간의 합의에 의해서, 둘째 보험계약이 이행되지 않을 경우 보험료는 환급된다.

---

14) 영국해상보험법 제45조 2항 참조.

15) 협회적하약관(2009)의 제10조 항해변경(Change of Voyage) 참조.

5-1 합의에 의한 환급

보험증권상에 보험료 환급에 관한 당사자간의 합의가 있을 경우, 해당 사유가 발생하면 보험료는 환급된다. 즉 보험증권에 일정한 사유가 발생할 때는 보험료 또는 그 비례부분을 환급한다는 취지의 약관이 삽입되어 있을 경우에, 그 사유가 발생하면 보험료 또는 그 비례부분은 피보험자에게 환급되어야 한다(영국해상보험법 제83조).

보험기간이 비교적 장기간이고 보험료가 거액인 선박보험에서는 보험계약을 체결할 때 대체로 위험이 예상보다 크게 감소될 때는 보험자는 자기가 영수한 보험료의 일부분을 환급한다는 약관을 삽입하는 경우가 많다. 예를 들어 선박의 기간보험에서는 선박이 항해를 하지 않고 도크에 있을 경우, 이는 위험이 현저히 감소했기 때문에 보험료의 일부분이 환급될 수 있다. 그러나 이와 같은 휴항공제(lay-up retention)는 휴항기간이 최소 30일 이상 지속되어야 한다.[16]

5-2 계약불이행에 의한 환급

보험자가 계약을 이행하지 않을 경우, 보험료는 환급된다. 보험료는 보험자의 약속의 대가로 지불되는 약인의 개념에 속하는데, 보험자가 약속한 사실을 이행하지 못하는 것은 곧 약인의 상실에 해당된다. 영국해상보험법(제84조)에서도 보험료 지급에 관한 약인이 전부 소멸되었을 경우에 피보험자 및 그 대리인 측에 사기 또는 위법이 없으면 보험료는 피보험자에게 환불된다고 규정하고 있다.[17]

---

16) 협회기간약관(ITC-Hulls)의 제22조 계선 및 해지환급약관(Returns for Lay-up and Cancellation) 참조.

17) 해상보험에서 보험료가 환불되는 경우와 그렇지 않은 경우에 관해서는 영국해상보험법 제84조 3항을 참조할 것.

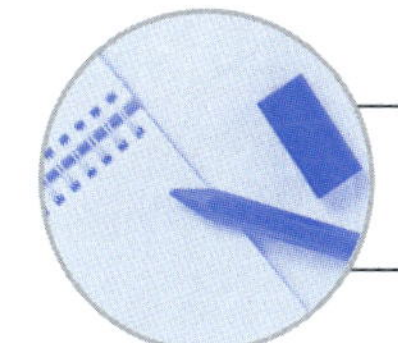

복습 및 토의 문제

01 보험료의 영문 표현은 'premium' 이다. 우리가 알고 있는 일반적 영어 의미와 다소 거리감이 있다. 왜 이런 식으로 표현하고 있는지 토의해 보시오.

02 보험료의 경제적 의미는 보험 상품의 제조원가라 할 수 있다. 그렇다면 공산품의 제조원가는 구체적이지만 보험 상품의 제조원가는 추상적이다 라는 의미가 있는데 이에 대해서 토의해 보시오.

03 보험료가 비싸다는 표현과 보험요율이 높다는 표현에 대해서 토의해 보시오.

04 보험계약의 성립과 보험계약의 효력발생은 어떤 차이가 있는지 토의해 보시오.

05 총보험료, 순보험료 및 부가보험료의 의미를 정확하게 정립해 보시오.

06 자유요율제도와 협정요율제도의 각각의 장단점을 비교 토의해 보시오.

07 적하보험요율에 영향을 미치는 요인을 일목요연하게 정리해 보시오.

08 선박보험요율에 영향을 미치는 요인을 일목요연하게 정리해 보시오.

09 경과보험료와 미경과보험료 두 개념을 보험자의 입장에서 정리해 보시오.

10 적하보험의 경우 추가보험료가 발생할 수 있는 예를 생각해 보시오(참고: 제15장)

Chapter 07

피보험이익

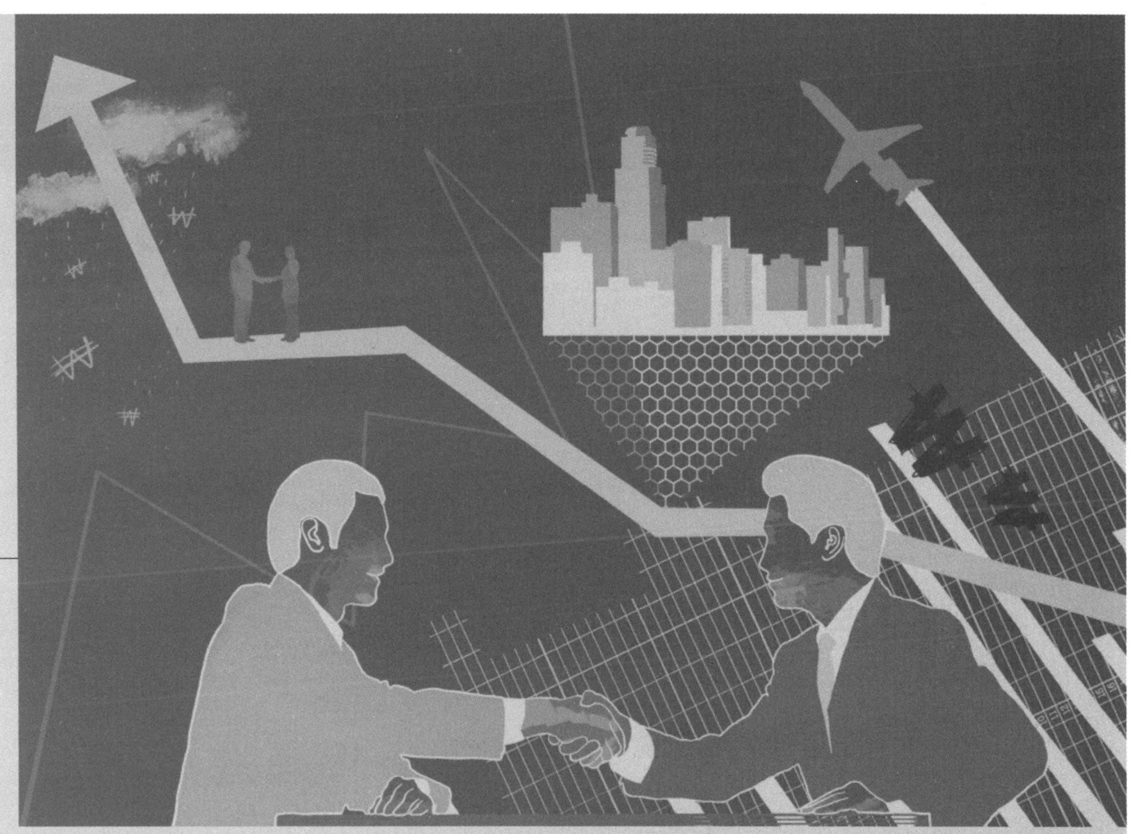

보험에서 많이 사용되고 있는 표현 중 하나는 "이익이 없는 곳에 보험도 존재하지 않는다"(Without interest, no insurance)라는 것이다. 이는 보험의 목적을 단적으로 말하고 있는데, 보험은 선박, 화물 등과 같은 보험목적물 자체를 보호하는 것이 아니라 보험목적물과 재산상의 이해관계를 가지는 자를 보호하는 것이다. 따라서 재산상의 이해관계, 즉 피보험이익을 부정하는 보험계약은 모두 도박으로 간주한다. 이 장에서는 해상보험에서 피보험이익을 지니는 당사자, 이의 경제적 평가 등을 중심으로 피보험이익의 주요 의미를 배우고자 한다.

Chapter 07

피보험이익

01 피보험이익의 의의

1. 피보험이익의 개념

해상보험이 보호하고자 하는 것은 과연 무엇인가? 선박 · 화물 등을 해상의 위험으로부터 보호하기 위한 것인가? 해상보험은 선박 · 화물 등과 같은 보험목적물을 보호하는 것이 아니라 이러한 보험목적물과 이해관계가 있는 특정의 경제주체를 보호하기 위한 것이다. 선박과 화물은 보험계약의 대상물에 불과하고, 보험계약이 존재하는 목적은 이러한 보험목적물에 대하여 특정인이 갖고 있는 이해관계를 보호하는 것이다.

보험목적물과 이해관계가 있는 자는 보험목적물이 위험에 노출될 경우 손해를 입을 수 있기 때문에 이에 대비하여 보험계약을 체결한다. 보험목적물과 이해관계가 있으므로 보험계약을 체결할 수 있고, 이 계약에 의해서 불확실한 미래의 사고로부터 재산상의 손해를 보상받을 수 있는 이익을 피보험이익(insurable interest)이라 한다. 여기서 언급되는 이해관계는 반드시 재산상의 이해관계 또는 금전적으로 계산이 가능한 이해관계를 의미하며 결코 정신적인 이해관계를 의미하는 것은 아니다.[1)]

1) Robert I. Mehr and Emerson Cammack, *op. cit.*, p. 92. 이 점에 대해서 우리나라의 상법

한편 피보험이익에 관해서 영국의 해상보험법(제5조)에서는 다음과 같이 규정하고 있다.

피보험이익의 정의 MARINE INSURANCE

Insurable interest defined

5.(1) Subject to the provisions of this Act, every person has an insurable interest who is interested in a marine adventure.

(2) In particular, a person is interested in a marine adventure where he stands in any legal or equitable relation to the adventure or to any insurable property at risk therein, in consequence of which he may benefit by the safety or due arrival of insurable property, or may be prejudiced by its loss, or by damage thereto, or by the detention thereof, or may incur liability in respect thereof.

피보험이익의 정의

5.(1) 본 법률의 제 규정에 저촉되지 않는 한 해상사업에 이해관계를 갖는 자는 모두 피보험이익을 갖는다.

(2) 특히 해상사업에 대해서 또는 위험에 직면한 피보험재산에 대해서 보통법상 또는 형평법상의 관계를 갖는 자가 그러한 법규상의 관계 때문에 피보험재산이 안전하거나 정시에 도착함으로써 이익을 얻거나, 피보험재산의 멸실, 손상 혹은 지연으로 인하여 손해를 입거나, 또는 피보험재산과 관련하여 배상책임을 부담하게 될 경우에 해상사업에 대해서 이해관계를 갖게 된다.

「참고」 보통법은 엄격한 형식에 의해서 효력을 발생하는 영미법 전체를 말하고 형평법은 보통법의 엄격성을 완화시키기 위하여 마련된 보통법을 보완하는 법을 말한다.

즉 선박과 화물이 안전하거나 무사히 목적지에 도착하면 그로부터 이익을 얻고 만약 선박과 화물에 손실이 발생하게 되면 그로 인해 손해를 보는 사람은 해상사업에 이해관계를 가지는 피보험자가 될 수 있다. 또한 선박 혹은 화물과 관련하여 법적 배상책임을 지는 사람도 해상사업에서 피보험이익을 가질 수 있다.

(제668조)은 "보험계약은 금전으로 산정할 수 있는 이익에 한하여 보험계약의 목적으로 할 수 있다"라고 규정하여 이해관계가 반드시 금전적인 이해관계임을 분명히 하고 있다.

2. 피보험이익의 부정

2-1 사행계약의 무효

보험이 존재하는 이유는 특정의 경제주체가 보험목적물에 대하여 갖고 있는 경제적 이해관계, 즉 피보험이익을 보호하기 위해서이다. 피보험이익의 존재를 부정하는 것은 곧 보험의 목적을 부정하는 것이므로 보험계약이 체결되기 위해서는 피보험자는 반드시 피보험이익을 가져야 한다. 만약 피보험자가 피보험이익을 갖고 있지 않거나 또는 이를 취득할 전망이 없는데도 불구하고 보험계약을 체결한다면 그러한 계약은 무효로 간주된다.

보험계약에서 피보험이익의 존재를 중요시하는 이유는 보험과 도박을 구분하기 위해서이다. 보험과 도박은 모두 우연성을 전제조건으로 하는 사행계약이기 때문에 아무런 이해관계가 없는 자가 보험계약을 체결할 수 있게 되면 이것은 곧 미래의 사고발생에 대해서 보험자와 피보험자가 마치 내기(wager)를 하는 것과 동일하게 된다.

영국해상보험법(제 4 조 2항)에서는 다음과 같은 조건으로 해상보험계약을 체결할 경우 사행 또는 도박으로 간주하여 그러한 계약을 무효화시키고 있다.[2)]

첫째, 피보험자가 피보험이익을 갖고 있지 않거나 또는 그러한 피보험이익을 취득할 기대 가능성 없이 해상보험계약을 체결하면 그 계약은 무효가 된다. 그러나 현재는 피보험이익이 없지만 곧 취득할 전망이 확실하면 보험계약의 체결이 가능하다. 적하보험에서 수입업자가 보험계약을 체결할 수 있는 것은 장차 그 화물이 자기의 소유가 되기 때문이다.

둘째, 보험증권이 "피보험이익의 유무를 불문함"(interest or no interest), "보험증권 자체 이외 별도로 피보험이익의 존재를 증명할 필요가 없음"(Without further proof of interest than the policy itself), "보험자에게 구조물 취득의 권리가 없음"(Without benefit of salvage to the insurer; WBS)[3)] 또는 이와 유사한 조건으로 발급될 경우 해상보험계약은 무효로 간주한다.

---

2) 영국해상보험법(MIA, 1906)은 민법전(civil code)이기 때문에 벌칙이 없지만 1909년에 제정된 해상보험도박금지법(Marine Insurance Gambling Policies Act, 1909)은 도박보험과 사행보험을 금지하고 이를 위반할 시에는 벌칙을 부과한다.

3) 보험자가 전손보험금(total loss claims)을 지급한 경우에는 잔존물(구조물)은 보험자의 것이 된다. 그런데 보험자의 이러한 권리를 부정하고 계약을 체결하는 것은 보험목적물이 피보험자의

2-2 PPI 보험증권

역사적으로 보면 영국에서는 18세기 초부터 피보험자들이 피보험이익을 증명하지 않고 보험증권만으로 보험금을 타려고 하는 경향이 나타났다. 보험증권 그 자체만 제시하면 충분하다고 하는 취지를 나타내기 위해 보험증권상에 'Interest or no Interest', 'PPI',[4] 'WBS' 등의 문언을 기재하였다. 이런 문언이 기재되어 있는 PPI 보험증권 또는 WBS 보험증권을 이용하게 되면 피보험이익을 증명할 필요가 없기 때문에 피보험자들이 아주 편리하게 이용하였다.

무역거래에서는 피보험이익이 분명히 있기는 있는데 이를 구체적으로 증명하기가 어려운 경우가 있다. 만약 수입화물이 목적지에 무사히 도착하면 시장상황의 호전으로 기대 이상의 이익이 생길 것이라는 전망이 있어 수입업자가 별도로 적하보험계약을 체결하였다고 하자. 이 경우 화물이 도착하여 판매가 되면 피보험이익의 증명이 가능하지만 운송 도중 사고가 발생하게 되면 기대한 희망이익을 증명하기가 곤란하다.[5] 이러한 경우 PPI 조건으로 보험계약을 체결하는데, 이 조건에 따라서 피보험자는 피보험이익을 증명할 필요 없이 단지 보험증권만 가지고 있으면 된다.

그러나 편법으로 이용되기 시작한 PPI 보험증권이나 WBS 보험증권이 너무 남용되자 영국에서는 1746년 해상보험법(Marine Insurance Act, 1746)을 제정하여 해상보험증권에 피보험이익을 부정하는 문구를 삽입하는 경우, 이를 무효화시켰다.[6] 이러한 입장은 현재의 영국해상보험법(제4조 2항 b)에 그대로 반영되어 'PPI', 'WBS' 또는 이와 유사한 문구가 삽입된 보험증권을 무효로 하고 있다.

소유가 아니기 때문이다. 즉 피보험자가 피보험이익을 가지고 있지 않기 때문이다. 그러나 구조물을 취득할 가능성이 실제로 없을 경우에는 보험자는 구조물 취득의 권리를 가질 수 없다는 식으로 해상보험계약을 체결할 수 있다(영국해상보험법 제4조 2항).

4) 이는 'Policy Proof of Interest'의 약자로서 보험증권 자체 이외에는 피보험이익의 존재를 증명할 필요가 없다는 뜻이다.

5) R. H. Brown, *op. cit.*, p. 75.

6) Raoul Colinvaux, *op. cit.*, s. 3-06.

따라서 PPI 보험증권 또는 WBS 보험증권은 영국해상보험법의 정신에 위배되기 때문에 법정에 제출될 수 있는 정식 보험증권으로서 인정되지 않는다.[7] 단지 보험자와 피보험자 두 당사자가 서로의 명예를 걸고서 보험료를 지급하고 손해가 발생하면 보상을 하기도 한다. 이런 의미에서 PPI 보험증권 등을 명예보험증권(honor policy)이라고도 한다.

3. 피보험이익의 요건

피보험이익은 경제성, 확실성 및 합법성의 요건을 갖추어야 한다.

3-1 경 제 성

피보험이익은 객관적으로 재산상의 가치를 가지고 있어야 하며 또한 금전적으로 평가될 수 있어야 한다. 자기의 주관적 입장에서 재산상의 가치가 될 수 있다 하더라도 그것이 객관적으로 보아 아무런 가치가 없으면 피보험이익이란 표현을 사용할 수 없다. 개인이 각자 가지고 있는 정신적 가치(sentimental value)는 주관적으로 아무리 높게 평가되더라도 피보험이익으로 인정될 수 없다.

3-2 확 실 성

피보험이익은 금전적으로 확정되고 그것이 누구에게 귀속될 것인지가 확실해야 한다. 즉 피보험이익으로 인정되기 위해서는 피보험이익이 경제적으로 얼마의 가치가 있고 또한 누구의 것인지가 분명해야 한다는 것이다. 아무리 경제적으로 높게 평가되더라도 확정될 수 없는 이익은 보험의 대상이 될 수 없다.

그러나 적하보험에서는 피보험이익이 현재 확정되어 있지 않더라도 장래에 확정될 것이 확실하면 보험의 대상으로 인정한다. 예를 들어 CIF 가격조건에서 수출업자는 CIF 금액의 110%를 보험에 가입해야 하는데, 여기서 10%를 추가로 인정하는 것은 화물이 무사히 도착하면 그 정도의 이익이 발생할 것이

---

7) 한때는 PPI 조건을 별지에 명시하여 이를 정식 보험증권에 핀으로 첨부했다가 만약 법정에 보험증권을 제출할 일이 있을 때는 별지를 떼고 보험증권만 제출하였다. 그러나 이런 방식도 Edwards & Co. v. Motor Union Ins. Co. 사건 이후에는 무효가 되었다. (1922) 2 KB. 249.

라고 예측하기 때문이다. 이와 같이 상관습적으로 인정되고 있는 희망이익은 보험계약을 체결할 때는 확정되어 있지 않지만 앞으로 확실해질 것이므로 피보험이익으로 인정하는 것이다.

3-3 합 법 성

해상보험계약을 비롯한 모든 보험계약은 합법적이어야 하며, 피보험이익도 반드시 법률상 인정되는 합법성을 가져야 한다. 영국해상보험법(제3조 1항)에서도 합법적인 해상사업(lawful marine adventure)에 한하여 보험계약이 체결될 수 있음을 강조하여 피보험이익의 합법성을 강조하고 있다.

밀수품, 절도품, 수출입금지품목 등은 적하보험의 대상이 될 수 없으며 밀수에 동원된 선박은 선박보험의 대상이 될 수 없다. 법률이나 공공질서에 위반하는 보험목적물의 소유주는 피보험이익을 가질 수 없기 때문에 보험계약이 체결되더라도 보상받을 수 없다.[8)]

4. 피보험이익의 존재 시기

4-1 일반적 시기

일반적으로 보험계약을 체결할 때 피보험자는 피보험이익을 가지고 있어야 한다. 그러나 해상보험은 다른 분야의 보험에 비해 국제성이 강하기 때문에 피보험이익을 가지고 있지 않다 하더라도 보험계약이 체결될 수 있다. 선박보험에서는 이와 같은 경우를 찾아 보기 힘들지만, 적하보험에서는 사실상 피보험이익을 가지고 있지 않은 상태에서 수입업자가 보험계약을 체결해야 하는 경우가 많다.

국제무역에서 많이 이용되고 있는 FOB 조건이나 CFR 조건에서 수입업자는 수출업자로부터 선적완료의 통지를 받은 후 적하보험계약을 체결한다. 그러나 이 시점에서는 화물에 대한 소유이익이 아직까지 수입업자에게로 넘어오지 않았기 때문에 수입업자는 사실상 피보험이익이 없는 상태에서 보험계약을 체결하고 있는 것이다.

---

8) 이는 영국해상보험법(제41조)에서 규정하고 있는 적법담보(warranty of legality)를 위반한 결과가 되어 보험계약이 무효가 된다.

실질적으로 선적화물에 대한 소유권은 선하증권을 소지한 자에게 있는데 이 선하증권은 수출업자, 매입은행, 개설은행 등을 거쳐서 최종적으로 수입업자에게로 넘어간다. 이와 같이 국제무역에서는 수입업자가 화물의 소유이익을 취득할 전망이 확실하기 때문에 설령 보험계약을 체결할 때 피보험이익이 없다 하더라도 계약체결이 허용된다.

이러한 국제무역의 특수성을 고려하여 영국의 해상보험법(제6조 1항) 및 협회적하약관(2009)에서는 보험계약을 체결할 당시에는 반드시 피보험이익을 가질 필요는 없지만 보험사고가 발생한 시점에는 이해관계를 갖지 않으면 안 된다고 규정하고 있다. 따라서 해상보험에서 피보험자가 피보험이익의 존재를 증명해야 할 시기는 보험사고가 발생한 때이다.[9] 보통 피보험자가 보험금을 청구할 때 선하증권을 제시해야 하는데 그 이유 중 하나는 피보험이익을 증명하기 위해서이다.

4-2 소급보상 경우의 시기

(1) 소급보상의 의의

국제무역에서는 보험사고가 발생한 사실을 모르고 수입업자가 적하보험계약을 체결하는 경우가 있을 수 있다. 가령 FOB · CFR 등과 같은 가격조건에서는 보험목적물인 화물은 수출항의 창고나 본선상에 있지만 이에 대한 적하보험계약은 수입업자가 수입지의 보험자와 체결한다. 따라서 수입업자나 보험자는 보험목적물의 사고 여부를 직접 확인하지 않고 보험계약을 체결하기 때문에 계약을 체결하기 전에 이미 보험사고가 발생했는데도 이를 모를 수 있다.

오늘날에는 실감나지 않는 이야기일지도 모르지만 과거 통신시설이나 교통시설이 발달하지 못했던 시대에는 이런 일이 자주 일어났다. 만약 보험계약을 체결하기 전에 보험사고가 발생했다면 이 때는 보험목적물이 소멸되어 수입업자에게 피보험이익이 없기 때문에 피보험자는 이에 대한 보상을 받을 수 없게 된다.

---

9) 이 점은 생명보험하고는 정반대가 된다. 생명보험은 계약을 체결할 때 반드시 피보험이익(생존)이 있어야 한다.

이러한 선의의 피보험자를 보호하기 위하여 적하보험에 한하여 소위 소급보상의 원칙이 적용되고 있다. 소급보상은 글자 의미 그대로 보험계약이 체결되기 전에 발생한 손해까지도 소급하여 보험자가 보상한다는 원칙이다. 즉 보험계약을 체결할 때 보험목적물에 대한 확인 여부가 어려울 경우에는 "보험목적물의 멸실 여부는 불문한다"(lost or not lost)는 조건으로 보험계약을 체결하면, 보험계약이 체결되기 전 이미 발생한 손해에 대해서도 보험자가 보상한다는 것이다.

영국해상보험법도 소급보상의 원칙을 인정하여 피보험자는 손해가 발생할 때까지 피보험이익을 취득하지 않아도 그 손해를 보험자로부터 보상받을 수 있는 것으로 규정하고 있다. 그러나 소급보상의 원칙은 피보험자에 의해서 악용될 여지가 있기 때문에 보험계약 당사자 모두가 보험사고의 발생 사실을 모르고 있는 경우에만 이 원칙이 적용된다(영국해상보험법 제6조 1항).

만약 보험계약을 체결할 당시에 피보험자는 손해가 이미 발생한 사실을 알고 보험자가 몰랐을 경우에는 보상받지 못한다. 특히 영국해상보험법(제6조 2항)에서는 피보험자가 손해발생시점에 피보험이익을 갖고 있지 않으면서 보험사고가 발생한 사실을 알게 되면 그 이후에는 어떠한 조치나 선택에 의해서도 피보험이익을 취득하지 못한다고 규정하고 있다.

(2) 존재 시기

적하보험에 한해서는 소급보상의 원칙이 적용되기 때문에 보험사고가 발생했을 때 피보험이익이 없더라도 보상받을 수 있다. 소급보상의 원리는 비록 과거의 유물이지만 피보험자를 보호하려는 취지를 가지고 있기 때문에 오늘날의 적하보험에서 사용되는 약관에 그대로 수용되어 있다.[10)] 따라서 적하보험에서는 자동적으로 소급보상의 원리가 적용되기 때문에 피보험이익의 존재 시기는 별 문제가 되지 않는다. 다시 말해서 적하보험의 경우 피보험이익의 존재를 증명하는 시기는 일반적으로 보험사고가 발생한 때이지만 소급보상의 조건으로 계약이 체결되면 그러한 원칙은 적용되지 않는다는 것이다.

---

10) 협회적하약관(2009)의 제11조 피보험이익(Insurable Interest)에는 피보험자는 손해 발생시에 피보험이익을 갖고 있어야 하며 만약 보험계약이 체결되기 전에 손해가 발생하더라도 피보험자가 이러한 사실을 몰랐을 경우에는 소급하여 보상한다는 내용이 규정되어 있다.

02 피보험이익의 당사자

해상보험에서 피보험이익을 가지는 주요 당사자는 보험목적물의 소유자, 보험목적물의 담보권자 등으로 구분될 수 있다.

1. 보험목적물의 소유자

일반적으로 선박 · 적하 · 운임 등과 같은 보험목적물을 소유하거나 앞으로 취득하게 되는 자는 그에 대한 피보험이익을 가진다. 보험목적물의 소유자는 소유이익의 주체자이다. 그리고 소유이익은 보험목적물의 소유자가 가지는 이익을 말하는데, 통상 소유자가 보험목적물에 대하여 위험을 부담하고 이를 사용하거나 처분할 수 있는 소유권을 완전히 행사할 수 있어야 한다.

해상보험에서는 소유권이 유치권 · 저당권 등에 의하여 제한을 받더라도 또 지금은 소유권이 없지만 장래에 취득할 가능성이 있는 경우에도 소유이익이 존재하는 것으로 간주한다. 그리고 보험목적물이 두 사람 이상에 의하여 공유되고 있어도 각자는 자기의 지분에 대하여 소유이익을 가질 수 있다(영국 해상보험법 제8조).

1-1 선 주

선주(ship-owner)는 선박을 소유함으로써 선박 · 운임 · 선박보험료 · 선비 등과 같은 선박 이익(hull interest)을 가진다.

(1) 선 박

선주는 자신이 소유하고 있는 선박에 대하여 피보험이익을 가진다. 해상보험에서 의미하는 선박은 사회통념상 선박이라고 인정되는 모든 선박을 말한다. 따라서 영리를 목적으로 하는 항해에 사용되는 선박 이외의 특수한 목적을 지닌 선박도 해상보험의 대상이 될 수 있다.

그리고 선주가 선박에 대하여 가지는 피보험이익은 반드시 선체(hull)에만 국한되는 것은 아니다. 선박자재(material), 의장용구(outfit), 선원의 용품과 식료품 등도 선박의 의미에 포함되기 때문에 선주는 여기에 대해서도 피보험이익을 가진다. 특수사업에 종사하는 선박의 경우에는 그 사업에 필요한 통상의 의장을 포함하고 기선의 경우에는 기계 · 기관 · 연료 등도 선박의 범위에 포함시킨다.[11] 이런 의미에서 선주가 선박에 대한 피보험이익을 보험증권상에 표시할 때 'Hull and Machinery' 또는 'Hull Machinery and Refrigerating Machinery' 등과 같이 구체적으로 표현한다.

(2) 운　임

선주가 화물을 최종 목적항에 도착시켜 인도해야 운임을 취득하는 운임 착지불(freight collect)인 경우에는 선주가 운임에 대해서 피보험이익을 가진다. 운임착지불인 경우 선주가 화물을 인도하지 못하면 운임을 받을 수 없기 때문에 운임에 대한 피보험이익을 가지게 된다. 특히 벌크 화물(bulky cargo)인 경우에는 도착지에서 하역되는 양(out-turn)에 따라서 운임이 지급되기도 하는데, 만약 화물의 손실이 발생하게 되면 그만큼 운임을 받을 수 없기 때문에 선주는 운임손실에 대하여 운임보험계약을 체결할 수 있다.

그리고 선주는 자신의 선박으로 자기의 화물을 운송할 경우에도 운임에 대한 피보험이익을 갖게 된다. 운임은 제3자에 의하여 지불되는 운임 이외에 선주가 자기의 선박을 사용하여 자기의 화물이나 동산을 운송함으로써 얻는 운임(owner's trading freight)까지를 포함하기 때문에 선주는 이러한 운임도 부보할 수 있다.[12]

그러나 선주가 자신의 화물을 운송하고 추측할 수 있는 운임을 부보하기 위해서는 첫째, 선박이 화물을 운송할 수 있는 준비상태가 완벽해야 하고 둘째, 선적하게 될 화물이 실제 있어야만 한다.[13] 만약 운송할 화물이 실제로 없으면 운임을 취득할 수 있는 입장이 아니기 때문에 피보험이익도 존재하지 않는다.

11) 영국해상보험법 제1부칙(RCP) 제15조.
12) 영국해상보험법 제1부칙(RCP) 제16조.
13) E. R. Hardy Ivamy, *op. cit.*, p. 22.

(3) 선박보험료

선박은 1회 항해를 기준으로 하는 항해보험(voyage insurance)에 가입하는 경우도 있지만 통상 1년을 단위로 계약을 체결하는 기간보험(time insurance)에 가입한다. 항해보험의 경우 보험기간이 짧고 항해가 끝나면 보험계약을 다시 갱신하기 때문에 선박보험료가 많지 않다. 그러나 기간보험은 선박보험계약을 체결할 때 12개월에 해당되는 보험료를 지급하기 때문에 보험료가 거액인 경우가 많다.

만약 보험기간중에 선박이 손상을 입어 더 이상 항해를 하지 못하면 선주는 자신이 지급한 선박보험료를 잃게 되므로 선주는 보험료에 대해서도 피보험이익을 갖게 된다. 이에 따라 영국해상보험법(제13조)에서도 피보험자는 자신이 부보하는 일체의 보험비용에 대해서 피보험이익을 가질 수 있음을 규정하고 있다.

그러나 선주는 선박보험료 중에서 미경과보험료(unearned premium)에 해당되는 부분만큼만 피보험이익을 가진다. 따라서 보험기간이 경과할수록 선박보험료에 대한 피보험이익은 점차 감소하는데, 이를 보험료감소이익(premiums reducing interest)이라고 한다.[14)]

(4) 선　　비

선비(disbursements)는 선박을 운항하는 데 소요되는 의장비 · 연료비 등 일체의 경비를 말한다. 선박의 운항경비는 통상 항해 전 또는 도중에 지급되는 일이 많기 때문에 선박이 멸실되면 선주는 이미 지급한 선비까지 상실하게 된다. 따라서 선주는 선비에 대하여 피보험이익을 갖고 선비보험에 가입할 수 있다.

실무적으로 선박의 운항경비를 사전에 정확하게 산정하는 것은 매우 어렵고, 선주가 선박보험에도 가입하고 선비보험에도 가입하게 되면 이중으로 보험계약을 체결하는 결과가 된다. 따라서 선비보험은 별도로 체결하지 않고 선박보험약관에 의해 추가로 부보되는데, 현재 사용되고 있는 협회기간약관(Institute Time Clauses-Hulls)의 제21조 선비담보약관에 의하면 선박보험가액의 25%까지를 선비 · 운임 · 용선료 · 보험료 등으로 인정받을 수 있다.

---

14) R. H. Brown, *op. cit.*, p. 71.

1-2 하 주

하주(cargo-owner)는 화물에 대하여 소유이익을 가지는 당사자이다. 하주는 자신의 화물이 안전하게 도착하면 이익을 얻고, 만약 지연되거나 손상을 입으면 손해를 보기 때문에 하주는 자신이 화물을 소유하고 있는 한 화물에 대한 피보험이익을 가진다. 하주가 특정 화물에 대하여 소유권의 일부만 가지고 있어도 해당 비율만큼의 피보험이익을 가지며 화물이 은행에 저당잡혀 있다 하더라도 하주는 화물에 대한 소유이익이 있기 때문에 피보험이익을 누릴 수 있다. 하주는 화물을 소유함으로써 화물 · 적하보험료 · 운임 · 희망이익 · 소멸가능이익과 불확정이익 · 계반비용 등의 적하이익(cargo interest)을 가진다.

(1) 화물의 순가액

하주는 자신이 소유하고 있는 화물의 순가액만큼 피보험이익을 가진다. 화물의 순가액은 운임 · 보험료 등이 포함되어 있지 않은 원가(cost)의 개념으로서 송장가격(invoice amount)이라 할 수 있다.

(2) 적하보험료

하주가 자신의 화물에 대해서 적하보험계약을 체결하고 보험료를 지불한 경우 보험료에 대해서 피보험이익을 가진다. 운송 도중 화물이 멸실되면 하주는 화물만 잃어버린 것이 아니라 자기가 지급한 보험료까지 상실한 결과가 되기 때문에 보험료에 대해서도 피보험이익을 가질 수 있다. 영국해상보험법(제13조)에서도 피보험자는 자신이 부보하는 일체의 보험비용에 대해서 피보험이익을 가질 수 있음을 규정하고 있다.

(3) 운 임

운임선불(freight prepaid)인 경우에는 하주가 운임에 대하여 피보험이익을 가진다. 해상운송에서 선불된 운임은 화물이 목적지에 도착하든 그렇지 않든 간에 반환되지 않는 것이 원칙이다. 따라서 운임이 선불되었는데 화물의 전손이 발생하면 곧 운임을 상실한 결과이므로 하주는 자신이 선불한 운임에 대해서 피보험이익을 가진다.

(4) 희망이익

하주는 자신의 화물이 목적지에 무사히 도착할 경우 이를 판매하여 얻을 수 있는 희망이익(expected profit)에 대해서도 피보험이익을 가질 수 있다. 희망이익은 실제로 화물이 목적지에 도착하여 판매되어야만 확정될 수 있는 이익이기 때문에 보험의 대상이 될 수 있느냐의 여부를 두고 논란이 많고, 희망이익에 대하여 영국해상보험법에서 달리 규정한 바도 없다. 그러나 상거래에서는 화물가격의 약 10% 정도는 거의 확실하게 기대될 수 있기 때문에 피보험이익으로서 인정하고 있다.

실무에서는 하주가 자신의 화물에 대해서 적하보험계약을 체결할 때 화물의 순가액 · 보험료 · 운임 · 희망이익 등을 별도로 부보하지 않고 이 모두를 화물의 보험가액에 포함시켜서 부보한다. 영국해상보험법(제16조 3항)에서도 화물의 보험가액을 화물의 원가에 선적비용과 보험비용을 가산한 금액으로 보고 있다.

화물의 보험가액은 크게 화물의 원가(cost) · 보험료(insurance premium) · 운임(freight)으로 구성되어 있기 때문에 하주가 가지는 피보험이익의 가치는 곧 CIF 금액이라 할 수 있다. 이 CIF 금액의 10%를 희망이익으로 인정하고 적하보험계약을 체결할 때는 통상 CIF 금액의 110%를 보험금액으로 하고 있다. Incoterms 2010의 CIF 거래조건에서도 수출업자가 체결하는 최저의 보험금액을 CIF 금액의 110%로 규정하고 있다.[15)]

(5) 소멸가능이익과 불확정이익

해상보험에서 선박 · 적하 등에 대한 소유권이 누구에게 있는지는 대부분의 경우 분명하지만 한시적으로 소유권의 귀속이 확정되지 않는 경우가 있을 수 있다. 예를 들어 운송중의 화물이 매도인의 소유에 속하는지 또는 매수인의 소유에 속하는지가 불분명한 순간이 있다. 또는 재판에 계류중인 물품에 대한 소유권은 원고와 피고 중 누구에게 있다고 볼 것인지 애매모호한 경우가 있다. 이와 같이 언젠가는 소유권의 귀속이 확정되지만 현재는 그것이 분명하지 않은 경우가 있을 수 있다.

---

15) The minimum insurance shall cover the price provided in the contract plus ten per cent (i.e. 110%) and shall be provided in the currency of the contract.

그런데 소유권이 일시적으로 분명하지 않다고 하여 그러한 물품을 보험의 대상에서 제외시킨다면 장차 소유권이 확정되는 자에게 위험이 따를 수 있다. 이에 따라 소유권에 관하여 불확정한 지위에 있는 자도 그 물건에 관하여 소유이익을 갖고 부보할 수 있도록 소멸가능이익(defeasible interest)과 불확정이익(contingent interest)을 인정해 주고 있다(영국해상보험법 제7조 1항).

소멸가능이익은 현재는 존재하고 있지만 외부의 어떤 조건이 성취되면 소멸하게 되는 이익을 말한다. 무역거래에서 매도인은 물품에 대한 권리가 매수인에게 이전되기까지는 계약물품에 대한 피보험이익을 갖는다. 설령 항해가 시작되었다 하더라도 물품에 대한 권리가 매수인에게 이전되지 않았다면 그것은 매도인에게 있다. 그러나 항해중 물품에 대한 권리가 매수인에게 이전되면 매도인이 가졌던 피보험이익은 종료된다. 이와 같이 조만간에 종결될 수 있는 피보험이익을 소멸가능이익이라 하며, 매도인은 소멸가능이익도 보험에 붙일 수 있다. 비록 자신의 이익이 아닌 것이 확실한데도 피보험이익을 가지고 있는 순간까지는 보험계약을 체결할 수 있도록 허용하는 것이다.

불확정이익 또는 미필이익은 현재 존재하고 있지 않으나 외부의 어떤 조건이 성취되면 존재하게 되는 이익을 말한다. 매매계약을 체결할 때 간혹 매수인은 인도지연이나 다른 이유로 물품의 인수를 거절할 수 있는 권한을 계약서에 삽입하는 경우가 있다. 만약 계약물품이 다소 지연되어 매수인이 이의 인수를 거절하게 되면 소유권은 매도인에게로 귀속될 수 있다. 이와 같이 항해 도중에 매수인의 화물인수 거절이라는 우연성에 의하여 생길 수 있는 이익을 불확정이익이라 한다.[16] 그러나 이런 경우도 매수인이 부보했으면 매수인은 그 화물에 대해서 피보험이익을 갖는다(영국해상보험법 제7조 2항).

(6) 계반비용

운송인은 최종 목적지까지 화물을 안전하게 운송할 책임이 있다. 그러나 여러 가지 사유로 화물을 최종 목적지까지 운송할 수 없을 때는 운송인은 선하증권상의 운송약관에 따라서 도착항에 가기 전에 미리 하역하거나 또는 도

16) R. H. Brown, op. cit., p. 57. 소멸가능이익을 해제(解除)조건부이익이라 하고 불확정이익을 정지(停止)조건부이익이라 한다. 법률적으로 해제조건이 성립되면 효력이 상실하고 정지조건이 성립되면 효력이 발생한다.

착항을 지나서 다른 항구까지 화물을 운송할 수 있다. 이에 대해서 운송인은 하등 책임을 지지 않고 하주가 이로 인한 모든 비용을 부담한다.

만약 화물이 중간항에 하역되면 이를 계속해서 목적항까지 운송하는 비용도 하주가 부담해야 하며 심지어 최종 목적항을 지나쳐 초과운송(over carriage)되더라도 화물을 되돌리는 비용을 하주가 부담해야 한다. 이와 같은 내용의 운송약관은 선박회사에 일방적으로 유리한 느낌이 들지만 현실적으로 선박회사의 면책특권이 광범위하게 인정되기 때문에 하주들은 이러한 약관을 수용해야 한다.[17] 하주들은 자신의 화물을 운송하는 데 예상하지 못한 비용, 즉 계반비용이 발생하게 되면 이를 보상받을 수 있는 보험계약을 체결할 수 있다.

1-3 용 선 자

(1) 일반 용선

용선(charter)은 선주가 선박을 이용하려는 자에게 선박의 전부 또는 일부를 빌려 주는 것을 말한다. 선주가 선박의 장비를 갖추고 선장 · 선원 등을 고용하여 용선계약자에게 선박을 임대하면 용선계약자는 일정한 용선료를 지불하고 자신의 화물이나 다른 사람의 화물을 운반한다.

용선계약에서 용선계약자는 단순히 임대한 선박을 이용하여 화물을 운반할 수 있는 권리만 갖고 선박을 소유하거나 통제할 수 있는 권리는 없다. 따라서 용선계약자는 선박에 대한 소유이익의 당사자로서 인정되지 않기 때문에 선박에 대한 피보험이익을 갖고 있지 않다. 반면 선주는 선박을 타인에게 임대했다 하더라도 소유이익을 가지고 있기 때문에 선박에 대한 피보험이익을 가지며 선체보험에 가입할 수 있다.

(2) 나 용 선

한편 용선계약 중에서도 나용선(bareboat charter)일 경우에는 용선계약자도 선박에 대한 피보험이익을 가진다. 나용선계약은 용선계약자가 선박 자체

---

17) 대부분의 선진국에서 발행하는 선하증권에는 "1924년 브뤼셀에서 제정된 선하증권 통일조약(헤이그 규칙)의 내용을 골자로 한 선적지의 해상법에 의해 모든 분쟁이 유권해석된다"는 준거법약관이 있다. 헤이그 규칙은 선주에게 유리한 국제해상규칙이기 때문에 선하증권에서 사용하는 약관들이 모두 선주에게 유리하도록 되어 있다. 운송약관이 선주의 책임 면제에 관한 것이 대부분이라 하여 이를 면책약관(Negligence Clause)이라 한다.

만을 용선하고 자신이 승무원들을 고용하여 배치하며 그리고 항해비용 · 수리비용 등 운항에 관련되는 일체의 비용을 부담하는 용선이다. 나용선계약에서의 용선자는 본선을 마치 자기가 소유하고 있는 것처럼 완전히 지배하여 운항할 권리를 가지며 자신이 운영하는 항로에 선박을 투입할 수 있다.

따라서 나용선계약에서는 나용선계약자가 선박을 소유하고 통제하며 선박의 손상에 대하여 책임이 있기 때문에 선박에 대한 피보험이익을 갖고서 선체보험계약을 체결할 수 있다. 그러나 용선계약자가 피보험이익을 가지고 보험계약을 체결하더라도 선주는 자신의 선박에 대하여 여전히 피보험이익을 가지고 있는 것으로 간주한다.

(3) 용선료

용선료(chartered freight)는 용선계약자가 선주에게 지불하는 운임인데, 대개의 경우 선적지 또는 용선계약의 효력이 발생하는 시간과 장소에서 선불되며 반환되지 않는 것이 통상적이다. 따라서 용선계약자는 용선한 선박이 멸실되거나 운항할 수 없게 되면 선불한 용선료만큼의 손해를 보기 때문에 용선료에 대한 피보험이익을 갖고 운임보험에 들 수 있다.

그러나 선박이 운항할 수 없을 때는 특약[18]에 의하여 선주가 선불용선료를 반환하기도 하는데 이런 경우에는 선주가 피보험이익을 갖는다. 만약 용선료가 일부만 반환되면 반환되는 용선료에 대해서는 선주가 피보험이익을 갖고, 반환되지 않는 용선료에 대해서는 용선계약자가 피보험이익을 가진다.

2. 보험목적물의 담보권자

해상사업을 수행하다 보면 선주는 때때로 자신의 선박을 저당잡히고 은행으로부터 융자를 받는다든지, 항만당국에 부두사용료 · 항만세 등을 체납하여 선박과 화물을 압류당하기도 한다. 이런 경우 저당권자나 압류자 등은 자신들의 채권을 확보하려고 보험목적물에 대하여 담보권을 행사한다.

---

18) 일정한 기간 동안 선박을 빌리는 기간용선(time charter)에는 휴항약관(Off Hire Clause)이 있다. 기간용선에서 선주는 용선자가 선박을 언제든지 운항할 수 있는 상태로 갖추어야 할 의무가 있는데, 만약에 선주의 부주의로 항해를 할 수 없는 경우에는 휴항약관에 따라 용선자는 휴항기간에 해당하는 용선료를 지불할 의무가 없다.

채권자가 채권을 확보하기 위하여 보험목적물에 저당권 · 선취특권 등의 담보권을 행사하면 담보권자는 보험목적물에 대한 피보험이익을 가지는 것으로 인정된다. 담보권자가 보험목적물에 대하여 가지는 피보험이익을 담보이익이라 하는데, 이를 인정하는 것은 담보물인 선박이나 화물이 무사히 도착하게 되면 채권담보가 확보되지만 사고가 발생하게 되면 채권자는 담보물을 잃어버리기 때문이다.

2-1 저당권자

선주가 자신의 선박을 저당잡히고 은행으로부터 융자를 받게 되면 선주는 저당권설정자(mortgager)가 되고 은행은 선박에 대한 저당권자(mortgagee)가 된다. 저당권자인 은행은 선주가 만기일에 채무를 상환하지 않으면 저당잡힌 선박을 임의 처분할 수 있다.

그런데 항해 도중 저당잡힌 선박이 해상위험으로 멸실되면 은행은 자신의 저당물을 잃어버린 결과가 된다. 이렇게 되면 선박을 저당잡힌 것이 헛수고가 되기 때문에 저당권자에게도 저당물에 대한 피보험이익을 인정하여 보험계약을 체결할 수 있도록 하고 있다.

이에 대해서 영국해상보험법(제14조 2항)에서는 "저당권자 · 수하인(consignee) 또는 보험목적물에 이해관계가 있는 자는 자신과 피보험이익을 가진 타인을 위해 부보할 수 있다"라고 규정하여 저당권자도 저당물에 대하여 피보험이익을 가지고서 보험계약을 체결할 수 있음을 명백히 하고 있다.

그런데 저당권자가 선박 · 화물 등과 같은 저당물에 대해서 가지는 피보험이익의 한도액은 저당금액에 한한다. 영국해상보험법(제14조 1항)에 의하면 보험목적물에 저당권이 설정되었을 경우 저당권설정자는 보험목적물의 전가액에 대하여 피보험이익을 가지고 저당권자는 저당권에 의하여 지급되는 금액 또는 지급하기로 되어 있는 일체의 금액에 대하여 피보험이익을 갖게 된다.

시가 1,000,000달러의 선박에 대하여 500,000달러의 저당권이 설정되어 있으면 저당권설정자인 선주는 1,000,000달러만큼 그리고 저당권자는 500,000달러만큼 피보험이익을 갖는다. 피보험이익을 갖는다고 하여 저당권설정자와 저당권자 모두가 각자 보험계약을 체결하게 되면 중복 · 초과보험이 되어 이러한 보험은 무효가 된다.

실제로 저당권자는 별도로 보험계약을 체결하지 않고 저당권설정자로 하여금 저당품에 대하여 보험계약을 체결하도록 한다. 그리고 저당권자가 보험증권을 보관하여 보험금 청구권을 양도받는다든지, 처음부터 보험증권상에 저당권자를 보험금의 수취인으로 명기하도록 한다.

따라서 저당권설정자가 보험계약을 체결하고 보험료를 지불하기 때문에 보험계약자는 저당권설정자가 된다. 보험계약자는 계약자로서의 의무를 충실히 이행해야만 보험사고가 발생할 경우 손해보상을 받을 수 있는데, 만약 중요한 사실을 알리지 않는다든지 허위사실을 표시한다든지 또는 담보를 위반하게 되면 보험계약은 무효가 되어 보험금의 지급이 거절된다. 따라서 저당권자는 보험계약자(저당권설정자)의 의무위반으로 자신의 이익이 상실되지 않도록 저당권설정자를 관리 · 감독할 필요가 있다.

2-2 선취특권자

선취특권(lien)은 법률이 정하는 특수한 채권을 가지는 자가 채무자의 재산에 관해 일반 채권자에 우선하여 채권을 변제받을 수 있는 것을 말한다. 우리나라의 민법에서는 선취특권을 인정하지 않고 다만 상법에서 해난구조자에게 우선특권을 인정하는 것과 같이 몇 가지 경우에 한하여 선취특권이 인정되고 있다. 선취특권이 발효되면 담보물을 점유할 수 없지만 그것을 경매하여 먼저 변제받을 수 있다.

해상보험에서 해난에 직면한 선박을 구조하게 되면 구조자는 구조된 선박에 대하여 선취특권을 가진다. 이 때 구조된 선박의 선주가 구조비용(salvage claims)을 지불하면 구조자의 선취특권은 소멸된다. 그러나 선주는 자신의 선박에 적재된 화물의 하주가 부담해야 할 구조비용까지 모두 지불했기 때문에 화물에 대하여 선취특권을 행사할 수 있다. 이 때의 선취특권은 구조 당시 선박에 적재되어 있던 화물의 분담비율에 해당되는 구조비의 금액만큼이다.

예를 들어 가액이 100,000달러인 선박이 50,000달러 가치의 화물을 싣고 항해하던 중 해난에 직면하였다. 이 때 인근에서 항해중인 선박에 의하여 구조되었는데 구조비용이 30,000달러가 들었다. 이 구조비용은 선주가 혼자서 부담할 성질이 아니고 선주와 하주가 각각 2/3, 1/3씩을 부담해야 합리적이다. 구조자가 구조비용을 청구하면서 선박에 대하여 선취특권을 행사하자 선주가 구조비용 30,000달러를 모두 지급하였다. 선주는 하주가 부담해야 할 몫까지 지급했기 때문에 적재된 화물에 대해서 10,000달러만큼 선취특권을 행사할 수 있게 된다.

그런데 항해 도중 좌초, 침몰 등으로 인하여 선취특권을 행사한 화물이 완전히 멸실되면 선취특권자는 이 권한을 행사할 수 있는 대상물이 없어져 버린 결과가 되어 그만큼 손해를 보게 된다. 따라서 선취특권자에게도 선취특권액만큼의 피보험이익을 인정해 주고 있다. 만약 선취특권이 발동되고 있는 화물을 해상사고로부터 보호하고자 한다면 선취특권자는 이를 적하보험에 체결할 수 있다.

3. 기타의 피보험이익 당사자

3-1 선장 · 선원[19)]

1854년의 영국상선법(Merchant Shipping Act, 1854)이 제정되기 이전에는 선원(master)들의 급료는 선박이 벌어들이는 운임에 따라서 결정되었다. 운임수입이 많으면 선원들의 급료는 올라가지만 만약 선박이 항해 도중 멸실되면 선원들에게 급료가 지급되지 않았다.[20)] 그리고 영국은 전통적으로 계급의식이 강하여 선장(crew)들은 자기의 급료에 대하여 부보하는 것이 허용되었지만 선원들은 자기의 급료를 부보할 수조차 없었다.

그러나 1854년과 1894년 영국상선법이 차례로 제정되자 선장과 일반선원에 대한 차별대우는 철폐되었고 특히 1894년의 영국상선법에는 운임의 취득에 상관없이 모든 선원들은 자신의 급료를 청구할 수 있도록 규정하였다. 이런 분위기는 영국해상보험법(제11조)에도 반영되어 선장과 선원은 똑같이 자신들의 급료에 대하여 피보험이익을 가질 수 있게 되었다.

19) 정확하게 구분하면 선원은 선박의 승무원을 말하고 해원(mariner)은 선박에서 일하는 선장(master) 이외의 승무원을 말한다. 상법에서도 선장과 해원을 총칭하여 모든 선원이라고 한다. 그러나 해원이라는 용어가 너무 전문적이고 상관습적으로 선장과 선원은 구분되기 때문에 해원 대신에 선원으로 표현한다.

20) 구시대의 유물이지만 당시의 해사관습은 "운임은 급료의 모체이다"(Freight is the mother of wages)라 할 정도로 운임수입이 있어야만 선원들에게 급료가 지급되었다. E. R. Hardy Ivamy, *op. cit.*, p. 23.

3-2 대 리 인

대리인(agent)은 대리관계에 따라서 피보험이익을 가질 수도 있고 그렇지 않을 수도 있다. 만약 대리인이 일정한 수수료를 받고 화물을 판매하는 등 단지 다른 사람의 대행자 역할만 수행한다면 대리인은 화물에 대한 피보험이익을 가지지 못한다.

그러나 대리인이 위탁판매(consignment)를 의뢰받고, 일정 금액을 선불했다면 선불금액(advances)만큼 피보험이익을 가지며 이에 대해 부보할 수 있다.[21] 또한 위탁판매 대리인은 자기에게 위탁된 화물을 판매할 경우 기대할 수 있는 수수료나 이윤에 대해서도 피보험이익을 가질 수 있다.

3-3 운 송 인

운송인은 자기가 운송을 맡은 화물에 대하여 피보험이익을 갖는다. 운송인은 운송화물의 실제 소유자는 아니지만 화물의 수탁자(trustee)로서 운송 도중 화물에 손해가 발생하게 되면 하주에게 배상할 책임이 있기 때문에 화물에 대한 피보험이익을 갖고 보험계약을 체결할 수 있다.

운송인은 해상운송인 · 육상운송인 · 항공운송인 · 복합운송인 등이 있으며 해상운송인은 곧 선주이다. 따라서 선주도 운송인으로서 화물에 대하여 피보험이익을 갖고 적하보험계약을 체결할 수 있지만, 해상운송인에게는 헤이그 규칙(1924) 등에 의해 많은 면책특권이 인정되기 때문에 실무적으로 해상운송인이 화물을 보험에 붙이는 경우는 거의 없다. 이런 사정은 항공운송의 경우에도 마찬가지이기 때문에 운송화물을 주로 보험에 드는 경우는 육상운송인의 경우이다. 육상운송인은 운송기간 동안 손해가 발생할 경우 하주에게 손해배상을 하기 위하여 수탁자배상책임보험(bailee liability insurance)에 가입할 수 있다.[22]

---

21) 원래 위탁판매는 물품을 무환으로 위탁하여 당해 물품이 판매된 범위 내에서 대금을 결제하는 방식을 말한다. 위탁판매는 많은 불안이 따르기 때문에 간혹 위탁자가 수탁자(대리인)에게 판매대금의 일부를 선불로 지급할 것을 요구한다.

22) 수탁자배상책임보험은 수탁자가 보관 · 관리하고 있는 재산에 손실이 발생할 경우 자신이 부담하게 될 배상책임을 담보하는 보험이다.

3-4 포획자 · 압류자

포획자(captor)는 전시에 포획한 재산에 대하여 피보험이익을 가지며 압류자(seizor)도 압류재산에 대하여 피보험이익을 가진다. 포획은 전시에 교전국 군함이 해상에서 적국이나 중립국의 선박, 특히 상선을 나포하는 것을 말한다. 그리고 압류는 채권자 등의 신청을 받은 국가기관이 강제로 다른 사람의 재산처분이나 권리행사 등을 못하게 하는 것을 의미한다.

포획자나 압류자는 포획한 재산 또는 압류한 재산을 임시로 보유하고 있는 자로서 그 재산을 안전하게 보호해야 할 책임이 있다. 만약 포획한 재산을 석방하거나 압류가 해제되면 그 재산은 원래의 소유주에게 반환된다. 따라서 포획자나 압류자는 포획재산 · 압류재산에 손해가 발생하면 자신들이 책임을 지므로 이에 대한 피보험이익을 갖고서 보험에 붙일 수 있다.[23)]

3-5 보 험 자

보험계약금액이 클 경우 보험자 단독으로 모든 책임을 지게 되면 위험하기 때문에 인수금액의 일부를 재보험으로 내보낸다. 이 경우 처음의 보험자를 원보험자 혹은 원수보험자라고 하는데 만약 원보험자가 다시 피보험자의 입장에서 다른 보험자와 재보험계약을 체결할 경우 원보험자는 자기가 인수한 금액만큼 피보험이익을 가지는 결과가 된다(영국해상보험법 제 9 조).[24)]

---

23) 포획자 및 압류자가 가지는 피보험이익은 자신들이 포획했거나 압류한 자산을 반환하게 되면 소멸되기 때문에 소멸가능이익(defeasible interest)이다.

24) 이 외에도 오늘날에는 좀처럼 없지만 선박모험대차(bottomry) 또는 적하모험대차(respondentia)의 대부업자도 자신이 대여한 금액만큼 피보험이익을 갖는다(영국해상보험법 제10조).

03 피보험이익의 평가

1. 보험가액

1-1 보험가액의 개념

해상보험은 손해를 보상할 것을 약속하는 손해보상계약이기 때문에 보험계약을 체결할 때는 보험자와 보험계약자 사이에 손해보상의 범위와 방법을 합의해야지 그렇지 않으면 당사자간에 분쟁이 발생할 수 있다. 특히 손해보상액은 미묘한 문제이기 때문에 계약을 체결할 때 이 점을 분명히 해야 한다.

손해보상액의 기준이 될 수 있는 금액으로서 보험가액이 있다. 보험가액(insurable value)은 글자 의미 그대로 보험계약이 체결될 수 있는 금액을 말하는데 이는 선박 · 적하 등 보험목적물의 실제 가치를 뜻한다고 볼 수 있다.

만약 보험사고로 인하여 선박이 침몰될 경우 보험자는 얼마를 보상해야 하는가? 똑같은 선박을 피보험자에게 건조해 주는 것이 가장 정확한 보상방법이지만 이런 보상은 불가능하기 때문에 침몰된 선박의 시가만큼을 현금으로 지급하게 된다. 이 선박의 시가가 바로 보험가액에 해당된다. 선박보험계약을 체결한 선주는 선박의 시가만큼 보상받을 수 있기 때문에 선박의 시가는 선주가 선박에 대하여 갖고 있는 피보험이익을 금전적으로 환산한 금액이라 할 수 있다.

또한 이 금액은 보험사고가 발생한 경우에 피보험자가 입는 손해의 한도액이 된다. 보험사고로 인한 최대의 손해액은 보험목적물의 가액만큼이기 때문에 보험가액은 곧 피보험자가 보험에 가입할 수 있는 최고의 한도액을 뜻한다. 그리고 보험은 손해를 보상하지 결코 이득을 제공하는 것이 아니기 때문에 보험자가 실질적으로 보상할 수 있는 최고 한도액도 보험가액이 된다.[25)]

---

25) 보험가액은 보험목적물의 경제적 가치이기 때문에 생명보험에서는 이와 같은 개념을 사용하지 않는다. 생명보험의 목적물은 곧 사람인데 사람의 가액을 시가로 책정한다는 것은 불가능하다. 따라서 보험가액은 해상보험과 같은 손해보험에 한하여 존재한다. 그러나 책임보험은 비록 손해보험이지만 보험가액이라는 용어를 사용하지 않는다.

1-2 보험가액의 평가

보험가액은 구체적인 액수로 평가되는 것을 전제로 하는데 어떻게 평가할 것인가가 문제이다. 어떤 경우에는 보험목적물이 명료하게 평가되어 보험자와 피보험자 모두 이의가 없을 수도 있으나 계약 당사자간의 입장 차이로 평가가 다르거나 현실적으로 평가할 수 없는 경우도 있다.

보험목적물의 평가와 관련하여 피보험자는 대부분 소유물을 높게 평가하려는 경향이 있으며 극단적인 경우에는 고의로 과대평가하여 부당 이득을 취하려고도 한다. 그리고 보험목적물의 가액은 소유자인 피보험자들이 정확하게 산정할 수 있는 반면, 보험자가 이를 산정하는 것은 기술적으로 불가능하다.

더구나 보험가액은 보험목적물의 실제 가치이기 때문에 시간과 장소에 따라 변동한다. 선박의 시가는 해운경기에 따라 크게 변동하며 똑같은 화물이라도 수출지와 수입지에서 가격차이가 난다. 이와 같이 보험가액은 일정한 것이 아니라 항상 변동하기 때문에 이를 정확하게 평가하는 것은 매우 어렵다. 결국 보험가액을 평가하기 위해서는 변동하는 보험가액을 고정시키거나 또는 특정 장소와 시간에서의 가액을 평가기준으로 삼는 수밖에 없다.

특히 해상보험에서는 보험목적물의 가액을 평가하는 것이 어려운 경우가 많다. 주요 보험목적물인 선박과 적하는 대부분 항해중이기 때문에 평가의 기준이 될 수 있는 시간과 장소를 적용하는 것이 곤란하기 때문이다. 부산항에서 뉴욕항으로 출항한 선박이 태평양 한 가운데서 침몰했다면 침몰한 선박과 화물의 가액을 한국에서의 가격을 기준으로 할 것인가? 미국에서의 시가를 적용할 것인가?

이와 같이 보험가액을 정확하게 평가하는 것이 기술적으로 어렵기 때문에 보험계약을 체결할 때 보험자와 보험계약자간에 보험가액을 협정하기도 한다. 보험계약의 당사자간에 합의되는 보험가액을 협정보험가액(agreed value)이라 하며 보험목적물의 협정보험가액이 기재된 보험증권을 기평가보험증권(valued policy)이라 한다(영국해상보험법 제27조 2항).

한편 보험목적물의 가액을 보험증권에 기재하지 않는 보험증권을 미평가보험증권(unvalued policy)이라 한다. 미평가보험증권이 발급되면 법에서 정한 방법에 따라 추후에 보험가액을 확정하는데, 이렇게 정해지는 보험가액을 법정보험가액이라 한다(영국해상보험법 제28조).

2. 협정보험가액

2-1 협정보험가액의 개념

보험가액을 객관적·보편적 기준으로 정확하게 평가하는 것은 실제로는 매우 어려운 일이다. 보험목적물의 종류가 다양하기 때문에 이들의 실제 가치를 산정하는 것은 기술적으로 곤란한 경우가 많다. 그리고 객관적·보편적 기준이 설정되었다 하더라도 시대상황에 따라서 기준 자체가 변동할 수 있고, 또 이 기준이 보험자간에도 차이가 있을 수 있다. 이처럼 보험가액의 평가는 매우 어려운 문제이고 당사자간에 분쟁이 일어날 수 있는 소지가 있기 때문에 분쟁을 사전에 방지하고 보험계약의 체결을 원활히 하도록 하기 위하여 보험자와 보험계약자간에 보험가액을 협정하는 경우가 있는데, 이러한 가액을 협정보험가액이라 한다.

협정보험가액은 보험계약자와 보험자가 보험목적물의 실제 가치를 상호 합의하여 협정한 가액이 된다. 실무적으로 보험자는 보험목적물의 가액을 산정할 수 없기 때문에 먼저 피보험자가 가액을 신고하고, 보험자가 이를 승낙하면 협정보험가액이 성립된다. 해상보험에서는 대부분 보험가액을 협정하는데 적하보험에서는 수출업자가 작성한 상업송장(commercial invoice)상의 금액이 협정보험가액의 기준이 될 수 있다.[26] 그리고 선박보험에서는 통상 선주가 선박에 관한 자세한 명세서와 신고가액을 제출하면, 보험자는 선주가 제시한 가액을 우리나라의 보험개발원과 같은 관련 기관에서 제시한 선가결정기준과 비교하여 현저하게 높거나 낮지 않은 경우 선주가 제시한 가액을 보험가액으로 한다. 경우에 따라서는 로이즈와 같은 전문재보험자에게 문의하여 보험가액을 정하기도 한다.

그리고 협정보험가액은 반드시 보험계약을 체결할 때 또는 보험사고가 발생하기 전에 협정되어야 한다. 협정보험가액은 사고가 발생할 경우 보험자가 얼마까지 보상해야 하는가를 미리 정해서 분쟁을 막기 위한 것이다. 따라서 이런 취지를 살리려면 협정보험가액은 보험계약이 체결될 때 합의되어야 하고 그것이 불가능하면 적어도 보험사고가 발생하기 전에 당사자간에 합의되어야 한다.

---

26) Leo D'Arcy et al., *Schmitthoff's Export Trade*(10th ed.)(London: Stevens & Sons, 2000), p. 355.

2-2 협정보험가액의 효력

협정보험가액은 당사자간의 분쟁을 방지하기 위하여 보험가액이 일정액으로 합의된 것이므로 보험증권상에 협정보험가액이 기재되면 구속력을 갖춘 보험가액으로서 확정적 효력을 가진다. 이 점에 대해서 영국해상보험법(제27조 3항)에서는 "본 법의 제 규정에 저촉되지 않는 한, 또는 사기가 없는 경우에는 보험증권상에 정해진 가액은 보험자와 피보험자 사이에서는 손해가 전손인든 분손이든 불문하고 보험에 붙일 것을 의도한 목적물의 보험가액으로서 결정적인 것이다"라고 규정하고 있다. 즉, 영국해상보험법에서는 협정보험가액을 절대적으로 인정하여 협정보험가액이 취소되거나 변경되는 경우를 허용하지 않고 있다. 다만 사기로 보험가액이 협정된 경우에는 보험계약의 신의성실 원칙에 따라서 보험계약을 무효로 하고 있다.

협정보험가액의 절대적 구속력이 인정되기 때문에 보험증권상에 협정보험가액이 기재되면 피보험자는 피보험이익의 존재 여부나 평가액에 대한 입증책임이 면제된다. 왜냐 하면 이미 보험자가 보험목적물의 존재를 인정하고 그것의 평가에 동의를 했기 때문에 피보험자는 새삼스레 이러한 사실을 증명할 필요가 없는 것이다. 또한 보험자가 협정보험가액을 부인하는 것도 허용되지 않는다. 보험계약을 체결할 때는 보험가액을 일정액으로 할 것을 동의하고, 그 후 이를 거부하는 것은 금반언[27](estoppel)의 원칙에 어긋나기 때문이다.

또한 영국해상보험법(제27조 3항)에서 규정하고 있는 것처럼 협정보험가액의 효력은 보험자와 피보험자 두 당사자에게만 국한된다. 예를 들어 두 당사자가 보험가액을 100,000달러로 협정했는데, 제3자의 과실로 실제 120,000달러의 손해가 발생했다고 하자. 이 때 보험자와 보험계약자간의 보상관계는 100,000달러가 최고한도액이지만 제3자가 책임지는 배상액은 120,000달러에 해당된다. 피보험자나 보험자가 제3자에게 청구할 수 있는 금액은 협정보험가액에 따라서 산정하는 것이 아니라 실제로 발생한 손해액에 의해서 산정된다. 이는 협정보험가액이 보험자와 피보험자 두 당사자 사이에서 협정된 것이기 때문이다.

27) 보험법에 있어서 금반언이란 보험자가 모순되고 언행이 일치되지 않는 행위로서 피보험자를 유혹하여 보험자가 자기의 권리만을 주장하는 것을 금지하는 것을 말한다.

2-3 보험가액불변의 원칙

당사자간에 합의된 협정보험가액은 보험기간 동안 변하지 않는 것을 원칙으로 하며 보험기간 내에 동일한 금액으로 효력을 갖는다. 보험가액은 이론적으로 보면 시가의 개념에 속하기 때문에 항상 변동하게 된다. 그러나 보험가액을 고정시키지 않으면 보험가액은 아무런 의미가 없기 때문에 협정된 보험가액을 일정 기간 고정시키는 원칙이 필요한데, 이를 보험가액불변의 원칙이라 한다.

보험가액불변의 원칙에 따라서 협정보험가액은 변하지 않고 보험기간 동안 일정액으로 고정되며 실제 보험목적물의 시가가 급등하더라도 협정보험가액에는 영향을 미치지 않는다. 보험계약을 체결할 때는 시가 100,000달러 정도의 선박에 불과하여 그 금액으로 협정했는데, 보험사고가 발생했을 때는 선박의 공급부족으로 500,000달러로 급등하였다고 하더라도 이 선박의 보험가액은 협정된 100,000달러이며 보험자도 100,000달러를 기초로 하여 보상하게 된다. 따라서 협정보험가액은 주로 보험기간이 짧거나 경기변동에 큰 영향을 받지 않는 경우에 이용된다.

3. 법정보험가액

3-1 법정보험가액의 의의

보험계약을 체결할 때마다 양 당사자가 보험가액을 합의할 수 있으면 모든 보험가액은 협정보험가액이 된다. 그러나 현실적으로 보험계약을 체결할 때 보험가액을 합의할 수 없는 경우가 있다. 만약 보험기간이 장기간일 경우에는 보험계약을 체결할 때 협정하는 가액은 별 의미가 없게 된다. 대체로 시간이 지날수록 가액은 어느 정도 변하는데, 이것을 장기간 고정시켜 둔다는 것은 보험가액을 제대로 평가한 것으로 볼 수 없기 때문이다. 또한 물가의 변동이 아주 심한 경우에도 협정보험가액을 사용하는 것이 불가능하다. 보험자나 보험계약자 모두 물가의 변화폭을 고려하여 자기에게 유리한 시점에서 보험계약을 체결하려고 하기 때문이다.

그리고 보험사고가 발생해야만 그 가액을 정확하게 알 수 있는 경우도 보험가액의 협정이 아무런 의미가 없게 된다. 예를 들어 제3자에 대한 배상 책임액은 사전에 예측할 수도 있지만 실제 사고가 일어나야만 알 수 있는 경우도 있다. 그리고 해상위험으로 뜻밖의 비용이 발생할 경우에 대비하여 어느 정도의 보험가액을 협정해야 하는가는 어려운 일이다.

이와 같은 경우 당사자간에 보험가액을 협정하지 않고 계약을 체결하는데, 이를 미평가보험계약이라 하며, 협정보험가액이 기재되지 않는 보험증권을 미평가보험증권이라 한다.

보험가액은 금전적 평가를 전제로 하기 때문에 당사자간에 협정되지 않을 경우에는 법에서 정한 방법에 의해 평가를 하는데, 이렇게 평가되는 보험가액을 법정보험가액이라 한다.

법정보험가액은 보험가액이 협정되지 않을 경우, 보험계약을 신속히 체결하고 사후의 분쟁을 예방하기 위하여 사용된다. 법정보험가액은 법에서 정한 가액이라고 하여 강제성을 지니고 있지는 않으며 보험계약의 본질을 방해하지 않는 범위 내에서 당사자간에 임의로 사용된다. 영국해상보험법(제16조)에서는 보험증권에 명시적 규정 또는 평가액(협정보험가액)이 없는 경우에 한하여 법정보험가액이 사용됨을 규정하고 있다.

한편 보험가액은 항상 변동하기 때문에 법정보험가액을 정할 때는 특정 시점과 장소에서의 가액을 기준으로 해야 한다. 손해보험은 피보험자가 입은 손해만큼 보상하는 것이 원칙이기 때문에 사고가 발생한 시점의 가액을 기준으로 해야 되지만 해상보험에서는 그것이 불가능하여 다음과 같이 법정보험가액을 정하고 있다.

3-2 선박의 법정보험가액

대체로 선박보험에서는 피보험자인 선주가 자신이 소유하고 있는 선박의 가치를 잘 알기 때문에 먼저 예상 가액을 신고하고 보험자가 이를 선박의 공시시가와 비교하여 이의 승낙 여부를 결정함으로써 협정보험가액이 성립된다. 그러나 선박의 보험가액에 대하여 당사자간에 아무런 사전 협의가 없었다면 법에서 정한 방식에 따라서 그 가액을 산정해야 한다.

선박의 법정보험가액을 산정할 때 기준으로 삼는 것은 보험자의 책임이 개시되는 시점이다. 선박은 대부분 항해중에 있기 때문에 보험사고가 발생한 시점과 장소를 가액산정의 기준으로 삼는 것이 불가능하다. 영국해상보험법(제16조 1항)은 선박의 법정보험가액을 산정하는 기준을 보험자의 책임이 개시되는 시점으로 규정하고 있다.[28)]

선박은 해운시장에서 시장가격이 형성되고, 이 시장가격은 전세계에 걸쳐서 비슷하다. 미국에 정박하고 있는 선박은 비싸고, 한국에 정박하고 있는 선박은 저렴하다는 식으로 가격이 성립되지 않는다. 따라서 보험자의 책임이 개시되는 시점에서 해운시장에 형성되어 있는 시장가격이 통상적인 선박의 법정보험가액으로 간주된다.

3-3 적하의 법정보험가액

화물의 법정보험가액을 산정하는 방식에 대하여 영국해상보험법(제16조 3항)에서는 "적하보험에서의 보험가액은 보험목적물의 원가에 선적비용 및 선적에 부수하는 비용과 상기의 전부에 대한 보험의 비용을 가산한 금액이다" 라고 규정하고 있다. 영국해상보험법에서는 법정보험가액의 구성요소만 언급하고 가액 산정의 기준이 되는 시간과 장소가 언급되어 있지 않다.[29)]

그러나 화물의 원가는 일반적으로 화물의 선적 장소와 시간에서의 가액으로 보기 때문에 법정보험가액의 선정 기준은 선적지에서의 선적시 가격으로 보면 된다.[30)] 선적비용 및 선적에 부수하는 비용은 화물의 운송에 소요되는 운임 · 하역비 · 부선사용료(lighterage) 등 일체의 비용을 말한다. 이 비용과 보험료는 하주가 운송인 및 보험자에게 지불한 금액이 되기 때문에 법정보험가액의 산정기준이 달리 필요 없다.

---

28) 우리나라의 상법(제696조)도 "선박의 보험에 있어서는 보험자의 책임이 개시될 때의 선박가액을 보험가액으로 한다"라고 규정하고 있다.

29) 반면 우리나라의 상법(제697조)에서는 "적하의 보험에 있어서는 선적한 때와 곳의 적하의 가액과 선적 및 보험에 관한 비용을 보험가액으로 한다"라고 규정하여 화물의 법정보험가액을 선적지와 선적시점에서 형성되는 화물의 가액으로 하고 있다.

30) 우리나라에서 제조되는 자동차의 원가는 우리나라에서 형성된 가격이다. 예를 들어 자동차를 미국으로 수출한다고 해서 미국 노동자의 인건비를 자동차의 원가로 정하는 것이 아니라 우리나라에서 지출된 인건비가 원가의 일부가 되는 것이다.

화물의 가액을 추정하여 법정보험가액을 정하는 것은 실무적으로 어렵지 않다. 적하보험의 대상물은 대부분 상품이기 때문에 상품의 거래에 필수적으로 따르는 상업송장에 기재된 금액을 기준으로 하면 된다. 상업송장은 상품거래에 관한 자세한 내역을 기재한 명세서(descriptions)이기 때문에 상품의 원가가 소상하게 기재되어 있다.

3-4 운임의 법정보험가액

운임선불인 경우는 하주가 운임에 대한 피보험이익을 갖는데, 이 때 하주는 별도의 운임보험에 가입하지 않고 화물의 보험가액에 운임을 포함시킨다. 반면 운임이 최종 목적지에서 지불되든지 또는 화물의 양에 따라서 지불되든지간에 운임이 도착지불이면 선주가 운임에 대한 피보험이익을 갖는다. 선주는 선비담보약관에 따라서 선체보험에 추가하여 운임을 보호받을 수 있다.

운임의 보험가액은 시간과 장소에 따라서 변동할 성질이 아니기 때문에 가액을 추정하는 데 적용할 시간과 장소를 규정할 필요는 없으며 피보험자가 취득할 수 있는 운임의 총액에 운임보험료를 가산한 금액을 운임의 법정보험가액으로 보고 있다(영국해상보험법 제16조 2항).

4. 보험가액과 보험금액의 관계

4-1 보험금액의 의의

보험가액과 보험금액은 서로 비슷한 용어이지만 보험에서는 엄격히 구분된다. 보험가액(insurable value)은 보험목적물의 실제 가치로서 보험사고가 발생할 경우 피보험자가 입을 수 있는 최대한도의 손해액을 말한다. 반면 보험금액(insured amount)은 피보험자가 실제로 보험에 가입한 금액을 뜻하는데, 이것은 보험자가 보상해 주는 최고의 보상액이 된다.

보험금액은 보험자가 보상해 주기로 약속한 최고의 금액이기 때문에 보험사고가 발생할 경우 보험자는 보험금액의 범위 내에서 보상한다. 이와 같이 보험금액은 보험자의 보상액과 직결되기 때문에 보험료 산정의 기준이 된다. 따라서 보험가액이 높게 평가되더라도 보험료의 부담을 피하기 위하여 보험금액을 낮게 산정하면 그만큼 보상액도 낮아진다.

한편 보험금(claim amount)은 보험사고로 인하여 보험자가 실제로 보상해주는 금액을 말한다. 사고가 발생하면 보험자가 지정한 손해사정인(adjuster)이 사고의 원인과 손해의 범위를 사정하여 손해액을 확정하고 보험자는 이 금액을 보험금으로서 피보험자에게 지급한다. 보험금은 보험금액의 범위 내에서 지급된다.

보험금액은 보험계약을 체결할 때 보험자와 보험계약자간에 약정을 하고 보험증권에 기재되지만 보험금은 실제 사고가 발생해야만 알 수 있다. 만약 보험목적물이 완전히 멸실되면 보험금은 보험금액과 똑같지만 부분적 손해가 발생하면 보험금액의 범위 내에서 실제 일어난 손해액만을 지급한다.

보험가액 · 보험금액 및 보험금의 관계를 예를 들어 보면 100,000달러짜리로 합의된 선박에 대하여 선주는 보험료를 절약하기 위하여 50,000달러만 선박보험에 가입하였다고 하자. 이 선박이 항해중 좌초되어 10,000달러의 손해가 발생하면 보험자는 비례보상의 원칙을 적용하여 선주에게 5,000달러의 보상금을 지급한다.

이 예에서 100,000달러는 보험가액이고 50,000달러는 보험금액에 해당된다. 그리고 보험자가 실제 보상한 5,000달러가 보험금이다. 만약 이 선박이 심해에 침몰하여 도저히 인양이 불가능한 상태이면 보험자는 50,000달러의 보험금을 지급한다.

보험가액은 이 예에서처럼 실제 적용되지 않고 보험금액의 한도액으로서 역할을 한다. 즉 보험금액이 100,000달러를 초과해서는 안 된다는 기준선이 보험가액이라 할 수 있다. 그러면 보험금액과 보험가액의 관계가 어느 수준일 때 가장 만족스럽다고 할 수 있는가? 손해보험의 원래 취지를 살리면 보험금액과 보험가액이 일치하는 것이 가장 만족스럽다. 실제 일어난 손해액 모두를 보상받을 수 있기 때문이다. 그러나 여러 가지 이유로 보험가액과 보험금액이 일치하지 않는 경우가 발생하여 일부보험 · 초과보험 등의 문제가 발생한다.

4-2 전부보험

전부보험(full insurance)은 보험가액과 보험금액이 일치하는 경우를 말한다. 보험목적물의 실제 가치 모두를 보험에 붙인 경우인데, 당사자간에 보험가액이 협정되고 협정보험가액을 보험금액으로 하여 보험계약을 체결하면 전부보험이 된다. 전부보험에서는 보험자가 발생한 손해액을 보험가액의 범위 내에서 전액 보상하기 때문에 손해보험에서는 이상적인 보험의 형태이다. 전부보험이 되려면 보험가액과 보험금액을 일치시켜야 하므로 보험가액이 사전에 평가되어야 한다.

4-3 일부보험

일부보험(under insurance)은 보험목적물의 가액 일부만을 보험에 붙인 경우이다. 따라서 보험가액이 보험금액보다 크게 된다. 일부보험을 이용하는 이유는 보험료를 절감하여 비용지출을 줄이기 위해서지만 완전한 보상이 안되기 때문에 미보상부분에 대해서는 피보험자가 책임을 져야 한다.

일부보험일 경우 보험자가 보상하는 방법은 전부보험에서의 보상방식과 차이가 난다. 전부보험은 보험금액과 보험가액이 동일하기 때문에 보험자는 일어난 손해액 전부를 보험금으로 지급하는 실손보상의 원칙을 적용한다. 그러나 일부보험은 보험목적물의 일부만 보험에 들었기 때문에 비례하여 보상한다든지 또는 특약에 의해 실손보상하는 원칙이 적용되고 있다.

(1) 비례보상의 원칙

일부보험에서 보험사고가 발생하게 되면 보험자는 보험가액에 대한 보험금액의 비율에 따라서 보상해 줄 책임이 있는데, 이러한 보상원칙을 비례보상의 원칙(principle of average)이라 한다. 일부보험에서 피보험자가 보상받는 보상액은 다음과 같이 계산된다.

일부보험에서의 보상액계산 MARINE INSURANCE

$$\text{보상액(보험금)} = \text{손해액} \times \frac{\text{보험금액}}{\text{보험가액}}$$

예를 들어 보험가액이 100,000달러로 협정된 선박을 50,000달러의 선박보험에 가입하였다고 하자. 폭풍우로 침몰되면 50,000달러 전액 보상되지만 40,000달러 정도의 일부만 손상되었다고 하면 비례보상의 원칙에 따라서 보험자는 20,000(40,000×50,000/100,000)달러만 보상한다.

해상보험에서 일부보험으로 부보한 경우에는 보통의 손해보상 이외에 공동해손분담금 및 구조료[31]를 계산할 때에도 비례보상의 원칙이 적용된다(영국해상보험법 제73조 1항).

(2) 일차위험보험

일부보험에 가입하더라도 비례보상을 하지 않고 특약에 의하여 보험금액의 범위 내에서 실손해액 전부를 보상하는 방식을 일차위험보험(first loss insurance)이라 한다. 위의 예에서 40,000달러 정도의 손해가 발생한 경우 비례보상의 원칙에 따르면 20,000달러의 보험금이 지급되지만 일차위험보험에 의하면 실손해액인 40,000달러가 보상된다. 이런 의미에서 일차위험보험을 실손보상계약이라 한다. 그러나 60,000달러의 손해가 발생하면 보험금액이 50,000달러이기 때문에 50,000달러만 보상된다.

영국해상보험법에는 이러한 일차위험보험에 관한 명시적 규정이 없고,[32] 다만 실무적으로 당사자간의 특약에 의하여 이 방식이 활용되고 있다. 이 방식은 피보험자에게 부당 이득을 줄 염려가 없고, 오히려 보험금액의 범위 내에서 피보험자에게 실손을 보상하기 때문에 유효한 특약이라 할 수 있다.[33] 그 반면 비례보상의 원칙을 적용할 경우보다 보험자의 부담이 증가되기 때문에 보험요율이 다소 높아진다.

---

31) 구조료(salvage charge)와 공동해손분담금(general average contribution)에 대한 자세한 내용은 「제12장 비용손해」 및 「제13장 공동해손」을 참고할 것.

32) 그러나 우리나라의 상법(제674조)에서는 일부보험이라 하더라도 당사자간에 다른 약정이 있는 때에는 비례보상원칙을 적용하지 않고 보험금액의 범위 내에서 실손해액을 보상할 수 있음을 규정하고 있다.

33) 원래 책임보험과 같이 피보험이익을 전연 확정할 수 없는 경우 또는 의료보험에서 의료비의 지급을 무한정하게 할 수 없는 경우에 일차위험보험의 형태로 부보된다. 조해균, 「최신보험경영론(전정판)」(박영사, 2000), p. 40.

4-4 초과보험

(1) 의 의

초과보험(over insurance)은 보험금액이 보험가액을 초과하는 경우이므로 보험목적물의 실제 가치 이상으로 보험계약을 체결하는 것이다. 보험사고가 발생하게 되면 피보험자는 손해액 이상으로 보상을 받기 때문에 부당 이득을 취득하게 된다. 따라서 초과보험에는 사고를 고의적으로 유발시키려는 도덕적 위태가 강하게 존재한다. 한편 초과보험에서 보험사고가 발생하지 않으면 보험자는 필요 이상의 보험료를 받은 결과가 된다. 이런 연유로 모든 국가에서는 초과보험을 인정하지 않으며 선의의 경우를 제외하고는 무효로 간주한다.

초과보험이 성립되는 경우는 주로 보험가액이 평가되지 않은 경우이다. 만약 보험계약이 체결될 때 보험가액이 당사자간에 평가 · 협정되면 그 범위 내에서 계약이 체결되기 때문에 전부보험 또는 일부보험이 성립된다. 따라서 협정보험가액이 기재되는 기평가보험계약에서는 초과보험이 성립되지 않는다.

한편 보험금액이 보험가액을 초과한다고 하여 무조건 초과보험이 성립되는 것은 아니며 보험금액이 보험가액을 현저하게 초과할 때 성립된다. 현저하게 초과한다는 의미는 객관적 입장에서 상거래의 관습에 따라 결정된다. 초과보험의 여부를 결정하려면 보험가액을 평가해야 하는데, 이 때 적용되는 기준은 보험계약을 체결할 당시의 평가액이다. 즉 앞에서 언급된 법정보험가액을 산정하여 이 금액을 보험금액과 비교하여 초과보험의 여부를 결정한다.

(2) 선의의 초과보험

선의로 초과보험이 성립되면 피보험자는 보험금을 감액하여 청구하고 보험자는 초과부분에 해당하는 보험료를 환불한다. 선의의 초과보험은 계약 당시 보험목적물에 대한 가액을 높게 예상하고 그에 따라 보험금액을 약정했는데 실제로는 보험가액이 너무 낮은 경우 성립된다. 또한 물가하락 · 경기변동으로 보험가액이 떨어질 경우에도 초과보험이 성립되며 기평가보험계약에서는 보험가액이 지나치게 높게 정해져 있는데, 거기에 맞게 보험금액을 일치시키다 보면 초과보험이 된다. 이와 같이 당사자의 의사와는 상관없이 발생하는 단순한 선의의 초과보험에서는 각 당사자들은 언제든지 보험금 및 보험료를 감액 청구하거나 환불받을 수 있다.

(3) 사기에 의한 초과보험

보험계약자가 고의로 더 많은 보상을 받기 위하여 초과보험을 체결할 경우에는 초과부분뿐만 아니라 전체의 보험계약을 무효로 간주한다. 따라서 보험기간중에 사고가 발생하더라도 보험자는 보상할 책임이 없으며 보험계약자는 보험자가 초과보험이 성립되었다는 사실을 안 날까지의 보험료를 납부해야 한다.

5. 중복보험

5-1 중복보험의 개념

중복보험(double insurance)은 동일한 보험목적물에 대해서 여러 보험자와 둘 이상의 보험계약을 체결하고 총 부보된 보험금액이 여러 개의 보험계약 중에서 가장 높게 평가된 보험가액을 초과할 경우를 말한다. 일단 보험에 가입하여 각 보험자로부터 보상받는 금액의 합계가 보험자로부터 평가받은 보험가액 중 가장 높은 금액을 보험목적물의 실제 가치라 하더라도 이를 초과하므로 중복보험은 항상 초과보험의 형태를 띤다. 영국해상보험법(제32조 1항)에서는 이를 중복보험에 의하여 초과보험(over insured by double insurance)이 되었다고 일컫는다.

동일한 보험목적물에 대해서 여러 번 보험계약을 체결하면 보험료를 낭비하는 점이 있어 중복보험은 비경제적이라 할 수 있다. 또한 중복보험으로 계약을 체결하더라도 아무런 제재없이 보상해 준다면 피보험자는 자기가 소유한 보험목적물의 실제 가치 이상으로 보상받을 수 있어 부당 이득을 취하려고 고의적으로 보험사고를 유발할 가능성이 높다.

이런 점으로 중복보험에 대해서는 대부분 규제를 가하고 있는데 종래에는 중복보험을 금지하는 규정을 두기도 하고, 특히 화재보험의 경우에는 형벌에 처하는 경우도 있었다.[34] 그러나 오늘날은 중복보험에 대해서 가장 높게 평가된 보험가액의 범위 내에서 보험자들이 비례하여 연대책임을 지도록 함으로써 간접적으로 규제하고 있다.

34) 최기원, 앞의 책, p. 267.

중복보험은 보험금을 중복해서 타기 위하여 고의적으로 체결되기도 하겠지만 대부분 선의로 체결된다. 예를 들어 부보하고자 하는 보험목적물의 가액이 너무 커서 하나의 보험계약만으로는 보험자의 지급능력을 고려해 볼 때 불안하다고 판단하여 여러 보험자와 보험계약을 체결할 수 있다. 또한 적하보험에서 수출업자가 보험계약을 체결했는데도 그것만으로 부족하다고 판단하여 수입업자가 별도의 계약을 체결하면 중복보험에 의한 초과보험이 성립될 수 있다.[35]

5-2 중복보험의 성립요건

중복보험이 성립되기 위해서는 피보험이익 · 보험기간 · 담보위험이 동일하고 여러 보험자와 둘 이상의 보험계약을 체결하고 이렇게 체결된 보험금액의 총액이 가장 높게 평가된 보험가액을 초과해야 한다.

(1) 피보험이익의 동일성

동일한 보험목적물이라 하더라도 피보험이익이 다르면 중복보험이 성립되지 않는다. 예를 들어 화물에 대한 소유이익과 희망이익은 동일한 화물을 보험의 목적으로 하지만 피보험이익이 다르기 때문에 중복보험의 성립요건이 되지 않는다.[36] 중복보험이 성립되려면 화물의 소유이익에 대해서 여러 보험자와 보험계약을 체결해야 한다.

(2) 담보위험의 동일성

중복보험이 성립되기 위해서는 복수의 보험계약에서 보험자가 담보하는 위험이 동일해야 한다. 보험종류가 다르더라도 담보위험이 동일하면 중복보험이 성립된다. 적하보험에서 창고에 보관중인 화물에 대하여 화재보험과 해상보험이 각각 체결될 경우 담보위험이 공통되는 부분에 한하여 중복보험이 성립된다.

---

35) 수출업자가 보험계약을 체결했는데 별도로 수입업자가 보험목적물의 가액을 높게 평가하여 또다시 보험계약을 체결할 경우를 증액보험이라 하며 이 때 발행되는 보험증권을 증액보험증권(increased value policy)이라 한다. 증액보험에 대해서 협회적하약관(2009)의 제14조 증액(Increased Value)에서는 보험가액은 증액된 보험금액만큼 증가하는 것으로 간주하여 원보험자와 증액보험자가 각각 비례하여 보상해 줄 것을 규정하고 있다.

36) 이은섭, 앞의 책, p. 184.

(3) 보험기간의 동일성

중복보험이 성립되기 위해서는 담보위험과 마찬가지로 보험기간이 여러 보험계약 간에 동일해야 한다. 그러나 보험기간의 시작과 끝이 동일해야 한다는 것은 아니며 공통되는 기간이 있을 경우 그 기간에 한하여 중복보험이 성립된다는 것이다.

(4) 복수의 보험계약

둘 이상의 보험계약이 둘 이상의 보험자와 체결되어야 한다. 물론 동일한 보험자와 둘 이상의 보험계약이 체결되더라도 중복보험은 성립되지만 이러한 경우는 비현실적이다. 둘 이상의 보험계약이 체결되는 한 그 시기가 같거나 다르거나 상관없이 중복보험이 성립한다.

(5) 초과보험의 성립

중복보험은 결과적으로 초과보험이 성립되어야 한다. 둘 이상의 보험계약이 중복으로 체결되었다 하더라도 부보된 총 금액이 가장 높게 평가된 보험가액을 초과해야 중복보험이 성립된다. 만약 여러 보험자로부터 보상받을 수 있는 금액의 합계가 보험가액보다 적으면 이것은 여러 개의 일부보험이 모인 공동보험(coinsurance)이 된다.[37)]

5-3 중복보험의 효과

사기로 중복보험이 체결되는 경우는 이를 무효로 하는 동시에 보험자는 그 사실을 알게 된 시점까지의 보험료를 청구할 수 있다.[38)] 그러나 선의로 중복보험이 성립된 경우에는 각 보험계약의 효력을 인정하고 보상하지만 어떠한 경우에도 손해액 이상을 보상하지 않는다.

중복보험의 효과에 관한 입법주의로는 우선주의 · 비례주의 · 연대주의 · 절충주의 등이 있다.

---

37) 위험을 분산하기 위하여 둘 이상의 보험자가 동일한 피보험이익의 일부를 각각 담보할 때는 공동보험이라고 한다. 각 보험자가 책임지는 보험금액의 합계는 보험가액을 초과해서는 안 된다. 공동보험에서 각 보험자는 자신이 인수한 보험금액에 대해서만 책임을 진다.

38) 상법 제669조 4항 및 제672조 3항 참조.

(1) 우선주의

우선주의(primary coverage)는 복수의 보험자 중에서 제일 먼저 보험계약을 체결한 보험자가 먼저 보상하고 부족분에 대해서는 다음 순위의 보험자가 순차적으로 보상하는 방법이다. 만약 동시에 중복보험이 체결되었을 경우에는 비례주의에 따른다.

(2) 비례주의

비례주의는 손해액을 각 보험자가 인수한 보험금액의 비율에 따라 배분시켜 각 보험자가 보상하는 방식이다.

(3) 타보험주의

타보험주의(excess coverage)는 타보험자가 우선 책임을 부담하고 잔액이 있는 경우 보상책임을 지는 경우를 말한다. 이 방법은 두 개의 보험계약이 중복으로 체결될 경우 사용될 수 있다. 해상적하보험의 경우 이런 취지의 내용이 본문약관으로 제정되어 있다.[39)]

(4) 연대책임주의

각 보험자가 보험금액을 한도로 연대책임을 지는 방식이다. 피보험자는 자신의 선택에 따라서 어느 보험자에 대해서도 먼저 보험금을 청구할 수 있는데, 만약 어느 한 보험자가 부담액을 초과하여 보험금을 지급했다면 다른 보험자에게 각자가 보상할 금액에 비례하는 분담액을 요구할 수 있다. 영국해상보험법은 연대책임주의의 원칙을 따르고 있다.[40)]

(5) 절충주의

우리나라는 연대주의에 비례주의를 절충한 연대비례보상주의를 인정하고 있다. 이에 따라서 보험자는 각자의 보험금액의 비율에 따라 보험금액의 한도에서 연대책임을 지고, 이 경우에 각 보험자의 보상책임은 각자의 보험금액의 비율에 따른다.[41)]

---

39) 이에 관한 것은 「제 9 장 해상보험증권」에 자세히 설명되어 있다.

40) 영국해상보험법 제32조 및 제80조 참조.

41) 상법 제672조 1항.

이에 관한 실례를 들어 보면 다음과 같다.

실 례

동일한 보험목적물에 대해서 다음과 같이 3개의 보험계약이 체결되었다. 가장 높게 평가된 보험가액은 50,000달러인데 총 부보된 금액은 100,000달러이기 때문에 중복보험에 의한 초과보험이 성립되었다.

보 험 자	보험가액	보험금액	보 험 료
A	40,000	20,000	200
B	40,000	30,000	300
C	50,000	50,000	500

ⓐ 전손 발생

보험목적물의 전손액은 가장 높게 평가된 보험가액 50,000달러이기 때문에 이 사고에서 50,000달러 이상 보상되어서는 안 된다. 각 보험자가 부담하게 될 보험금은 다음과 같이 계산된다.

보 험 자	연대보상방식	환불보험료
A	$50,000 \times \frac{20,000}{100,000} = 10,000$	100
B	$50,000 \times \frac{30,000}{100,000} = 15,000$	150
C	$50,000 \times \frac{50,000}{100,000} = 25,000$	250

한편 보험자는 각자가 인수한 보험금액 중에서 실제로 지급되는 보험금을 초과하는 금액에 대한 보험료는 환불해야 한다. 가령 A보험자는 전손이 발생할 경우 20,000달러 보상하기로 약속했는데 실제로 보상하는 금액은 10,000달러이기 때문에 보험료 100달러를 환불해야 하는 것이다.

ⓑ 분손 발생

10,000달러의 분손이 발생할 경우 각 보험자는 비례보상의 원칙에 따라 보상금액을 결정한다.

보 험 자	비례보상방식
A	$10,000 \times \frac{20,000}{40,000} = 5,000$
B	$10,000 \times \frac{30,000}{40,000} = 7,500$
C	$10,000 \times \frac{50,000}{50,000} = 10,000$

각 보험자가 비례보상의 원칙에 따라서 보상하면 총 22,500달러의 보상이 이루어진다. 그러나 피보험자가 보상받아야 할 금액은 10,000달러를 초과할 수 없기 때문에 각 보험자는 10,000달러를 분담비율만큼 나누어 연대보상한다.

보 험 자	연대보상방식
A	$10,000 \times \frac{5,000}{22,500} \fallingdotseq 2,222$
B	$10,000 \times \frac{7,500}{22,500} \fallingdotseq 3,333$
C	$10,000 \times \frac{10,000}{22,500} \fallingdotseq 4,445$

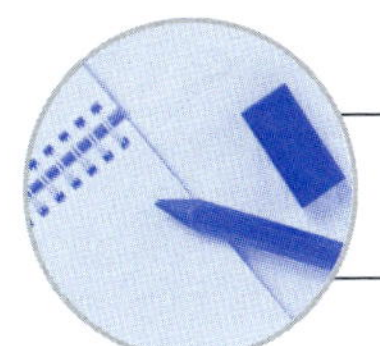

복습 및 토의 문제

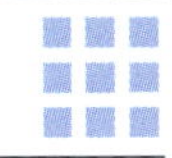

01 'No risk, no insurance' 및 'No interest, no insurance' 두 표현을 비교 · 토의해 보시오.

02 여러분이 공부하고 있는 이 강의실에서 만약 1년 이내에 화재가 발생하면 교수가 최고 1,000만원의 범위 내에서 화재손실을 보상할 터이니 수강생 여러분들은 1인당 10,000원씩 교수에게 지급할 것인가의 물음에 대해 30여 년 동안 한 명도 응하지 않았다. 그 이유에 대해서 토의해 보시오.

03 한때 영국에서 유행했었던 명예보험증권(honour policy)은 과연 명예로운 것이었던가? 토의해 보시오.

04 오늘날과 같이 실시간으로 정보를 공유할 수 있는 시대에 소급보상(lost or not lost)은 과연 유용한가? 공연히 이런 보상으로 인해 해상보험을 더욱더 복잡하게 하는 것은 아닐까? 또한 거의 발생하지 않을 보상을 대가로 보험료를 인상하는 것은 아닐까? 등에 대해 토의해 보시오.

05 소멸가능이익 및 불확정이익의 개념을 법률적으로 정리하고 무역거래에서의 예를 찾아보시오.

06 보험목적물의 저당권자와 저당권설정자의 관계, 그리고 보험계약자의 고지의무 위반 혹은 담보준수의무 위반 등으로 보험증권 소지인이 입을 수 있는 손해에 대해 토의해 보시오.

07 운송인, 포획자, 압류자 등이 가지는 피보험이익에 대해서 토의해 보시오.

08 보험가액, 보험금액 및 보험금에 대해서 토의해 보시오.

09 비례보상과 일차위험보험에 의한 보상의 차이점은 무엇이며 우리나라 상법에서 규정하고 있는 일부보험의 경우 보상원칙에 대해서 토의해 보시오.

10 중복보험의 예를 들고 이를 연대비례보상책임주의에 입각하여 보상해 보시오. 간혹 중복보험을 들었는데 이런 사실을 보험자가 알지 못하고 있다면 어떻게 될까? 여기에 대해서 토의해 보시오.

Chapter 08

해상위험

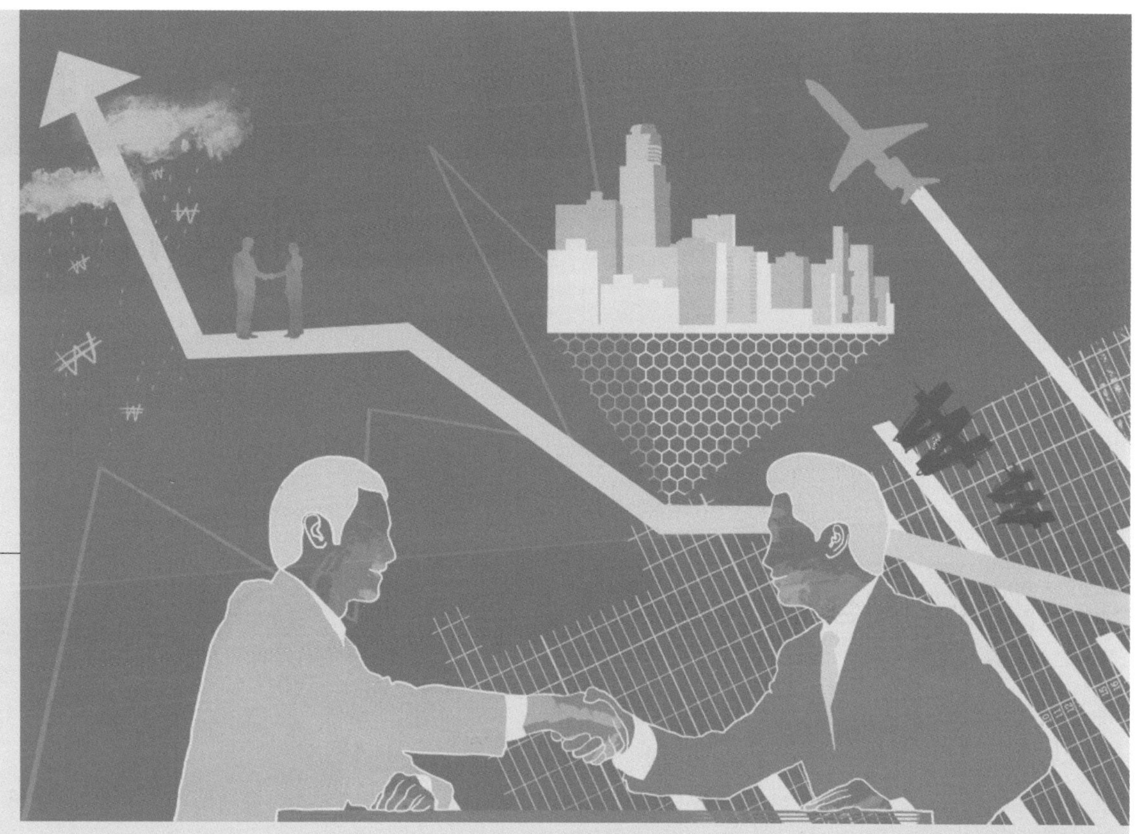

해상보험계약은 해상위험으로 인하여 생기는 손실을 보상하는 계약이다. 해상보험에서 담보하는 해상위험은 침몰 · 좌초 · 충돌 등과 같이 해상에서 우연히 발생하는 사고나 재해를 말한다. 보험자는 근인주의 원칙에 따라서 담보위험에 근인하여 발생하는 손해만을 보상하며 담보위험과 면책위험은 보험약관에 의해서 정해진다. 이 장에서는 해상위험의 주요 의미와 해상보험에서 정형화된 담보위험과 면책위험에 대해서 배우고자 한다.

Chapter 08

해상위험

01 해상위험의 의의

1. 해상위험의 개념

해상보험은 해상사업(marine adventure)에 수반하여 발생하는 손실을 보험자가 보상해 주는 계약이다. 따라서 해상보험이 대상으로 하는 것은 해상사업에 수반하여 발생하는 손실이며, 이것은 곧 선박·화물 등과 같은 보험목적물이 해상위험에 직면함으로써 생기는 손실을 말한다.[1] 이런 점에서 해상보험계약은 해상위험으로 인하여 생기는 손실을 보상하는 계약이라고 바꾸어 말할 수 있다.

해상보험에서 담보하는 해상위험(maritime peril)은 침몰·좌초·충돌 등과 같이 해상에서 우연히 발생하는 사고나 재해를 말한다. 영국해상보험법(제3조 2항)에서는 해상위험을 다음과 같이 규정하고 있다.

---

1) 이 외에도 선박, 화물 등이 위험에 직면함으로써 운임, 여객운임, 수수료 등을 받지 못하거나, 선불금, 대부금, 선비 등에 대한 담보를 상실할 수 있는 손실이 있다. 그리고 선박, 화물 등을 소유함으로써 제3자에 대한 배상책임 손실도 발생할 수 있다. 이에 관한 것은 「제2장 해상보험의 개요 제1절」에 자세히 설명되어 있다.

해상위험의 정의 MARINE INSURANCE

'해상위험' 이란 항해에 기인 또는 부수하는 위험, 즉 해상고유의 위험 · 화재 · 전쟁위험 · 해적 · 표도 · 강도 · 포획 · 나포 · 왕후 및 국민의 억지 또는 억류 · 투하 · 선원의 악행 그리고 앞의 여러 위험과 동종의 위험 또는 보험증권에 기재되는 기타 일체의 위험을 말한다.

이 정의에서는 해상위험을 항해에 기인하는 위험 및 항해에 부수하는 위험으로 구분하고 있는데 그 의미를 구체적으로 살펴보기로 한다.

1-1 항해에 기인하는 위험

항해에 기인하는 위험(perils consequent on the navigation of the sea)은 항해가 원인이 되어 우연히 발생하는 해상고유의 사고를 말한다. 예를 들어 폭풍우 · 태풍 등으로 인하여 선박이 좌초 · 침몰되거나, 또는 화물이 파손되거나 유실되는 사고를 말한다.[2] 이런 위험은 항해를 하지 않으면 발생하지 않는 해상고유의 위험이다.

1-2 항해에 부수하여 발생하는 위험

항해에 부수하여 발생하는 위험(perils incidental to the navigation of the sea)은 항해를 하지 않더라도 발생할 수 있는 화재, 선원의 악행, 전쟁 등의 위험을 말한다. 따라서 영국해상보험법에서 열거된 위험 중에서 항해에 기인하여 발생하는 해상고유의 위험을 제외하고는 모두 항해에 부수하여 발생하는 위험으로 볼 수 있다.

항해에 부수하여 발생하는 위험은 그 의미가 매우 포괄적이기 때문에 꼭 해상에서 발생하는 위험만을 포함하지 않는다. 해상보험은 해상사업과 관련되는 내수로운송 · 육상운송에서 발생하는 위험까지도 담보하기 때문에 이 운송과정에서 발생하는 위험도 항해에 부수하는 위험이 된다. 이런 점에서 해상위험은 해륙혼합의 위험(mixed sea and land risks)이라 할 수 있다(영국해상보험법 제 2 조).

---

2) 이은섭, 앞의 책, p. 224.

2. 담보위험과 면책위험

해상보험계약은 해상위험으로 발생하는 손실을 보상하는 계약이지만 보험자가 모든 해상위험을 담보하는 것은 아니다. 해상위험은 보험자의 담보 여하에 따라서 담보위험과 면책위험으로 구분된다.

2-1 담보위험

담보위험(perils insured against)은 보험자가 보상해 주는 위험을 말한다. 따라서 해상보험계약은 구체적으로 담보위험을 대상으로 하며 그로 인하여 발생하는 손실만을 보상해 주는 계약이라 할 수 있다. 담보위험의 범위는 보험조건에 따라서 달라지며 그 범위가 넓을수록 보험자의 책임이 많아지기 때문에 보험요율은 증가하게 된다.

보험증권에 담보하는 위험을 구체적으로 명시하고 그로 인한 손해만을 보험자가 보상하기로 약속하는 책임 원칙을 열거책임주의 또는 한정책임주의라 한다. 열거책임주의하에서는 피보험자가 사고를 야기시킨 직접적이고 가장 효과적인 원인이 담보위험에 속한다는 사실을 입증하면 보상받게 된다.

현행 적하보험에서 사용되고 있는 B약관(ICC, B Clause)과 C약관(ICC, C Clause)에서는 담보위험이 구체적으로 보험증권상에 열거되어 있는 열거책임주의의 원칙을 택하고 있다. 그리고 선박보험에서 가장 많이 이용되고 있는 협회기간약관(ITC-Hulls)도 열거책임주의의 원칙을 취하고 있다.

2-2 면책위험

면책위험(excepted perils)은 손해가 발생하더라도 보험자가 책임지지 않는 위험을 말한다. 담보위험이 아닌 위험은 자동적으로 면책위험이 된다. 면책위험은 법에 의해서 규정될 경우도 있고 보험약관에 의해서 정해질 경우도 있는데 법정면책위험은 대부분 보험약관에 수용된다. 면책위험의 범위가 넓을수록 담보위험이 줄어들기 때문에 보험요율은 낮아진다.

보험증권에 면책위험을 명시하고 이를 제외한 모든 위험을 담보할 것을 약속하는 방식을 포괄책임주의라 한다. 열거책임주의하에서는 담보위험이 보험증권상에 명시되지만 포괄책임주의하에서는 면책위험이 명시된다. 따라서 보험사고가 발생할 경우, 사고를 야기시킨 직접적 원인이 면책위험에 속하지 않으면 모두 보상되지만 사고의 원인이 면책위험에 속한다는 사실을 보험자가 입증하면 보험자의 면책이 인정된다. 대체로 열거책임주의하에서는 입증책임이 피보험자에게 있지만 포괄책임주의하에서는 보험자에게 있다.

해상보험에서 포괄책임주의의 원칙이 적용되는 경우는 적하보험에서 사용되고 있는 A약관(ICC A Clause)뿐이다. A약관에서는 보험자의 일반면책, 선박의 불내항성 및 부적합성, 전쟁 및 동맹파업을 제외한 모든 위험을 보험자가 보상하도록 규정하고 있다. 따라서 A약관으로 적하보험계약을 체결하면 사고의 원인이 위의 네 가지 위험에 속하는 경우 외에는 모두 보상된다.

3. 근인주의

3-1 보험자의 보상원칙

해상보험계약에서 보험자는 손해가 발생할 경우 이를 보상해 주어야 할 책임이 있지만 손해가 발생한다고 해서 무조건 보상하는 것은 아니다. 보험자는 엄격한 보상원칙에 따라서 보상을 하는데, 영국해상보험법(제55조 1항)에서는 보험자의 보상원칙을 다음과 같이 규정하고 있다.

영국해상보험법상 보험자의 보상원칙 MARINE INSURANCE

Included and Excluded Losses

55. (1) Subject to the provisions of this act, and unless the policy otherwise provides, the insurer is liable for any loss proximately caused by a peril insured against, but, subject as aforesaid, he is not liable for any loss which is not proximately caused by a peril insured against.

보상되는 손해와 면책되는 손해

55. (1) 본 법률의 제 규정에 저촉되지 않는 한 그리고 보험증권에 별도의 합의사항이 없는 한 보험자는 담보위험에 근인하여 발생하는 손해에 대해서 책임을 진다. 그러나 상기의 조건에 따라 보험자는 담보위험에 근인하지 않는 손해에 대해서는 보상책임을 지지 않는다.

위의 규정에 따르면 보험자는 담보위험에 근인하여(proximately) 발생하는 손해만 보상한다. 따라서 보험사고가 발생하면 먼저 사고를 야기시킨 근인을 찾아 이 근인이 담보위험에 속하는지 또는 면책위험에 속하는지를 조사해야 한다. 근인이 담보위험에 속하면 보험자는 보상을 하고 만약 근인이 면책위험에 속하게 되면 보상하지 않는다. 이러한 보상원칙을 근인주의라 하며 근인주의하에서는 일단 근인이 규명되면 나머지의 모든 원인(remote cause)은 고려하지 않게 된다.

3-2 근인(Proximate Cause)

해상보험은 담보위험에 근인하여 발생하는 손해만을 보상하기 때문에 손해의 발생과 위험의 인과관계(causation)에 있어서 근인주의의 입장을 취하고 있다. 근인주의는 사고를 야기시킨 많은 원인들 중에서 가까운 원인만을 고려하고 나머지 먼 원인들은 일체 고려하지 않는다.[3]

여기서 말하는 근인은 손실을 야기시킨 가장 지배적이고 효과적인 원인을 말한다. 근인은 사건 발생과 시간적으로 가까운 원인이 아니며 지배력과 효과면에서 비중이 가장 큰 원인을 뜻한다. 예를 들어 선원들이 고의로 선박을 침몰시키기 위하여 선박의 밑바닥에 구멍을 뚫고 그 구멍으로 들어온 해수에 의해 선박이 침몰되었다고 하자. 이 예에서 선박의 침몰을 야기시킨 가장 가까운 원인은 시간적으로는 해수의 침입이지만 실질적인 사고의 원인은 선원의 악행이라 할 수 있다. 해수의 침입은 먼 원인이 되고 선원의 악행이 근인이 된다.[4] 선원의 악행이 보험조건상 담보위험에 속하면 보험자가 보상을 하지만, 만약 면책위험에 속하게 되면 이러한 손해는 보상되지 않는다.

근인주의하에서 근인을 찾는 것은 중요하면서도 매우 어렵다. 손해를 야기시킨 원인이 단 한 가지뿐이면 아무런 문제가 없지만 여러 가지 원인이 복합하여 손해가 발생할 경우 어떠한 원인을 근인으로 보아야 할 것인가가 문제될 수 있기 때문이다. 참고로 근인의 규명과 관련되는 판례 두 가지를 살펴보기로 한다.

---

3) *Causa proxima non remota spectatur*: the proximate cause and not the remote cause is to be considered.

4) R. H. Brown, *op. cit.*, p. 107.

판례 8.1

Pink v. Fleming

이 사건에서 과일을 적재한 선박이 다른 선박과 충돌하여 부득이 수리항에 입항하였다. 충돌 선박은 선체 손상을 수리하기 위하여 적재된 과일을 일단 양하하였다가 수리 후 다시 선적하여 본래의 항해를 계속하였다. 이 결과 지연으로 인하여 과일 손상이 발생하였다. 이 사건에서 과일 손상을 야기시킨 근인은 지연이었고, 지연을 초래한 충돌 · 과일의 양하 · 재선적 등의 행위는 모두 먼 원인으로 판단되었다.

『참고』 이 사건은 얼핏 보면 모든 손해가 선박 간의 충돌로 인해 생기기 시작했기 때문에 충돌을 근본적 원인, 즉 근인으로 생각할 수 있다. 하지만 선박이 충돌하더라도 그 후의 조치를 신속하게 처리하였다면 과일은 충분히 제 때 목적지에 도착하고 손상을 입지 않았을 수도 있다. 이에 따라 과일 손상과 직접적으로 관련되는 원인을 지연으로 본 것이다. 만약 이 사건에서 충돌이 근인으로 판명되었다면 보험자는 보상책임이 있지만 지연으로 인한 손해에 대해서는 보험자는 어떠한 경우에도 책임을 지지 않는다.

〈(1890)25 QBD 396〉

판례 8.2

Yorkshire Dale S. S. Co. Ltd. v. Minister of War Transport

이 사건에서 영국 정부는 유조선 콕스월드(Coxwold)를 용선하여 나르빅 해군기지에서 원유를 적재하였다. 유조선은 목적지로 항해하던 중 독일 잠수함의 위협으로 부득이 스카이 섬으로 우회 항해하였다. 그러나 예상하지 못했던 조류와 짙은 안개로 인하여 유조선은 스카이 섬에 좌초되었고 결과적으로 전손을 입었다. 영국 법정은 선박의 전손을 야기시킨 가장 직접적이고 지배적인 원인을 전쟁으로 판결하였다. 왜냐 하면 유조선은 전쟁을 수행 중인 정부에 의해서 용선되었고 군수물자를 수송중이었기 때문이었다. 그러나 이 사건의 근인을 전쟁으로 보는 데 대해서 많은 반대 의견이 제시되었는데, 그 후 논란을 거쳐서 이와 유사한 사건에 대해서는 좌초를 근인으로 보게 되었다.

『참고』 일반적으로 전쟁은 보험자의 면책위험이기 때문에 특약을 체결하지 않는 한 보상되지 않는다. 이 사건의 시기가 2차 세계대전 중이기 때문에 보험자가 전쟁위험에 대해 책임을 지는 것은 어렵다고 볼 수 있다.

〈(1942) AC 691〉

02 해상위험의 변경

1. 위험변경의 의의

보험계약을 체결할 때 보험자는 담보하고자 하는 위험을 측정 · 평가하여 보험료를 산정한다. 그리고 보험자는 평가한 위험이 보험기간 동안 변동하지 않고 일정하게 계속될 것으로 믿고 보험료를 확정하며 또한 보험계약의 체결을 허용한다.

그러나 위험이란 것은 불확실하기 때문에 계약을 체결할 때 예상하지 못했던 위험이 새로 등장할 수도 있으며 또한 피보험자가 보험료를 절약하기 위해서 고의로 위험을 고지하지 않아 보험자가 담보위험을 정확하게 측정 · 평가하지 못하는 경우도 있다. 이와 같이 보험계약을 체결하던 당시의 위험이 계약체결 후에 변동할 수 있는데, 이러한 경우를 위험의 변경(change of risk)이라 한다.

위험이 변경되면 보험계약이 체결되던 당시보다 위험이 감소할 수도 있고 증가할 수도 있다. 위험이 감소되면 보험자의 입장에서는 바람직하지만 피보험자는 필요 이상의 보험료를 지불한 결과이기 때문에 만약 위험이 현격하게 변동하면 피보험자는 이러한 사실을 보험자에게 고지하고 보험료의 감액을 청구할 수 있다.

그러나 위험의 변경은 위험이 감소되는 경우보다 위험이 증가되는 경우를 뜻할 때가 많다. 위험이 증가되면 보험자의 입장에서는 아주 불리하기 때문에 대부분의 법에서는 위험이 변경되는 시점부터 보험자의 보상책임을 해제시키거나 보험자에게 보험계약을 취소할 수 있는 권한을 부여하고 있다.

일반 계약법에서는 계약을 체결할 때 전제가 되었던 사항이 변경되더라도 일단 계약만 체결되면 변동사항은 계약에 하등 영향을 미치지 않는 것이 원칙이다. 그러나 보험에서는 위험률과 보험요율과의 균형이 이루어져야만 보험사업이 효율적으로 운영되기 때문에 보험계약이 체결된 후 위험이 변동하게 되면 보험계약의 효력도 영향을 받도록 하고 있다.

위험의 변경은 피보험자의 행위에 의해서 발생할 수도 있고 불가항력에 의해 발생할 수도 있는데[5] 후자의 경우에는 위험이 변경되더라도 일정한 조건하에 보험자가 계속 담보하도록 한다. 그러나 피보험자의 고의나 과실로 인하여 위험이 증가하게 되면 보험자는 위험이 변경된 이후부터 면책되기도 하며 또는 보험계약 자체를 취소할 수도 있다.

영국해상보험법에서는 피보험자의 행위에 기인하든 기인하지 않든 간에 위험이 변경되면 보험계약의 효력도 변경되는 것으로 규정하고 있지만, 불가항력에 의하여 위험이 변경될 경우에는 계속 담보를 허용하여 선의의 피보험자를 보호하고 있다.

해상보험에서는 대표적으로 이로, 항해의 지연, 항해의 변경 및 선박의 변경 등을 위험의 변경으로 보고 있다.

2. 이　로

2-1 이로의 정의

선박은 넓은 바다를 종횡무진으로 항해하는 것이 아니라 경험이나 관습에 의해서 확정된 항로를 따라 항해를 한다. 그런데 선박이 정당한 사유없이 항로를 벗어나 항해하는 경우를 이로(deviation)[6]라 한다.

이로에 대해서 아놀드(Arnould) 교수는 보험증권에 기재된 항해의 수행을 완전히 포기하지는 않고 정당한 사유없이 예정 항로를 이탈하는 것이라고 정의하고 있다.[7] 따라서 출발항과 도착항을 변경하지 않더라도 예정된 항로를 조금 벗어나는 경우도 이로에 해당된다.

---

5) 피보험자의 행위에 의해서 위험이 변경될 경우를 주관적 위험변경, 그리고 불가항력이나 천재지변에 의해서 위험이 변경될 경우를 객관적 위험변경이라고 한다.

6) 영어의 'deviation' 이란 용어는 라틴어의 'de via' 에서 유래하는데, 여기에는 크게 두 가지의 뜻이 있다. 하나는 지정된 항로를 벗어난다는 지리적인 뜻이고, 또 하나는 잘못이나 죄를 범한다는 뜻이 있다. 영국 법정에서는 지리적으로 원래 약정된 항로를 벗어나는 것에만 국한시키고 있으나 미국의 법정에서는 계약조건을 근본적으로 이탈하는 행위, 예를 들어 파업중인 항구를 기피하여 다른 항구로 가는 것, 잘못하여 목적항을 지나쳐 가는 것, 화물을 잘못 전달하는 것 등을 포함하고 있다. William Tetley, *Marine Cargo Claims*, (Toronto: Butterworths, 1978), p. 350.

7) Arnould et al., *Arnould's Law of Marine Insurance and Average*(16th. ed.)(London: Stevens & Sons, 1981), s. 464.

영국해상보험법(제46조 2항)에서는 항로가 보험증권상에 특별히 지정되어 있는 경우에는 그 항로를 이탈한 경우, 그리고 항로가 보험증권상에 특별히 지정되어 있지 않은 경우에는 통상적이고 관습적인 항로(usual and customary course)를 벗어날 경우를 이로로 규정하고 있다.

만약 보험증권에 양하항이 여러 개 명기되어 있으면 선박은 그 전부 또는 일부 양하항으로 항해할 수 있다. 그리고 특별한 상관습이나 충분한 이유가 없는 한 선박은 보험증권에 지정된 순서에 따라 그 전부 또는 일부 양하항으로 항해해야 하는데, 이 순서에 따르지 않을 경우에는 이로가 성립된다. 또한 보험증권에 항구명이 지정되어 있지 않고 일정 지역 내의 '모든 양하항'까지로 되어 있을 경우에는 선박은 지리적 순서에 따라 그 전부 또는 일부에 항해해야 하며 이 순서에 따르지 않을 경우에도 이로가 있는 것으로 본다(영국해상보험법 제47조).

그러나 이로가 성립되기 위해서는 현실적으로 항로의 변경이 있어야만 한다. 이로를 하겠다는 의사는 중요한 것이 아니며 실제로 항로의 변경이 따라야 이로가 성립될 수 있다(영국해상보험법 제46조 3항). 따라서 선장이 항로를 변경할 의사를 갖고 있거나 또는 선주가 항로의 변경을 지시했더라도 선박이 현실적으로 정해진 항로에서 벗어나지 않으면 법적으로 이로가 성립되지 않는다.

2-2 이로의 효과와 허용

보험자는 부보된 선박이 보험증권상에 정해진 항로나 통상적이고 관습적인 항로를 따라서 항해할 것을 예상하여 보험료를 산정하고 보험계약을 인수한다. 그런데 선박이 항로를 벗어나 항해를 하게 되면 보험계약을 체결할 당시에 예상하지 못했던 위험이 등장할 수 있기 때문에 보험자는 보상책임에서 해제된다.[8]

---

8) 특정 시점 이후부터 보험자의 책임이 해제되는 경우를 보험자의 이후 면책이라고 한다. 이와 유사한 경우가 보험계약을 해지하는 경우이다. 해지의 경우는 해지 시점 이후의 보험계약을 무효로 하기 때문에 그 기간에 해당되는 보험료를 피보험자에게 환불해 주어야 하는데, 이후 면책의 경우는 보험계약을 계속 존속시키는 것이기 때문에 보험료의 환불 문제는 없다. 그리고 이후 면책의 경우에는 해지권 행사의 경우와는 달리 보험자가 면책되기 위한 별도의 의사표시를 할 필요가 없다. 이은섭, 앞의 책, p. 328.

즉 선박이 적법한(lawful) 사유없이 보험증권에 정해진 항로에서 벗어날 경우 이는 곧 담보위반의 경우와 같기 때문에 보험자는 이로 시점부터 보상책임에서 해제된다. 설령 선박이 이로하였다가 손해 발생 전에 본래의 항로로 복귀했다 하더라도 보험자의 책임은 해제된다(영국해상보험법 제46조 1항). 선박이 이로를 하게 되면 그 시점부터 보험계약이 무효가 되기 때문에 원래의 항로로 귀항한 후 발생한 보험사고에 대해서는 사고와 이로간에 인과관계가 없다 하더라도 보험자는 면책이 된다는 것이다.

이로의 경우에는 보험자의 책임이 해제되지만 다음과 같이 정당한 사유가 있을 경우에는 이로가 허용된다(영국해상보험법 제49조).

① 보험증권상의 특약에 의하여 인정된 경우.
② 선장 및 그의 고용주의 힘이 미치지 못하는 사정으로 인하여 일어나는 경우.
③ 명시 또는 묵시담보를 충족하기 위하여 합리적으로 필요한 경우.
④ 선박 또는 보험목적물의 안전을 위하여 합리적으로 필요한 경우.
⑤ 인명을 구조하기 위하여 또는 인명이 위험에 빠질 염려가 있는 조난선을 구조하기 위한 경우.
⑥ 선상에 있는 자에게 내과 또는 외과 치료를 하기 위하여 합리적으로 필요한 경우.
⑦ 선장 또는 선원의 악행이 담보위험의 하나일 때 이러한 악행에 의하여 일어나는 경우.

그러나 이로를 허용하는 사유가 소멸되면 선박은 지체 없이 본래의 항로로 복귀하여 항해를 수행해야 한다(영국해상보험법 제49조 2항).

일반적으로 항해 중 일어나는 이로는 하주하고는 상관없이 발생하기 때문에 선의의 피보험자(하주)를 보호하기 위하여 협회적하약관(ICC)의 제 8 조 운송약관에는 어떠한 이로가 발생하더라도 보험자의 책임은 계속된다고 규정하고 있다. 따라서 적하보험에서 이로는 보험계약의 효력에 전혀 영향을 미치지 않는다. 그리고 협회기간약관(ITC-Hulls)의 제 3 조 담보위반약관에서도 이로와 같은 위험변경을 보험조건 및 추가보험료에 대한 합의가 이루어지는 경우에 한해서 허용하고 있다.

3. 항해의 지연

3-1 항해 지연의 효과

선박의 기간보험에서는 보험자의 책임기간이 명시되어 있어 그 기간 동안에는 선박이 항해를 하든 정박을 하고 있든 상관없이 보험자의 담보책임이 계속된다. 그러나 항해보험에서는 선박이 곧 항해할 것을 예정으로 하고 일정 항구에서 항구까지를 담보하기 때문에 항해보험이 체결되면 선박은 적당한 기간 내에 항해를 개시해야 한다.[9)]

그런데 항해보험에 가입한 선박이 적당한 기간 내에 항해를 개시하지 않으면 보험자는 계약을 취소할 수 있다(영국해상보험법 제42조 1항). 적당한 기간은 일정 기간을 뜻하는 것이 아니고 사건의 정황에 따라서 판단되는 기간을 의미한다. 예를 들어 몬트리올에서 몬테비데오까지 여름 항해(summer voyage) 보험에 가입한 선박이 지연으로 겨울에 항해를 하여 보험계약이 취소된 경우가 있다.[10)]

그리고 항해보험에서 담보하고 있는 항해 그 자체는 모든 항해과정에서 신속하게 이루어져야 한다. 만약 항해가 정당한 이유도 없이 지연되면 보험자는 지연이 부당하게 이루어졌을 때부터 보상책임에서 해제된다(영국해상보험법 제48조).

3-2 항해 지연의 허용

항해보험에서는 항해가 적당한 기간 내에 개시되지 않으면 보험자는 계약을 취소할 수 있다는 위험개시에 관한 묵시조건이 성립된다. 그러나 항해의 지연이 보험계약 체결 전에 보험자가 알고 있던 사정으로 발생한 것을 피보험자가 증명하면 이러한 묵시조건은 무효가 된다. 또한 보험자가 묵시조건에 대한 권리를 포기한 것을 피보험자가 증명할 수 있으면 위험개시에 관한 묵시조건은 무효가 될 수 있다(영국해상보험법 제42조 2항). 위험개시에 관한 묵시조건이 무효가 되면 피보험자는 항해 지연에 대해서 면책될 수 있다.

---

9) 영국해상보험법 제 1 부칙(RCP) 제 2 조 및 제 3 조 참조.

10) De Wolf v. Archangel Insurance Co. 1874 LR 9 QB 451.; Victor Dover(revised by R. H. Brown), *op. cit.*, p. 381.

한편 항해의 지연도 이로와 마찬가지로 다음과 같은 경우에는 허용된다. 그러나 정당한 사유가 소멸되면 지체 없이 항해를 속행해야 한다(영국해상보험법 제49조).

① 보험증권상의 특약에 의하여 인정된 경우.
② 선장 및 그의 고용주의 힘이 미치지 못하는 사정으로 인하여 일어나는 경우.
③ 명시 또는 묵시담보를 충족하기 위하여 합리적으로 필요한 경우.
④ 선박 또는 보험목적물의 안전을 위하여 합리적으로 필요한 경우.
⑤ 인명을 구조하기 위하여 또는 인명이 위험에 빠질 염려가 있는 조난선을 구조하기 위한 경우.
⑥ 선상에 있는 자에게 내과 또는 외과 치료를 하기 위하여 합리적으로 필요한 경우.
⑦ 선장 또는 선원의 악행이 담보위험의 하나일 때 이러한 악행에 의하여 일어나는 경우.

하주가 의도적으로 항해를 지연시키는 경우가 없기 때문에 협회적하약관(ICC)의 제8조 운송약관에서는 이로와 마찬가지로 피보험자(하주)가 좌우할 수 없는 항해의 지연이 발생하더라도 보험자의 책임은 중단하지 않는다고 규정하고 있다.

4. 항해의 변경

4-1 항해 변경의 효과

항해의 변경(change of voyage)은 보험증권상에 명시된 목적항이 변경되는 경우를 말한다. 영국해상보험법(제45조 1항)은 보험자의 책임이 개시된 후 선박의 목적항이 보험증권 상에 정해져 있는 목적항이 아닌 다른 곳으로 임의 변경되었을 경우를 항해의 변경으로 보고 있다.

그런데 항해가 변경되면 그 순간부터 보험자의 책임은 없어진다. 즉 보험증권상에 별도의 합의가 없는 한 항해의 변경이 있을 경우에는 항해를 변경할 의도가 명백해졌을 때부터 보험자는 보상책임에서 해제된다. 그리고 손해 발생시에 선박이 보험증권 상에 정해진 항로를 실제 벗어나지 않았다 하더라도 보험자의 책임은 해제된다(영국해상보험법 제45조 2항).

항해의 변경과 유사한 경우로서 출발항의 변경(alteration of port of departure)과 다른 목적항을 향한 항해(sailing for different destination)가 있다.

만약 출발항이 보험증권에 정해져 있는 경우에 선박이 그 곳에서 출항하지 않고 다른 곳에서 출항하게 되면 보험자의 책임은 개시되지 않는다(영국해상보험법 제43조).

그리고 목적항이 보험증권에 정해져 있는 경우에 선박이 그 목적항을 향하여 항해하지 않고 다른 목적항을 향하여 항해할 때에도 보험자의 책임은 개시되지 않는다(영국해상보험법 제44조). 이는 출항할 당시부터 보험증권 상의 목적항이 아닌 다른 곳으로 항해하는 것이므로 아예 위험이 개시되지 않는 것이다. 반면 항해의 변경은 항해 도중에 목적항을 바꾸는 것이기 때문에 위험은 개시하나 목적항을 변경하는 시점부터 보험자가 보상책임을 면하게 되는 것이다.

4-2 항해 변경의 허용

실무적으로 항해의 변경은 목적항에서 노동자 파업이나 정치적 이유로 항구가 봉쇄되는 등 피보험자의 의사와는 상관없이 발생하는 경우가 많기 때문에 보험약관에서는 선의의 피보험자를 보호해 주기 위해서 항해 변경을 허용하는 경우가 있다.

협회적하약관(ICC, 2009)의 제10조 항해변경에서는 보험이 개시된 후 목적지가 피보험자에 의하여 변경된 경우에는 보험자에게 지체 없이 통지할 것을 조건으로 추후에 협정되는 보험료 및 보험조건에 의하여 담보가 계속될 수 있음을 규정하고 있다. 그러나 이 약관은 보험이 개시된 후 일어나는 항해의 변경(영국해상보험법 제45조 1항)에만 적용되고 출발항의 변경(영국해상보험법 제43조)과 다른 목적항을 향한 항해(영국해상보험법 제44조)에는 적용되지 않는다.[11)]

그리고 협회기간약관(ITC-Hulls)의 제3조 담보위반약관에서도 항해의 변경을 포함한 기타의 담보를 위반한 경우에는 그 사실을 인지한 후 즉각적으로 보험자에게 통지하고 보험조건의 변경과 추가보험료에 대한 합의가 이루어지면 담보가 계속될 수 있음을 규정하고 있다.

---

11) 출발항의 변경이나 다른 목적항을 향한 항해의 경우에는 보험자의 책임이 처음부터 개시하지 않기 때문에 계속 담보(held covered)조건이 활용될 수 없다.

5. 선박의 변경

선박의 변경은 화물이 보험계약에서 약정된 선박에 적재되지 않고 다른 선박에 적재되는 경우를 뜻한다. 적하보험에서 운송선박은 보험료의 확정과 보험계약의 체결 여부에 영향을 미치는 중요한 사항에 속하기 때문에 선박의 변경은 위험의 변경에 해당된다.

영국해상보험법에서는 선박의 변경에 관하여 달리 규정한 바는 없지만 보험증권에 지정된 선박은 위험개시 후 강제력이나 보험자의 동의없이 변경되어서는 안 된다. 만약 보험자에게 고지한 선박과 실제로 항해한 선박이 다르면 부실고지에 해당되어 보험자는 보험계약을 취소할 수 있다.[12)]

그러나 우리나라의 상법(제703조)에서는 적하보험의 경우 피보험자의 고의 또는 과실에 의하여 선박이 변경되면 보험자의 면책을 인정하지만 불가항력에 의해서 선박이 변경될 경우에는 보험자의 책임이 계속되는 것으로 규정하고 있다. 이 때에도 피보험자는 이러한 사실을 즉각 보험자에게 통지하고 새로운 보험조건이나 추가보험료에 대해서 보험자와 합의해야 한다.

제703조[선박변경의 효과] MARINE INSURANCE

적하를 보험에 붙인 경우에 보험계약자 또는 피보험자의 책임 있는 사유로 인하여 선박을 변경한 때에는 보험자는 그 변경 후의 사고에 대하여 책임을 지지 아니한다.

협회적하약관(ICC, 2009)의 제8조 운송약관에서는 피보험자로서는 어쩔 수 없는 사정에 의하여 발생하는 지연(delay), 일체의 항로이탈(deviation), 강제양륙(forced discharge), 재선적 또는 환적(reshipment or transshipment) 등에 대해서 보험자의 위험부담이 계속됨을 규정하여 피보험자인 하주를 보호하고 있다.

---

12) 여기에 관한 자세한 내용은 제5장 제1절 피보험자의 고지의무 참조.

03 담보위험의 해설

Lloyd's SG 보험증권에서의 담보위험과 현행 보험증권에서의 담보위험을 비교하여 살펴보기로 한다.

1. Lloyd's SG 보험증권하의 담보위험

구양식인 Lloyd's SG 보험증권의 위험약관(Perils Clause)에서는 보험자가 담보하기로 한 위험을 다음과 같이 명시하고 있다.[13)]

Lloyd's SG 보험증권하의 담보위험 MARINE INSURANCE

Touching the adventures and perils which we the assurers are contented to bear and do take upon us in this voyage: they are of the seas, men-of-war, fire, enemies, pirates, rovers, thieves, jettisons, letters of mart and countermart, surprisals, takings at sea, arrests, restraints, and detainments of all kings, princes, and people, of what nation, condition, or quality soever, barratry of the master and mariners, and of all other perils, losses, and misfortunes, that have or shall come to the hurt, detriment, or damage of the said goods and merchandises, and ship, &c., or any part thereof.

본 보험자가 본 항해에 있어서 담보할 것을 약속하는 해상사업 및 위험은 다음과 같다. 즉, 해상고유의 위험 · 군함 · 화재 · 외적 · 해적 · 표도 · 강도 · 투하 · 포획면허장 및 보복포획면허장 · 습격 · 해상탈취, 국적 · 상황 또는 성질의 여하를 불문하고 모든 국왕 · 군주 및 국민의 강류 · 억지 및 억류, 선장 및 선원의 악행, 상기 화물 · 상품 및 선박 또는 기타에 대하여 혹은 그들 일부에 대하여 파손 · 훼손 또는 손상을 발생케 했거나 또는 발생케 할 기타 일체의 위험 · 멸실 및 불행으로 한다.

13) Lloyd's SG 보험증권은 1779년 영국의 로이즈 보험시장에서 공식적으로 채택되어 약 200년 이상 사용되어 오다가 1982년부터 신양식의 보험증권으로 대체되었다(제10장 참조). 보험증권의 양식은 변경되었지만 해상보험의 주요 골격은 변함이 없기 때문에 해상위험에 관한 이

■ 표 8-1 14가지 담보위험의 변경사항

위험약관	변경사항
1. 해상고유의 위험	침몰 · 좌초 등 구체적으로 표현 · 담보위험
2. 군 함	전쟁위험 · 전쟁특약에 의해 담보 가능
3. 화 재	담보위험
4. 외 적	전쟁위험 · 전쟁특약에 의해 담보 가능
5. 해 적	담보위험
6. 표 도	해적위험과 동일한 위험
7. 강 도	담보위험
8. 투 하	담보위험
9. 포획면허장	국제조약에 의해서 금지
10. 습 격	전쟁위험 · 전쟁특약에 의해 담보 가능(포획)
11. 해상탈취	전쟁위험 · 전쟁특약에 의해 담보 가능(나포)
12. 강류 · 억지 · 억류	전쟁위험 · 전쟁특약에 의해 담보 가능
13. 선원의 악행	담보위험
14. 기타 일체의 위험	삭 제

위험약관에는 14가지의 담보위험이 명시되어 있는데 200년이라는 세월이 흐르는 동안 그 성격이 많이 바뀌었다. 14가지의 담보위험 가운데는 국제조약에 의해서 이미 사라진 위험도 있고, 전쟁 특약에 의해서만 보상되는 위험도 있다. 그리고 해상고유의 위험, 기타 일체의 위험 등과 같이 애매모호하거나, 전문적인 해석이 필요한 위험 등은 구체적으로 표기되거나 삭제되었는데 14가지의 담보위험을 현재의 상황과 비교하여 총괄적으로 나타내면 〈표 8-1〉과 같다.

(1) 해상고유의 위험

해상고유의 위험(perils of the sea)은 해상에서 우연히 발생하는 사고나 재해를 의미하며 바람 · 파도 등의 통상적인 작용(ordinary action)은 포함하지 않는다.[14] 따라서 선박이 부식하는 것처럼 바람 · 파도 등에 의한 자연적 소모나 마모는 해상고유의 위험으로 간주되지 않는다.[15]

해를 돕기 위해서 먼저 Lloyd's SG 보험증권상의 담보위험을 검토한다.

14) 영국해상보험법 제1부칙(RCP) 제7조.

15) 이와 같은 해상에서의 자연적 소모위험을 'perils on the sea'라고도 한다.

해상고유의 위험에 대해서 헤셀(Herschell) 판사는 The Xantho 사건[16]에서 다음과 같이 설명하고 있다.

해상고유의 위험 MARINE INSURANCE

해상고유의 위험이라는 용어는 보험목적물에 대하여 해상에서 발생할 수 있는 모든 사고나 재난을 포함하는 것이 아니다. 그것은 해상고유의 위험(peril 'of' the sea)이어야 한다. 그러므로 바다가 직접적인 원인이 되는 일체의 멸실이나 혹은 손상을 모두 다 해상고유의 위험이라는 용어에 포함시킬 수는 없다. ……자연소모라는 손해를 생기게 하는 풍파의 자연적이고 불가피한 위험을 포함시키지 않는다. 보험증권이 의도하는 것은 마땅히 일어나게 되어 있는 사고를 대비하는 것이 아니라, 일어날 수 있는 사고를 대비하여, 그로 인한 손해를 보상하기 위한 것이다. …… 만약에 선박이 좋은 날씨에서도 판단착오 때문에 해저의 암초에 좌초되어 침몰될 경우는 해상고유의 위험에 의한 멸실이라고 말할 수 있다. 한 선박이 다른 선박과 충돌하여 침몰되었다면, 비록 그러한 충돌 사건이 다른 선박의 과실 때문이라 할지라도 해상고유의 위험이라는 용어의 범주에 속한다.

이와 같은 성질을 지닌 해상고유의 위험이 구체적으로 무엇을 의미하는지에 대해서 통일된 견해는 없었지만 그 동안의 판례를 통해서 보면 대체로 침몰 · 좌초 · 충돌 · 악천후 등을 가리킨다.[17]

가) 침 몰 침몰(sinking)은 선박이 바다 밑으로 가라앉는 것을 말한다. 영국에서는 깊은 바다에 선박이 가라앉아 인양이 불가능한 경우를 'foundering' 또는 'sinking'이라 하고, 얕은 바다에 가라앉아 선박을 인양할 수 있을 때를 'submersion'이라 한다. 선박의 침몰은 대부분 전손(total loss)으로 인정되지만, 만약 침몰된 선박의 인양이 가능한 경우에는 분손(partial loss)으로 처리되는 것이 통상적이다.[18]

---

16) Cargo ex Xantho v. Owners of Xantho(1887) 12 App. Cas. 503.
Victor Dover(revised by R. H. Brown), *op. cit.*, p. 262. Arnould, *op. cit.*, s. 791.

17) Victor Dover(revised by R. H. Brown), *op. cit.*, p. 263. 현재 사용되고 있는 신양식의 보험증권에서는 보험자의 담보위험에 대해서 해상고유의 위험과 같은 막연한 표현을 사용하지 않고 침몰 · 좌초 · 충돌 등 구체적으로 표현하고 있다. 따라서 '해상고유의 위험'(perils of the sea)이라는 용어는 이제 해상보험의 역사로만 남고 현실적으로는 사용되지 않고 있다.

18) 이기태, 앞의 책, p. 119.

나) 좌　　초 　좌초(stranding)는 선박이 바다의 밑바닥이나 물체에 얹혀져서 상당 기간[19] 자력으로 항해할 수 없는 상태를 말한다. 선박이 암초와 같이 견고한 물체에 얹히는 경우를 특히 좌초라 하고, 모래나 진흙 등과 같이 바다 밑의 부드러운 물체에 얹히는 것을 교사(grounding)라 한다.

교사는 주로 모래가 많이 퇴적하는 강하구의 부두 · 운하 등에서 많이 발생하는데, 이러한 현상은 우연히 생기는 것이 아니라 지리적 여건상 통상적으로 생기는 것이기 때문에 별도로 취급되어 왔으며 좌초에서 제외된다. 오늘날에는 교사도 보험자의 담보위험에 속한다.

좌초와 유사한 현상으로 촉초(touch and go)가 있는데 이것은 선박이 바다 밑의 물체에 얹혀 일시 정지했다가 항진하는 여력에 의해 암초에서 떨어져 다시 항해하는 경우를 말한다. 촉초는 좌초의 범위에 포함되지 않고 충돌로 인정된다.[20]

다) 충　　돌 　충돌(collision)은 선박이 물 이외의 물체와 접촉하는 것을 말한다. 충돌의 상대는 선박 · 난파물 · 암벽 · 부두 등이다. 선박보험증권의 충돌손해배상책임약관(Collision Liability Clause)에서 의미하는 충돌은 선박과 선박간의 충돌을 말하지만, 해상고유의 위험에서 뜻하는 충돌에는 이와 같은 제한이 없다.[21]

라) 악 천 후 　악천후(heavy weather) 또는 황천(荒天)은 풍파의 이례적인(extraordinary) 작용을 말한다. 즉 거친 날씨에 바다가 사나워져 있는 상태를 뜻한다. 풍파의 통상적인(ordinary) 작용은 해상고유의 위험에 포함되지 않지만[22] 풍파의 이례적인 작용은 해상고유의 위험에 해당된다. 해상보험에서 악천후로 인한 손해에는 해수침손(seawater damage), 갑판적재화물의 풍랑유실, 화물의 곰팡이 손해 등이 있다.

참고로 해상고유의 위험에 관한 판례 몇 가지를 소개하기로 한다.

---

19) 상당 기간은 사실 문제인데, M' Dougle v. Royal Exchange Assurance Co.(1815, 4 Camp 283) 사건에서 엘렌보로(Ellenborouh) 판사는 "선박이 바위에 부딪쳐 1분 30초간 움직이지 못한 것은 좌초가 아니다"라고 판결하였다. 그러나 엘렌보로 판사는 Baker v. Towry(1816, 1 stark 436) 사건에서는 15분 내지 20분 동안 움직이지 못한 것은 좌초가 될 수 있다고 판결하였다.

20) Reischer v. Borwick.(1894) 2 Q B 548.

21) Arnould, *op. cit.*, s. 798A.

22) 영국해상보험법 제1부칙(RCP) 제7조.

판례 8.3

Magnus v. Buttemer

이 사건에서 선박은 통상적인 항해 과정에서 조석간만의 차가 심한 항구에 정박하였다. 그런데 이 정박지는 화물을 하역하는 데 적합한 장소였지만 연속적인 썰물로 선박이 모래밭에 얹혀서 선저 손상을 입었다. 여기에 대해서 재판부는 이 사건에서는 우연성이 결여되었기 때문에 선박 손상은 해상고유의 위험에 기인하는 것으로 볼 수 없다고 판단하였다.

『참고』 해상고유의 위험은 우연적(fortuitous or unexpected)이어야 한다. 그런데 썰물시에 바닷물이 빠져 나가면 선박은 모래밭에 얹힐 것이라는 것은 충분히 예상될 수 있는 일이다.

〈(1852) 11 CB 876〉

판례 8.4

Sassoon(ED) & Co. v. Western Assurance Co.

이 사건에서 목조 폐선(wooden hulk)에 적재된 아편이 폐선의 갈라진 목판 사이로 들어온 해수로 인하여 손상을 입었다. 피보험자는 해수침수로 인한 손상은 해상고유의 위험에 해당된다고 주장하였으나 재판부는 보험목적물의 손실은 해상고유의 위험과 무관하게 폐선의 노후성과 부식에 기인한 것으로 판단하였다.

『참고』 선박이 건조된 지 오래되어 부식되면 갈라진 틈 사이로 해수가 들어온다는 것은 결코 우연한 사건(fortuitous occurrence)으로 볼 수 없다는 것이 재판부의 견해이다. 'Hulk'는 선박으로서의 기능을 잃고 폐기될 상태에 있는 선박을 말한다. 부두가 몹시 혼잡할 경우 화물을 일시적으로 보관할 때 사용된다.

〈(1912) AC 561; 17 Com. Cas. 274; 12 Asp. MLC 206〉

판례 8.5[23)]

Palmer Dist. Co., v. S.S. American Counsellor

이 사건에서 선박은 11월에 아연 및 강철판과 일반 화물을 적재하고 북대서양을 운항하다가 풍속 11의 강풍을 만나 23톤의 아연 및 강철판이 움직여 다른 일반 화물을 손상시

23) 제13장의 〈판례 13-11〉도 해상고유의 위험과 관련되는 판례임.

켰다 이 사건에 대해서 법정은 11월에 북대서양 항로에서 풍속 11의 강풍은 예견될 수 있는 것으므로 일반 화물의 손상은 해상고유의 위험이 아니라고 판시하였다.

「참고」 이 사건은 일반 화물을 선적하여 화물에 손상을 입은 하주의 손해배상청구에 대해서 운송인이 해상고유의 위험으로 자신의 면책을 주장함으로써 제기된 것인데, 어떠한 경우에도 예측할 수 있는 위험은 해상고유의 위험에서 제외된다. 헤이그 규칙에 의해 운송인은 해상고유의 위험에 기인하는 손해에 대해서는 면책이다.

〈(1959) AMC, 2384〉

(2) 군　　함

전시에 군함(men-of-war)으로 인한 손해는 전쟁위험을 의미한다. 그리고 평화시에 군함이 작전훈련중 특정 선박에 손해를 입혔을 때도 전쟁위험으로 간주된다.

(3) 화　　재

화재(fire)는 빈번하게 발생하는 해상위험[24] 중 하나로서 우연한 사고 · 낙뢰, 화물의 자연발화 · 폭발 등으로 발생한다. 자연발화(spontaneous combustion)는 보험목적물 고유의 하자나 성질로 인한 화재이기 때문에 보험자는 법적으로 면책된다.[25] 그러나 보험자는 화재의 원인이 자연발화라는 점을 입증해야 한다. 자연발화는 보험자의 면책위험이지만 자연발화가 선박이나 다른 화물에 손해를 끼치게 되면 그 손해는 화재 손해로 보상된다. 그리고 화재로부터 생긴 연기에 의한 손해와 화재를 진압하기 위해서 사용한 물에 의한 손해도 보상된다.[26]

낙뢰로 인한 손해는 화재위험으로 간주되지 않지만 낙뢰로 인하여 화재가 발생한 경우에는 보상된다. 마찬가지로 폭발 그 자체는 보험자의 면책위험에 속하지만 폭발에 의해서 화재가 발생한 경우에는 화재 손해로 보상된다.

24) 침몰(sinking) · 좌초(stranding) · 화재(burning) · 충돌(collision)은 해상에서 빈번하게 발생하는 사고라 하여 이로 인한 사고를 실무에서는 'SSBC' 사고라 한다.

25) 영국해상보험법 제55조 2항 C.

26) 선박 내의 화재, 특히 자연발화일 경우에는 보험목적물이 다 타버려 흔적조차 찾기 힘들기 때문에 화재의 원인을 규명하는 것이 매우 어렵다. 실무에서는 석탄 · 어분 등 자연발화의 성질이 있는 화물에 대해서는 특약으로 인수하고 있다.

(4) 외　　적

외적(enemies)은 육지 · 해상 · 공중에서 발생할 수 있는 모든 형태의 적대행위를 말한다. 외적은 군함의 위험과 마찬가지로 전쟁위험에 속한다.

(5) 해　　적

해적(pirates)은 폭동을 일으키는 여객 그리고 해변 쪽에서 선박을 공격하는 폭도를 말한다.[27] 소말리아 등 일부 지역에서는 지금도 해적행위를 찾아볼 수 있다.

(6) 표도(漂盜)

해적행위(piracy)는 해적과 표도(rovers)를 포함하는 말이기 때문에 해적과 표도는 서로 동의어로 볼 수 있다. 표도는 16세기부터 19세기에 걸쳐 북아프리카의 바바리(Barbary) 해안에서 일어난 무어인(Moors)이나 아라비아인 해적을 의미한다. 그리고 영국에서 17세기 말 메리(Mary) 여왕이 집권할 당시 포획면허장 없이 노략질하던 선박도 표도라고 하였다.[28]

(7) 강　　도

강도(thieves)는 폭력에 의해 강탈을 행하는 사람을 의미하고 절도(theft)나 발하(pilferage)[29]는 포함하지 않는다. 영국해상보험법의 제1부칙(RCP, 제 9 조)에서는 "강도는 비밀리 행해지는 절도 또는 선원이든 여객이든 불문하고 승선자에 의한 절도는 포함하지 않는다"라고 규정하고 있다.

(8) 투　　하

투하(jettison)는 화물을 바다에 버리는 것을 뜻한다. 주로 해난에 직면한 선박이 침몰 위기에 처했을 때 선박을 가볍게 하기 위해서 선장이 의도적으로 화물을 투하한다.

---

27) 영국해상보험법 제 1 부칙(RCP) 제 8 조.

28) 김정수, 「해상보험론」(제 3 판)(박영사, 2003), p. 174.

29) 절도는 포장된 단위로 훔쳐가는 것이고, 발하는 포장된 물품 중의 일부만 훔쳐가는 좀도둑을 의미한다.

(9) 포획면허장 및 보복포획면허장

영국 · 스페인 등이 해상에서 주도권을 쟁탈하는 시대에 국왕이 개인에게 바다에 가서 노략질하도록 허가를 내 주었는데, 이 때 사용한 것이 면허장이다. 포획면허장(letters of mart)은 적의 상선을 습격하고 포획할 권리를 개인에게 부여한 권리증서를 말하고 이에 보복하기 위하여 상대방 국왕이 발행하는 해적면허장이 보복포획면허장(letters of counter mart)이다. 면허장은 1856년 파리조약(The Declaration of Paris)에 의해 금지되었다.

(10) 습 격

습격(surprisal)은 전시에 교전국 군함이 해상에서 적국이나 중립국의 선박, 특히 상선을 나포하는 것을 말하는데 오늘날에는 포획(capture)이라고 한다.

(11) 해상탈취

해상탈취(takings at sea)는 전시에 적국에서 전시금지품을 수송하는 혐의가 있는 중립국 상선을 검문하기 위해 특정 항구에 입항시키는 행위를 말한다. 검문 결과에 따라서 포획되는 수도 있고 석방되기도 한다. 그러나 보험증권상의 해상탈취는 〈판례 8-6〉에서처럼 피보험자로부터 보험목적물의 소유권을 탈취하는 모든 강제적 행위를 의미한다.[30] 오늘날에는 해상탈취 대신에 나포(seizure)라는 용어가 사용된다.

판례 8.6

Nishina Trading Company Ltd., v. Chiyoda Fire and Marine Insurance Co. Ltd.

이 사건에서 하주는 화물을 방콕에서 코베까지 운송하기 위해 운임을 용선계약자에게 지급했는데, 용선계약자는 선박이 코베에 정박할 때 폐업하였다. 선장은 선주로부터 미불된 용선료를 받을 때까지 화물을 하역하지 말도록 지시를 받고 곧장 홍콩으로 항해하였고, 그 곳에서 선주는 화물을 저당잡고 용선계약자로 하여금 돈을 빌리도록 하였다. 이 사건에서 재판부는 선장이 선주를 대신하여 화물을 코베에 하역하지 않고 홍콩으로 가져가는 순간부터 이미 화물의 점유권이 변경되었기 때문에 해상탈취(takings at sea)가 성립된다고 판결하였다.

〈(CA) [1969] 1 Lloyd's Rep. 293〉

30) R. J. Lambeth, *Templeman on Marine Insurance* (6th ed.)(London: Pitman, 1986), p. 179.

(12) 강류, 억지 및 억류

이 위험의 정확한 표현은 국왕, 군주 및 국민(Kings, Princes and People)의 강류, 억지 및 억류(arrests, restraints and detainments)이다. 국왕, 군주 및 국민의 의미는 모두 국가 통치권의 주체를 의미하는 것으로 해석한다. 따라서 국왕, 군주 및 국민은 관헌에 해당된다고 볼 수 있다.

강류, 억지 및 억류의 의미도 모두 비슷한 것으로 정치상 또는 행정상의 행위(political or executive acts)를 말하고 통상적으로 이루어지는 재판상의 소송절차로 인한 손해는 여기에 포함되지 않는다.[31)]

그러나 화물을 억류하더라도 소유권을 탈취하기 위한 것이 아니라 화물의 이동을 정지시켰다가 종국적으로 석방하게 되므로 이러한 위험은 전쟁이 발발하기 전후에 많이 발생한다.

(13) 선장 및 선원의 악행

선장 및 선원의 악행(barratry)은 선주나 용선자에게 손해를 줄 수 있는 선장 또는 선원의 고의에 의한 모든 부정행위를 말한다.[32)] 이들의 부정행위는 원인이 사기 · 태만 · 미숙련 등 어느 것에 기인하더라도 상관없이 악행에 해당된다.

예를 들어 선박을 고의로 침몰시키기 위하여 선박의 밑바닥에 구멍을 뚫는다든지[33)] 밀수행위가 발각되어 선박을 가지고 도망을 간다든지 또는 사기를 치기 위해서 선박과 화물을 매각 · 처분하는 행위 등은 대표적인 악행에 해당된다.

(14) 기타 일체의 위험

Lloyd's SG 보험증권의 위험약관은 보험자가 마지막으로 담보하고 있는 위험을 "상기 화물 · 상품 및 선박 또는 기타에 대하여 혹은 그들 일부에 대하여 파손 · 훼손 또는 손상을 발생케 했거나 또는 발생케 할 기타 일체의 위험 · 멸실 및 불행"으로 규정하고 있다.

이 위험을 소위 기타 일체의 위험(all other perils)이라 하는데, 이것은 앞에 열거된 13가지 위험을 제외한 기타 모든 위험을 의미하는 것이 아니고,

31) 영국해상보험법 제 1 부칙(RCP) 제10조.
32) 영국해상보험법 제 1 부칙(RCP) 제11조.
33) 이러한 행위를 천공(scuttling)이라 하는데, 제 1 차 세계대전 이후 선원들에게 유행했던 악행이다.

앞에 열거된 위험과 유사한 위험을 말한다. 영국해상보험법의 제 1 부칙(제12조)에서도 "기타 일체의 위험은 보험증권에 특별히 기재한 위험과 같은 종류의 위험만을 포함한다"고 규정하고 있다.

즉 동종제한의 원칙[34]에 따라서 기타 일체의 위험은 앞에서 명시된 13가지 위험과 동일한 성격을 가졌으나 반드시 그러한 문장으로 표시할 수 없는 위험을 의미한다. 위험이라는 것이 꼭 보험증권에서 규정하고 있는 용어와 일치하게 발생하는 것은 아니고 아주 유사한 형태로도 발생할 수 있다. 유사한 형태의 위험을 수용하기 위해서 기타 일체의 위험이라는 표현이 필요한 것으로 풀이된다.

기타 일체의 위험과 관련되는 몇 가지 판례를 참고로 살펴보면 다음과 같다.

판례 8.7

Butler v. Wildman

이 사건에서 스페인 선박의 선장은 적국의 선박에게 미국의 금화를 빼앗기지 않으려고 바다에 버린 후 적에게 체포되었다. 이 사건에 대해서 재판부는 투하 또는 외적의 위험이라고는 말할 수 없지만 그와 유사한 위험이기 때문에 기타 일체의 위험에 속한다고 판결하였다.

〈(1820) 3B. & ALD. 398〉

판례 8.8

The Knight of St. Michael

이 사건에서 선박은 석탄을 적재하고 뉴캐슬에서 발파라이조(Valparaiso)까지 항해를 시작했는데, 적재된 석탄이 뜨거워졌다. 실제 화재 상황은 아니지만 항해가 어려워 피난항에 입항하여 상당 부분의 석탄을 매각 처분하고 나머지 석탄만을 목적지까지 운송하였다. 재판부는 이 손해는 화재로 인한 손해는 아니지만 동종제한의 원칙에 따라서 화재와 유사한 손해로 볼 수 있다고 판결하였다.

〈(1898) 9. 30: 8 Asp. MLC 360: 3 Com. Cas. 62〉

---

34) 동종제한의 원칙(principle of ejusdem generis)은 서로 유사한 뜻을 가진 단어가 나열되면 각각 별다른 뜻을 가진 것으로 해석하는 것이 아니라 서로 비슷한 의미를 지닌 것으로 해석하는 원칙을 말한다. 이에 관한 자세한 내용은 「제 9 장 해상보험증권 제 1 절」을 참고할 것.

판례 8.9

Symington & Co. v. Union Insurance Society of Canton

알제리 항에서 다량의 코르크가 선적을 위해 부두의 잔교(jetty)에 적재되어 있었다. 때마침 부두의 잔교에서 화재가 발생하자 군과 항만 당국은 코르크의 일부를 바다에 투하했고, 잔교에 있는 나머지 코르크에는 소화작업으로 바닷물이 침수하였다. 이 사건에 대해서 법정은 화재에 직접적으로 근인한 손해는 아니지만 동종제한의 원칙에 따라서 화재로 인한 손해로 볼 수 있다고 판결하였다.

〈(1928) KB 30 Ll. L. Rep. 280〉

2. 협회적하약관상의 담보위험

현재 사용되고 있는 협회적하약관(Institute Cargo Clauses, 2009)은 담보위험의 내용에 따라서 A약관 · B약관 · C약관으로 구분되며 각 약관의 제1조에는 보험자가 담보하는 위험이 규정되어 있다.

2-1 A약관상의 담보위험

A약관은 과거의 전위험담보(All Risks) 조건을 체계적으로 정리한 것이다. A약관은 보험자의 포괄책임주의 방식을 택하고 있기 때문에 이 약관에서는 보험자의 면책위험이 규정되어 있다. A약관에서는 보험자의 일반면책위험, 선박의 불내항 및 부적합위험, 전쟁위험 및 동맹파업위험을 제외한 모든 위험을 담보한다. 따라서 위의 네 가지 면책위험을 제외한 모든 위험이 A약관에서의 담보위험이 된다.

2-2 B약관상의 담보위험

B약관은 과거의 분손담보(With Average)조건을 정리한 것이다. 그리고 B약관은 보험자가 담보하고자 하는 위험이 약관상에 열거되어 있는 열거책임주의 방식을 택하고 있다. B약관에서의 담보위험은 〈표 8-2〉와 같다.

■ 표 8-2 협회적하약관 B 약관상의 담보위험[35)]

1. 1	화재 또는 폭발
1. 2	선박 또는 부선의 좌초 · 교사 · 침몰 또는 전복
1. 3	육상운송용구의 전복 또는 탈선
1. 4	선박 · 부선 또는 운송용구와 물 이외의 타물체와의 충돌 또는 접촉
1. 5	피난항에서의 화물의 양하
1. 6	지진 · 분화 또는 낙뢰
2. 1	공동해손희생
2. 2	투하 또는 파도에 의한 갑판상의 유실
2. 3	선박 · 부선 · 선창 · 운송용구 · 컨테이너 · 리프트밴 또는 보관장소에 해수 · 호수 또는 하천수의 유입
3.	선박 또는 부선에 선적 또는 양하작업중 해수면으로 낙하하여 멸실되거나 추락하여 발생된 포장단위당 전손

(1) 화재 · 폭발

사회 통념상으로 인정되는 화재 또는 폭발에 합리적으로 기인하는 손해는 그 원인 여하를 불문하고 보험자가 보상한다. 그러나 보험자의 일반면책, 선박의 불내항성 및 부적합성, 전쟁 및 동맹파업으로 인하여 발생하는 화재 · 폭발 손해는 담보되지 않는다. 그리고 화재 · 폭발 손해는 화재에 의한 연기나 열에 의한 손해 및 소화작업시의 물에 의한 손해까지 포함한다.

(2) 좌초 · 교사 · 침몰 · 전복

선박 또는 부선의 좌초 · 교사 또는 침몰은 Lloyd's SG 보험증권에서 담보하고 있는 내용과 동일하다. 전복(capsized)은 선박이 뒤집혀졌는데도 침몰하지 않는 경우이다. 과거에는 이러한 위험을 동종제한의 원칙에 따라서 앞에 열거된 위험과 유사한 위험으로 처리했는데, 오늘날에는 해석상의 분쟁을 막기 위해서 구체적으로 열거하고 있다.

(3) 육상운송용구의 전복 · 탈선

해상운송에 부수하는 육상운송과정에서 운송용구가 전복(overturning) 또는 탈선(derailment)함으로써 발생하는 손해를 보상한다.

35) 1.1~1.6은 위험과 손해 사이에 상당한 인과관계가 있으면 보상되는 위험이다. 즉 피보험자나 그의 대리인이 상당한 주의를 하지 않더라도 보상되는 위험이다. 그러나 2.1~2.3의 위험은 피보험자나 그의 대리인의 주의의무가 충족되지 않으면 보상되지 않는 위험이다.

(4) 물 이외의 타물체와의 충돌 · 접촉

선박 · 부선 · 운송용구가 물 이외의 타물체와 충돌하거나 접촉함으로써 화물에 생기는 손해를 보상한다.

(5) 피난항에서의 화물의 양화

최종 목적항까지 화물을 계속 운송할 수 없을 경우에는 피난항에서 화물을 일단 양하하였다가 재선적 후 목적항까지 운송한다. 만약 화물의 손해가 목적항에 도착한 후 발견되면 그 손해가 피난항에서 양하하다가 생겼는지 또는 재선적하고 그 후에 생겼는지 파악하기가 곤란하다. 이 때 화물 손해가 피난항에서 하역하다가 생긴 것으로 증명하면 보험자가 보상한다.

(6) 지진 · 분화 · 낙뢰

지진과 분화는 육상에서 발생하는 위험이지만 해상보험의 담보범위를 확대하여 지진 · 분화에 합리적으로 기인하여 발생하는 손해를 보상하고 있다. 그리고 낙뢰에 의한 손해도 화재가 발생하든 안 하든 상관하지 않고 보상한다.

(7) 공동해손희생

공동의 안전을 위하여 희생된 손실에 대해서 보험자가 보상한다.

(8) 투하 · 갑판유실

투하는 비상사태시 선박을 가볍게 하거나 속도를 빨리 내기 위해서 적재된 화물을 바다에 버리는 것이다. 그리고 갑판유실(washing overboard)은 파도에 의해 갑판상에 적재된 화물이 씻겨 내려가는 것을 말한다.

(9) 해수 · 호수 · 하천수의 유입

선박 · 부선 · 선창 · 운송용구 · 컨테이너 · 리프트밴(liftvan) 또는 보관장소에 해수 · 호수 또는 하천수가 유입됨으로써 생기는 손해를 의미하는데, 빗물로 인한 손해는 제외된다.

(10) 추 락 손

추락손(sling loss)은 선적이나 하역작업을 하던 중 해수면으로 떨어져 발생하는 화물의 포장단위당 전손(total loss of any package)을 말한다.

2-3 C약관상의 담보위험

협회적하약관 C약관은 과거의 분손부담보(Free from Particular Average)조건을 정비한 것이다. C약관도 B약관에서처럼 열거책임주의 방식을 택하고 있기 때문에 보험자의 담보위험이 열거되어 있는데, B약관보다 열거된 담보위험의 수가 적다.

B약관에 열거된 담보위험 중 ① 지진 · 분화 · 낙뢰, ② 갑판유실, ③ 본선 · 부선 · 선창 · 운송용구 · 컨테이너 · 리프트밴 또는 보관장소에 해수 · 호수 또는 하천수의 유입, ④ 추락손은 C약관에서 제외된다.

협회적하약관(ICC)의 A약관 · B약관 · C약관에서 담보하고 있는 위험을 비교해 보면 〈표 8-3〉과 같다.

■ 표 8-3 담보위험의 비교

담보위험(1 조)	각 약관에서의 담보 여부		
	(A)	(B)	(C)
화재 · 폭발	○	○	○
본선 · 부선의 좌초 · 교사 · 침몰 · 전복	○	○	○
육상운송용구의 전복 · 탈선	○	○	○
본선 · 부선 · 그 밖의 운송용구와 물 이외 타물체와의 충돌 · 접촉	○	○	○
파난항에서의 화물의 양하	○	○	○
지진 · 분화 · 낙뢰	○	○	×
공동해손희생	○	○	○
투 하	○	○	○
갑판유실	○	○	×
본선 · 부선 · 선창 · 운송용구 · 컨테이너 · 리프트밴 · 보관장소에 해수 · 호수 · 하천수의 유입	○	○	×
추 락 손	○	○	×
그 밖의 모든 위험에 의한 멸실 · 손상*	○	×	×

* A약관에서도 보험자의 일반면책위험, 불내항성 및 부적합면책위험, 전쟁 및 동맹파업위험은 담보위험에서 제외된다.

3. 협회기간약관(선박)상의 담보위험

선박보험에서 가장 많이 이용되고 있는 협회기간약관(ITC-Hulls)은 보험자의 열거책임주의 방식을 택하고 있다. 이에 따라서 제6조에서는 선박보험자가 담보하는 위험이 〈표 8-4〉와 같이 열거되어 있다.

(1) 해상고유의 위험

해상고유의 위험은 해상의 우연한 사고 혹은 손해를 말하는데, 이는 Lloyd's SG 보험증권에서 규정하고 있는 해상고유의 위험과 동일하다. 그리고 선박보험에서는 강·호수·기타 선박이 운항할 수 있는 수면에서 발생하는 고유의 위험도 보험자가 담보한다.

(2) 화재·폭발

자연발화를 제외한 화재는 보험자가 담보한다. 그리고 선박 내외에서 발생하는 폭발위험도 담보한다. 예를 들면 위험성 화물의 폭발, 보일러 증기의

■ 표 8-4 협회기관약관상의 담보위험[36)]

1. 1	해상·강·호수 또는 기타 항해 가능한 수면에서의 고유위험
1. 2	화재·폭발
1. 3	선박 외부로부터 침입한 자에 의한 폭력을 수반한 도난
1. 4	투 하
1. 5	해적행위
1. 6	핵장치나 원자로의 고장 또는 사고
1. 7	항공기 등과의 접촉
1. 8	지진·화산의 분화 또는 낙뢰
2.`1	적하 또는 연료의 선적·양하 또는 이동중의 사고
2. 2	기관의 파열, 차축의 파손 또는 기관이나 선체의 잠재 하자
2. 3	선장·고급선원·보통선원 또는 도선사의 과실
2. 4	수리자 또는 용선자의 과실
2. 5	선장·고급선원·보통선원의 악행

36) 1.1~1.8의 위험은 피보험자·선주 또는 선박관리자가 상당한 주의를 하지 않더라도 보험자가 담보하는 경우이고, 2.1~2.5의 위험은 피보험자·선주 또는 선박관리자가 상당한 주의를 기울였는데도 불구하고 손해가 발생하는 경우이다.

압력으로 인한 폭발, 연료탱크의 폭발로 선박이 손상되거나 또는 선박이 항구에 정박중 육상에 있는 석유 및 가스탱크가 폭발하여 선박이 손상될 경우의 손해를 담보한다.

(3) 강 도

선박 외부로부터 침입한 자가 폭력을 행사하면서 선박의 용품이나 화물을 훔쳐 가는 손해를 보험자는 보상한다.

(4) 투 하

대부분의 투하는 공동해손으로 인정되지만 공동해손이 성립되지 않는 투하로 인한 손해도 보상한다. 왜냐 하면 투하는 대부분 비상사태를 모면하기 위하여 화물이나 선박의 용품을 바다에 버리기 때문이다. 그런데 공동해손이 성립되려면 항해단체(선박 · 적하)가 구성되어야 하는데 만약 선박이 화물을 적재하지 않고 출항할 경우에는 선박 단독이기 때문에 원칙적으로 공동해손이 성립되지 않는다.

(5) 해적행위

Lloyd's SG 보험증권상에 규정되어 있는 해적의 성질과 유사하다. 해적은 폭동을 일으키는 여객 그리고 해변 쪽에서 선박을 공격하는 폭도 등을 말한다.

(6) 핵장치 · 원자로의 고장 또는 사고

선박의 내외에서 발생하는 핵장치·원자로의 고장 또는 사고에 의한 손해는 보험자가 보상한다. 선내에서는 원자력선 또는 화물이 핵장치·원자로인 경우를 말하고, 선외에서는 육상이나 다른 선박에 장치되거나 적재된 경우를 말한다.

(7) 항공기 등과의 접촉

항공기 혹은 이와 유사한 물체 또는 그로부터 추락하는 물체, 육상운송용구, 도크 또는 항만시설이나 장비와 접촉함으로써 입는 선박의 손실을 보험자는 보상한다.

(8) 지진 · 분화 · 낙뢰

지진 · 해진 등으로 선박 손상이 발생할 경우 보험자는 보상한다. 그리고 화산 분화로 정박중인 선박이 손상을 입는 경우나 낙뢰로 손상을 입는 경우에도 보상한다.

(9) 선적 · 양하 또는 이동중의 사고

화물이나 연료를 선적 · 양하하는 과정 또는 이동하는 과정에서 발생하는 손해를 보험자는 보상한다.

(10) 기관 등의 파열 및 잠재적 하자

기관이 파열되거나 차축(shaft)이 파손됨으로써 선박에 발생하는 손해를 보험자는 보상한다. 그리고 기관이나 선체의 잠재적 하자(latent defect)로 인한 손해도 보험자가 보상한다. 잠재적 하자는 선박의 건조시나 수선시부터 존재하는 하자를 의미한다.

(11) 선장 등의 과실

선장 · 고급선원 · 보통선원 또는 도선사(pilot)의 과실로 인한 위험까지 보험자가 담보한다. 선장 · 고급선원 또는 도선사는 부보 선박에 지분이 있어도 선주로 간주되지 않는다(제6.3항).

(12) 수선자 또는 용선자의 과실

부보 선박이 수선된 경우 수선자의 과실에 의해서 발생한 선박의 멸실 또는 손상을 보험자는 보상한다. 그리고 피보험자가 보험자의 승낙을 얻어 선박을 용선시킨 경우 용선자의 과실에 의하여 발생한 손상도 보상한다.

(13) 선원의 악행

선장 · 고급선원 또는 보통선원의 악행에 의한 선박의 손해를 보험자가 보상한다.[37)]

---

37) 고급선원은 선장, 기관장, 갑판장 따위처럼 등급이 높은 선원을 말하는데 일반적으로 선원법에 의하여 면허를 받아야 한다.

04 면책위험의 해설

해상보험에서 보험자가 면책되는 위험은 영국해상보험법과 보험약관에 명시되어 있다. 영국해상보험법에는 적하보험 · 선박보험 등 모든 해상보험에 공통적으로 적용되는 면책위험이 규정되어 있고 각 보험약관에도 보험조건에 따른 면책위험이 구체적으로 명시되어 있다.

1. 영국해상보험법상의 면책위험

영국해상보험법(제55조 2항)에 규정되어 있는 보험자의 법정면책사항(statutory exclusions)을 조목별로 분류하면 〈표 8-5〉와 같다.

1-1 피보험자의 고의적인 불법행위

피보험자의 고의적인 불법행위(wilful misconduct of the assured)에 기인하는 손해에 대해서 보험자는 보상책임을 지지 않는다. 피보험자의 중과실을 보상에서 제외하는 것은 해상보험 뿐만 아니라 모든 보험에서 공통적으로 적용되는 원칙이다. 물론 피보험자의 고의적인 행동이 정당한 경우에는 그로 인한 손해에 대해서 보험자는 보상할 책임이 있다.

예를 들어 선주가 보험금을 타기 위해서 의도적으로 선박의 밑바닥에 구멍을 뚫어 선박을 침몰시키는 것은 피보험자의 고의적인 불법행위에 기인한

■ 표 8-5 영국해상보험법상의 면책위험

- 피보험자의 고의적인 불법행위
- 항해의 지연(delay)으로 인한 손해
- 통상적인 자연소모
- 통상적인 누손 및 파손
- 보험목적물 고유의 하자 또는 성질
- 쥐 혹은 벌레에 의한 손해
- 해상위험에 근인하지 않는 기관 손해

것이기 때문에 보험자는 면책된다.[38] 그러나 선박 내에 화재가 발생하여 밑바닥에 구멍을 내어서 해수를 유입시켜 화재를 진압한 경우에는 보험자는 면책되지 않는다.

1-2 지 연

보험증권상에 별도의 합의가 없는 한 보험자는 항해의 지연(delay)에 기인하여 발생하는 손해에 대해서는 일체 보상책임을 지지 않는다. 설령 지연이 담보위험에 의하여 발생한 것이라도 지연에 의한 손해는 보험자의 절대면책이 인정된다.[39]

왜냐 하면 항해의 지연은 보험자의 의사와 상관없이 선주 · 선장 · 운항관리자 또는 용선자 등 항해에 관련되는 당사자들의 기술적 능력이나 불법행위에 의해서 얼마든지 일어날 수 있기 때문이다. 따라서 영국해상보험법에서도 항해보험의 경우 항해는 적당한 기간 내에 개시되어야 하고 신속하게 이루어져야 하며 만약 이를 위반할 시에는 보험자의 보상책임이 해제되는 것으로 규정하고 있다.[40]

1-3 자연소모

자연소모(wear and tear)는 흔히 해상고유의 위험과 비교되지만 전자는 통상적인 운송 과정이나 보관 과정에서 선박 · 화물 등에 일어나는 불가피한 손해를 말하고, 후자는 해상에서 우연히 발생하는 사고나 재해를 말한다. 따라서 해상고유의 위험은 우연히 발생하는 위험이기 때문에 해상보험으로 담보가 가능하지만, 자연소모는 반드시 발생하고 예상될 수 있는 손해이기 때문에 이러한 손해는 근원적으로 보험의 대상에서 제외되며 이에 따라 보험자의 면책이 인정된다.

예를 들어 선박의 철판이 풍파에 의해 부식한다든지,[41] 선박의 밑바닥에 조개류나 이끼류가 끼인다든지 또는 기관이 자연적으로 마모되는 것 등은 해상운송에서 당연히 발생하는 자연소모이기 때문에 보상되지 않는다.

38) Compania Martiartu v., Royal Exchange Assurance [1923] 1KB 650.
39) R. H. Brown, *op. cit.*, p. 119.
40) 영국해상보험법 제48조.
41) Wadsworth Lighterage and Coaling Co. v. Sea Insurance Co.(1929) 45 TLR 597.

1-4 누손 · 파손

통상의 누손(ordinary leakage)은 포도주 · 주정 · 당밀 · 유류 등 액체 상태의 화물이 자연적으로 증발하거나 용기에 흡수됨으로써 생기는 손실을 말한다. 이러한 손실은 아무리 좋은 날씨 속에 항해하더라도 불가피하게 발생하고 거래의 관습상 예상되는 누손이기 때문에 일정 비율을 정하여 그 비율 이상의 경우에만 보험자가 담보한다.

그러나 선박이 좌초 또는 충돌함으로써 선창 내 적재된 화물이 이동되거나 용기가 파손됨으로써 생기는 이례적인 누손(extraordinary leakage)에 대해서는 보험자가 책임을 진다.

통상적인 파손(ordinary breakage)도 누손과 마찬가지로 보험자의 면책이다. 특히 파손은 포장상태의 불량 등 피보험자의 태만에 기인하여 발생하는 경우가 많은데, 태만이 보험자의 면책위험이기 때문에 파손에 대해서도 특약이 없는 한 보상하지 않는다.

1-5 고유의 하자

보험목적물 고유의 하자(inherent vice) 또는 성질에 기인하여 발생하는 손해에 대해서 보험자는 책임을 지지 않는다. 고유의 하자나 성질에 기인한 손해의 경우를 살펴보면 다음과 같다.[42)]

① 항해 과정에서 발생하는 선어 · 육류 · 야채 · 과실 · 난 등의 부패(decay), 주류의 산화 · 변질, 곡류 · 곡분의 증발로 인한 변질(deterioration), 도장물 · 다기류의 변색(discoloration).

② 항해 과정에서 통상적으로 생기는 선창 내의 습기에도 견디지 못하는 땀(sweat) 손해.

③ 항해 과정에서 곡물 · 연초 등에 발생하는 곰팡이(mould), 금속화물에 발생하는 녹(rust).

④ 석탄 · 양모 · 어분 · 대마 등은 화학적 · 생물학적 변화로 인하여 스스로 발화하거나 폭발하는 경우가 있는데, 이와 같은 자연발화 또는 자연폭발.

---

42) 김정수, 앞의 책, pp. 211-212.

1-6 쥐 혹은 벌레

과거 선박이 목재로 건조될 때는 쥐가 나무를 갉아 먹어서 선박이 침몰하거나 화물에 손상이 발생하는 경우가 많아서 이를 보험자의 면책위험으로 규정하였다. 그리고 벌레가 화물에 끼여 손상되는 경우도 마찬가지였다.

1-7 기관 손해

해상위험에 근인하여 일어나지 않는 기관의 손상에 대해서 보험자는 책임을 지지 않는다. 선박의 기관은 자연소모가 많기 때문에 해상위험에 근인한 손해에 대해서만 보험자가 책임을 지도록 하고 있다.

2. 협회적하약관상의 면책위험

2009년도 협회적하약관(ICC)의 면책조항에는 일반면책위험, 선박의 불내항 및 부적합위험, 전쟁위험 및 동맹파업위험의 네 가지를 면책위험으로 규정하고 있다. 네 가지 면책위험은 A약관 · B약관 · C약관에 공동으로 적용되며 일반면책위험과 선박의 불내항 및 부적합위험에 기인한 손해는 어떠한 경우에도 보상되지 않지만 전쟁위험과 동맹파업위험은 특약으로 담보가 가능하다.

2-1 일반면책

협회적하약관의 면책조항 제4조에는 보험자의 면책사항을 〈표 8-6〉과 같이 일곱 가지로 구분하여 구체적으로 명시하고 있는데,[43] 여기에 근인하여

■ 표 8-6 협회적하약관의 일반면책위험

- 피보험자의 고의적 불법행위
- 통상의 누손 · 중량 또는 용적의 통상적인 손해 · 자연소모
- 포장 또는 준비의 불완전 혹은 부적합
- 보험목적물 고유의 하자 또는 성질
- 항해의 지연으로 인한 손해
- 선주 · 관리자 · 용선자 · 운항자의 파산 혹은 재정상의 채무불이행
- 원자력 · 핵분열 · 핵융합 또는 이와 비슷한 전쟁무기의 사용

43) 협회적하약관의 A약관에서는 면책사항이 일곱 가지이고, B약관과 C약관에는 제3자의 불법행위에 대한 면책사항이 추가되어 여덟 가지이다.

발생하는 어떠한 손해에 대해서도 보험자는 보상하지 않는다. 앞에서 논의된 영국해상보험법상의 법정면책사항은 대부분 이 약관에 수용되어 있다.

(1) 피보험자의 고의적 불법행위

영국해상보험법(제55조 2항 b)에서 규정하고 있는 것과 마찬가지로 보험자는 피보험자의 고의적인 불법행위에 기인하여 발생하는 멸실·손상 또는 비용에 대해서는 일체 보상하지 않는다.

(2) 통상의 누손, 중량 또는 용적의 통상적인 손해·자연소모

보험자는 보험목적물의 통상적인 누손, 중량 또는 용적의 통상적인 손해·자연소모 등은 보상하지 않는다. 이 항목도 영국해상보험법(제55조 2항 c)과 유사한데, 다만 영국해상보험법에서는 중량 또는 용적의 통상적인 손해가 명시되어 있지 않고 대신 통상적인 파손이 규정되어 있다.

소맥·술 및 그 밖의 산적 화물(bulky cargo) 등은 선적·양하하는 과정에서 바람에 날리거나 또는 운송 도중 건조되거나 휘발되어 중량이나 용적이 줄어들기 쉽다. 그 동안 영국해상보험시장에서는 특정 화물에 대해서 3% 또는 5% 등 일정 비율을 정하여 그 이하의 부족손(shortage)은 관행상 면책으로 해 왔다. 그리고 Lloyd's SG 보험증권에서도 면책률약관(Memorandum Clause)[44]이 있어 일정 비율의 소손해를 보험자의 면책으로 규정하였다. 그런데 면책률약관이 폐지됨으로써 신양식의 보험증권에서는 이러한 관행을 보험자의 일반면책사항에 삽입하게 되었다.

한편 영국해상보험법에서는 파손에 대해서도 보험자의 면책을 규정하고 있는데, 협회적하약관에서는 이를 제외하였다. 통상의 누손, 중량 또는 용적의 통상적인 손해·자연소모는 운송 과정에서 불가피하게 발생하지만 파손은 전혀 발생하지 않는 경우도 있고 또는 이상하게 발생하는 경우도 있어 손해의 발생이 불규칙적이다.[45] 필연적으로 발생하는 손해에 대해서는 보험자의

44) 면책률약관은 화물별로 일정 비율 이상의 손해가 발생해야만 보험자가 책임진다는 내용이다. 이 약관에는 3% 및 5%의 소손해 면책률을 적용해야 하는 화물이 일일이 나열되어 있다. 여기에 관한 자세한 내용은 「제9장 해상보험증권 제3절」을 참조할 것.

45) 김정수, 앞의 책, p. 205.

면책이 인정될 수 있지만 우연히 불규칙적으로 발생하는 손해는 보험자가 담보해야 한다.

따라서 담보위험에 근인하여 발생하는 파손은 당연히 보상된다. 그러나 파손은 주로 포장상태나 운송준비가 불충분할 경우 많이 발생하는데, 포장상태의 불충분은 보험자의 면책사항에 속하기 때문에 이러한 파손에 대해서는 보험자의 면책이 인정된다.

(3) 포장 또는 준비의 불완전

영국의 해상보험법에는 규정되어 있지 않지만 포장이 불완전함으로써 생기는 손해에 대해서 보험자의 면책이 인정되고 있다. 즉 보험자는 보험목적물의 포장 또는 준비의 불완전 또는 부적절로 생기는 멸실 · 손상 또는 비용 그리고 보험목적물을 컨테이너 또는 리프트밴에 불완전하게 또는 부적절하게 적부(stowage)[46]함으로써 생기는 멸실 · 손상 또는 비용에 대해서 책임을 지지 않는다.

포장의 불충분성(insufficiency) 또는 부적절성(unsuitability)은 포장이 화물을 운송하고 보관하는 데 완전하지 못한 상태를 말한다. 그런데 포장의 완전성을 결정하는 객관적인 기준은 없으며 거래의 통념에 따라 결정된다. 화물의 성질, 항해의 종류 및 그 시기, 관습 또는 기타의 실무관계를 고려하여 적절하다고 간주되는 정도의 포장이면 충분한 포장이라고 할 수 있다. 운송준비(preparation)는 당해 화물을 위해서 당연히 강구되어야 할 조치를 말한다.

그리고 컨테이너 또는 리프트밴에 화물이 불완전하게 적부됨으로써 생기는 손해에 대해서도 보험자의 면책을 인정하고 있지만 이러한 면책은 반드시 적부가 보험이 개시되기 전에 행하여지거나 또는 피보험자 혹은 그 사용인에 의하여 행하여지는 경우에 한한다. 따라서 위험이 개시된 후 행하여진 적부나 운송인이나 운송주선인에 의한 적부는 보험자의 면책사항이 아니다.

이렇게 하는 이유는 위험이 개시된 후 운송인에 의한 적부는 피보험자의 입장에서는 어쩔 수 없는 상황이기 때문에 선의의 피보험자를 보호하기 위해서이다. 그리고 피보험자로 하여금 자신이 화물을 컨테이너에 직접 적재할

46) 컨테이너 자체가 포장재 역할을 하기 때문에 컨테이너 안에 화물을 적재하는 것도 '포장'(packing)에 포함시키고 있다.

때는 적부에 주의를 기울이도록 유도하고[47] 운송주선인이나 운송인이 화물을 컨테이너에 적재할 때는 적절하게 적부되고 있는가를 확인할 책임을 피보험자에게 부여하기 위해서이다.[48]

(4) 고유의 하자

영국해상보험법(제55조 2항 c)의 규정과 마찬가지로 보험목적물 고유의 하자나 성질을 근인으로 하는 멸실 · 손상 또는 비용에 대해서 보험자는 책임지지 않는다.

(5) 지 연

영국해상보험법(제55조 2항 b)에서처럼 보험자는 지연에 근인하여 발생하는 멸실 · 손상 또는 비용에 대해서 책임을 지지 않는다. 그러나 공동해손비용과 구조비는 그것이 지연을 근인으로 지출된 경우에도 보험자가 부담한다. 항해의 지연으로 인한 비용손해는 폭풍우를 피하기 위하여 발생하는 화물의 하역비 · 보관비 · 재선적비 등을 말한다.

(6) 선주 등의 파산

보험자는 본선의 소유자 · 관리자 · 용선자 또는 운항자의 지불불능 또는 금전상의 채무불이행으로 생기는 멸실 · 손상 또는 비용에 대해서는 책임지지 않는다. 이 면책사항은 영국해상보험법에는 규정되어 있지 않고 협회적하약관에 새로 소개된 것이다.

(7) 원자핵무기

대부분의 보험약관에서는 관례적으로 원자핵무기(nuclear weapons)와 이와 유사한 무기의 사용으로 발생하는 손해에 대해서 보험자의 면책을 규정하고

---

47) 컨테이너에 화물을 적재하는 당사자는 하주(피보험자) · 운송주선인 또는 운송인 등이다. 운송화물의 양이 많아서 컨테이너 단위로 계산될 경우에는 하주가 자기의 공장이나 창고에서 화물을 직접 컨테이너에 적재한 후 컨테이너 자체를 운송인에게 인도한다. 그러나 한 컨테이너에도 가득 차지 않는 소량의 화물(less than one container load; LCL)은 통상 Container Freight Station(CFS)에 모여 운송주선인(forwarder)이 동일한 목적지까지 가는 화물을 모아서 한 컨테이너에 채우게 된다.

48) R. H. Brown, *Analysis of Marine Insurance Clause*(London: Witherby 1982), p. 12.

있다. 이 면책사항도 협회적하약관에 신설된 것인데, 그 내용은 원자력·원자핵 분열이나 융합, 기타 이와 유사한 반응 또는 방사선이나 방사선물질을 이용한 무기의 사용으로 인하여 발생하는 멸실·손상 또는 비용에 대해서 보험자는 책임지지 않는다는 것이다.

(8) 제 3 자의 불법행위

제 3 자의 불법행위에 의해서 보험목적물이 손상되거나 파괴되는 경우 보험자는 보상하지 않는다. 그런데 이것은 협회적하약관의 B약관과 C약관에서만 면책사항이고 A약관에서는 담보위험에 속한다. B약관과 C약관에서는 특약에 의해서 담보가 가능하다.

제 3 자의 악행에 의해서 피해를 보는 선의의 피보험자를 보호하기 위해서 악의적 손상약관(Malicious Damage Clause)이 사용되고 있다. B약관이나 C약관을 이용하는 피보험자들이 이 약관을 특약으로 체결하면 제 3 자의 불법행위에 의한 의도적인 손상 또는 파괴, 악의적 행위, 만행(vandalism), 사보타지(sabotage) 등으로 인한 손해를 보상받을 수 있다.

영국해상보험법에서 규정하고 있는 면책사항과 협회적하약관의 일반면책사항을 총괄적으로 비교해 보면 〈표 8-7〉과 같다.

■ 표 8-7 면책위험의 비교

면책사항	영국해상보험법	협회적하약관
피보험자의 고의적인 불법행위	○	○
지　연	○	○
자연소모	○	○
통상의 누손	○	○
통상의 파손	○	–
통상의 부족손	–	○
고유의 하자나 성질	○	○
쥐 혹은 벌레	○	–
기관손해	○	–
포장의 불완전	–	○
선주 등의 파산	–	○
원자핵무기	–	○

2-2 불내항 및 부적합면책

협회적하약관의 면책조항 제5조에는 선박의 불내항 및 부적합위험을 면책위험으로 규정하고 있다. 선박이라고 하면 당연히 항해를 감당할 수 있는 내항성을 갖추어야 하며 이것은 묵시담보(implied warranty)에 해당된다. 따라서 선박이 내항성을 갖추지 못하면 묵시담보를 위반한 것이기 때문에 보험계약은 담보위반 시점에서부터 무효가 된다.

그런데 선박의 내항성 여부는 하주하고는 상관없는 일이기 때문에 내항성 결여로 인한 보험사고에 대해서 무조건 보험자의 면책을 주장하게 되면 선의의 피해자가 생길 수 있다. 이에 따라서 피보험자 또는 그의 사용인이 화물을 당해 운송용구에 선적할 때 불내항성을 알고 있을 경우에 한하여 보험자의 면책을 규정하고 있다.

구체적으로 보험자는 첫째, 본선 또는 부선(craft)의 불내항, 둘째 본선 또는 부선 · 컨테이너 또는 리프트밴이 보험목적물의 안전한 수송에 부적합한 경우로 인하여 발생하는 멸실 · 손상 또는 비용을 보상하지 않는다. 다만 이러한 면책사항은 피보험자나 그의 사용인이 화물을 당해 운송용구에 선적할 때 불내항 또는 부적합한 사실을 알고 있을 경우에 한하여 적용된다.

따라서 선박의 불내항성이나 기타 운송용구의 부적합성으로 보험사고가 발생하더라도 피보험자가 이러한 사실을 모르고 있었다는 것을 입증하면 보상이 된다. 그런데 선박의 불내항성은 묵시담보의 위반이기 때문에 담보를 위반했는데도 보상을 하게 되면 담보의 원리와 상충되는 점이 발생한다. 이런 점을 감안하여 피보험자 또는 그 사용인이 이러한 불내항성 또는 부적합한 사실을 알지 못할 경우에 한하여 보험자는 묵시담보를 포기한 것으로 간주한다.

2-3 전쟁면책

전쟁위험은 Lloyd's SG 보험증권의 위험약관에서 보험자의 담보위험으로 열거되어 있지만 1899년 포획 · 나포부담보약관(Free From Capture and Seizure)이 제정된 이후부터 보험자의 면책위험이 되었다. 그러나 전쟁위험은 특약에 의해서 담보 가능하다.

현재 전쟁면책약관에서는 아래의 위험을 원인으로 해서 발생된 보험목적물의 멸실 · 손상 혹은 비용손해는 담보하지 않는다.

① 전쟁 · 내란 · 혁명 · 모반(rebellion) · 반란(insurrection) 또는 이로 인하여 생기는 국내 투쟁 또는 교전국에 의한, 혹은 교전국에 대해서 행해진 적대행위.

② 포획 · 나포 · 강류 · 억지 또는 억류(해적행위 제외)와 이러한 행위의 결과 또는 이러한 행위를 하고자 기도한 결과.

③ 유기된 기뢰(derelict mines) · 어뢰 · 폭탄 또는 기타 유기된 전쟁무기.

2-4 동맹파업면책

보험자는 아래의 위험을 원인으로 하여 발생한 멸실 · 손상 또는 비용을 담보하지 않는다.

① 동맹파업자, 직장폐쇄노동자 또는 노동쟁의 · 폭동 또는 소요에 가담한 자에 의해 발생된 것.

② 동맹파업 · 직장폐쇄 · 노동쟁의 · 폭동 또는 소요의 결과로 발생된 것.

③ 테러리스트 또는 정치적 동기를 가지고 행동하는 자에 의해서 발생된 것.

과거에는 이런 면책약관을 동맹파업 · 폭동 및 소요 부담보약관(Free from Strikes, Riots and Civil Commotions Clause)이라 하였는데, 현재는 간단히 줄여서 표현하고 있다. 동맹파업위험도 특약에 의해서 담보가 가능하다.

3. 협회기간약관상의 면책위험

선박보험에서 많이 이용되고 있는 협회기간약관(ITC-Hulls)은 보험자의 담보위험이 열거되어 있는 열거책임주의방식을 택하고 있기 때문에 담보위험을 제외한 모든 위험이 면책위험이다. 그런데 협회기간약관에는 전쟁위험면책 · 동맹파업위험면책 · 악의행위면책 · 원자핵위험면책이 별도로 규정되어 있다.

3-1 전쟁면책

보험자는 다음의 위험에 기인한 멸실 · 손상 · 배상책임(liability) 또는 비용을 담보하지 않는다.

① 전쟁 · 내란 · 혁명 · 모반 · 반란 또는 이로 인하여 발생하는 국내 투쟁 또는 교전국에 의한 혹은 교전국에 대한 적대행위.

② 포획 · 나포 · 강류 · 억지 또는 억류(악행 및 해적행위 제외) 및 이러한 행위의 결과 또는 이러한 행위를 하고자 기도한 결과.

③ 유기된 기뢰 · 어뢰 · 폭탄 또는 기타 유기된 전쟁무기.

이 약관의 내용은 협회적하약관(ICC)의 전쟁면책약관과 거의 유사하다. 협회적하약관에서는 위의 ②항에서 해적행위만 제외되었는데, 협회기간약관에서는 악행과 해적행위가 제외되었다. 협회기간약관에서는 해적행위 및 선원의 악행을 담보위험으로 규정하고 있다. 따라서 과거에 해적행위를 비롯하여 선장 · 선원 등의 악행으로 인한 선박의 강류 · 억지 · 억류 등은 전쟁위험에서 제외되었다. 선박보험에서도 전쟁위험은 특약에 의해서 담보될 수 있다.

3-2 동맹파업면책

보험자는 다음에 기인한 멸실 · 손상 · 배상책임 또는 비용에 대해서 책임지지 않는다.

① 동맹파업자, 직장폐쇄노동자 또는 노동쟁의 · 폭동 또는 소요에 가담한 자.

② 테러리스트 또는 정치적 동기를 가지고 행동하는 자.

이 내용도 협회적하약관의 동맹파업면책과 유사한데, 다만 동맹파업 · 직장폐쇄 · 노동쟁의 · 폭동 또는 소요의 결과로 발생된 것은 여기서는 삭제되어 있다.[49] 그리고 동맹파업위험도 특약에 의해서 담보가 가능하다.

---

49) 동맹파업면책약관의 실질적인 효과는 명시된 위험에 대해서 보험자가 책임을 지지 않는 것만이 아니라 손해가 설령 화재와 같은 담보위험으로 발생하더라도 그것이 동맹파업, 테러리스트 등으로 인하여 발생된 것이면 그러한 화재 손해에 대해서 보험자가 책임지지 않는다는 것에 있다. 김정수, 앞의 책, p.673.

3-3 악의행위면책

악의적으로 행동하는 자에 의해서 발생된 손해나 정치적 동기로 인하여 생기는 손해에 대해서 보험자의 면책을 규정한 사항이다. 보험자는 첫째, 폭발물의 폭발, 둘째 어떠한 전쟁무기 그리고 악의적으로 행동하는 자에 의하거나 혹은 정치적 동기로부터 발생된 것으로 인한 멸실 · 손상 · 배상책임 또는 비용을 어떠한 경우에도 담보하지 않는다.

이 약관의 주요 목적은 악의적으로 행동하는 자에 의해 발생하는 일체의 손실이나 정치적 동기로 인해 발생하는 일체의 손해에 대해서 선박보험자는 책임을 지지 않는 것이다.

3-4 원자핵면책

보험자는 원자 또는 핵의 분열과 결합 혹은 이와 유사한 반응 또는 방사성의 힘 또는 물질을 사용하는 어떠한 전쟁무기로 인하여 발생되는 멸실 · 손상 · 배상책임 및 비용에 대해서 일체 보상하지 않는다.[50)]

원자핵과 관련되는 손해는 그 규모가 엄청난 것이기 때문에 적하보험에서도 보험자의 절대면책으로 규정되어 있다. 선박보험의 원자핵면책약관에서 의미하는 원자핵 등의 손해는 반드시 전쟁 등으로 인한 핵병기에 의한 손해만을 뜻하는 것이 아니라 원자력이나 핵병기의 우발적인 폭발이나 시운전으로 인한 손해도 포함된다. 하지만 병기가 아닌 원자로의 파괴로 인한 직접적인 손해는 보상된다(협회기간약관 제7조 위험약관).

---

50) 이상 협회기간약관의 네 가지 면책약관은 다른 어떤 약관보다 우선하여 적용되는 지상최대의 약관이다. 이에 대해 협회기간약관에서는 "The following clauses shall be paramount and shall override anything contained in this insurance inconsistent therewith"로 규정하고 있다.

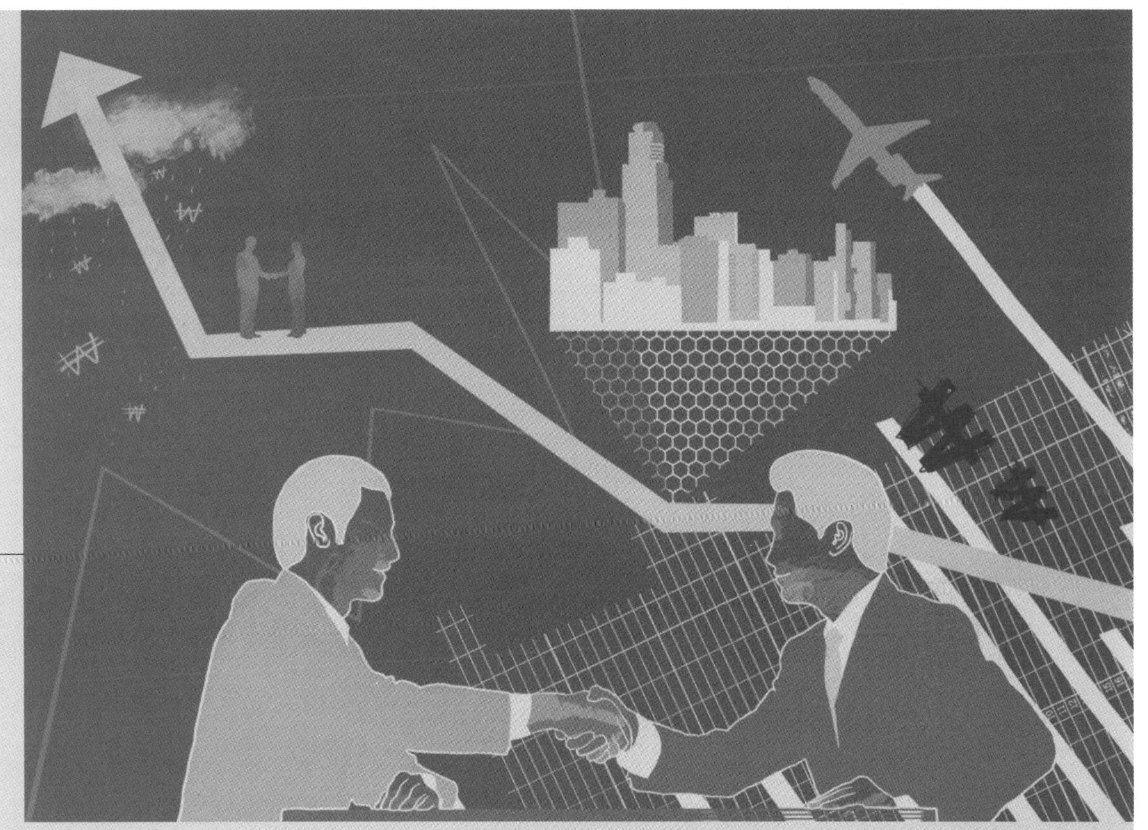

해상보험증권은 해상보험계약의 내용을 증명하는 서류이다. 해상보험증권으로는 Lloyd's SG 보험증권이 200년 이상 사용되어 오다가 1982년부터 그 양식이 대폭 간소화된 신보험증권이 사용되고 있다. 그렇지만 Lloyd's SG 보험증권에 담긴 해상보험의 기본원리는 전혀 변하지 않고 지금까지 내려오고 있다. 이런 연유로 현재 사용되고 있는 보험증권에는 과거 사용되었던 Lloyd's SG 양식이 함께 인쇄되어 있다. 이 장에서는 Lloyd' s SG 보험증권 및 신해상보험증권의 분석을 통해 해상보험증권의 주요 의미를 배우고자 한다.

Chapter 09

해상보험증권

01 해상보험증권의 의의

1. 해상보험증권의 개념

해상보험계약이 체결되면 보험자는 보험증권(policy)을 보험계약자(피보험자)에게 발급한다.[1] 보험증권은 일반적으로 보험계약의 성립과 그 내용을 증명하기 위하여 계약의 내용을 기재하고 보험자가 기명 · 날인하여 보험계약자에게 교부하는 증권을 말한다.[2]

보험증권은 보험계약의 내용을 증명하는 서류이지만 보험계약의 성립 여부에는 전혀 영향을 미치지 않는다. 해상보험계약은 불요식의 낙성계약이기 때문에 당사자간의 의사합치만으로 계약이 성립될 수 있으며 또한 계약 성립에 어떤 요식행위를 필요로 하는 것이 아니다. 따라서 보험증권의 발행 여부에 관계 없이 보험계약은 성립될 수 있다.

그러나 보험계약에 관한 모든 사항은 보험증권의 내용에 의해서 결정되며 보험증권에 기재되어 있지 않은 사항은 보험계약의 내용으로 인정받지 못

1) 해상보험은 이탈리아의 롬바드 상인들에 의해서 번창했기 때문에 영국에서 사용된 초창기의 보험증권은 이탈리아어로 된 것이 많다. 'policy'도 서류라는 의미인 이탈리아어의 'polizza'에서 유래된 것이다. Raoul Colinvaux, *op. cit.*, s. 1-27.

2) 최기원, 앞의 책, p. 190.

한다. 이에 대해서 영국해상보험법(제22조)에서는 “다른 성문법에 별도의 규정이 있는 경우를 제외하고 해상보험계약은 본 법률에 따라 해상보험증권에 구현되지 않는 한 증거로서 인정되지 못한다”라고 규정하여 보험증권을 보험계약의 내용을 증명하는 증거서류로서 그 효력을 인정하고 있다.

따라서 보험증권에는 계약의 내용에 대해서 보험자가 책임진다는 서명이 따른다. 보통 보험증권의 하단에 보험증권의 발행일자 · 작성지 등이 기재되고 그 아래 보험자가 서명을 하도록 되어 있다. 해상보험증권의 서명은 보험자 또는 대리인이 하며 보험회사의 서명은 인장(corporate seal)으로도 가능하다(영국해상보험법 제24조 1항).

한편 보험증권은 반드시 계약이 성립될 때 발행할 필요는 없으며 계약이 성립된 후에도 발행할 수 있다. 통상적으로 보험자는 보험료의 전부 또는 최초의 보험료를 받은 후 보험증권을 발행하는데, 영국해상보험법(제52조)에서도 피보험자의 보험료 지급의무와 보험자의 보험증권 발행의무를 동시조건(concurrent condition)으로 규정하고 있다.[3] 따라서 보험자는 보험료의 지불 또는 지불보증이 있을 때까지는 보험증권을 발행할 의무를 갖지 않는다.

2. 해상보험증권의 법적 성질

해상보험증권을 비롯한 대부분의 보험증권은 증거증권성 · 면책증권성 · 유가증권성 · 유인증권성 · 상환증권성 등의 법적 성질을 갖는다.[4]

(1) 증거증권성

보험증권은 보험계약의 성립을 증명하기 위하여 보험자가 발행하는 증거증권이다. 따라서 보험계약자가 보험증권을 이의없이 수령하면 보험증권에 기재된 사항은 보험계약의 성립과 내용을 증명할 수 있다.[5]

---

3) 우리나라의 상법(제640조 1항)에서는 보험계약이 성립한 때에는 보험자는 지체 없이 보험증권을 작성하여 보험계약자에게 교부해야 한다고 규정하고 있다. 그러나 단서조항에 의해서 보험자는 보험계약자가 보험료의 전부 또는 최초의 보험료를 납부한 후 보험증권을 발급하고 있다.

4) 최기원, 앞의 책, pp. 191-196.
양승규, 앞의 책, pp. 128-130.

5) 보험증권은 보험자만이 일방적으로 기명 · 날인하므로 계약서가 아니다.

(2) 면책증권성

보험자는 보험금을 지급할 때 보험증권을 제시하는 자의 자격을 조사할 권리는 있으나 의무가 없기 때문에 보험증권은 면책증권 또는 자격증권의 성질을 지닌다. 따라서 다른 사람의 보험증권을 제시한 자에게 보험금을 지급하더라도 중대한 과실이 없는 한 보험자의 책임은 면제된다.

(3) 유가증권성

보험증권의 유가증권성에 대해서는 논란의 여지가 있는데, 몇몇 보험에서는 유가증권성을 인정하고 있다.[6] 국제무역거래에서 화물에 대한 권리의 양도는 선하증권의 양도로 이루어지는데, 이 때 적하보험증권이 대부분 첨부된다.

예를 들어 CIF 조건에서 수출업자는 적하보험계약을 체결하고 보험증권을 선하증권과 함께 수입업자에게 양도한다. 만약 사고가 발생하게 되면 수입업자가 보험금을 청구하게 되므로 수출업자가 체결하고 교부받은 적하보험증권은 유가증권의 기능을 가지고 있어야 한다. 이런 취지에서 우리나라의 경우 통상적으로 선박보험증권은 기명식으로 발행하고 적하보험증권은 지시식으로 발행하여 적하보험증권의 유가증권성을 인정하고 있다.

(4) 유인증권성

보험증권이 지시식 또는 무기명식으로 발행되어 제3자에게 양도되더라도 보험증권의 유인성에 의하여 보험계약과 관련되는 사항은 증권의 소지인에게도 영향을 미친다. 예를 들어 보험계약자가 중요 사실을 고지하지 않으면 보험자는 보험계약을 취소할 수 있는데, 이는 보험증권을 소지한 자에게도 영향을 미친다.

(5) 상환증권성

대부분의 보험약관에 의하면 피보험자는 보험금을 청구할 때 보험증권을 제시해야 한다. 보험증권은 보험계약의 내용을 증명하는 증거서류이기 때문

6) 손해보험에서는 피보험자가 보험목적물을 양도하면 양수인은 보험계약상의 권리와 의무를 승계한 것으로 추정하고 있다(상법 제679조 1항). 따라서 일부 손해보험에서는 보험증권의 유가증권성을 인정하고 있다. 그러나 생명보험의 경우에는 그 성질상 보험목적물이 유통될 성질의 것이 아니므로 보험증권의 유가증권성이 인정되지 않는다.

에 이러한 내용의 약관은 당연한 것으로 간주된다. 그러나 보험증권은 선하증권과 같이 완전한 유가증권이 아니기 때문에 보험증권을 제출할 수 없을 때는 다른 방법으로 보험계약이 체결된 사실을 증명할 수 있으면 보험금을 청구할 수 있다.

3. 해상보험증권의 양식

해상보험증권으로는 Lloyd's SG 보험증권과 ILU의 회사용보험증권이 200년 이상 사용되어 오다가 1982년부터는 새로운 양식의 보험증권이 사용되고 있다.

3-1 Lloyd' SG 보험증권

(1) 의 의

영국의 해상보험은 이탈리아에서 이주해 온 롬바드(Lombards) 상인들에 의해서 운영되었기 때문에 초창기에 사용된 보험증권은 대부분 이탈리아어로 작성되었고 그 양식도 매우 다양했다. 그러나 17세기에 들어와서는 보험증권의 양식이 선박보험에 사용되는 S보험증권, 적하보험에 사용되는 G보험증권 그리고 선박 및 적하에 공통으로 사용되는 SG 보험증권으로 대략 구분되었다. 세 종류의 해상보험증권은 모두 항해보험에 사용되었고 그 내용도 비슷하였다. 가령 S보험증권은 선박에 대하여 SG 보험증권과 동일한 담보를 제공하였고 G보험증권은 화물에 대해서는 SG 보험증권과 그 내용이 동일하였다.[7)]

해상보험거래가 점차 로이즈를 중심으로 이루어지자 로이즈 위원회(Committee of Lloyd's)는 세 가지 양식 중에서 SG 보험증권을 선택하여 이를 바탕으로 로이즈의 표준양식 보험증권[Standard SG Policy Form-Hull(or Freight) and Cargo]을 제정하였다.[8)]

---

7) R. H. Brown, *Marine Insurance-Principles & Basic Practice*(London: Whiterby & Co. Ltd.), p. 143.

8) SG의 유래에 대해서는 많은 의견이 있는데, 부보된 금액(sum insured)의 라틴어인 'Somme Grande', 보증된 담보물(security guaranteed) 또는 영국 화폐의 단위인 'Sterling Gold'의 첫 글자로 추측하는 학자들도 있다. 그리고 신의 영광 아래(by the grace of God)의 라틴어에 해당되는 'Salutis Gratia'의 약어로 보기도 한다. 그러나 편의상 보험목적물인 선박(ship)과 화물(goods)의 약어로 보고 있다. Barrie Jervis, *op. cit.*, p. 9.

이 보험증권은 1779년 1월 1일부터 로이즈 보험시장에서 공식적으로 채택되었는데, 이 때부터 영국의 해상보험시장에서 사용되어 오던 각종 양식의 보험증권이 점차 로이즈의 표준양식으로 통일되었다.

그 후 1795년 의회법에 의해서 개인보험업자들은 이 보험증권을 의무적으로 사용하기 시작하였고 1867년에는 영국 조세법상의 공식적인 양식으로 인정되었다. 그리고 이 보험증권은 본문약관의 주요 내용이 수많은 판례에 의하여 그 의미가 확정되면서 1906년 영국해상보험법의 제 1 부칙에 인용되었다.[9)]

(2) 특　징

Lloyd's SG 보험증권은 공식적으로 인정된 것이 1779년이지만, 그 이전부터 사용되어 온 SG 보험증권을 토대로 제정되었기 때문에 보험증권의 문장이나 단어가 고어체로 된 부분이 많았다. 특히 약관은 당시의 시대적 배경에 따라 성경식으로 서술되어 있어 그 내용이 매우 어려웠던 까닭에 Lloyd's SG 보험증권은 공식적으로 사용되면서부터 많은 비판을 받아 왔다.[10)] 그래서 그 동안에 부분적인 수정과 보완이 있었지만 실질적인 내용은 영국의 전통적인 보수주의 성향에 따라 1779년 로이즈 총회에서 승인된 보험증권의 내용 그대로 계승되어 왔다.

그런데 Lloyd's SG 보험증권은 오랫동안 사용되면서 보험증권상의 단어가 수많은 판례에 얽매임으로써 새로운 내용의 약관을 제정하여도 기존의 약관을 삭제하지 못하고 함께 사용해 왔다. 이런 연유로 세월이 지나감에 따라 Lloyd's SG 보험증권에는 많은 약관이 첨부되었는데, 약관을 서로 구분하기 위하여 보험증권이 제정될 당시부터 있었던 약관을 본문약관(Body Clause)이라 하고, 그 후에 제정된 약관 중 본문약관과 구분하기 위하여 이탤릭서체로 인쇄된 약관을 이탤릭서체약관이라 하였다. 또한 본문약관이 인쇄되고 남은 여백에도 새로운 약관을 표시했는데 이를 여백약관 또는 난외약관(Marginal Clause)이라 하였다. 그 후에도 별도의 용지에 특별약관을 인쇄하여 사용했기 때문에 보험증권이 여러 장으로 되어 있었다.

---

9) Lloyd's SG 보험증권의 양식에 대해서는 pp. 280-281 참고.

10) 1791년 불러(Buller) 판사는 Brough v. Whitmore 사건에서 Lloyd's SG 보험증권을 '불합리하고 지리멸렬한 문서'(an absurd and incoherent instrument)로 표현하였다. [1791] 4 Term Rep. 206.

이와 같이 기존의 본문약관을 중심으로 새로운 약관이 계속 추가됨으로써 동일한 보험증권에 서로 다른 내용의 약관이 포함되기도 하였다. 예를 들어 본문약관에는 전쟁위험을 보험자가 담보하는 위험으로 규정하고 있는데, 그 후에 제정된 이탤릭서체약관에서는 전쟁위험을 면책위험으로 표시하고 있다.

더구나 20세기 들어와서는 이 보험증권의 약관만으로는 적하보험을 인수하기 어려워 분손부담보약관(Free from Particular Average Clause; 1912년) · 분손담보약관(With Average Clause; 1921년) · 전위험담보약관(All Risks Clause; 1951) 등의 특별약관을 첨부하거나 뒷면에 인쇄해서 사용하기 시작하였다. 이 때부터 Lloyd's SG 보험증권은 단독으로 사용되지 않고 여러 특별약관이 첨부되어야만 사용할 수 있게 되었다.

3-2 ILU 회사용 보험증권

로이즈와는 달리 회사 형태의 보험자들은 Lloyd's SG 보험증권을 사용하지 않고 런던보험자협회(Institute of London Underwriters; ILU)에서 제정한 회사용 합동보험증권(Companies' Combined Policy, Hull and Cargo)을 사용해 왔다. 회사용 합동보험증권은 선박용과 적하용으로 구분되어 있지만 그 내용은 Lloyd's SG 보험증권과 실질적으로 동일하다. 이 보험증권은 선박용은 백색으로 적하용은 청색으로 되어 있었고, 그 동안 우리나라도 회사용 합동보험증권을 그대로 사용해 왔다.

3-3 신해상보험증권

(1) 개정 경위

Lloyd's SG 보험증권은 그 약관의 문장이나 단어에 고어체와 낙후된 부분이 많았고 약관도 서로 상충되는 점이 있어서 영국의 해상보험시장 내에서도 여러 비판을 받아 왔지만 보험증권상의 문장이 판례에 의하여 법률적 의미가 확정됨으로써 쉽게 개정되지 못하였다. 그러나 전통적으로 내려온 해상보험의 관습과 Lloyd's SG 보험증권에 대해서 내려진 판결의 대부분이 1906년 영국해상보험법에 흡수됨으로써 Lloyd's SG 보험증권에 대한 개정론이 고개를 들기 시작하였다.

대표적으로 켄트(L. G. Kent)는 1963년 '해상보험증권 및 그 개정에 관한 소고'(Some Thoughts on the Maritime Policy Form and the Case for its Revision)에서 Lloyd's SG 보험증권을 현대의 무역실무에 적합하도록 개정할 것을 주장하였다. 켄트의 주장은 기술상의 어려움도 있었지만 영국인 특유의 보수성과 전통주의자들의 강한 반대로 실현되지 못하였다.

또한 1964년 제네바에서 개최된 제1차 UNCTAD 총회에서도 해상보험에 관한 법률 및 약관상의 문제점이 대두되었다.[11] 이에 따라 UNCTAD 사무국은 회원국(68개국)을 상대로 설문조사를 실시하여 1978년 11월에 '해상보험—해상보험계약에 관한 법률 및 보험서류상의 문제'라는 연구보고서를 제출했다. 그리고 국제해운법에 관한 실무반은 1979년 회의에서 개발도상국가와 선진국들이 국제표준해상보험약관을 공동으로 제정할 것을 결의하였고 1980년에는 선박보험약관을 우선적으로 심의하여 그 핵심이 되는 담보위험약관과 충돌약관을 제정하였다.

이러한 개정의 움직임 속에 로이즈 및 런던보험자협회(ILU)의 합동적하위원회(Joint Cargo Committee)는 1981년 7월에 새로운 해상보험증권을 제정하였고 아울러 신양식의 보험증권에 맞도록 협회적하약관 · 협회전쟁약관 · 협회동맹약관 등을 재정비하였다. 그리하여 1982년 1월 1일부터 로이즈 보험시장에서는 'New Lloyd's Marine Policy Form'을 사용하고 회사 형태의 보험시장에서는 'New ILU Marine Policy Form'을 사용하기 시작했는데, 두 가지 양식은 계약 실무면에서 약간 차이가 있을 뿐 본질적으로 동일하다.

(2) 특 징

신해상보험증권은 Lloyd's SG 보험증권과 비교해 볼 때 다음과 같은 특징을 갖고 있다.

첫째, Lloyd's SG 보험증권은 그 자체가 계약의 중심이 되고 협회약관은 본문약관을 보완하는 특약의 성질을 가지고 있었다. 그러나 신양식에서는 Lloyd's SG 보험증권의 본문약관 중 중요한 것은 모두 협회약관에 포함시킴으로써 협회약관이 해상보험계약의 중심을 이루게 되었다.

11) 그 후 1968년 뉴델리의 제2차 총회에서 국제해운법에 관한 실무반을 구성하여 각 조항의 수정 및 신설에 대하여 검토할 것과 여기에 해상보험에 관한 주제도 포함할 것을 결의하였다.

둘째, 협회약관이 해상보험계약의 중심이 되면서 신양식의 해상보험증권은 단순히 보험계약의 성립을 입증해 주는 서류에 불과하게 되었다. 따라서 신해상보험증권에는 보험계약서로서 필수조항인 준거법약관 · 타보험약관 · 약인약관 · 선서약관 등이 규정되어 있다.

셋째, Lloyd's SG 보험증권에서는 보험계약의 주요 사항을 본문약관의 중간 중간에 공란으로 되어 있는 부분에 기재하였다. 그러나 신보험증권은 해상보험계약의 내용을 집중적으로 기재하는 스케줄(schedule) 방식을 채택하여 보험계약의 내용을 쉽게 알아 볼 수 있도록 하였다.

마지막으로 과거에는 분손을 담보하느냐 하지 않느냐에 따라서 보험조건을 분손담보약관(W/A Clause) 또는 분손부담보약관(FPA Clause)으로 나누어 보험자의 담보범위가 애매한 점이 있었다. 그러나 신해상보험증권에서는 보험자가 담보하는 위험의 수에 따라서 보험조건을 구분하기 때문에 보험조건별로 보험자의 담보범위가 명확하게 되었다.

4. 해상보험증권의 해석원칙

해상보험증권의 내용을 해석할 때는 영국해상보험법의 제1부칙인 보험증권의 해석에 관한 규칙(Rules for Construction of Policy)이 적용되지만 이와는 별도로 해상보험증권의 해석을 위한 다음과 같은 몇 가지 원칙이 있다.

4-1 수기문언 우선의 원칙

보험증권에 기재된 수기문언은 타자된 문언, 스탬프 문언, 인쇄된 문언에 우선하여 적용된다. 보통 보험계약은 인쇄된 문언, 즉 약관을 중심으로 체결되지만 그 내용을 수정할 필요가 있다든지 새로운 내용을 첨가시킬 경우에는 스탬프 · 타자 등을 이용하기도 하고 육필로 직접 증권에 그 내용을 기재하기도 한다. 이 때는 수기로 작성된 문언을 최우선하여 적용한다.

구양식의 Lloyd's SG 보험증권을 사용할 때는 약관의 제정연도가 서로 달라서 약관의 적용에도 우선원칙이 필요했지만[12] 그 후 약관이 재정비됨으

12) 협회특별약관이 가장 먼저 적용되고 그 다음이 이탤릭서체약관 · 난외약관 · 본문약관의 순으로 적용되었다.

로써 약관 상호간의 내용이 상충되는 점은 없어졌다. 다만 현행 보험증권상에 피보험자의 예비적 이재통지의무가 적색으로 인쇄되어 있는데, 이것은 약관의 중요성을 강조하기 위한 것이지 적용상의 우선순위를 뜻하는 것은 아니며 그 내용도 우선순위를 따지는 것이 아니다.

4-2 판례 및 당사자 의사의 존중원칙

해상보험증권은 과거의 판례(case)와 계약 당사자간의 의사에 따라서 해석된다. 역사적으로 해상보험은 영국을 중심으로 발전되어 왔고 영국은 관습과 판례를 존중하는 불문법 국가이기 때문에 해상보험에 관한 문제점들을 관련되는 판례에 따라 해석하려는 경향이 있다.

만약 판례와 당사자간의 의사가 불일치할 경우에는 판례를 우선 적용한다. 예를 들어 Lloyd's SG 보험증권의 본문에 있는 면책률약관 중에 곡류(corn)에 대하여 당사자들이 그 문안을 만들 때 쌀을 포함시킬 의사가 있었다 하더라도 "곡류에는 쌀을 포함하지 않는다"는 판례가 있으면 쌀은 곡류에 포함되지 않는다. 그러나 판례나 관습이 없을 경우에는 보험계약을 체결한 당사자의 의사를 존중한다.

4-3 POP의 원칙

보험증권상의 문언은 학문적 · 이론적으로 해석되어서는 안 되고 평이하면서(plain) 통상적으로(ordinary) 그리고 통속적으로(popular) 해석되어야 한다. 예를 들어 화학자들은 폭발을 대단히 급속한 화재의 일종으로 전문적인 해석을 하여 폭발과 화재를 똑같은 것으로 해석할 수 있다. 그러나 화재는 보통 사람들이 생각하는 것처럼 화염이나 실제로 불에 타는 정도로 해석되어야 한다.[13)]

4-4 동종제한의 원칙

보험증권에는 서로 비슷한 뜻을 지닌 단어들이 나열되는 경우가 많은데 이들 단어들은 다른 뜻을 지니고 있는 것이 아니라 앞의 단어와 유사한 뜻을

---

13) Gordon C. A. Dickson and John T. Steele, *op. cit.*, p. 6/7.

지니고 있는 동일한 종류로서 해석하는 것을 동종제한의 원칙(principle of ejusdem generis)이라 한다. 관습적으로 선박을 표시할 때 'good ship or vessel'이라 표현하는데, 이 경우 'ship'과 'vessel'은 전혀 다른 뜻의 단어가 아니며 'vessel'은 앞의 'ship'과 같거나 유사한 것으로 해석한다.

Lloyd's SG 보험증권에는 유사한 뜻을 지닌 단어를 많이 열거하고 있는데 이러한 이유는 만약 하나의 단어만으로 표시하게 되면 그와 유사한 상황을 수용할 수 없기 때문이다. Lloyd's SG 보험증권의 본문약관에 있는 접속되는 어구들을 살펴보면 다음과 같다.

동종제한의 원칙이 적용되는 표현 MARINE INSURANCE

· good ship or vessel
· goods and merchandises
· touch and stay
· arrests, restraints, and detainments
· kings, princes, and people
· loss and misfortune
· hurt, detriment, or damage
· tackle, apparel, ordnance, munition, artillery
and other furniture

4-5 문언작성자 불이익의 원칙

일반 상거래에서 문언상의 애매모호한 점으로 인하여 야기되는 문제점은 문언을 작성한 사람에게 불리한 방향으로 해석하는 것을 문언작성자 불이익(contra proferentem)의 원칙이라 한다.[14] 해상보험에서 사용되는 약관은 법률적으로 부합약관이기 때문에 보험자가 일방적으로 작성한 것이다. 약관상의 문언이 애매모호하다든지 이중으로 해석이 가능하여 피보험자에게 불리한 영향을 미치게 될 때에는 그것을 작성한 보험자가 불이익을 받도록 해석된다.

14) Raoul Colinvaux, *op. cit.*, s. 2-10.

02 해상보험증권의 기재사항

1. 기재사항의 의의

보험증권이 보험계약의 내용을 증명하는 증거증권으로서의 기능을 수행하려면 보험증권상에 보험계약의 내용에 관한 사항이 기재되어 있어야만 한다. 해상보험계약의 내용도 해상보험증권에 구현되지 않는 한 증거로서 인정되지 못한다. 우리나라의 상법(제66조 및 제695조)에서는 해상보험증권에 기재되어야 할 사항을 〈표 9-1〉과 같이 규정하고 있다.

따라서 해상보험증권도 법정기재사항이 있어야만 효력을 발휘하는 요식증권의 성질이 있다고 볼 수 있지만 현실적으로 어음·수표 등과 같이 엄격한 요식을 요구하지는 않는다. 설령 법에서 정한 기재사항이 누락되어도 보험계약의 효력에는 전혀 영향을 미치지 않는다. 이런 이유로 영국의 해상보험법(제23조)에서는 해상보험증권의 기재사항으로 피보험자의 성명 또는 피보험자를 대신해서 보험계약을 체결하는 자의 성명만을 규정하고 있다.[15)]

■ 표 9-1 해상보험증권의 기재사항(상법)

손해보험증권	적하보험증권	선박보험증권
1. 보험의 목적 2. 보험사고의 성질 3. 보험금액 4. 보험료 5. 보험기간 6. 무효와 질권의 사유 7. 보험계약자의 성명 8. 보험계약의 연월일 9. 보험증권의 작성일 10. 보험자의 서명날인	1. 손해보험증권의 기재사항 2. 선박의 명칭 3. 선박의 국적과 종류 4. 선적항 · 양륙항 · 출하지 · 도착지 5. 협정보험가액	1. 손해보험증권의 기재사항 2. 선박의 명칭 3. 선박의 국적과 종류 4. 협정보험가액

15) 영국해상보험법 제23조에서는 해상보험증권의 법정기재사항으로 ① 피보험자의 성명 또는 피보험자를 위하여 보험계약을 체결하는 자의 성명, ② 보험의 목적 및 담보위험, ③ 부보항해·보험기간, ④ 보험금액, ⑤ 보험자명이 규정되어 있었다. 그러나 1959년 재정법(Finance

그리고 상거래에서는 보험계약을 체결할 때 모든 기재사항을 알 수 없는 경우가 있기 때문에 사후에 기재사항이 확정되는 대로 지체 없이 통보할 것을 조건으로 보험계약이 체결되기도 한다.

무역거래에서는 화물을 운송해 갈 선박이 확정되지 못한 상태에서 적하보험계약이 체결되는 경우가 있다. 적하보험에서 운송선박명은 보험요율의 산정에 영향을 미치는 중요한 사항(material circumstances)임에도 불구하고 추후에 통보하는 조건으로 계약이 체결된다. 운송선박명이 확정되지 못한 상태에서 발급되는 보험증권을 선명미상보험증권(floating policy)이라 한다.[16)]

2. 적하보험증권의 기재사항

적하보험증권에는 피보험자의 성명, 선적항과 도착항, 선박명, 출항예정일, 보험금액, 보험목적물 등이 기재된다.

(1) 피보험자의 성명

보험증권의 제일 첫 란에는 피보험자 또는 피보험자의 대리인 성명을 기재하게 된다. 영국해상보험법(제23조)에서도 피보험자 또는 피보험자를 대신해서 보험계약을 체결하는 자의 성명은 반드시 기재하도록 규정하고 있다.

피보험자는 거래조건에 따라서 수출업자와 수입업자로 구분된다. 국제무역거래에서 많이 이용되는 적출지인도조건(FOB · CFR 등)에서는 수출업자의 책임이 수출항의 본선에서 끝나기 때문에 운송화물에 대하여 수입업자가 적하보험계약을 체결하고 자신의 성명을 기재한다. 그러나 적하보험을 수출업자에게 의뢰한 경우에는 수출업자가 피보험자의 대리인으로서 자신의 성명을 기재해도 좋다.[17)]

Act)에 의해 ①항을 제외하고는 모두 삭제되었다.

16) 선명미상보험증권에 관한 자세한 내용은 「제17장 해상보험실무」를 참고할 것.

17) FOB 계약에서 수출업자의 책임은 계약물품이 본선에 적재되면 모두 끝나기 때문에 수입업자가 목적지까지 운송계약과 보험계약을 체결해야 한다. 그러나 실무적으로 수출업자가 운송계약 · 보험계약을 체결하는 것이 편리하기 때문에 간혹 FOB 계약이 혼합계약(mixed contract)의 형태로서 수출업자가 수입업자를 대리하여 운송계약 · 보험계약을 체결하기도 한다. A. G. Walker, *Export Practice and Documentation*(3rd ed.)(London: Butterworths), 1987, p. 46.

■ 서식 9-1 적하보험증권

ORIENTAL FIRE & MARINE INSURANCE CO., LTD.

25-1, YOIDO-DONG, YOUNGDUNGPO-GU, 150-010, SEOUL, KOREA
TELEPHONE:785-7711 FACSIMILE:784-9264

MARINE CARGO INSURANCE POLICY DY-98-014753

Assured(s), etc

Policy No. | Ref. No

Claim, if any, payable at: | Amount Insured

Ship or vessel called the

Claims are payable in

Survey should be approved by:

at and from

arrived at

Claims payable Bank

Sailing on or about | Open policy number

Goods and Merchandises

Conditions : Subject to the following Clauses as per back hereof

SPECIMEN

TRANSIT TERMINATION CLAUSE(30 DAYS) [(A)/(B)]
applicable only for cargoes imported to Korea
It is specially understood and agreed that the words "60 days" in [(C)/8] of the paragraph of the transit Clause of the Institute Cargo Clauses are substituted by the words "30 days"
INSTITUTE CLASSIFICATON CLAUSE.
INSTITUTE RADIOACTIVE CONTAMINATION EXCLUSION CLAUSE.
ON-DECK CLAUSE. (APPLYING TO ON-DECK CARGOES)
SPECIAL REPLACEMENT CLAUSE (APPLYING TO MACHINERY)
SPECIAL REPLACEMENT CLAUSE FOR SECONDHAND MACHINERY
(APPLYING TO USED MACHINERY)
LABEL CLAUSE (APPLYING TO LABELLED GOODS)

IN CASE OF AIR CARGO SHIPMENT THE CONSIGNEE OR ASSURED AT DESTINATION SHOULD CHECK THE CONDITION OF THE CARGO AS SOON AS POSSIBLE AND MAKE AN IMMEDIATE & FORMAL NOTICE OF CLAIM ON ANY CARGO DAMAGE TO THE AIRLINE OR ITS AGENT

Place and Date signed in | Numbers of Policies issued

For the use only with the Marine Policy Form

Notwithstanding anything contained herein or attached hereto to the contrary, this insurance is understood and agreed to be subject to English law and practice only as to be liability for and settlement of any and all claims.

This insurance does not cover any loss or damage to the property which at the time of the happening of such loss or damage is insured by or would but for the existence of this Policy be insured by any fire or other insurance policy or policies except in respect of any excess beyond the amount which would have been payable under the insurance not been effected.

We,ORIENTAL FIRE & MARINE INSURANCE CO.,LTD. hereby agree, in consideration of the payment to us by or on behalf of the Assured of the premium as arranged, to insure against loss damage liability or expense to the extent and in the manner herein provided.

In Witness whereof, I the Undersigned of ORIENTAL FIRE & MARINE INSURANCE CO.,LTD. on behalf of the said Company have subscribed My Name in the place specified as above to the policies, the issued numbers thereof being specifed as above, of the same tenor and date, one of which being accomplished, the others to be void, as of the date specified above.

For the use only with the Old Marine Policy Form

1. Warranted free of capture, seizure, arrest restraint or detainment, and the consequences thereof or of any attempt thereat ; also from the consequences of hostilities or warlike operations, whether there be a declaration of war or not ; but this warranty shall not exclude collison, contact with any fixed or floating object (other than a mine or torpedo), stranding, heavy weather or fire unless caused directly (and independently of the nature of the voyage or service which the vessel concerned or, in the case of a collision, any other vessel involved therein, is performing) by a hostile act by or against a belligerent power ; and for the purpose of this warranty "power" includes any authority maintaining naval, military or air forces in association with a power. Further warranted free from the consequences of civil war, revolution, rebellion, insurrection, or civil strife arising therefrom, or piracy.

2. Warranted free of loss or damage

(a) Caused by strikers, locked-out workmen, or persons taking part in labour disturbances, riots or civil commotions;

(b) resulting from strikes, lock-outs, labour disturbances, riots or civil commotions.

3. Should the risks excluded by Clause 1 (F.C. & S. Clause) be reinstated in this Policy by deletion of the said Clause, or should the risks or any of them mentioned in that clause or the risks of mines, torpedoes, bombs or other engines of war be insured under this Policy, Clause (b) below shall become operative and anything contained in this contract which is inconsistent with Clause(b) or which affords more extensive protection against the aforesaid risks than that afforded by the Institute War Clauses relevant to the particular form of transit covered by this insurance is null and void.

(b) This policy is warranted free of any claim based upon loss of, or frustration of, the insured voyage or adventure caused by arrests restraints or detainments of Kings Princes Peoples Usurpers or persons attempting to usurp power.

The descriptions to be inserted in the following clauses are shown as above *Be it known that* as well in his or their own Name, as for and in the Name and Names of all and every other Person or Persons to whom the same doth, may, or shall appertain, in part or in all, doth make Assurance, and cause himself or themselves and them and every of them, to be Assured, lost or not lost, at and from upon any kind of Goods and Merchandises, in the good Ship or Vessel called the whereof is Master, for this present Voyage, or whosoever else shall go for Master in the said Ship, or by whatsoever other Name or Names the said Ship, or the Master thereof, is or shall be named or called, beginning the Adventure upon the said Goods and Merchandises from the loading thereof aboard the said Ship as above, and shall so continue and endure during her abode there, upon the said Ship, &c.; and further, until the said Ship, with all her Goods and Merchandises whatsoever, shall be arrived at and upon the Goods and Merchandises until the same be there discharged and safely landed: and it shall be lawful for the said Ship, &c., in this Voyage to proceed and said to and touch and stay at any Ports or Places whatsoever without Prejudice to the Assurance. The said Goods and Merchandises, &c., for so much as concerns the Assured by Agreement between the Assured and Assurers in this Policy are and shall be valued at TOUCHING the Adventures and Perils which the said Company are contented to bear and do take upon themselves in this Voyage, they are, of the Seas Men-of-War, Fire, Enemies, Pirates, Rovers, Thieves, Jettisons, Letters of Mart and Countermart, Surprisals, Takings at Sea, Arrests, Restraints and Detainments of all Kings, Princes and People, of what Nation, Condition or Quality soever, Barratry of the Master and Mariners, and of all other Perils, Losses and Misfortunes that have or shall come to the Hurt Detriment or Damage of the said Goods and Merchandises, or any part thereof ; and in case of any Loss or Misfortune, it shall be lawful to the Assured, his or their Factors, Servants and Assigns, to sue, labour and travel for, in and about the Defence, Safeguard and Recovery of the said Goods and Merchandises, or any part thereof, without Prejudice to this Assurance ; to the Charges whereof the said Company will contribute. And it is especially declared and agreed that no acts of the Assurer or assured in recovering saving, or preserving the property assured, shall be considered as a waiver or acceptance of abandonment. And it is agreed that this writing or Policy of Assurance shall be of as much Force and Effect as the surest Writing or Policy of Assurance made in London. And so the said Company are contented, and do hereby promise and bind themselves to the Assured, his or their Executors, Administrator, or Assigns, for the true Performance of the Premises ; confessing themselves paid the Consideration due unto them for this Assurance, at and after the rate of as arranged Per cent

N.B.-Corn, Fish, Salt, Fruit, Flour and seed are warranted free from Average, unless general, or the Ship be stranded; Sugar, Tobacco, Hemp, Flax, Hides and Skins are warranted free from Average, under Five Pounds per cent. ; and all other Goods, also the Ship and Freight, are warranted free from Average, under Three Pounds per cent., unless general, or the Ship be stranded, sunk or burnt. All questions of liability arising under this policy are to be governed by the laws and customs of England.

IN WITNESS whereof, I the Undersigned of The ORIENTAL FIRE & MARINE INSURANCE CO.,LTD. on behalf of the said company have subscribed my name in to Policies of the same tenor and date, one of Which being accomplished, the other to be void as of the date specified as above.

☛ In the event of loss or damage arising under this Policy, no claims will be admitted unless a survey has been held with the approval of this Company's Office or Agents specified in this Policy

For ORIENTAL FIRE & MARINE INSURANCE CO., LTD.

In case of loss or damage, please follow the "IMPORTANT" clause printed on the back hereof

AUTHORIZED SIGNATORY

해 - 바 - A - 222

특히 CIF 가격조건에서는 수출업자가 수입업자를 위하여 의무적으로 적하보험계약을 체결해야 하므로, 이 때는 수출업자가 보험계약자이고 수입업자는 피보험자가 된다. 그러나 실무에서는 수출업자가 자신을 피보험자로 하여 보험계약을 체결하고 적하보험증권을 수입업자에게 양도하는 형식을 취한다.

(2) 선적항과 도착항

보험증권상에는 'at and from'으로 되어 있어 이 란에 출발항(선적항)을 기재하고 그 밑의 'arrived at'란에 도착항을 기재하면 두 항구간의 운송을 부보한다는 뜻이 된다. 적하보험은 대부분 항해보험(voyage insurance)으로 가입되기 때문에 보험자의 책임이 출발항에서 시작하여 도착항까지 계속된다는 의미로 출발항과 도착항이 기재된다.

그러나 보험증권상에 출발항과 도착항이 기재된다고 하여 보험자의 책임이 반드시 항해 구간(port to port)에만 국한되는 것은 아니다. 실제로는 협회적하약관(ICC)의 제 8 조 운송약관(Transit Clause)에 의해서 보험자의 책임은 출발항의 창고에서 도착항의 창고까지로 연장된다. 즉 화물이 보험증권상에 기재된 출발항의 창고 또는 보관장소를 출고한 때부터 최종 도착항의 창고에 인도될 때까지를 보험기간으로 한다.[18)]

(3) 선 박 명

보험증권상의 'ship or vessel'이라고 표시된 란에는 화물을 운송해 나갈 선박명을 기재한다. 선박명을 기재할 때 기선의 경우에는 선명 앞에 SS(steam ship), 동력선인 경우에는 MS(motor ship)를 표시한다. 그리고 해상운송화물이 도중에 환적되는 경우에는 제 1 선과 제 2 선을 병기해야 한다.

(4) 출항예정일

'sailing on or about'란에 운송선박의 출항예정일을 기재한다. 화물을 정기선(liner)으로 운송할 경우에는 선박의 출항일자와 도착일자가 사전에 고시되기 때문에 이 날짜를 기재하면 된다. 그러나 부정기선(tramper)을 이용할 경우에는 선주와 하주간에 출항일자를 조정하여 날짜를 기재한다.

---

18) 이에 관한 자세한 내용은 「제15장 협회적하약관」을 참고할 것.

(5) 보험금액

보험증권의 'amount insured hereunder'의 란에는 보험금액을 기재한다. 적하보험에서는 보험목적물인 화물의 가액이 여러 운송서류(상업송장 · 환어음 · 선하증권 · 신용장 등)에 표시되어 있기 때문에 보험가액을 평가하는 데 어려움이 없다. Incoterms상의 규정과 그 동안의 상관습에 의하면 보험금액의 최저액은 해당 물품의 CIF 또는 CIP[19] 가격에 10%를 가산한 가격이다. 그러나 서류상으로 이러한 가격을 명확히 판단하지 못할 경우에는 상업송장 금액이나 신용장에 의하여 발행되는 환어음 금액 중 큰 금액을 최저 금액으로 인정한다.[20]

(6) 보험목적물

'subject-matter insured'의 란에 화물의 명세를 기재하고 해당 상업송장의 일련 번호를 기재한다. 화물의 명세를 기재할 때에는 상업송장에 명시된 하인(mark)과 하번(number)을 표시해야 한다.

3. 선박보험증권의 기재사항

선박보험증권에는 계약의 내용을 충분히 증명할 수 있는 피보험자의 성명, 보험목적물, 보험기간, 항해구간, 보험가액과 보험금액, 운항구역 등이 기재된다.

3-1 피보험자의 성명

선박에 대하여 피보험이익을 갖고 있는 자의 성명을 기재한다. 적하보험에서는 대부분 화물이 매매되어 소유권이 변하기 때문에 보험계약을 체결하는 자가 자신의 이름을 기재하고 보험증권을 피보험자에게 양도하지만 선박

19) 운송비 · 보험료지불인도조건(Carriage and Insurance Paid to)은 운송수단에 상관없이 모든 운송에서 사용하기 위하여 CIF 조건을 약간 변경한 것이다. CIF 조건은 해상운송에서만 사용되기 때문에 매도인과 매수인의 책임분기점이 수출항의 본선이지만, CIP 조건은 모든 운송에서 사용하므로 당사자간의 책임분기점이 운송인이다. 이 점을 제외하고는 CIF 조건과 CIP 조건은 유사하다. CIP 조건에서 수출업자는 목적지까지 운송계약과 운송보험계약을 체결하고 운임과 보험료를 지불해야 한다.

20) 현행 신용장통일규칙(2007) 제28조.

보험은 선박의 매매를 전제하지 않으므로 피보험자는 반드시 선박에 대하여 피보험이익을 갖고 있는 자이어야 한다. 선박보험의 피보험자는 소유자 · 관리자 · 나용선자 등으로 구분된다.

(1) 소 유 자

선박의 법적 소유자(owner)로서 선박등기부등본 · 국적증서 · 선급증서 등에 명기된 자를 말한다.

(2) 관 리 자

관리자(manager)는 선박의 사용자로서 선원을 관리하는 등 실제로 선박의 운항을 관리하는 자이다. 선박보험요율에 적용되는 운항실적에 의한 할인 · 할증은 관리자를 중심으로 이루어진다.

(3) 나용선자

나용선에서는 용선자가 선원을 관리하고 운항계획을 세우는 등 선박을 완전히 지배하기 때문에 용선자가 선체보험에 가입한다.

3-2 보험목적물

선체보험에서의 보험목적물은 선박이기 때문에 선박명 · 선종 · 건조일 · 톤수 · 재질 · 국적 · 선급 등 선박에 대한 자세한 내용이 기재되어야 한다.

(1) 선 박 명

선박의 이름을 말한다.[21)]

(2) 선 종

선박의 종류를 말하는데, 현재 선박보험에서 취급하고 있는 선박을 선종별로 구분하면 〈표 9-2〉와 같다.

21) 선박은 소유권이 바뀌면 흔히 선명을 변경하기 때문에 선박의 확인을 위하여 전 선명을 고지하도록 한다. 예를 들어 피보험자가 'HYUNDAI NO 203(EX. ATLANTIC BEAUTY)' 로 선박명을 고지하면 전 선명이 'ATLANTIC BEAUTY' 라는 뜻이다.

■ 표 9-2 선박의 종류

• 전용선(carrier)	일반화물선 · 원유전용선 · 광석전용선 · 목재전용선 · 석탄전용선 · 자동차전용선 · 모래전용선 · 시멘트전용선 · 컨테이너선 · 산적화물 전용선
• 탱커선(tanker)	원유탱커선 · LPG탱커선 · LNG탱커선 · 화학탱커선
• 여객선(passenger carrier)	카페리 · 일반여객선
• 어선(fishing vessel)	원양어선 · 일반어선 · 트롤선 · 냉동운반선 · 연안어선
• 준설선(dredger)	준설선
• 바지선(barge)	일반바지선 · 로로(Ro-Ro)바지선
• 예인선(tug boat)	대양예인선 · 항만예인선 · 구조선
• 요트(yacht)	요트
• 해상건설선 (marine construction)	해상건설선 · 플랫폼 · 파이프라인

(3) 건 조 일

이는 선박이 건조완료된 후 선주에게 인도되는 날짜이다. 선박의 건조일은 선박의 진수일(date of launch)과 구별되며 만약 건조일이 분명하지 않는 경우에는 건조연도의 1월 1일로 간주한다.

(4) 톤 수

선박의 크기를 나타내는 것으로 여기에는 용적단위로서의 톤수와 중량단위로서의 톤수가 있다. 선박의 용적을 톤으로 표시하는 것은 총톤수, 순톤수 등이고 중량을 표시하는 것으로는 만재중량톤수 등이다.

총톤수(gross tonnage)는 선박의 총용적에서 안전이나 위생에 관계되는 부분의 용적을 제외시킨 용량을 말한다. 선박보험요율을 산정할 때는 총톤수를 기준으로 한다. 그리고 선박보험에서 사용하는 톤수는 중량톤이 아닌 용적톤으로서 1톤은 40입방피트이다.

순톤수(net tonnage)는 총톤수에서 기관실 · 각종 창고 등 상행위에 직접 사용되지 않는 장소의 톤수를 제외한 것을 말한다.

만재중량톤수(deadweight tonnage; DWT)는 선박이 적재할 수 있는 최대의 중량을 말한다. 만재중량톤수에는 화물 · 여객 · 선원 · 소지품 · 연료 · 음료

수 · 밸러스트(바닥짐) · 식량 등 일체가 포함된다. 규모가 큰 탱커선의 분손비율을 산출할 때는 재화중량톤수를 사용한다.

(5) 재　　질

선박의 재질(material)을 말하며 선박보험의 인수대상은 대부분 철선이다.

(6) 국　　적

선박의 소속 국적(flag)을 말한다.

(7) 선　　급

한국선급협회 또는 외국의 선급협회에서 인정한 선급(classification)을 기재한다. 만약 선급이 정지되거나 탈급되는 등 선급에 변동사항이 있을 때는 지체 없이 보험자에게 통지하여 추가보험료를 납부하고 계약을 유지해야 한다. 그렇지 않을 경우에는 보험계약의 해지 사유가 된다.

3-3 보험기간

선박보험은 통상 12개월을 단위로 보험에 가입하는 기간보험(time insurance)이다. 우리나라에서 체결되는 선박기간보험의 보험개시시간은 개시일의 정오 12 : 00(Korean Standard Time)이며 종료일의 같은 시간에 끝난다. 그러나 선박건조보험(shipbuilding insurance)의 보험개시시간은 개시일의 자정이며 종료일의 같은 시간에 종료한다.

선박보험에서 보험기간은 보험계약자의 의사에 따르지만 통상 12개월을 보험기간으로 한다. 이는 영국의 인지세법(The Stamp Acts, 1891)에 따라서 보험증권에 첨부하는 인지가 1년 동안 유효했기 때문에 보험기간이 1년을 초과하지 못하도록 한 것에서 유래한다.

그러나 협회기간약관(ITC-Hulls)의 제2조 계속약관(Continuation Clause)에 따라서 보험기간의 만료시에 선박이 항해중에 있거나 조난중에 있거나 혹은 피난항 또는 기항항에 있을 때는 동 선박이 목적항에 도착할 때까지 보험기간이 연장될 수 있다.

3-4 항해구간

대부분의 선박은 1년 단위의 기간보험으로 가입하지만 특별한 경우에는 보험자의 책임을 1회 항해에 국한하는 항해보험으로 가입하기도 한다.

선박을 항해보험계약으로 체결하는 경우는 선박의 매매에 따른 항해(delivery voyage), 자항능력이 없는 부선(dumb barge) 또는 작업선 등을 예인하는 항해(towing voyage), 특수 해상작업선이 작업장소로 이동하는 항해, 고철선을 수입하여 해체하기 위한 항해(break-up voyage) 등이다.

기간보험에서는 보험자의 책임 개시시점과 종료시점이 특정 기간으로 명시되지만 항해보험에서는 출발항과 도착항으로 표시된다. 항해보험에서 출발항을 기재하는 란에 'at and from'이 표시된 경우와 단순히 'from'만이 표시된 경우가 있는데 두 경우 보험계약 효력의 발생시점이 서로 다르다.

(1) From

만약 출발항의 표시에 'from'만 있으면 선박이 출항해야만 보험의 효력이 개시된다. 선박이 항해를 위하여 발항하기 전에는 보험자의 책임이 개시되지 않는다.[22]

(2) At and From

출발항의 기재란에 'from'만 표시되어 있는 경우는 드물고, 대부분 'from'보다 넓은 의미를 가진 'at and from'이 표시되어 있다. 선박이 이러한 조건으로 부보된 경우에는 계약성립시에 선박이 안전하게 출발항에 있는 순간부터 보험자의 책임은 개시된다.

그리고 보험계약성립시에 선박이 출발항에 있지 않을 때는 보험자의 책임은 선박이 출발항에 안전하게 도착해야만 개시된다. 이 경우 보험증권에 별도 합의가 없는 한 선박이 도착한 후 일정 기간 다른 보험증권에 의해서 담보되고 있어도 마찬가지이다.[23]

---

22) 영국해상보험법 제1부칙(RCP) 제16조.

23) 영국해상보험법 제1부칙(RCP) 제3조 a) 및 b).

3-5 보험가액과 보험금액

선박보험증권에는 보험목적물의 가액과 보험계약자가 실제로 보험에 가입한 금액이 기재된다.

(1) 선박보험가액

일반적으로 보험가액(insurable value)은 보험목적물의 실제 가치를 말하기 때문에 선박의 보험가액은 시장가액을 기준으로 결정되어야 한다. 그러나 우리나라에서는 선주가 제시한 가액을 한국보험개발원에서 제시한 선가결정기준과 비교하여 현저하게 높거나 낮지 않은 경우에는 그대로 보험가액으로 인정하고 있다.

(2) 선박보험금액

보험금액(insured amount)은 실제 보험에 가입된 금액으로 보험자는 이 금액의 범위 내에서 보상한다. 보험자와 보험계약자는 보험가액을 기준으로 대부분 보험가액과 보험금액이 일치하는 수준에서 보험금액을 약정한다.

만약 선박보험의 일부를 항만청 · 해운조합 등에 가입한 경우에는 보험가액에서 이 금액을 제외한 나머지 금액을 보험가입금액으로 한다. 이러한 내용(under insurance admitted)은 반드시 보험증권상에 명기되어야 한다. 그리고 선박건조보험의 경우는 공정이 점차 진행됨에 따라서 선가가 증가하여 보험가액을 협정하기가 어렵기 때문에 건조보험에 가입하기 이전에 계산된 총 공사금액을 보험금액으로 확정한다.

3-6 운항구역

선박보험에 가입한 선박이 운항하는 지역을 말한다. 예를 들어 한국 연안(coastal waters of Korea) · 한국 및 동남아 해역(Korea S.E. Asia) · 전세계해역(world-wide) 등이 기재된다.

선박보험에서는 북극의 그린 랜드(Green Land)해역과 같이 금지된 해역을 항해할 때는 사전에 보험자에게 통지하고 추가보험료를 납부해야 하며 해당 지역을 항해하는 데 필요한 장비를 반드시 갖추도록 한다.

■ 서식 9-2 선박보험증권

 **ORIENTAL FIRE & MARINE INSURANCE CO.,LTD.**

25-1, YOIDO-DONG, YOUNGDUNG PO-GU, 150-010, SEOUL, KOREA TELEPHONE 785-7711 TELEX ORFMINS K27479 FACSIMILE 82-2-784-9264

MARINE HULL INSURANCE POLICY

It is hereby agreed that if the premium on this policy or any part thereof unless otherwise agreed upon is not paid, this Company shall have the right to cancel this Policy at any time, and written notice mailed to the Assured, or to the payee named in this Policy, shall be deemed a cancellation, and on and after the date when such notice shall be mailed this Policy shall be null and void, but such a proportional part of any such premium for any risk, as shall have been earned up to the date of such cancellation, shall thereupon remain and become immediately due and payable.

It is hereby noted and agreed that all clauses annexed hereto or stamped hereon shall control other printed conditions inconsistent with the same.

We, The Company(ies), hereby agree, in consideration of the payment to us by or on behalf of the Assured of the premium specified in the Schedule, to insure against loss damage liability or expense in the proportions and manner hereinafter provided.

ORIGINAL
DUPLICATE UNPAID

In Witness whereof the undersigned has subscribed his Name on behalf of ORIENTAL FIRE & MARINE INSURANCE CO., LTD.

인지세현금납부증
승인 제91-252호
세액 100원정
승인년월일 1991. 11. 19
여의도세무서

ORIENTAL FIRE & MARINE INSURANCE CO., LTD.

Jong Ik Park

Authorized Representative

SCHEDULE

POLICY NUMBER ISSUED ON

IN

NAME OF ASSURED

VESSEL NAME

GROSS TONNAGE BUILT YEAR

DEAD WEIGHT TONNAGE MATERIAL

NATURE OF TRADE CLASSIFICATION

FLAG

PERIOD OF INSURANCE

FROM TO

SUBJECT-MATTER INSURED

AGREED VALUE(if any)

AMOUNT INSURED HEREUNDER

PREMIUM AND RATE

CLAUSES, ENDORSEMENTS, SPECIAL CONDITIONS AND WARRANTIES

THE ATTACHED CLAUSES AND ENDORSEMENTS FORM PART OF THIS POLICY

ORIENTAL FIRE & MARINE INSURANCE CO.,LTD.

"THE TERM 'NET', AS IT IS APPLIED HEREIN TO THE PREMIUM OR RATE, SHALL REPRESENT 90% OF THE PREMIUM OR RATE, SHOWN ON THE SCHEDULE OF THIS INSURANCE"

AUTHORIZED REPRESENTATIVE

1/10/83

INSTITUTE TIME CLAUSES
HULLS

This insurance is subject to English law and practice

1 NAVIGATION

1.1 The Vessel is covered subject to the provisions of this insurance at all times and has leave to sail or navigate with or without pilots, to go on trial trips and to assist and tow vessels or craft in distress, but it is warranted that the Vessel shall not be towed, except as is customary or to the first safe port or place when in need of assistance, or undertake towage or salvage services under a contract previously arranged by the Assured and/or Owners and/or Managers and/or Charterers. This Clause 1.1 shall not exclude customary towage in connection with loading and discharging.

1.2 In the event of the Vessel being employed in trading operations which entail cargo loading or discharging at sea from or into another vessel (not being a harbour or inshore craft) no claim shall be recoverable under this insurance for loss of or damage to the Vessel or liability to any other vessel arising from such loading or discharging operations, including whilst approaching, lying alongside and leaving, unless previous notice that the Vessel is to be employed in such operations has been given to the Underwriters and any amended terms of cover and any additional premium required by them have been agreed.

1.3 In the event of the Vessel sailing (with or without cargo) with an intention of being (a) broken up, or (b) sold for breaking up, any claim for loss of or damage to the Vessel occurring subsequent to such sailing shall be limited to the market value of the Vessel as scrap at the time when the loss or damage is sustained, unless previous notice has been given to the Underwriters and any amendments to the terms of cover, insured value and premium required by them have been agreed. Nothing in this Clause 1.3 shall affect claims under Clauses 8 and/or 11.

2 CONTINUATION

Should the Vessel at the expiration of this insurance be at sea or in distress or at a port of refuge or of call, she shall, provided previous notice be given to the Underwriters, be held covered at a pro rata monthly premium to her port of destination.

3 BREACH OF WARRANTY

Held covered in case of any breach of warranty as to cargo, trade, locality, towage, salvage services or date of sailing, provided notice be given to the Underwriters immediately after receipt of advices and any amended terms of cover and any additional premium required by them be agreed.

4 TERMINATION

This Clause 4 shall prevail notwithstanding any provision whether written typed or printed in this insurance inconsistent therewith.

Unless the Underwriters agree to the contrary in writing, this insurance shall terminate automatically at the time of

4.1 change of the Classification Society of the Vessel, or change, suspension, discontinuance, withdrawal or expiry of her Class therein, provided that if the Vessel is at sea such automatic termination shall be deferred until arrival at her next port. However where such change, suspension, discontinuance or withdrawal of her Class has resulted from loss or damage covered by Clause 6 of this insurance or which would be covered by an insurance of the Vessel subject to current Institute War and Strikes Clauses Hulls-Time such automatic termination shall only operate should the Vessel sail from her next port without the prior approval of the Classification Society,

4.2 any change, voluntary or otherwise, in the ownership or flag, transfer to new management, or charter on a bareboat basis, or requisition for title or use of the Vessel, provided that, if the Vessel has cargo on board and has already sailed from her loading port or is at sea in ballast, such automatic termination shall if required be deferred, whilst the Vessel continues her planned voyage, until arrival at final port of discharge if with cargo or at port of destination if in ballast. However, in the event of requisition for title or use without the prior execution of a written agreement by the Assured, such automatic termination shall occur fifteen days after such requisition whether the Vessel is at sea or in port.

A pro rata daily net return of premium shall be made.

5 ASSIGNMENT

No assignment of or interest in this insurance or in any moneys which may be or become payable thereunder is to be binding on or recognised by the Underwriters unless a dated notice of such assignment or interest signed by the Assured, and by the assignor in the case of subsequent assignment, is endorsed on the Policy and the Policy with such endorsement is produced before payment of any claim or return of premium thereunder.

6 PERILS

6.1 This insurance covers loss of or damage to the subject-matter insured caused by

6.1.1 perils of the seas rivers lakes or other navigable waters

6.1.2 fire, explosion

6.1.3 violent theft by persons from outside the Vessel

6.1.4 jettison

6.1.5 piracy

6.1.6 breakdown of or accident to nuclear installations or reactors

6.1.7 contact with aircraft or similar objects, or objects falling therefrom, land conveyance, dock or harbour equipment or installation

6.1.8 earthquake volcanic eruption or lightning.

(Continued)

6.2 This insurance covers loss of or damage to the subject-matter insured caused by

6.2.1 accidents in loading discharging or shifting cargo or fuel

6.2.2 bursting of boilers breakage of shafts or any latent defect in the machinery or hull

6.2.3 negligence of Master Officers Crew or Pilots

6.2.4 negligence of repairers or charterers provided such repairers or charterers are not an Assured hereunder

6.2.5 barratry of Master Officers or Crew,

provided such loss or damage has not resulted from want of due diligence by the Assured, Owners or Managers.

6.3 Master Officers Crew or Pilots not to be considered Owners within the meaning of this Clause 6 should they hold shares in the Vessel.

7 POLLUTION HAZARD

This insurance covers loss of or damage to the Vessel caused by any governmental authority acting under the powers vested in it to prevent or mitigate a pollution hazard, or threat thereof, resulting directly from damage to the Vessel for which the Underwriters are liable under this insurance, provided such act of governmental authority has not resulted from want of due diligence by the Assured, the Owners, or Managers of the Vessel or any of them to prevent or mitigate such hazard or threat. Master, Officers, Crew or Pilots not to be considered Owners within the meaning of this Clause 7 should they hold shares in the Vessel.

8 3/4THS COLLISION LIABILITY

8.1 The Underwriters agree to indemnify the Assured for three-fourths of any sum or sums paid by the Assured to any other person or persons by reason of the Assured becoming legally liable by way of damages for

8.1.1 loss of or damage to any other vessel or property on any other vessel

8.1.2 delay to or loss of use of any such other vessel or property thereon

8.1.3 general average of, salvage of, or salvage under contract of, any such other vessel or property thereon,

where such payment by the Assured is in consequence of the Vessel hereby insured coming into collision with any other vessel.

8.2 The indemnity provided by this Clause 8 shall be in addition to the indemnity provided by the other terms and conditions of this insurance and shall be subject to the following provisions:

8.2.1 Where the insured Vessel is in collision with another vessel and both vessels are to blame then, unless the liability of one or both vessels becomes limited by law, the indemnity under this Clause 8 shall be calculated on the principle of cross-liabilities as if the respective Owners had been compelled to pay to each other such proportion of each other's damages as may have been properly allowed in ascertaining the balance or sum payable by or to the Assured in consequence of the collision.

8.2.2 In no case shall the Underwriters' total liability under Clauses 8.1 and 8.2 exceed their proportionate part of three-fourths of the insured value of the Vessel hereby insured in respect of any one collision.

8.3 The Underwriters will also pay three-fourths of the legal costs incurred by the Assured or which the Assured may be compelled to pay in contesting liability or taking proceedings to limit liability, with the prior written consent of the Underwriters.

EXCLUSIONS

8.4 Provided always that this Clause 8 shall in no case extend to any sum which the Assured shall pay for or in respect of

8.4.1 removal or disposal of obstructions, wrecks, cargoes or any other thing whatsoever

8.4.2 any real or personal property or thing whatsoever except other vessels or property on other vessels

8.4.3 the cargo or other property on, or the engagements of, the insured Vessel

8.4.4 loss of life, personal injury or illness

8.4.5 pollution or contamination of any real or personal property or thing whatsoever (except other vessels with which the insured Vessel is in collision or property on such other vessels).

9 SISTERSHIP

Should the Vessel hereby insured come into collision with or receive salvage services from another vessel belonging wholly or in part to the same Owners or under the same management, the Assured shall have the same rights under this insurance as they would have were the other vessel entirely the property of Owners not interested in the Vessel hereby insured; but in such cases the liability for the collision or the amount payable for the services rendered shall be referred to a sole arbitrator to be agreed upon between the Underwriters and the Assured.

10 NOTICE OF CLAIM AND TENDERS

10.1 In the event of accident whereby loss or damage may result in a claim under this insurance, notice shall be given to the Underwriters prior to survey and also, if the Vessel is abroad, to the nearest Lloyd's Agent so that a surveyor may be appointed to represent the Underwriters should they so desire.

10.2 The Underwriters shall be entitled to decide the port to which the Vessel shall proceed for docking or repair (the actual additional expense of the voyage arising from compliance with the Underwriters' requirements being refunded to the Assured) and shall have a right of veto concerning a place of repair or a repairing firm.

10.3 The Underwriters may also take tenders or may require further tenders to be taken for the repair of the Vessel. Where such a tender has been taken and a tender is accepted with the approval of the Underwriters, an allowance shall be made at the rate of 30% per annum on the insured value for time lost between the despatch of the invitations to tender required by Underwriters and the acceptance of a tender to the extent that such time is lost solely as the result of tenders having been taken and provided that the tender is accepted without delay after receipt of the Underwriters' approval.

Due credit shall be given against the allowance as above for any amounts recovered in respect of fuel and stores and wages and maintenance of the Master Officers and Crew or any member thereof, including amounts allowed in general average, and for any amounts recovered from third parties in respect of damages for detention and/or loss of profit and/or running expenses, for the period covered by the tender allowance or any part thereof.

Where a part of the cost of the repair of damage other than a fixed deductible is not recoverable from the Underwriters the allowance shall be reduced by a similar proportion.

10.4 In the event of failure to comply with the conditions of this Clause 10 a deduction of 15% shall be made from the amount of the ascertained claim.

11 GENERAL AVERAGE AND SALVAGE

11.1 This insurance covers the Vessel's proportion of salvage, salvage charges and/or general average, reduced in respect of any under-insurance, but in case of general average sacrifice of the Vessel the Assured may recover in respect of the whole loss without first enforcing their right of contribution from other parties.

11.2 Adjustment to be according to the law and practice obtaining at the place where the adventure ends, as if the contract of affreightment contained no special terms upon the subject; but where the contract of affreightment so provides the adjustment shall be according to the York-Antwerp Rules.

11.3 When the Vessel sails in ballast, not under charter, the provisions of the York-Antwerp Rules, 1974 (excluding Rules XX and XXI) shall be applicable, and the voyage for this purpose shall be deemed to continue from the port or place of departure until the arrival of the Vessel at the first port or place thereafter other than a port or place of refuge or a port or place of call for bunkering only. If at any such intermediate port or place there is an abandonment of the adventure originally contemplated the voyage shall thereupon be deemed to be terminated.

11.4 No claim under this Clause 11 shall in any case be allowed where the loss was not incurred to avoid or in connection with the avoidance of a peril insured against.

12 DEDUCTIBLE

12.1 No claim arising from a peril insured against shall be payable under this insurance unless the aggregate of all such claims arising out of each separate accident or occurrence (including claims under Clauses 8, 11

and 13) exceeds ....in which case this sum shall be deducted. Nevertheless the expense of sighting the bottom after stranding, if reasonably incurred specially for that purpose, shall be paid even if no damage be found. This Clause 12.1 shall not apply to a claim for total or constructive total loss of the Vessel or, in the event of such a claim, to any associated claim under Clause 13 arising from the same accident or occurrence.

12.2 Claims for damage by heavy weather occurring during a single sea passage between two successive ports shall be treated as being due to one accident. In the case of such heavy weather extending over a period not wholly covered by this insurance the deductible to be applied to the claim recoverable hereunder shall be the proportion of the above deductible that the number of days of such heavy weather falling within the period of this insurance bears to the number of days of heavy weather during the single sea passage.
The expression "heavy weather" in this Clause 12.2 shall be deemed to include contact with floating ice.

12.3 Excluding any interest comprised therein, recoveries against any claim which is subject to the above deductible shall be credited to the Underwriters in full to the extent of the sum by which the aggregate of the claim unreduced by any recoveries exceeds the above deductible.

12.4 Interest comprised in recoveries shall be apportioned between the Assured and the Underwriters, taking into account the sums paid by the Underwriters and the dates when such payments were made, notwithstanding that by the addition of interest the Underwriters may receive a larger sum than they have paid.

13 DUTY OF ASSURED (SUE AND LABOUR)

13.1 In case of any loss or misfortune it is the duty of the Assured and their servants and agents to take such measures as may be reasonable for the purpose of averting or minimising a loss which would be recoverable under this insurance.

13.2 Subject to the provisions below and to Clause 12 the Underwriters will contribute to charges properly and reasonably incurred by the Assured their servants or agents for such measures. General average, salvage charges (except as provided for in Clause 13.5) and collision defence or attack costs are not recoverable under this Clause 13.

13.3 Measures taken by the Assured or the Underwriters with the object of saving, protecting or recovering the subject-matter insured shall not be considered as a waiver or acceptance of abandonment or otherwise prejudice the rights of either party.

13.4 When expenses are incurred pursuant to this Clause 13 the liability under this insurance shall not exceed the proportion of such expenses that the amount insured hereunder bears to the value of the Vessel as stated herein, or to the sound value of the Vessel at the time of the occurrence giving rise to the expenditure if the sound value exceeds that value. Where the Underwriters have admitted a claim for total loss and property insured by this insurance is saved, the foregoing provisions shall not apply unless the expenses of suing and labouring exceed the value of such property saved and then shall apply only to the amount of the expenses which is in excess of such value.

13.5 When a claim for total loss of the Vessel is admitted under this insurance and expenses have been reasonably incurred in saving or attempting to save the Vessel and other property and there are no proceeds, or the expenses exceed the proceeds, then this insurance shall bear its pro rata share of such proportion of the expenses, or of the expenses in excess of the proceeds, as the case may be, as may reasonably be regarded as having been incurred in respect of the Vessel; but if the Vessel be insured for less than its sound value at the time of the occurrence giving rise to the expenditure, the amount recoverable under this clause shall be reduced in proportion to the under-insurance.

13.6 The sum recoverable under this Clause 13 shall be in addition to the loss otherwise recoverable under this insurance but shall in no circumstances exceed the amount insured under this insurance in respect of the Vessel.

14 NEW FOR OLD

Claims payable without deduction new for old.

15 BOTTOM TREATMENT

In no case shall a claim be allowed in respect of scraping gritblasting and/or other surface preparation or painting of the Vessel's bottom except that

15.1 gritblasting and/or other surface preparation of new bottom plates ashore and supplying and applying any "shop" primer thereto,

15.2 gritblasting and/or other surface preparation of:

the butts or area of plating immediately adjacent to any renewed or refitted plating damaged during the course of welding and/or repairs,

areas of plating damaged during the course of fairing, either in place or ashore,

15.3 supplying and applying the first coat of primer/anti-corrosive to those particular areas mentioned in 15.1 and 15.2 above,

shall be allowed as part of the reasonable cost of repairs in respect of bottom plating damaged by an insured peril.

16 WAGES AND MAINTENANCE

No claim shall be allowed, other than in general average, for wages and maintenance of the Master, Officers and Crew, or any member thereof, except when incurred solely for the necessary removal of the Vessel from one port to another for the repair of damage covered by the Underwriters, or for trial trips for such repairs, and then only for such wages and maintenance as are incurred whilst the Vessel is under way.

17 AGENCY COMMISSION

In no case shall any sum be allowed under this insurance either by way of remuneration of the Assured for time and trouble taken to obtain and supply information or documents or in respect of the commission or charges of any manager, agent, managing or agency company or the like, appointed by or on behalf of the Assured to perform such services.

18 UNREPAIRED DAMAGE

18.1 The measure of indemnity in respect of claims for unrepaired damage shall be the reasonable depreciation in the market value of the Vessel at the time this insurance terminates arising from such unrepaired damage, but not exceeding the reasonable cost of repairs.

18.2 In no case shall the Underwriters be liable for unrepaired damage in the event of a subsequent total loss (whether or not covered under this insurance) sustained during the period covered by this insurance or any extension thereof.

18.3 The Underwriters shall not be liable in respect of unrepaired damage for more than the insured value at the time this insurance terminates.

19 CONSTRUCTIVE TOTAL LOSS

19.1 In ascertaining whether the Vessel is a constructive total loss, the insured value shall be taken as the repaired value and nothing in respect of the damaged or break-up value of the Vessel or wreck shall be taken into account.

19.2 No claim for constructive total loss based upon the cost of recovery and/or repair of the Vessel shall be recoverable hereunder unless such cost would exceed the insured value. In making this determination, only the cost relating to a single accident or sequence of damages arising from the same accident shall be taken into account.

20 FREIGHT WAIVER

In the event of total or constructive total loss no claim to be made by the Underwriters for freight whether notice of abandonment has been given or not.

21 DISBURSEMENTS WARRANTY

21.1 Additional insurances as follows are permitted:

21.1.1 *Disbursements, Managers' Commissions, Profits or Excess or Increased Value of Hull and Machinery.* A sum not exceeding 25% of the value stated herein.

21.1.2 *Freight, Chartered Freight or Anticipated Freight, insured for time.* A sum not exceeding 25% of the value as stated herein less any sum insured, however described, under 21.1.1.

21.1.3 *Freight or Hire, under contracts for voyage.* A sum not exceeding the gross freight or hire for the current cargo passage and next succeeding cargo passage (such insurance to include, if required, a preliminary and an intermediate ballast passage) plus the charges of insurance. In the case of a voyage charter where payment is made on a time basis, the sum permitted for insurance shall be calculated on the estimated duration of the voyage, subject to the limitation of two cargo passages as laid down herein. Any sum insured under 21.1.2 to be taken into account and only the excess thereof may be insured, which excess shall be reduced as the freight or hire is advanced or earned by the gross amount so advanced or earned.

21.1.4 *Anticipated Freight if the Vessel sails in ballast and not under Charter.* A sum not exceeding the anticipated gross freight on next cargo passage, such sum to be reasonably estimated on the basis of the current rate of freight at time of insurance plus the charges of insurance. Any sum insured under 21.1.2 to be taken into account and only the excess thereof may be insured.

21.1.5 *Time Charter Hire or Charter Hire for Series of Voyages.* A sum not exceeding 50% of the gross hire which is to be earned under the charter in a period not exceeding 18 months. Any sum insured under 21.1.2 to be taken into account and only the excess thereof may be insured, which excess shall be reduced as the hire is advanced or earned under the charter by 50% of the gross amount so advanced or earned but the sum insured need not be reduced while the total of the sums insured under 21.1.2 and 21.1.5 does not exceed 50% of the gross hire still to be earned under the charter. An insurance under this Section may begin on the signing of the charter.

21.1.6 *Premiums.* A sum not exceeding the actual premiums of all interests insured for a period not exceeding 12 months (excluding premiums insured under the foregoing sections but including, if required, the premium or estimated calls on any Club or War etc. Risk insurance) reducing pro rata monthly.

21.1.7 *Returns of Premium.* A sum not exceeding the actual returns which are allowable under any insurance but which would not be recoverable thereunder in the event of a total loss of the Vessel whether by insured perils or otherwise.

21.1.8 *Insurance irrespective of amount against:*
Any risks excluded by Clauses 23, 24, 25 and 26 below.

(Continued)

21.2 Warranted that no insurance on any interests enumerated in the foregoing 21.1.1 to 21.1.7 in excess of the amounts permitted therein and no other insurance which includes total loss of the Vessel P.P.I., F.I.A., or subject to any other like term, is or shall be effected to operate during the currency of this insurance by or for account of the Assured, Owners, Managers or Mortgagees. Provided always that a breach of this warranty shall not afford the Underwriters any defence to a claim by a Mortgagee who has accepted this insurance without knowledge of such breach.

22 RETURNS FOR LAY-UP AND CANCELLATION

22.1 To return as follows:

22.1.1 Pro rata monthly net for each uncommenced month if this insurance be cancelled by agreement.

22.1.2 For each period of 30 consecutive days the Vessel may be laid up in a port or in a lay-up area provided such port or lay-up area is approved by the Underwriters (with special liberties as hereinafter allowed)

(a)..................................per cent net not under repair

(b)..................................per cent net under repair.

If the Vessel is under repair during part only of a period for which a return is claimable, the return shall be calculated pro rata to the number of days under (a) and (b) respectively.

22.2 PROVIDED ALWAYS THAT

22.2.1 a total loss of the Vessel, whether by insured perils or otherwise, has not occurred during the period covered by this insurance or any extension thereof

22.2.2 in no case shall a return be allowed when the Vessel is lying in exposed or unprotected waters, or in a port or lay-up area not approved by the Underwriters but, provided the Underwriters agree that such non-approved lay-up area is deemed to be within the vicinity of the approved port or lay-up area, days during which the Vessel is laid up in such non-approved lay-up area may be added to days in the approved port or lay-up area to calculate a period of 30 consecutive days and a return shall be allowed for the proportion of such period during which the Vessel is actually laid up in the approved port or lay-up area

22.2.3 loading or discharging operations or the presence of cargo on board shall not debar returns but no return shall be allowed for any period during which the Vessel is being used for the storage of cargo or for lightering purposes

22.2.4 in the event of any amendment of the annual rate, the above rates of return shall be adjusted accordingly

22.2.5 in the event of any return recoverable under this Clause 22 being based on 30 consecutive days which fall on successive insurances effected for the same Assured, this insurance shall only be liable for an amount calculated at pro rata of the period rates 22.1.2(a) and/or (b) above for the number of days which come within the period of this insurance and to which a return is actually applicable. Such overlapping period shall run, at the option of the Assured, either from the first day on which the Vessel is laid up or the first day of a period of 30 consecutive days as provided under 22.1.2(a) or (b), or 22.2.2 above.

The following clauses shall be paramount and shall override anything contained in this insurance inconsistent therewith.

23 WAR EXCLUSION

In no case shall this insurance cover loss damage liability or expense caused by

23.1 war civil war revolution rebellion insurrection, or civil strife arising therefrom, or any hostile act by or against a belligerent power

23.2 capture seizure arrest restraint or detainment (barratry and piracy excepted), and the consequences thereof or any attempt thereat

23.3 derelict mines torpedoes bombs or other derelict weapons of war.

24 STRIKES EXCLUSION

In no case shall this insurance cover loss damage liability or expense caused by

24.1 strikers, locked-out workmen, or persons taking part in labour disturbances, riots or civil commotions

24.2 any terrorist or any person acting from a political motive.

25 MALICIOUS ACTS EXCLUSION

In no case shall this insurance cover loss damage liability or expense arising from

25.1 the detonation of an explosive

25.2 any weapon of war

and caused by any person acting maliciously or from a political motive.

26 NUCLEAR EXCLUSION

In no case shall this insurance cover loss damage liability or expense arising from any weapon of war employing atomic or nuclear fission and/or fusion or other like reaction or radioactive force or matter.

03 해상보험증권의 내용

1. Lloyd's SG 보험증권의 내용

Lloyd's SG 보험증권은 현재 사용되지 않지만 오늘날 해상보험에서 이용되고 있는 대부분의 약관은 Lloyd's SG 보험증권에 기초를 두고 있다. Lloyd's SG 보험증권은 본문약관 · 이탤릭서체약관 · 난외약관 등으로 구성되어 있다.

1-1 본문약관

본문약관(body clause)은 Lloyd's SG 보험증권에서 제일 먼저 채택된 약관으로 보험증권의 한 가운데 인쇄되어 있다. 구양식의 약관은 서술형식(narrative form)으로 되어 있어 마치 보험자와 피보험자가 이야기하는 것처럼 전개된다. 그리고 약관과 약관 사이의 공란에는 보험계약에 필요한 사항을 기재하도록 되어 있다.

본문약관의 주요 내용은 대부분 신보험증권에 구현되어 있기 때문에 여기서는 간결하게 설명하기로 한다.

> Be it known that ……
>
> …… 라는 사실을 인증한다.

(1) 보험계약의 인증문

[설 명]

이 문언은 보험계약을 체결하고 이를 인증한다는 의미인데, 그 다음의 공란에 피보험자 · 대리인 · 보험중개인 등의 성명이 기재된다. 영국에서는 통상 중개인명을 기재한다.[24)]

24) 이 문언을 모두(冒頭)약관이라고 하며 처음에는 'In the name of God, Amen'으로 되어 있었는데 1850년에 'Be it known that…'으로 수정되었다.

[현　　행]

신보험증권은 스케줄 방식을 채택하고 있기 때문에 피보험자의 성명을 기재하는 란이 있다.

(2) 양도약관

> as well in their own name as for and in the name and names of all and every other person or persons to whom the same doth may, or shall appertain, in part or in all, doth make assurance and cause themselves and them, and every of them, to be insured,
>
> ……는 자기의 명의로서 또한 보험목적물의 일부 또는 전부가 귀속하는, 귀속할지도 모르는, 또는 장차 귀속하게 될 모든 사람을 위하여, 또는 그들 명의로 보험계약을 체결하며, 자기와 상기의 모든 사람을 위하여 부보된 것으로 한다.

[설　　명]

이 약관은 보험목적물이 양도됨에 따라서 보험증권도 양도될 수 있음을 명시한 것이다. 적하보험에서는 CIF 조건에서처럼 수출업자가 체결한 보험증권이 수입업자에게 양도되는 경우가 많이 발생한다. 이에 따라 영국해상보험법(제50조 1항)에서도 해상보험증권은 증권상에 양도를 금지하는 조건이 없는 한 손해발생의 전후를 불문하고 양도할 수 있음을 규정하고 있다. 그러나 선박보험에서는 선박의 매도에 따른 선박보험증권의 양도를 허용하지 않고 있다.

[현　　행]

적하보험증권의 양도에 관한 현행 약관은 없지만 적하보험의 성질상 적하보험증권은 자유롭게 양도되고 있다. 그러나 선박은 매매를 전제로 하는 것이 아니므로 협회기간약관(선박)의 제5조 양도약관[25]에는 선박보험증권의 양도에 관한 일정한 규칙이 규정되어 있다.

25) 여기에 관한 자세한 내용은 「제16장 협회기간약관」을 참고할 것.

(3) 소급약관

> lost or not lost,
>
> 멸실 여부는 불문한다.

[설　　명]

이 문구는 보험계약을 체결할 때 보험목적물의 멸실 여부는 불문에 붙인다는 의미이다. FOB 조건에서는 수출항의 본선에 적재된 화물을 두고서 수입지에 있는 피보험자와 보험자간에 적하보험계약이 체결되는데, 통신시설이나 교통시설이 발달하지 못했던 시대에는 두 당사자가 화물의 상태에 대해서 전혀 모를 수가 있다.[26)]

이에 따라서 보험목적물이 멸실되었건 안 되었건 불문하고 보험계약을 체결하게 되는데, 어떤 경우에는 사고가 이미 발생했는데 이를 모르고 계약이 체결되기도 한다. 이럴 때에도 보험자는 소급해서 보상해 주는데, 이를 소급약관이라 하며 오늘날에는 적하보험에 한하여 인정되고 있다.

[현　　행]

협회적하약관(2009)의 제11조 피보험이익에 소급보상의 내용이 그대로 명시되어 있다. 즉 적하보험에서 피보험자는 보험계약을 체결하기 전에 발생한 보험사고에 대해서도 만약 피보험자가 그러한 사실을 몰랐다면 충분히 보상받을 수 있다.

구양식에서는 소급보상의 의미를 'lost or not lost' 로 함축적으로 표현하고 있어 보험 전문가가 아니면 이를 이해할 수 없었다. 그래서 신양식에서는 이의 의미를 구체적으로 다음과 같이 표현하고 있다.

'The assured shall be entitled to recover for insured loss occurring during the period covered by this insurance, notwithstanding that the loss occurred before the contract of insurance was concluded, unless the assured were aware of the loss and the insurers were not'

---

26) 이에 관한 자세한 내용은 「제 7 장 피보험이익 1 절」을 참고할 것.

(4) 위험의 개시

> at and from ……
>
> …… 에서 그리고 부터

[설　　명]

소급약관 다음에는 보험자의 책임이 개시되는 시점을 나타내는 'at and from'이 있는데 공란에는 출항지명이나 계약개시일자를 기재한다.

[현　　행]

보험증권의 기재사항으로 남아 있는데, 적하보험에서는 선적항 그리고 선박항해보험에서는 출발항을 기재한다.

(5) 보험목적물의 표시

> Upon any kind of goods and merchandises, and also upon the body, tackle, apparel, ordnance, munition, artillery, boat and other furniture,
>
> 어떠한 종류의 화물 · 상품 그리고 선체 · 양하기구 · 선구 · 병기 · 군수품 · 군용포 · 보트 및 기타 의장에 관하여

[설　　명]

Lloyd's SG 보험증권은 선박보험과 적하보험에서 공통으로 사용되었기 때문에 보험목적물에 관한 표현이 많이 나열되어 있다.[27] 화물(goods)과 상품(merchandises)을 제외한 보험목적물들은 대부분 선박보험의 대상이 된다.

[현　　행]

Subject-matter insured로 표시되어 있는 공란에 보험목적물을 기재하도록 되어 있다.

---

27) 적하와 선박보험의 증권양식은 19세기 말에 분리되었다.

(6) 선박명의 표시

of and in the good ship or vessel called the ……

…… 라고 불리는 양호한 선박에

[설 명]

공란에는 화물을 운송해 나갈 선박명을 기재한다. ship과 vessel은 상호 다른 의미가 있는 것은 아니고 동종제한의 원칙에 따라서 모두 선박으로 해석한다. 그리고 'good'이 의미하는 바는 선박이 내항성을 갖추고 있다는 것이다.

[현 행]

적하보험증권의 'ship or vessel'로 표시되어 있는 공란에 운송선박명을 기재하도록 되어 있다.

(7) 선장명의 표시

whereof is master under God, for this present voyage, or whosoever else shall go for master in the said ship, or by whatsoever other name or names the same ship, or the master thereof, is or shall be named or called;

본 항해에 대해서 ……을 신의 보호 아래 선장으로 하고, 본 선장은 장래 다른 선장으로 대체되어도 무방하며, 또한 본 선박 또는 그 선장은 다른 명칭으로 호칭되거나 또는 장래 호칭되어도 무방하다.

[설 명]

옛날 범선시대에는 선장의 항해능력에 따라서 항해의 성공 여부가 좌우되었기 때문에 공란에 선장명을 기재하였지만 오늘날에는 모든 선박이 자동항법장치에 의해서 운항되므로 선장명은 기입하지 않는다.

[현 행]

삭제.

(8) 보험기간의 명시

beginning the adventure upon the said goods and merchandises from the loading thereof aboard the said ship, and so shall continue and endure, during her abode there, upon the said ship, &c., and further, until the said ship, with all her goods and merchandises whatsoever, shall be arrived at and until the same be there discharged and safely landed.

상기 화물 및 상품에 대한 위험은 상기 선박에 적재될 때 개시되고 정박 중에도 계속되며, 화물 및 상품을 적재한 선박이 항구에 도착할 때까지 계속되어 그 곳에서 하역되고 안전하게 양륙될 때까지 지속된다.

beginning the adventure upon the said ship, &c., as above and shall so continue and endure has abode there; and further until the said ship, with all her ordnance, tackle, apparel, &c., shall be arrived at as above and until she hath moored at anchor twenty-four in good safety;

상기 선박과 기타에 대한 위험은 상기한 바와 같이……에서 개시되고 정박중에도 계속되며, 다시 동 선박이 모든 병기, 양하기구, 선구 등을 완비하여 상기 장소에 도착하여 안전하게 투묘해서 24시간 경과할 때까지 지속된다.*

* 보험증권의 원문과 달리 편의상 적하 및 선박으로 구분하였음.

[설　명]

적하보험에서의 보험자 책임을 규정한 약관인데, 적하보험은 통상 항해보험이기 때문에 보험자의 책임을 선적항에서 목적항까지로 규정하고 있다. 선박보험에서는 이 내용을 조금 변경하여 보험자의 책임이 목적지에 도착하여 안전하게 투묘(moored at anchor)해서 24시간 경과할 때까지 계속됨을 규정하고 있다.

[현　행]

적하보험증권에는 선적항과 도착항이 기재된다. 그리고 선박보험증권이 기간보험일 경우 보험기간이 명시되고 항해보험일 경우에는 출발항과 도착항이 기재된다.

(9) 기항정박약관

And it shall be lawful for the said ship, &c., in this voyage, to proceed and sail to and touch and stay at any ports or places whatsoever *and wheresoever for all purposes* without prejudice to this insurance.

또한 본 선박은 어떠한 …… 항구 또는 장소를 향하여, 항해 · 발항 · 기항 또는 정박하는 것은 합법적이며 본 보험의 효력에 아무런 영향을 미치지 않는다.

[설　　명]
선박이 중간 항구에 기항하거나 정박하게 되는 것을 허용하는 약관이다.
[현　　행]
적하보험증권상에 환적항에 대한 기재란이 있다.

(10) 보험평가약관

The said ship, &c., goods and merchandises, &c., for so much as concerns the assured by agreement between the assured and assurers in this policy, are and shall be valued at ……

본 선박 · 화물 및 상품은 본 증권에 있어서 피보험자와 보험자간의 합의에 의하여 …… 금액으로 평가되고, 장차에도 동일한 금액으로 평가되는 것으로 한다.

[설　　명]
공란에는 협정보험가액을 기재한다. 협정보험가액은 보험목적물의 시가를 보험자와 피보험자가 합의한 금액이다. 이 금액을 한도로 보험가입금액이 결정된다.
[현　　행]
선박보험증권상에는 협정보험가액을 기재하는 공란이 있지만 적하보험의 경우 화물의 가액이 상업송장상에 기재되어 있기 때문에 적하보험증권상에는 협정보험가액이 기재되지 않는다.

(11) 담보위험

Touching the adventures and perils which we the assurers are contented to bear and do take upon us in this voyage, they are of the seas, men-of-war, fire, enemies, pirates, rovers, thieves, jettisons, letters of mart and countermart, surprisals, takings at sea, arrests, restraints and detainments of all kings, princes, and people, of what nation, condition, or quality soever, barratry of the master and mariners, and of all other perils, losses, and misfortunes, that have or shall come to the hurt, detriment, or damage of the said goods and merchandises, and ship, &c., or any part thereof.

본 보험자가 본 항해에 있어서 담보할 것을 약속하는 해상사업 및 위험은 다음과 같다. 즉, 해상고유의 위험 · 군함 · 화재 · 외적 · 해적 · 표도 · 강도 · 투하 · 포획면허장 및 보복포획면허장 · 습격 · 해상탈취 · 국적 · 상황 또는 성질의 여하를 불문하고 모든 국왕, 군주 및 국민의 강류, 억지 및 억류, 선장 및 선원의 악행, 상기 화물 · 상품 및 선박 또는 기타에 대하여 혹은 그들 일부에 대하여 파손 · 훼손 또는 손상을 발생케 했거나 또는 발생케 할 기타 일체의 위험, 멸실 및 불행으로 한다.

[설　　명]

이 약관에는 보험자가 담보하는 위험이 열거되어 있는데 오늘날에는 그 내용이 많이 바뀌었다. 보험자의 담보위험에 관한 것은 제8장 제3절에 설명되어 있다.

[현　　행]

협회적하약관(2009)에서는 각 1조의 위험에 담보위험에 관한 내용이 명시되어 있고 협회기간약관(선박)에는 제6조의 위험약관에 명시되어 있다.

(12) 손해방지약관

And in case of any loss or misfortune it shall be lawful to the assured, their factors, servants and assigns, to sue, labour, and travel for, in and about the defence, safeguard, and recovery of the said goods and merchandises, and ship, &c., or any part thereof, without prejudice to this insurance; to the charges whereof we, the assurers, will contribute each one according to the rate and quantity of his sum herein assured.

또한 손해 혹은 재난이 발생한 경우에 피보험자 · 그 대리인 · 사용인 및 양수인이 본 화물 및 상품 그리고 선박 등의 전부 또는 일부를 방비 · 보호 및 회복하기 위한 조치를 추구하고 노력하며 사고지를 답사하는 것은 합법적이며, 본 보험의 효력에 영향을 미치지 않는다. 이에 따른 비용은 보험자가 인수금액의 비율과 금액에 따라 각자 분담한다.

[설 명]

이는 피보험자 또는 그의 대리인으로 하여금 손해의 방지와 경감을 위해서 모든 합리적인 조치를 취할 것을 의무로서 규정한 약관이다. 그리고 피보험자의 손해방지행위에 따른 비용은 보험자가 별도로 지급할 것을 규정하고 있다.

[현 행]

협회적하약관(2009)에서는 제16조 피보험자의무에 피보험자의 손해방지 및 경감 의무가 규정되어 있고 협회기간약관(선박)에서도 제13조 피보험자의무약관에 동일한 내용이 규정되어 있다.

(13) 포기약관

And it is especially declared and agreed that no acts of the insurer or insured in recovering, saving, or preserving the property insured shall be considered as a waiver, or acceptance of abandonment.

부보 재산을 회복 · 구조 혹은 보존하기 위하여 보험자와 피보험자가 취하는 어떠한 조치도 그것이 위부의 포기나 혹은 수락으로 간주되지 않는 것을 특별히 선언하고 약속한다.

[설 명]

위부(abandonment)는 피보험자가 잔존물에 대한 모든 가치와 권리를 보험자에게 이전하고 전손보험금을 청구하는 행위를 말한다. 그런데 위부를 할 때는 보험자나 피보험자 등이 손해방지행위를 하려고 하지 않기 때문에 이를 방지하기 위하여 쌍방이 서로 미루지 말고 손해방지행위를 성실히 수행할 것을 규정한 약관인데 1874년에 추가되었다.[28)]

[현 행]

협회적하약관(2009)의 제17조 포기에 이 내용이 규정되어 있다. 그리고 협회기간약관(선박)에서는 제13조 피보험자의무약관에 이 내용이 규정되어 있다.

(14) 보험증권의 효력에 관한 약관

And it is agreed by us, the insurers, that this writing or policy of assurance shall be of as much force and effect as the surest writing or policy of assurance heretofore made in Lombard Street, or in the Royal Exchange, or elsewhere in London.

그리고 이 보험의 서면 또는 보험증권은 롬바드가 · 로열 익스체인지 또는 런던에서 작성된 가장 확실한 서면 혹은 보험증권과 동일한 효력을 갖는 것으로 본 보험자가 동의한다.

[설 명]

이 약관은 과거의 관습을 표시한 것에 불과하며 오늘날 실무상으로 적합한 표현이라 볼 수 없다.

[현 행]

삭제.

28) 보험사고가 발생했을 경우 확실한 현실전손이면 별 문제가 없는 데 잔존물이 조금 남아 있어 현실전손으로 처리하기가 애매모호할 경우 피보험자는 잔존물에 대한 일체의 권리를 보험자에게 이전하고 전손보험금을 청구한다. 만약 보험자가 이를 수락하면 전손이 성립되지만 거절할 경우에는 분손 처리된다. 따라서 피보험자는 위부를 통지할 때 가급적 손해가 확대되어 보험자가 위부를 당연히 수락하기를 바라기 때문에 손해방지행위를 하지 않게 된다. 그리고 보험자도 위부 통지가 있을 경우 손해방지행위를 하지 않게 된다. 왜냐하면 보험자가 손해방지행위를 하게 되면 피보험자는 보험자가 위부를 수락한 것으로 착각할 수 있기 때문이다. 이런 저런 오해로 인해 위부통지가 있을 경우 보험자나 피보험자 모두 손해방지행위를 하지 않으려고 한다.

(15) 구속약관

And so we, the assurers, are contented, and do hereby promise and bind ourselves, each one for his own part, our heirs, executors, and goods to the assured, their executors, administrators, and assigns, for the true performance of the premises,

본 보험자는 피보험자와 그의 유언집행인 · 관리인 및 양수인에 대해 약속을 진정하게 이행하기 위하여 각각 해당 부서에 대해 본 보험자 자신과 그 상속인 · 유언집행인 및 재산을 구속하는 데 이의 없이 만족하고 확약한다.

[설　　명]

이 약관은 보험증권상에서 규정하고 있는 각종 약속을 보험자가 책임지고 이행하겠다는 의사표시이다.

[현　　행]

보험증권의 본문에 있는 약인약관에 이 내용이 포함되어 있다.

(16) 약인약관

confessing ourselves paid the consideration due unto us for this assurance by the assured, at and after the rate of …….

이 보험에 관해서 피보험자는 ……의 비율로 보험료를 지불하였음을 본 보험자는 인정한다.

[설　　명]

이 약관은 피보험자가 보험료를 지급해야만 보험금을 지급받을 수 있음을 규정한 것이다. 약인은 보험료의 영수를 의미하는 것으로 보험자의 손해보상약속에 따라 피보험자가 그 대가로서 보험료를 지불하였음을 뜻한다.

[현　　행]

보험증권의 본문에 있는 약인약관에 이 내용이 포함되어 있다.

해상보험증권

THE SG FORM OF MARINE INSURANCE POLICY

(As printed in the First Schedule of the Marine Insurance Act, 1906)

Be it known that

as well in *their* own name as for and in the name and names of all and every other person or persons to whom the same doth may, or shall appertain, in part or in all, doth make assurance and cause *themselves* and them, and every of them, to be insured, lost or not lost, at and from

STANDARDS

S.G. POLICY

Upon any kind of goods and merchandises, and also the body, tackle, apparel, ordnance, munition, artillery, boat and other furniture, of and in the good ship or vessel called the

whereof is master under God, for this present voyage, or whosoever else shall go for master in the said ship, or by whatsoever other name or names the same ship, or the master thereof, is or shall be named or called; beginning the adventure upon the said goods and merchandises from the loading thereof aboard the said ship, *as above* upon the ship, &c., *as above* and so shall continue and endure, during her abode there, upon the said ship, &c.

And further, until the said ship, with all her ordnance, tackle, apparel, &c., and goods and merchandises whatsoever shall be arrived at *as above* upon the said ship, &c., until she hath moored at anchor twenty-four hours in good safety; and upon the goods and merchandises, until the same be there discharged and safely landed. And it shall be lawful for the said ship, &c., in this voyage, to proceed and sail to and touch and stay at any ports or places whatsoever *and wheresoever for all purposes* without prejudice to this insurance. The said ship, &c., goods and merchandises, &c., for so much as concerns the assured by agreement between the assured and assurers in this policy, are and shall be valued at

TOUCHING the adventures and perils which we the assurers are contented to bear and do take upon us in this voyage: they are of the seas, men-of-war, fire, enemies, pirates, rovers, thieves, jettisons, letters of mart and countermart, surprisals, takings at sea, arrests, restraints and detainments of all kings, princes and people, of what nation, condition or quality soever, barratry of the master and mariners, and of all other perils, losses, and misfortunes, that have or shall come to the hurt, detriment, or damage of the said goods and merchandises, and ship, &c., or any part thereof. And in case of any loss or misfortune it shall be lawful to the assured, their factors, servants, and assigns, to sue, labour, and travel for, in and about the defence, safeguard, and recovery of the said goods and merchandises, and ship, &c., or any part thereof, without prejudice to this insurance; to the charges whereof we, the assurers, will contribute each one according to the rate and quantity of his sum herein assured. And it is especially declared and agreed that no acts of the insurer or insured in recovering, saving, or preserving the property insured shall be considered as a waiver, or acceptance of abandonment. And it is agreed by us, the insurers, that this writing or policy of assurance shall be of as much force and effect as the surest writing or policy of assurance heretofore made in Lombard Street, or in the Royal Exchange, or elsewhere in London.

And so we, the assurers, are contented, and do hereby promise and bind ourselves, each one for his own part, our heirs, executors, and goods to the assured, their executors, administrators, and assigns, for the true performance of the premises, confessing ourselves paid the consideration due unto us for this assurance by the assured, at and after the rate of

IN WITNESS whereof we, the assurers, have subscribed our names and sums assured in LONDON *as hereinafter appears.*

N.B. — Corn, fish, salt, fruit, flour and seed are warranted free from average, unless general, or the ship be stranded; sugar, tobacco, hemp, flax, hides, and skins are warranted free from average under five pounds per cent; and all other goods, also the ship and freight, are warranted free from average under three pounds per cent, unless general, or the ship be stranded.

(17) 선서약관

IN WITNESS whereof we, the assurers, have subscribed our names and sums assured in LONDON, *as hereinafter appears.*

상기 보험증권의 증거로서 본 보험자는 런던에서 자기의 명의로 부보한 금액을 기재할 것을 확인한다.

[설　　명]

이는 보험계약을 체결한 증거로서 보험자가 보험증권에 기명 · 날인하여 효력을 발생시킨다는 뜻이다.

[현　　행]

보험증권의 본문에 있는 선서약관에 흡수되어 있다.

(18) 면책률약관

N.B. — Corn, fish, salt, fruit, flour, and seed are warranted free from average, unless general, or the ship be stranded; sugar, tobacco, hemp, flax, hides and skins are warranted free from average under five pounds per cent: and all other goods, also the ship and freight, are warranted free from average under three pounds per cent, unless general, or the ship be stranded.

주의—공동해손 혹은 선박이 좌초하는 경우를 제외하고 곡류 · 어류 · 염 · 과실 · 곡분 혹은 종자의 분손에 대하여 일체 담보하지 않으며, 사탕 · 연초 · 대마 · 아마 및 피혁에 대해서는 5% 미만, 그리고 기타 모든 화물 또는 선박 및 운임에 대해서는 3% 미만의 해손을 담보하지 않는다.

[설　　명]

이 약관은 주로 벌크 화물의 경우 일정 비율 이하의 손해에 대해서 보험자가 책임지지 않는다는 내용이다.

[현　　행]

삭제

1-2 이탤릭서체약관

Lloyd's SG 보험증권상에서 보험증권의 효력에 관한 약관과 구속약관 사이에 본문약관과 구분하기 위하여 이탤릭서체로 인쇄되어 있는 약관을 이탤릭서체약관이라 한다. 이탤릭서체약관은 포획 및 나포부담보약관, 동맹파업 · 폭동 및 소요부담보약관 및 항해중절부담보약관으로 구분되지만 그 주요 내용은 전쟁위험에 대해서 보험자의 면책을 규정한 것이다.

(1) 포획 및 나포부담보약관(Free from Capture and Seizure)

1. *Warranted free of capture, seizure, arrest, restraint or detainment, and the consequences thereof or of any attempt thereat; also the consequences of hostilities or warlike operations, whether there be a declaration of war or not; but this warranty shall not exclude collision, contact with any fixed or floating object(other than a mine or torpedo), stranding, heavy weather or fire unless caused directly(and independently of the nature of the voyage or service which the vessel concerned or, in the case of a collision, any other vessel involved therein, is performing) by a hostile act by or against a belligerent power; and for the purpose of this warranty "power" includes any authority maintaining naval, military or air forces in association with a power. Further warranted free from the consequences of civil war, revolution, rebellion, insurrection, or civil strife arising therefrom, or piracy.*

1. 포획 · 나포 · 강류 · 억류 또는 억제와 그 결과, 혹은 이상의 행위를 하려고 기도한 위험, 그리고 선전포고의 유무를 불문하고 적대행위 혹은 군사작전의 결과를 담보하지 않는다. 그러나 이상의 면책조건상에서 교전국의 적대행위 혹은 교전국에 대한 적대행위에 직접적으로 기인하여(그리고 선박의 운항 또는 취항내용의 성질 혹은 충돌의 경우 그 사고에 관련된 상대선박의 항해 또는 취항내용의 성질과는 상관없이) 생긴 경우를 제외하고 선박의 충돌 · 고정 또는 부동장애물(기뢰 혹은 어뢰 제외)과의 접촉 · 좌초 · 악천후 혹은 화재를 면책하려는 것은 아니다. 그리고 본 면책조건상으로 국가(power)라 함은 특정 국가와 관련하여 해군 · 육군 혹은 공군을 보유하고 있는 모든 정권을 포함한다. 또한 내란 · 혁명 · 모반 · 반란 또는 그러한 사태로부터 발생하는 국내의 소요 혹은 해적의 결과를 책임지지 않는 것을 조건으로 한다.

[설　　명]

이 약관은 본문약관에 담보위험으로 열거되어 있는 전쟁위험을 다시 면책위험으로 규정하기 위한 것이다. 1899년 이 약관이 제정된 이후 전쟁위험에 기인하는 손해에 대해서 보험자는 보상하지 않는다.

[현　　행]

현행 협회적하약관(2009) 제 6 조와 협회기간약관(선박) 제23조에 전쟁위험 면책이 규정되어 있다.

(2) 동맹파업 · 폭동 및 소요부담보약관
(Free from Strikes Riots and Civil Commotions Clause)

2. *Warranted free of loss or damage caused by strikers, locked-out workmen or persons taking part in labour disturbances, riots or civil commotions.*

2. 동맹파업자 · 직장폐쇄노동자 또는 노동쟁의 · 폭동 또는 소요에 가담한 자로 인하여 발생한 멸실 또는 손상을 담보하지 않는다.

[설　　명]

동맹파업과 관련되는 모든 손해에 대해서 보험자의 면책을 규정한 약관이다. 적하보험증권에만 삽입되어 있었다.

[현　　행]

협회적하약관(2009)의 제 7 조와 협회기간약관(선박)의 제24조 동맹파업면책약관(Strikes Exclusion Clause)에 이 내용이 보완 · 수정되어 있다.

(3) 항해중절부담보약관(Frustration Clause)

[설　　명]

적하보험증권에 삽입되어 포획 및 나포부담약관(FC & S)이 삭제될 경우 담보조건으로 활용된 약관이다.

[현　　행]

이 약관은 독립적으로 존재하지 않고 주요 내용만 전쟁위험면책약관에 흡수되어 있다.

1-3 난외약관(Marginal Clause)

보험증권의 여백에 인쇄되어 있는 약관을 모두 난외약관이라 하며 위험화물약관 · 교사약관 · 타보험약관 · 손해통지약관 등이 있다.

(1) 위험화물약관

이 약관은 무허가 또는 불법적인 아편을 운송할 때 발생하는 손해에 대해서 보험자의 면책을 규정한 것이다. 1937년에 제정되었는데 오늘날의 보험증권에는 이 약관이 없다. 그러나 보험목적물의 위법은 묵시담보의 위반이기 때문에 이 약관이 없다 하더라도 보험자는 면책된다.

(2) 교사약관

수에즈 운하 · 파나마 운하 · 기타의 운하 또는 항구를 흐르는 강이나 호수에서의 좌초나 교사는 본 보험증권에서 말하는 좌초로 간주하지 않는다는 약관이다. 통상 이런 지역에는 모래가 자주 퇴적되기 때문에 교사가 빈번히 발생하여 이에 대해 보험자의 면책을 규정한 것이다.

(3) 타보험약관

해상보험 외 타보험에 가입되어 있는 경우에는 타보험에서 먼저 보상받도록 규정한 약관이다. 현행 보험증권의 본문약관에도 명시되어 있다.

(4) 손해통지약관

손해발생시 이러한 사실을 보험자에게 신속히 통지할 것을 규정하고 있는 약관인데, 현행 보험증권에도 이 내용이 명시되어 있으며 그 성격이 중요하여 적색으로 인쇄되어 있다.

2. 신해상보험증권의 내용

2-1 스케줄(Schedule, 명세표)

신해상보험증권은 보험계약의 내용을 별도로 기재하는 스케줄 방식을 사용하고 있어 선박명 · 출항예정일 · 보험목적물 · 보험조건 · 담보조건 · 기타 중요한 사항을 스케줄에 명기하도록 되어 있다.

현재 우리나라에서 사용하고 있는 신영문적하보험증권은 증권의 앞면에 해상보험의 주요 내용을 기재하는 스케줄란이 인쇄되어 있고, 신영문선박보험증권은 스케줄란이 인쇄되어 있는 별지를 사용하고 있다.

2-2 본문약관

신보험증권의 본문에는 보험계약서로서 필수적인 몇 가지 약관만 인쇄되어 있고, 과거 Lloyd's SG 보험증권에 담겨져 있는 주요 약관은 대부분 협회약관에 흡수되어 있다. 신해상보험증권의 본문약관에는 준거법약관 · 타보험약관 · 약인약관 및 선서약관이 있으며 그 외에 적색으로 인쇄된 중요 약관이 있다.

(1) 준거법약관

Notwithstanding anything contained herein or attached hereto to the contrary, this insurance is understood and agreed to be subject to English law and practice only as to liability for and settlement of any and all claims

이 보험증권의 규정 또는 첨부된 어떠한 반대규정에도 불구하고 이 보험은 모든 보상청구에 대한 책임과 결제에 대하여는 영국의 법률과 관습에만 따를 것을 합의한다.

[설 명]

이 준거법약관은 모든 해상보험의 클레임에 대한 보험자의 책임 유무와 클레임의 정산에 관한 사항은 반드시 영국의 법률과 관습에 따르도록 규정한 것이다.

(2) 타보험약관

This insurance does not cover any loss or damage to the property which at the time of the happening of such loss or damage is insured by or would but for the existence of this Policy be insured by any fire or other insurance policy or policies except in respect of any excess beyond the amount which would have been payable under the fire or other insurance policy or policies had this insurance not been effected.

보험목적물의 멸실 또는 손상이 발생한 때에 그 보험목적물이 화재보험증권 또는 기타 보험증권에 의하여 부보된 경우 또는 이 보험증권이 없었다면 화재보험증권 또는 기타 보험증권에 의하여 부보되었을 경우에는 이 보험은 그러한 보험목적물의 일체의 멸실 또는 손상을 담보하지 아니한다. 단, 이 보험이 부보되어 있지 아니하였다면 화재보험증권 또는 기타 보험증권에서 지급되었을 금액을 초과하는 금액에 관해서는 그러하지 아니하다.

[설　　명]

타보험약관은 본 해상보험증권하의 보험계약이 다른 해상보험이나 화재보험과 중복관계에 있을 경우 본 보험증권에서는 그 손해를 전액 보상하지 않고 다만 다른 보험증권에 의하여 보상될 금액을 공제한 나머지 손해 부분에 대해서만 보상한다는 내용이다. 따라서 피보험자가 내륙의 창고에 보관 중인 동일한 보험목적물에 대해서 해상보험계약과 동시에 화재보험계약을 체결하게 되면 우선 화재보험계약을 통하여 손해를 보상받게 된다.

예를 들어 선적항의 창고에 보관 중인 50,000파운드의 화물에 대해서 10,000파운드의 화재보험계약과 40,000파운드의 해상보험계약을 동시에 체결했는데 화재로 인하여 20,000파운드의 분손이 발생하였다고 하자. 해상보험증권의 타보험약관에 의해서 피보험자는 먼저 화재보험계약에 의해서 10,000파운드를 보상받고, 나머지 10,000파운드만 해상보험자로부터 보상받는다. 만약 10,000파운드의 분손이 발생하게 되면 전액 화재보험에서 보상되기 때문에 해상보험에서는 전혀 보상을 하지 않게 된다.

타보험약관을 규정한 이유는 피보험자들로 하여금 동일한 보험목적물에 대해서 중복하여 보험계약을 체결하지 말도록 유도하기 위한 것이다. 만약 위의 예에서 타보험약관이 적용되지 않으면 피보험자는 20,000파운드의 분손이 발생한 경우 화재보험으로부터 10,000파운드 그리고 해상보험으로부터 20,000파운드를 각각 보상받게 되어 부당이득을 취득한 결과가 된다. 그러나 타보험약관을 통해서 피보험자는 손해액만큼만 보상받게 된다.

그런데 만약 해상보험과 중복관계에 있는 타보험증권에도 이 보험증권과 똑같은 내용의 타보험약관이 삽입된 경우에는 피보험자는 어떠한 보험증권에 의해서도 손해보상을 받지 못하게 된다. 원칙대로 하면 화재보험자에 가면 우선 해상보험에서 보상받을 것을 요구하고, 해상보험자에게 가면 화재보험에서 먼저 보상받을 것을 요구하게 된다. 그러나 이와 같은 극단적인 경우는 없고, 양 보험자가 각자 인수한 보험금액에 비례하여 분담한다.

(3) 약인약관

We, THE ○○ INSURANCE CO., LTD., hereby agree, in consideration of the payment to us by or on behalf of the Assured of the premium as arranged, to insure against loss damage liability or expense to the extent and in the manner herein provided.

당 ○○ 보험주식회사는 피보험자 또는 그를 대신한 자가 정해진 보험료를 당 회사에 지급함으로써 보험목적물의 멸실 · 손상 · 책임 또는 비용을 본 보험증권에 규정된 비율과 방법으로 보상할 것을 합의한다.

[설　　명]

해상보험계약은 유상 · 쌍무계약이기 때문에 보험자는 피보험자에게 손해보상의 약속을 하고 이에 대한 대가로 피보험자는 보험료를 지불하게 된다. 이 약관에 나타나 있는 약인은 약속자의 약속의 대가로 수약자가 지급하는 일체의 금전적 서비스를 말하며, 정당한 상거래에서 주고 받는 금전은 모두 약인에 해당된다. 보험료도 피보험자가 무상으로 증여하는 것이 아니라 약속의 대가로 지불되는 것을 뜻하고 있다.

또한 보험자는 어디까지나 보험료를 받아야만 자신의 책임이 시작됨을 이 약관을 통해서 밝히고 있다. 계약이 성립된 후 보험료 지급이 이루어지지 않으면 보험사고가 발생하더라도 보험자는 보상책임이 없다.

(4) 선서약관

> In Witness whereof, I the Undersigned of THE ○○○ INSURANCE CO., LTD. on behalf of the said Company have subscribed My Name in the place specified as above to the policies, the issued numbers thereof being specified as above, of the same tenor and date, one of which being accomplished, the others to be void, as of the date specified as above.
>
> 이에 본인, 즉 ○○ 보험주식회사의 아래 서명자는 동 회사를 대신하여 상기 장소에서 동일 문언 및 일자의 보험증권에 서명하며 이 보험증권 중 1통에 대하여 손해보상의무가 이행되었을 때에는 남은 보험증권은 그 효력을 상실하는 것으로 한다.

[설　명]

보험증권의 본문 마지막에는 선서약관이 있는데, 이 약관은 보험계약을 체결한 증거로서 보험회사의 책임자가 보험증권에 서명하였음을 나타내는 것이다. 해상보험증권은 보험자 또는 보험자의 대리인에 의해서 서명되어야 하며 법인의 경우에는 법인의 인장으로도 충분하다(영국해상보험법 제24조 1항). 우리나라에서는 보험회사의 해상보험부분의 책임자가 서명하는 것이 보통이다.

(5) 중요약관(Important Clause)

해상보험증권의 본문약관 옆에는 클레임 발생시에 피보험자가 취해야 할 각종 조치 및 절차 등을 일괄 규정하고 있는 중요약관이 있다. 이 약관은 다른 약관과 구분하기 위하여 적색으로 인쇄되어 있는데, 영국에서는 이를 'Red Line Clause'라고 한다.

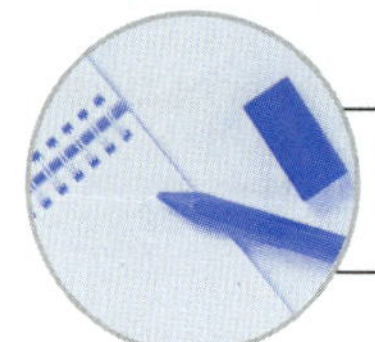

복습 및 토의 문제

01 해상보험증권의 면책증권성에 관해 토의해 보시오.

02 우리 주변에서 자동차보험이든 생명보험이든 보험증권 자체를 중요시 여기는 것을 본 적이 있는가 토의해 보시오.

03 선박을 담보로 은행으로부터 융자를 받을 경우 선주는 통상적으로 은행에 해상선박 보험증권을 제시한다. 이는 담보물에 대한 안전조치이지만 은행은 이것만으로도 충분히 안전조치를 취했다고 생각하는가? 해상보험증권의 유인 성질에 초점을 맞추어 토의해 보시오.

04 Lloyd's SG 보험증권에서 S와 G를 여러 의미에서의 약자로 설명하고 있는데 여러분들은 그중 어떤 것이 일리가 있다고 생각하는지 토의해 보시오.

05 Lloyd's SG 보험증권의 등장배경과 특징에 관하여 설명하시오.

06 Lloyd's SG 보험증권이 인쇄되어 함께 사용되고 있는 배경에 대해서 토의해 보시오.

07 경제사회생활에서 수기문언 우선의 원칙이 적용되는 예를 찾아 토의해 보시오.

08 보험거래에 적용되는 약관의 의미에 대해 토의해 보시오.

09 Lloyd's SG 보험증권 상에 인쇄 혹은 첨부하여 사용된 약관을 시대 순서로 토의해 보시오.

10 타보험과 중복보험을 비교 토의해 보시오.

Friends and Enemies

We think of choosing,
The friend which is not the friend.
We could be friends,
Then enemies.

Friends are people
Who care for one another.
Enemies are people
Who pay no attention to one another.

For us we are friends,
And sometimes enemies.
But we are always
There for each other.

Halley Isberg
McMeen Elementary
Denver, CO

PART III

해 상 손 해

Chapter 10

해상손해의 유형

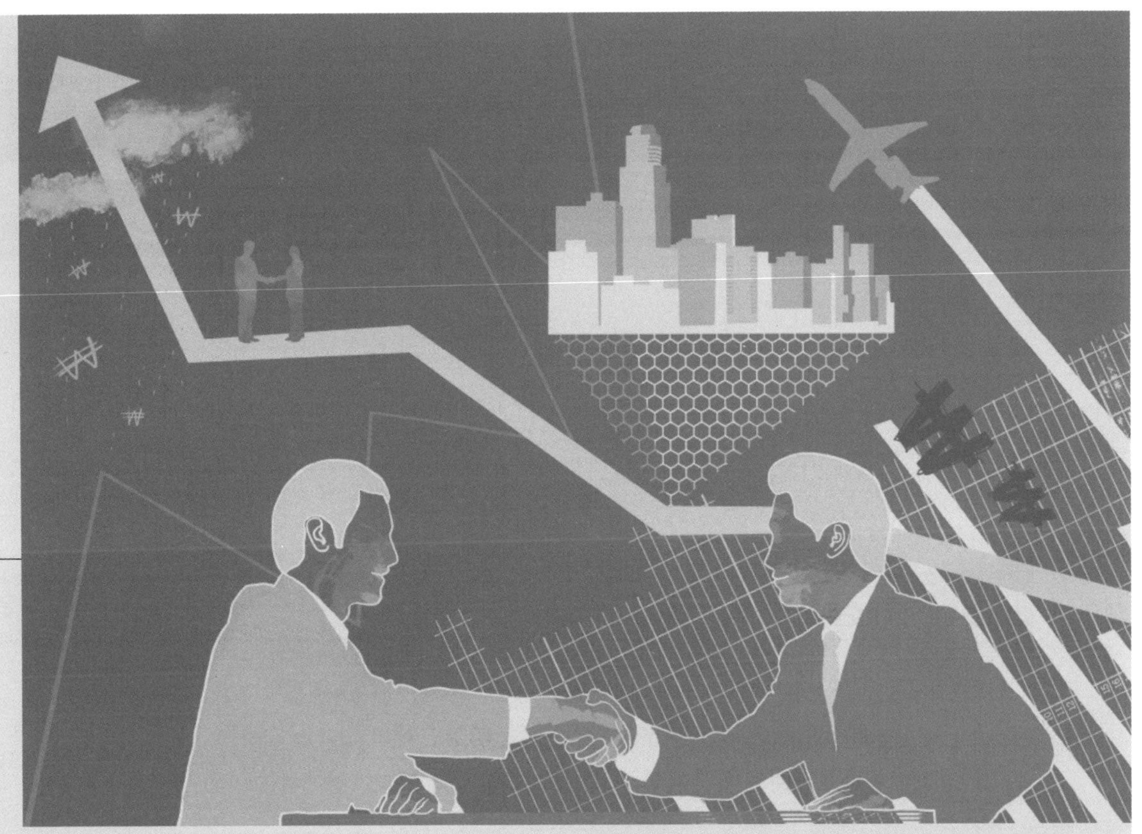

해상손해는 전손 · 분손 · 단독해손 · 공동해손 등 여러 가지 형태로 분류된다. 이 장에서는 이들 손해에 대한 구체적 설명에 앞서 먼저 해상손해의 전체적인 윤곽을 살펴보기로 한다. 그리고 이 장은 해상손해를 배운 뒤 다시 한번 복습을 하면 숲과 나무를 모두 볼 수 있을 것으로 생각된다.

Chapter 10

해상손해의 유형

01 해상손해의 구분

해상위험으로 인하여 발생하는 해상손해(maritime loss)는 물적 손해 · 비용손해 · 충돌손해배상책임 등으로 크게 구분된다.

1. 물적 손해(Physical Loss)

1-1 전손(Total Loss)

(1) 현실전손(Actual Total Loss)

(2) 추정전손(Constructive Total Loss)

1-2 분손(Partial Loss: Average)

(1) 단독해손(Particular Average)

(2) 공동해손(General Average)

2. 비용손해(Expense Loss)

2-1 손해방지비용(Sue and Labour Charge)

2-2 구조비(Salvage Charge)

2-3 특별비용(Particular Charge)

3. 충돌손해배상책임(Collision Liability Loss)

해상손해의 관계를 그림으로 표시하면 〈그림 10-1〉과 같다.

■ 그림 10-1 해상손해의 관계

02 해상손해의 개관

1. 해상손해의 예

해상손해에 관한 이해를 돕기 위해서 다음과 같은 간단한 예를 들어 보기로 한다.

해상손해의 예 1

MARINE INSURANCE

담보위험이 발생하여 부보 화물에 곰팡이가 슬기 시작하였다고 하자. 이 상태를 그대로 방치해 두면 손해가 점차 확대될 것으로 판단되어 피보험자는 자신의 비용 1,000파운드를 들여서 화물을 건조시켰다. 피보험자의 손해방지행위에도 불구하고 화물은 너무 심하게 부패되어 더 이상 상품으로서 가치가 없어 20,000파운드의 손실이 발생하였다.

이에 대해서 보험자는 보상 이유가 충분하다고 판단하여 화물 손해에 해당되는 보험금 20,000파운드와 그리고 피보험자가 사용한 건조비용 1,000파운드를 합하여 모두 21,000파운드를 피보험자에게 지급하였다.

해상손해의 예 2

MARINE INSURANCE

A 하주 · B 하주 · C하주의 화물을 적재한 선박이 항해하던 중 해상고유의 위험으로 점차 가라앉기 시작하였다. 이에 선장은 우선조치로 A 하주의 화물 10,000파운드를 바다에 투하하여 선박을 가볍게 하였다. 이 결과 선박은 무사히 목적지에 도착하여 바다에 버린 화물 10,000파운드 손해를 A 하주 · B 하주 · C 하주 및 선주가 공동으로 분담하기로 했다. 공동손해를 정산한 결과 A 하주 1,000파운드, B 하주 2,000파운드, C 하주 2,000파운드 그리고 선주가 5,000파운드를 부담하게 되었다. 각 당사자들이 분담하는 비용은 각 보험자들이 보상하였다.

해상손해의 예 3 MARINE INSURANCE

A 선박이 부산항에 입항하는 과정에서 정박중인 B 선박과 충돌하였다. 손해의 원인과 범위를 조사해 본 결과 이번 충돌은 완전히 A 선박의 일방과실이었고, 손해는 A 선박의 선체손상 10,000파운드와 B`선박의 선체손상 10,000파운드 및 B 선박에 적재된 화물 6,000파운드이었다. A 선주는 B`선주에게 총 16,000파운드의 배상책임손실이 발생하여 A 선박보험자가 보험약관에 따라 16,000파운드의 3/4인 12,000파운드를 보상하고 A 선주가 4,000파운드를 별도로 부담했는데, 이 비용도 P&I 클럽에서 보상받았다.

2. 해싱손해의 개관

해상보험에서는 담보위험으로 인하여 선박이 충돌하는 것처럼 보험목적물 자체의 손해가 발생하기도 하고 경우에 따라서는 보험목적물의 손해가 확대되는 것을 방지하기 위하여 새로운 비용이 지출되기도 한다. 이러한 손해 중 보험목적물 자체의 손해를 물적 손해라 하고 간접적으로 발생하는 비용의 지출을 비용손해라 한다. 그리고 제 3 자에게 배상해야 할 손해를 배상책임손해라 한다.

2-1 물적 손해

해상손해를 구분할 때 보험목적물 자체의 손해를 물적 손해 또는 직접손해라 한다. 앞의 〈예 1〉에서 20,000파운드의 화물이 상품으로서 가치를 완전히 상실하게 된 경우 이것은 물적 손해에 해당된다. 물적 손해는 손해의 정도에 따라서 전손과 분손으로 구분된다. 전손(total loss)은 보험목적물이 완전히 멸실된 경우이며 분손은 보험목적물의 일부분의 손상을 의미한다. 전손이 아닌 손해는 분손으로 처리된다.

그리고 전손은 현실전손(actual total loss)과 추정전손(constructive total loss)으로 구분되는데, 후자는 실제로는 전손이 아닌데 전손으로 처리하는 것이 보다 경제적이고 합리적일 경우 추정하여 전손으로 처리하는 것을 말한다. 추정전손은 오로지 해상보험에서만 인정되는 독특한 전손의 형태이다.

분손(partial loss: average)은 전손에 대응되는 손해의 형태로서 단독해손과 공동해손으로 구분된다. 단독해손(particular average)은 보험목적물에 이해관계가 있는 자가 단독으로 부담하는 손해이며 공동해손(general average)은 공동의 안전을 위하여 희생된 손실과 비용을 관련 당사자가 균등하게 분담하는 손해를 말한다. 앞의 〈예 2〉에서 각 당사자들이 분담하는 비용이 공동해손분담액이 된다.

2-2 비용손해

보험목적물과 관련하여 간접적으로 비용이 발생하는 손해를 비용손해 또는 간접손해라 하며 앞의 〈예 1〉에서 피보험자가 화물을 건조시키기 위하여 지출한 비용 1,000파운드가 비용손해에 해당된다. 해상보험에서 비용손해는 그 성격에 따라서 손해방지비용 · 구조비 · 특별비용 등으로 구분된다.

2-3 손해배상책임

손해배상책임은 피보험자의 과오 · 태만 등으로 인하여 제 3 자가 입는 손실을 말한다. 해상보험에서는 선박의 충돌로 인하여 상대 선주에게 배상하는 충돌손해배상책임이 있다. 앞의 〈예 3〉에서 일방과실충돌로 인하여 A선주가 B선주에게 배상한 금액이 충돌손해배상책임이다. 이 손해는 선박보험의 약관에 의해서 선박보험자가 일부 부담하고 나머지는 선주들의 상호모임단체인 P&I 클럽[1]에서 보상한다.

---

1) 이는 Protection and Indemnity Club의 약자인데, 여기에 관한 자세한 내용은 「제 17 장 해상보험실무 제 2 절」을 참고할 것.

Chapter
11
전손과 분손

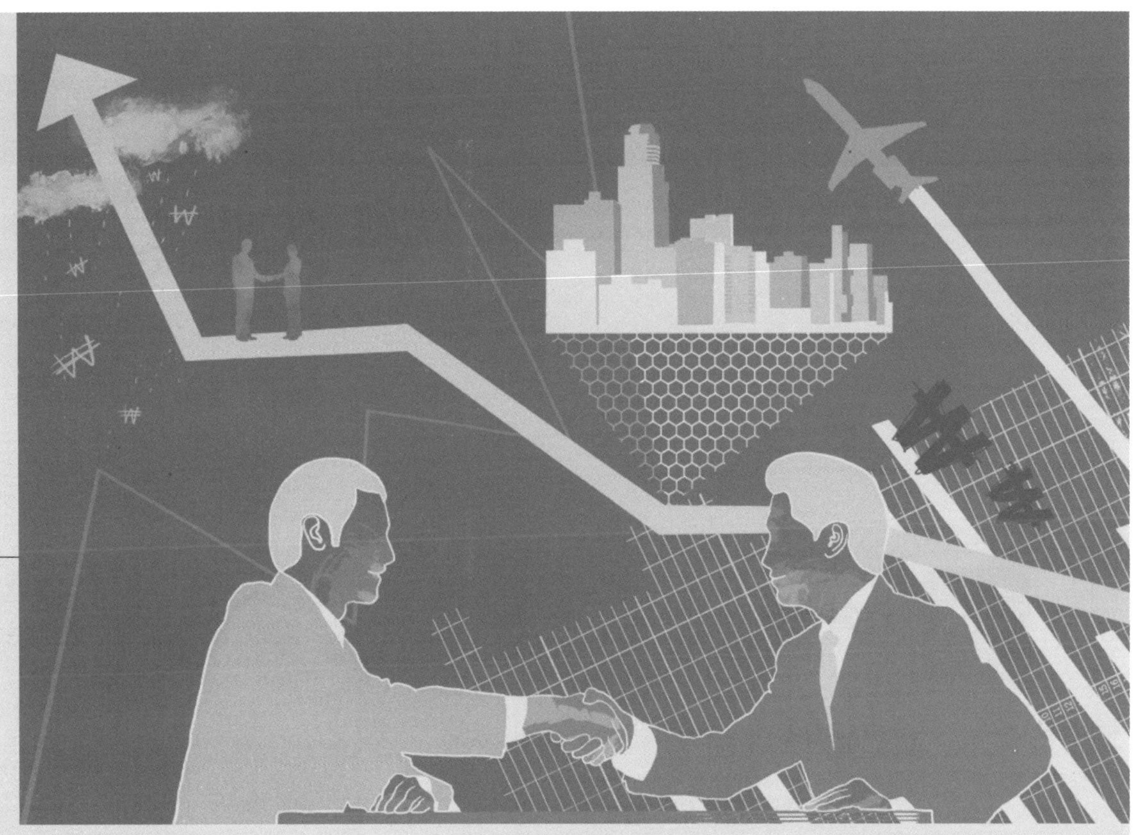

해상손해를 구분할 때 보험목적물 자체의 손해를 물적 손해라 하며 이 물적 손해는 손해의 정도에 따라서 다시 전손과 분손으로 구분된다. 전손은 보험목적물 전부의 손실을 의미하며 그 성격에 따라서 현실전손과 추정전손으로 나누어진다. 분손은 보험목적물의 일부가 손상되거나 소멸되는 상태를 의미하는데, 전손이 아닌 손해는 모두 분손에 해당된다. 이 장에서는 해상위험으로 인한 보험목적물 자체의 전손과 분손, 특히 해상보험에만 국한되는 추정전손 및 위부에 관해서 배우고자 한다.

Chapter 11

전손과 분손

01 현실전손

1. 현실전손의 의의

1-1 현실전손의 개념

전손은 담보위험으로 인하여 보험목적물이 전부 소멸되는 경우를 의미한다. 그러나 전손이라고 하여 반드시 보험목적물이 완전하게 소멸되는 것만을 뜻하지 않고 전멸에 가까운 경우라도 전손으로 인정된다. 즉 다소의 잔존물이나 잔존 이익이 있더라도 그 손해의 정도를 보아 사실상 전멸에 가깝다고 판단되면 전손으로 간주한다. 그리고 전손은 보험목적물의 물리적 손상만을 의미하지 않으며 보험목적물이 현존하더라도 피보험자가 더 이상 점유할 수 없으면 전손이 성립된다.

해상보험에서는 전손을 현실전손(actual total loss)과 추정전손(constructive total loss)으로 구분하고 있는데, 추정전손은 해상보험에서만 유일하게 인정되고 있는 전손이다(영국해상보험법 제56조 2항). 따라서 다른 보험에서는 전손이라고 하면 곧 현실전손을 뜻한다. 현실전손은 보험목적물이나 피보험이익에 실질적으로 전손이 발생하여 원래의 상태로 복구할 가능성이 전혀 없기 때문에 절대전손(absolute total loss)이라고도 한다.

현실전손 MARINE INSURANCE

Actual total loss

57. (1) Where the subject-matter insured is destroyed, or so damaged as to cease to be a thing of the kind insured, or where the assured is irretrievably deprived thereof, there is an actual total loss.

현실전손

57. (1) 보험목적물이 파손되거나, 부보된 종류의 물건으로서 존재할 수 없을 정도로 심한 손상을 입은 경우, 또는 피보험자가 보험목적물을 박탈당하여 회복할 수 없는 경우에 현실전손이 있다.

1-2 현실전손의 성립

해상보험에서 현실전손은 보험목적물이 완전히 파손되거나, 원래의 성질을 갖지 못할 정도로 심하게 손상되거나, 또는 박탈당하여 피보험자가 다시 회복할 가능성이 없을 경우에 성립된다(영국해상보험법 제57조 1항).

(1) 보험목적물의 파손

담보위험으로 보험목적물이 파손되어 그 가치가 실질적으로 소멸된 경우에는 현실전손이 성립된다. 가령 선박이 좌초하여 완파되거나, 화재로 인하여 선박과 화물이 소실되는 경우는 보험목적물이 완전히 파손되었기 때문에 현실전손이 성립될 수 있다.[1)]

(2) 보험목적물의 성질의 상실

보험목적물이 상품으로서 가치를 잃어버릴 정도로 또는 원래의 성질이 변할 정도로 심하게 손상을 입게 되면 현실전손이 성립된다. 예를 들어 시멘트를 적재하고 항해하던 선박에 바닷물이 들어와서 시멘트가 완전히 응고되면 시멘트는 그대로 있지만 더 이상 시멘트로서 가치가 없기 때문에 현실전손이 성립된다.

---

1) Arnould, *op. cit.*, s. 1142.

또한 얼마의 가치가 남아 다른 용도로 사용할 수 있더라도 원래의 목적으로 사용하기에 적합하지 않으면 현실전손으로 처리된다. 악천후로 인하여 선창을 통하여 들어온 해수에 원맥이 젖어 부패하게 되면 양곡용이 비료용으로만 사용된다. 이 경우도 원맥 고유의 성질을 상실할 정도로 손해가 발생한 것이기 때문에 현실전손으로 인정될 수 있다.

(3) 보험목적물의 박탈

보험목적물이 박탈당하여 피보험자가 이를 회복할 수 없을 때도 현실전손이 성립된다. 예를 들어 금괴가 심해에 빠질 경우 피보험자는 보험목적물을 실제로 찾을 수 없기 때문에 현실전손이 성립된다. 심해에 빠진 금괴를 보고 보험목적물이 완전히 파손되었다고 할 수 없으며 또한 금괴는 바닷속에 있어도 그 성질은 변하지 않는다. 그러나 심해에 빠진 금괴는 피보험자가 더 이상 점유할 수 없게 되므로 현실전손이 인정된다.[2)]

2. 현실전손의 예

2-1 선박의 현실전손

선박의 현실전손은 선박 또는 이에 관련되는 피보험이익이 전멸하거나 혹은 박탈당하여 다시 회복할 가능성이 없을 때 성립된다. 해상보험에서 선박의 현실전손이 성립되는 경우를 구체적으로 살펴보면 아래와 같다.

(1) 선박의 침몰

선박의 침몰(sinking)은 대표적인 해난사고중의 하나인데 선박이 침몰했다고 해서 모두 현실전손으로 인정되는 것은 아니고 침몰하여 구조의 가능성이 없는 경우에 한해서 현실전손으로 인정된다. 선박이 침몰하더라도 인양이 가능한 경우에는 분손으로 처리된다. 따라서 침몰된 선박의 인양이 기술적으로 불가능하거나, 또는 인양비용이 선박의 가액을 초과하는 경우에 한하여 현실전손이 성립된다.

---

2) R. H. Brown, *op. cit.*, p. 130.

(2) 선박의 좌초

좌초(stranding) 는 선박이 바다 밑에 있는 암초에 얹혀서 자력으로 움직일 수 없는 상태를 의미한다. 선박이 좌초하여 구조의 가능성이 없는 경우는 현실전손이 성립된다. 즉 좌초된 장소가 인양이 불가능한 지역이거나, 좌초된 선박의 인양이 기술적으로 불가능하거나 또는 인양비용이 선박의 가액을 초과하게 되는 경우는 실제로 선박이 더 이상 존재하지 않는 것과 같기 때문에 현실전손이 인정된다.

(3) 선박의 화재

선박이 화재(burning)로 인하여 전소되거나 또는 잔해만 남아서 선박으로서의 기능을 완전히 상실한 경우 현실전손이 성립된다.

(4) 선박의 행방불명

선박이 출항한 후 상당한 기간이 경과했는데도 그 소식을 들을 수 없을 경우에는 선박의 행방불명(missing)으로 간주하고 현실전손으로 인정한다(영국해상보험법 제58조). 여기서 문제가 되는 것은 행방불명의 기간이다. 영국의 해상보험법에서는 행방불명의 기간을 상당한 기간(reasonable time)으로만 명시하고 있기 때문에 각 사건별로 그 기간이 결정된다. 따라서 출항한 선박이나 적재된 화물의 종류, 항해의 성격 등을 고려하여 행방불명의 기간이 구체적으로 결정된다.

그러나 대부분의 유럽 국가들은 행방불명된 선박을 현실전손으로 처리하는 데 필요한 기간을 확정하고 있으며, 통상적으로 선박의 출항일로부터 1년으로 보고 있다. 우리나라의 상법(제711조)에서는 선박이 출항 후 2개월이 경과되면 행방불명으로 간주하고 있다.

선박의 행방불명을 현실전손으로 인정하는 데는 별 문제가 없지만, 이것을 보험자가 보상해야 할 의무가 있느냐에 대해서 문제가 제기될 수 있다. 영국해상보험법(제55조 1항)에 의하면 보험자는 담보위험에 근인하여 발생하는 사고만 보상할 의무가 있으므로 보험자는 사고를 야기시킨 가장 지배적이고 직접적인 근인(proximate cause)을 찾아서 그것이 담보위험에 속할 경우 보상하게 된다.

그런데 선박이 행방불명되면 근인을 찾는 것이 불가능해진다. 근인을 규명할 수 없기 때문에 보험자의 보상의무도 없다고 이야기할 수 있지만, 평화시에는 선박의 행방불명을 야기시킨 직접적인 원인을 해상고유의 위험으로 보고 보험자가 보상하도록 한다. 그리고 전시에는 전쟁을 근인으로 보고 전쟁을 담보위험으로 한 보험계약에서만 보상하고 있다.

2-2 화물의 현실전손

(1) 선박의 현실전손으로 인한 화물의 전손

침몰 · 좌초 · 화재 · 행방불명 등으로 선박의 현실전손이 발생하면 그 선박에 적재되어 있는 화물도 현실전손이 성립되는 경우가 많다. 선박이 침몰하거나 좌초될 경우 적재화물을 인양할 수 없게 되면 화물의 현실전손이 성립된다. 그러나 선박의 구조는 불가능하더라도 화물을 인양할 수 있으면 화물의 전손은 성립되지 않는다.

그리고 화재로 인하여 선박이 전소될 정도라면 적재화물도 대부분 전소되기 때문에 이 경우도 화물의 현실전손이 성립된다. 선박이 행방불명되어 회복의 가능성이 없는 경우에도 적재된 화물만을 다시 찾는다는 것은 불가능하므로 화물의 현실전손이 발생할 수 있다.

(2) 화물의 투하

침몰되고 있는 선박을 가볍게 하기 위하여 적재된 화물을 바다에 버리거나, 담보위험의 발생으로 화물을 투하하는 경우가 있다. 화물이 투하되어 구조될 가능성이 없을 경우에는 현실전손으로 처리된다. 이 경우는 선박은 그대로 있고 화물만 현실전손으로 성립한 것이다.

(3) 화물의 매각

화물이 제3자에게 매각될 때에도 전손이 성립된다. 항해 도중 담보위험으로 인하여 화물이 손상을 입었을 경우 목적지까지 운송하는 것보다 중간항에서 매각처분하는 것이 오히려 합리적일 수도 있다. 이런 경우 화물은 현실전손이 성립되고, 보험자는 전손보험금을 피보험자에게 지급한다.

(4) 화물인도의 과실

화물이 원래의 수하인에게 인도되지 않고 제3자에게 인도되어 다시 찾을 가능성이 없을 때에도 화물의 현실전손이 성립된다. 화물이 목적항에 도착하면 선장 또는 선원은 선하증권을 소지한 자에게 화물을 인도한다. 그러나 선장 또는 선원이 의도적으로 화물을 제3자에게 인도하거나 과실로 잘못 인도하여 분실되면 화물의 현실전손이 인정된다.

2-3 운임의 현실전손

운임의 현실전손은 대개 화물에 전손이 발생하거나 더 이상 항해를 계속할 수 없게 되었을 때 발생한다.

(1) 화물의 전손

운임은 출발지에서 먼저 지급되기도 하고 목적지에 화물이 도착하면 지급되기도 한다. 운임이 선불된 경우에 만약 화물의 전손이 발생하게 되면 하주는 화물만 잃어버리는 것이 아니라 이미 지급한 운임까지도 상실하게 된다. 그리고 운임도착지불인 경우는 선주가 화물을 수하인이나 대리인에게 인도해야만 운임을 징수할 수 있는데, 화물의 전손으로 인도해 줄 화물이 없거나 심하게 손상되어 판매가 불가능할 정도라면 운임을 받을 수 없게 된다. 이와 같이 화물의 전손이 발생하게 되면 곧 운임의 전손이 초래된다.

(2) 선박의 전손 및 항해불능

선박의 전손은 화물의 전손을 동반하고 이것은 다시 운임의 전손을 초래한다. 그러나 화물은 훼손된 것이 아닌데 사고로 인하여 선박이 도저히 항해를 감당할 수 없을 경우에도 운임의 전손이 성립될 수 있다. 대체로 본선이 항해할 수 없게 되면 다른 선박을 이용하는 방안이 강구된다. 그러나 화물을 환적하여 목적지까지 계속 운반하는 데 소요되는 제반 경비가 목적지에서의 화물가액을 초과하게 되면 대체선박을 이용하는 것이 오히려 비경제적이기 때문에 항해가 중단될 수 있다. 이렇게 되면 본선의 항해불능으로 인한 운임의 전손이 성립된다.

02 추정전손

1. 추정전손의 의의

1-1 추정전손의 개념

해상보험에서 전손은 현실전손과 추정전손으로 구분된다(영국해상보험법 제56조 2항). 추정전손(constructive total loss)은 해상보험에서만 유일하게 인정되고 있는 손해의 유형으로서 전손이 확실하지 않으나 그럴 것 같다는 추측에 의해 그 손해를 전손으로 처리하는 것이다.

해상보험에서 추정전손을 인정하는 이유는 해상에서 발생하는 사고는 그 사실을 증명하고 손해의 정도를 파악하는 것이 불가능하거나 어려운 경우가 종종 있기 때문이다. 화재보험 · 육상보험 등에서는 보험사고가 발생하면 그러한 사실과 전손 여부가 분명하게 확인된다.

추정전손의 정의 MARINE INSURANCE

Constructive total loss defined

60. (1) Subject to any express provision in the policy, there is a constructive total loss where the subject-matter insured is reasonably abandoned on account of its actual total loss appearing to be unavoidable, or because it could not be preserved from actual total loss without an expenditure which would exceed its value when the expenditure had been incurred.

추정전손의 정의

60. (1) 보험증권상에 명시규정이 있는 경우를 제외하고, 보험목적물의 현실전손이 불가피하다고 보이거나, 또는 현실전손을 면하기 위하여 비용이 발생할 경우 보험목적물의 가액을 초과하는 비용이 소요되기 때문에 합리적으로 위부했을 경우에는 추정전손이 성립된다.

그러나 해상사고는 그 발생 구간이 대부분 광범위한 해상이고 천재지변에 기인하는 경우가 많다. 전손인지 분손인지를 떠나서 그러한 사실이 발생한 것조차도 파악되지 않는 경우가 있다. 그리고 보험사고가 발생한 사실이 확인되더라도 사고현장에 접근하는 것이 어려워 손해의 정도를 확인할 수 없는 경우도 있으며, 또한 사고의 결과를 오랫동안 확정지을 수 없는 경우도 있다.

이와 같은 특성을 고려하여 해상보험에서는 추정전손을 인정하여 보험사고에 의한 전손이 현실적으로 입증되기 어렵더라도 보험목적물이 전손을 입었을 것이라고 추측이 되면 전손으로 인정하는 것이다. 즉 심증은 가지만 물증이 없는 경우라도 해상보험의 특유한 점을 인정하여 전손으로 처리하는 것이다.

추정전손이 성립되기 위해서는 보험자와 피보험자간의 추정에 의사합치가 있어야 한다. 즉 추정전손은 피보험자가 전손으로 추정한다는 사실을 보험자에게 통지하고, 다시 보험자가 이를 동의해야만 성립된다. 피보험자가 손해를 전손으로 추정하겠다는 의사표시를 해상보험에서는 위부(abandonment)라고 한다.

추정전손 MARINE INSURANCE

60. (2) 특히, 다음의 경우는 추정전손으로 된다.

(i) 피보험자가 선박 혹은 화물을 담보위험으로 인하여 소유하지 못하게 되었을 경우에,

(a) 피보험자가 선박 혹은 화물을 회복할 가망이 없거나, 또는

(b) 회복하는 데 소요되는 제 비용이 회복한 후의 선박 혹은 화물의 가액을 초과할 때, 혹은

(ii) 선박이 손상되었을 경우에는, 선박이 담보위험으로 심하게 손상되어서 그 손상을 수리하는 비용이 수리 후의 선박가액을 초과할 때이다. 수리비를 산정할 때는 수리비에 대하여 다른 당사자의 분담이익에 의하여 지불될 공동해손분담금은 공제하지 않는다. 그러나 장래의 구조작업경비와 선박이 수리될 때 선박이 부담하게 될 장래의 공동해손분담금은 수선비에 가산되어야 한다. 또는

(iii) 화물이 손상되었을 경우에는, 화물을 수리하는 비용과 그 화물을 최종 목적지까지 운반하는 데 소요되는 비용이 도착시의 화물가액을 초과할 때이다.

위부는 보험사고의 결과 잔존물에 대한 모든 권리와 가치를 보험자에게 이전·등기하고 피보험자가 전손에 해당하는 보험금을 청구하는 행위를 뜻한다. 그리고 피보험자의 이러한 의사표시에 대하여 보험자가 이를 수락할 경우 성립되는 손해가 바로 추정전손이다. 따라서 현실전손은 위부를 필요로 하지 않지만 추정전손은 반드시 위부가 수반되어야 한다.

영국해상보험법(제60조 1항)에서는 추정전손의 정의를 다음과 같이 규정하고 있다.

이 정의에 의하면 추정전손은 현실전손을 피할 수 없거나, 보험목적물의 복구비용이 오히려 그 가액을 초과하여[3] 그대로 현실전손으로 처리하는 것이 경제적일 경우 성립되는 손해이다. 또한 추정전손 성립의 형식적 요건으로 위부를 규정하고 있기 때문에 추정전손은 피보험자가 적절한 위부를 통지하고 보험금 전액을 청구할 수 있는 손해라 할 수 있다.

1-2 추정전손의 성립

추정전손은 현실전손이 불가피하거나 수리비용이 회복 후 가액을 초과하는 경우에 성립되는 손해이다. 현실전손은 모든 면에서 사실상의 전손이지만 추정전손은 실제 전손으로 확인된 것은 아니지만 여러 가지 정황을 미루어 보아 전손으로 처리하는 것이 유리하다고 판단되는 손해이다. 그러나 이 판단 과정에서 보험자와 피보험자간에 견해 차이가 있을 수 있기 때문에 영국해상보험법(제60조 2항)에서는 추정전손이 성립될 수 있는 구체적인 경우를 규정하고 있다.

따라서 해상보험에서 추정전손이 성립될 수 있는 경우를 보면

첫째, 피보험자가 담보위험으로 인하여 선박 또는 화물의 점유를 상실하여 이를 회복할 가능성이 없거나 혹은 회복하기 위한 비용이 회복하였을 때의 가액을 초과하리라고 예상될 경우

둘째, 담보위험으로 선박이 심하게 손상되어 수리비용이 수리완료 후의 선박가액을 초과할 것으로 판단되는 경우

셋째, 담보위험으로 화물이 심하게 훼손되어 수선비용과 목적지까지 계

3) 이런 의미에서 추정전손을 산술적(arithmetical) 계산에 기초를 둔 관습적 전손이라고도 한다. Moss v. Smith (1850) 9 CB 94.

속 운반하는 데 소요되는 비용이 도착시의 화물가액을 초과할 것으로 판단되는 경우 등이다.

추정전손이 성립되는 세 가지의 경우는 영국해상보험법에서 규정하고 있는 예시에 불과하고, 이 성립요건에 해당되지 않더라도 손해의 근본적 성격이 추정전손의 정의에 포함된다면 추정전손으로 인정될 수 있다. 그리고 보험자와 피보험자간의 합의에 의해 추정전손의 범위를 얼마든지 확장하거나 축소할 수도 있다.

2. 추정전손의 예

2-1 선박의 추정전손

(1) 선박의 소유권 박탈

담보위험이 발생하여 피보험자가 선박에 대한 자신의 소유권을 박탈당하고 현실적으로 이를 회복할 가능성이 전혀 없을 경우 추정전손이 성립된다. 그리고 소유권을 박탈당한 후 이를 회복하는 데 소요되는 비용이 선박가액을 초과할 때, 즉 선박을 다시 찾을 수는 있지만 그 비용이 너무 많이 들어서 포기하는 것이 경제적으로 유리한 경우에도 추정전손이 인정될 수 있다.

피보험자가 선박의 소유권을 박탈당하는 경우는 선박이 적에게 포획되는 경우이다. 포획은 전시에 교전국 군함이 적국이나 중립국의 선박, 특히 상선을 빼앗아 자기의 지배하에 두는 나포를 말한다. 선박이 나포될 경우 몰수될지 또는 석방될지는 모르지만 전시에는 몰수될 확률이 높기 때문에 소유권을 회복할 가능성이 없는 것으로 보고 추정전손으로 처리하게 된다.

그러나 피보험자가 박탈당한 선박을 회복할 수 없다는 사실을 증명하지 못하거나 포획된 선박이 석방될 수 있는지의 여부가 확실하지 못한 경우에는 추정전손이 성립되지 않는다. 추정전손이 성립되기 위해서는 반드시 박탈된 선박의 소유권을 현실적으로 회복할 가능성이 없거나 경제적으로도 그러한 가능성이 없어야만 한다. 선박이 포획되어 소유권이 박탈되었는데도 회복할 가능성 여부가 불확실하여 보상되지 못한 경우를 보면 〈판례 11-1〉과 같다.

판례 11.1

Polurrian S.S. Co., Ltd. v. Young

이 사건에서 부보 선박은 뉴포트에서 콘스탄티노플까지 항해중이었다. 그런데 그리스와 터키간의 전쟁이 발발하여 그리스 군함이 전시금지품인 석탄을 적재하였다는 이유로 본 사건의 선박을 그리스의 한 항구까지 호송하였다. 이에 대해 선주는 선박의 추정전손을 주장하였지만 보험자는 이를 거절하였다.

그런데 6주 후 선장이 그리스와 터키간의 전쟁상태를 알지 못했다는 증거에 의해서 포획된 선박은 석방되었다. 선주의 전손보험금 청구에 대하여 항소원은 선주인 피보험자가 보험금 청구소송을 제기할 때 선박을 회복할 가능성이 없다는 사실을 입증하지 못하였고, 또한 선박이 석방될지의 여부도 불확실하였기 때문에 본 건의 선박은 추정전손이 될 수 없다고 판결하였다.

《(1913) 84 LJKB 1025》

(2) 선박의 손상

선박이 담보위험으로 심하게 훼손되어 이를 수리하는 비용이 수리했을 때의 선박가액을 초과하리라고 예상되는 경우에도 추정전손이 성립된다. 보험사고로 선박이 완전히 파괴되거나 기술적으로 수리가 불가능하게 되면 현실전손으로 성립될 수 있다. 그러나 수리가 가능하여 현실전손이 성립되지 않더라도 그 비용이 선박가액을 초과하게 되면 수리하지 않는 것이 보험자나 피보험자 모두에게 경제적이다. 이런 경우에는 잔존물을 폐기처분하고 전손으로 처리할 수 있다.

선박의 손상으로 추정전손이 성립될 수 있느냐의 여부는 수리비와 수선 후 선박가액과의 비교에 달려 있다. 일반적으로 수리비는 선박의 수선견적액을 말하고, 수선 후의 선박가액은 보험가액을 의미한다.

수선 후의 선박가액에 대해서는 보험자와 피보험자간에 견해가 달라질 수 있다. 일반적으로 가액은 보험목적물의 실제 가치이므로 시간과 장소에 따라서 변동하고 보험자와 피보험자의 주관적 판단이 개입될 여지가 있다. 가령 피보험자가 손해를 추정전손으로 처리하고 싶으면 선박의 가액을 가능한 한 낮게 책정하려고 할 것이고 만약 보험자의 입장에서 그러한 손해는 도저히 추정전손이 성립될 수 없다고 판단되면 가액을 높게 보게 된다.

이 문제와 관련하여 영국해상보험법(제27조 4항)에서는 "보험증권상에 별도의 합의가 없는 한 추정전손이 있는지의 여부를 결정하는 데 있어서 협정보험가액이 결정적(conclusive) 요소는 아니다"라고 규정하고 있을 뿐이다. 이 규정에 의하면 당사자들이 협정한 보험가액이 반드시 수선 후의 선박가액을 뜻한다고 볼 수 없다.

그러나 협회기간약관(ITC-Hulls)의 제19조 추정전손약관에서는 선박이 추정전손인가 아닌가의 여부를 판단함에 있어서 보험가액을 수리완료 후의 선박가액으로 간주하고, 선박의 손상가액 또는 해체가액은 고려하지 않는다고 규정하고 있다. 이 약관의 내용은 영국해상보험법(제27조 4항)의 규정하고는 정반대의 입장이지만 약관이 우선 적용되기 때문에 수선 후의 선박가액은 곧 협정보험가액이 된다.

2-2 화물의 추정전손

(1) 화물의 소유권 박탈

선박의 경우와 마찬가지로 피보험자가 화물에 대한 소유권을 박탈당하고 이를 회복할 수 없거나, 회복하는 데 소요되는 비용이 화물가액을 초과하게 되면 화물의 추정전손이 발생한다. 해상보험에서는 선박의 추정전손이 발생하게 되면 대체로 화물에 대한 추정전손이 성립된다.

예를 들어 선박이 적에게 포획되면 그 선박에 적재된 화물도 포획되기 때문에 선박과 화물의 추정전손이 동시에 인정된다. 그러나 선박만 포획되고 화물은 석방되어 이를 목적항까지 운송할 수 있게 되면 화물에 대해서는 추정전손이 인정되지 않는다.

전시에 적에게 화물이 포획되어 추정전손이 성립될 수 있었던 경우를 보면 〈판례 11-2〉와 같다.

(2) 화물의 손상

담보위험으로 화물이 손상을 입은 경우 그 손상을 수리하고 목적지까지 계속 운반하는 데 소요되는 비용이 도착시의 화물가액을 초과할 경우에는 추정전손이 성립된다. 선박의 경우와 마찬가지로 화물로서 더 이상 경제적 가치가 없다고 예상되면 전손으로 처리하는 것이 바람직한 것이다.

판례 11.2

W. W. Howard Bros. & Co., Ltd. v. Kann

이 사건에서 독일 선박인 할레(Halle)호는 화물을 선적하여 호주의 번버리(Bunbury)에서 남아프리카의 희망봉을 경유하여 런던으로 항해하는 중이었다. 1939년 8월 18일 희망봉을 통과하였고, 정상항해라면 9월 16일 런던에 도착하게 되어 있었는데, 독일 정부의 지시에 따라서 9월 16일 포루투칼 영 기니아의 비사우(Bissau)항에 기항하여 10월 13일까지 체류하다가 독일로 귀항하게 되었다. 따라서 화물의 피보험자는 화물도 독일에 포획되어 다시 찾을 수 없기 때문에 추정전손이 성립된다고 주장하였고 재판부도 선장이 독일로 귀항하기로 결정했을 때 이미 화물은 전손되었다고 보기 때문에 보험금이 지급되어야 하다고 판결하였다.

「참고」 이 기간은 제2차 세계대전 기간에 포함되기 때문에 독일 국적선이 다른 나라의 화물을 싣고서 독일로 항해하는 것은 사실상 포획으로 간주될 수 있다.

〈(1941), 70 Ll. L. Rep. 173〉

여기서 추정전손의 여부를 결정하는 화물손상의 회복비용은 구체적으로 손상된 화물을 수리하는 데 소요되는 총비용과 수리 후 이것을 최종 목적지까지 운반하는 데 소요되는 비용을 말한다. 그러나 계속운반비용은 원래의 운송계약에서 책정된 운임을 초과한 부분만을 뜻한다. 그리고 도착항에서의 화물가액은 보험증권상에 명시된 보험금액을 의미한다. 적하보험은 대개가 CIF 금액의 110%를 보험금액으로 하기 때문에 손상된 화물의 회복비용이 이 금액을 초과할 것으로 예상되면 추정전손이 성립된다.

2-3 운임의 추정전손

운임은 대부분 화물이나 선박의 보험가액에 포함되어 있어 별도의 운임보험으로 부보되는 경우는 드물지만 간혹 운임의 추정전손이 성립되는 경우도 있다. 예를 들어 선박은 현실전손을 입었지만 적하는 구조가 가능하여 이를 대체선박으로 운송하고 일정 운임을 받기로 계약을 체결하였는데 목적지에 도착하는 것이 불확실하다고 하자. 이 예에서와 같이 추가로 발생하는 운임 취득이 불분명할 경우에는 운임에 대해서도 추정전손이 성립될 수 있다.

03 위부와 대위

1. 위부의 의의

1-1 위부의 개념

추정전손은 위부(abandonment)를 수반하는 전손이다. 추정전손으로 인정될 수 있는 사유가 발생했다고 하여 자동적으로 추정전손이 성립되는 것은 아니며 위부행위가 따라야 성립된다. 영국해상보험법(제60조 1항)에서도 합리적으로 위부했을 경우에 한하여 추정전손이 성립된다고 규정하여 위부가 추정전손 성립의 형식적 요건임을 명시하고 있다.

위부는 추정전손의 사유가 발생하여 피보험자가 보험목적물에 대한 일체의 권리를 보험자에게 이전하고 그 대신 전손에 해당하는 보험금을 청구하는 행위를 말한다. 피보험자의 이와 같은 의사표시를 보험자가 승낙하게 되면 추정전손이 성립되고 만약 이를 거절하게 되면 분손으로 처리된다.

그런데 보험사고의 손해를 추정하는 과정에서 보험자와 피보험자간의 견해 차이로 인해 피보험자는 전손으로 추정하는 반면에 보험자는 분손으로 추정할 수 있고 혹은 그 반대의 경우가 생길 수 있다.[4] 따라서 추정전손이 성립되기 위해서는 보험자와 피보험자간의 양자 합의가 따라야 하며, 이 양자의 합의가 곧 위부의 성립이다.

위부가 성립되려면 피보험자가 먼저 위부를 하겠다는 의사표시를 하고 보험자가 이를 수락해야 한다. 만약 보험자가 위부통지를 수락하면 보험자는

4) 이와 같이 피보험자는 추정전손이라고 판단하여 위부를 통지하고 전손보험금을 청구하지만 보험자로서는 도저히 전손으로 처리될 수 없다고 주장할 경우 결국 법정에서 해결할 수밖에 없는데 이렇게 되면 시간 · 소송비용 등을 낭비하게 된다. 이 때 소송비용을 고려하여 상호간에 합의되는 금액을 추정전손보험금으로 지급할 경우 타협전손(compromised total loss)이라 한다. 타협전손에 있어서는 피보험자가 위부를 통지하기 이전에 발생한 비용을 고려하여 보험자가 보험금액을 전부 지급하는 경우도 있다. 타협전손과 유사한 전손으로 동의전손(agreed total loss)이 있는데, 이는 보험목적물이 명백하게 추정전손으로 성립되지는 않지만 부수적인 책임이나 기타의 이유로 인하여 그 손해를 전손으로 처리할 것을 동의하는 것을 말한다. 이기태, 앞의 책, p. 290.

손해배상책임을 결정적으로 인정한 결과가 되며 그리고 일단 위부의 통지가 수락되면 위부는 철회될 수 없다(영국해상보험법 제62조 6항).[5)]

1-2 위부의 사유

위부는 추정전손이 성립되기 위한 형식적인 절차이지만 피보험자의 절대적인 권리는 아니다. 보험사고가 발생하여 전손이 예상된다고 하여 무조건 위부를 하고 전손보험금을 청구할 수는 없다. 피보험자가 위부권리를 행사하기 위해서는 추정전손의 사유가 발생해야 한다.

즉 보험사고로 인하여 보험목적물에 대한 소유권이 박탈당하고 이를 회복할 가능성이 없거나 회복하는 데 소요되는 비용이 보험가액을 초과할 때, 또는 보험목적물이 심하게 손상되어 수리비용이 수리완료 후의 가액을 초과할 때 피보험자는 위부행위를 할 수 있다.

그리고 우리나라의 상법(제710조)에 의하면 다음과 같은 경우 피보험자는 보험목적물을 보험자에게 위부하고 보험금액의 전부를 청구할 수 있다.

① 피보험자가 보험사고로 인하여 자기의 선박 또는 적하의 점유를 상실하여 이를 회복할 가능성이 없거나 회복하기 위한 비용이 회복하였을 때의 가액을 초과하리라고 예상될 경우

② 선박이 보험사고로 인하여 심하게 훼손되어 이를 수선하기 위한 비용이 수선하였을 때의 가액을 초과하리라고 예상된 경우

③ 적하가 보험사고로 인하여 심하게 훼손되어서 이를 수선하기 위한 비용과 그 적하를 목적지까지 운송하기 위한 비용과의 합계액이 도착하는 때의 적하의 가액을 초과하리라고 상상될 경우

1-3 위부의 특징

위부는 그 성립과 효과면에서 다음과 같은 특징을 지닌다.

첫째, 위부는 피보험자의 단독행위이다. 즉 추정전손이 성립될 수 있는 사유가 발생한 경우 무조건 위부해야 하는 강제성은 없다. 전손보험금을 수

---

5) 보험자의 위부수락은 명시적일 수도 있고 묵시적일 수도 있지만 보험자의 단순한 침묵은 수락으로 간주되지 않는다(영국해상보험법 제62조 5항).

취하는 것보다 분손으로 처리하는 편이 피보험자에게 유리하다고 판단되는 경우에는 위부를 하지 않고 분손으로 처리할 수 있다(영국해상보험법 제61조).[6)]

둘째, 위부가 성립되면 피보험자는 전손보험금을 청구할 권한을 가진다. 보험자가 위부를 수락했다는 것은 손해보상책임을 지겠다는 의사표시이기 때문에 피보험자는 전손보험금을 청구할 수 있게 된다. 위부의 원인이 보험목적물의 일부에 대하여 생긴 때에는 그 부분에 대한 보험금을 청구할 수 있고 또한 일부보험(under insurance)인 경우에는 일부보험의 보험가액에 대한 비율만큼 보험금을 청구할 수 있다.

셋째, 피보험자는 잔존물에 대한 모든 가치와 권리를 보험자에게 이전해야 한다. 추정전손은 현실전손처럼 보험목적물이 완전히 파손되거나 소멸되는 것이 아니고 다소간의 잔존물이 남는 손해 형태이다. 만약 피보험자가 전손보험금을 받고 다시 잔존물을 가지게 되면 보험사고로 인하여 이득을 보게 된다. 따라서 위부가 효력을 발생하면 보험자는 보험목적물에 잔존해 있을 피보험자의 이익과 그리고 그에 수반되는 모든 소유권리를 인수할 권한을 갖는다(영국해상보험법 제63조 1항).[7)]

마지막으로 보험자는 잔존물을 인수하더라도 이익이 없다고 판단될 때는 위부를 거부하고 전손보험금만 지급할 수 있다. 일반적으로 보험자는 보험계약에서 합의된 최고보상금액(보험금액)만 지급할 뿐 그 이상의 의무는 없다. 그런데 만약 추정전손이 성립되어 보험자가 잔존물을 인수할 경우 이익이 생길 수도 있지만, 제3자에 대한 배상책임이나 비용이 발생할 수 있다.

이런 점을 우려하여 실무에서는 확실한 경우를 제외하고 보험자는 위부의 수락을 대부분 거절하고 전손보험금을 지급한다.

---

6) 추정전손이 있는 경우 위부를 하지 않고 보험금액 한도까지 보상하는 것을 100% PA (particular average) 보상방식이라고 한다. 선박보험에서 피보험자(선주)가 이 방식을 취하면 선주는 보험금액을 한도로 수리비 전액을 보상받고 선체도 보험자에게 인도할 필요가 없으며 보험계약의 효력도 당초의 만기일까지 복원되는 등 여러 가지 유익한 점을누릴 수 있다. 그러나 보험자로서는 보험금액 전액을 보상하면서 위부도 받지 못하고 만기일까지 계속해서 보험계약이 유효하게 남아 있는 불이익이 있다. 보험계약이 체결된 후 선박가격이 갑자기 앙등할 경우 선주는 이러한 보상방식을 주장한다.

7) 위부가 성립되면 보험자는 운임을 취득할 권리도 가질 수 있지만(영국해상보험법 제63조 2항), 협회기간약관(ITC-Hulls)의 제20조 운임포기약관(Freight Waiver Clause)에 따라서 운임을 청구하지 아니한다.

2. 위부의 통지

위부의 통지(notice of abandonment)는 피보험자가 손해를 추정전손으로 처리하겠다는 의사표시이다. 보험자에 의해 위부가 성립되려면 먼저 피보험자의 위부통지가 있어야 한다. 만약 피보험자가 위부통지를 하지 않으면 손해는 분손으로 처리된다(영국해상보험법 제62조 1항).

2-1 위부통지의 목적

위부는 피보험자가 잔존물에 대한 모든 권리를 보험자에게 이전하고 대신 전손보험금을 청구하는 행위이며 이러한 피보험자의 위부의사표시를 위부의 통지라고 한다. 즉 위부의 통지는 피보험자가 자신의 재산을 포기하고 그 재산을 보험자가 처분하는 대로 맡기겠다는 의사표시이다. 따라서 피보험자가 담보위험으로 인한 손해를 추정전손으로 처리하기 위해서는 그러한 의사표시인 위부통지를 보험자에게 해야 한다.

위부를 통지하는 목적은 보험자의 이익을 도모하기 위해서이다. 피보험자의 위부통지를 보험자가 수락하게 되면 잔존물은 보험자의 재산이 된다. 따라서 보험자는 피보험자로 하여금 위부를 통지하도록 하여 앞으로 자기의 재산이 될 수 있는 보험목적물을 조속히 관리하고 손해가 확대되는 것을 방지하여 이익을 얻으려고 한다.[8)]

2-2 위부통지의 방법

위부의 통지는 서면이나 구두(by word of mouth)로 할 수 있으며 또는 서면과 구두를 혼용할 수 있다. 피보험자가 보험목적물에 관한 자신의 이익을 보험자에게 무조건 위부하겠다는 의사를 표시하는 것이면 어떠한 방법을 사용해도 무방하다(영국해상보험법 제62조 2항). 보통 위부의 통지는 피보험자에 의해 서면으로 이루어진다.

그러나 어떤 조건을 붙여서 위부를 통지하게 되면 위부의 통지로 인정되지 않는다. 위부의 통지는 무조건적이어야 한다는 경우를 보면 〈판례 11-3〉과 같다.

---

8) J. Kenneth Goodacre, *Marine Insurance Claims* (2nd. ed.)(London: Witherby, 1981), p. 663.

판례 11.3

Russian Bank for Foreign Trade v. Excess Insurance Co.

이 사건에서 보리가 흑해의 노보로시스크(Novorossisk)에서 팔머스(Falmouth)까지 부보되었다. 화물의 선적이 완료된 후 다다넬러스(Dardanelles) 해협이 폐쇄되어 항해가 저지되었다. 이로 인해 보리가 발열되기 시작하여 화물은 다시 하역되어 선적항의 창고에 보관되었다. 피보험자는 자신의 브로커에게 보험자가 노보로시스코에서의 보리가액과 보험금액 간의 차액을 지급한다면 모든 책임을 면제시키라는 전보를 보냈고, 브로커는 이 전보를 보험자에게 제시하였다. 이에 대해서 법정은 피보험자가 보낸 전보는 피보험자가 자기의 이익을 무조건 포기하겠다는 의사를 표시한 효과적인 위부의 통지로 볼 수 없다고 판결하였다.

〈(1919) 1 KB 39, CA〉

2-3 위부통지의 시기

위부통지의 시기에 대해서 영국해상보험법(제62조 3항)은 상당한 주의를 갖고서 위부통지를 해야 한다고 규정하고 있다. 그러나 손해에 대한 정보가 불분명할 경우 피보험자는 이를 확인하기 위해 상당한 시간을 가질 수도 있다. 대체로 손해에 대한 확증을 갖고서도 고의적으로 위부통지를 지연시키지 않는 한 위부통지의 효력에는 아무런 영향을 미치지 않는다.

그러나 고의적으로 위부통지를 지연시켜 보험자에게 재산상의 손실을 야기시키게 되면 그러한 위부통지는 아무런 효력을 갖지 못한다. 위부통지의 목적에 부합되어야만 위부통지로서의 의의를 찾을 수 있기 때문이다. 위부통지의 시기에 관한 판례를 보면 다음과 같다.

판례 11.4

Kelly v. Walton

이 사건에서 아마종(flax seed)을 적재한 선박이 외국 항구에서 출항금지(embargo)의 명령을 받고 억류되었는데, 이 소식이 하주에게는 6월 11일에 전달되었다. 아마종은 5월 10일 이전에 파종되면 상당한 가치가 있는데, 위부의 통지는 6월 11일에 실시되었다. 이 사건에서 재판부는 위부의 통지는 5월 10일 이전에 했어야 했고 6월 11일의 위부 통지는 너무 지연되어 효력을 갖지 못한다고 판결하였다.

〈(1808) 2 Camp 155〉

판례 11.5

Potter v. Campbell

이 사건에서 문제의 선박은 뉴질랜드의 브라프(Bluff) 항구에서 교사(grounding)로 인해 선저 손상을 입었다. 임시 수리 후 동 선박은 화물을 양하하기 위하여 찰머스(Chalmers) 항구로 항해했고 그 곳에서 9개월을 머문 후 다시 캘커타로 항해했다. 캘커타항에서 손해를 조사해 본 결과 추정전손이 성립된다는 사실을 듣고 피보험자는 위부를 통지했는데, 재판부는 이러한 위부의 통지는 너무 지연되었기 때문에 분손으로밖에 보상될 수 없다고 판단하였다.

〈(1867) 2 LJNC 223〉

한편 우리나라 상법(제713조)에서도 피보험자가 위부를 하고자 할 때에는 상당한 기간 내에 보험자에 대하여 그 통지를 발송하여야 한다고 규정하고 있다. 위부통지의 시기를 사유별로 규정하지 않고 포괄적으로 규정한 것은 영국 해상보험법의 취지와 같다. 여기서 상당한 기간이라는 것은 일정한 기간을 의미하는 것이 아니라 위부 통지의 목적에 부합할 정도의 기간을 의미한다.

2-4 위부통지의 면제

위부를 통지하는 목적은 보험자로 하여금 잔존물에 대한 관리를 보다 조속히 집행할 수 있도록 하고 손해가 확대되는 것을 방지하기 위해서이다. 그런데 보험목적물이 전멸하여 보험자가 회수할 잔존물이 없을 경우에는 굳이 위부를 통지할 필요가 없다. 영국해상보험법(제62조 7항)에서도 피보험자가 손해발생 사실을 알고 보험자에게 위부통지를 한다 하더라도 보험자가 아무런 이익을 취할 전망이 없는 경우는 위부의 통지가 불필요함을 규정하고 있다.

또한 보험자가 위부의 통지를 면제한 경우에는 당연히 위부를 통지할 필요가 없다(영국해상보험법 제62조 8항). 그리고 보험자가 자기의 위험을 재보험하였을 경우에도 위부의 통지는 필요하지 않다(영국해상보험법 제62조 9항).

3. 대　　위

3-1 대위의 원칙

손해보험에서는 보험자가 전손보험금을 지급하면 보험목적물에 관련되는 일체의 권리를 피보험자로부터 승계받는데, 이것을 대위(subrogation)의 원칙이라 한다. 대위의 원칙에 의해서 보험자가 취득하는 권리는 보험목적물에 대한 소유권과 제3자에 대한 손해배상청구권으로 나누어지는데 전자를 보험목적물에 대한 대위라 하고 후자의 경우를 제3자에 대한 대위라 한다.[9]

(1) 보험목적물에 대한 대위

보험목적물에 대한 대위는 보험사고의 결과 잔존물이 있는 경우 그 잔존물을 취득할 수 있는 권한을 말한다. 이 권한은 전손보험금을 지급한 경우에 한하며, 만약 보험자가 분손보험금을 지급했다면 잔존물에 대한 소유권을 취득할 수 없다.[10] 보험자에게 이전되는 권리의 범위는 피보험이익에 관하여 피보험자가 가지는 모든 권리를 의미하며 권리의 이전시기는 보험사고가 발생한 시점이 아니고 보험금을 지급한 시점이다.[11]

보험목적물에 대한 대위는 보험자가 전손보험금을 지급하면 자동적으로 피보험자의 권리를 대신 취득하게 되며 피보험자의 권리이전에 대한 의사표시가 필요 없다. 그러나 보험자는 대위의 원칙에 의해 보험목적물을 소유함으로써 그에 부수하는 의무를 부담하는 경우가 생길 수 있는데, 이 때는 보험목적물에 대한 대위권을 포기한다.

예를 들어 부보 선박에 대해서 전손보험금을 지급하고 난파선에 대한 권리를 보험자가 승계받았는데, 이 난파선을 제거할 비용이 난파선의 가액보다 많은 경우 보험자는 대위권을 행사하여 오히려 불이익을 받는 결과가 된다. 이럴 때는 보험자는 보험목적물에 대한 대위권을 포기하고 보험목적물에 따른 공법상 또는 사법상의 부담을 피보험자에게 귀속시킬 수 있다.[12]

---

9) 영국해상보험법 제79조 1항.

10) 영국해상보험법 제79조 2항.

11) 일부보험의 경우에는 보험금액의 보험가액에 대한 비율에 따라서 피보험자가 보험목적물에 대하여 가지는 권리를 취득하게 된다.

12) 조해균, 앞의 책, p. 125.

(2) 제3자에 대한 대위

피보험자가 제3자의 과실에 의해 손실을 입은 경우 보험금을 지급한 보험자는 보험금의 한도 내에서 제3자에 대한 피보험자의 권리를 취득하는데, 이를 제3자에 대한 대위라고 한다. 제3자의 대위는 주로 가해자에 대해서 손해배상을 청구할 수 있는 권한을 말한다. 넓은 의미에서 보면 대위는 앞에서 언급된 보험목적물에 대한 소유권의 취득과 제3자에 대한 손해배상청구권을 모두 포함하지만 보험에서 대위권이라고 하면 곧 제3자에 대한 손해배상청구권을 의미한다.[13)]

제3자에 대한 대위권은 전손 또는 분손에 상관없이 보험자가 자신이 지급한 보험금의 범위 내에서 행사할 수 있다(영국해상보험법 제79조 2항). 보험목적물에 대한 대위는 전손인 경우만 인정되지만, 제3자에 대한 대위는 전손 또는 분손에 상관없다. 보험자는 그가 지급한 보험금의 한도 내에서 제3자에 대한 대위권을 행사할 수 있게 된다.

제3자로부터의 배상액이 보험금을 초과할 경우에는 그 차액은 피보험자에게 환불된다. 일부보험(under insurance)일 경우 피보험자는 부보하지 않은 잔액에 대해서는 자가보험자로 간주되어 보험자가 제3자로부터 배상받은 금액 중에서 자가보험에 해당하는 금액만큼은 피보험자가 회수할 수 있다(영국해상보험법 제81조).[14)]

예를 들어 보험가액 100,000달러인 선박이 보험금액을 50,000달러로 하여 일부보험에 가입했는데, 제3자의 일방과실로 인하여 전손이 발생하였다고 하자. 선박보험자는 전손보험금 50,000달러를 지급하고 이 금액에 해당하는 만큼만 대위권을 행사할 수 있다. 나머지 금액에 대한 손해배상청구권은 선주에게 있는 것이다.[15)]

그리고 제3자에 대한 대위권을 취득하는 시기는 보험금을 지급한 때이다. 보험자는 보험금을 먼저 지급한 후 대위권을 행사할 수 있으며 제3자로부터 손해배상을 받은 후 보험금을 지급하겠다고 주장할 수 없다.[16)] 그런데

---

13) Raoul Colinvaux, *op. cit.*, s. 8-07.

14) The Welsh Girl [1906] 22 TLR.

15) 이 때 보험자 및 선주가 각각 가해자에 대해서 손해배상을 청구하는 것이 아니고 보험자가 일괄하여 손해배상을 청구한 후 대위권을 행사한 금액을 공제하고 나머지는 선주에게 지급한다.

16) Raoul Colinvaux, *op. cit.*, s. 8-14.

보험자가 보험금을 지급하기 전 피보험자가 가해자로부터 먼저 손해배상을 받았으면 보험자는 자신이 지급할 보험금에서 이를 감액할 수 있다.

3-2 대위의 근거

해상보험을 비롯한 모든 손해보험에서는 대위의 원칙을 설정하고 있는데 그 이유는 다음과 같다.

첫째, 피보험자가 동일한 손해에 대해서 보험자와 가해자로부터 이중으로 보상받는 것을 방지하기 위해서이다. 예를 들어 선주의 일방과실로 운송화물에 전손이 발생할 경우, 하주는 피보험자의 자격으로서 적하보험계약에 의해 보상을 받는데 다시 가해자(선주)에게 손해배상을 청구할 수 있도록 하면 이중으로 보상받는 결과가 된다. 해상보험은 일종의 손해보상계약이기 때문에 피보험자에게 보험사고발생으로 인한 손해만을 보상하고 그 이상의 부당 이익을 주어서는 안 된다.

둘째, 피보험자가 보험사고를 유발하거나 도박보험 등의 방법으로 보험제도를 남용하려는 소지를 방지하기 위해서이다. 만약 보험자의 대위를 인정하지 않으면 피보험자는 보험자와 제3자로부터 이중으로 보상을 받기 때문에 고의적인 보험사고가 발생할 수 있으며, 또한 보험을 마치 도박하는 것처럼 생각할 수 있다. 건전한 보험제도를 활성화시키기 위한 일종의 보험정책적 관점에서 보험자의 대위를 인정하고 있다.[17)]

셋째, 손실을 초래한 가해자가 궁극적으로 모든 책임을 져야 하는 것은 사회의 원칙이기 때문이다. 만약 보험자로부터 보상받은 피보험자(피해자)로 하여금 가해자에게 직접 손해배상을 청구하도록 하면 가해자는 대개 손해를 입은 부분은 이미 보상되었기 때문에 더 이상 보상할 필요가 없다고 주장하거나 혹은 보상하더라도 충분한 보상을 하지 않으려는 경향이 있다. 따라서 피보험자를 대신한 보험자가 가해자에게 직접 손해배상을 청구함으로써 손실에 대한 책임을 물을 수 있다.

마지막으로 대위의 원칙에 따라서 보험자는 자신이 보상한 금액을 제3자로부터 회수할 수 있기 때문에 보험료의 인하효과를 기대할 수 있다.

---

17) 양승규, 앞의 책, p. 228.

3-3 대위와 위부의 관계

대위는 보험자가 보험금을 지급함으로써 보험목적물에 관련되는 일체의 권리를 피보험자로부터 승계하는 것을 의미하고 위부는 피보험자가 전손보험금을 청구하기 위하여 잔존물에 대한 권리를 보험자에게 포기하는 것을 말한다. 대위와 위부는 서로 원인과 결과의 관계로 볼 수 있지만 다음과 같은 차이가 있다.

첫째, 대위는 해상보험을 비롯한 모든 손해보험에 설정되어 있는 원칙이지만 위부는 해상보험에서만 통용된다. 대위는 피보험자가 이중으로 보상받는 것을 방지하고 건전한 보험제도를 육성하기 위해 손해보험에서는 반드시 필요한 원칙이다. 그러나 위부는 특정 손해를 추정하여 전손으로 처리하기 위해서 피보험자가 보험목적물에 대해 자신이 가지고 있는 일체의 권한을 보험자에게 포기하겠다는 것이기 때문에 추정전손이 통용되는 해상보험에서만 인정된다.

둘째, 대위에 의한 보험자의 제3자에 대한 손해배상청구권은 전손이든 분손이든 상관없이 보험자가 보험금을 지급하면 자동적으로 승계된다. 그러나 위부는 추정전손을 성립시키기 위한 형식적인 요건이기 때문에 전손인 경우에만 해당된다.

셋째, 보험자는 보험금을 지급한 범위 내에서 대위권을 행사할 수 있지만 위부가 성립되면 보험자는 잔존물에 대한 일체의 권리를 승계한다. 따라서 위부가 있는 경우의 대위는 회수금 전액이 보험자에게 귀속되지만 위부가 없는 경우의 대위는 지급보험금의 한도 내에서 회수금을 찾아 간다.

마지막으로 대위는 보험자의 위부승낙의 여부와 상관없이 보험자에게 이전되는 권리이다. 위부가 성립되면 보험목적물에 관련되는 일체의 권리가 보험자에게 이전되기 때문에 대위권도 자동적으로 승계되어 위부와 대위를 서로 구분할 필요가 없다. 그러나 보험자가 위부를 거절하고 분손보험금을 지급하면 대위권만 승계한다.

04 분 손

1. 분손의 개념

담보위험으로 인하여 보험목적물은 완전히 멸실되기도 하고 그 일부분만이 손해를 입기도 하는데, 후자의 경우를 분손(partial loss: average)이라고 한다. 분손은 전손의 상대적인 개념으로서 전손에 속하지 않는 모든 손해는 분손으로 취급된다(영국해상보험범 제56조 1항).[18]

영국해상보험법에서는 분손을 단독해손(particular average)과 공동해손(general average)으로 구분하고 있다. 단독해손은 담보위험으로 인하여 발생한 보험목적물 일부분의 손해로서 피보험자가 단독으로 책임지는 손해이다(영국해상보험법 제64조 1항). 공동해손은 공동의 안전을 위하여 희생된 손실이나 비용을 해상사업에 관련되는 이해관계자들이 공동으로 비례하여 분담하는 손해이다. 이러한 공동해손이 아닌 분손은 모두 단독해손에 해당된다.

영국해상보험법에서는 분손을 단독해손과 공동해손으로 구분하고 있지만 사실상 두 개념은 서로 비교될 성질이 아니다. 공동해손은 해상보험이 정착되기 전에 이미 해상의 상관습으로 인정되어 왔던 제도로서 해상보험의 업무가 확장되어 보험자가 공동해손을 보상해 주기 시작함으로써 공동해손이 해상손해에 포함된 것이다. 단독해손과 공동해손을 서로 상대적인 개념으로 볼 필요 없이 별도로 취급하는 것이 혼동의 여지가 없다.

해상보험에서 분손의 형태는 주로 선박의 파손, 화물의 일부 손실, 운임의 미취득부분 등으로 나타난다. 분손에 대한 사정은 고도의 지식을 요하기 때문에 주로 해손정산인(average adjuster)들이 영국해손정산인협회(Association of

18) 분손의 영문 표현은 일반적으로 'partial loss'를 사용하지만 영국의 해상보험법에서는 'average'라는 표현을 동시에 사용하고 있다. 'average'의 유래에 대해서는 많은 설이 있는데, 먼저 누손(leakage)과 같이 항해 도중에 발생하는 손실을 뜻하는 라틴어 'Averagiem'에서 유래한다는 설과 전손이 아닌 부분적인 손상이나 멸실을 뜻하는 불어 'Avarie'에서 생겼다는 설이 있다. 'average'란 단어의 원천에 대해서는 확실하지는 않지만 그 의미는 전손에 반대되는 분손을 일컫는다.

Average Adjusters; A.A.A.)에서 규정한 별도의 실무규칙에 따라서 손해를 사정하게 된다.

분손은 보험조건에 따라서 보상되기도 하고 보상받지 못할 수도 있다. 예를 들어 선박보험을 'Total Loss Only'(TLO) 조건으로 가입하게 되면 전손만을 보상한다는 조건이기 때문에 분손은 보상되지 않는다. 적하보험에서도 과거에 사용해 왔던 FPA(Free from Particular Average) 조건은 보험자가 분손을 담보하지 않겠다는 분손부담보조건이다. 그러나 오늘날의 적하보험에서는 보험조건에 상관없이 모든 분손을 보상하고 있다.

2. 분손의 예

2-1 선박의 분손

해상위험으로 선박의 일부분이 손상될 경우 분손이 발생한다. 예를 들면 선박이 항해하던 중 악천후를 만나 바닷물이 갑판을 휩쓸고 선체에 심한 압박을 가함으로써 선체손상이 발생할 수 있다. 또한 선박이 장애물과 충돌하거나 좌초되어 외판 · 프로펠라 등이 일부 손상될 수 있다.

(1) 수리비의 보상

선박이 분손을 입은 후 수리가 되면 피보험자는 합리적인 수리비(reasonable cost of repairs)에서 관습상의 공제를 한 잔액을 1회 보험금액의 범위 내에서 보상받을 권리가 있다(영국해상보험법 제69조 1항).[19]

수리비의 합리성은 개별 상황에 따라서 다르지만 대체로 보험에 가입하지 않은 신중한(uninsured prudent) 선주가 수리할 때 취하는 행동이 합리성의 기준이 될 수 있다.[20] 보험사고의 경우에는 과잉 수리가 예상될 수 있는데, 만약 보험에 가입하지 않아 선주 혼자서 수리비를 부담하게 되면 아주 경제적으로 수리하려고 한다. 이 때의 경제적 수리가 영국해상보험법에서 의미하는 합리적인 수리와 일치한다고 볼 수 있다.

---

19) 협회기간약관(ITC-Hulls)의 제14조 신·구교환차익불공제약관(New for Old Clause)에 의해서 보상청구액은 신·구교환차익의 공제없이 지급된다.

20) J. Kenneth Goodacre, *op. cit.*, p. 247.

합리적인 수리비에 포함될 수 있는 몇 가지 항목을 영국해손정산인실무 규칙에서 인용해 보면 다음과 같다.[21)]

가) 임시수리비 선박이 현재 정박하고 있는 항구에서 완전한 수리가 불가능하여 수리가능 항구까지 항해하기 위해서 임시로 수리할 경우의 임시수리비는 합리적인 수리비로 보상된다.

나) 회항비 수리를 목적으로 다른 항구로 회항할 경우 발생하는 비용도 수리비로 보상된다. 그러나 회항하는 과정에서 운임을 새로 취득하거나 비용이 절감되면 그런 취득운임이나 절감비용은 회항비에서 공제된다.

다) 연료 및 저장품 선박이 수리되고 있는 동안 수리작업을 돕기 위해 소비된 연료 및 기관실의 저장품은 수리비의 일부로 보상된다.

라) 선거비용 선박을 수리하기 위해서 선거(dry dock)를 이용할 경우 여기에 소요되는 비용도 합리적인 수리비에 포함된다.

마) 시간외 작업 시간외 작업(overtime)으로 다른 비용이 절약되면 절감된 비용의 한도까지 시간외 작업비용을 합리적인 수리비의 일부로 간주한다.

(2) 미수리손상

선박이 분손을 입었으나 수선되지 않고 또한 보험기간중에 손상상태로 매각되지 않았을 경우에는 피보험자는 미수선의 손상으로부터 생기는 합리적인 감가액(reasonable depreciation)을 보상받을 수 있다(영국해상보험법 제69조 3항). 합리적인 감가액에 대해서는 영국해상보험법에 규정되어 있지 않지만 선박의 정상가액에서 손상가액을 차감한 잔액을 말한다.[22)]

그리고 선박의 손상이 일부분만 수선되었을 경우 피보험자는 그 수선부분에 대해서는 합리적인 수선비를 회수할 권리가 있다. 또한 미수선의 손상으로부터 생기는 감가가 있으면 합리적인 감가액을 보상받을 수 있다(영국해상보험법 제69조 2항).

그런데 분손이 일어나고 이것이 수선되기 전에 또는 보상되기 전에 항해하다가 선박이 멸실되면 앞서 발생한 분손은 보상되지 않고 전손만 보상된다(영국해상보험법 제77조 2항).[23)]

---

21) 김정수, 앞의 책, pp. 422-434 참고.

22) 협회기간약관(ITC-Hulls) 제8조 미수리손상약관(Unrepaired Damage Clause).

23) 이러한 원칙을 'merger'의 원칙이라 한다. J. Kenneth Goodacre, *op. cit.*, p. 99.

2-2 화물의 분손

해상위험으로 인하여 화물의 일부가 멸실되거나 손상될 경우 화물의 분손이 성립된다. 화물의 분손에 대한 보상액은 영국해상보험법(제71조)[24]과 영국해손정산인실무규칙에 의해서 결정되는데, 화물의 일부가 멸실되는 경우와 손상되는 경우 분손액을 산정하는 방법을 살펴보면 다음과 같다.[25]

(1) 일부 멸실

화물의 일부가 멸실된 것은 화물의 일부가 전손을 입은 경우와 마찬가지이다. 이 경우 손해보상의 한도액은 멸실된 부분과 전체 수량과의 비율을 보험금액에 곱한 금액이다.

분손보상액 산정방식 MARINE INSURANCE

$$\text{분손보상액} = \text{보험금액} \times \frac{\text{멸실된 수량}}{\text{전체의 수량}}$$

예를 들어 한 상자 36캔들이의 캔 통조림 100상자 중 두 상자가 불착(non-delivery)이 되고 거기다가 10캔이 좀도둑(pilferage)을 맞았을 경우 총 손해는 82캔이다.

분손보상액의 예 MARINE INSURANCE

$$\text{분손보상액} = \text{보험금액} \times \frac{82(\text{멸실된 수량})}{36 \times 100(\text{전체의 수량})}$$

24) 영국해상보험법(제71조)에 의하면 분손 보상한도는 첫째, 보험가액이 확정된 경우는 멸실된 일부의 보험가액이 전부의 보험가액에 대하여 차지하는 비율을 확정보험가액에 곱하여 산출한 금액, 둘째, 보험가액이 미확정된 경우는 전손의 경우와 같이 멸실된 일부의 보험가액, 셋째, 화물 등이 훼손된 상태로 목적지에 도착한 경우는 도착지에서 정상품으로서의 총가격과 훼손품으로서의 총가격의 차액이 정상품으로서의 총가격에 대하여 차지하는 비율을 보험가액에 곱한 금액으로 한다.

25) 현대해상화재보험주식회사, 「해상적하보험실무」, 1998, pp. 72-74.

(2) 일부 손상

화물의 일부가 손상된 상태로 도착할 경우에는 감가율(depreciation)을 정하여 이 감가율을 보험금액에 곱하여 분손보상액을 결정한다. 감가율은 손상화물을 매각 처분할 경우 얻을 수 있는 매득금(damaged market value: 손상품의 시가)과 화물이 안전하게 도착했을 경우 당연히 얻을 수 있는 시장가격(sound market value: 정상품 시가)과의 차액인 손해액의 정상품 시가에 대한 비율을 말한다.

감가율 산정방식 MARINE INSURANCE

$$\text{감 가 율} = \frac{\text{손해액(정상품 시가} - \text{손상품 시가)}}{\text{정상품 시가}}$$

예를 들어 100포의 코코아 중 5포가 젖어서 도착했는데 그 손해가 다음과 같다고 하자.

분손보상액의 예 MARINE INSURANCE

손 해	
	2 포 감가율 30%=0.6포 ETL
	2 포 감가율 20%=0.4포 ETL
	1 포 감가율 10%=0.1포 ETL
	합 계 =1.1 포 ETL

(ETL: equivalent total loss, 전손환산)

$$\text{분손보상액} = \text{보험금액} \times \frac{\text{1.1(전손환산 포수)}}{\text{100(부보 포수)}}$$

부족손(shortage)이나 누손(leakage)이 일어난 예를 들어 보면 1포의 무게가 총중량 50kg 순중량 49kg인 화학비료 1,000포가 부보되었는데 0.5%의 과부족(excess)이 인정되었다. 그런데 50포가 파손되어 도착지에서의 총중량이 2,000kg이 되었다고 하자. 이 때의 분손액은 다음과 같이 결정된다.

분손보상액의 예 MARINE INSURANCE

손　해	50포의 선적지에서 총중량	2,500kg
	50포의 도착지에서 총중량	2,000kg
	부족수량	500kg

과부족 요인(excess) 0.5% 49,000kg×0.5%　245kg

보상청구 가능의 부족 수량　255Kg

$$분손보상액 = 보험금액 \times \frac{255\ (부족\ 수량)}{49{,}000\ (부보\ 수량)}$$

만약 송장상의 단가가 다를 경우에는 손상된 화물의 송장상의 금액을 별도로 계산해서 분손보상액을 결정한다.

분손보상액의 예 MARINE INSURANCE

100상자 캔 통조림의 보험금액　1,000달러
송장상의 금액　900달러
(A규격 50상자: 500달러, B 규격 50상자: 400달러)

A규격 1 상자 B규격 1 상자의 불착(Non-Delivery)

손　해　A규격 $500 \times \frac{1}{50} = 10$달러

B규격 $400 \times \frac{1}{50} = 8$달러

분손 화물의 송장상의 금액=18달러

$$분손보상금 = 1{,}000 \times \frac{18}{900} = 20달러$$

(3) 화물의 매각

화물의 일부가 최종 목적지에 도착하기 전에 항해 도중의 보험사고로 인하여 어쩔 수 없이 중간항에 양륙될 경우 간혹 중간의 양륙항에서 검정인(surveyor)이 손상된 화물을 매각 처분하도록 권고하는 일이 있다.

이런 일은 최종 목적지까지 계속 운반하는 선편을 얻을 수 없을 경우, 혹은 계속 운반할 수 있어도 그 비용이 화물의 가액을 초과하는 경우 많이 발생하며 또한 화물이 손상되었기 때문에 계속 운반하여도 최종 목적지에 도착하기 전에 품질이 저하되어 전손될 염려가 있는 경우에 중간항에서 매각처분하기도 한다.

중간항에서 손상품을 매각처분할 경우에는 보험금액에서 매각금(net proceeds)을 차감하여 보험금을 지불하는데, 이러한 지불방식을 구조물차감보상방식(salvage loss settlement)이라 한다. 피보험자는 이 방식으로 보상받더라도 매각금을 취득하기 때문에 결과적으로 보험금액의 전액을 보상받는 것이 된다.[26]

---

26) 보험금의 지급에 관한 자세한 내용은 「제17장 해상보험실무 제 1 절」을 참고할 것.

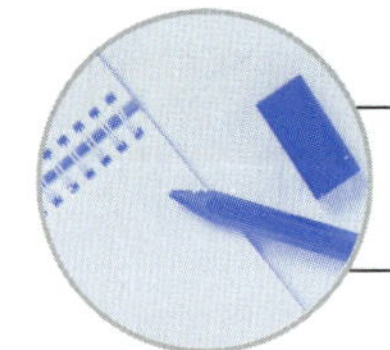

복습 및 토의 문제

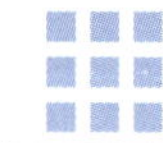

01 해상손해의 유형을 물적손해, 비용손해 및 책임손해로 구분하여 개괄적으로 설명해 보시오.

02 선박이 침몰할 경우 구조의 가능성이 없으면 현실전손으로 인정하고 있다. 그렇다면 2014년도 발생한 '세월호 침몰사건'에서 세월호는 인양되고 있는데 그렇다면 현실전손이 성립되지 않는 것인가? 이에 대해서 토의해 보시오.

03 선박의 행방불명과 근인주의 원칙을 대립하여 설명해 보시오.

04 해상보험에서 추정전손이 등장하게 된 배경에 대해서 토의해 보시오.

05 만약 생명보험, 화재보험 등에서 추정전손이 성립된다면 어떤 현상이 일어날 것인가를 상상해 보시오.

06 위부가 성립될 경우 보험자는 반드시 잔존물을 인수해야 하는가? 이에 대해서 보험자의 입장에서 자유롭게 토의해 보시오.

07 오늘날에는 해상보험자도 파손된 잔존물을 거의 인수하지 않는다면 추정전손제도는 필요한 것인가? 이에 대해서 토의해 보시오.

08 손해보험에서는 보험자에게 대위권이 인정되고, 생명보험에서는 대위권이 인정되지 않는 배경에 대해서 토의해 보시오.

09 대위권 및 위부의 개념을 비교 · 설명해 보시오.

10 손해율이 어느 정도일 경우 분손으로 처리하는 것이 합리적인가? 이 문제에 대해서 자유롭게 토의해 보시오.

Chapter 12

비용손해

| 제 1 절 | 손해방지비용

| 제 2 절 | 구 조 비

| 제 3 절 | 특별비용

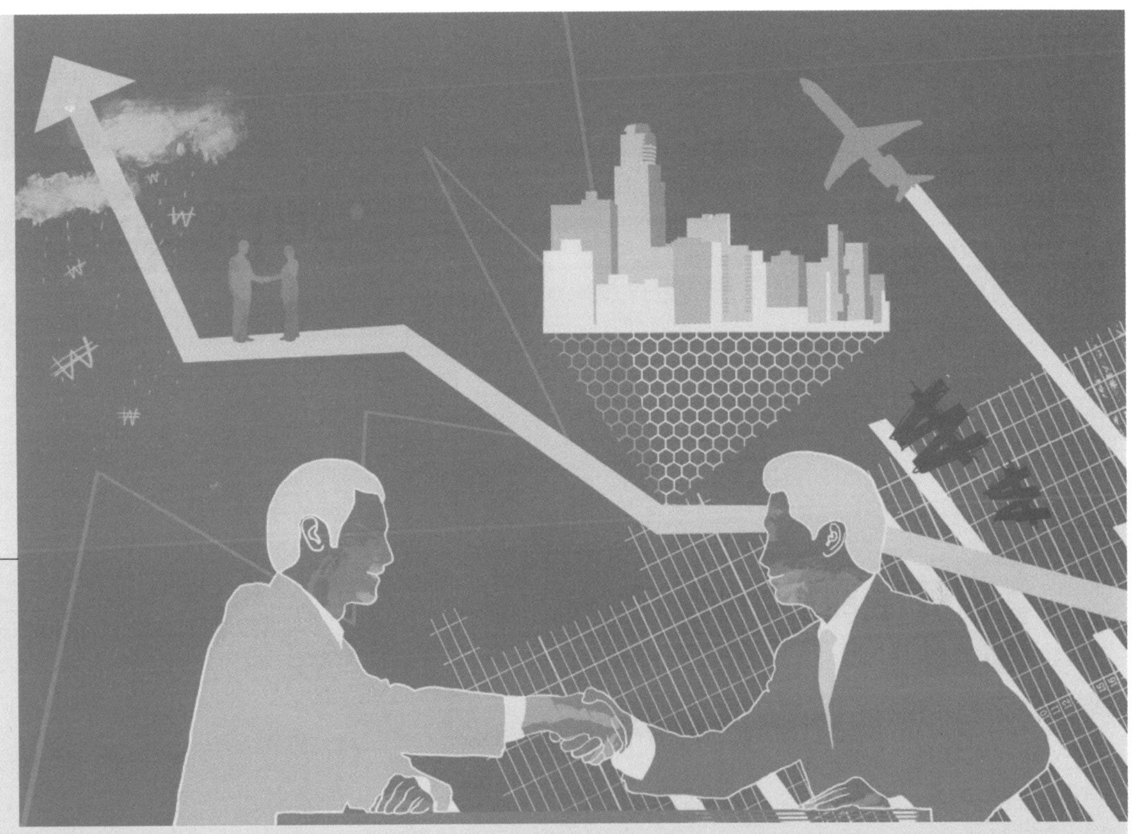

앞 장에서 설명된 물적 손해는 보험목적물 자체의 손해이다. 그러나 해상보험에서는 보험목적물에 손해가 발생하는 것을 방지하기 위하여 또는 이를 구조하기 위하여 새로운 비용이 지출될 수 있는데, 이러한 비용의 지출에 따른 손해를 비용손해라 한다. 해상보험에서는 대표적으로 손해방지비용, 구조비, 특별비용 등이 비용손해로 인정되고 있는데 이 장에서는 이들의 주요 개념 등을 배우고자 한다.

Chapter 12

비용손해

01 손해방지비용

1. 피보험자의 손해방지의무

1-1 손해방지의무의 개념

위험에서 벗어나고자 보험에 가입하는데, 역설적으로 보험에 가입함으로써 오히려 위험스러워질 수가 있다. 인간은 심리적으로 보험에 가입하게 되면 보험에 가입하지 않았을 때보다 보험목적물의 안전에 대하여 신경을 덜 쓰게 된다. 즉 보험에 가입하게 되면 정신적 위태(morale hazard)가 증가되어 피보험자들은 보험목적물의 안전이나 사고발생에 대하여 점차 무관심해지게 된다.

한편 보험자의 입장에서는 보험목적물을 직접 관리 · 통제하여 보험사고를 방지하고 보험금의 지급을 줄이고 싶지만 이것이 현실적으로 어려운 실정이다. 특히 해상보험에서는 화물 · 선박 등 주요한 보험목적물이 항상 항해중에 있기 때문에 보험자가 이를 통제하는 것은 불가능하다. 따라서 보험자는 피보험자가 보험목적물의 안전에 관심을 가져서 보험자를 대리하여 손해가 발생하지 않도록 혹은 손해가 더 이상 확대되지 않도록 모든 조치를 강구해 주길 바란다.

그러나 피보험자는 보험사고가 발생하더라도 손해를 보상받을 수 있다는 기대심리 때문에 스스로 손해를 방지하거나 경감시키려는 노력이 매우 소극적이다. 손해방지가 어느 정도 가능한데도 이를 방치하여 손해가 더욱 더 확대되면 보험자는 물론 사회 전체의 입장에서도 손해이다.

이러한 연유로 손해보험에서는 피보험자들로 하여금 보험목적물의 손해방지를 위하여 최선의 노력을 기울이도록 의무화하고 있는데, 이를 피보험자의 손해방지 및 경감의무(the duty to sue and labour)라 한다. 영국해상보험법(제78조 4항)에서는 "손해를 방지하거나 또는 경감하기 위하여 합리적인 조치를 강구하는 것은 모든 경우에 있어서 피보험자 또는 그 대리인의 의무이다"라고 규정하고 있다.

뿐만 아니라 대부분의 보험약관에서도 피보험자는 손해의 방지와 경감을 위한 모든 조치를 취하도록 규정하고 있다. 이에 따라서 피보험자 또는 그의 대리인은 손해를 방지하고 더 이상 손해가 확대되지 않도록 모든 합리적인 조치를 강구할 의무가 있다.

1-2 손해방지의무의 위반

피보험자는 보험목적물의 손해를 방지하거나 경감시키도록 모든 합리적인 조치를 강구해야 할 의무가 있는 데도 불구하고 피보험자가 자신의 의무를 소홀히 할 경우에는 보험금 지급이 거절될 수 있다. 이 점은 영국해상보험법에 명시적으로 규정된 바는 없지만 피보험자 또는 그의 대리인이 손해방지와 경감의무를 위반한 것은 곧 보험법과 보험약관을 위반한 결과로 보기 때문에 보험자는 보험금을 지급하지 않을 수 있다.

오히려 보험자는 피보험자가 자신의 의무를 소홀히 함으로써 생긴 손해에 대해서 배상을 청구할 수 있으며, 또한 손해방지행위를 했더라면 경감할 수 있었던 손해액을 보험금에서 공제하여 지급할 수도 있다.

피보험자의 손해방지의무와 관련된 판례를 살펴보면 다음과 같다.

판례 12.1

Irvin v. Hine

이 사건에서 부보 선박인 트롤선은 반드시 선거(dry dock)에서 검사를 받아야만 손해액이 정확하게 추정될 수 있었는데, 피보험자는 이 검사를 받지 않았다. 이에 대해서 보험자는 피보험자가 손해방지의무를 위반한 것이기 때문에 보험금을 지급할 필요가 없다고 주장하였다.

그러나 데브린(Devlin) 판사는 이번 사건에서처럼 선거에서 검사를 받는 것은 손해를 방지하거나 최소화하려는 것이 아니고 단지 손해의 범위를 확인하기 위한 것이므로 피보험자가 선거에서 검사를 받지 않았다는 이유만으로 자신의 손해방지의무를 위반한 것으로 볼 수 없다고 판결하였다.

《(1950) 1 KB 555, (1949) 2 All ER 1089》

판례 12.2

Astrovlanis Compania Naviera S.A. v. Linard, The Gold Sky

부보된 선박 'Gold Sky'호는 1968년 12월 19일 지브랄타 해협에서 침몰하였다. 피보험자는 선박이 침몰된 날 정오가 막 지나서 기관실의 우현측 하부 철판이 수직으로 파열되면서 침몰했기 때문에 해상고유의 위험으로 인한 전손 보험금을 청구하였다.

이에 대해서 보험자는 선박은 해상고유의 위험이 아니라 선원의 악행인 천공(scuttling)에 의해서 침몰된 것이라 주장하였다. 또한 침몰된 선박에 대해 구조제의가 있었음에도 불구하고 선장이 그러한 구조제의를 거부해 버렸다는 것은 피보험자 또는 그의 대리인이 자신에게 주어진 손해방지의무를 위반한 것이라고 주장하였다.

이 사건에서 모카트(Mocatta) 판사는 피보험자가 선박이 우연히 침몰하였다는 사실을 증명하지 못했기 때문에 보험금 청구를 기각하였다. 그리고 선장의 행위에 대해서는 피보험자인 선주로부터 명백한 지시를 받지 않는 한 선장 및 선원은 피보험자의 대리인이 아니라고 판결하였다. 따라서 이 사건에서 선장이 선주로부터 자신을 대리하여 모든 행동을 취하도록 지시를 받았다면 선장의 구조제의 거부는 명백한 피보험자의 손해방지의무 위반에 해당될 수 있다.

「참고」 이 판례는 선박의 침몰이 해상고유의 위험에 속하느냐에 관련되는 판례이기도 하고 손해방지의무와도 연관될 수 있다.

《(1972) 2 Lloyd's Rep 187, QBD(Com Ct)》

2. 손해방지비용

2-1 손해방지비용의 개념

피보험자나 그의 대리인이 손해방지 및 경감의무를 수행하기 위해서 지출한 비용을 손해방지비용(sue and labour charge)이라 하며 이러한 비용은 보험자가 별도로 보상한다. 왜냐 하면 피보험자의 손해방지의무는 자신을 위한 것이 아니라 궁극적으로 보험자를 위한 의무이기 때문에 피보험자가 의무를 수행하는 과정에서 발생하는 비용은 당연히 보험자가 보상해야 한다. 또한 손해방지비용을 보상해 줌으로써 피보험자들로 하여금 스스로 손해방지를 위해 노력하도록 유도할 수 있다.

이러한 손해방지비용은 보험증권상의 손해방지약관에 따라서 보험자가 추가로 보상하는 비용이다. 즉 보험증권에 손해방지약관이 포함되어 있으면 이 약관에서 합의된 내용은 보험계약을 보충(supplementary)하는 것으로 간주되어 손해방지비용은 보험목적물의 손해 이외에 추가로 보상된다. 따라서 정당한 손해방지행위가 시도되었는데도 불구하고 전손이 발생하게 되면 보험자는 보험목적물 자체의 손해액과 함께 피보험자나 그의 대리인이 지출한 손해방지비용까지 모두를 지급해야 한다.

손해방지비용을 별도로 보상하게 되면 보험계약에서 보험자가 보상해 주기로 한 최고의 보상금액, 즉 보험금액을 초과하여 보상하는 결과가 나올 수 있다. 그렇지만 보험목적물에 대한 보상책임과 손해방지비용에 대한 보상책임은 별개의 것이기 때문에 보험자는 보험금액을 초과해서라도 지급하게 된다.[1] 영국해상보험법 제78조 1항에서도 보험조건에 상관없이 피보험자는 정당하게 지출된 손해방지비용에 대해서는 보험자로부터 보상받을 수 있도록 규정하고 있다.

손해방지행위를 시도하다 실패한 경우에도 이 비용을 보상하는 이유는 피보험자로 하여금 적극적으로 손해방지행위를 하도록 유도하기 위해서이다. 만약 손해방지행위가 실패할 경우 이를 보상하지 않는다면 피보험자나 그의 대리인은 손해방지행위를 하지 않을 것이다. 왜냐 하면 손해가 발생하더라도 궁극적으로 보험자가 보상을 해 주기 때문에 자신들의 행위가 성공할 것인가

1) J. Kenneth Goodacre, *op. cit.*, p. 128.

또는 실패할 것인가의 위험부담을 느끼면서까지 손해방지행위를 하려고 하지 않기 때문이다. 이렇게 되면 피보험자에게 손해방지 및 경감의무를 부과한 효과가 없게 된다.

2-2 손해방지약관

보험증권에는 피보험자의 손해방지의무를 규정하고 있는 손해방지약관이 대부분 포함되어 있다. 따라서 피보험자나 그의 대리인이 취해야 할 손해방지의무는 해상보험법상의 의무일 뿐만 아니라 보험약관상의 의무가 된다. 보험계약을 체결했다는 그 자체는 약관의 내용을 준수할 것을 피보험자가 수락한 것으로 간주되므로 피보험자 혹은 그의 대리인은 자신들에게 주어진 손해방지의무를 성실히 이행해야 한다.

(1) 적하보험의 손해방지약관

협회적하약관(2009)의 제16조 피보험자 의무(Duty of Assured)에는 피보험자, 그 사용인(servants) 및 대리인은 손해를 방지하거나 혹은 경감하도록 모든 합리적인 조치를 취해야 하며 아울러 이런 의무를 수행함에 있어 적절하고 합리적으로(properly and reasonably) 발생한 각종 비용은 보험자가 보상한다고 규정되어 있다.

이에 따라 적하보험에서는 피보험자, 그의 사용인 및 대리인이 손해를 방지하기 위하여 적절하고 합리적으로 지출한 비용은 손해방지비용으로 전액 보상된다.

(2) 선박보험의 손해방지약관

협회기간약관(ITC-Hulls)의 제13조 피보험자의무약관에도 손해방지의무가 규정되어 있다. 그 내용은 적하보험의 내용과 유사하지만 손해방지비용의 보상금액을 한정하고 있는 점이 다르다. 선박보험에서도 손해방지비용은 추가로 보상되지만 그 한도액은 보험금액으로 한다. 보험금액 이상의 비용을 투입하면서까지 손해방지행위를 한다는 것은 합리적이지 못하기 때문이다.

그리고 일부보험의 경우 또는 선박의 가격이 상승할 경우에는 손해방지행위에 지출된 비용 전액이 보상되지 않는 경우도 있다. 이러한 내용의 손해방지약관은 영국해상보험법의 내용과 다르지만 당사자간에 직접 체결한 약관이 우선하기 때문에 실무적으로 피보험자가 지출한 손해방지비용이 전액 보상되지 않기도 한다. 일부보험의 경우 피보험자나 혹은 그의 대리인이 지출한 손해방지비용은 협회기간약관(ITC-Hulls)에 따라서 다음과 같은 방법으로 일부분만 보상된다.[2)]

손해방지보상액 산정방식 MARINE INSURANCE

$$\text{보상액} = \text{손해방지비용} \times \frac{\text{보험금액}}{\text{정상가액 또는 보험가액 중 높은 금액}}$$

보험가액은 보험계약을 체결할 때 보험자와 피보험자가 약정한 선박의 협정보험가액을 말하고 정상가격은 선박의 실제 시장가격을 말한다. 대부분 협정보험가액을 정상가격에 맞추려고 하지만 보험료를 절약하기 위해서 일부보험에 가입한다든지 또는 보험가액을 협정한 후 선박의 시장가격이 앙등할 경우는 협정보험가액과 정상가격간에 차이가 난다.

따라서 다음과 같이 선박보험이 체결되었을 경우 피보험자가 지출한 손해방지비용 중에서 보험자가 보상하는 금액은 선박가격의 상승으로 30,000달러이다.[3)]

손해방지보상액의 예 MARINE INSURANCE

협정보험가액	300,000달러	보험금액	300,000달러
정상가액	400,000달러	손해방지비용	40,000달러

$$30{,}000\text{달러} = 40{,}000 \times \frac{300{,}000}{400{,}000}$$

2) 김정수, 앞의 책, p. 504.

3) 선박보험에서 손해방지비용 · 구조비 · 공동해손분담금은 선체보험의 협정보험가액을 기준으로 하지 않고 정상가액을 기준으로 산정한다. 따라서 선체보험의 보험금액이 정상가액 이하로 협정되어 보험에 가입된 경우나 선박가격의 앙등으로 보험금액이 정상가액에 미치지 못할 경우에는 예에서처럼 선주 자신이 부담해야 하는 금액이 발생한다. 선주는 이런 경우에 대비해

(3) 손해방지약관의 누락

현재 사용되고 있는 신양식의 보험증권에는 손해방지약관이 포함되어 있는 협회적하약관(2009) 또는 협회기간약관(ITC-Hulls)이 모두 인쇄되어 있기 때문에 손해방지약관이 누락되는 경우가 없다. 그러나 구양식의 보험증권을 사용했던 당시에는 보험증권의 체계가 정비되어 있지 않아서 간혹 손해방지약관이 빠지는 경우가 있었다.

그러나 피보험자의 손해방지행위는 결국 보험자를 위한 행위이기 때문에 설령 보험증권상에 손해방지약관이 명시되지 않더라도 손해방지비용은 보상되었다. 약관의 누락으로 보험자가 손해방지비용을 담보하지 않으면 피보험자나 그 대리인은 손해를 방치하게 되고, 그로 인한 보험자의 손해부담이 더 커질 수 있기 때문이다. 손해방지약관이 첨부되지 않은 보험증권에서 손해방지비용이 보상된 판례를 보면 다음과 같다.

판례 12.3

Emperor Goldming Co., Ltd. v. Switzerland General Insurance Co., Ltd.

이 사건에서 폭발성 화물을 시드니에서 피지까지 운송하기 위해 전위험담보조건의 계약이 체결되었는데, 손해방지약관이 첨부되지 않았다. 운송선박이 시드니를 출항했으나 선체에 해수가 들어와 시드니로 귀항해서 수리를 했다. 선박을 수리하기 위해서는 화물을 하역해야 했으므로 피보험자는 일단 하역비 · 창고보관비 · 재선적비 등을 부담하고 그 비용을 보험자에게 손해방지비용으로 청구하였다. 피보험자는 비록 손해방지약관은 명시되지 않았지만 호주의 해상보험법(1909)상 손해방지비용은 보상될 수 있다고 주장하였고 보험자는 이를 거부하였다. 여기에 대해서 매닝(Manning) 판사는 그러한 손해방지행위가 보험자의 책임에 영향을 미칠 수 있다면 보험증권상 손해방지비용을 부담한다는 명시규정이 없다고 하더라도 보험자가 보상해야 한다고 판결하였다.

〈(1964) 1 Lloyd's Rep. 348〉

서 선체보험 가입금액과 정상가액의 예상차액을 초과책임보험(excess liability insurance)에 가입할 수 있다. 실무상으로 이와 같은 초과책임에 대한 선주의 피보험이익과 추가된 금액에 대한 선체전손담보보험을 묶어서 'Disbursement & Increased Value'(Total Loss Only including Excess Liability Clause)의 조건으로 선체보험에 추가하여 부보할 수 있다. 단, 약관상 그 보험금액은 선체보험증권에 합의된 협정보험가액의 25%를 초과할 수는 없다. 「선박보험지침서」(현대해상화재보험).

3. 손해방지비용의 성립요건

피보험자가 지출한 비용이 손해방지비용으로 성립되기 위해서는 다음과 같은 요건을 갖추어야 한다.

3-1 피보험자의 손해방지행위

피보험자가 지출한 비용을 손해방지비용으로 보상받으려면 먼저 손해방지행위의 주체자가 반드시 피보험자 자신이나 그의 대리인이어야 한다.[4] 영국해상보험법(제78조 4항)에서도 손해를 방지하거나 또는 경감하기 위하여 합리적인 조치를 강구하는 것은 피보험자 또는 그의 대리인의 의무로 규정하고 있어 손해방지행위의 주체자를 피보험자와 그의 대리인으로 명시하고 있다.

따라서 제3자나 보험자가 손해방지행위를 했다면 그 비용은 손해방지비용으로 보상될 수 없다.[5] 이에 관련되는 사례를 보면 〈판례 12-4〉와 같다.

판례 12.4

Uzielli v. Boston Marine Insurance Co.

이 사건에서 선박의 원수보험자는 재보험자에게 출재하고 프랑스의 재보험자는 또 다른 재재보험자(retrocessionaire)와 재보험계약을 체결하였다. 보험조건은 'Total Loss Only'이며 손해방지약관이 첨부되어 있었다. 부보된 선박이 좌초되어 선주는 동 선박을 원수보험자에게 위부하였다. 이에 따라서 원수보험자는 막대한 비용을 들여 좌초된 선박을 부상시켜 매각처분하였고, 이 비용은 재보험자로부터 보상받았다. 재보험자는 다시 부상비용을 재재보험자에게 청구하였으나 재판부는 선박을 부상시키는 구조행위의 주체가 피보험자 또는 그의 대리인이 아니고 보험자이기 때문에 재재보험자는 부상비용을 손해방지비용으로서 보상할 필요가 없다고 판시하였다.

〈(1884) 15 QBD 11〉

4) 이 의미에는 대리인(factors) 외에 사용인(servants) 및 양수인(assigns)이 포함된다.

5) Dixon v. Whitworth 사건에서 제3자에 의해서 지출된 예인선 비용은 피보험자나 그의 대리인에 의해서 지출되지 않았기 때문에 손해방지비용으로 인정되지 않았다.(1880) 49 LJQB 408.

3-2 합리적인 비용

손해방지약관은 보험계약을 보충하는 것이기 때문에 적절하고 합리적으로 발생된 것이라면 한도액에 상관없이 보상된다. 적절하고 합리적인 손해방지비용은 사실문제로서 사건에 따라서 적절성과 합리성의 기준이 달라질 수 있다. 그 동안 논란의 대상이 되었던 것은 보험목적물의 실제 가치 이상의 비용을 투입하면서까지 손해방지행위를 할 수 있느냐 하는 점이다. 이점에 대해서 협회기간약관(ITC-Hulls)에서는 손해방지비용의 한도액을 보험금액의 범위 내로 한정하였다.

3-3 위험의 실제

손해방지비용으로 인정되기 위해서는 위험이 실제로 발생해야 한다. 즉 보험목적물이 실질적으로 위험에 처해 있을 때 임박한(impending) 손실을 방지하기 위하여 피보험자가 지출한 비용은 손해방지비용으로 보상된다.[6] 만약 안전하고 정상적인 상태에서 발생한 비용이라면 손해방지비용으로 인정되지 않는다.

이 점에 대해 에베라이(Eveleigh) 판사는 화물이 더 이상 위험에 직면하지 않고 피보험자의 보관 · 통제하에 있게 되면 손해방지약관은 적용되지 않는다고 판시하였다.[7]

3-4 담보위험의 발생

보험자는 근인주의(proximate cause) 원칙에 입각하여 반드시 담보위험에 근인하여 발생하는 손해만 보상한다.[8] 따라서 담보위험으로 인하여 발생하는 손해를 방지하기 위하여 지출된 비용만 손해방지비용으로 인정된다. 보험증권에 의해서 담보되지 않는 손해를 방지하거나 또는 경감하기 위하여 지출된 비용은 손해방지약관에 의해서 회수될 수 없다(영국해상보험법 제78조 3항).

손해방지비용과 관련된 판례 몇 가지를 살펴보면 다음과 같다.

---

6) E. R. Hardy Ivamy, *op. cit.*, p. 447.

7) Integrated Container Service Inc. v. British Traders Insurance Co. Ltd. (1984) 1 Lloyd's Rep 154, CA.

8) 영국해상보험법 제55조 1항.

판례 12.5

Great Indian Peninsular Rly Co. v. Saunders

이 사건에서는 철로자재(iron rails)가 런던에서 봄베이까지 적하보험에 가입되어 있었다. 적재선박은 항해중 악천후를 만나서 계속 항해를 못하고 폴리머스(Plymouth) 항에 피난하였다. 피난항에서 일단 화물을 하역하였다가 다시 동일 선주의 타선박에 재선적하여 봄베이까지 항해했었기 때문에 당초의 운임보다 더 많은 운임을 하주가 부담하지 않으면 안 되었다. 이에 따라서 하주는 추가로 인상된 운임을 손해방지비용으로 보험자에게 청구하였다. 그러나 추가로 발생한 비용은 화물이 피난항에서 안전하게 있는 상태에서 발생한 것이기 때문에 손해방지비용으로서 인정될 수 없다는 판결이 나왔다.

〈(1862) 2 B & S 266〉

판례 12.6

Weissberg v. Lamb

이 사건에서 피보험자가 자기의 이삿짐을 네덜란드에서 영국까지 수송하는 데 대해 전위험담보조건으로 적하보험에 가입하였다. 약간의 화물손상이 발생했는데 선박회사는 하주에게 일정 금액의 현금을 지불해야만 화물을 인도하겠다고 하였다. 하주로서는 화물을 안전하게 보존하고 그리고 실제로 인수하기 위해서 선박회사가 요구하는 현금을 지불하고 화물을 인수하였다. 이에 피보험자는 선박회사에 지불했던 금액을 손해방지비용으로 간주하여 보험자에게 청구하였던 것이다.

이 사건에서 토마스(Ralph Thomas) 판사는 그러한 현금 지출은 보험자가 부담하게 될 손해를 방지하기 위해서 발생한 것이 아니므로 보험자로부터 회수할 수 없다고 판시하였다. 피보험자가 선박회사에서 요구하는 현금을 지불하지 않았을 경우 보험자가 책임지게 될 위험이 발생했으리라는 증거는 없는 것이다. 다만 화물의 인도가 지연되었을 것이다. 그런데 지연은 담보위험으로 발생했다 하더라도 보험증권상으로 보상되는 위험이 아니다.

〈(1950) 84 LiL Rep 509 (Mayor's and City of London Court)〉

02 구 조 비

1. 해난구조의 의의

1-1 구조의 종류

구조는 위험에 직면한 선박 · 화물 · 기타의 재산 등을 구출하는 행위를 말하는데, 그 성격에 따라서 군사적 구조와 민간구조 그리고 순수구조와 계약구조로 구분된다. 군사적 구조(military salvage)는 전시에 적으로부터 재산을 구출하는 행위를 말하고, 이에 대응하는 구조행위가 민간구조(civil salvage)이다. 해상보험에서 의미하는 구조는 민간구조를 뜻한다.[9)]

순수구조(pure salvage: true salvage)는 구조계약을 체결하지 않은 상태에서 구조자가 자발적으로 위험에 직면한 재산을 구조하는 행위이다. 반면 계약구조(contract salvage)는 구조계약을 체결한 상태에서 행하는 구조활동이다.

해상보험에서 구조비가 성립되기 위한 구조행위는 순수구조이다. 구조자는 아무런 구조계약 없이 임의적으로 구조활동을 벌인 결과 구조물의 일부 또는 전부를 취득하게 되면 해상법에서 정한 구조비를 구조물의 소유자에게 청구할 수 있다. 우리나라의 상법(제849조)에서도 순수구조인 경우에 한하여 그 결과에 대해서 상당한 보수를 청구할 수 있는 구조비청구권을 구조자에게 인정해 주고 있다.

1-2 구조협회(Salvage Association)

(1) 설립동기

Salvage Association(SA)은 해상사고를 당한 이해당사자들의 이익을 보호해 주기 위하여 설립된 영국의 구조협회를 말한다. 본부는 영국에 있고 전세계에 27개의 지부를 두고 있다. 1856년 로이즈 보험인수회원 및 영국해상보험회사의 각 대표가 해난사고가 발생했을 때 선박이나 화물을 구조하기 위한 전세계적인 조직을 갖출 것을 결정하고 'The Association for the Protection

9) Victor Dover (revised by R. H. Brown), *op. cit.*, p. 691.

of Commercial Interests as respects Wrecked and Damaged Property'를 설립하였다. 그 후 1971년부터 이 협회를 'The Salvage Association'이라고 고쳐 부르게 되었다.[10)]

(2) 업　　무

구조협회는 해상사고가 발생했을 때 화물이나 선박의 손상을 줄이기 위해 광범위한 경험을 토대로 조언과 자문을 해 주며 전문지식을 제공하는 역할을 담당한다. 또한 구조협회는 비영리기관이기 때문에 비용도 실비로 부과되므로 다른 검정기관의 손해조사비용보다 저렴한 것이 특색이다.

이런 관계로 구조협회는 전세계의 보험자 · 선주 · P&I 클럽 · 공동해손정산인 · 무역업자 등 각 분야의 사람들로부터 보험에 가입되어 있는지의 여부를 불문하고 각종 질의를 받아 자문에 응한다.

구조협회의 구조업무는 해난사고를 당한 선박을 예인할 필요가 있을 때 예인선에 승선하여 기술지원을 해 주고 예인조건을 결정하는 데 협력을 한다. 또한 선박이 침몰하거나 좌초되었을 때는 구조관을 지정하여 그 선박을 인양 · 부상시키기 위한 대책을 조언하며, 구조자들의 구조능력과 구조계약서의 양식 등에 관하여도 조언을 해 주고 있다.

2. 구조비의 개념

2-1 구조비의 정의

영국해상보험법(제65조)에서는 구조비(salvage charge)[11)]를 다음과 같이 규정하고 있다.

구 조 비　　MARINE INSURANCE

(1) 보험증권에 명시규정이 있는 경우를 제외하고 담보위험으로 인하여 발생하는 손해를 방지하기 위하여 지출한 구조비는 담보위험에 의한 손해로서 보상받을

10) 이기태, 앞의 책, pp. 299-300.

11) 영국해상보험법에서는 구조비를 'salvage charge'로 지칭하지만 'salvage'도 구조비 · 구조된 재산 · 구조행위 등을 뜻한다.

수 있다.

(2) 구조비라 함은 구조자가 구조계약과는 상관없이 해상법상으로 회수할 수 있는 비용을 말한다. 이 구조비는 피보험자, 그 대리인 또는 보수를 받고 고용된 자가 담보위험을 피하기 위하여 행한 구조의 성질을 띤 노무의 비용을 포함하지 않는다. 그러한 비용은 적절하게 발생한 비용이라면 비용이 발생한 사정에 따라서 특별비용(particular charge) 혹은 공동해손손해(general average loss)로서 보상받을 수 있다.

이 정의에 의하면 구조비는 해난에 직면한 선박이나 화물을 제3자가 구조계약을 체결하지 않고 구조했을 경우 해상법상으로 제3자에게 지불해야 할 보상금을 말한다.

여기서 제3자라고 함은 보험목적물의 소유자 · 대리인 · 사용인 · 양수인을 제외한 자를 의미한다. 따라서 해상보험에서 의미하는 구조비는 구조행위의 주체가 반드시 제3자일 때 성립된다. 반대로 손해방지비용은 피보험자나 그의 대리인이 지출한 비용이기 때문에 행위의 주체를 가지고 구조비와 손해방지비용의 구분이 가능하다.[12)]

구조비가 성립되기 위해서는 구조행위가 반드시 순수구조이어야 한다. 순수구조는 구조계약을 체결하지 않고 구조자가 자발적으로 구조하고 그 결과가 성공할 경우 해상법상으로 구조료를 청구하는 행위이다. 순수구조에 따른 구조비는 원래 구조된 재산의 소유자가 부담해야 하나 그 재산이 해상보험에 가입되어 있으면 보험자가 담보위험의 발생으로 인한 손해로 간주하고 대신 구조비를 구조자에게 지급한다.

그러나 선주와 구조자간에 구조계약을 체결하고 구조활동을 할 경우, 소요되는 비용은 구조행위의 성격에 따라서 특별비용 또는 공동해손손해로 보상된다.

보험목적물의 안전과 보존을 위하여 구조계약을 체결했을 경우 발생하는 비용은 특별비용으로 보상될 수 있다. 그러나 구조의 목적이 공동의 안전을 위한 것이라면 그 비용은 공동해손으로 인정되어 관련되는 당사자 모두가 균등하게 분담한다.

---

12) R. H. Brown, *op. cit.*, p. 193.

2-2 구조비의 성립요건

구조비가 청구될 수 있는 조건은 보험목적물이 위험한 상태에 있어야 하고, 구조자는 임의적으로 구조행위에 임해야 하며 그리고 구조물의 전부 또는 일부를 취득해야 한다.[13)]

(1) 위험의 존재

구조행위가 성립되기 위해서는 먼저 선박 · 적하 등 보험목적물이 실제로 위험한 상태에 있어야 한다. 위험의 긴급성을 요하지는 않지만 위험이 실제로 발생하여 보험목적물이 어려운 상태에 있어야만 구조행위가 필요하고 그에 따른 구조비가 보상된다. 위험한 상태에 대해서 루싱톤(Lushington) 판사는 샤로트호(Charlotte, 1848) 사건[14)]에서 "구조행위가 없었다면 선박이 손상을 입었을지도 모르는 상태가 위험한 상태이다"라고 하였다. 구조자는 위험의 존재를 입증해야 할 책임이 있다.

(2) 임 의 성

임의성은 구조자가 법적 의무로서 구조를 하는 것이 아니라 자기 의사대로 구조행위를 하는 것을 말한다. 구조자의 성격에 대해서 넵튠(Neptune, 1824)사건에서 스토웰(Stowell) 판사는 "구조자는 조난중인 선박과 특정 관계를 맺지 않고 자발적인 모험가로서 구조행위를 하는 자이다"라고 판시하였다. 선장과 선원은 선박을 구조할 의무가 있지만, 자기 선박을 구조하는 행위는 손해방지행위에 가깝기 때문에 구조비는 지급되지 않는다.[15)]

(3) 구조행위의 성공

구조비가 성립되려면 구조행위가 성공해야 한다. 즉 구조자는 구조행위를 한 결과 구조물의 전부 혹은 일부를 취득해야 구조비를 청구할 수 있다. 이 점은 손해방지비용의 성립과 전혀 다르다고 할 수 있다. 손해방지비용은 손해방지행위의 성공 여부에 상관없이 보상된다.

---

13) Victor Dover (revised by R. H. Brown), *op. cit.*, pp. 698-700.

14) (1908) P 206.

15) 만약 여객이 선박의 구조에 동참했으면 여객은 구조비를 청구할 수 있다.

2-3 구조행위의 대상

구조자는 선박 · 의장용구 · 화물 · 난파물 · 운임 등을 구조한 경우 구조비를 청구할 수 있다. 화물에는 표류화물(flotsam), 투하화물(jetsam), 부표를 달아 투하한 화물(lagan) 등이 포함된다. 그리고 민간항공법(Civil Aviation Act, 1949)에 의해 비행정과 그 부속품도 구조비의 청구대상물이 된다. 그러나 부표(floating gas buoy) · 뗏목 등은 구조비의 청구대상에서 제외된다.[16)]

3. 구조비의 보상

3-1 구조비의 청구

순수구조인 경우 구조자는 해상법상 구조비를 청구할 수 있다. 해상운송 도중 발생한 구조행위에 대해서는 즉각 구조비가 지급될 수 없기 때문에 구조자는 구조한 재산에 대해 유치권을 갖는다.

만약 구조된 재산이 구조자의 소유하에 있지 않는 경우에는 해사재판소(Admiralty Court)에서의 소송에 의해 효력이 발생하는 해상유치권(maritime lien)을 가진다. 해상유치권은 선박이나 기타의 해상재산에 대해서 클레임을 제기하는 것인데, 관련 재산을 억류하게 되면 효력이 발생하게 된다. 해사재판소에서의 중재(arbitration)에 의해 보상되는 금액을 구조비재정액(salvage award)이라고 한다.[17)] 실무에서는 선박에 대해서 해상유치권이 행사되고 있으면 선주는 보석금을 지불한다든지 구조비에 상응하는 다른 담보물을 제의하여 유치권을 해지한다.[18)]

그리고 동일 선주에 속하는 자매선(sistership)을 구조했을 경우에도 구조비청구가 가능하다. A선이 조난중인 B선을 구조했을 경우 A선의 선주는 B선의 선주에게 구조비를 청구할 수 있다. 그런데 A선과 B선이 동일 선주에 속하는 자매선일 경우에는 A선의 선주는 결국 자기 자신에게 소송을 제기하는 것과 같은 결과이다. 이런 불합리를 없애기 위해서 협회기간약관(ITC-Hulls)의 제 9 조 자매선약관(Sistership Clause)을 통하여 자매선에 의한 구조작업

16) R. J. Lambeth, *op. cit.*, p. 380.

17) J. Kenneth Goodacre, *op. cit.*, pp. 380-381.

18) Victor Dover(revised by R. H. Brown), *op. cit.*, p. 710.

을 별개의 독립된 구조자에 의하여 이루어진 것으로 간주하고 구조비를 청구할 수 있도록 하고 있다.

3-2 구조비의 산정

구조비는 구조행위에 따른 여러 가지 요인을 고려하여 결정된다. 실무에서 구조비를 산정할 때 고려하는 요소는 다음과 같다.[19)]

(1) 구조된 재산에 관한 요소

① 난파선에 승선한 인명이 처한 위험의 정도
② 구조된 재산이 처한 위험의 정도
③ 구조된 재산의 가액

(2) 구조자에 관한 요소

① 구조자측의 인명이 처한 위험의 정도
② 구조자의 등급 · 기술 · 지휘
③ 구조작업에 사용된 구조자의 재산이 처한 위험의 정도
④ 구조작업에 사용된 구조자 재산의 가액
⑤ 구조작업에 소요된 시간
⑥ 구조작업에 따른 손실과 비용지출의 정도

3-3 구조비의 보상요건과 한도

(1) 구조비의 보상요건

구조자가 구조한 재산에 대하여 선주나 하주에게 구조비를 청구할 경우 선박보험자나 적하보험자가 이를 지급한다. 구조비가 발생할 경우 무조건 보험자가 대신 지급해 주는 것이 아니라 담보위험으로 인한 손해를 방지하기 위하여 발생된 구조비만 보험자가 보상해 준다.

그리고 구조비는 보험조건에 따라서 보상되지 않는 경우도 있다. 적하보험에서는 담보위험으로 발생한 구조비는 모두 보험자가 보상하지만 선박보험에서는 그렇지 않는 경우가 생긴다. 예를 들어 'Total Loss Only' 조건으로

19) *Ibid*, pp. 705–706; J. Kenneth Goodacre, *op. cit.*, p. 466.

선박보험에 가입하게 되면 이 보험조건은 오로지 선박의 전손만 보상하는 조건이기 때문에 그 외의 일체에 대해서는 보험자가 보상하지 않는다. 따라서 선박이 구조되어 전손을 면하게 되면 보험자가 아무런 보상을 하지 않기 때문에 구조자에게 지불한 구조료는 선주가 부담해야 한다.[20]

판례 12.7

Ballantyne v. Mackinnon

이 사건에서 기간보험에 가입한 선박이 석탄을 충분하게 준비하지 못한 채 함부르크에서 순더란트(Sunderland)로 항해를 개시했는데, 연료부족으로 목적지까지 예인선에 의해 예인되었다. 이에 대해서 구조자는 예인비용을 구조비로 청구했는데 법정(Court of Appeal)에서는 구조비가 보험자의 담보위험인 해상고유의 위험으로 발생한 것이 아니라 단지 연료부족으로 발생한 것이기 때문에 보험자는 피보험자를 대신하여 구조비를 지급할 필요가 없다고 판단하였다.

〈(1896) 2 QB 455; 1 Com. Cas. 424; 8 Asp. MLC 173〉

(2) 구조비의 보상한도

담보위험으로 발생한 구조비는 보험자가 보상하지만 그 한도액은 보험금액을 초과할 수 없다. 보험금액은 보험자의 최고 보상액인데, 만약 보험목적물이 구조되지 않았더라도 보험자는 보험금액까지만 보상하기 때문이다.

그리고 일부보험에 가입된 경우 보험자가 보험목적물의 총손해에 대해서 책임지기로 한 비율만큼 구조비에 대해서도 책임지며 선가가 앙등하여 결과적으로 일부보험이 된 경우에도 마찬가지이다. 손해방지비용과 마찬가지로 선박보험에서 구조비가 보상되는 방법은 아래와 같다.

구조비 보상액 산정방식 MARINE INSURANCE

$$보상액 = 구조비 \times \frac{보험금액}{정상가액\ 또는\ 보험가액\ 중\ 높은\ 금액}$$

20) 'TLO' 조건으로 선박보험에 가입할 때는 구조비·손해방지비용의 보상 여부를 분명히 해야

4. 인명의 구조

오늘날 해상법상으로 선원들은 해상에서 위험에 처해 있는 인명을 구조할 의무가 있다. 선장이나 선원은 해상에서 위험에 처한 사람을 발견했을 때는 비록 전쟁중에 있는 적국의 사람이라 할지라도 자신의 선박 · 선원 · 여객 등에 심각한 위험성이 없는 한 구조해 주어야 하며 그렇지 않은 경우에는 경범죄의 처벌을 받게 된다.

인명을 구조하는 것은 일종의 봉사활동이기 때문에 인명을 구조한 자는 원칙적으로 구조비를 청구할 수 없다. 그러나 인명구조자에 대해서는 응분의 대가를 하는 것이 바람직하기 때문에 간접적으로 이를 보상하고 있다.[21]

즉 구조자가 인명과 재산 모두를 구조한 경우에는 재산만을 구조했을 경우보다 더 많은 구조비를 인정해 준다. 그리고 영국의 상선법(Merchant Shipping Act, 1894)에서는 영국의 해역 내에서 인명을 구조한 경우에 재산의 구조 여부를 불문하고 선박 · 화물의 소유주가 구조자에게 소정의 구조용역보수를 지급하도록 명시되어 있다(544~546조).[22]

5. 구조비의 역사

구조자가 자신이 구조한 재산에 대하여 소유주에게 구조비를 청구할 수 있는 권한은 일반 해상법상으로 인정받고 있다. 해상에서 각종 사업에 종사하고 있는 자들이 인명과 재산이 해상위험에 처해 있을 때 최선을 다하여 구조하는 것은 해상종사자들의 전통으로 내려오고 있다.

이러한 구조의 원칙은 로드법(Rhodian Law)에서 이미 규정되었다고 한다. 533년에 제정된 유스티니안 법전(Pandects of Justinian)에 의하면 로드해상법(Rhodian Maritime Code: De Lege Rhodiade Jactu)상으로 선박이 돌풍을 만나거나 혹은 파손되었을 경우에 난파선을 구조한 자는 구조해 낸 재산의 5분의 1을

한다. 노령선을 제외하고는 선박보험의 최저보험조건은 'TLO SC/SL'(total loss only including salvage charge and sue and labour)이기 때문에 구조비와 손해방지비용은 보험자가 보상한다.

21) 해상협약법(Maritime Convention Act, 1911) 제6조 1항.

22) 영국의 운수성(Ministry of Transport)은 상업해상기금(Mercantile Marine Fund)에서 인명구조자에게 보상을 해 주고 있다.

갖도록 되어 있다. 로마법(Roman Law)에서도 남의 재산을 자발적으로 보호해 준 사람에게는 보상권을 인정해 주고 있다. 그리고 1063년에 제정된 트라니 해사칙령(Marine Ordinances of Trani)에서도 해상에 널려 있는 화물을 발견한 자에게는 보수를 지급한다는 규정이 있다.

초창기 영국의 해상법은 대부분 올레론법(Rules d'Oleron)에 근거를 두고 있는데, 이 올레론법에서도 구조자는 구조행위와 노력 · 고통 · 어려움에 대한 대가를 취득할 권리가 있음을 규정하고 있다. 그리고 몇몇 역사가들은 한자동맹의 법전(Code of Hanseatic League)에도 구조에 관한 규정이 있다고 주장하고 있다.

6. 구조비와 손해방지비용의 비교

구조비와 손해방지비용은 모두 비용손해이지만 행위의 주체와 결과로 서로 구분된다.

먼저 구조비는 구조행위의 주체자가 반드시 피보험자 · 대리인 등을 제외한 제3자이어야 하며 손해방지행위의 주체자는 피보험자 또는 그의 대리인이어야 한다. 적하보험에서 항해 중 선장의 손해방지행위는 피보험자의 대리인으로서의 행위로 본다.

그리고 구조비용으로 인정되기 위해서는 구조행위가 성공해야 하며 구조자는 구조물의 일부 또는 전부를 취득해야만 해상법상으로 구조비를 청구할 권한이 있다. 따라서 구조물이 전혀 있을 수 없는 전손이 발생한 경우에는 구조비용이 성립되지 않는다. 그러나 손해방지비용은 피보험자의 손해방지행위가 실패하더라도 보상될 수 있다. 따라서 손해방지행위가 시도되었는데, 전손이 발생한 경우에는 보험자는 전손보험금과 손해방지비용을 모두 지불해야 한다.

03 특별비용

1. 특별비용의 개념

특별비용(particular charge)은 일반적으로 보험목적물의 손해를 담보위험으로부터 방지하기 위해 피보험자 혹은 그 대리인이 지출한 비용을 말하는데 영국해상보험법(제64조 2항)의 정의에 의하면 보험목적물의 안전과 보존을 위하여 발생한 비용 중에서 공동해손과 구조비 이외의 비용을 특별비용이라 한다.

특별비용은 피보험자가 자신의 보험목적물의 안전과 보존을 위하여 지출한 비용이기 때문에 공동의 안전과 이익에 관련되는 공동해손에는 포함되지 않는다. 그리고 구조비는 제3자의 구조활동에 소요되는 비용인 반면, 특별비용은 피보험자 자신의 행동에 따른 비용이므로 특별비용과 구조비는 엄격히 구분된다. 또한 특별비용은 보험목적물 자체의 물적 손해가 아니라 그 손해를 경감하거나 방지하기 위하여 발생한 비용이므로 단독해손에도 포함되지 않는다.

따라서 해상보험에서 보편적으로 인식되고 있는 비용손해 중에서 공동해손비용 · 구조비 등을 제외하면 특별비용에 해당되는 것으로는 손해방지비용과 기타의 비용이라 할 수 있다. 즉 특별비용은 다음과 같이 손해방지비용과 순수특별비용(pure particular charge)을 합한 것으로 볼 수 있다.

특별비용 MARINE INSURANCE

특별비용＝손해방지비용＋순수특별비용

이처럼 손해방지비용은 특별비용의 한 형태이기 때문에 손해방지비용은 모두 특별비용이 되지만 특별비용이라고 해서 전부 손해방지비용이 되는 것은 아니다.[23)]

23) R. H. Brown, *op. cit.*, p. 190.

특별비용은 일반적으로 손해방지약관에 의해서 보험자로부터 보상된다. 그리고 손해방지약관에 의해 보상되지 않는 경우에는 클레임이 보상되는 것을 조건으로 특별비용을 지급하는 것이 관례이다. 그러나 손해방지비용 이외의 비용을 포함한 보상액은 특약이 없는 한 보험금액을 한도로 제한된다.

2. 특별비용의 종류

손해방지비용은 피보험자나 그의 대리인이 보험목적물의 손해를 방지하거나 경감시키기 위해 지출된 비용을 말하는데, 주로 목적지에 도착하기 전에 발생하는 비용이다. 반면 순수특별비용은 손해의 평가와 관련하여 목적지에서 지출되는 비용을 말한다.

적하보험에서는 손해방지비용을 제외한 순수한 특별비용을 부대비용(extra charge)이라 한다. 부대비용에는 손해조사비용(survey fee) · 판매비용(sales charge) · 재포장비용(repacking charge) 및 재조정비용(reconditioning charge) 등이 있는데, 대부분 화물에 일부 손상이 발생하고 이를 중간항에서 매각처분할 경우 생기는 비용들이다.

손해조사비용은 손해의 원인과 범위를 사정하는 데 소요되는 비용을 말한다. 판매비용은 화물의 일부가 손상되어 중간에서 이를 매각처분할 경우 발생하는 비용을 말하고, 재포장 및 재조정비용은 손상품을 재정비하는 데 소요되는 비용을 말한다.

선박보험에서는 실무적으로 분손과 관련되는 비용을 모두 수리비에 포함시키기 때문에 적하보험에서처럼 특별비용이 발생하지 않는다.[24)]

---

24) *Ibid.*, p. 192.

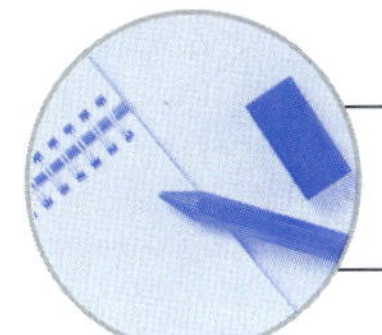

복습 및 토의 문제

01 피보험자의 손해방지의무의 필요성과 이를 위반할 경우의 제재조치에 관해서 토의해 보시오.

02 손해방지비용이 성립될 수 있는 요건에 대해서 토의해 보시오.

03 구조비용이 성립될 수 있는 요건을 손해방지비용 성립요건과 비교 · 토의해 보시오.

04 인명의 구조에 대해서 자유롭게 토의해 보시오.

05 손해방지비용, 구조비용 및 특별비용의 관계를 영국 해상보험법을 중심으로 설명해 보시오.

06 적하보험의 경우 순수 특별비용으로 인정받을 수 있는 예를 설명해 보시오.

07 오늘날 국제운송의 경우 화주는 동승하지 않는데 그렇다면 운송 도중의 화물 손상에 대한 손해방지행위는 누가 해야 하는가에 대해서 토의해 보시오.

08 현재 대부분의 화물은 컨테이너에 적재되어 운송되고 있다. 만약 바다에 표류 중인 컨테이너를 지나가는 상선이 이를 구조할 수 있을까? 이 문제에 대해서 토의해 보시오.

09 그동안 판례에 의해 순수한 특별비용으로 인정받고 있는 것은 손상 화물을 중간항구에서 매각처분할 때 발생하는 비용이다. 이런 현상은 운송기일이 많이 소요되었던 시절, 그리고 물자가 부족하여 파손된 화물도 애써 고쳐 사용하거나 하는 시절의 이야기다. 그런데 오늘날 선박의 건조기술이 급속도로 발전함에 따라서 선박의 운행속도도 날로 빨라지고 있고 물자도 풍부한 시절에 과연 이러한 화물들을 중간항구에서 매각처분하는 일이 발생할 수 있을까? 이 문제에 대해서 토의해 보시오.

10 위의 07, 08 및 09 문제의 토론을 토대로 오늘날에도 과연 해상적하보험에서 손해방지비용, 구조비용 등의 보상이 현실성이 있는지의 여부에 대해서 종합적으로 토론해 보시오.

Chapter 13

공동해손

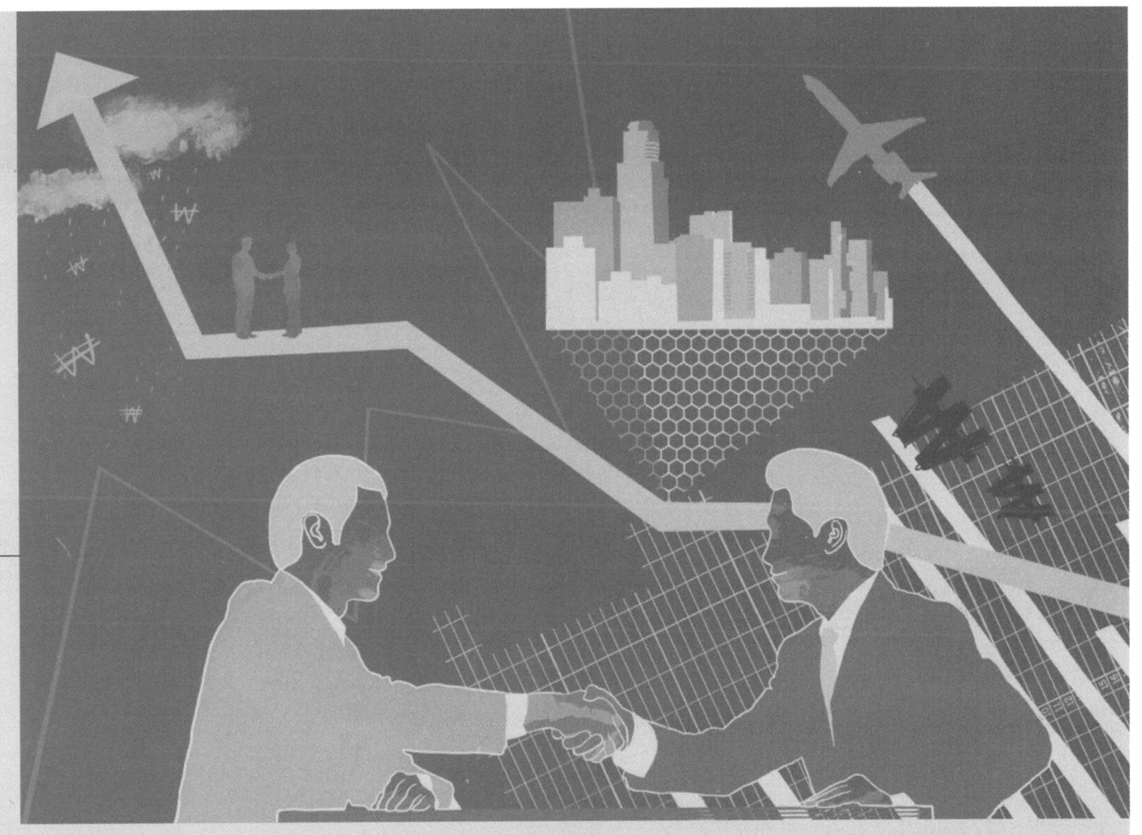

공동의 안전을 위해 희생된 손해는 항해에 관련되는 모든 당사자들이 균등하게 분담하는데 이를 공동해손제도라고 한다. 공동해손제도는 기원 전부터 해상운송의 관습으로 정착되어 오다가 해상보험의 영역이 점차 확대되면서 오늘날에는 공동해손에 의한 손해까지도 보험자가 보상해 주고 있다. 한편 공동해손이 발생할 경우 이를 정산하는 데 사용되는 국제규칙은 공동해손에 관한 요크-앤트워프 규칙이다. 이 장에서는 요크-앤트워프 규칙을 중심으로 공동해손의 주요 개념들을 배우고자 한다.

Chapter 13

공동해손

01 공동해손의 의의

1. 공동해손의 개념

1-1 공동해손제도의 등장

오늘날의 해상보험에서 시행되고 있는 공동해손제도는 공동의 안전(common safety)을 위하여 희생된 손해를 해상사업과 관련되는 모든 당사자들이 합리적인 비율에 따라서 상호 분담하는 제도를 말한다.

만약 선박이 화물을 적재하고 항해하던중 태풍으로 서서히 가라앉고 있다면, 선장이 할 수 있는 일은 선박을 가볍게 하기 위하여 적재화물을 바다에 버리는 것이다. 이 때 바다에 버려진 화물 손해는 그 화물의 주인 혼자서 부담하는 것이 아니라 선주와 하주가 공동으로 부담해야 할 성질이다. 선주의 경우는 자신의 선박에 하등 손해가 발생하지 않았다 하더라도 화물의 희생으로 무사히 항해를 마쳤기 때문에 선박가액에 비례하여 정산된 분담금을 부담해야 한다. 이와 같이 공동의 안전을 위하여 희생된 손해를 이해 관계자가 모두 분담하는 것을 공동해손제도라고 한다.

초창기의 국제상거래는 대부분의 상인들이 직접 자신의 상품을 들고 목적지에 가서 다른 상품과 교환하여 돌아가는 것이 일반적이었다. 이런 교역에서는 동일 선박에 여러 하주들이 각자 자기의 화물을 휴대하여 승선하였고, 선적에 관한 아무런 감독이나 제한 규정도 없었다. 항해중 사고가 발생하지 않으면 별 문제가 없으나 해난이 발생할 경우, 예를 들어 폭풍으로 선박이 침몰할 위험에 직면하게 되면 선장은 가장 먼저 화물을 투하하게 된다. 그러나 어느 상인이건 자기 화물이 희생되는 것을 원하지 않기 때문에 서로 미루다 보면 투하할 화물을 결정하는 데 많은 시간을 허비할 수 있다. 이러한 투하의 지연을 방지하기 위하여 희생된 화물 손해는 해상사업과 관련되는 모든 당사자들이 상호 균등하게 부담하도록 하는 공동해손제도가 생겨나게 되었다.

1-2 공동해손의 정의

공동해손제도에서는 공동의 안전을 위하여 취해진 행위를 공동해손행위(general average act)라고 하며 공동해손행위로 인하여 발생하는 손해를 공동해손(general average)이라 한다.[1] 즉 선박 · 화물 및 기타 해상사업과 관련되는 단체에 공동의 위험이 발생했을 경우 그러한 위험을 제거하거나 경감시키기 위하여 선체 · 장비 · 화물 등의 일부를 희생시키거나 혹은 필요한 경비를 지출했을 때 이러한 손해와 경비를 공동해손이라고 한다.

공동해손은 선체 · 장비 · 화물 등의 일부가 희생되는 공동해손희생손해(general average sacrifice)와 경비가 발생하는 공동해손비용손해(general average expenditure)로 구분된다. 그리고 공동해손행위의 결과가 아니라 선박 · 화물 등에 우연히 발생하는 손해는 선주나 하주가 단독으로 부담하기 때문에 이러한 손해를 공동해손과 구분하여 단독해손(particular average)이라 한다.

1-3 공동해손의 성립요건

공동해손에 관한 요크-앤트워프 규칙(제 A 조)은 공동해손행위에 대해서 다음과 같이 규정하고 있다.[2]

---

1) 영국해상보험법 제66조 1항.

2) 이 규정은 영국해상보험법(제66조 2항)의 규정과 거의 유사하다.

규칙 A

Rule A

There is a general average act when, and only when, any extraordinary sacrifice or expenditure is intentionally and reasonably made or incurred for the common safety for the purpose of preserving from peril the property involved in a common maritime adventure.

규칙 A

공동의 해상사업에 속하는 재산을 위험으로부터 구제하려는 목적으로 공동의 안전을 위하여 이례적인 희생이나 비용이 임의적으로 그리고 합리적으로 발생하는 경우에 한해서만 공동해손행위가 존재한다.

이 규정에 의하면 공동해손이 성립되기 위해서는 ① 공동의 희생손해나 비용손해는 이례적이어야 하며, ② 공동해손행위는 임의적이어야 하고, ③ 공동해손행위와 공동해손은 합리적이어야 하며, ④ 위험은 현실적이어야 하며, ⑤ 위험은 항해단체 모두를 위협하는 것이어야 한다.

(1) 공동해손의 이례성

공동해손행위로 발생하는 선체 · 장비 · 화물 등의 희생손실이나 비용손실은 이례적이어야만 한다. 통상적인 운송 과정에서 발생하는 비용은 공동해손으로 인정되지 않는다. 예를 들어 악천후로 항해가 지연되어 추가로 연료가 소비되었을 경우 이는 통상적인 비용으로 간주된다. 왜냐 하면 항해가 길어지면 그만큼 연료가 더 들기 때문이다.[3] 반면에 항해 도중 연료가 부족하여 선박에 장착된 나무(문 · 선반 등)를 연료로 대신 사용했다면, 이러한 비용은 이례적인 것으로 인정된다.

그리고 선박의 기관을 장시간 가동하여 생긴 엔진의 균열 손해는 통상적인 것으로 간주되는데,[4] 엔진을 장시간 무리하게 가동하면 자연히 균열이 생기기 때문이다.

3) R. H. Brown, *op. cit.*, p. 230.

4) Harrison v. Bank of Australasia (1872) LR 7 Ex. 39.

(2) 공동해손행위의 임의성

공동해손행위는 어떠한 목적을 가지고 자발적으로 이루어져야 한다. 특정한 결과를 예상하고 고의적으로 취한 행동은 공동해손행위로 인정되지만, 우연히 일어나는 행위는 공동해손행위로 인정되지 않는다. 선원의 과실로 인한 좌초는 우연히 일어나는 것이기 때문에 공동해손행위로 볼 수 없지만 화재를 진압시키기 위하여 선박을 고의로 좌초시키는 것은 행위의 임의성을 인정받을 수 있다.

Austin Friars S. S. Co. Ltd. v. Spillers and Bankers[5] 사건에서는 부두 쪽으로 항해를 계속하면 선박이 부두 암벽에 부딪치는 것이 확실한데도 위험을 피하기 위해서 입항을 결정한 것은 행위의 임의성으로 인정되었다.

(3) 합 리 성

공동해손행위와 그에 따라 발생하는 손해와 비용은 모두 합리적이어야 한다. 공동의 위험에 대처하기 위한 행동은 신중하고 적정해야 하며 뿐만 아니라 선박과 화물의 희생도 합리적이어야 하고 필요한 최소한의 경비가 지출되어야지 지나치게 과도한 비용이 발생해서는 안 된다.

(4) 위험의 현실성

공동해손이 성립되기 위해서는 위험이 실제로 존재해야 한다. 위험이 앞으로 발생할 수 있을 것이라는 막연한 우려가 아니라 현재 절박하게 닥쳐오는 위험이나 이미 발생한 위험이 있어야 한다.

화재가 발생했을 때 화재 사고가 선창 내에서 발생한 것으로 오판하여 스팀을 분사시키고 이로 인해 화물이 손상되었다면 그것은 위험이 실제로 존재했던 것이 아니고 우려를 해서 취해졌던 조치이기 때문에 공동해손으로 인정되지 않는다.[6]

---

5) (1915) 1 KB 833.

6) Joseph Watson & Sons, Ltd. v. Fireman's Fund Insurance Co. of San Francisco(1922), 2 KB 355.

(5) 위험의 공동성

현실적인 위험은 해상사업에 관련되는 모든 단체에 위협적이어야 한다. 선박과 화물 중에서 어느 한 당사자에게 발생한 위험은 공동해손으로 인정되지 않고 단독해손으로 처리된다. 따라서 선박이 화물을 적재하지 않고 항해하는 경우에는 항해단체가 구성되지 않기 때문에 여기서 발생하는 손해는 공동해손으로 인정되지 않는다.

2. 공동해손에 관한 국제규칙

2-1 역사적 배경

성서에서도 선박과 인명의 피해를 방지하기 위하여 적재된 화물을 바다에 투하했다는 기록을 찾아볼 수 있지만, 체계적인 공동해손에 관한 최초의 기록은 B.C. 916년의 공동해손에 관한 로드법(Rhodian Law of General Average)이다.[7] 로드인이 채택한 해사법의 원본은 전해지지 않지만, 533년 로마 유스티니안 황제의 명령에 의해 편찬된 유스티니안법전에 '투하에 관한 로드법'이라는 제목으로 다음과 같은 공동해손에 관한 조항이 기록되어 있다.[8]

투하에 관한 로드법 MARINE INSURANCE

The Rhodian law provides that if in order to lighten a ship merchandise is thrown overboard, that which has been given all shall be replaced by the contribution of all.

이와 같이 로드법과 유스티니안 법전에서 공동해손에 관한 원칙이 규정됨으로써 공동해손제도는 하나의 해사관습으로 법제화되었다. 유스티니안 법전에 이어서 중세에는 공동해손의 원칙이 콘소라토 법전[9](Consolato del

7) 로드는 에게해의 터키 남서안 건너편에 있는 섬이다. 이 국가는 B.C. 3000년 경에 아테네로부터 독립한 공화국이었다.

8) J. Kenneth Goodacre, *op. cit.*, p. 519.

9) '콘소라토 델 마레'는 해사재판소라는 의미인데, 이 법전은 13세기 경 해사재판관(Console del mare)들이 활용했던 지침서이다. 이 법전은 편찬자는 알 수 없으나 주로 지중해에서 통

mare) · 올레론법[10](Rules d'Oleron) 및 위스비법[11](Law of Wisby) 등에 정립되어 오늘에 이르고 있다. 한편, 해상보험이 일찌기 발달한 영국에서 공동해손의 정산에 관한 기록은 에드워드 1세(Edward Ⅰ, 1272-1307)의 집권시대에 있었던 것으로 알려지고 있다.

2-2 요크-앤트워프 규칙

공동해손제도는 기원전부터 해상운송의 관습으로 정착되어 오다가 해상보험의 영역이 점차 확대되면서 오늘날에는 공동해손에 의한 손해까지도 보험자가 보상해 주고 있다. 현재 공동해손이 발생할 경우 이를 정산하는 데 사용되는 국제규칙은 공동해손에 관한 요크-앤트워프 규칙(York-Antwerp Rules for General Average, 2004; YAR)이다.

이 규칙이 제정되기 전까지는 공동해손에 관한 세계 각국의 법과 관습이 모두 달라서 공동해손을 정산하는 데 많은 어려움이 따랐다. 이에 따라서 1860년부터 공동해손의 취급과 해석의 통일을 기하기 위한 운동이 전개되어 1860년 로이즈가 주동이 된 그라스고우(Glasgow) 회의에서 그라스고우 규칙 11개조가 채택되었다. 그 후, 1864년에 요크(York)에서 개최된 국제공동회의에서 11개조의 요크 규칙(York Rules)이 채택되었다. 그리고 1877년 앤트워프(Antwerp) 회의에서 범선에 대한 공동해손 정산문제를 주제로 한 12개 조항의 공동해손규칙이 제정되었는데, 이것이 요크 규칙에 기초를 둔 것이라 하여 요크-앤트워프 규칙으로 불리게 되었다.

요크-앤트워프 규칙은 1890년 리버풀(Liverpool) 회의에서 18개 조항으로 수정되어 약 34년간 사용되어 왔다. 그러나 이 규칙은 이론적으로나 실무적으로 실정에 맞지 않는 부분이 많이 있어 1924년 스톡홀름(Stockholm) 회의에

용되었던 항해 및 상인에 관한 관습을 편찬한 간행물이다. 중세에 이르러 교통기관과 기술이 발전됨에 따라서 그 동안 사용되었던 로마법의 구속력이 점차 약화되자 해사재판관들은 이 법전을 가지고 해사분쟁을 판결하였다. 김성옥, 앞의 책, pp. 45-46.

10) 프랑스 대서양 연안의 올레론 섬은 지리적으로 영국 · 벨기에 · 스페인 · 포르투갈의 중심에 위치하고 있어 11세기 후반에는 이들 지역을 연결하는 사탕 · 포도주 등의 무역중심지가 되었다. 교역이 왕성해짐에 따라서 해사재판소가 설치되고 많은 해사판례와 관습이 생겼는데, 이것을 정리하여 편찬한 것이 올레론 해법이다.

11) 이 법은 비스비를 중심으로 한 발틱해 연안무역이 번창함에 따라 13세기 말에 제정된 것으로 추정되는 해사법이다.

서 다시 수정되었다. 스톡홀름 회의에서는 요크-앤트워프 규칙을 문자규정(lettered rules)과 숫자규정(numbered rules)으로 구분하였는데, 문자규정으로는 A조부터 G조까지 7개의 규정이 제정되었고 숫자규정으로는 1조부터 23조까지 제정되었다.

그리고 1950년 코펜하겐(Copenhagen) 회의에서 숫자규정이 문자규정보다 우선해서 적용된다는 원칙이 제22조에 규정되었다. 이어서 1974년 함부르크에서 개최된 국제해법위원회에서 새로운 요크-앤트워프 규칙이 마련되어 그동안 세계 각국에서 공동해손을 정산할 때는 1974년의 요크-앤트워프 규칙을 기준으로 하였다.

그러다가 1989년 새로운 해난구조조약(International Convention on Salvage)이 성립됨에 따라 이 조약 중 환경손해방지노력에 대한 특별보상규정이 요크-앤트워프 규칙의 구조료에 관한 규정(제6조)과 개념이 맞지 않아 1990년에 제6조가 일부 개정되었다. 이어서 1994년 및 2004년에 일부 개정되어, 오늘날 공동해손의 정산에 관해서는 2004년의 요크-앤트워프 규칙이 적용되고 있다.

2004년의 요크-앤트워프 규칙에는 "어떠한 경우에도 공동해손의 희생과 비용이 합리적으로 발생하고 지출된 것이 아니면 희생 또는 비용으로 인정하지 아니한다"는 최우선규정(rule of paramount)이 신설되는 등 주로 문자규정의 내용이 대폭 수정·보완되었다. 그리고 숫자규정에서는 환경의 손해를 방지하기 위하여 지출된 비용도 공동해손으로 인정하는 등 환경 및 오염에 관한 내용이 신설되었다.

현재 사용되고 있는 요크-앤트워프 규칙은 해석규정인 7개의 문자규정과 22개의 숫자규정으로 구성되어 있다. 그리고 공동해손을 정산할 때는 숫자규정이 우선하지만 숫자규정에 명시되지 아니한 문제는 최우선규정 및 문자규정에 따라서 해결하도록 되어 있다. 그러나 요크-앤트워프 규칙은 법령이 아니므로 강제성이 없고 계약서에 "공동해손과 관련되는 사항은 요크-앤트워프 규칙에 따른다"는 별도의 조항이 삽입되어야만 효력이 발생한다. 이에 따라 세계 각국에서 사용하고 있는 해상보험증권과 선하증권에는 대부분 공동해손은 요크-앤트워프 규칙에 따른다는 약관이 삽입되어 있다.

3. 공동해손의 적격범위

3-1 공동해손희생손해

공동해손희생손해(general average sacrifice)는 선체 · 장비 · 화물 등의 전부 또는 일부를 희생시킴으로써 발생하는 손실을 뜻한다. 즉 공동의 안전을 위하여 희생된 보험목적물 자체의 손실을 공동해손희생손해라 한다. 공동해손희생손해는 요크-앤트워프 규칙의 숫자규정에 자세하게 열거되어 있는데 여기서는 대표적인 몇 가지만 설명하기로 한다.

(1) 적하의 투하

투하(jettison)는 선박을 가볍게 하기 위하여 선박의 부속물 · 화물 등을 바다에 버리는 것으로 대표적인 공동해손행위에 속한다. 그러나 공동해손으로 인정되기 위해서는 투하된 화물은 반드시 상관습에 따라서 운송중이어야 한다(YAR. 제Ⅰ조). 예를 들어 갑판에 적재된 화물을 투하했을 경우에는 상관습상 갑판적재가 인정될 때에 한하여 공동해손으로 인정된다. 상관습상 갑판에 적재될 화물이 아닌데도 갑판에 적재하고 운송하던 중 투하되었다면 이런 손해는 공동해손으로 인정되지 않는다.

(2) 투하로 인한 손상

공동의 안전을 위해 희생된 선박 · 화물 등의 손상과 투하하기 위해서 잠시 열었던 해치(hatch)나 기타의 열린 문으로 들어 온 바닷물에 의해 선박 · 화물 등이 입는 손해도 공동해손으로 인정된다(YAR. 제Ⅱ조).

(3) 선박의 소화작업

선박의 화재를 진압하기 위해서 사용한 물 또는 다른 것에 의하여 선박 · 화물이 입은 손해, 불타는 선박을 해안에 끌어올리거나 이에 구멍을 뚫음으로써 생기는 손해 등은 공동해손으로 보상된다. 그러나 원인 여하를 불문하고 열기 또는 열에 의해서 발생한 손해는 배상되지 않는다(YAR. 제Ⅲ조).

(4) 임의 좌초

선박의 화재를 진압하기 위해서 선박이 고의로 얕은 해안에 올라 앉게 된 경우 또는 선박이 그 당시 사정으로 불가피하게 해안이나 암초에 얹히게 된 경우처럼 고의적인 좌초에 의해서 선박·화물·운임 등이 입은 손해는 공동해손으로 인정된다(YAR. 제Ⅴ조).

(5) 기계 및 기관손해

공동의 안전을 위하여 억지로 선박을 더 높이 끌어 올리다가 돛에 입히는 손해와 해안에 얹혀 위험한 상태에 있는 선박을 다시 뜨게 하려는 과정에서 선박의 기계 및 기관에 입히는 손해는 공동해손으로 인정된다(YAR. 제Ⅶ조).

(6) 하역작업중 발생하는 손해

피난항에서 화물·연료·저장품 등을 하역·저장 또는 재선적하는 과정에서 생기는 손해는 이들 행위에 대한 비용이 공동해손비용손해로 인정되는 경우에 한하여 공동해손으로 인정된다(YAR. 제Ⅻ조).

(7) 운임의 희생손해

공동해손행위로 인하여 운임이 상실되는 경우에는 운임의 희생손해가 성립된다. 그리고 화물의 손해가 공동해손으로 배상되는 경우에 생기는 운임손실도 공동해손희생손해로 인정된다(YAR. 제XV조).

3-2 공동해손비용손해

공동해손행위로 인하여 생기는 비용의 지출을 공동해손비용손해(general average expenditure)라고 한다. 공동해손비용손해는 구조비·피난항비용·임시수리비·자금조달비용 등이 있다.

(1) 구 조 비

선박·화물 등에 대한 공동의 위험으로부터 이들을 구조하기 위해 지출한 비용은 공동해손으로 인정된다. 임의적으로 구조작업을 실시하거나 혹은 특정인과의 구조계약에 의하여 작업을 실시해도 공동해손의 취지에 맞는 구조비는 모두 보상된다(YAR. 제Ⅵ조). 해상보험에서는 주로 좌초 · 화재 · 침몰 · 표류 · 선체경사 등이 발생할 때 구조작업이 이루어진다.

(2) 피난항비용

공동의 안전을 위하여 불가피하게 피난항에 입항하거나 또는 피난항에서 수리할 수 없어 다른 장소로 이동하는 데에 따른 제반 비용도 공동해손으로 인정된다. 실무적으로 피난항에서 소요되는 비용은 피난항까지의 운항비용 · 피난항 입항비용 · 화물양하비용 또는 선박수리비용 · 화물보관비용 · 화물재선적비용 · 원항로로 복귀하는 비용 등이다.[12)]

(3) 임시 수리비

공동의 안전을 위하여 희생된 선박의 손상 부분을 선적항 · 기항지 또는 피난항 등에서 수리할 경우 소요되는 임시 수리비도 공동해손으로 인정된다(YAR. 제XIV조). 최종 목적항까지 항해를 완수하기 위해서 단독해손 부분을 수리할 경우에는 그로 인해 공동해손비용이 절감되면 절감된 금액만큼은 공동해손으로 인정된다.

(4) 자금조달비용

공동해손행위에 따라 발생하는 비용에 대해서는 일정한 수수료 · 이자 등이 인정된다. 먼저 공동해손비용에 대해서는 2%의 수수료가 별도로 공동해손으로 인정된다. 그러나 선원의 급료 및 부양비 그리고 항해 도중에 보급한 것이 아닌 연료 · 저장품 등에 대해서는 수수료가 인정되지 않는다. 또한 공동해손비용을 입체했을 때 입체금액을 담보하는 보험료도 공동해손으로 인정된다(YAR. 제XX조).[13)]

또한 공동해손행위로 인하여 발생한 공동해손희생 및 공동해손비용에 대해서는 공동해손정산서의 작성일까지 연 7%의 이자가 공동해손비용으로 인정된다(YAR. 제XXI조).

---

12) R. H. Brown, *op. cit.*, p. 239.

13) 입체금액을 부보하는 이유는 선주가 공동해손을 선언하고 난 후 공동해손비용을 지출하였으나 최종적으로 전손이 발생해 버림으로써 공동해손이 성립되지 않을 때 선주의 손해가 크므로 이를 보상받기 위해서이다. 김정수, 앞의 책, pp. 434-436.

02 공동해손의 정산

1. 공동해손의 정산원칙

1-1 공동해손의 정산

공동의 안전을 위하여 희생된 손해와 비용을 항해에 관련되는 모든 당사자들이 균등하게 책임지자는 것이 공동해손제도의 취지이다. 자기의 화물이나 선박에는 하등 손해가 발생하지 않았다 하더라도 다른 사람의 화물을 희생시킴으로써 무사히 항해를 끝낼 수 있었다면 이러한 손해는 항해단체 모두가 부담해야지 그렇지 않으면 자기의 화물을 희생하려고 하지 않을 것이다.

따라서 공동해손이 발생하게 되면 손해를 입은 당사자를 포함한 모든 당사자들이 공동해손을 균등하게 분담하게 되는데, 이러한 절차를 공동해손의 정산(adjustment)이라 한다. 요크-앤트워프 규칙(제 G 조)에서는 "공동해손이 되는 희생 및 비용은 각종 분담 이익에 의해 분담되며 공동해손은 손실 및 분담액에 관하여 항해가 끝나는 때와 장소에 있어서의 가격에 따라 정산된다"라고 규정하고 있다. 따라서 공동해손이 발생하면 공동해손정산인(general average adjuster)에 의해 별도의 규정이 없는 한 양륙항에서 공동해손정산이 이루어진다.

공동해손을 정산하기 위해서는 먼저 공동해손배상액과 공동해손분담가액을 산정한 후 공동해손배상액의 총액을 공동해손분담가액의 총액으로 나누어 공동해손분담률을 구해야 한다. 이 분담률을 각각의 공동해손분담가액에 곱하면 각 당사자들이 분담해야 할 공동해손분담금(general average contribution)이 결정된다.

1-2 공동해손배상액

공동해손배상액은 공동의 위험으로부터 벗어나기 위하여 희생된 손해나 지출된 경비로서 실제로 발생한 공동해손의 총액을 말한다. 공동해손배상액은 공동해손희생손해와 공동해손비용손해로 구분되는데, 후자는 지출한 금액을 기준으로 하기 때문에 쉽게 배상금액을 결정할 수 있다. 그러나 공동해손희생손해는 선박 · 화물 · 운임 등에 발생한 손해이기 때문에 그 금액을 결정하는 데 많은 어려움이 따른다. 예를 들어 16년 전에 장착된 선박의 장비가 희생된 경우 그 금액을 얼마로 할 것인가는 매우 어려운 일이다. 선박 · 화물 · 운임 등의 배상액은 요크-앤트워프 규칙에 따라서 다음과 같이 결정된다.

(1) 선박의 배상액

선박의 배상액은 선박이 수리되는 경우, 선박이 수리되지 않는 경우 그리고 수리비가 수리 후의 선박가액을 초과하는 경우 각각 달리 결정된다.

① 선박이 수리되는 경우의 공동해손배상액은 선박의 손상된 부분을 수선하고 대체하는 데 소요되는 합리적인 실제 비용이다(YAR. 제XⅧ조). 그런데 선박의 손상 부분을 수리할 때 선령 15년 이상의 경우 선박의 낡은 부분이나 용구가 신품으로 교체되기 때문에 원상태 이상으로 개량될 수 있으므로 선박의 수리비에서 그 1/3을 신구교환(new of old)으로 공제한다(YAR. 제XⅢ조).

② 선박이 수리 또는 대체되지 않는 경우에는 손상 또는 멸실에 의해서 발생한 합리적인 감가액(depreciation)으로 하지만 그 한도액은 수선비의 견적액이다(YAR. 제XⅧ조 b항).

③ 수리비가 수리 후의 선박가액을 초과하는 경우의 공동해손배상액은 선박의 무손상태의 견적가액에서 공동해손이 아닌 손상의 예상수리비를 공제한 가액과 선박의 손상상태에서의 가액과의 차액이다(YAR. 제XⅧ조 b항).

예를 들어 선박의 무손상태의 정상가액은 100,000파운드인데 이 선박이 단독해손을 입은 후 공동해손으로 인해 추정전손이 성립되었다고 하자. 단독해손으로 인한 예상수리비가 20,000파운드이고, 난파물을 매각한 대금이 10,000파운드라고 하면 이 선박의 공동해손배상액은 70,000파운드가 된다.

(2) 화물의 배상액

화물의 공동해손배상액은 화물이 양륙되는 최종일자의 순가액(net value)에 공동해손검정인이 인정하는 손해율을 곱한 금액으로 한다. 화물의 순가액은 항해종료시의 시가에서 통상적으로 지출하게 될 비용인 양륙비용 · 수입세 · 착지불 운임 등을 공제한 금액을 말한다(YAR. 제XⅥ조).

(3) 운임의 배상액

운임이 선불된 경우에는 화물의 가액에 운임이 포함되지만 운임이 도착지에서 지불되는 경우에는 별도로 운임에 대한 공동해손배상액을 결정해야 한다. 화물의 손상 또는 멸실로 인하여 발생한 운임의 손실은 그것이 공동해손행위에 의해서 발생한 경우 또는 그 화물의 손상이나 멸실이 공동해손으로 인정되는 경우에는 공동해손으로서 보상된다. 그러나 화물의 일부가 도중에 멸실되어 화물의 양륙비용과 경상적으로 지출되는 경비가 절약되었다면 그러한 경비는 공제된다(YAR. 제 XV 조).

1-3 공동해손분담가액

공동해손배상액이 결정되면 항해에 관련되는 모든 당사자들이 이 손해액을 균등하게 분담해야 하는데, 이 때 적용되는 분담기준을 공동해손분담가액(general average contributory value)이라 한다. 공동해손분담가액은 항해가 종료되는 시점에서의 실제 순가액(actual net value)에 따라 결정된다. 그리고 실제 순가액에 공동해손배상액이 포함되어 있지 않으면 이를 가산한다(YAR. 제 XVII 조).

(1) 선박의 분담가액

선박의 공동해손분담가액은 항해 종료시에 형성되어 있는 선박의 순가액으로 하며 만약 선박이 손상되어 이에 대한 공동해손배상액이 있으면 이를 가산한다. 예컨데 항해가 끝나는 시점에서 선박의 순가액이 60,000파운드이고 공동해손행위로 인한 선체 손상의 수리비가 10,000파운드이면 선박의 실제 가치인 공동해손분담가액은 70,000파운드가 된다.

(2) 화물의 분담가액

화물의 공동해손분담가액은 항해가 종료되는 시점의 순가액으로 한다. 화물의 순가액은 실제 가치를 말하기 때문에 손상품에 대한 순가액을 산정할 때는 단독해손 부분은 공제하고 공동해손배상액을 가산한다.

선주에게 알리지 않고 무단으로 선적된 화물 또는 화물의 포장이 실제 내용물과 다르게 표시되어 있는 화물의 손해는 공동해손으로 인정되지 않는다. 그러나 이러한 화물들도 다른 화물의 희생으로 무사히 목적지에 도착했다면 공동해손을 부담해야 할 의무가 있다. 그리고 실제 가치보다 낮은 가액으로 신고한 화물에 대해서는 공동해손배상액을 결정할 때는 신고된 낮은 금액을 사용하지만 공동해손분담가액을 결정할 때는 높은 가액을 기준으로 한다(YAR. 제XIX조).

(3) 운임의 분담가액

운임의 공동해손분담가액은 항해가 종료되는 시점에서 취득할 수 있었던 순운임과 운임의 공동해손배상액을 합한 금액이다. 순운임은 총운임에서 공동해손행위가 있는 시각부터 양륙이 종료되는 시점까지의 항해비용 · 항비 · 양륙비용 등을 공제한 금액이다.

1-4 공동해손분담금

공동해손이 발생했을 경우 각 당사자들이 자신의 공동해손분담가액에 따라서 실제 부과하는 금액을 공동해손분담금(general average contribution)이라 한다. 공동해손분담금을 결정하기 위해서는 먼저 공동해손분담률을 구하여야 하는데, 이는 공동해손배상액의 총액을 공동해손분담가액의 총액으로 나눈 것이다.

공동해손분담률 산정방식 MARINE INSURANCE

$$\text{공동해손분담률}(\%) = \frac{\text{공동해손배상액의 총액}}{\text{공동해손분담가액의 총액}} \times 100$$

공동해손분담률이 산정되면 그 분담률을 각각의 공동해손분담가액에 곱하면 각 당사자들이 분담할 공동해손분담금이 산출된다.

공동해손분담금 산정방식 MARINE INSURANCE

각 공동해손분담금＝각 공동해손분담가액×분담률

공동해손분담금이 결정되는 과정을 예를 들어 보면 다음과 같다.[14)]

화물을 적재한 선박이 좌초되었는데 공동의 안전을 위하여 화물의 일부를 투하하고 선체를 부양시킨 후 피난항에 입항하였다. 공동해손배상액과 공동해손분담가액은 아래와 같다.

공동해손배상액의 예 MARINE INSURANCE

공동해손배상액(단위 : 파운드)		
투하된 화물 A의 손해액		500
투하로 인하여 화물 B가 입은 손상		200
투하된 화물 A의 해당 운임		100
선박의 마스트		200
교체비용	300	
신구교환공제[15)]	100	
선박의 인양비용		50
피난항입출항비용, 도선사비용		100
피난항비용		25
공동해손정산비용		4
우편료		1
공동해손배상액 총액		1,180

14) Arnould, *op. cit.*, s. 990.

15) 신구교환공제는 선박 등을 수리할 때 낡은 부품을 신품으로 교체함에 따라 그 차익을 공제하는 것을 말하는데 오늘날에는 신구교환차익을 공제하지 않는다(협회기간약관 제14조 신구교환차익불공제약관 : New for Old Clause).

공동해손분담가액의 예

MARINE INSURANCE

공동해손분담가액(단위 : 파운드)		
투하된 화물 A		500
일부 손상된 화물 B		1,000
화물 C		500
화물 D		2,000
화물 E		5,000
선박		2,800
선박	2,000	
운임	800	
공동해손분담가액 총액		11,800

공동해손배상액의 총액을 공동해손분담가액의 총액으로 나누면 공동해손분담률이 10%이며 이를 각자의 공동해손분담가액에 곱하면 공동해손분담금이 결정된다.

공동해손분담금의 예

MARINE INSURANCE

공동해손분담가액		공동해손분담금
선주	2,800	280
하주 A	500	50
하주 B	1,000	100
하주 C	500	50
하주 D	2,000	200
하주 E	5,000	500
합 계	11,800	1,180(공동해손배상액)

각 당사자의 공동해손분담금이 결정되면 공동해손정산수지를 결산한다. 선주는 이번 사고로 마스트 교환비용, 운임의 희생손해, 피난항에서의 제반 경비 등 총 480파운드의 공동해손이 발생했지만 선주는 280파운드를 분담할 책임이 있기 때문에 200파운드만 회수하게 된다. 하주 A는 자기 화물이 500파운드 희생되었지만 자기가 분담할 금액이 50파운드이기 때문에 450파운드만 회수하게 되고 하주 B도 자기 화물 200파운드가 희생되었지만 분담할 금액이 100파운드 있기 때문에 실제로는 100파운드만 회수한다. 그리고 하주 C · D 및 E는 희생손해가 없기 때문에 각각 공동해손분담금으로 50 · 200 · 500파운드를 지불해야 한다.

공동해손의 수지표

MARINE INSURANCE

공동해손 당사자	지 급	수 취	결 제	
			지 급	수 취
· 선주				
마스트 교환비용		200		
화물 A 운임의 희생손해		100		
피난항에서의 제 경비		180		
공동해손분담금	280			
	280	480		200
· 하주 A				
공동해손희생손해		500		
공동해손분담금	50			
	50	500		450
· 하주 B				
공동해손희생손해		200		
공동해손분담금	100			
	100	200		100
· 하주 C	50		50	
· 하주 D	200		200	
· 하주 E	500		500	
	1,180	1,180	750	750

2. 공동해손의 정산수속

2-1 선주의 조치

(1) 선장의 해상사고 보고

해상사고가 발생하면 일단 선장은 사고의 원인 · 경위 · 상황, 항해지연기간 등을 선주에게 보고하고 적절한 지시를 받아야 한다. 공동해손이 성립될 수 있는 사고가 발생했을 경우에도 가능한 한 신속하게 보고한다. 특히 공동해손을 처리하는 데 결정적인 자료는 본선에 선적되어 있는 화물에 대한 사항이기 때문에 화물의 명세, 손상화물의 내역 등을 선주가 자세하게 파악할 수 있도록 조치해야 한다.

(2) 공동해손의 선언

공동해손이 발생하면 선주는 공동해손을 선언하고 이를 하주에게 통지해야 한다. 공동해손의 선언은 강제사항은 아니지만 대개의 경우는 공동해손이 선언되었다는 사실과 함께 하주에게 공동해손에 대한 담보를 요청한다. 주로 공동해손맹약서 · 공동해손보증장 등의 양식을 하주에게 송달하여 화물의 인수를 위하여 모든 필요한 조치를 취할 수 있게 한다.

(3) 공동해손정산인의 선정

선주는 모든 정보를 분석하여 필요하다고 판단되면 공동해손을 선언하고 공동해손의 정산을 담당할 정산인을 지정하여 공동해손정산작업에 착수하도록 한다. 영국법상 공동해손정산인의 선정권은 전적으로 선주에게 있지만 그 손해를 궁극적으로 보험자가 보상하게 되므로 특별한 사정이 없는 한 보험자와 협의하여 공동해손정산인을 산정하는 것이 분쟁을 막을 수 있다.[16)]

(4) 선주의 해상유치권

화물이 도착하는 항구에서 하주는 선주에게 공동해손에 대한 현금공탁을 하거나 공동해손분담금의 지불보증서를 작성해야 한다. 만일 하주가 이를 거부하면 선주는 해상유치권을 행사하여 화물을 압류하게 된다.

16) 이기태, 앞의 책, p. 330.

공동해손현금공탁(general average cash deposit)은 공동해손이 거액이거나 화물이 보험에 가입되지 않았거나, 가입되었다고 해도 적하보험자의 재정상태가 의심스러운 경우에 사용된다. 공탁금은 선주와 하주가 각각 지명하는 보관인 두 사람의 공동 이름으로 은행에 납부하고 이런 사실을 공동해손정산인에게 통지하여 영수증(Lloyd's Form of General Average Deposit Receipt)을 발급받는다. 정산이 완료된 후 공탁금 중 잔액이 있으면 이 영수증을 소지한 자에게만 환급한다.

공동해손분담금지불보증(general average guarantee)은 통상 하주들이 선주측에 대하여 공동해손분담금을 지급하겠다는 약속으로 발행하는 보증서이다. 보통 보험자가 보증을 하는데, 선주에 대한 보증금액은 무제한이다. 그러나 보험자는 보험금액 한도 내에서 보상할 의무가 있기 때문에 보험금액을 초과하거나 보험계약상 보험자가 책임지지 않을 금액이 발생하면 즉시 보험자에게 변상하겠다는 역보증장(counter guarantee)을 하주로부터 받는다.

공동해손맹약서(general average bond)는 공동해손이 사소한 경우에 사용되는데, 1977년에 나온 'Lloyd's Average Bond(LAB 77)'의 양식을 쓴다. 통상 하주는 차후에 정산될 공동해손분담금을 지급할 것이며 요청이 있을 때는 화물의 가액을 증빙할 수 있는 모든 서류를 선주에게 제출하여 공동해손분담금을 정확히 산출하도록 하겠다는 약속을 한다.[17]

2-2 하주의 조치

하주는 화물의 손상 유무를 불문하고 선주가 요구하는 각종 서류를 상업송장과 함께 선주 또는 선주의 대리점에 제출하여 화물인도지시서(delivery order)를 발급받도록 한다.[18] 상업송장은 상품 거래에 관한 자세한 내역이 기재되어 있기 때문에 공동해손분담가액을 산정하는 기초자료로서 사용된다.

하주는 화물인도지시서를 본선에 제시하고 화물을 인수하는데, 만일 공동해손희생손해가 있을 경우는 공동해손정산서에 공동해손배상액으로 허용될 수 있도록 선주를 통하여 공동해손정산인에게 통지해야 한다.

17) 박용섭, 「해상법론」(형설출판사, 1998), p. 815.

18) 화물인도지시서는 선박회사가 본선의 선장 앞으로 이 지시서를 소지한 자에게 화물을 인도할 것을 지시하는 서류이다. 따라서 하주는 본선에 화물인도지시서를 제시하고 본선으로부터 화물을 인수해야 한다.

2-3 해상보험과 공동해손의 관계

공동해손제도는 해상보험보다 일찍이 정착된 제도이지만 해상보험의 업무영역이 점차 확대됨에 따라서 오늘날에는 해상보험자가 공동해손분담금을 부담하고 있다. 명시된 특약이 없는 한 피보험자가 공동해손분담금을 지불하였거나 또는 지불할 책임이 있는 경우에 피보험자는 이것을 보험자로부터 회수할 수 있다(영국해상보험법 제66조 5항).

(1) 담보위험으로 인한 공동해손

보험자는 담보위험에 근인하여 발생한 공동해손에 대해서만 공동해손분담금을 지급하고 면책위험으로 인한 희생손해나 비용손해는 보상하지 않는다(영국해상보험법 제66조 6항 및 협회약관의 공동해손약관).

(2) 보상한도

보험자는 보험목적물의 분담가액과 동일한 금액으로 보험에 가입되어 있는 경우에는 분담금 전액을 보상한다. 보험목적물의 분담가액은 실제 순가액이기 때문에 이 금액은 보험가액과 동일하다. 따라서 보험가액과 보험금액이 동일한 전부보험일 경우 보험자는 공동해손분담금 전액을 보상한다.

그러나 분담가액이 보험금액을 초과하는 경우에는 보험금액의 분담가액에 대한 비율로 분담금을 지급한다. 그리고 분담가액을 산정하기 위해 도착 시의 선박의 순가액에서 공제된 단독해손손해는 보험가액에서도 공제되어야 하지만 이러한 단독해손이 보험증권에서 보상되지 않는다면 보험가액에서 공제되지 않는다(영국해상보험법 제73조 1항).

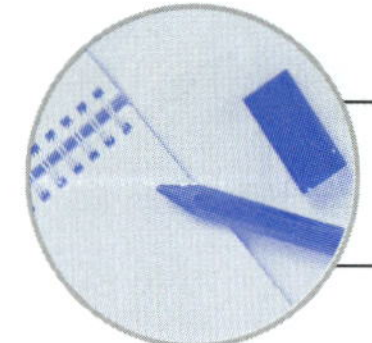

복습 및 토의 문제

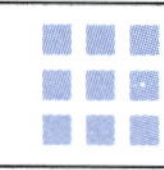

01 공동해손제도의 역사적 배경에 대해서 토의해 보시오.

02 공동해손의 정의를 설명해 보시오.

03 York-Antwerp Rules for General Average에 대해서 설명해 보시오.

04 공동해손과 해상보험의 관계를 토의해 보시오.

05 A 화물, B 화물, C 화물을 싣고 항해하던 중 공동의 위험이 발생하여 A 화물의 일부를 바다에 버렸다. 최종 목적항에서 다음과 같이 정산되었다. A 하주, B 하주, C 하주 및 선주가 분담하는 공동해손분담금에 관하여 설명하시오.

A 화물의 희생손해; 10,000파운드
A 화물 순가액 ; 10,000파운드
B 화물 순가액 ; 20,000파운드
C 화물 순가액 ; 30,000파운드
선박 순가액 ; 40,000파운드

06 위 5번 문제에서 정산 결과 나온 분담금은 누가 부담하는가? 이 문제에 대해서 토의해 보시오(참고 제15장 협회적하약관 및 제16장 협회기간약관 관련 약관 참조).

07 우리나라 고전 심청전의 내용 중 공동해손과 유사한 대목을 생각해 보세요.

08 해상손해 중 물적손해는 전손과 분손으로 구분되고 분손은 다시 단독해손과 공동해손으로 구분된다. 왜 공동해손을 단독해손과 대립하여 분류하고 있는지에 대해서 토의해 보시오.

09 공동해손의 정산과정에서 나오는 공동해손배상액은 공동해손으로 인정될 수 있는 희생손해와 비용손해의 총액을 말하는데 왜 배상액이라는 표현을 사용하는지에 대해서 토의해 보시오.

10 해상손해는 크게 물적손해, 비용손해 및 배상책임손해로 구분되는데, 위의 09 문제를 토론하는 과정에서 보면 공동해손도 배상책임손실에 포함될 수 있다고도 볼 수 있는데 여기에 대해서 토의해 보시오.

Chapter 14

충돌손해배상책임

일반적으로 보험자는 물적 손해 및 비용손해를 보상할 뿐 아니라 피보험자가 제3자에 대해서 법적으로 배상책임을 부담하게 될 경우의 배상책임손해까지 보상해 준다. 해상보험에서 배상책임손해로는 대표적으로 선박의 충돌로 인한 충돌손해배상책임이 있다. 현재 선박보험에서는 충돌손해배상책임약관에 근거하여 부보 선박이 선원의 과실이나 부주의로 인하여 다른 선박과 충돌함으로써 상대방 선주에게 입힌 선박, 화물, 운임 등의 손실을 피보험자를 대신하여 보험자가 보상하고 있다. 이 장에서는 충돌손해배상책임약관을 중심으로 선박의 충돌에 따른 배상책임손해를 배우고자 한다.

Chapter 14

충돌손해배상책임

01 충돌손해배상책임의 의의

1. 충돌손해배상책임의 개념

1-1 손해배상책임

손해배상책임(liability loss)은 자신의 과실 · 과오 · 부주의 등으로 인하여 제3자가 입은 손실에 대해서 법적으로 배상해 줄 책임을 말한다. 예를 들어 항해중인 선박이 선원의 과실로 방파제와 충돌할 경우 선주는 방파제의 복구비용을 항만 당국에 배상해 주어야 할 책임이 있는데, 이것을 제3자에 대한 법적 손해배상책임이라 한다.

해상보험에서는 대표적으로 선박의 충돌에 따른 배상책임과 공동해손이 발생할 경우 각 당사자들이 분담하는 배상책임이 있다. 그런데 공동해손으로 인하여 관련 당사자가 분담하는 공동해손분담금(general average contribution)은 공동의 안전을 위하여 희생된 손실이나 비용을 항해에 관련되는 단체가 균등하게 나누어 가지는 것이기 때문에 일반적 의미의 손해배상책임하고는 조금 다르다.

왜냐 하면 손해배상은 주로 법률상의 불법 행위(tort) 또는 위법 행위(tortious act)의 결과에 대한 배상책임을 의미하는데, 공동해손분담금은 공동의 안전과 관련되는 긍정적 측면에서 발생하기 때문이다. 따라서 해상보험에서 손해배상책임이라고 하면 곧 선박의 충돌에 따른 충돌손해배상책임(collision liability loss)을 의미한다고 볼 수 있다.

일반적으로 제3자에 대한 손해배상책임은 책임보험에 의해서 담보가 가능한데, 책임보험은 피보험자가 제3자에 대하여 보험기간중에 생긴 사고로 인하여 손해배상책임을 지게 되는 경우에 그 손해를 피보험자 대신에 보험자가 보상할 것을 목적으로 하는 손해보험계약을 말한다.[1] 따라서 책임보험은 직접 피보험자에게 생긴 손해를 보상하는 것이 아니라 우연한 사고의 발생으로 피해자에게 보상하기 위해 피보험자의 비용이 지출되는 경우를 대비하기 위한 보험이다. 이런 점에서 책임보험은 간접손해의 보상을 목적으로 하는 보험이라고 할 수 있다.

해상보험에서도 선박의 충돌로 인한 손해배상책임을 담보하고 있다. 영국해상보험법(제3조 2항)은 선박 · 화물 등을 소유함으로써 이의 소유자가 제3자에 대해서 배상책임을 부담하게 될 경우에 대비한 해상보험계약이 체결될 수 있음을 규정하고 있다. 그러나 충돌손해배상책임은 선박보험에서 추가로 보상하기 때문에 선주가 선박의 충돌손해배상책임을 담보하기 위하여 별도의 책임보험계약을 체결하지 않는다.

1-2 선박충돌에 관한 국제조약

선박의 충돌과 책임 문제를 해결하는 국제조약에는 '선박충돌에 관한 규정의 통일을 위한 국제조약'(International Convention for the Unification of Certain Rules of Law in regards to Collision)이 있다. 이 국제조약은 19세기 말 이후 선박의 충돌에 관한 각국의 법제를 통일하고자 몇 차례의 국제회의가 소집되던 중 국제해사위원회(International Maritime Committee)가 함부르크 회의에서 원칙을 작성하여 이것을 기초로 1905년부터 1910년까지 조약초안을 다듬고 1910년 브뤼셀에서 개최된 외교회의에서 채택되었다. 이 국제조약의 주요 내용은 선박의 충돌로 야기되는 책임 관계를 규정한 것이며 전문 17조와 부칙 1조로 구성되어 있다.

1) 상법 제 719조.

영국 · 프랑스 · 독일 등 주요 선진해운국가들은 대부분 1910년의 선박충돌에 관한 국제조약을 비준하였고, 우리나라의 상법도 이 국제조약과 동일한 내용으로 선박충돌에 관한 책임 문제를 규정하고 있다.[2] 한편 미국은 이 국제조약을 조인만 하고 비준은 하지 않고 있다가 1975년 United States v. Reliable Transfer Co., Inc. 사건[3]에서부터 다른 국가와 마찬가지로 이 국제조약을 사용하고 있다.[4]

1-3 선박충돌의 유형

1910년의 선박충돌에 관한 국제조약은 해상에서 일어나는 선박의 충돌을 무과실충돌과 과실충돌로 구분하고, 후자를 다시 일방과실충돌과 쌍방과실충돌로 나누고 있다.

(1) 무과실충돌

무과실충돌은 선박의 충돌이 불가항력으로 발생하거나, 불가피하게 발생하거나 혹은 충돌의 원인이 명확하지 않는 경우를 말하는데, 우리나라의 상법(제844조)에서는 이를 불가항력으로 인한 충돌이라고 한다. 무과실충돌의 경우에는 어느 누구의 과실이 없기 때문에 피해 선주는 충돌로 인한 손해배상을 청구하지 못한다.

(2) 일방과실충돌

어느 일방의 과실로 인하여 충돌이 일어난 경우를 일방과실충돌(one to blame collision)이라 한다. 대체로 정박중인 선박과 충돌하게 되면 일방과실이 성립되고 가해 선주는 피해 선주에 대해서 손해배상책임을 져야 한다. 그러나 피해 선주는 충돌이 일방적인 과실이라는 점과 충돌과 손해 사이에 상당한 인과관계가 있다는 점을 입증할 책임이 있다.[5]

---

2) 상법 제844조 · 제845조 및 제846조.
3) (U.S. Sup. Ct.) [1975] 2 Lloyd's Rep. 286.
4) J. Kenneth Goodacre, *op. cit.*, p. 384.
5) 박용섭, 앞의 책, pp, 825-828.

(3) 쌍방과실충돌

쌍방과실충돌(both to blame collision)은 쌍방의 과실로 선박이 충돌하는 경우를 말하는데, 손해를 동률로 부담하게 되는 동률 과실과 과실 비율이 상이할 때 해당 비율만큼 책임지는 차등 과실이 있다. 1910년의 선박충돌에 관한 국제조약에 의하면 충돌한 양 선박의 과실 비율에 따라 충돌 손해를 배상하고, 만약 과실 비율을 정할 수 없는 경우에는 균등의 원칙에 따라서 각각 50%씩 적용한다.[6] 미국에서는 전통적으로 쌍방 과실의 경우 무조건 동률 과실로 처리하였으나 앞에서 언급된 바와 같이 최근에는 이 국제조약의 원칙을 따르고 있다.

2. 충돌손해배상에 대한 책임제한

선주(선박보유자)는 자신의 채무에 대하여 무한책임을 부담해야 하므로 선박의 충돌사고로 인한 법적 배상책임도 원칙적으로 무한책임이다. 그러나 해운업은 국가의 정책사업으로 보호·육성되어야 하고, 또한 국제무역거래에서 공공의 운송인으로서 그 역할이 크기 때문에 선주의 고의적인 과실이 없는 한 선주의 책임을 법적으로 제한하고 있다.

이에 따라 대부분의 국가에서는 1957년에 성립된 '항해선박소유자의 책임제한에 관한 조약'(International Convention Relating to the Limitation of the Liability of Owners of Seagoing Ships)에 따라서 선주의 배상책임을 일정 한도로 제한하고 있다.

이 국제조약은 선주의 책임을 금액으로 제한하는 금액책임주의를 원칙으로 하고 있는데, 금액책임주의는 영국의 상선법(Merchant Shipping Act)에서 채택했던 선주의 책임제한방식으로 일명 영국주의라고도 한다. 선주의 책임범위를 사고마다 정하고 가해 선박의 등록 톤수(registered tonnage)를 기준으로 물적 손해와 인적 손해의 책임을 제한하고 있다.[7]

6) 충돌의 원인 및 과실의 비율에 대해서는 쌍방 선주의 합의가 없는 한 충돌 사고를 관리하는 국가의 법률과 관습에 따른다. 대부분의 국가에서는 해난심판소를 운영하고 있어 해난심판소에서 충돌 원인 및 과실 비율을 결정한다.

7) 선박의 등록 톤수는 기선의 경우는 당초 등록된 총톤수에서 공제되었던 기관실의 톤수를 가산한 톤수를 의미한다. Victor Dover(revised by R. H. Brown), *op. cit.*, p. 533.

02 충돌손해배상책임약관

1. 충돌약관의 제정 배경

현재 선박보험에서는 충돌손해배상책임약관에 근거하여 부보 선박이 선원의 과실이나 부주의로 인하여 다른 선박과 충돌함으로써 상대방 선주에게 입힌 선박 · 화물 · 운임 등의 손실을 피보험자(선주)를 대신하여 보험자가 보상하고 있다. 충돌손해배상책임약관은 1836년의 De Vaux v. Salvador 사건[8]에서 "피보험자의 과실로 인해 발생한 충돌손해배상책임은 보험자가 담보하지 않는다"는 판결이 계기가 되어 그 후 1888년 협회기간약관(ITC-Hulls)이 제정될 때 보험자가 충돌손해배상금을 보상하는 취지의 충돌약관이 작성되어 협회기간약관에 삽입되었다.[9]

그런데 영국의 합동선박위원회(Joint Hull Committee)가 1983년 10월 1일자로 협회기간약관을 대폭 정비할 때 충돌약관의 명칭을 종래의 'Running Down Clause'(RDC)에서 현재의 '3/4ths Collision Liability Clause'로 변경하였고 협회기간약관에서의 순서도 과거의 제1조에서 제8조로 변경하였다. 그러나 주요 내용은 보험자가 충돌손해배상책임을 담보한다는 것으로 큰 변함이 없다.

2. 충돌약관의 주요 내용

2-1 보험자의 보상한도액

협회기간약관(1TC-Hulls)의 제8조 충돌손해배상책임약관에서는 부보된 선박이 다른 선박과 충돌하여 그 결과 피보험자가 법적으로 배상책임을 지고 손해배상금조로 피해 선주에게 지급한 금액 중 3/4을 보험자가 피보험자에게 보상해 줄 것을 규정하고 있다.

8) (1836) 4 Ad. & EI. 420.
9) J. Kenneth Goodacre, *op. cit.*, p. 382.

그러나 보험자의 총배상책임액은 어떠한 경우에도 매 충돌사고당 부보된 선박의 보험금액 3/4을 초과하지 못한다. 즉, 보험자는 보험증권상에 명기된 보험금액의 3/4을 초과하지 않는 범위 내에서 피보험자가 상대방 선주에게 지급해야 할 충돌손해배상책임액의 3/4을 피보험자에게 보상해 준다(충돌약관 8.1 및 8.2.2).[10)]

그리고 상대방 선주가 배상책임문제와 관련하여 소송을 제기할 경우나 손해배상책임액을 제한하기 위해서 법적 조치를 취하는 경우에 소요되는 소송비용도 보험자로부터 사전에 서면으로 동의를 얻어내면 3/4까지 보상된다(충돌약관 8.3).

충돌손해배상책임액을 보험자가 전액 보상하지 않고 3/4만 부담하는 이유는 선박의 충돌이 주로 선원의 과실로 많이 발생하기 때문에 그 일부에 대한 책임을 선주에게 부담시킴으로써 충돌을 다소나마 예방하기 위해서이다. 만약 충돌손해배상책임액을 전액 보상하게 되면 정신적 위태가 증가하여 선주 · 선장 · 선원 등은 선박의 충돌에 자연히 무관심해진다.

한편 충돌손해배상책임약관은 보완적인 계약(supplementary contract)의 성격을 지니고 있어 보험자가 부보된 선박의 물적 손해 및 비용손해를 보상하고 추가로 손해배상책임까지 보상할 것을 약정하고 있다(충돌약관 8.2). 따라서 부보된 선박이 충돌하여 침몰하면 선박보험자는 선박의 침몰에 따른 전손보험금을 지급할 뿐만 아니라 충돌하면서 다른 선박에 입힌 손해배상액까지 추가로 보상해야 한다.

2-2 충돌선박의 범위

충돌손해배상책임약관에 의하면 부보된 선박이 다른 선박(any other vessel)과 충돌함으로써 생기는 법적 배상책임손해를 보험자가 보상해 준다. 이 약관에서 의미하는 다른 선박은 반드시 영리를 목적으로 하는 항해에 사용되는 선박만을 지칭하는 것은 아니며 사회통념상 선박으로 인정될 수 있는 것이면 모두 충돌 선박의 범위에 포함된다. 즉 항행성(navigability)과 운송용(use)의 두 가지 요건만 갖추면 이 약관에서 의미하는 충돌 선박의 범주에 포함된다.

---

10) 협회기간약관의 제8조 충돌손해배상책임약관의 원문은 「제16장 협회기간약관」을 참고할 것.

항행성이란 선박이 항해할 수 있는 능력을 의미하는데, 동력을 갖추고 자력으로 움직일 수 없다 하더라도 타력에 의해서 항해할 수 있으면 그 선박은 항행성을 갖춘 것으로 본다. 그리고 운송용이란 여객 또는 화물을 운송하는 데 사용될 수 있는 것을 말한다.[11)]

이 점에서 보면 자력으로 항해할 능력은 없지만 화물을 적재하고 타력에 의해 항해하는 부선(dumb barge)도 충돌약관에서 의미하는 선박의 범위에 포함된다. 항구나 강에 설치되어 고정된 기중기와의 충돌은 타 선박과의 충돌로 인정되지 않지만 움직이는 이동식 기중기선(mobile floating crane)은 다른 선박의 범위에 포함된다.[12)]

그러나 비행정(flying boat)[13)] · 어망[14)] · 난파선[15)] 등은 충돌약관에서 의미하는 다른 선박의 범위에 포함되지 않는다. 그리고 침몰된 전마선과 충돌했을 경우, 그 전마선이 구조될 수 있는 상태이면 선박의 충돌로 인정되지만 만약 구조될 가능성이 전혀 없다면 그 전마선은 더 이상 선박으로서 가치가 없기 때문에 충돌로 간주되지 않는다.[16)]

2-3 충돌약관의 보상범위

(1) 보상손해의 범위

충돌손해배상책임약관에서 보험자가 보상하는 손해는 구체적으로 다음과 같다(충돌약관 8.1.1 · 8.1.2 및 8.1.3).

① 상대방 선박 또는 상대방 선박에 적재된 재산의 손실.

② 상대방 선박의 수리비.

③ 상대방 선박 또는 상대방 선박에 적재된 재산의 지연 또는 불가동에서 발생한 재정적인 손해.

---

11) R. J. Lamberh, *op. cit.*, p. 421.

12) Marchant Marine Insurance Co. Ltd. v. North of England Protecting and Indemnity Association(1926), 25 Ll. L. Rep. 446.

13) Polpen Shipping Company, Ltd. v. Commercial Union Assurance(1943), 74 Ll. L. Rep. 157.

14) Bennett S.S.Co. v. Hull Mutual S.S., Protection Society(1914), 3KB. 57.

15) Pelton S.S. Co. Ltd. v. North of England Protecting and Indemnity Assn(1925), 22 Ll. L. Rep. 510, KBD.

16) Chardler v. Blogg(1898), IQB. 32.

④ 상대방 선박에 적재된 재산에 대한 손해의 보상비용.

⑤ 상대방 선박 또는 상대방 선박에 적재된 재산이 입은 공동해손 · 임의 구조 또는 계약구조.

⑥ 보험자로부터 사전에 서면상의 동의를 얻고 상대방 선박 또는 상대방 선박 내의 재산과 이해관계가 있는 당사자가 제기한 클레임을 방어하는 데 지출된 소송비용.

(2) 면책손해의 범위

충돌손해배상책임약관에서 보험자는 어떠한 경우에도 피보험자가 다음의 사항에 대하여 지급할 책임이 있거나 그와 관련된 비용에 대해서는 확장 · 담보하지 않는다(충돌약관 8.4).

① 장애물 · 난파선 · 화물 또는 그 밖의 물건을 제거 · 처분할 경우.

② 상대방 선박 또는 상대방 선박에 적재되어 있는 재물 이외의 부동산 · 동산 또는 그 밖의 일체의 물체와 관련되는 경우.

③ 부보된 선박에 적재된 화물 또는 그 밖의 재물 및 부보 선박의 계약상의 채무.

④ 사망 · 신체상해 또는 질병.

⑤ 부동산 · 동산 또는 그 밖의 일체의 물체에 대한 오염 또는 오탁(단, 부보 선박과 상대방 선박 또는 그 선박에 적재된 재물은 제외한다).

3. 충돌손해배상금의 산정

충돌손해배상금을 산정하는 방식에는 단일책임주의와 교차책임주의가 있는데, 충돌손해배상책임약관에서는 교차책임주의 원칙에 의해 배상금을 산정한다(충돌약관 8.2.2).

3-1 단일책임주의

단일책임주의(single liability)는 선박의 쌍방과실충돌로 양쪽이 모두 손해를 입었을 경우 손해를 덜 입은 선주가 상대방 선주에게 단독으로 손해를 배상하는 방식을 말한다. 따라서 각 선주는 자신들의 책임액이 결정되면 서로 지급할 금액을 공제하고 남은 차액만 지급한다.

예를 들어 A선박과 B선박이 50% : 50%의 쌍방과실로 충돌하여 A선박의 선체손상 10,000파운드, B선박의 선체손상 20,000파운드가 발생하였다고 하자. 과실 비율이 동률이기 때문에 A선주는 B선박의 선체손상에 대하여 10,000(20,000×0.5)파운드만큼 배상책임이 있고, B선주는 A선박의 선체손상에 대하여 5,000(10,000×0.5)파운드 배상책임이 있다.

양 선박이 쌍방과실로 충돌하였지만 단일책임주의에 따라서 A선박이 손해를 덜 입었기 때문에 A선주가 손해를 많이 입은 B선주에게 배상해야 한다. 즉 A선주의 배상책임액은 10,000파운드이지만 B선주로부터 배상받을 금액이 있기 때문에 그것을 공제한 5,000파운드만 B선주에게 배상할 책임이 있다. 그런데 충돌손해배상책임약관에 의해서 그 3/4인 3,750파운드는 보험자로부터 보상받을 수 있다.

단일책임주의에 의하면 B선주는 자신의 보험자로부터 충돌손해보상금을 받지 못한다. 왜냐 하면 보험자는 자신의 피보험자가 제3자에게 지급한 배상금의 3/4을 보상하는데, B선주는 전혀 배상을 하지 않고 오히려 손해를 덜 입은 A선주로부터 배상을 받았기 때문이다.

3-2 교차책임주의

교차책임주의(cross liability)는 상호 손실률만큼 상대방 선주에게 각각 배상하는 방식을 말한다. 앞의 예에서 A선주는 B선주에게 10,000파운드 배상하고 보험자로부터 7,500(10,000×3/4)파운드를 충돌손해배상책임액으로 보상받는다. 그리고 B선주는 A선주에게 5,000파운드를 배상하고 자신의 보험자로부터 3,750(5,000×3/4)파운드를 보상받을 수 있다.

3-3 단일책임주의와 교차책임주의의 비교

단일책임주의와 교차책임주의에서 각 보험자가 실제로 보상하는 금액을 비교해 보면 〈표 14-1, 2〉와 같다. 앞의 예에서처럼 A선박과 B선박이 동률과실로 충돌하고 A선박의 선체손상 10,000파운드, B선박의 선체손상 20,000파운드가 발생하였다고 하자.

■ 표 14-1 단일책임주의하에서의 보험자 부담액

A 선박보험자의 순부담액	
A 선박 선체손상의 수리비	10,000
B 선주에 대한 배상액의 부담액(5,000 × 3/4)	(+)3,750
	13,750
B 선박보험자의 순부담액	
B 선박 선체손상의 수리비	20,000
A 선주로부터의 보상액	(−)5,000
(A 선주 1,250 부담 A 선박보험자 3,750 부담)	15,000

■ 표 14-2 교차책임주의하에서의 보헙자 부담액

A 선박보험자의 순부담액	
A 선박 선체손상의 수리비	10,000
B 선주에 대한 배상액의 부담액(10,000 × 3/4)	(+)7,500
B 선주로부터의 보상액	(−)5,000
	12,500
B 선박보험자의 순부담액	
B 선박 선체손상의 수리비	20,000
A 선주에 대한 배상액의 부담액(5,000 × 3/4)	(+) 3,750
A 선주로부터의 보상액	(−)10,000
	13,750

단일책임주의에 의해 A선박보험자가 실제로 부담하는 보상액을 계산해 보면, A선박보험자는 A선박의 선체손상 수리비 10,000파운드를 보상하고, A 선주가 B선주에게 배상해야 할 5,000파운드 중에서 충돌약관에 의해 그 3/4인 3,750파운드를 충돌손해배상금조로 지급해야 하므로 총 13,750파운드를 부담한다.

그리고 B선박보험자가 부담하는 보상액을 계산해 보면, B선박보험자는 먼저 B선박의 선체손상 수리비 20,000파운드를 보상해야 한다. 그런데 B선박이 충돌로 인하여 손해를 많이 입었기 때문에 B선주는 A선주로부터 5,000파운드 보상을 받는데, 이 보상금은 B선주의 몫이 아니라 B선박보험자가 대위권을 행사하여 회수해 간다. 따라서 B선박보험자가 실제 부담하는 총 보상금은 15,000파운드이다.

교차책임주의에 의해 A선박보험자가 부담하는 보상액을 계산해 보면, 먼저 A선박보험자는 A선박의 선체손상 수리비 10,000파운드와 B선주에 대한 충돌손해배상금 10,000파운드의 3/4인 7,500파운드를 보상해야 한다. 그러나 교차책임주의의 원칙에 따라서 상대방 B선주로부터 보상되는 5,000파운드를 회수할 수 있기 때문에 실제 A선박보험자가 부담하는 보상액은 12,500파운드이다.

B선박보험자는 B선박의 선체손상 수리비 20,000파운드와 A선주에 대한 충돌손해배상금 5,000파운드의 3/4인 3,750파운드를 보상해야 하지만 상대방 A선주로부터의 보상액 10,000파운드를 회수할 수 있기 때문에 실제 B선박보험자가 부담하는 보상액은 13,750파운드이다.

즉 단일책임주의에 의하면 A선박보험자는 13,750파운드를 부담하지만 이를 교차책임주의로 계산하면 12,500파운드가 된다. B선박보험자는 단일책임주의에 의하면 15,000파운드 부담하지만 교차책임주의로 계산하면 13,750파운드를 부담하여 결국 교차책임주의로 계산할 경우 보험자의 부담액이 적어진다.

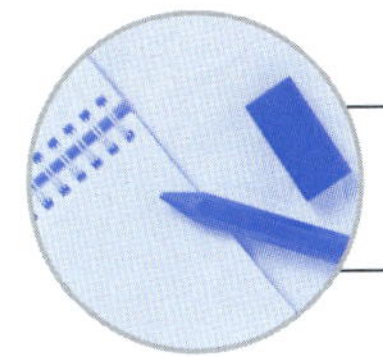

복습 및 토의 문제

01 손해배상책임의 개념을 정리해 보시오.

02 앞 장에서 설명된 공동해손분담금도 손해배상책임에 속하는지에 대해서 토의해 보시오.

03 책임보험의 개념을 정리하고 주변에서 책임보험의 예를 찾아보시오.

04 선박충돌에 관한 국제조약을 검색해 보시오.

05 선박의 운항이나 자동차의 운행은 비슷하다고 볼 수 있는데 선박 혹은 자동차의 충돌은 쌍방과실이 많은지에 대해서 토의해 보시오.

06 현행 협회기간약관 충돌손해배상책임약관은 과거에 3/4 Running Down Clause로 표현하였다. 3/4의 의미와 이러한 필요성에 대해서 토의해 보시오.

07 선박충돌의 경우 충돌손해배상금액은 항상 보험금액의 범위 내이다. 그 이유에 대해서 토의해 보시오.

08 자동차 충돌의 경우는 상대방 차량에 대한 배상금은 거의 무한책임이다. 그 이유에 대해서 토의해 보시오.

09 현행 충돌손해배상책임약관에서 의미하는 충돌 선박의 범위에 대해서 설명해 보시오.

10 A 선박과 B 선박이 동률 과실로 충돌하여 A 선박의 선체손상 10,000 파운드, B 선박의 선체손상 6,000 파운드가 발생하였다고 하자. 단일책임주의와 교차책임주의에서 A 선박보험자, B 선박보험자가 부담하는 실제 보상액을 산정하시오.

PALM TREES

So broad and thin
So very tall
Swaying in the breeze,
As the little brown sparrows fly
Through the trees.

They stand there all day and night,
As the sun and moon shine on their leaves.

They don't care if it rains or snows,
Or if people climb on them.

They're so very tall and thin and high,
It's almost as if they could touch the sky.

Tammi Towle
Pikes Peak Christian School
Colorado Sprigs, CO

PART IV

협회약관

Chapter

15

협회적하약관

적하보험계약의 주요 내용은 대부분 협회적하약관에 의해서 결정된다. 1982년도 및 2009년도에 대폭 개정된 협회적하약관(Institute Cargo Clauses; ICC)은 A약관, B약관 및 C약관의 세 가지 기본약관과 협회전쟁약관(적하), 협회동맹파업약관 등의 부대약관으로 구분된다. 이 장에서는 이들 약관의 주요 의미를 배우고자 한다.

Chapter 15

협회적하약관

01 협회적하약관 A · B · C

1. 협회적하약관의 의의와 구성

1-1 협회적하약관의 의의

(1) 협회적하약관: 구약관

해상보험거래에서 사용되는 약관은 대부분 협회약관(Institute Clauses)이다. 협회약관은 런던보험자협회(Institute of London Underwriters; ILU)와 로이즈보험자협회(Lloyd's Underwriters Association; LUA)가 합동으로 만든 약관이다.

런던보험자협회는 1884년 영국 정부로부터 설립인가를 얻어 발족된 회사 형태를 갖춘 보험자의 단체이며 현재 100개 이상의 보험회사가 가입되어 있다. 이 협회는 보험회사 상호간의 협의와 공동행위를 통해 영국해상보험을 발전시키며 나아가 해상보험자 전체의 이익을 도모하기 위해 설립되었다. 한편 로이즈의 개인보험업자들은 이 협회에 가입하지 않고 별도로 로이즈보험자협회를 조직하여 운영하고 있다.

런던보험자협회와 로이즈보험자협회는 서로 공통되는 이해관계를 많이 가지고 있기 때문에 합동위원회를 설치하여 공동 보조를 취하고 있는데 대표적인 위원회가 기술 및 약관 위원회(Technical and Clauses Committee)이다. 이 위원회는 로이즈 및 보험회사를 대표하는 보험자와 해손정산인으로 구성되어 있으며, 해상보험에서 사용되는 표준약관을 제정하거나 개정한다. 그리고 이 기술 및 약관위원회에서 제정한 약관을 모두 협회약관이라 하며 적하보험에 적용되는 약관을 협회적하약관(Institute Cargo Clauses; ICC)이라 한다.

협회적하약관으로 처음 제정된 것은 1912년 런던보험자협회가 채택한 협회적하약관 분손부담보약관(Free from Particular Average Clauses)이며 이 약관의 주요 내용은 보험자가 분손 · 소손해 등을 부담하지 않는 것이다. 1921년에는 분손을 담보하는 협회적하약관 분손담보약관(With Average Clauses)이 제정되었으며 그 후 보험자들이 담보범위를 확장하는 추세에 발맞추어 1951년에 협회적하약관 전위험담보약관(All Risks Clauses)이 제정되어 이 세 가지가 협회적하약관의 기본약관으로 사용되기 시작하였다. 협회적하약관의 분손부담보약관 · 분손담보약관 및 전위험담보약관은 해상적하보험의 기본조건으로 사용되면서 1958년과 1963년 대폭 개정되었다.

(2) 협회적하약관: 1982년 신약관

협회적하약관 구약관은 분손부담보약관과 그 후에 제정된 분손담보약관이 손해의 형태에 따라 구분된 것이어서 그 내용이 애매모호한 점이 많았고, 전위험담보약관은 약관의 명칭과 실제 내용이 일치하지 않는 부분도 있었다. 이에 따라서 1982년 신양식의 해상보험증권이 제정될 때 약관의 명칭과 내용이 알기 쉽게 대폭 정비된 협회적하약관 A약관, 협회적하약관 B약관 및 협회적하약관 C약관을 기본약관으로 하는 신약관이 제정되어 사용되고 있다.

(3) 협회적하약관: 2009년 신약관

신약관이 사용된 지 20여 년이 지나는 동안 테러리즘, 해상사기 등 새로운 위험이 등장함에 따라 이의 개정이 불가피하게 되었다. 한편 그동안 영국에서 협회약관을 주도적으로 제정해 왔던 런던보험자협회는 1998년 런던 국제보험 및 재보험시장연합과 합병하여 런던 국제 언더라이팅협회(International Underwriting Association of London: IUA)로 새로 탄생하게 되었다. 국제 언더라이팅협회는 로이즈시장협회와 합동적하위원회를 구성해서 1982년 1월 1일 도입한 협회적하약관 신약관을 개정하여 2009년 1월 1일부터 사용하도록 하였다.

2009년 신약관은 A약관, B약관 및 C약관을 기본으로 하는 체제는 1982년 신약관과 동일하지만 테러리즘에 대해 새로운 정의를 포함하고 그동안 애매모호했던 표현을 확실하게 하였다. 그리고 약관에서 사용되는 영어가 현대식으로 표현되었는데 특히 보험자를 지칭하는 'underwriter' 표현이 'insurer'로 대체되었다.

1-2 협회적하약관의 구성

2009년도부터 사용되고 있는 협회적하약관의 기본약관은 A약관 · B약관 및 C약관으로 구성되어 있고 각 약관은 〈표 15-1〉에서처럼 8개의 그룹약관으로 구성되어 있고 이들은 다시 19개의 개별약관으로 나누어져 있다.

A약관 · B약관 및 C약관은 각각 19개의 개별약관으로 구성되어 있지만 제1조의 위험 제4조 및 제6조만 서로 다르고 나머지 항목은 모두 동일하다.

2. 협회적하약관 A

2-1 담보위험(Risks Covered)

(1) 위험(Risks)

해상보험의 정의 MARINE INSURANCE

Risks

This insurance covers all risks of loss of or damage to the subject-matter insured except as excluded by the provisions of Clauses 4,5,6 and 7 below.

위 험

1. 이 보험은 보험목적물의 멸실 또는 손상과 관련된 모든 위험을 담보한다. 단 아래의 제4조 · 제5조 · 제6조 및 제7조의 규정에 의해 제외되는 위험은 제외한다.

[설　　명]

위험약관은 보험자의 담보범위를 규정하고 있는 약관이다. 협회적하약관의 A약관은 포괄책임주의의 원칙이기 때문에 위험약관에는 보험자의 면책위험(excepted peril)이 열거되어 있다.[1] 즉 보험자는 제4조 일반면책위험, 제5조 선박의 불내항 및 부적합위험, 제6조 전쟁위험 및 제7조 동맹파업위험

■ 표 15-1 협회적하약관의 성질별 분류

구　분	약관명(1982년)	약관명(2009)
담보위험 (Risks Covered)	1. 위험약관 2. 공동해손약관 3. 쌍방과실충돌약관	1. 위험 2. 공동해손 3. 쌍방과실충돌약관
면책조항 (Exclusions)	4. 일반면책약관 5. 불내항성 및 부적합면책약관 6. 전쟁면책약관 7. 동맹파업면책약관	4. 5. 6. 7.
보험기간 (Duration)	8. 운송약관 9. 운송계약종료약관 10. 항해변경약관	8. 운송약관 9. 운송계약종료 10. 항해변경
보험금 청구(Claims)	11. 피보험이익약관 12. 계반비용약관 13. 추정전손약관 14. 증액약관	11. 피보험이익 12. 계반비용 13. 추정전손 14. 증액
보험이익 (Benefit of Insurance)	15. 보험이익불공여약관	15.
손해경감 (Minimizing Losses)	16. 피보험자의무약관 17. 포기약관	16. 피보험자의무 17. 포기
지연의 방지 (Avoidance of Delay)	18. 신속조치약관	15.
법률 및 판례 (Law and Practice)	19. 법률 및 관례약관	19.

* 1982년 약관에는 각 조별로 약관 이름이 있었지만 2009년 약관에서는 약관 명칭이 혼란을 초래할 수 있다는 이유로 그 이름을 삭제한 조문이 많고, 특히 면책조항과 관련된 약관에서는 모두 이름을 삭제하였다.

1) 2009년도 약관에서는 위험약관이라는 약관명칭은 사용하지 않지만 이해를 돕기 위해 구식 표현을 그대로 사용하고자 한다.

을 제외한 모든 위험에 근인하여 발생한 손해를 보상한다. 만약 사고의 원인이 네 가지 면책위험에 속하면 보험자는 보상하지 않지만 그러한 사실을 입증할 책임은 보험자에게 있다.

구 양식의 보험증권에서는 이 약관을 전위험담보약관이라고 했는데, 실제로는 모든 위험을 담보하는 조건이면서도 전쟁위험(war risk)과 동맹파업·폭동 및 소요위험(strikes, riots and civil commotions risk)은 담보하지 않았기 때문에 전위험담보조건이라는 명칭은 보험조건으로서 걸맞지 않았다. 따라서 단순히 명칭만 보고 담보위험을 오해하는 경우도 생기고 보험자의 담보범위도 분명하지 않아 1982년 신약관을 제정하면서 불합리한 명칭을 피하고 보험자가 보상해 주는 범위를 명확하게 명시하였다.

(2) 공동해손(General Average)

공동해손 MARINE INSURANCE

General Average

2. This insurance covers general average and salvage charges, adjusted or determined according to the contract of carriage and/or the governing law and practice, incurred to avoid or in connection with the avoidance of loss from any cause except those excluded in Clauses 4,5,6 and 7 below

공동해손

2. 이 보험은 아래 제4조·제5조·제6조 및 제7조에서 제외된 원인 이외의 원인에 의한 손실을 피하기 위하여 또는 피하는 것과 관련하여 발생한 공동해손 및 구조비를 담보한다. 공동해손 및 구조비의 정산 또는 결정은 해상운송계약 및/또는 준거법 및 관례에 따른다.

[설 명]

이 약관은 공동해손 및 구조비를 보험자가 보상한다는 내용이다. 즉 공동해손으로 피보험자가 분담해야 할 공동해손분담금(general average contribution)이 있으면 보험자가 이를 대신 부담한다. 만약 피보험자의 보험목적물이 희생되었거나 비용이 지출되었으면 피보험자는 보험자로부터 손해액의 전액을 먼저 회수할 수 있고 나머지 당사자들이 분담해야 할 분담금에 대해서는 보험자가 정산이 완료된 후 청구한다. 그리고 제3자의 구조활동에 따라 피보험자가 부담해야 할 구조비도 보험자가 보상한다. 그러나 공동해손과 구조비는 반드시 보험자의 담보위험에 근인하여 발생해야 한다. 예를 들어 불내항성과 같이 면책위험으로 침몰하는 선박을 구조했을 경우, 이 때의 구조비는 보험자가 보상하지 않는다.

그리고 공동해손은 자주 발생하는 해손이지만 그 정산방법과 절차가 매우 복잡하여 보통 선하증권에 공동해손약관이 삽입되어 있는데, 만약 이 약관이 없으면 양륙항의 국법에 의하여 처리된다. 그런데 대부분의 선하증권에는 "공동해손은 운송인의 선택에 의해서 어느 항구 어느 장소에서나 조정될 수 있으며 요크-앤트워프 규칙에 준하여 정산된다"는 공동해손약관이 있어 공동해손이 발생하면 요크-앤트워프 규칙에 따라서 정산하는 것이 관례이다.

(3) 쌍방과실충돌약관(Both to Blame Collision Clause)

쌍방과실충돌약관 MARINE INSURANCE

Both to Blame Collision Clause

3. This insurance indemnifies the Assured, in respect of any risk insured herein, against liability incurred under any Both to Blame Collision Clause in the contract of carriage. In the event of any claim by carriers under the said Clause, the Assured agree to notify the Insurers who shall have the right, at their own cost and expense, to defend the Assured against such claim.

쌍방과실충돌약관

3. 이 보험은, 이 보험의 일체의 담보위험과 관련하여, 운송계약상의 쌍방과실충돌약관에 의해 피보험자가 부담해야 하는 책임액을 보상한다. 동 약관에 의거 운송인으로부터 청구를 받았을 경우, 피보험자는 그 취지를 보험자에게 통지할 것을 약속한다. 보험자는 자기의 비용으로 운송인의 청구에 대하여 피보험자를 보호할 권리를 갖는다.

[설 명]

이 약관은 보험자의 손해보상범위를 확장하여 선하증권의 쌍방과실충돌약관에 의하여 피보험자가 부담해야 할 금액 중 보험증권에서 보상받을 수 있는 손해에 관한 부분을 보험자가 지급해 줄 것을 규정한 것이다.

원래 선박의 충돌로 인한 화물의 손해에 대해서 하주는 자선의 선주에게 손해배상청구를 할 수 없다. 왜냐 하면 충돌은 항해상의 과실(errors in the navigation)에 속하여 선주는 운송물의 손해에 대해서 배상할 책임이 없기 때문이다.[2] 그런데 충돌 클레임을 정산하는 과정에서 선주는 자선의 화물 손해를 간접적으로 보상하는 결과를 가져온다.

선하증권의 쌍방과실충돌약관은 이와 같이 선주가 자선의 화물 손해에 대해서 간접적으로 보상한 금액을 다시 회수할 수 있도록 규정한 것이다. 만약 피보험자가 선주로부터 이러한 금액을 청구받았을 경우에는 피보험자는 그 취지를 보험자에게 통지하고 보험자로부터 보상받을 수 있다.

이 약관의 내용을 간단한 예를 들어 설명하면 가령 화물을 적재한 A선박과 화물을 적재하지 않은 B선박이 쌍방과실로 충돌하여 A선에 적재된 화물에 100,000달러의 손해가 발생하였고 쌍방과실비율은 A선박과 B선박이 각각 50%이었다고 하자.

A선주는 헤이그 규칙에 따라서 화물 손해에 대하여 면책되므로 하주는 B선주에게 화물 손해액 100,000달러 전액을 배상청구한다. 그러나 B선주는 자신의 과실이 50%이기 때문에 50,000달러는 A선주에게 청구한다. 이렇게 되면 A선주는 자선에 적재된 화물의 손해에 대해서 50,000달러만큼 간접적으로 부담한 결과가 된다. 따라서 A선주는 선하증권의 쌍방과실충돌약관에 의해 하주에게 50,000달러를 청구하는데, 하주인 피보험자는 이 금액을 보험증권의 쌍방과실충돌약관에 의해서 보험자로부터 50,000달러를 회수한다.

보험증권의 쌍방과실충돌약관은 선하증권의 쌍방과실충돌약관으로 인하여 피보험자가 별도로 부담할 금액을 보상하는 것이기 때문에 만약에 선하증권에 이러한 약관이 없으면 보험증권상의 쌍방과실충돌약관도 필요 없게 된다.

---

2) 헤이그 규칙(제4조 2-a)에 의하면 선장 · 선원 · 도선사 또는 운송인의 고용인이 저지른 항해상이나 선박의 관리상의 실수에 대해서 그리고 이로 말미암아 발생하는 손실에 대해서 선주는 면책된다(상법 제788조 2항 참조).

선하증권의 쌍방과실충돌약관은 선주에게 일방적으로 유리하다는 의견이 지배적이어서 1952년 미국의 연방대법원은 공공의 운송인(common carrier)은 이러한 약관을 사용할 수 없도록 하였다. 그러나 용선계약과 같은 사적 운송에서는 이 약관이 계속 유효하고 또한 미국 이외의 국가에서는 선하증권의 쌍방과실충돌약관을 유효한 것으로 인정할 수도 있기 때문에 피보험자를 보호할 목적으로 보험증권상의 쌍방과실충돌약관을 제정하게 된 것이다.[3)]

2-2 면책(Exclusions)

면 책 MARINE INSURANCE

Exclusions

4. In no case shall this insurance cover

4.1 loss damage or expense attributable to wilful misconduct of the Assured

4.2 ordinary leakage, ordinary loss in weight or volume, or ordinary wear and tear of the subject-matter insured

4.3 loss damage or expense caused by insufficiency or unsuitability of packing or preparation of the subject-matter insured to withstand the ordinary incidents of the insured transit where such packing or preparation is carried out by the Assured or their employees or prior to the attachment of this insurance(for the purpose of these Clauses "packing" shall be deemed to include stowage in a container and "employees" shall not include independent contractors)

4.4 loss damage or expense caused by inherent vice or nature of the subject-matter insured

4.5 loss damage or expense caused by delay, even though the delay be caused by a risk insured against (except expenses payable under Clause 2 above)

3) 이시환, 「해상적하보험약관론」(두남, 2009), p. 33-36. 참조

4.6 loss damage or expense caused by insolvency or financial default of the owners managers charterers or operators of the vessel where, at the time of loading of the subject-matter insured on board the vessel, the Assured are aware, or in the ordinary course of business should be aware, that such insolvency or financial default could prevent the normal prosecution of the voyage.

This exclusion shall not apply where the contract of insurance has been assigned to the party claiming hereunder who has bought or agreed to buy the subject-matter insured in good faith under a binding contract

4.7 loss damage or expense directly or indirectly caused by or arising from the use of any weapon or device employing atomic or nuclear fission and/or fusion or other like reaction or radioactive force or matter.

면　　책

어떤 경우에도 이 보험은 다음의 손해를 담보하지 않는다.

4.1 피보험자의 고의적 비행에 기인한 멸실 · 손상 또는 비용

4.2 보험목적물의 통상의 누손, 중량 또는 용적의 통상적인 손실 및 통상적인 자연소모

4.3 이 보험의 대상이 되는 운송에서 통상 발생하는 사고에 견딜 수 있도록 보험목적물의 포장 또는 준비를 완전하고 적절하게 하지 않음으로 인하여 발생한 멸실 · 손상 또는 비용. 다만 그러한 포장 또는 준비가 피보험자 또는 사용인에 의해 실행되거나 이 보험의 개시 전에 실행되는 경우에 한한다(이 조항에 있어서 "포장"에는 컨테이너에 적부하는 것을 포함하고, "사용인"에는 독립계약자를 포함하지 아니한다).

4.4 보험목적물 고유의 하자 또는 성질로 인하여 발생한 멸실 · 손상 또는 비용

4.5 지연이 담보위험으로 발생된 경우일지라도 지연으로 인하여 발생한 멸실 · 손상 또는 비용(위 제 2 조에서 지급할 비용은 제외함)

4.6 본선의 소유자 · 관리자 · 용선자 또는 운항자의 파산 또는 재정상의 궁핍으로 인한 멸실 · 손상 또는 비용. 다만 보험목적물을 본선에 적재할 때 피보험자가 그러한 파산 또는 재정상의 궁핍이 그 항해의 정상적인 수행을 방해할 수 있다는 사실을 알고 있었거나 또는 통상의 업무상 당연히 알고 있었을 경우에 한한다.

이 면책규정은 구속력 있는 계약에 따라, 선의로 보험목적물을 구입한 자 또는 구입하는 것에 동의한 자에 보험계약이 양도되어 그 자가 이 보험에 의해 보험금을 청구하는 경우에는 적용되지 아니한다.

4.7 원자력 또는 핵의 분열 및/또는 융합 혹은 기타 이와 유사한 반응 혹은 방

사능이나 방사성물질을 응용한 무기 또는 장치의 사용으로 인하여 직접 또는 간접적으로 발생한 멸실 · 손상 또는 비용

5. 5.1 In no case shall this insurance cover loss damage or expense arising from 5.1.1 unseaworthiness of vessel or craft or unfitness of vessel or craft for the safe carriage of the subject-matter insured, where the Assured are privy to such unseaworthiness or unfitness, at the time the subject-matter insured is loaded therein 5.1.2 unfitness of container or conveyance for the safe carriage of the subject-matter insured, where loading therein or thereon is carried out prior to attachment of this insurance or by the Assured or their employees and they are privy to such unfitness at the time of loading.

5.2 Exclusion 5.1.1 above shall not apply where the contract of insurance has been assigned to the party claiming hereunder who has bought or agreed to buy the subject-matter insured in good faith under a binding contract.

5.3 The Insurers waive any breach of the implied warranties of seaworthiness of the ship and fitness of the ship to carry the subject-matter insured to destination.

5. 5.1 어떠한 경우에도 이 보험은 다음 사유로부터 생긴 멸실 · 손상 또는 비용을 담보하지 않는다.

5.1.1 선박 또는 부선의 불감항, 또는 보험목적물의 안전운송을 위한 선박 또는 부선의 부적합. 다만 보험목적물을 적재할 때 피보험자가 그와 같은 불감항 또는 부적합을 알고 있을 경우에 한한다.

5.1.2 보험목적물의 안전운송을 위한 컨테이너 또는 운송용구의 부적합. 다만 그 적재가 이 보험의 개시 전에 실행되는 경우 또는 피보험자 또는 그 사용인에 의해 실행되고 또한 그들이 적재 시에 그러한 부적합을 알고 있을 경우에 한한다.

5.2 상기 5.1.1 면책규정은 구속력 있는 계약하에서 선의로 보험목적물을 구입한 자 또는 구매하는 것에 동의한 자에 이 보험계약이 양도되어 그 자가 이 보험에 의해 보험금을 청구하는 경우에는 적용되지 아니한다.

5.3 보험자는 선박의 감항 및 보험목적물을 목적지로 운송하기 위한 선박의 적합에 대한 묵시담보의 위반에 대하여 보험자의 권리를 포기한다.

6. In no case shall this insurance cover loss damage or expense caused by

6.1 war civil war revolution rebellion insurrection, or civil strife arising therefrom, or any hostile act by or against a belligerent power

6.2 capture seizure arrest restraint or detainment (piracy excepted), and the consequences thereof or any attempt thereat

6.3 derelict mines torpedoes bombs or other derelict weapons of war.

6. 어떤 경우에도 이 보험은 다음의 사유로 발생한 멸실 · 손상 또는 비용을 담보하지 않는다.

6.1 전쟁 · 내란 · 혁명 · 모반 · 반란 또는 이로 인하여 발생한 국내투쟁 혹은 교전국에 의하여 또는 교전국에 대하여 행해진 적대행위

6.2 포획 · 나포 · 강류 · 억지 또는 억류(해적행위 제외) 및 그러한 행위의 결과 또는 그러한 행위의 기도

6.3 유기된 기뢰 · 어뢰 · 폭탄 또는 기타 유기된 전쟁무기

7. In no case shall this insurance cover loss damage or expense

7.1 caused by strikers, locked-out workmen, or persons taking part in labour disturbances, riots or civil commotions

7.2 resulting from strikes, lock-outs, labour disturbances, riots or civil commotions

7.3 caused by any act of terrorism being an act of any person acting on behalf of, or in connection with, any organisation which carries out activities directed towards the overthrowing or influencing, by force or violence, of any government whether or not legally constituted

7.4 caused by any person acting from a political, ideological or religious motive.

7. 어떤 경우에도 이 보험은 다음의 멸실 · 손상 또는 비용을 담보하지 않는다.

7.1 동맹파업자 · 직장폐쇄를 당한 노동자 또는 노동분쟁 · 폭동 또는 소요에 가담한 자에 의하여 발생한 것

7.2 동맹파업 · 직장폐쇄 · 노동분쟁 · 폭동 또는 소요의 결과로 생긴 것

7.3 일체의 테러행위, 즉 합법적 또는 불법적으로 설립된 일체의 정부를 무력 또는 폭력으로 전복 또는 영향력을 미치기 위하여 행동하는 조직을 대신하여 또는 그 조직과 연대하여 행동하는 자의 행위에 의한 것

7.4 정치적, 사상적 또는 종교적 동기에 따라서 행동하는 자에 의하여 발생한 것

[4. 설　　명]

이 약관은 보험자의 면책사항을 일곱 가지로 구분하여 구체적으로 명시한 약관이다. 이 약관에 명시된 면책사항은 어떠한 특약에 의해서도 담보되지 않는다. 보험자의 일반면책사항에 관해서는 제8장 해상위험 제4절에서 구체적으로 설명되었다.

[5. 설　　명]

이 약관은 선박의 불내항성 및 부적합성으로 인한 보험사고에 대해서 보험자가 책임을 지지 않는다는 약관이다. 그런데 선박 · 운송용구 등의 불내항성 및 부적합성은 하주(피보험자)가 통제할 수 없는 요인이기 때문에 하주가 화물을 적재할 때 불내항성 및 부적합성을 모르고 있을 경우에는 보험자가 보상한다. 불내항 및 부적합면책위험은 어떠한 특약에 의해서도 담보되지 않는다. 이 면책위험은 제8장 해상위험 제4절에 자세히 설명되어 있다.

[6. 설　　명]

이 약관은 전쟁위험에 근인한 손해에 대해서 보험자의 면책을 규정한 것이다. 그런데 6.2에서 해적행위 제외(piracy excepted)라는 단서조건이 삽입되어 있는데, B약관 및 C약관에는 이러한 조건이 없다. 해적행위는 해적의 강탈 · 파괴 · 방화 등의 행위를 뜻하는데, 과거에는 전쟁위험으로 취급되었다. 그러나 여기서는 해적행위를 전쟁위험에서 제외했기 때문에 A약관에서는 보험자가 해적행위도 담보한다. 전쟁위험은 협회전쟁약관(Institute War Clauses)을 이용할 경우 담보된다.

[7. 설　　명]

이 약관은 동맹파업 · 폭동 · 소요 · 테러리스트 등으로 인한 손해에 대해서 보험자가 면책됨을 규정한 것이다. 7.1 및 7.3은 원인과 결과가 반드시 근인관계에 있어야 되지만, 7.2는 상당한 인과관계가 있어도 보험자는 면책된다. 과거에는 이 약관을 동맹파업 · 폭동 및 소요부담보약관(Free from Strikes, Riots and Civil Commotions Clause)으로 표현하였으며, 이 위험도 특약에 의해서 담보 가능하다.

2-3 보험기간(Duration)

(1) 운송약관(Transit Clause)

운송약관 MARINE INSURANCE

8. 8.1 Subject to Clause 11 below, this insurance attaches from the time the subject-matter insured is first moved in the warehouse or at the place of storage(at the place named in the contract of insurance) for the purpose of the immediate loading into or onto the carrying vehicle or other conveyance for the commencement of transit, continues during the ordinary course of transit and terminates either

8.1.1 on completion of unloading from the carrying vehicle or other conveyance in or at the final warehouse or place of storage at the destination named in the contract of insurance,

8.1.2 on completion of unloading from the carrying vehicle or other conveyance in or at any other warehouse or place of storage, whether prior to or at the destination named in the contract of insurance, which the Assured or their employees elect to use either for storage other than in the ordinary course of transit or for allocation or distribution, or

8.1.3 when the Assured or their employees elect to use any carrying vehicle or other conveyance or any container for storage other than in the ordinary course of transit or

8.1.4 on the expiry of 60 days after completion of discharge overside of the subject-matter insured from the oversea vessel at the final port of discharge, whichever shall first occur.

8.2 If, after discharge overside from the oversea vessel at the final port of discharge, but prior to termination of this insurance, the subject-matter insured is to be forwarded to a destination other than that to which it is insured, this insurance, whilst remaining subject to termination as provided in Clauses 8.1.1 to 8.1.4 shall not extend beyond the time the subject-matter insured is first moved for the purpose of the commencement of transit to such other destination.

8.3 This insurance shall remain in force (subject to termination as provided for in Clauses 8.1.1 to 8.1.4 above and to the provisions of Clause 9 below) during delay beyond the control of the Assured, any deviation, forced discharge, reshipment or transhipment and during any variation of the adventure arising from the exercise of a liberty granted to carriers under the contract of carriage.

운송약관

8.1 아래 약관 제 11조를 조건으로 하여 이 보험은 운송개시를 위해 운송 차량 또는 기타 운송용구에 보험목적물을 곧바로 적재할 목적으로(이 보험계약에 명시된 장소의) 창고 또는 보관장소에서 보험목적물이 최초로 움직인 때에 개시되고, 통상의 운송과정 중에 계속되며

8.1.1 보험계약에 기재된 목적지의 최종창고 또는 보관장소에서 운송차량 또는 기타 운송용구로부터 양하가 완료된 때

8.1.2 보험계약에 기재된 목적지로 가는 도중이든 목적지든 불문하고, 피보험자 또는 그 사용인이 통상적인 운송과정상의 보관 이외의 보관을 위해서, 또는 할당 또는 분배를 위하여 사용하고자 선택한 기타의 창고 또는 보관장소에서 운송차량 또는 기타 운송용구로부터 양하가 완료된 때, 또는

8.1.3 피보험자 또는 그 사용인이 통상의 운송과정이 아닌 보관을 목적으로 운송차량 또는 기타 운송용구 또는 컨테이너를 사용하고자 선택한 때, 또는

8.1.4 최종 양륙항에서 외항선으로부터 보험목적물의 양륙을 완료 한 후 60일이 경과한 때 중 어느 것이든 먼저 발생한 때에 종료된다.

8.2 최종 양륙항에서 외항선으로부터 양륙 후, 그러나 이 보험이 종료되기 전에, 보험목적물이 부보된 목적지 이외의 장소로 운송되는 경우에는, 이 보험은 약관 8.1.1에서 8.1.4에 규정된 보험종료의 규정에 따라 계속되나 보험목적물이 그러한 목적지로 운송개시를 위해 최초로 움직인 때 종료한다.

8.3 이 보험은 피보험자가 좌우할 수 없는 지연 · 일체의 항로이탈 · 부득이한 양하 · 재 선적 · 환적 및 운송계약 상 운송인에게 부여된 자유재량권의 행사로부터 생기는 위험의 변경기간 중(위 약관 8.1.1에서 8.1.4까지에 규정된 보험종료규정 및 아래 제9조의 규정에 따라)유효하게 계속된다.

[설　　명]

운송약관은 보험자가 손해보상의 책임을 져야 하는 보험기간에 관한 약관인데, 과거 Lloyd's SG 보험증권에서는 보험기간을 화물이 본선에 적재될 때부

터 도착항에 양륙될 때까지 소위 항해구간(port to port)으로 규정하였다. 이러한 보험기간은 현실적으로 불편한 점이 많아서 19세기 말부터는 보험자의 책임을 선적항의 창고에서 목적항의 창고까지 연장하는 창고간약관(Warehouse to Warehouse Clause)이 사용되기 시작하여 지금에 이르고 있다.

현행 운송약관에 나타나 있는 주요 의미를 구체적으로 살펴보면 다음과 같다.

가) 보험자의 책임개시

이 약관에 의하면 보험자의 책임은 운송개시를 위해 운송차량 또는 기타 운송용구에 보험목적물을 곧바로 적재할 목적으로 보험계약에 명시된 장소의 창고 또는 보관 장소에서 보험목적물이 처음 움직인 때에 개시된다.

나) 통상의 운송과정

보험은 통상적인 운송과정에서만 그 효력이 지속되고 만약 화물이 통상적인 운송과정을 벗어나게 되면 보험은 중지된다. 통상적인 운송과정은 화물의 종류, 화물에 대한 관습적 운송방법 등을 고려하여 목적지까지 가장 가까운 항로를 따라서 운항하는 것을 의미한다.

다) 보험자의 책임종료

이 약관에서는 보험계약의 효력이 종료되는 시점을 다음의 네 가지 경우 중 먼저 발생한 때로 규정하여 보험자의 책임이 무기한으로 계속될 수 없음을 못 박고 있다.

① 화물이 보험증권상에 명시되어 있는 목적지의 최종 창고 혹은 보관장소에서 운송차량 등에서 양하가 완료된 때

② 보험증권상에 명시된 목적지와는 상관없이 통상적인 운송과정에서의 보관이 아닌 비상보관을 한다거나 할당 또는 분배하기 위해서 보관할 장소에서 운송차량 등으로부터 양하가 완료된 때

③ 피보험자 또는 그 사용인이 통상의 운송과정이 아닌 보관을 목적으로 운송 차량, 기타 운송용구 또는 컨테이너를 사용하고자 선택한 때

④ 본선으로부터 양륙이 완료된 후 60일이 경과한 시점

또한 보험목적물이 최종 양륙항구에서 양륙 후, 보험이 종료되기 전 부보된 목적지 이외의 장소로 계속 운송되는 경우에도 보험종료규정에 따라 계

속되나 보험목적물이 그러한 목적지로 운송개시를 위해 최초로 움직인 때 종료된다.

라) 불가항력

운송과정에서 피보험자가 좌우할 수 없는 사정에 의한 지연 · 이로 · 강제하역 · 재선적 및 환적 · 운송계약상 선주나 용선자에게 부여된 자유재량권의 행사로부터 발생하는 위험의 변경 등과 같은 사태가 발생해도 보험자의 책임은 계속된다. 여기에 관한 자세한 것은 제 8 장 해상위험 제 2 절에 설명되어 있다.

(2) 운송계약종료(Termination of Contract of Carriage)

운송계약의 종료 MARINE INSURANCE

Termination of Contract of Carriage

9. If owing to circumstances beyond the control of the Assured either the contract of carriage is terminated at a port or place other than the destination named therein or the transit is otherwise terminated before unloading of the subject-matter insured as provided for in Clause 8 above, then this insurance shall also terminate unless prompt notice is given to the Insurers and continuation of cover is requested when this insurance shall remain in force, subject to an additional premium if required by the Insurers, either

9.1 until the subject-matter insured is sold and delivered at such port or place, or, unless otherwise specially agreed, until the expiry of 60 days after arrival of the subject-matter insured at such port or place, whichever shall first occur, or

9.2 if the subject-matter insured is forwarded within the said period of 60 days (or any agreed extension thereof) to the destination named in the contract of insurance or to any other destination, until terminated in accordance with the provisions of Clause 8 above.

운송계약종료

9. 피보험자가 좌우할 수 없는 사정에 의하여 운송계약이 계약서에 기재된 목

적지 이외의 항구 또는 지역에서 종료되거나 또는 기타의 사정으로 위 제8조에 규정된 바에 따라 화물의 인도가 이루어지기 전에 운송이 종료될 경우에는 이 보험도 종료된다.

단, 보험자에게 지체 없이 그 취지를 통지하고 담보의 계속을 요청할 경우에 보험자의 청구가 있으면 추가보험료를 지급하는 조건으로 이 보험은 다음의 시점까지 유효하게 계속된다.

9.1 보험목적물이 상기의 항구 또는 지역에서 매각된 후 인도될 때, 또는 별도의 합의가 없는 한, 그러한 항구 또는 지역에 보험목적물이 도착한 후 60일이 경과한 때 중 어느 한 쪽이 먼저 생길 때까지, 또는

9.2 만약 보험목적물이 상기 60일의 기간(또는 합의하에 60일의 기간을 연장한 기간) 내에 이 보험증권에 기재된 목적지 또는 기타의 목적지까지 계반될 경우에는 위 제8조의 규정에 따라 보험이 종료될 때까지

[설　　명]

이 약관은 피보험자의 영향력이 미치지 못하는 사정에 의하여 목적지에 도착하기 전에 항해가 종료되는 경우 계속 담보하기 위한 약관이다. 불가항력으로 항해가 중단되는 경우에는 피보험자는 그러한 사태에 관한 정보를 입수한 즉시 보험자에게 통지하고 추가보험료(additional premium)를 납부하는 것을 조건부로 계속 담보가 가능하다.

(3) 항해변경(Change of Voyage)

항해변경 MARINE INSURANCE

Change of Voyage

10. 10.1 Where, after attachment of this insurance, the destination is changed by the Assured, this must be notified promptly to Insurers for rates and terms to be agreed. Should a loss occur prior to such agreement being obtained cover may be provided but only if cover would have been available at a reasonable commercial market rate on reasonable market terms.

10.2 Where the subject-matter insured commences the transit

contemplated by this insurance(in accordance with Clause 8.1), but, without the knowledge of the Assured or their employees the ship sails for another destination, this insurance will nevertheless be deemed to have attached at commencement of such transit.

항해 변경

10. 10.1 이 보험의 개시 후 목적지가 피보험자에 의하여 변경된 경우에는 지체 없이 그 취지를 보험자에게 통지하고, 보험요율과 보험조건을 협정하여야 한다. 그러한 협정 전에 손해가 발생한 경우에는 영리 보험시장에서 타당하다고 생각되는 보험조건 및 보험요율에 의한 담보를 받을 수 있는 때에 한하여 담보한다.

10.2 보험목적물이 이 보험(약관 제8.1조에 따라)에서 예상된 운송을 개시하였지만, 피보험자 또는 그들의 사용인이 알지 못하고 선박이 다른 목적지로 향하는 경우에도 이 보험은 그러한 운송의 개시 시에 개시한 것으로 간주된다.

[설　　명]

이 약관은 항해의 변경에 관한 것으로 여기에 관한 자세한 내용은 제8장 해상위험 제2절에 설명되어 있다.

2-4 보험금 청구(Claims)

(1) 피보험이익(Insurable Interest)

피보험이익 MARINE INSURANCE

Insurable Interest

11. 11.1 In order to recover under this insurance the Assured must have an insurable interest in the subject-matter insured at the time of the loss.

11.2 Subject to clauses 11.1 above, the Assured shall be entitled to recover for insured loss occurring during the period covered by this insurance, notwithstanding that the loss occurred before the contract of insurance was concluded, unless the Assured were aware of the loss and the Insurers were not.

피보험이익

11. 11.1 이 보험에서 보상받기 위해서는 피보험자는 손해발생시에 보험목적물에 대해 피보험이익을 가져야 한다.

11.2 위 11.1의 규정에 따르지만 손해가 보험계약체결 전에 발생했을지라도 피보험자가 그 손해의 발생사실을 알고 보험자가 몰랐을 경우를 제외하고는 피보험자는 이 보험의 담보기간중에 생긴 손해에 대하여 보상받을 권리가 있다.

[설 명]

보험을 도박이나 사행과 구별하기 위해 피보험자는 손해발생시에 피보험이익을 갖고 있어야 함을 규정한 약관이다. 그러나 적하보험에서는 소급보상의 원칙이 적용되기 때문에 보험계약을 체결하기 전에 발생한 보험사고에 대해서도 피보험자가 그러한 사실을 몰랐을 경우에는 보상받을 수 있다. 피보험이익과 소급보상에 관한 것은 제 7 장 피보험이익 제 1 절에 자세히 설명되어 있다.

(2) 계반비용(Forwarding Charges)

계반비용 MARINE INSURANCE

Forwarding Charges

12. Where, as a result of the operation of a risk covered by this insurance, the insured transit is terminated at a port or place other than that to which the subject-matter insured is covered under this insurance, the Insurers will reimburse the Assured for any extra charges properly and reasonably incurred in unloading storing and forwarding the subject-matter insured to the destination to which it is insured.

This Clause 12, which does not apply to general average or salvage charges, shall be subject to the exclusions contained in Clauses 4,5,6 and 7 above, and shall not include charges arising from the fault negligence insolvency or financial default of the Assured or their employees.

계반비용

12. 이 보험에서 담보되는 위험이 발생한 결과, 부보된 운송이 이 보험에서 담보되는 보험목적물의 목적지 이외의 항구 또는 지역에서 종료될 경우, 보험자는 보험목적물을 양하·보관하고, 이 보험증권에 기재된 목적지까지 계반함으로써 적절하고 합리적으로 발생한 추가비용을 피보험자에게 보상한다.

이 제12조는 공동해손 또는 구조비에는 적용되지 않으며, 위 제4조·제5조·제6조 및 제7조에 규정된 면책조항의 적용을 받으며, 또한 피보험자 또는 그 사용인의 과실·태만·지불불능 또는 재정상의 채무불이행으로부터 생긴 비용을 포함하지 않는다.

[설 명]

이 약관은 담보위험으로 중간항에서 화물을 양륙할 경우 이에 따른 하역비용·창고보관료·재포장비·재선적비 및 처음 약정된 목적지까지의 운반비용 등을 보험자가 보상한다는 내용이다. 그 동안 이러한 비용도 손해방지비용에 포함되느냐의 논란이 있었는데, 이를 명문화하여 계반비용도 보험자의 보상범위에 포함시켰다. 그러나 담보위험으로 항해가 중단되어 발생하는 계반비용만을 보험자가 보상하며 전쟁위험·동맹파업위험 등 보험자의 면책위험에 의한 계반비용은 보상하지 않는다.

(3) 추정전손(Constructive Total Loss)

추정전손 MARINE INSURANCE

Constructive Total Loss

13. No claim for Consturctive Total Loss shall be recoverable hereunder unless the subject-matter insured is reasonably abandoned either on account of its actual total loss appearing to be unavoidable or because the cost of recovering, reconditioning and forwarding the subject-matter insured to the destination to which it is insured would exceed its vlaue on arrival.

추정전손

13. 추정전손에 대한 보험금 청구는 보험목적물의 현실전손이 불가피하다고 생각될 때, 또는 보험목적물을 회복시켜 거기에 손질을 가하고, 그것을 부보된 목적지까지 계속 운반하는 데 소요되는 비용이 목적지에 도착했을 때의 보험목적물의 가액을 초과할 것 같기 때문에 보험목적물을 정당하게 위부하지 않는 한 보상되지 않는다.

[설 명]

현실전손은 아니지만 현실전손을 피할 수 없거나 보험목적물의 복구비용이 오히려 그 가액을 초과하여 그대로 현실전손으로 처리하는 것이 유리할 경우 피보험자는 위부를 적절히 통지하고 추정전손으로 처리할 수 있음을 규정한 약관이다. 추정전손과 위부는 제11장 전손과 분손 제 2 절 및 제 3 절에 자세히 설명되어 있다.

(4) 증액(Increased Value)

증 액 MARINE INSURANCE

Increased Value

14. 14.1 If any Increased Value insurance is effected by the Assured on the subject-matter insured under this insurance the agreed value of the subject-matter insured shall be deemed to be increased to the total amount insured under this insurance and all Increased Value insurances covering the loss, and liability under this insurance shall be in such proportion as the sum insured under this insurance bears to such total amount insured.

In the event of claim the Assured shall provide the Insurers with evidence of the amounts insured under all other insurances.

14.2 Where this insurance is on Increased Value the following clause shall apply:

The agreed value of the subject-matter insured shall be deemed to be equal to the total amount insured under the primary insurance and all

Increased Value insurances covering the loss and effected on the subject-matter insured by the Assured, and liability under this insurance shall be in such proportion as the sum insured under this insurance bears to such total amount insured.

In the event of claim the Assured shall provide the Insurers with evidence of the amounts insured under all other insurances.

증 액

14. 14.1 이 보험의 보험목적물에 대하여 피보험자가 증액보험을 부보한 경우에는 이 보험목적물의 협정보험가액은 이 보험 및 이와 동일한 손해를 담보하는 모든 증액보험의 총보험금액으로 증가된 것으로 간주되며, 이 보험에서의 보상책임은 총보험금액에 대한 이 보험의 보험금액의 비율로서 부담하게 된다.

보험금을 청구할 때 피보험자는 모든 타보험의 보험금액을 증명할 수 있는 서류를 보험자에게 제출해야 한다.

14.2 이 보험이 증액보험일 경우 다음 약관을 적용한다.

이 보험목적물의 협정보험가액은 원보험 및 피보험자에 의하여 그 보험목적물이 부보되어 동일한 손해를 담보하는 모든 증액보험의 총보험금액과 동액으로 간주되며, 이 보험에서 보상책임은 총보험금액에 대한 이 보험의 보험금액의 비율만큼이다.

보험금을 청구할 경우에는 피보험자는 모든 타보험의 보험금액을 증명할 수 있는 서류를 보험자에게 제출해야 한다.

[설 명]

보험계약을 체결한 후 피보험자가 다시 동일한 보험목적물에 대하여 증액보험을 체결하는 경우가 있다. 예를 들어 CIF 계약에서는 수출업자가 수입업자를 위해 CIF 금액의 110%를 부보하는데, 다시 수입업자가 수입물품의 가격이 앙등한다든지 또는 10% 이상의 판매이윤이 생길 것으로 판단하여 별도로 증액보험을 체결하기도 한다.

원보험과 별도로 증액보험을 또다시 체결하면 동일한 보험목적물에 대해서 두 가지 이상의 보험계약이 존재하기 때문에 중복보험에 의한 초과보험(over insurance by double insurance)이 될 수 있다. 이런 점을 고려하여 증액약관에서는 증액보험이 체결된 경우 보험목적물의 평가액은 증액된 보험금액만큼 증가하는 것으로 간주하며 손해보상도 원보험자와 증액보험자가 각각의 보험금액만큼 비례하여 보상해 줄 것을 규정하고 있다.

가령 수출업자가 CIF 금액의 110%에 해당되는 22,000파운드의 보험계약을 체결했는데, 수입업자가 별도로 8,000파운드의 증액보험을 체결했을 경우에 만약 담보위험으로 인하여 3,000파운드의 손해가 발생하면 원보험자 및 증액보험자가 각각 3,000파운드씩 보상하는 것이 아니라 원보험자는 2,200파운드(3,000×22,000/30,000) 보상하고, 증액보험자는 800파운드(3,000×8,000/30,000)를 보상하게 된다.

2-5 보험이익(Benefit of Insurance)

보험이익 MARINE INSURANCE

15. This insurance

15.1 covers the Assured which includes the person claiming indemnity either as the person by or on whose behalf the contract of insurance was effected or as an assignee,

15.2 shall not extend to or otherwise benefit the carrier or other bailee.

15. 이 보험은

15.1 이 보험계약을 체결하거나 또는 자기를 위해 체결된 자로서, 또는 양수인으로서 보험금을 청구하는 자를 포함하는 피보험자를 대상으로 한다.

15.2 확장 또는 기타 방법에 의해 운송인 또는 기타 수탁자에게 유리하게 이용되어서는 안 된다.

[설　　명]

운송인이나 기타 해상사업에 관련있는 수탁자에게 보험계약이 체결되어 있다는 이유로 어떤 이익이나 혜택을 주어서는 안 된다는 사실을 주지시킨 약관이다.

과거 운송인은 자신의 책임을 면하기 위한 약관을 선하증권에 많이 삽입했는데, 그 중 하나가 보험이익약관(Benefit of Insurance Clause)이다. 이 약관에 따르면 선주의 잘못으로 운송화물에 손해가 발생하더라도 이 화물손해가 적하보험자로부터 보상되면 선주는 아무런 책임이 없다는 것이다.

즉 보험이익약관은 선주가 보험자로부터 보상받지 못하는 손해에 대해서만 보상한다는 것인데, 이 약관이 삽입되면 보험자는 선주에 대한 대위권을 행사할 수 없게 된다. 선하증권의 보험이익약관에 대응하여 보험증권에서는 보험이익불공여약관을 만들어 운송인이나 기타 수탁자의 고의나 과실로 인해 손해가 발생한 경우 그 손해를 보상한 보험자가 대위권을 행사할 수 있도록 하였다.

그러나 선하증권상의 보험이익약관은 선주의 책임을 제한하는 조항이기 때문에 이것은 엄연히 헤이그 규칙에 위배된다.[4] 따라서 현재는 선하증권상에 보험이익약관은 찾아볼 수 없지만 어떠한 경우에도 보험계약이 체결되었다는 사실을 악이용하는 것을 방지하기 위해 1963년부터 보험이익불공여약관이 사용되고 있다.

2-6 손해경감(Minimising Losses)

(1) 피보험자의무(Duty of Assured)

피보험자의무 MARINE INSURANCE

Duty of Assured

16. It is the duty of the Assured and their employees and agents in respect of loss recoverable hereunder

16.1 to take such measures as may be reasonable for the purpose of averting or minimizing such loss, and

16.2 to ensure that all rights against carriers, bailees or other third parties are properly preserved and exercised

and the Insurers will, in addition to any loss recoverable hereunder, reimburse the Assured for any charges properly and reasonably incurred in pursuance of these duties.

피보험자의무

16. 이 보험에서 보상하는 손해에 관하여 다음 사항을 이행하는 것은 피보험자, 그 사용인 및 대리인의 의무이다.

4) 헤이그 규칙 제3조 8항은 운송인의 면책을 허용하는 어떠한 조항 · 계약 또는 합의사항(any clause, covenant or agreement)은 무효임을 규정하고 있다.

16.1 손해를 방지하거나 또는 경감시키기 위하여 합리적 조치를 강구하는 것, 그리고

16.2 운송인 · 수탁자 또는 기타 제3자에 대한 일체의 권리가 적절히 보존되고 행사되도록 확보해 놓는 것. 그리고 보험자는 이 보험에서 보상하는 손해에 추가하여 위의 의무를 수행함에 있어 적절하고 합리적으로 발생한 비용을 피보험자에게 보상한다.

[설　　명]

이 약관은 피보험자의 손해방지활동과 운송인 · 수탁자 또는 기타 제3자에 대한 손해배상청구권을 확보할 것을 피보험자의 의무로서 규정한 약관이다.

운송인의 잘못으로 손해가 발생할 경우 하주는 운송인에게 손해배상을 청구함이 당연하다. 그러나 손실 화물이 부보되어 있을 경우 하주는 보험자로부터 보상금을 받고 운송인이 입힌 손실에 대한 배상청구권을 보험자에게 양도한다.

그러면 보험자는 피보험자에게 먼저 손해액을 배상해 주고 양도받은 대위권을 행사하여 손해배상을 운송인에게 청구하게 된다. 이런 경우에 피보험자는 운송인에 대한 청구권을 유보 또는 보전해 두어야 후일 보험자가 손해배상을 청구할 수 있기 때문에 이러한 피보험자의 의무를 이 약관에서 규정한 것이다.

피보험자의 손해방지의무와 손해방지비용에 관한 것은 제12장 비용손해 제1절에 구체적으로 설명되어 있다. 그리고 대위권에 관한 것은 제11장 전손과 분손의 제3절에 설명되어 있다.

(2) 포기(Waiver)

포　　기　　MARINE INSURANCE

Waiver

17. Measures taken by the Assured or the Insurers with the object of saving, protecting or recovering the subject-matter insured shall not be

considered as a waiver or acceptance of abandonment or otherwise prejudice the rights of either party.

포 기

17. 보험목적물을 구조 · 보호 또는 회복하기 위한 피보험자 또는 보험자의 조치는 위부의 포기 또는 승낙으로 간주되지 않으며, 또한 각 당사자의 권리를 침해하지도 않는다.

[설 명]

보험목적물을 구조 · 보호 또는 복구하기 위한 피보험자 또는 보험자의 조치는 위부(abandonment)의 포기 또는 승낙으로 간주되지 아니하며, 또한 각 당사자의 권리를 침해하지 아니함을 규정한 약관이다.

추정전손이 발생하여 피보험자가 위부통지를 하면 대개의 경우 피보험자는 보험자가 위부를 수락해 주길 기대한다. 그런데 보험자가 위부를 수락하려면 손해가 확대되어 현실전손에 가까워야 하기 때문에 피보험자는 위부통지를 하면서 손해방지활동을 하지 않으려는 심리가 작용한다. 또한 피보험자가 위부통지를 하고 동시에 손해방지활동을 할 경우 보험자는 이를 피보험자의 위부포기로 착각할 수도 있기 때문에 피보험자는 위부통지를 할 때 손해방지활동을 하지 않으려는 경향이 있다.

한편 보험자가 위부의 통지를 받고서 손해방지활동을 하면 피보험자는 이러한 보험자의 행동을 보고 위부의 승낙으로 간주하여 자칫하면 피보험자나 보험자는 손해방지행위를 서로 미룰 수 있다. 포기약관은 이를 방지하기 위해 쌍방이 서로 미루지 말고 손해방지행위를 성실히 수행할 것을 규정한 것이다.

2-7 지연의 방지(Avoidance of Delay)

지연의 방지 MARINE INSURANCE

18. It is a condition of this insurance that the Assured shall act with reasonable despatch in all circumstances within their control.

18. 피보험자는 자기가 좌우할 수 있는 모든 여건하에 있어서 상당히 신속하게 행동하는 것이 이 보험의 조건이다.

[설　명]

이 약관은 지연으로 보험자가 피해보는 것을 방지하기 위하여 피보험자로 하여금 신속하게 행동하여 조치할 것을 보험의 조건으로 한 것이다.

2-8 법률 및 관례(Law and Practice)

법률 및 관례 MARINE INSURANCE

Law and Practice

19. This insurance is subject to English law and practice.

법률 및 관례

19. 이 보험은 영국의 법률 및 관례에 준한다.

[설　명]

이 약관은 이 보험과 관련하여 문제가 발생하면 영국의 법률과 관례에 따라 해결할 것을 규정한 것이다. 우리나라에서 발행되는 영문해상보험증권도 영국의 법률 및 관례에 따른다.

유의사항 MARINE INSURANCE

Note

NOTE: *Where a continuation of cover is requested under Clause 9, or a change of destination is notified under Clause 10, there is an obligation to give prompt notice to the Insurers and the right to such cover is dependent upon compliance with this obligation.*

유의사항

약관 제 9 조에 의해 담보의 계속이 요청되거나, 또는 약관 제10조에 의해 항해의 변경이 통지되는 경우, 지체 없이 그 취지를 보험자에게 통지할 의무가 있으며, 계속담보를 받을 수 있는 권리는 이 의무의 이행여부에 달려 있다.

3. 협회적하약관 B

협회적하약관 B약관은 19개의 개별약관으로 구성되어 있다. 그러나 A약관과 제 1 조 · 제 4 조 및 제 6 조만 다르고 나머지는 동일하다. 따라서 B약관은 제 1 조 · 제 4 조 및 제 6 조만 설명하기로 한다.

3-1 담보위험(Risks Covered)

위 험 MARINE INSURANCE

Risks

1. This insurance covers, except as excluded by the provisions of Clauses 4,5,6 and 7 below,

1.1 loss of or damage to the subject-matter insured reasonably attributable to

1.1.1 fire or explosion

1.1.2 vessel or craft being stranded grounded sunk or capsized

1.1.3 overturning or derailment of land conveyance

1.1.4 collision or contact of vessel craft or conveyance with any external object other than water

1.1.5 discharge of cargo at a port of distress

1.1.6 earthquake volcanic eruption or lightning,

1.2 loss of or damage to the subject-matter insured caused by

1.2.1 general average sacrifice

1.2.2 jettison or washing overboard

1.2.3 entry of sea lake or river water into vessel craft hold conveyance container or place of storage,

1.3 total loss of any package lost overboard or dropped whilst loading on to, or unloading from, vessel or craft.

1. 위 험

이 보험은 다음의 손해를 담보한다.

단, 아래 제4조 · 제4조 · 제6조 및 제7조의 규정에 의해 면책되는 위험은 제외한다.

1.1 다음 위험에 정당하게 기인된 보험목적물의 멸실 또는 손상

1.1.1 화재 또는 폭발

1.1.2 선박 또는 부선의 좌초 · 교사 · 침몰 또는 전복

1.1.3 육상운송용구의 전복 또는 탈선

1.1.4 선박 · 부선 또는 운송용구와 물 이외 타물체와의 충돌 또는 접촉

1.1.5 조난항에서 적하의 양하

1.1.6 지진 · 분화 또는 낙뢰

1.2 다음 위험으로 인한 보험목적물의 멸실 또는 손상

1.2.1 공동해손희생

1.2.2 투하 또는 파도에 의한 갑판상의 유실

1.2.3 선박 · 부선 · 선창 · 운송용구 · 컨테이너 또는 보관장소에 해수 · 호수 또는 하천수의 유입

1.3 선박 또는 부선에 선적 또는 양하작업 중 해수면으로 낙하하여 멸실되거나 추락하여 발생된 포장단위당 전손

[설 명]

제1항 위험약관에는 B약관에서 보험자가 담보하는 위험이 열거되어 있다. A약관은 포괄책임주의이기 때문에 면책위험을 명시하고 있지만 B약관 및 C약관은 열거책임주의이므로 담보위험을 명시하고 있다. B약관은 과거의 분손담보약관을 정비한 것이다. 이 약관에 명시된 위험에 관한 자세한 내용은 제8장 해상위험 제3절에 설명되어 있다.

3-2 면책(Exclusions)

면 책 MARINE INSURANCE

4.7 deliberate damage to or deliberate destruction of the subject-matter insured or any part thereof by the wrongful act of any person or persons

어떠한 자의 불법행위에 의해 보험목적물 또는 그 일부에 발생한 고의적인 손상 또는 고의적인 파괴

[설 명]

A약관의 제4조 일반면책약관에서는 보험자가 면책되는 위험이 일곱 가지 열거되어 있지만 B약관 및 C약관에서는 여기에 제3자의 불법행위 면책사항이 추가되어 여덟 가지 열거되어 있다.[5] 따라서 방화, 선박의 밑바닥에 구멍을 내는 것(scuttling), 선장 및 선원의 악행 등과 같은 고의적이고 계획적인 불법행위에 대해서는 보험자가 책임지지 않는다. 그러나 이 면책사항은 악의적 손상약관(Malicious Damage Clause)을 특약으로 체결하면 담보 가능하다.

A약관의 제6조 전쟁면책약관에는 해적행위(piracy)가 전쟁위험에서 제외되어 있지만 B약관 및 C약관의 전쟁면책약관에는 해적행위가 전쟁위험에 포함되어 있다. 이 점만 제외하고 나머지 사항은 A약관 · B약관 및 C약관의 제6조 전쟁면책약관의 내용은 모두 동일하다. 따라서 A약관에서는 해적행위가 보험자의 담보위험에 속하고 B약관 및 C약관에서는 해적행위가 보험자의 면책위험에 해당된다.

4. 협회적하약관 C

협회적하약관의 C약관은 19개의 개별약관으로 구성되어 있으며 제1조 위험약관만 제외하고 나머지 개별약관은 B약관과 동일하다. 따라서 C약관에서는 제1조만 설명하기로 한다.

---

5) B약관 및 C약관의 일반면책사항은 4.1~4.8까지 규정되어 있지만 4.7항을 제외한 나머지 항은 A약관의 일반면책사항과 동일하여 여기서는 4.7항만 인용하였다.

담보위험(Risks Covered)

위 험

MARINE INSURANCE

1. Risks Clause

This insurance covers, except as excluded by the provisions of Clauses 4,5,6 and 7 below,

1.1 loss of or damage to the subject-matter insured reasonably attributable to

1.1.1 fire or explosion

1.1.2 vessel or craft being stranded grounded sunk or capsized

1.1.3 overturning or derailment of land conveyance

1.1.4 collision or contact of vessel craft or conveyance with any external object other than water

1.1.5 discharge of cargo at a port of distress,

1.2 loss of or damage to the subject-matter insured caused by

1.2.1 general average sacrifice

1.2.2 jettison.

1. 위 험

이 보험은 다음의 손해를 담보한다.

단, 제4조 · 제5조 · 제6조 및 제7조의 면책조항에 규정된 손해는 제외한다.

1.1 다음 위험에 정당하게 기인된 보험목적물의 멸실 또는 손상

1.1.1 화재 또는 폭발

1.1.2 선박 또는 부선의 좌초 · 교사 · 침몰 또는 전복

1.1.3 육상운송용구의 전복 또는 탈선

1.1.4 선박 · 부선 또는 운송용구와 물 이외 타물체와의 충돌 또는 접촉

1.1.5 조난항에서 적하의 양하

1.2 다음 위험으로 인한 보험목적물의 멸실 또는 손상

1.2.1 공동해손희생

1.2.2 투하

[설　명]

협회적하약관 C약관은 B약관과 마찬가지로 열거책임주의 원칙이기 때문에 보험자의 담보위험이 열거되어 있는데, 그 수가 B약관보다 적다. 따라서 이 약관은 A약관 · B약관 및 C약관의 기본약관 중에서 보험자의 담보범위가 가장 좁다.

B약관에서 담보되는 위험 중 C약관에서는 담보되지 않는 위험은 다음과 같다.

① 지진 · 분화 또는 낙뢰

② 파도에 의한 갑판 상의 유실

③ 선박 · 부선 · 선창 · 운송용구 · 컨테이너 또는 보관장소에 해수 · 호수 또는 하천수의 유입

④ 선박 또는 부선에 선적 또는 양하작업 중 해수면으로 낙하하여 멸실되거나 추락하여 발생된 포장단위당 전손

C약관은 과거의 분손부담보약관을 정비한 것인데, 그렇다고 하여 분손을 담보하지 않는 것은 아니다. 현재 사용되는 약관은 보험자의 담보범위에 따라 구분한 것이므로 담보위험에 근인하여 발생한 분손은 보험자가 모두 보상한다.[6)]

6) 구약관 상의 전위험담보조건(A/R), 분손담보조건(W/A) 및 분손부담보조건(FPA)에서 보험자가 담보하는 위험을 요약하면 다음과 같다.

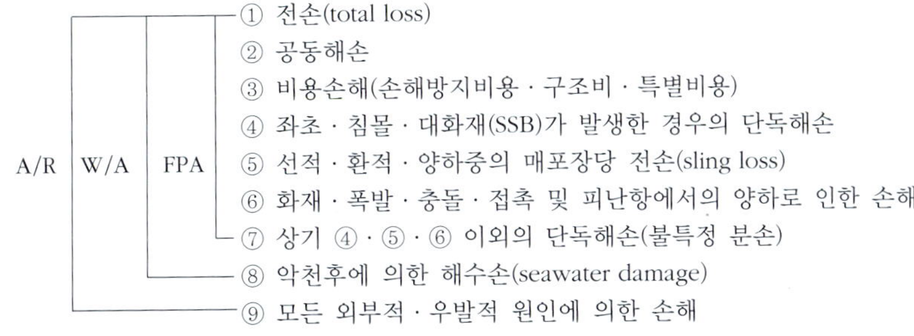

02 협회전쟁 · 동맹파업약관

1. 협회전쟁약관(적하)

1-1 협회전쟁약관(적하)의 개념

전쟁위험은 협회적하약관 제6조 전쟁면책약관에 따라서 보험자의 면책위험에 속하므로 특약에 의해서만 담보 가능하다. 적하보험에서 전쟁위험을 담보하는 약관은 협회전쟁약관(Institute War Clauses)이며 여기에는 해상운송화물 · 항공운송화물 및 우송물에 각각 적용되는 세 가지 종류가 있다. 해상운송화물에 적용되는 전쟁담보약관은 협회전쟁약관(적하)(Institute War Clauses, Cargo)이다.[7)]

■ 표 15-2 협회전쟁약관의 구성

약관구분	협회전쟁약관	협회적하약관과의 비교
담보위험	1. 위　　험 2. 공동해손	상　　이 동　　일
면책조항	3. 4.	상　　이 동　　일
보험기간	5. 운송 6. 항해변경 7. 우선조건	상　　이 동　　일 상　　이
보험금청구	8. 피보험이익 9. 증　　액	동　　일 동　　일
보험이익	10.	동　　일
손해경감	11. 피보험자의무 12. 포　　기	동　　일 동　　일
지연의 방지	13.	동　　일
법률 및 관례	14.	동　　일
유의사항	계속담보	동　　일

7) 항공운송화물에는 'Institute War Clauses(Air Cargo)(excluding sendings by Post)'가 적용되며 우송물에는 'Institute War Clauses(sending by Post)'가 적용된다.

협회전쟁약관(적하)은 〈표 15-2〉에서처럼 모두 14개의 개별약관으로 구성되어 있는데, 네 가지 약관만 제외하고는 협회적하약관의 개별약관과 동일하다. 이는 전쟁위험만을 단독으로 담보할 경우 필요한 약관을 협회적하약관에서 그대로 인용해 왔기 때문이다.

1-2 협회전쟁약관상의 담보위험

협회전쟁약관에서 담보하는 위험은 제1조 위험약관 및 제2조 공동해손약관에 규정되어 있다. 제2조 공동해손약관은 협회적하약관의 공동해손약관과 동일하며 제1조 위험약관의 내용은 다음과 같다.

이 약관에서 보험자가 담보하는 전쟁위험은 협회적하약관의 전쟁면책약관에서 보험자의 면책으로 규정된 위험이다. 그러나 위험약관에서 담보하는 것은 보험목적물의 멸실 또는 손상에 한하며 비용이나 전쟁위험의 결과로 피보험자가 입게 되는 재정상의 손해는 담보하지 않는다.

위 험 MARINE INSURANCE

Risks

This insurance covers, except as excluded by the provisions of Clauses 3 and 4 below, loss of or damage to the subject-matter insured caused by

1.1 war civil war revolution rebellion insurrection, or civil strife arising therefrom, or any hostile act by or against a belligerent power

1.2 capture seizure arrest restraint or detainment, arising from risks covered under 1.1 above, and the consequences thereof or any attempt thereat

1.3 derelict mines torpedoes bombs or other derelict weapons of war.

위 험

1. 이 보험은 다음의 위험으로 인한 보험목적물의 멸실 또는 손상을 담보한다. 단, 제3조 및 제4조의 규정에 의하여 면책되는 위험은 제외한다.

1.1 전쟁 · 내란 · 혁명 · 모반 · 반란 또는 이로 인하여 발생한 국내투쟁 혹은 교전국에 의하여 또는 교전국에 대하여 행해진 적대행위

1.2 위 1.1에서 담보되는 위험으로 인한 포획 · 나포 · 강류 · 억지 또는 억류 및 그러한 행위의 결과 또는 그러한 행위의 기도

1.3 유기된 기뢰 · 어뢰 · 폭탄 또는 기타 유기된 전쟁무기

1-3 협회전쟁약관상의 면책위험

협회전쟁약관에서 보험자가 면책되는 위험은 제3조 일반면책약관 및 제4조 불내항 및 부적합면책약관에 규정되어 있는데, 그 내용은 항해중절부담보가 추가된 점을 제외하고 협회적하약관의 규정과 동일하다. 항해중절부담보약관(Frustration Clause)은 항해가 중지된 경우 그 중지만을 이유로 보험금을 청구하는 것에 대해서 보험자가 책임지지 않는다는 내용이다.

그리고 협회적하약관의 제4조 일반면책약관에서는 핵무기나 이와 비슷한 무기를 사용함으로써 발생하는 모든 손해를 면책하고 있는 데 반하여 협회전쟁약관에서는 이들 무기를 전쟁 목적으로 사용함으로써 발생하는 손해에 한하여 보험자의 면책으로 하고 있는 점이 차이가 있다.

1-4 협회전쟁약관상의 보험기간

협회전쟁약관에서 보험자가 담보하는 기간은 제5조 운송약관 및 제6조 항해변경약관에 규정되어 있는데, 항해변경약관은 협회적하약관의 항해변경약관과 내용이 동일하다. 운송약관에 의하면 보험자는 화물이 선박이나 부선에 적재되어 해상에 있는 동안(waterborne)만 전쟁위험을 담보하는 것을 원칙으로 한다.

(1) 보험자의 책임개시

보험자의 책임은 화물이 외항선에 적재되거나 또는 화물을 육지에서 외항선으로 옮기기 위해 사용되는 부선에 적재될 때 개시된다.

(2) 보험자의 책임종료

보험자의 책임은 화물이 최종 목적항에서 외항선으로부터 또는 화물을 육지로 수송하기 위해 사용되는 부선으로부터 양륙된 때 종료된다. 그러나 외항선이 최종 목적항에 도착한 날의 자정으로부터 15일이 경과하게 되면 보험은 종료하게 된다. 담보기간을 제한하는 이유는 화물이 양륙되지 않으면 보험자의 책임이 무한정 계속되기 때문이다.

(3) 환　적

화물을 환적하기 위해 중간항에 도착하면 15일 이내에 화물을 환적해야 한다. 15일 동안은 환적을 위해 화물이 항계(port area) 내에 있는 한 육상에 보관중이라도 보험자의 책임은 지속된다.

1-5 우선조건약관

우선조건약관은 보험자의 전쟁위험담보에 관해서는 보험증권 상에 어떠한 조건이 삽입되어도 항해중절부담보 · 핵무기위험부담보 및 운송약관에 저촉되는 보험증권상의 조건은 무효임을 규정한 것이다. 이 약관은 협회전쟁약관에만 규정되어 있다.

2. 협회동맹파업약관

협회적하약관(2009년)의 면책 중 보험자의 동맹파업면책에 따라서 동맹파업 · 폭동 · 소요 등의 위험은 보험자의 면책위험이다. 이러한 위험을 담보하려면 협회동맹파업약관(적하)(Institute Strikes Clauses, Cargo)으로 특약을 체결해야 한다.[8)]

이 약관도 협회전쟁약관과 마찬가지로 14개의 개별약관으로 구성되어 있고 제1조 및 제3조를 제외한 나머지 약관은 협회적하약관과 동일하다. 〈표 15-3〉은 협회동맹파업약관을 구성하고 있는 개별약관의 명칭과 이 약관이 협회적하약관의 내용과 동일한가의 여부를 나타낸 것이다.

2-1 협회동맹파업약관상의 담보위험

협회동맹파업약관에서 담보하는 위험은 제1조 및 제2조에 규정되어 있는데, 제2조의 공동해손약관은 협회적하약관의 공동해손약관과 내용이 동일하다. 제1조 위험약관의 내용은 다음과 같다.

---

8) 우리나라에서는 전쟁위험과 동맹파업위험은 각각 담보되지 않고 단일 할증보험료를 지급하면 동시에 부보된다.

위 험

MARINE INSURANCE

Risks

1. This insurance covers, except as excluded by the provisions of Clauses 3 and 4 below, loss of or damage to the subject-matter insured caused by,

1.1 strikers, locked-out workmen, or persons taking part in labour disturbances, riots or civil commotions

1.2 any terrorist or any person acting from a political motive.

위 험

1. 이 보험은 다음의 자들로 인하여 발생한 보험목적물의 멸실 또는 손상을 담보한다. 단, 제3조 및 제4조의 규정에 의하여 면책되는 위험의 손해는 제외한다.

1.1 동맹파업자 · 직장폐쇄를 당한 노동자 또는 노동분쟁 · 폭동 또는 소요에 가담한 자

1.2 테러리스트 또는 정치적 동기에 의하여 행동한 자

보험자가 담보하는 동맹파업과 관련되는 위험은 협회적하약관의 제7조 동맹파업면책약관에서 보험자의 면책으로 열거되어 있는 위험이다. 협회적하약관에서와 마찬가지로 보험자는 보험목적물의 멸실 또는 손상만을 담보한다.

2-2 협회동맹파업약관상의 면책위험

협회동맹파업약관상의 면책위험은 제3조 및 제4조에 규정되어 있는데, 이들의 내용은 다음의 두 가지 면책위험이 추가되는 점을 제외하고 협회전쟁약관상의 면책위험과 동일하다.

① 동맹파업 · 직장폐쇄 · 노동분쟁 · 폭동 및 소요로부터 생긴 모든 종류의 노동력의 결핍 · 부족 또는 공급방해로 생긴 멸실 · 손상 또는 비용.

② 전쟁 · 내란 · 혁명 · 모반 · 반란 또는 이로 인하여 발생한 국내투쟁 혹은 교전국에 의하여 또는 교전국에 대하여 행해진 적대행위로 인하여 발생한 멸실 · 손상 또는 비용.

① 항의 내용은 동맹파업 등이 발생하면 자연히 노동자의 결근 또는 부

족이 생기고 이로 인해 화물은 부두 · 선박 · 중간창고 등에 잔류되어 운송이 지연됨으로써 여러 가지 손해가 발생할 수 있는데, 이러한 손해에 대해서 보험자의 면책을 규정한 것이다.

② 항에 열거된 위험은 협회전쟁약관에서 보험자가 담보하는 위험인데, 협회동맹파업약관에서 보험자의 면책위험으로 추가시킨 이유는 이러한 위험은 협회전쟁약관에 의해서만 담보가 가능하다는 것을 주지시키기 위한 것이다.

2-3 협회동맹파업약관의 보험기간

협회동맹파업약관상의 보험기간은 〈표 15-3〉에서처럼 협회적하약관의 보험기간과 동일하다. 협회전쟁약관은 해상운송중에서 발생하는 전쟁위험만을 담보하지만 협회동맹파업약관은 전운송기간에 적용되기 때문에 육상의 창고에서 발생하는 동맹파업위험도 담보한다.

■ 표 15-3 협회동맹파업약관의 구성

약관구분	협회동맹파업약관	협회적하약관과의 비교
담보위험	1. 위　　험 2. 공동해손	상　　이 동　　일
면책조항	3. 4.	상　　이 동　　일
보험기간	5. 운송약관 6. 항해계약종료 7. 항해변경	동　　일 동　　일 상　　이
보험금청구	8. 피보험이익 9. 증　　액	동　　일 동　　일
보험이익	10.	동　　일
손해경감	11. 피보험자의무 12. 포　　기	동　　일 동　　일
지연의 방지	13.	동　　일
법률 및 관례	14.	동　　일
유의사항	계속담보	동　　일

복습 및 토의 문제

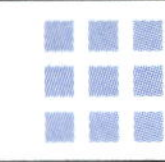

01 해상보험에서 사용되는 약관을 제정하는 단체에 대해서 토의해 보시오.

02 협회적하약관의 구약관을 일목요연하게 정리하면서 어떤 문제점이 있었는지에 대해서 토의해 보시오.

03 협회적하약관의 신약관 1982년도와 2009년도 것을 비교 토의해 보시오.

04 협회적하약관 신약관 2009년도 것의 특징을 토의해 보시오.

05 협회적하약관(2009) A · B · C의 전체 구성을 설명해 보시오.

06 협회적하약관(2009)의 담보위험과 구약관상의 담보위험을 상호 비교해 보시오.

07 협회적하약관 A 약관, B 약관 및 C 약관의 차이에 대해서 토의해 보시오.

08 협회적하약관 A 약관, B 약관 및 C 약관의 구분 기준에 대해서 토의해 보시오.

09 협회전쟁약관(적하) 및 협회동맹파업약관의 전체 구성을 설명해 보시오.

10 우리나라에서 전쟁 및 동맹파업 위험이 담보되고 있는 실태를 검색해 보시오.

Chapter 16

협회기간약관

| 제 1 절 | 협회기간약관의 의의

| 제 2 절 | 협회기간약관의 내용

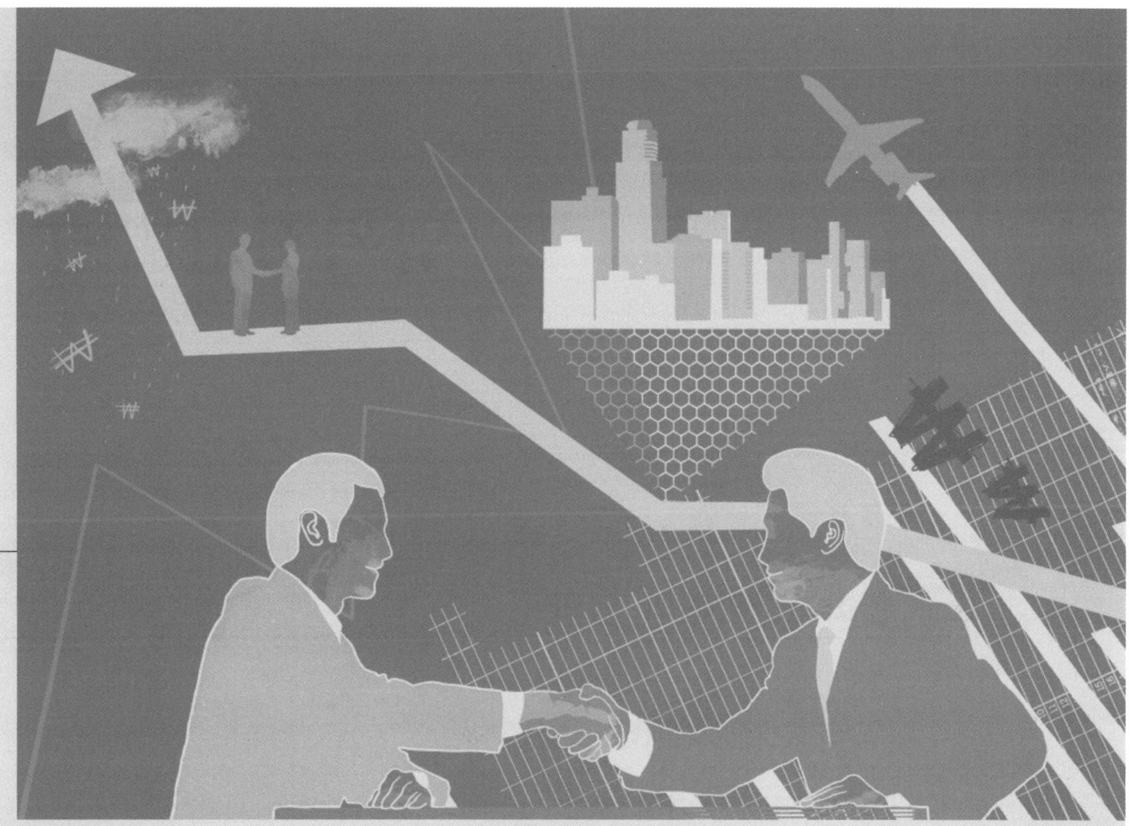

협회기간약관은 1888년 처음으로 제정된 후 1983년에 대폭 정비되어 지금에 이르고 있다. 이 약관은 선박보험에서 가장 일반적으로 사용되고 있으며 다른 선박보험약관의 기준이 되고 있다. 현재 우리 나라도 협회기간약관을 기본으로 선박보험을 인수하고 있는 실정이다. 이 장에서는 협회기간약관의 주요 의미를 배우고자 한다.

Chapter 16

협회기간약관

01 협회기간약관의 의의

1. 협회기간약관의 개념

선박보험에서 가장 많이 이용되고 있는 약관은 협회기간약관(Institute Time Clauses-Hulls)인데, 이 약관은 1888년 런던보험자협회(ILU)에 의해서 처음으로 제정되었다. 해상보험의 초창기에는 선박이 대부분 범선이었고 보험에 가입하는 형태도 1회 항해를 기준으로 하는 항해보험이었다. 이 때는 Lloyd's SG 보험증권만으로 충분히 선박보험계약이 체결될 수 있었다.

그러나 1880년대 이르러 증기선이 출현하고 선박보험도 기간보험으로 가입하는 경우가 많아지자 Lloyd's SG 보험증권상의 약관만으로 선박보험을 인수할 수 없어 각 보험자는 독자적으로 특별약관을 만들어 사용하였다. 보험자마다 다른 다양한 약관을 사용하다 보니 이를 통일할 필요성이 제기되어 런던보험자협회가 이들 약관을 통일하여 최초로 협회기간약관을 제정하였다.

협회기간약관은 여러 차례 개정되어 오면서 1983년 신양식의 해상보험증권이 등장하자 여기에 부응하여 대폭 개정되었다. 협회기간약관은 1995년 11월 1일자로 개정약관이 공표되었지만 선박보험시장에서 환영을 받지 못하고 있는 실정이다.

그리고 런던 시장의 합동선박위원회가 그동안 사용되어 온 협회기간약관을 대체하기 위해 2003년 11월 1일자로 국제선박보험약관(International Hull Clauses: IHC)을 제정 · 공표하였다. 국제선박보험약관에는 기존의 협회기간약관에 없었던 내용이 많이 추가되어 모두 50개조로 구성되어 있다.

따라서 현재 선박보험에는 협회기간약관(1983), 협회기간약관(1995), 국제선박보험약관 등이 있지만 1983년도 협회기간약관이 많이 사용되고 있는 실정이며 협회에서 제정한 다른 선박보험약관도 이 약관을 기본으로 하고 있다.[1)]

2. 협회기간약관의 특징

1983년도 협회기간약관은 다음과 같은 특징을 지니고 있다.

첫째, 협회적하약관과 마찬가지로 협회기간약관도 분명하고도 포괄적이며 공정한 약관으로 체계화되어 있다. 영국해상보험법의 관련조항이 약관에 포함되어 있고 그 동안 의미가 불분명한 부문은 새로운 어구를 삽입시킴으로써 약관이 전반적으로 평이하게 되어 있다.

둘째, 해상보험의 국제성을 고려하여 협회기간약관을 세계적으로 널리 사용될 수 있도록 약관의 체계를 보편화하였다. 그 동안 영국 중심의 약관체계에서 탈피하여 UN의 해운입법실무위원회에서 채택한 국제표준약관, 미국의 선박보험약관 등이 많이 참조되었다.

셋째, 협회기간약관은 보험자의 열거책임원칙을 채택하고 있다. 선박보험에서는 피보험자 즉 선주가 보험목적물인 선박의 상태나 동정에 대해서 어느 정도 알고 있기 때문에 피보험자에게 보험사고의 입증의무를 지우는 열거책임원칙이 적용되도록 하였다.

마지막으로, 열거책임주의에 따라 보험자가 담보하는 위험의 범위가 구체적으로 열거되어 있다. 그 동안 영국해상보험법과 여러 약관에 근거를 두었던 담보위험을 일목요연하게 열거함으로써 피보험자들의 혼동을 방지할 수 있게 되었다.

---

1) 협회기간약관 외에 선박보험에서 사용되는 주요 약관으로는 협회항해약관 · 협회전쟁 및 동맹파업약관 등이 있다. 협회항해약관(Institute Voyage Clauses-Hulls)은 항해보험에서 이용되지만 그 사용빈도가 점차 줄어들고 있다. 그리고 선박보험에서도 전쟁위험 및 동맹파업위험은 면책위험이기 때문에 이를 담보하기 위한 특별약관으로 협회전쟁 및 동맹파업약관(Institute War and Strikes Clauses-Hulls)이 있다. 적하보험에서는 협회전쟁약관과 협회동맹파업약관이 각각 있지만, 선박보험에서는 합쳐져 있다.

02 협회기간약관의 내용

1. 협회기간약관의 구성

현재 사용되고 있는 협회기간약관은 Lloyd's SG 보험증권상의 약관 · 구약관 · 영국해상보험법 등을 반영하여 전문 26개 약관으로 구성되어 있다. 협회기간약관의 구성과 각 약관의 제정 원천을 살펴보면 〈표 16-1〉과 같다.[2)]

■ 표 16-1 협회기간약관의 구성과 제정 원천

약 관 명	로이즈	구약관	영 법	기 타	신 설
1. 항해(Navigation)		○			○
2. 계속(Continuation)		○			
3. 담보위반(Breach of Warranty)		○			○
4. 종료(Termination)		○			○
5. 양도(Assignment)		○			
6. 위험(Perils)	○	○	○		○
7. 오염위험(Pollution Hazard)				○	
8. 3/4충돌손해(3/4ths Collision Liability)		○			
9. 자매선(Sistership)		○			
10. 사고통지 및 입찰 (Notice of Claim and Tenders)		○	○		
11. 공동해손 및 구조(GA and Salvage)	○	○	○		
12. 공제액(Deductible)		○			
13. 피보험자의무(Duty of Assured)		○		○	
14. 신 · 구교환차익(New for Old)		○			
15. 선저처리(Bottom Treatment)		○			○
16. 임금 및 유지비(Wages and Maintenance)		○	○	○	
17. 대리점 수수료(Agency Commission)					
18. 미수리손상(Unrepaired Damage)		○			
19. 추정전손(CTL)		○			

2) 이상선, 「신선박보험약관(ITC-Hulls)해설」(보험연수원, 1983), p. 8.

20. 운임포기(Freight Waiver)		○			
21. 선비담보(Disbursement Warranty)		○			
22. 계선 및 해지환급 (Return for Lay-up and Cancellation)	○	○			
23. 전쟁면책(War Exclusion)	○	○			
24. 동맹파업면책(Strikes Exclusion)					
25. 악의행위면책(Malicious Acts Exclusion)		○			
26. 원자핵면책(Nuclear Exclusion)		○			

2. 협회기간약관의 해설

협회기간약관은 다음의 모두(冒頭)약관을 시작으로 하여 전부 26개의 소약관으로 구성되어 있다.

모 두 MARINE INSURANCE

"This insurance is subject to English law and practice."

"이 보험은 영국의 법률과 관례에 따른다."

[설 명]

해상보험계약에 관한 모든 문제점은 영국의 법률과 관례에 따라 해결한다는 준거법약관이다.

2-1 항해약관(Navigation Clause)

항 해 MARINE INSURANCE

1. NAVIGATION

1.1 The Vessel is covered subject to the provisions of this insurance at all times and has leave to sail or navigate with or without pilots, to go on trial trips and to assist and tow vessels or craft in distress, but it is warranted that the Vessel shall not be towed, except as is customary or to the first safe port or place when in need of assistance, or undertake towage or salvage services under a contract previously arranged by the Assured and/or Owners and/or Managers and/or Charterers. This Clause

1.1 shall not exclude customary towage in connection with loading and discharging.

1.2 In the event of the Vessel being employed in trading operations which entail cargo loading or discharging at sea from or into another vessel(not being a harbour or inshore craft) no claim shall be recoverable under this insurance for loss of or damage to the Vessel or liability to any other vessel arising from such loading or discharging operations, including whilst approaching, lying alongside and leaving, unless previous notice that the Vessel is to be employed in such operations has been given to the Underwriters and any amended terms of cover and any additional premium required by them have been agreed.

1.3 In the event of the Vessel sailing(with or without cargo) with an intention of being (a) broken up, or (b) sold for breaking up, any claim for loss of or damage to the Vessel occurring subsequent to such sailing shall be limited to the market value of the Vessel as scrap at the time when the loss or damage is sustained, unless previous notice has been given to the Underwriters and any amendments to the terms of cover, insured value and premium required by them have been agreed. Nothing in this Clause 1.3 shall affect claims under Clauses 8 and/or 11.

1. 항 해

1.1 선박은 보험기간중 이 보험의 규정에 따라 담보되며, 도선사의 승선 여부에 관계 없이 항해하거나, 시운전 항해를 하거나, 조난을 당한 선박 또는 부선을 구조하거나 예항해도 무방하다. 다만 예항되는 것이 관습이거나 또는 구조의 필요상 최초의 안전항 또는 장소까지 예항되는 경우를 제외하고 이 선박은 예항되지 말 것이며, 또한 피보험자 · 소유자 · 관리자 · 용선자가 사전 결정한 계약에 따른 예항이나 구조작업을 맡지 않을 것을 확약한다. 이 약관 1.1은 적재 및 양하작업에 관련된 관습적인 예항을 배제하는 것은 아니다.

1.2 선박이 해상에서 다른 선박(항내 및 해안용 부선은 제외)으로부터 또는 다른 선박에 화물을 적재 또는 양하하는 운송작업에 사용되는 경우에는, 양 선박이 접근중, 접현중 및 이현중을 포함하여 적재 또는 양하작업으로 인하여 선박에 발생한

멸실 · 손상 또는 다른 선박에 대한 배상책임은 이 보험에서 보상하지 않는다. 다만, 선박이 위에서 말한 작업에 사용되는 경우 보험자에게 사전 통지를 하고 보험자가 요구하는 변경된 담보조건과 추가보험료에 대하여 합의했을 때는 그러하지 아니하다.

1.3 적하의 적재 유무를 불구하고 선박이 해체 또는 해체를 위해 매각될 의도로 항해하는 경우, 그러한 항해에 따라 선박에 발생하는 멸실 또는 손상에 대한 일체의 보상은 멸실 또는 손상을 입은 시점에서 해체선으로서의 시장가격으로 한정한다. 다만, 보험자에게 사전 통지를 하고 보험자가 요구하는 담보조건 · 보험가액 및 보험료에 대한 변경이 합의된 경우에는 그러하지 아니하다. 이 약관 1.3은 약관 8 및/또는 약관 11의 보상에 어떠한 영향도 미치지 않는다.

[설 명]

(1) 도선사, 시운전, 조난 선박의 구조 및 예인(1.1항)

이 항은 도선사(pilot)의 승선 여부, 시운전, 조난 선박의 구조 및 예인 등 자칫하면 보험자가 면책될지 모르는 애매한 사항에 대해서 보험자가 확실히 담보할 것을 규정한 약관이다.

법률이나 관습에 따르면 도선사를 승선시키지 않고 항해하면 선박의 불내항성에 해당되어 보험자가 면책될 수 있는데, 이 약관에서는 도선사의 승선 여부를 불문하므로 피보험자는 도선사 없이 항해를 할 수 있다.[3] 그리고 선박이 새로 건조되었거나 수리한 후에는 대개 선원 · 장비 등을 정상적으로 갖추지 않고 먼저 시운전 항해를 하는데, 이러한 경우도 내항성의 결여로 간주하지 않는다.

또한 부보된 선박은 조난중인 선박 · 부선 등을 지원하거나 예인할 수도 있다. 그러나 조난 선박을 최초의 안전한 항구로 예항하면 더 이상 예인하지 말 것과 예인계약 · 구조계약 등을 체결한 예항 · 구조 작업 등에는 본 선박을 이용하지 못하도록 제한을 가하고 있다.

3) 선박의 입출항 또는 위험수역의 항해를 돕기 위하여 때때로 법률에 의하여 관계 당국이 임명하는 면허도선사를 승선시켜야 하는 경우가 있는데, 이 때 본선에 승선하여 항로를 안내하는 사람을 도선사라 한다.

(2) 해상에서 화물 이동의 금지(1.2항)

항구 지역이 아닌 해상에서 선박간에 화물을 적재 또는 양하할 때 발생하는 일체의 손해에 대해서 보험자가 책임지지 않는다는 내용이다. 이 약관은 해상에서 벙커류 등을 선박간에 옮겨 실을 때는 위험이 커지므로 보험자의 부담을 줄이기 위해 1969년에 처음 제정되었다. 그러나 사전에 보험자에게 고지하고 필요하다면 추가보험료를 부담하는 조건이라면 보험자는 이러한 손해도 보상한다.

(3) 선박의 해체항해(1.3항)

기간보험에 가입된 선박이 노후화되어 이를 해체하여 고철로 처분하기 위해 마지막으로 항해를 하다가 손상을 입을 경우 보험증권상의 선박가액과 선박의 고철가액(scrap value)은 상당한 차이가 있기 때문에 초과보험(over insurance)이 성립될 수 있다. 이런 문제를 해결하기 위해 1.3항에서는 부보선박이 해체 또는 해체를 위한 매각을 목적으로 항해하는 경우에 손상을 입게 되면 손상을 입은 시점의 고철화된 선박의 시장가액을 한도로 보험자가 보상할 것을 규정하고 있다. 그렇지만 충돌손해배상책임 · 구조비 또는 공동해손비용은 정상적으로 보상한다.[4)]

물론 피보험자가 고철로 처분하기 위한 항해 취지를 보험자에게 통지하고 보험조건 · 보험금액 · 보험료 등을 추가로 합의하면 보험금액만큼 보상받을 수 있다.

2-2 계속약관(Continuation Clause)

계 속 MARINE INSURANCE

2. CONTINUATION

Should the Vessel at the expiration of this insurance be at sea or in distress or at a port of refuge or of call, she shall, provided previous notice be given to the Underwriters, be held covered at a pro rata monthly premium to

4) 이상선, 앞의 책, pp. 17-19.

her port of destination.

2. 계 속

이 보험의 만기시 선박이 항해중이거나 조난중이거나 또는 피난항 혹은 기항항에 있을 때는 보험자에게 사전 통지를 한 경우에 한해 월할보험료를 지급하면 선박이 목적항에 도착할 때까지 계속 담보된다.

[설 명]

선박은 일반적으로 12개월을 단위로 부보되는데, 이 기간이 끝나는 시점에 부보된 선박이 항해중에 있거나 조난중에 있을 때 또는 피난항 · 기항항에 있을 때는 연장 담보가 가능하다. 그러나 피보험자는 이런 사실을 보험자에게 통지하고 월할보험료(pro rate monthly premium)를 납부해야 한다. 월할보험료는 연장되는 기간이 1년이면 연보험료의 1/12이다.

2-3 담보위반약관(Breach of Warranty Clause)

담보위반 MARINE INSURANCE

3. BREACH OF WARRANTY

Held covered in case of any breach of warranty as to cargo, trade, locality, towage, salvage services or date of sailing, provided notice be given to the Underwriters immediately after receipt of advices and any amended terms of cover and any additional premium required by them be agreed.

3. 담보위반

적하 · 거래 · 항해구역 · 예항 · 구조작업 또는 출항일자에 관한 담보위반이 생겼을 경우에는 그 사실을 인지한 후 보험자에게 즉시 통보하고, 보험자가 요구하는 담보조건의 변경과 추가보험료에 대한 합의가 이루어지는 경우에 한하여 담보가 계속된다.

[설 명]

이 약관은 피보험자의 부득이한 담보위반을 허용하고 있는 약관이다. 담보는 피보험자의 약속으로서 그 내용이 중요하든 안하든 반드시 충족되어야 하며 담보를 위반하면 보험자의 책임은 위반시점부터 해제된다. 그러나 선박이 항해하던 중 불가피하게 담보를 위반하지 않을 수 없을 경우에는 이런 사실을 보험자에게 사전 통지하고 추가보험료를 납부하면 보험자의 책임은 계속된다.

2-4 종료약관(Termination Clause)

종 료 MARINE INSURANCE

4. TERMINATION

This Clause 4 shall prevail notwithstanding any provision whether written typed or printed in this insurance inconsistent therewith.

Unless the Underwriters agree to the contrary in writing, this insurance shall terminate automatically at the time of

4.1 change of the Classification Society of the Vessel, or change, suspension, discontinuance, withdrawal or expiry of her Class therein, provided that if the Vessel is at sea such automatic termination shall be deferred until arrival at her next port. However where such change, suspension, discontinuance or withdrawal of her class has resulted from loss or damage covered by Clause 6 of this insurance or which would be covered by an insurance of the Vessel subject to current Institute War and Strikes Clauses Hulls-Time such automatic termination shall only operate should the Vessel sail from her next port without the prior approval of the Classification Society.

4.2 any change, voluntary or otherwise, in the ownership or flag, transfer to new management, or charter on a bareboat basis, or requisition for title or use of the Vessel, provided that, if the Vessel has cargo on board and has already sailed from her loading port or is at sea in ballast, such automatic termination shall if required be deferred, whilst the Vessel continues her planned voyage, until arrival at final port of discharge if with cargo or at port of destination if in ballast. However, in the event of requisition for title or use without the prior execution of a written agreement by the Assured, such automatic termination shall occur fifteen days after such requisition whether the Vessel is at sea or in port.

A pro rata daily net return of premium shall be made.

4. 종　료

약관 4는 이 보험에 있어 수기 · 타자 또는 인쇄되어 있는 것을 불문하고 이 약관에 저촉되는 어떠한 규정보다 우선한다.

보험자가 서면으로 별도 동의하지 않는 한, 다음 시점에서 이 보험은 자동 종료된다.

4.1 선박의 선급협회의 변경 또는 선박이 보유한 선급의 변경 · 일시정지 · 중지 · 탈급 또는 만기. 다만, 그 시점에 선박이 항해중이면 자동 종료는 선박이 다음 항구에 도착할 때까지 연기된다. 그러나 선박이 보유한 선급의 변경 · 일시정지 · 중지 또는 탈급이, 이 보험의 약관 6에 의해 담보되거나 혹은 현행 협회전쟁 및 동맹파업약관의 선박-기간보험으로 담보될 수 있는 멸실 · 손상에 기인한 경우에 자동 종료는 선급협회의 사전 승인 없이 선박이 다음 항구로 항해하는 경우에만 효력을 발생한다.

4.2 자의(自意) 여부에 관계 없이 소유권 · 국적의 변경, 새로운 관리하로의 이전, 나용선 또는 선박 소유권의 귀속 혹은 사용을 목적으로 한 징발. 다만, 선박이 화물을 적재하여 이미 선적항에서 출항했을 경우, 또는 공선으로 항해중인 경우에 요청이 있다면, 자동 종료는 선박이 예정된 항해를 계속하는 동안, 화물을 적재한 경우에는 최종 양하항에 도착시까지, 공선의 경우에는 목적항에 도착시까지 연기된다. 그러나 피보험자의 사전 서면동의 없이 소유권의 귀속 또는 사용을 목적으로 징발되었을 때에는 선박이 항해중이거나 항구에 있거나 간에 징발시로부터 15일 후에 자동 종료된다.

[설　명]

종료약관은 다른 어떠한 조항보다 최우선으로 적용되는 최우선약관(Paramount Clause)으로 보험계약의 종료에 관한 것이다.

(1) 선급의 변경(4.1항)

다음의 경우 보험자의 담보가 자동으로 종료된다.

(가) 선급협회의 변경

(나) 선급의 변경 · 일시정지 · 중단 · 탈급 또는 만기 그러나 위의 사항이 부보 선박이 항해중일 때 발생하면 다음 기항지에 도착할 때까지 보험계약은 연장된다. 그리고 선급협회의 변경 등이 담보위험 또는 협회전쟁 및 동맹파업약관상의 담보위험으로 발생한 경우에는 선급협회의 사전 승인 없이 사고 후 입항한 항구를 출항할 때 보험기간이 끝난다.

(2) 선박소유권의 변경(4.2항)

다음의 사유가 발생하면 위험의 변동으로 간주되어 보험계약은 자동으로 종료된다.

가) 선주의 변경 저당권자에 의해 선박이 강제 매각되는 등 보험기간 중에 선박의 소유권이 변경되는 경우 보험계약은 자동으로 종료된다.

나) 국적의 변경 국적에 따라 선박의 관리가 달라지기 때문에 선적의 변경은 위험의 변경에 해당된다. 예를 들어 국적선이 편의치적선(convenient flag)으로[5] 이적되어 파나마 · 리베리아 등의 국적을 취득하게 되면 이들 국가는 선박의 안전검사를 소홀히 하기 때문에 보험자의 책임이 증대하여 선적의 변경은 보험계약이 자동으로 종료되는 사유가 된다.

다) 관리자의 이전 관리자의 운항 실적에 따라 선박보험요율의 할인 · 할증이 이루어지는 만큼 관리자의 변경도 위험의 변경에 해당된다.

라) 나 용 선 나용선은 일반 용선과는 달리 용선자가 선박을 완전히 관리하기 때문에 나용선계약의 체결은 선주가 변경되는 것과 똑같다. 그러나 위의 사유가 발생하더라도 부보 선박이 항해중일 때는 항해가 끝나는 시점까지 보험계약은 연장된다.

마) 징발 선박이 징발되면 선박이 어떤 곳에 있던 상관없이 15일이 경과하면 보험기간은 자동으로 끝난다.

---

5) 편의치적선은 선박의 국적을 세금이나 기타의 점에서 자국보다 더 많은 편의를 제공해 주는 나라에 등록한 선박을 말한다. 제2차 세계대전 후 리베리아가 외국선을 자국선으로 유치하는 정책을 씀에 따라 그리스 선주가 이를 이용하여 국적을 변경한 것이 시초가 된다. 리베리아 · 파나마 · 온두라스 등이 이러한 정책을 쓰고 있다.

2-5 양도약관(Assignment Clause)

양 도 MARINE INSURANCE

5. ASSIGNMENT

No assignment of or interest in this insurance or in any moneys which may be or become payable thereunder is to be binding on or recognised by the Underwriters unless a dated notice of such assignment or interest signed by the Assured, and by the assignor in the case of subsequent assignment, is endorsed on the Policy and the Policy with such endorsement is produced before payment of any claim or return of premium thereunder.

5. 양 도

이 보험의 양도 또는 이 보험의 권리취득이나 이 보험에 의해 지급될 수 있는 또는 지급될 모든 금전에 관한 권리취득은 보험자를 구속하는 것도 아니며, 보험자가 이를 승인하는 것도 아니다. 다만, 양도의 경우에는 피보험자, 재양도의 경우에는 양도인이 서명한 위의 양도나 권리취득일자가 붙은 통보가 이 보험증권에 배서되고, 또한 그 배서가 있는 보험증권이 해당 보험증권에 의한 보험금 또는 환급보험료의 지급 전에 제출된 경우에는 그러하지 아니하다.

[설 명]

피보험자가 보험증권을 양도할 때 이러한 사실을 보험자에게 통보하도록 함으로써 보험금 및 환불보험료를 받을 수취인을 분명히 하기 위한 약관이다. 피보험자의 양도통지는 확정일부이어야 하고, 보험증권에 배서가 있어야 한다. 배서된 보험증권 없이는 보험금과 환불보험료를 청구할 수 없다.

2-6 위험약관(Perils Clause)

위 험

MARINE INSURANCE

6. PERILS

6.1 This insurance covers loss of or damage to the subject-matter insured caused by

6.1.1 perils of the seas rivers lakes or other navigable waters

6.1.2 fire, explosion

6.1.3 violent theft by persons from outside the Vessel

6.1.4 jettison

6.1.5 piracy

6.1.6 breakdown of or accident to nuclear installations or reactors

6.1.7 contact with aircraft or similar objects, or objects falling therefrom, land conveyance, dock or harbour equipment or installation

6.1.8 earthquake volcanic eruption or lightning.

6.2 This insurance covers loss of or damage to the subject-matter insured caused by

6.2.1 accidents in loading discharging or shifting cargo or fuel

6.2.2 bursting of boilers breakage of shafts or any latent defect in the machinery or hull

6.2.3 negligence of Master Officers Crew or Pilots

6.2.4 negligence of repairers or charterers provided such repairers or charterers are not an Assured hereunder

6.2.5 barratry of Master Officers or Crew, provided such loss or damage has not resulted from want of due diligence by the Assured, Owners or Managers.

6.3 Master Officers Crew or Pilots not to be considered Owners within the meaning of this Clause 6 should they hold shares in the Vessel.

6. 위험

6.1 이 보험은 다음의 위험으로 인한 보험목적물의 멸실 또는 손상을 담보한다.

6.1.1 해상 · 강 · 호수 또는 기타 항해 가능한 수면에서의 고유위험

6.1.2 화재 · 폭발

6.1.3 선박 외부로부터 침입한 자에 의한 폭력을 수반한 도난

6.1.4 투하

6.1.5 해적행위

6.1.6 핵장치나 원자로의 고장 또는 사고

6.1.7 항공기 또는 이와 유사한 물체 또는 그로부터 추락하는 물체, 육상운송용구 · 도크 또는 항만시설이나 장비와의 접촉

6.1.8 지진 · 화산의 분화 또는 낙뢰

6.2 이 보험은 다음의 위험으로 인한 보험목적물의 멸실 또는 손상을 담보한다.

6.2.1 적하 또는 연료의 선적 · 양하 또는 이동중의 사고

6.2.2 기관의 파열, 차축의 파손 또는 기관이나 선체의 잠재적 하자

6.2.3 선장 · 고급선원 · 보통선원 또는 도선사의 과실

6.2.4 수리자 또는 용선자의 과실. 다만, 수리자 또는 용선자가 이 계약의 피보험자인 경우는 제외한다.

6.2.5 선장 · 고급선원 · 보통선원의 악행. 다만, 피보험자 · 선주 또는 선박관리자가 상당한 주의를 결여하고 있었던 결과로 위의 멸실 또는 손상이 생긴 경우에는 제외한다.

6.3 선장 · 고급선원 · 보통선원 또는 도선사는 이 선박에 지분이 있어도 이 약관 6에서 의미하는 선주로 간주되지 않는다.

[설　　명]

협회기간약관에서 보험자가 담보하는 위험을 열거한 약관으로서 Lloyd's SG 보험증권 · 인치마리 약관(Inchmaree Clause)[6] · 영국해상보험법을 토대로 정비되었다. 이 약관에 열거된 위험에 대해서는 제 8 장 해상위험 제 3 절에 자세히 설명되어 있다.

6) 인치마리 약관은 보험자의 담보범위를 확장한 약관인데, 1884년 인치마리 사건에서 피보험자에게 불리한 판결이 내려지자 이러한 피보험자의 입장을 구제하기 위하여 제정되었다. 따라서 신해상보험증권을 사용하기 전에 보험자가 담보했던 위험의 범위는 Lloyd's SG 보험증권에 열거된 위험 및 인치마리 약관에 열거된 위험이다.

2-7 오염위험약관(Pollution Hazard Clause)

오염위험 MARINE INSURANCE

7. POLLUTION HAZARD

This insurance covers loss of or damage to the Vessel caused by any governmental authority acting under the powers vested in it to prevent or mitigate a pollution hazard, or threat thereof, resulting directly from damage to the Vessel for which the Underwriters are liable under this insurance, provided such act of governmental authority has not resulted from want of due diligence by the Assured, the Owners, or Managers of the Vessel or any of them to prevent or mitigate such hazard or threat. Master, Officers, Crew or Pilots not to be considered Owners within the meaning of this Clause 7 should they hold shares in the Vessel.

7. 오염위험

이 보험은 보험자가 책임지는 선박손상의 직접적인 결과로 발생한 오염의 위험 또는 위협을 방지하거나 완화하기 위하여 권한을 위임받은 정부 당국이 취한 행위로 인한 선박의 멸실 또는 손상을 담보한다. 다만 피보험자 · 선주 및 선박관리자가 오염의 위험이나 위협을 방지 또는 완화하는 데 상당한 주의를 결여하고 있었던 결과로 정부 당국의 그러한 행위가 발생한 경우에는 담보하지 않는다. 선장 · 고급선원 · 보통선원 또는 도선사는 선박에 지분이 있어도 약관 7에서 의미하는 선주로 간주되지 않는다.

[설　　명]

오염의 위험을 제거 또는 경감시키고자 하는 정부의 조치로 인하여 부보 선박이 입은 손해를 보상하는 약관인데 1967년 토리 캐년(Torry Canyon)호의 좌초사고에 연유하여 제정되었다.

대부분의 국가는 공해상에 유류 오염을 일으킨 선박 · 적하 등에 대해서 강제조치를 취할 수 있는데, 일례로 영국에서는 1971년 유류오염방지법(Prevention of Oil Pollution Act)에 따라 행정 당국은 필요할 경우 선박 · 화물 등을 장악 · 침몰 또는 파괴할 수 있다. 이러한 정부의 조치로 부보 선박이 손해를 입을 경우 피보험자는 이 약관을 통해서 보상받을 수 있다.

2-8 3/4 충돌손해배상책임약관(3/4ths Collision Liability Clause)

충돌손해배상책임 MARINE INSURANCE

8. 3/4 THS COLLISION LIABILITY

8.1 The Underwriters agree to indemnify the Assured for three-fourths of any sum or sums paid by the Assured to any other person or persons by reason of the Assured becoming legally liable by way of damages for

8.1.1 loss of or damage to any other vessel or property on any other vessel

8.1.2 delay to or loss of use of any such other vessel or property thereon

8.1.3 general average of, salvage of, or salvage under contract of, any such other vessel or property thereon, where such payment by the Assured is in consequence of the Vessel hereby insured coming into collision with any other vessel.

8.2 The indemnity provided by this Clause 8 shall be in addition to the indemnity provided by the other terms and conditions of this insurance and shall be subject to the following provisions:

8.2.1 Where the insured Vessel is in collision with another vessel and both vessels are to blame then, unless the liability of one or both vessels becomes limited by law, the indemnity under this Clause 8 shall be calculated on the principle of cross-liabilities as if the respective Owners had been compelled to pay to each other such proportion of each other's damages as may have been properly allowed in ascertaining the balance or sum payable by or to the Assured in consequence of the collision.

8.2.2 In no case shall the Underwriters' total liability under Clauses 8.1 and 8.2 exceed their proportionate part of three-fourths of the insured value of the Vessel hereby insured in respect of any one collision.

8.3 The Underwriters will also pay three-fourths of the legal costs incurred by the Assured or which the Assured may be compelled to pay in contesting liability or taking proceedings to limit liability, with the prior written consent of the Underwriters.

EXCLUSIONS

8.4 Provided always that this Clause 8 shall in no case extend to any sum which the Assured shall pay for or in respect of

8.4.1 removal or disposal of obstructions, wrecks, cargoes or any other thing whatsoever

8.4.2 any real or personal property or thing whatsoever except other vessels or property on other vessels

8.4.3 the cargo or other property on, or the engagements of, the insured Vessel

8.4.4 loss of life, personal injury or illness

8.4.5 pollution or contamination of any real or personal property or thing whatsoever(except other vessels with which the insured Vessel is in collision or property on such other vessels).

8. 3/4 충돌손해배상책임

8.1 보험자는 부보 선박이 다른 선박과 충돌하여 그 결과 피보험자가 다음의 손해에 대해 법적 배상책임을 지고, 손해배상금조로 타인에게 지급한 금액 중 3/4을 피보험자에게 보상할 것을 약속한다.

8.1.1 다른 선박 또는 다른 선박에 적재된 재산의 멸실 또는 손상

8.1.2 다른 선박 또는 다른 선박에 적재된 재산 사용의 지연 및 상실

8.1.3 다른 선박 또는 다른 선박에 적재된 재산에 관한 공동해손, 구조 또는 계약구조

8.2 약관 8에 규정된 보상은 이 보험의 다른 조건에 의해 규정된 보상에 추가되며 다음의 규정에 준한다.

8.2.1 부보 선박이 다른 선박과 충돌하여 쌍방의 선박에 과실이 있는 경우, 일방 또는 쌍방 선박의 배상책임이 법률에 의해 제한된 경우를 제외하고, 약관 8에 의한 보상액은 이 충돌 결과 피보험자가 지급할 또는 수취할 잔액이나 금액을 확정하는 데 적정하게 승인된 쌍방의 손해비율에 따른 손해배상액을 해당 선주가 상대방에게 각각 지급해야 하는 것으로 간주하여 교차책임의 원칙에 따라 산출한다.

8.2.2 약관 8.1 및 8.2 하에서 보험자의 총배상책임액은 어떠한 경우에도 매 충돌사고당 부보 선박 보험금액의 3/4에서 보험자의 비례부담분을 초과하지 않는다.

8.3. 또한 보험자의 사전 서면동의를 얻어 피보험자가 배상책임에 관해 다투거나 배상책임제한을 위한 법적 조치를 취하는 경우, 보험자는 피보험자가 지급한 또는 지급해야 할 법적 비용의 3/4을 지급한다.

면책사항

8.4 약관 8에서는 다음에 정한 사항에 대하여 피보험자가 지급해야 할 일체의 금액은 어떠한 경우에도 보상하지 않는다.

8.4.1 장애물 · 난파물 · 적하 또는 기타 물체의 제거 또는 처분

8.4.2 다른 선박 또는 다른 선박에 적재되어 있는 재산을 제외한 부동산 · 동산 또는 기타 물체

8.4.3 부보 선박에 적재된 적하 또는 기타 재산 혹은 부보 선박의 계약상 채무

8.4.4 사망 · 신체상해 또는 질병

8.4.5 부동산 · 동산 또는 기타 물체의 오염 또는 오탁(부보 선박과 충돌한 다른 선박 또는 그 선박에 적재된 재물은 제외한다)

[설　　명]

이 약관은 부보 선박이 다른 선박과 충돌하여 법적 배상책임을 부담할 경우 손해배상금조로 상대방에게 지급한 금액의 3/4을 보험자가 부담하는 충돌손해배상책임약관이다. 선박의 충돌손해배상책임에 관한 내용은 제14장에 자세히 설명되어 있다.

2-9 자매선약관(Sistership Clause)

자 매 선 MARINE INSURANCE

9. SISTERSHIP

Should the Vessel hereby insured come into collision with or receive salvage services from another vessel belonging wholly or in part to the same Owners or under the same management, the Assured shall have the same rights under this insurance as they would have were the other vessel entirely the property of Owners not interested in the Vessel hereby insured; but in such cases the liability for the collision or the amount payable for the services rendered shall be referred to a sole arbitrator to be agreed upon between the Underwriters and the Assured.

9. 자 매 선

선박의 전부 또는 일부가 동일 선주에게 소유된 혹은 동일 관리하에 있는 다른 선박과 충돌하거나, 또는 그러한 다른 선박으로부터 구조를 받았을 경우에, 피보험자는 다른 선박이 부보 선박과 전혀 이해관계가 없는 선주의 재산이었다면 피보험자가 마땅히 가질 수 있는 권리와 동일한 권리를 이 보험상 갖는 것으로 한다. 그러나 그러한 경우에도 충돌에 대한 책임 또는 구조작업에 대해 지급해야 할 금액은 보험자와 피보험자가 합의하여 선정한 1명의 중재인의 재정에 따른다.

[설　　명]

동일 선주에 속하는 두 선박이 충돌할 경우 생기는 법적 문제점을 해결하기 위한 약관이다. 동일 선주의 선박끼리 충돌하게 되면 선주가 자기를 상대로 충돌배상책임 청구소송을 제기할 수 없기 때문에 법률상의 배상책임이 발생하지 않는다. 따라서 자매선은 서로 충돌하더라도 손해배상을 받지 못한다. 동일 선주라는 이유로 배상책임을 받지 못하는 선주의 불리한 입장을 구제하기 위하여 이 약관에서는 자매선간의 충돌을 마치 다른 선박과의 충돌로 간주하여 피보험자가 동일한 권리를 갖도록 한다. 자매선약관은 충돌뿐만 아니라 구조의 경우에도 마찬가지로 적용된다.

자매선끼리 충돌하거나 구조할 경우에는 충돌배상금이나 구조비가 판결에 의해서 결정될 수 없기 때문에 보험자와 피보험자간의 합의에 의해 선정된 1명의 중재인이 적정금액을 산정하도록 한다.

2-10 사고의 통지 및 입찰약관(Notice of Claim and Tenders Clause)

사고의 통지 및 입찰 MARINE INSURANCE

10. NOTICE OF CLAIM AND TENDERS

10.1 In the event of accident whereby loss or damage may result in a claim under this insurance, notice shall be given to the Underwriters prior to survey and also, if the Vessel is abroad, to the nearest Lloyd's Agent so that a surveyor may be appointed to represent the Underwriters should they so desire.

10.2 The Underwriters shall be entitled to decide the port to which the Vessel shall proceed for docking or repair(the actual additional expense of the voyage arising from compliance with the Underwriters' requirements being refunded to the Assured) and shall have a right of veto concerning a place of repair or a repairing firm.

10.3 The Underwriters may also take tenders or may require further tenders to be taken for the repair of the Vessel. Where such a tender has been taken and a tender is accepted with the approval of the Underwriters, an allowance shall be made at the rate of 30% per annum on the insured value for time lost between the despatch of the invitations to tender required by Underwriters and the acceptance of a tender to the extent that such time is lost solely as the result of tenders having been taken and provided that the tender is accepted without delay after receipt of the Underwriters' approval.

Due credit shall be given against the allowance as above for any amounts recovered in respect of fuel and stores and wages and maintenance of the Master Officers and Crew or any member thereof, including amounts allowed in general average, and for any amounts recovered from third parties in respect of damages for detention and/or loss of profit and/or running expenses, for the period covered by the tender allowance or any part thereof.

Where a part of the cost of the repair of damage other than a fixed deductible is not recoverable from the Underwriters the allowance shall be reduced by a similar proportion.

10.4 In the event of failure to comply with the conditions of this Clause 10 a deduction of 15% shall be made from the amount of the ascertained claim.

10. 사고의 통지 및 입찰

10.1 사고가 발생하여 이 보험에 의한 보상청구를 할 수 있는 멸실 혹은 손상이 생겼을 경우에는, 만약 보험자가 원한다면 보험자를 대리하는 검정인을 선임할 수 있도록 이재조사에 앞서 보험자, 혹은 만약 선박이 외국에 있다면 가장 가까운 곳의 로이즈 대리점에게 사고 통보를 해야 한다.

10.2 보험자는 선박이 입거 또는 수리를 위해 항해해야 할 항구를 결정할 권리

가 있고(보험자의 요구에 부응함으로써 생기는 항해의 추가실비는 피보험자에게 환급함), 그리고 수리장소 혹은 수리회사에 관해 거부권이 있다.

10.3 또한 보험자는 선박의 수리에 대하여 수 개의 입찰에 붙일 수 있으며, 또는 수 개의 입찰에 붙일 것을 요구할 수 있다. 이러한 입찰이 붙여지고 입찰이 보험자의 승인을 얻어 낙찰되었을 경우에는, 보험자가 요구한 입찰 안내장의 발송시기와 낙찰시기와의 사이 소요된 시간에 대하여 그 기간이 전적으로 수 개의 입찰에 붙여진 결과 소요된 한도까지, 또한 입찰이 보험자의 승인을 얻은 후 지체 없이 낙찰된 것을 전제조건으로 하여 보험금액의 연 30%의 비율로 배상한다.

입찰로 인한 시간의 소요에 대하여 보험자가 배상하는 기간, 혹은 그 일부에 관하여 공동해손으로서 인정된 금액을 포함하여 연료, 소모품, 선장 · 고급선원 · 보통선원 및 이들 일부의 급료와 유지비조로 회수한 금액과 휴항, 이윤의 상실, 경상비 지출에 대하여 손해배상금조로 제3자로부터 회수한 금액이 있으면 이를 전항의 배상금에서 공제한다.

소정의 공제금액 이외의 손상수리비의 일부가 보험자로부터 보상되지 않을 경우에는 동일한 비율에 따라 배상금에서 공제한다.

10.4 약관 10의 조건을 불이행했을 경우에는 확정된 보상금액에서 15%의 금액을 공제한다.

[설　　명]

보험사고가 발생할 경우 피보험자가 준수해야 할 의무와 보험자의 권리를 규정한 것으로 일명 입찰약관(Tender Clause)이라고 한다.

(1) 이재 통지(10.1항)

보험사고가 발생하면 피보험자는 이재조사에 앞서 이러한 사실을 보험자에게 신속히 통지해야 한다. 만약 선박이 외국에 있을 경우에는 가까운 로이즈 대리점으로 통지해야 한다.

(2) 보험자의 거부권(10.2항)

보험자는 부보 선박이 입거 또는 수리하기 위하여 회항하는 항구를 결정할 권리와 피보험자가 선택한 수리 장소 및 수리 회사를 거부할 수 있는 권한을 가진다.

(3) 보험자의 입찰권(10.3항)

보험자는 자기가 부담할 선박수리비를 합리적으로 산출하기 위하여 여러 개의 입찰에 붙일 수 있고 또한 피보험자에게 그렇게 하도록 요구할 수도 있다. 그리고 보험자는 피보험자가 시행한 입찰과 낙찰된 시기와의 사이에 시간이 낭비되었으면 그 기간이 전적으로 입찰 때문에 낭비되었고 입찰이 보험자의 승인을 얻은 후 지체 없이 낙찰된 것을 전제로 하여 보험금액의 연간 30%의 비율로 보험자가 피보험자에게 보상한다.

만약 피보험자가 공동해손 혹은 단독해손으로 인정된 연료 · 소모품 · 선장 또는 선원의 급료나 부양비조로 회수한 금액 그리고 휴항, 이윤의 상실, 경상비 지출 등에 대하여 손해배상으로 제3자로부터 회수한 금액이 있으면 위에서 언급된 연간 30%의 비율에서 공제한다.

(4) 벌칙금(10.4항)

이 약관에서 규정된 조건을 이행하지 않았을 경우에는 확정된 보상금에서 15%의 금액을 공제한다.

2-11 공동해손 및 구조약관(General Average and Salvage Clause)

공동해손 및 구조 MARINE INSURANCE

11. GENERAL AVERAGE AND SALVAGE

11.1 This insurance covers the Vessel's proportion of salvage, salvage charges and/or general average, reduced in respect of any under-insurance, but in case of general average sacrifice of the Vessel the Assured may recover in respect of the whole loss without first enforcing their right of contribution from other parties.

11.2 Adjustment to be according to the law and practice obtaining at the place where the adventure ends, as if the contract of affreightment contained no special terms upon the subject; but where the contract of affreightment so provides the adjustment shall be according to the York-Antwerp Rules.

11.3 When the Vessel sails in ballast, not under charter, the provisions of the York-Antwerp Rules, 1974(excluding Rules XX and XXI) shall be applicable, and the voyage for this purpose shall be deemed to continue from the port or place of departure until the arrival of the Vessel at the first port or place thereafter other than a port or place of refuge or a port or place of call for bunkering only. If at any such intermediate port or place there is an abandonment of the adventure originally contemplated the voyage shall thereupon be deemed to be terminated.

11.4 No claim under this Clause 11 shall in any case be allowed where the loss was not incurred to avoid or in connection with the avoidance of a peril insured against.

11. 공동해손 및 구조

11.1 이 보험은 구조 · 구조비 및 공동해손의 선박분담분을 보상하며, 일부보험에 관해서는 감액된 비율로 보상한다. 그러나 선박의 공동해손희생손해의 경우에는 다른 당사자에 대해 공동해손분담청구권을 행사하기 전에 손해액 전액을 보상한다.

11.2 정산은 해상운송계약에 정산에 관한 특약이 규정되어 있지 않는 경우에는 해상운송사업이 종료되는 지역에서 행해지는 법률 및 관례에 따르기로 한다. 그러나 해상운송계약에 '요크-엔트워프' 규칙에 따른다고 규정되어 있을 경우에는 정산은 동 규칙에 의한다.

11.3 선박이 용선되지 않고 공선으로 출항하는 경우에는 1974년 '요크-엔트워프' 규칙의 각 규정(제20조 및 제21조 제외)을 적용하는 것으로 하며, 이 목적을 위해 항해는 출발 항구나 장소로부터 피난 항구 또는 장소 혹은 연료보급만을 위한 기항 항구 또는 장소를 제외한 출항 후 최초로 기항하는 항구 또는 장소에 도착할 때까지 계속되는 것으로 한다. 만약 최초에 시도한 해상운송사업이 위의 중간항 또는 장소에서 중지한다면 항해는 그 때부터 중지된 것으로 간주한다.

11.4 담보위험을 피하기 위하여 또는 담보위험을 피하는 것과 관련하여 발생한 손실이 아닌 경우에는, 약관 11하에서 어떠한 보상청구도 허용되지 않는다.

[설　　명]

이 약관은 보험자가 공동해손 및 구조비를 보상할 것을 약속한 약관이다.

(1) 보상한도액(11.1항)

구조 · 구조비 및 공동해손에 대해서 전부보험인 경우는 부보 선박의 분담비율, 그리고 일부보험인 경우는 감액된 비율만큼 보험자가 보상한다. 그러나 부보된 선박이 공동해손으로 희생되었을 경우에는 피보험자는 손해액 전부를 보험자로부터 먼저 보상받는다. 공동해손의 정산이 완료되면 보험자가 다른 당사자에게 분담청구권을 행사한다.

(2) 공동해손의 정산(11.2항)

대부분의 선하증권 · 용선계약서 등에는 공동해손 및 구조비는 요크-앤트워프 규칙에 따라 정산된다는 취지의 약관이 있는데 이럴 경우에는 보험자도 요크-앤트워프 규칙에 따라 공동해손과 구조비를 정산한다. 만약 해상운송계약서에 정산에 관한 특약이 명시되어 있지 않으면 항해가 종료되는 지역의 법률과 관습에 따라 정산한다.

(3) 항해단체의 구성(11.3항)

공동해손이 성립되려면 선주 · 하주 등 공동의 항해단체가 구성되어야 하는데, 만약 선박이 화물을 적재하지 않고 항해할 경우에는 이해관계자가 선주뿐이기 때문에 공동해손이 성립될 수 없다. 그러나 이 약관에서는 화물을 적재하지 않은 선박도 요크-앤트워프 규칙이 적용될 수 있음을 규정하여 공동해손을 인정해 주고 있다. 그렇지만 이런 경우도 출항지로부터 피난항 혹은 연료보급만을 위하여 기항하는 항구나 해역을 제외하고 출항 후 최초로 기항하는 항구 · 해역에 도착할 때까지로 제한하고 있다.

(4) 담보위험의 발생(11.4항)

담보위험을 방지 · 회피하기 위하여 지출된 비용만을 보험자가 보상할 것을 규정하고 있다.

2-12 공제약관(Deductible Clause)

공 제 MARINE INSURANCE

12. DEDUCTIBLE

12.1 No claim arising from a peril insured against shall be payable under this insurance unless the aggregate of all such claims arising out of each separate accident or occurrence(including claims under Clause 8, 11 and 13) exceeds …… in which case this sum shall be deducted. Nevertheless the expense of sighting the bottom after stranding, if reasonably incurred specially for that purpose, shall be paid even if no damage be found. This Clause 12.1 shall not apply to a claim for total or constructive total loss of the Vessel or, in the event of such a claim, to any associated claim under Clause 13 arising from the same accident or occurrence.

12.2 Claims for damage by heavy weather occurring during a single sea passage between two successive ports shall be treated as being due to one accident. In the case of such heavy weather extending over a period not wholly covered by this insurance the deductible to be applied to the claim recovered hereunder shall be the proportion of the above deductible that the number of days of such heavy weather falling within the period of this insurance bears to the number of days of heavy weather during the single sea passage.

The expression "heavy weather" in this Clause 12.2 shall be deemed to include contact with floating ice.

12.3 Excluding any interest comprised therein, recoveries against any claim which is subject to the above deductible shall be credited to the Underwriters in full to the extent of the sum by which the aggregate of the claim unreduced by any recoveries exceeds the above deductible.

12.4 Interest comprised in recoveries shall be apportioned between the Assured and the Underwriters, taking into account the sums paid by the Underwriters and the dates when such payments were made, notwithstanding that by the addition of interest the Underwriters may receive a larger sum than they have paid.

12. 공 제 액

12.1 이 보험에서 담보위험으로 발생한 손해는 독립된 한 사고로 인하여 발생한 손해액의 합계(약관 8, 11 및 13에 따른 보상청구 포함)가 ……을 초과하지 않으면 보상하지 않고, 초과하는 경우에는 이 금액을 공제하여 보상한다. 다만 좌초 후의 선저검사비용을 특히 그 목적을 위하여 합리적으로 지급한 것이라면 손상이 발견되지 않았을 경우에도 이를 보상한다. 이 약관 12.1은 선박의 전손이나 추정전손 보상의 경우에는 적용되지 않으며, 이 경우 동 사고로 인하여 발생된 약관 13에 관련된 보상청구에도 적용되지 않는다.

12.2 두 개의 계속적인 항구간에서도 편도항해중 일어난 악천후로 인한 손해는 1회의 사고로 취급한다. 악천후가 이 보험의 담보기간 이상으로 계속되는 경우, 이 보험의 보상금액에 적용되는 공제액은 전항의 공제액에 대하여 보험기간중의 악천후 일수의 위의 편도항해중의 전 악천후 일수에 대한 비율로 한다. 이 약관 12.2에서 악천후라는 말은 부빙과의 접촉을 포함한 것이다.

12.3 위의 공제액이 적용된 손해의 회수금은 이자를 제외하고 회수금을 고려하지 않은 보험금의 합계와 위의 공제액과의 차액의 범위 내에서 전액 보험자에게 귀속한다.

12.4 회수금에 포함된 이자는 보험자가 지급한 보험금과 지급일자를 감안하여 피보험자와 보험자가 서로 분배한다. 이 경우 보험자는 이자를 합산함으로써 지급한 보험금을 초과해서 회수할 수 있다.

[설　　명]

이는 면책률공제에 관한 약관이다.[7] 면책률공제는 보험자와 피보험자가 합의한 공제액 이상의 손해가 발생할 경우 그 금액을 공제하고 보상하는 것을 말한다.

(1) 공제액의 계산(12.1항)

7) 'franchise'는 면책액 또는 면책비율이라는 뜻인데 보험에서는 일정한 소손해에 대해서 보험자가 책임지지 않는 것을 말한다. 적하보험에서는 화물의 성질에 따라서 보험사고가 발생되지 않더라도 운송과정에서 조그만 손해가 불가피하게 생기는 경우가 자주 나타나는데, 이런 것까지 보험자가 일일이 보상해 주면 보험료가 그만큼 올라가기 때문에 일정한 소손해에 대해서는 보험자의 면책으로 하고 있다. 그런데 이 제도는 시행방법에 따라서 약간씩 구분되는데, 만약 면책비율을 3%로 할 경우 2%의 사고가 발생하면 당연히 보험자가 보상하지 않고, 7%의 사고가 발생할 경우 7% 전부 보상하기도 하고 3%를 빼고 4%만 보상하기도 한다. 전자의 경우를 종합식 면책제도(ordinary franchise), 후자의 경우를 공제식 면책제도(deductible franchise)라 한다.

제 8 조 충돌손해배상책임, 제11조 공동해손 및 구조비, 제13조 손해방지비용을 포함한 모든 손해액이 공제액을 초과하는 경우에 그 금액을 공제하고 보상한다. 공제액은 보험계약을 체결할 때 당사자간에 합의하여 약관 중의 공란에 기재한다. 그러나 전손이 발생할 경우, 좌초 후 선박의 밑바닥을 검사하는 비용과 전손사고를 방지하기 위한 손해방지비용 등은 공제액 계산에서 제외한다.

그리고 공제액의 적용 기준은 매 사고당 손해를 기준으로 하므로 만약 두 건의 해난사고로 수선이 동시에 이루어질 경우, 수리비는 합쳐서 공제액을 적용하지 않고 각각의 사고에 별도로 적용한다.

(2) 편도구간항해(12.2항)

만약 두 개의 연속적인 항구간의 한 편도항해(a single sea passage)의 기간 중 날짜를 달리하여 연속적으로 악천후 사고가 발생하여 선체가 파손되었다면 그러한 연속손해는 하나의 사고로 간주되고 수리비의 합계에서 1회의 공제액만을 적용한다.

그리고 편도항해기간중 악천후에 조우하고 있는 동안 보험기간이 종료되고 다른 보험자와 계약 갱신을 했을 경우에는 각각의 보험계약에 적용될 공제액은 다음과 같이 계산된다.

$$\text{공제액약관에 규정되어 있는 공제액} \times \frac{\text{당해 보험기간중의 악천후 일수}}{\text{전체 악천후 일수}}$$

(3) 보상금의 회수(12.3항)

보험자는 공제액을 공제하고 보험금을 지급한 후 대위권을 행사하여 지급한 보험금의 한도 내에서 보상액을 회수할 수 있다.

(4) 회수금의 이자배분(12.4항)

제 3 자의 과실로 보험사고가 발생할 경우 사고일자로부터 보험금이 지급될 때까지의 배상금에 대한 이자는 피보험자인 선주에게 귀속되고, 보험금

지급일자로부터 보험자가 배상금을 회수하는 기간까지의 이자는 보험자에게 귀속된다.

2-13 피보험자의무약관(Duty of Assured Clause)

[설 명]

피보험자의 의무 MARINE INSURANCE

13. DUTY OF ASSURED(SUE AND LABOUR)

13.1 In case of any loss or misfortune it is the duty of the Assured and their servants and agents to take such measures as may be reasonable for the purpose of averting or minimising a loss which would be recoverable under this insurance.

13.2 Subject to the provisions below and to Clause 12 the Underwriters will contribute to charges properly and reasonably incurred by the Assured their servants or agents for such measures. General average, salvage charges(except as provided for in Clause 13.5) and collision defence or attack costs are not recoverable under this Clause 13.

13.3 Measures taken by the Assured or the Underwriters with the object of saving, protecting or recovering the subject-matter insured shall not be considered as a waiver or acceptance of abandonment or otherwise prejudice the rights of either party.

13.4 When expenses are incurred pursuant to this Clause 13 the liability under this insurance shall not exceed the proportion of such expenses that the amount insured hereunder bears to the value of the Vessel as stated herein, or to the sound value of the Vessel at the time of the occurrence giving rise to the expenditure if the sound value exceeds that value. Where the Underwriters have admitted a claim for total loss and property insured by this insurance is saved, the foregoing provisions shall not apply unless the expenses of suing and labouring exceed the value of such property saved and then shall apply only to the amount of the expenses which is in excess of such value.

13.5 When a claim for total loss of the Vessel is admitted under this insurance and expenses have been reasonably incurred in saving or attempting to save the Vessel and other property and there are no proceeds, or the expenses exceed the proceeds, then this insurance shall bear its pro rata share of such proportion of the expenses, or of the expenses in excess of the proceeds, as the case may be, as may reasonably be regarded as having been incurred in respect of the Vessel; but if the Vessel be insured for less than its sound value at the time of the occurrence giving rise to the expenditure, the amount recoverable under this clause shall be reduced in proportion to the under-insurance.

13.6 The sum recoverable under this Clause 13 shall be in addition to the loss otherwise recoverable under this insurance but shall in no circumstances exceed the amount insured under this insurance in respect of the Vessel.

13. 피보험자의 의무(손해방지)

13.1 손실 또는 재난이 발생한 경우에 이 보험에서 보상될 손실을 방지하거나 경감하기 위해 합리적인 조치를 취하는 것은 피보험자 · 그 사용인 및 대리인의 의무이다.

13.2 아래의 규정 및 약관 12에 따라 보험자는 피보험자, 그 사용인 또는 대리인이 그러한 조치를 취하기 위하여 적절하고 합리적으로 지급한 비용을 보상한다. 공동해손 · 구조비(약관 13.5에 규정된 경우는 제외)와 충돌배상을 방어 또는 청구하는 비용은 이 약관 13에서 보상하지 않는다.

13.3 보험목적물을 구조 · 보호 또는 회복시키기 위하여 피보험자 또는 보험자가 취한 조치는 위부의 포기나 승낙으로 간주되지 않으며, 또한 어느 일방의 권리를 침해하지도 않는다.

13.4 약관 13에 의해 비용이 발생했을 경우 이 보험에 의한 책임은 그 비용 중에서 이 보험에 기재된 선박가액에 대한 보험금액의 비율을 초과할 수 없다. 또한 선박의 정상가액이 이 보험에 기재된 동 선박의 가액을 초과했을 경우에는 비용지급을 필요로 한 사고의 발생시 선박의 정상가액에 대한 보험금액의 비율을 초과할 수 없다. 보험자가 전손금의 청구를 승인했을 경우, 이 보험에 부보된 재산이 구조되었을 때는 위의 여러 규정은 손해방지비용이 구조된 위 재산의 가액을 초과하지 않는 한 적용되지 않으며 또한 초과했을 경우에는 구조된 재산의 가액을 초과하는 비용액에 대해서만 적용된다.

13.5 이 보험에서 선박 전손금의 청구가 승인되었을 경우 그리고 선박 및 기타

의 재산을 구조하기 위해, 또는 구조할 것을 시도하기 위해 합리적으로 비용을 지급했으나 잔존가가 없거나 혹은 비용이 잔존가를 초과할 때는 이 보험은 그 비용 중 또는 잔존가를 초과하는 비용 중 선박에 관해 지급되었다고 합리적으로 인정받는 비율의 비례부분을 부담한다. 그러나 선박이 비용지급을 필요로 한 사고발생시의 정상가액보다 낮은 가액으로 부보되었을 경우에는 이 약관에 의해 보험자로부터 회수할 수 있는 금액은 일부보험의 비율에 따라 감액된다.

13.6 약관 13에서 보상될 금액은 이 보험에 의해 보상될 다른 손해에 추가되지만 어떤 경우에도 이 선박보험의 보험금액을 초과하지 않는다.

이 약관은 피보험자의 손해방지의무에 관한 약관이다.

(1) 피보험자의 손해방지의무(13.1항)

피보험자, 그 사용인 및 대리인은 손해의 방지와 경감을 위한 모든 합리적인 노력을 기울여야 한다.

(2) 손해방지비용의 부담(13.2항)

피보험자의 손해방지활동에 따라 적절하고 합리적으로 발생한 비용은 보험자가 별도로 부담한다.

(3) 위부의 포기(13.3항)

피보험자 또는 보험자의 손해방지행위는 위부의 포기 또는 승낙하고는 상관없다. 이 항은 협회적하약관의 제17조 위부포기약관과 그 내용이 동일하다.

(4) 손해방지비용의 부담한계(13.4항)

보험자는 손해방지비용에 대해서 선박가액에 대한 보험금액의 비율만큼 책임지고 만약 선박의 실제 정상가격이 보험증권에 기재된 선박가액을 초과했을 경우에는 선박의 실제 정상가격에 대한 보험금액의 비율만큼 책임진다. 여기에 관해서는 제12장 비용손해 제 1 절에 자세히 설명되어 있다.

(5) 애매모호한 비용의 보상(13.5항)

이 항은 전손보험금이 지급될 때 손해방지비용도 아니고 구조비도 아닌 애매한 비용에 대해서 보험자가 비례 분담할 것을 규정한 것이다.

선박만을 구조하기 위해서가 아니라 선박과 기타의 재산을 함께 구조하기 위해 지출된 비용은 엄격히 말해서 선박의 손해방지비용이라 볼 수 없고 그리고 전손이 되었으므로 구조비라고도 할 수 없지만 이러한 비용에 대해서도 선박보험자가 책임질 비율만큼 보상한다.

(6) 손해방지비용의 한도(13.6항)

손해방지비용은 보험자가 추가로 보상하는 것이기 때문에 보험금과 손해방지비용의 합계가 보험금액을 초과할 수 있다. 손해방지행위에도 불구하고 전손이 발생하면 보험자는 전손보험금과 손해방지비용을 모두 보상해야 한다. 그러나 손해방지비용 그 자체가 보험금액을 초과할 경우에는 보험금액을 한도로 한다.

2-14 신 · 구교환차익불공제약관(New for Old Clause)

신 · 구교환차익불공제 MARINE INSURANCE

14. NEW FOR OLD

Claims payable without deduction new for old.

14. 신 · 구교환차익불공제

보상청구액은 신 · 구교환차익의 공제 없이 지급된다.

[설 명]

신·구교환차익은 선박을 수리할 때 낡은 부품을 신품으로 바꿀 경우의 차익으로 이것은 실손보상의 원칙에 따라 보험자가 이를 공제하고 지급하는 것이 원칙이다. 그러나 선박보험에서는 피보험자를 위하여 신 · 구교환차익을 공제하지 않고 보험자가 담보하고 있다.

2-15 선저처리약관(Bottom Treatment Clause)

선저처리 MARINE INSURANCE

15. BOTTOM TREATMENT

In no case shall a claim be allowed in respect of scraping gritblasting and/or other surface preparation or painting of the Vessel's bottom except that 15.1 gritblasting[8] and/or other surface preparation of new bottom plates ashore and supplying and applying any "shop" primer thereto,

15.2 gritblasting and/or other surface preparation of:

the butts or area of plating immediately adjacent of any renewed or refitted plating damaged during the course of welding and/or repairs, areas of plating damaged during the course of fairing, either in place or ashore,

15.3 supplying and applying the first coat of primer /anti-corrosive to those particular areas mentioned in 15.1 and 15.2 above, shall be allowed as part of the reasonable cost of repairs in respect of bottom plating damaged by an insured peril.

15. 선저처리

어떠한 경우에도 선저의 부착물 청소, 모래분사작업 및 기타 표면처리 또는 도장과 관련된 보상청구는 허용되지 않는다. 다만,

15.1 해안에서 신조된 선저 외판의 모래분사작업 및 기타 표면처리와 수리소에서 그 부분에 대한 준비도장

15.2 용접 및 수리중에 손상되어 신환 또는 재의장된 외판에 바로 근접한 외판부분의 모래분사작업 및 기타 표면처리, 현장 또는 해안에서의 철판의 곡직작업중에 손상된 외판부분의 모래분사작업 및 기타 표면처리

15.3 위 약관 15.1과 15.2에 언급된 특정 부분의 최초의 기초도장/방청도장 등은 담보위험으로 손상된 선저 외판과 관련된 합리적인 수리비의 일부로 인정한다.

[설 명]

이 약관은 보험자가 보상해 주는 선저처리비용을 구체적으로 명시하고 있다.

---

8) 'gritblasting'은 모래 분출기를 사용해서 선박 밑바닥 철판에 부착되어 있는 오물을 제거하는 작업을 말한다.

2-16 급료 및 유지비약관(Wages and Maintenance Clause)

급료 및 유지비 MARINE INSURANCE

16. WAGES AND MAINTENANCE

No claim shall be allowed, other than in general average, for wages and maintenance of the Master, Officers and Crew, or any member thereof, except when incurred solely for the necessary removal of the Vessel from one port to another for the repair of damage covered by the Underwriters, or for trial trips for such repairs, and then only for such wages and maintenance as are incurred whilst the Vessel is under way.

16. 급료 및 유지비

선장 · 고급선원 · 보통선원 또는 기타 선원의 급료와 유지비는 어떠한 경우에도 공동해손 이외에는 인정되지 않는다. 다만, 보험자가 보상하는 손상 수리를 위하여 선박을 어떤 항구에서 다른 항구로 이동하는 것이 필요해 오직 이를 위하여 또는 그러한 수리 후의 시운전만을 위하여 선박이 그 항해중에 지급한 급료와 유지비는 인정한다.

[설 명]

이 약관에 의하면 첫째, 선박이 보험자가 부담할 수선을 목적으로 회항하는 경우, 둘째 보험자가 부담할 수선이 완료된 후 선박이 시운전 항해를 할 경우, 셋째 공동해손의 경우 선원의 급료 및 유지비는 수리비의 일부로 간주되어 보험자가 보상한다.

2-17 대리점수수료약관(Agency Commission Clause)

대리점수수료 MARINE INSURANCE

17. AGENCY COMMISSION

In no case shall any sum be allowed under this insurance either by way of remuneration of the Assured for time and trouble taken to obtain and supply information or documents or in respect of the commission or charges of any manager, agent, managing or agency company or the like, appointed by or on behalf of the Assured to perform such services.

17. 대리점수수료

이 보험에서는 어떠한 경우에도 피보험자가 정보나 서류들을 입수하여 제공하는 데 들인 시간과 노력에 대한 대가를 보상하지 않으며 그러한 업무를 수행하기 위하여 피보험자가 지정했거나 피보험자를 대신하는 관리인 · 대리인 · 관리회사 · 대리점 또는 유사한 회사 등의 수수료 또는 비용에 관해서도 일체 보상하지 않는다.

[설 명]

보험사고가 발생할 경우 피보험자(선주)는 손해액을 산정하거나 보험회사에 제출할 여러 가지 증거자료를 수집하기 위해서 보험회사가 임명하는 것과는 별도로 대리인을 임명하기도 하는데, 이 대리점에게 지급할 수수료는 보험자가 부담하지 않는다.

2-18 미수리손상약관(Unrepaired Damage Clause)

미수리손상 MARINE INSURANCE

18. UNREPAIRED DAMAGE

18.1 The measure of indemnity in respect of claims for unrepaired damage shall be the reasonable depreciation in the market value of the Vessel at the time this insurance terminates arising from such unrepaired damage, but not exceeding the reasonable cost of repairs.

18.2 In no case shall the Underwriters be liable for unrepaired damage in the event of a subsequent total loss(whether or not covered under this insurance) sustained during the period covered by this insurance or any extension thereof.

18.3 The Underwriters shall not be liable in respect of unrepaired damage for more than the insured value at the time this insurance terminates.

18. 미수리손상

18.1 미수리손상에 대한 보상청구와 관련된 보상액의 산정은 그러한 미수리손상으로 인해서 이 보험이 종료하는 시점에서 선박시장가액의 합리적인 감가액으로 하되, 합리적인 수리비를 초과할 수 없다.

18.2 이 보험의 담보기간중에 또는 담보연장기간중에 전손된 경우에는(이 보험에서 담보되건 안되든 간에), 미수리손상에 대해서 보험자는 어떠한 경우에도 책임지지 않는다.

18.3 보험자는 미수리손상에 대하여 이 보험이 종료하는 시점에서의 보험가액 이상을 책임지지 않는다.

[설　　명]

이는 미수리손상의 보상에 관한 약관이다.

(1) 미수리손상의 보상한도액(18.1항)

보험자는 미수리손상에 대해서 보험계약이 종료하는 시점에서의 선박정상가액에서 손상상태의 가액을 공제한 잔액, 즉 감가액만큼 책임지지만 그 한도액은 합리적인 수리비를 초과할 수 없다.

(2) 연속손해에 관한 보상(18.2항)

동일한 보험증권하에서 분손이 생기고 이것이 수리되기 전에 전손이 발생할 경우 보험자는 실손보상의 원칙에 따라서 전손에 대해서만 보상한다. 여기에 관한 자세한 내용은 제11장 전손과 분손 제 4 절에 설명되어 있다

(3) 최고보상한도액(18.3항)

사고가 발생할 때마다 수리를 시행하는 경우에는 매건에 대하여 보험금액을 한도로 수리비가 보상되며 수리비의 합계가 보험금액을 초과해도 보험자는 보상할 책임이 있다. 그런데 선박이 미수리상태인 경우에 보험자의 책임은 보험계약이 종료하는 시점의 보험가액을 한도로 한다.

2-19 추정전손약관(Constructive Total Loss Clause)

추정전손 MARINE INSURANCE

19. CONSTRUCTIVE TOTAL LOSS

19.1 In ascertaining whether the Vessel is a constructive total loss, the insured value shall be taken as the repaired value and nothing in respect of the damaged or break-up value of the Vessel or wreck shall be taken into account.

19.2 No claim for constructive total loss based upon the cost of recovery and/or repair of the Vessel shall be recoverable hereunder unless such cost would exceed the insured value. In making this determination, only the cost relating to a single accident or sequence of damages arising from the same accident shall be taken into account.

19. 추정전손

19.1 선박의 추정전손 여부를 판단할 때 보험가액을 수리완료 후의 가액으로 간주하고 선박 또는 난파선의 손상가액 또는 해체가액은 고려하지 않는다.

19.2 선박의 회복 및 수리비용을 기초로 한 추정전손의 청구는 그 비용이 보험가액을 초과하지 않으면 보상되지 않는다. 추정전손의 결정에는 1회의 사고 또는 동일 사고로 인한 연속된 손상에 관련된 비용만을 고려한다.

[설 명]

이 약관은 추정전손을 결정할 때 사용하는 계산기준을 규정한 것으로 일명 평가약관이라고도 한다.

(1) 수리비의 가액(19.1항)

수리 후의 선가를 결정할 때는 보험가액을 기준으로 하고 여기에 난파선의 손상가격이나 해체가격은 포함시키지 않는다. 만약 선박의 협정보험가액이 100,000달러이고 난파선의 가액이 10,000달러이라면 수리비가 100,000달러 이상 견적되면 당연히 추정전손으로 간주된다. 그러나 수리비가 90,000달러가 나올 경우 난파선 가액을 합하면 추정전손이 성립될 수 있는데, 이 약관에서는 난파선의 가액을 수리비에 포함시키지 않도록 규정하여 이 경우는 추정전손이 성립되지 않는다.

(2) 수리비의 범위(19.2항)

추정전손의 기준이 되는 수리비를 산정할 때는 1회의 사고 또는 동일 사고에서 발생한 연속된 손상에 관련된 비용만을 고려한다. 그리고 수리비에는 본래의 수리비 외에 수리항까지 회항하는 데 소요되는 예인비, 선장 등의 급료 및 부양비, 항만세 및 연료 등의 회항비용을 포함한다.

2-20 운임포기약관(Freight Waiver Clause)

운임포기 MARINE INSURANCE

20. FREIGHT WAIVER

In the event of total or constructive total loss no claim to be made by the Underwriters for freight whether notice of abandonment has been given or not.

20. 운임포기

전손 또는 추정전손의 경우에는 위부의 통지 여부를 불문하고 보험자는 운임을 청구하지 않는다.

[설 명]

보험자는 전손 보험금을 지급하면 잔존물에 대한 일체의 권리를 피보험자로부터 승계하므로 선박이 취득한 운임을 회수할 권리가 있다. 그런데 이 약관은 보험자가 운임취득권을 행사하지 않을 것을 규정하여 운임은 선주의 몫으로 돌리고 있다.

2-21 선비담보약관(Disbursement Warranty Clause)

선비담보 MARINE INSURANCE

21. DISBURSEMENT WARRANTY

21.1. Additional insurances as follows are permitted:

21.1.1 *Disbursements, Manager's Commissions, Profits or Excess or Increased Value of Hull and Machinery*. A sum not exceeding 25% of the value stated herein.

21.1.2 *Freight, Chartered Freight or Anticipated Freight, insured for time.* A sum not exceeding 25% of the value as stated herein less any sum insured, however described, under 21.1.1.

21.1.3 *Freight or Hire, under contracts for voyage.* A sum not exceeding the gross freight or hire for the current cargo passage and next succeeding cargo passage(such insurance to include, if required, a preliminary and an intermediate ballast passage) plus the charges of insurance. In the case of a voyage charter where payment is made on a time basis, the sum permitted for insurance shall be calculated on the estimated duration of the voyage, subject to the limitation of two cargo passages as laid down herein. Any sum insured under 21.1.2 to be taken into account and only the excess thereof may be insured, which excess shall be reduced as the freight or hire is advanced or earned by the gross amount so advanced or earned.

21.1.4 *Anticipated Freight if the Vessel sails in ballast and not under Charter*. A sum not exceeding the anticipated gross freight on next cargo passage, such sum to be reasonably estimated on the basis of the current rate of freight at time of insurance plus the charges of insurance. Any sum insured under 21.1.2 to be taken into account and only the excess thereof may be insured.

21.1.5 *Time Charter Hire or Charter Hire for Series of Voyages.* A sum not exceeding 50% of the gross hire which is to be earned under the charter in a period not exceeding 18 months. Any sum insured under 21.1.2 to be taken into account and only the excess thereof may be insured, which excess shall be reduced as the hire is advanced or earned under the charter by 50% of the gross amount so advanced or earned but the sum insured need not be reduced while the total of the sums insured under 21.1.2 and 21.1.5 does not exceed 50% of the gross hire still to be earned under the charter. An insurance under this Section may begin on the signing of the charter.

21.1.6 *Premiums*. A sum not exceeding the actual premiums of all interests for a period not exceeding 12 months(excluding premiums insured under the foregoing sections but including, if required, the premium or estimated calls on any Club or War etc. Risk insurance) reducing pro rata monthly.

21.1.7 *Returns of Premium*. A sum not exceeding the actual returns which are allowable under any insurance but which would not be recoverable thereunder in the event of a total loss of the Vessel whether by insured perils or otherwise.

21.1.8 *Insurance irrespective of amount against*:

Any risk excluded by Clauses 23, 24, 25 and 26 below.

21.2 Warranted that no insurance on any interests enumerated in the foregoing 21.1.1 to 21.1.7 in excess of the amounts permitted therein and no other insurance which includes total loss of the Vessel PPI, FIA, or subject to any other like term, is or shall be effected to operate during the currency of this insurance by or for account of the Assured, Owners, Managers or Mortgagees. Provided always that a breach of this warranty shall not afford the Underwriters any defence to a claim by a Mortgagee who has accepted this insurance without knowledge of such breach.

21. 선비담보

21.1 다음의 추가보험을 인정한다.

21.1.1 선비 · 관리자의 수수료 · 이윤 또는 선체 및 기관의 초과액 혹은 증가액: 그 보험금액은 이 보험증권에 기재된 가액의 25%를 초과할 수 없다.

21.1.2 기간보험으로 부보된 운임 · 용선료 혹은 희망운임: 그 보험금액은 이 보험증권에 기재된 가액의 25%에서 명칭 여하를 불문하고 약관 21.1에 의거해 부보된 금액을 공제한 액수를 초과할 수 없다.

21.1.3 항해운송계약에 의한 운임 혹은 용선료: 그 보험금액은 화물을 적재한 당해 구간항해 및 이어서 계속되는 다음의 화물을 적재한 구간항해(이러한 보험에서

는 필요시에 준비를 위한 중간의 공선의 구간항해를 포함)에 대한 총운임 혹은 총용선료에 보험 비용을 가산한 액수를 초과할 수 없다. 기간을 기준으로 용선료가 지급되는 항해용선의 경우 인정되는 부보 금액은 위에서 규정한 화물을 적재한 2개의 구간항해의 제한에 따라 항해의 견적기간에 기초를 두고 산출하지 않으면 안 된다. 이 약관 21.1.2에 의해 부보된 금액이 있을 경우에는 이를 고려하여 그 초과액을 부보할 수 있다. 이 초과액은 운임 혹은 용선료가 선불되거나 또는 취득됨에 따라 선불 또는 취득된 총액만큼 감액된다.

21.1.4 선박이 공선으로 그리고 용선되지 않고 출항하는 경우의 희망운임: 그 보험금액은 화물을 적재한 다음의 구간항해에 있어서의 희망운임 총액을 초과할 수 없다. 이 보험금액은 보험계약 체결시의 운임시가를 기초로 하여 합리적으로 추정된 금액에 보험 비용을 가산한 것으로 한다. 이 약관 21.1.2에 의해 부보된 금액이 있을 경우에는 이를 고려하여 그 초과액만을 부보할 수 있다.

21.1.5 기간용선료 혹은 연속된 수 개 항해에 대한 용선료: 그 보험금액은 18개월을 초과하지 않은 기간 내의 용선계약상 취득할 예정의 용선료 총액의 50%를 초과할 수 없다. 약관 21.1.2에 의거해 부보된 금액이 있을 경우에는 이를 고려하여 그 초과액만을 부보할 수 있다. 그 초과액은 용선료가 용선계약상 선불되거나 또는 취득되거나에 따라 선불 또는 취득된 총액의 50%만큼 감액되어 가나, 그 보험금액은 약관 21.1.2 및 21.1.5에 의거해 부보된 금액의 합계액이 용선계약상 추후 취득될 용선료 총액의 50%를 초과하지 않은 동안은 감액할 필요가 없다. 이 항에 따른 보험은 용선계약에 서명한 때부터 개시할 수 있다.

21.1.6 보험료: 그 보험금액은 12개월을 초과하지 않은 기간에 대해 부보된 모든 이익의 실제 보험료를 초과할 수 없다(위의 각 항에 의거해 부보된 보험료는 공제하나 필요시에는 선주상호보험조합의 보험 혹은 전쟁 등 위험보험의 보험료 혹은 추정보험료를 포함한다). 이 보험금액은 월할로 감액되는 것으로 한다.

21.1.7 환급보험료: 그 보험금액은 모든 보험에서 환급이 인정될 수 있으나, 선박이 담보위험 또는 기타 위험으로 전손이 발생될 경우에는 회수할 수 없게 될 실질적인 환급보험료를 초과할 수 없다.

21.1.8 보험금액의 제한이 없는 보험: 아래의 약관 23 · 24 · 25 및 26에서 면책된 위험

21.2 위의 약관 21.1.1 내지 21.1.7에서 열거한 모든 이익의 보험으로서 위 각 항에서 인정된 금액을 초과하는 보험과 선박의 전손을 포함한 보험증권 자체가 피보험이익의 존재를 증명함, 모든 피보험이익을 승인함, 또는 이와 유사한 구절의 조건으로 부보하는 기타의 보험이 피보험자 · 소유자 · 관리자 또는 저당권자에 의

해, 혹은 이들을 위해 이 보험의 보험기간중에 효력이 있게끔 부보되어 있지 않을 것과 장래에도 부보되지 않을 것을 담보한다. 다만, 이 담보의 위반은 그 위반사실을 알지 못하고 이 보험을 수취한 저당권자에 의한 보험금 청구에 대해 보험자에게 항변권을 부여하는 것은 아니다.

[설　　명]

이 약관은 선체(hull)와 기관(machinery) 이외에 선비 · 운임 등 부수적인 피보험이익에 대한 보험금액을 일정액으로 제한하기 위해서 제정된 것이다.

(1) 추가보험(21.1항)

선비약관에서 인정하고 있는 각 항목의 보험금액은 다음과 같다.

① 선비 · 관리자의 보수 및 이윤 · 선체 및 기관의 초과액 혹은 증가액: 보험금액은 선박 보험가액의 25% 범위 내이다.

② 기간보험으로 부보된 운임 · 용선료 혹은 희망운임: 보험금액은 선박 보험가액의 25% 해당 금액에서 ①의 보험금액을 공제한 금액이다.

③ 항해운송계약에 의한 운임 혹은 용선료: 해당 구간항해 및 다음 구간항해의 총운임 또는 총용선료에 보험료를 합하고 여기에서 ②항에 의해 부보된 금액을 공제한 것을 보험금액의 한도액으로 한다.

④ 선박이 화물을 적재하지 않은 채 그리고 용선되지 않고 출항하는 경우의 희망운임: 구간항해의 희망 총운임에 보험료를 합한 금액에서 ②항에 의해 부보된 금액을 공제한 것을 보험금액의 한도액으로 한다.

⑤ 기간용선료 혹은 연결된 여러 개의 항해에 대한 용선료: 18개월을 초과하지 않는 기간에 용선계약상 취득하는 총용선료의 50%에서 ②항에 의해 부보된 금액을 공제한 것을 보험금액의 한도액으로 한다. ⑤항에서의 보험금액은 용선료가 선불 또는 취득됨에 따라 50%만큼씩 감액된다. 그러나 ②항 및 ⑤항에 의한 보험금액의 합계가 용선계약상 앞으로 취득하게 될 총용선료의 50%를 초과하지 않을 때에는 감액할 필요가 없다.

⑥ 보험료: 12개월을 초과하지 않는 기간보험에 대해서 실제로 지급된 보험료를 한도로 한다. 보험금액은 기간보험계약의 보험기간이 경과함에 따라 매월 비례적으로 감액되며 ③ 및 ④에서처럼 기간이 아닌 항해에 대한 보

험료는 포함하지 않는다.

⑦ 환불보험료: 부보된 선박의 전손이 발생했을 경우에 회수할 수 없는 실제의 환불액을 초과해서는 안 된다. 그런데 보험료 환불은 보험기간중에 전손이 없는 것을 조건으로 한다.[9)]

(2) 명예보험의 인정(21.2항)

선비 등은 항해 전에 정확히 예측하기가 어려워 피보험이익을 증명하는 것이 곤란하다. 이 점을 고려하여 위의 일곱 가지 항목에 대해서는 피보험이익이 존재하지 않더라도 명예보험으로 보험계약이 체결되도록 허용하고 있다. 'PPI' (policy proof of interest) 또는 'FIA' (full interest admitted) 등 피보험이익을 부정하는 보험계약에 대해서는 제 7 장 피보험이익 제 1 절에 자세히 설명되어 있다.

2-22 계선 및 해지환급약관 (Returns for Lay-up and Cancellation Clause)

계선 및 해지환급 MARINE INSURANCE

22. RETURNS FOR LAY-UP AND CANCELLATION

22.1 To return as follows:

22.1.1 Pro rata monthly net for each uncommenced month if this insurance be cancelled by agreement.

22.1.2 For each period of 30 consecutive days the vessel may be laid up in a port or in a lay-up area provided such port or lay-up area is approved by the Underwriters(with special liberties as hereinafter allowed)

(a) …… per cent net not under repair

(b) …… per cent net under repair

If the Vessel is under repair during part only of a period for which a return is claimable, the return shall be calculated pro rata to the number of

9) 이 조건이 없으면 보험기간중 선박에 전손사고가 발생했을 때 피보험자는 보험계약을 해제하고 보험기간이 만료될 때까지 미경과기간에 대한 환불보험료를 청구할 수 있는 문제가 제기된다.

days under (a) and (b) respectively.

22.2 PROVIDED ALWAYS THAT

22.2.1 a total loss of the Vessel, whether by insured perils or otherwise, has not occurred during the period covered by this insurance or any extension thereof

22.2.2 in no case shall a return be allowed when the Vessel is lying in exposed or unprotected waters, or in a port or lay-up area not approved by the Underwriters but, provided the Underwriters agree that such non-approved lay-up area is deemed to be within the vicinity of the approved port or lay-up area, days during which the Vessel is laid up in such non-approved lay-up area may be added to days in the approved port or lay-up area to calculate a period of 30 consecutive days and a return shall be allowed for the proportion of such period during which the Vessel is actually laid up in the approved port or lay-up area

22.2.3 loading or discharging operations or the presence of cargo on board shall not debar returns but no return shall be allowed for any period during which the Vessel is being used for the storage of cargo or for lightering purposes

22.2.4 in the event of any amendment of the annual rate, the above rates of return shall be adjusted accordingly

22.2.5 in the event of any return recoverable under this Clause 22 being based on 30 consecutive days which fall on successive insurances effected for the same Assured, this insurance shall only be liable for an amount calculated at prorata of the period rates 22.1.2 (a) and/or (b) above for the number of days which come within the period of this insurance and to which a return is actually applicable. Such overlapping period shall run, at the option of the Assured, either from the first day on which the Vessel is laid up or the first day of a period of 30 consecutive days as provided under 22.1.2 (a), (b), or 22.2.2 above.

22. 계선 및 해지환급

22.1 아래와 같이 보험료를 환급한다.

22.1.1 합의에 의해 이 보험을 해지하는 경우에는 각 미경과월에 대한 월할순보험료

22.1.2 (다음에 인정하는 특별 자유재량권의 행사를 조건부로) 선박이 보험자가 승인하는 항구 또는 계선구역에서 계선하는 경우에는 30일 연속의 매 기간에 대해서

(a) 수리중이 아닌 경우 : 순 %

(b) 수리중인 경우 : 순 %

만약 보험료의 환급청구를 할 수 있는 기간의 일부만이 수리중이라면, 환급보험료는 위의 (a) 및 (b)에 각기 해당하는 일수의 비율에 따라 산출된다.

22.2 다만, 아래의 조항을 조건으로 한다.

22.2.1 담보위험 또는 기타 위험에 의해 보험기간 또는 그 연장된 기간중에 선박이 전손되지 않아야 한다.

22.2.2 어떠한 경우에도 선박이 풍랑에 노출되어 있거나, 방파설비가 없는 해역 또는 보험자가 승인하지 않은 계선구역에 정박했을 경우 보험료의 환급은 인정되지 않는다. 다만, 그러한 승인하지 않은 계선구역을 보험자가 승인한 항구나 계선구역으로 보험자가 간주하고 동의했을 경우를 전제로 하여 선박이 위의 승인하지 않은 계선구역에서 계선한 일수는 연속 30일의 기간을 계산할 때, 승인한 항구 또는 계선구역에서의 일수에 가산되고, 보험료는 선박이 승인된 항구 또는 계선구역에서 계선하는 실제 일수의 비율만큼 환급된다.

22.2.3 적재 또는 양하작업 또는 선내 화물의 존재는 보험료의 환급을 방해하는 것은 아니다. 그러나 선박이 화물의 보관에 사용되거나 해상하역작업의 목적에 사용되는 기간에 대해서는 보험료의 환급은 인정된다.

22.2.4 연간 보험요율에 변경이 있을 경우 위의 환급보험요율은 그에 따라 조정된다.

22.2.5 약관 22에 의한 보험료의 환급이 동일 피보험자를 위해 체결되고 연속된 보험계약에 걸쳐진 30일 연속일수에 해당되는 경우에는, 이 보험계약에서 담보되는 기간으로서 환급이 실제 적용되는 기간에 대한 위의 22.1.2(a) 및 또는 (b)의 해당일자 비율에 따라 산출되는 금액에 한해 이 보험계약에서 부담한다. 연속된 위의 보험계약의 기간은 피보험자의 재량에 따라 선박이 휴항한 최초의 일자부터 기산하거나, 또는 약관 21.1.2(a), (b) 또는 22.2.2에서 규정한 바에 따라 30일 연속기간의 최초의 일자부터 기산한다.

[설　　명]

이 약관은 보험자와 피보험자가 합의하여 보험계약을 해제할 경우, 또는 부보 선박이 수선 또는 기타 피치 못할 사유로 일정 기간 휴항할 경우 소정의 보험료를 환불해 준다는 내용이다.

(1) 보험계약의 해지에 따른 환불보험료

보험자와 피보험자의 합의에 의해 보험계약이 해약되는 경우 미경과기간에 대해서 월할순보험료의 ……%의 보험료를 환불해 준다. 환불보험료는 영국의 선박보험합동위원회에서 산정한 환불보험요율표(scale of return)에 따라 산정된다.

(2) 휴항에 따른 환불보험료

보험자가 승인한 항내 혹은 휴항해역에서 부보 선박이 일정 기간 휴항하는 경우 소정의 보험료를 환불해 준다. 휴항환불의 경우에는 휴항위험 또는 계선위험에 해당하는 보험료를 공제하고 잔여보험료를 지급하는데, 자세한 내역은 환불보험요율표에 따른다.

휴항환불보험료는 30일 연속의 매기간을 단위로 하여 환불되는데, 휴항일수를 계산함에 있어서 그 기간은 선박이 항구에 도착하여 정박했을 때부터 시작되고 다음 항해에 취항하기 위하여 출항할 때까지 계속된다.

The following clauses shall be paramount and shall override anything contained in this insurance inconsistent therewith.

다음 약관들은 절대적이며 이 보험에 포함되어 이것과 저촉되는 일체의 규정에 우선한다.

[설　　명]

다음의 네 가지 면책약관, 즉 제23조 전쟁면책약관, 제24조 동맹파업면책약관, 제25조 악의행위면책약관 및 제26조 원자핵면책약관은 다른 어떤 약관보다 우선하여 적용되는 약관이다.

2-23 전쟁면책약관(War Exclusion Clause)

전쟁면책 MARINE INSURANCE

23. WAR EXCLUSION

In no case shall this insurance cover loss damage liability or expense caused by

23.1 war civil war revolution rebellion insurrection, or civil strife arising therefrom, or any hostile act by or against a belligerent power

23.2 capture seizure arrest restraint or detainment(barratry and piracy excepted), and the consequences thereof or any attempt thereat

23.3 derelict mines torpedoes bombs or other derelict weapons of war.

23. 전쟁면책

이 보험은 다음에 기인한 멸실·손상·배상책임 또는 비용을 어떠한 경우에도 담보하지 않는다.

23.1 전쟁·내란·혁명·모반·반란 또는 이로 인하여 발생하는 국내투쟁 또는 교전국에 의하거나 교전국에 대한 적대행위

23.1 포획·나포·강류·억지 또는 억류(악행 및 해적행위 제외) 및 이런 행위의 결과 또는 이러한 행위를 하려고 기도한 결과

23.3 유기된 기뢰·어뢰·폭탄 또는 기타 유기된 전쟁무기

[설 명]

전쟁위험에 대해서 보험자의 면책을 규정한 약관이다. 그러나 선원 등의 악행 및 해적행위는 전쟁위험에서 제외하여 보험자가 보상한다.

2-24 동맹파업면책약관(Strikes Exclusion Clause)

동맹파업면책 MARINE INSURANCE

24. STRIKES EXCLUSION

In no case shall this insurance cover loss damage liability or expense caused by

24.1 strikers, locked-out workmen, or persons taking part in labour disturbances, riots or civil commotions.

24.2 any terrorist or any person acting from a political motive.

24. 동맹파업면책

이 보험은 다음에 기인한 멸실 · 손상 · 배상책임 또는 비용을 어떠한 경우에도 담보하지 않는다.

24.1 동맹파업자 · 직장폐쇄노동자 또는 노동쟁의 · 폭동 또는 소요에 가담한 자

24.2 테러리스트 또는 정치적 동기에서 행동하는 자

[설　　명]

동맹파업위험에 대해서 보험자의 면책을 규정한 약관이다. 테러리스트 또는 정치적 동기에서 행동하는 자에 의한 손해에 대해서도 보험자는 면책이다.

2-25 악의행위면책약관(Malicious Acts Exclusion Clause)

악의행위면책 MARINE INSURANCE

25. MALICIOUS ACTS EXCLUSION

In no case shall this insurance cover loss damage liability or expense arising from

25.1 the detonation of an explosive

25.2 any weapon of war

and caused by any person acting maliciously or from a political motive.

25. 악의행위면책

이 보험은 다음에 기인한 멸실 · 손상 · 배상책임 또는 비용을 어떠한 경우에도 담보하지 않는다.

25.1 폭발물의 폭발

25.2 어떠한 전쟁무기

그리고 악의적으로 행동하는 자에 의하거나 혹은 정치적 동기로부터 발생된 것.

[설 명]

이 약관은 악의적으로 행동하는 자에 의해 발생된 손해와 정치적 동기를 목적으로 발생된 손해에 대해서 보험자의 면책을 규정한 것이다.

2-26 원자핵면책약관(Nuclear Exclusion Clause)

원자핵면책 MARINE INSURANCE

26. NUCLEAR EXCLUSION

In no case shall this insurance cover loss damage liability or expense arising from any weapon of war employing atomic or nuclear fission and/or fusion or other like reaction or radioactive force or matter.

26. 원자핵면책

이 보험은 원자 또는 핵의 분열 및/또는 결합 혹은 이와 유사한 반응 또는 방사성의 힘 또는 물질을 사용하는 어떠한 전쟁무기로 인하여 발생되는 멸실 · 손상 · 배상책임 또는 비용을 어떠한 경우에도 담보하지 않는다.

[설 명]

이 약관은 원자핵 · 방사선 등에 의한 손해에 대해서 보험자의 면책을 규정한 것이다. 원자력 또는 핵병기에 의한 손해는 반드시 전쟁의 발발이나 적대행위를 동반할 필요는 없으며 원자력 등의 실험에 기인하거나 우발적인 폭발에 의한 손해도 면책된다. 그러나 병기와 관련없는 원자로의 파괴 등에 의한 직접적인 손해는 보험자가 담보한다.

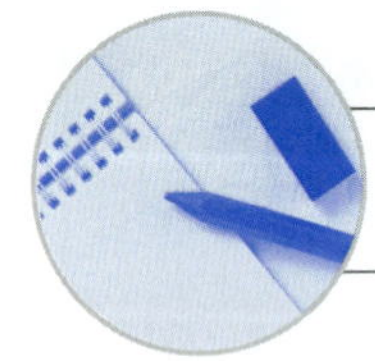

복습 및 토의 문제

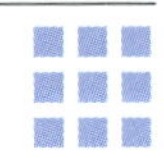

01 협회기간약관의 개념과 구성을 개괄적으로 설명해 보시오.

02 국제선박보험약관(International Hull Clause, 2003)을 검색해 보시오.

03 협회기간약관에서 보험자가 담보하는 위험에 대해 토의해 보시오.

04 손해보험에서 시행하고 있는 공제제도의 내용과 그 필요성에 관해서 토의해 보시오.

05 협회기간약관에서 언급하고 있는 지상약관의 의미와 그 내용에 대해서 토의해 보시오.

06 선박기간보험에서 보험계약이 종료되는 경우를 검색해 보시오.

07 선박 국적의 변경이 선박보험계약에 미치는 영향에 대해서 토의해 보시오.

08 편의 치적선에 대해서 토의해 보시오.

09 선박보험에서 담보하는 위험에 대해서 토의해 보시오.

10 자매선의 개념과 자매선 간의 배상책임에 대해서 토의해 보시오.

FISHING WITH THE PLANETS

When I go fishing late at night,
The moon is ever so bright.
But when I go fishing in the day,
All I can see is a bright bright day.

Sometimes I can see the moon,
I must have a good eye, so I'll try for Neptune.
But Neptune, so far, is really hard,
It's not like it's in my yard.
If it was I would be famous,
After all Neptune is by Uranus.

But after all it's only a dream,
Things aren't always as they seem.

Michael A. Martinez Jr.
Mountain View Elementary
Salt Lake City, UT

PART V

해상보험실무

제 17 장 해상보험실무

Chapter 17

해상보험실무

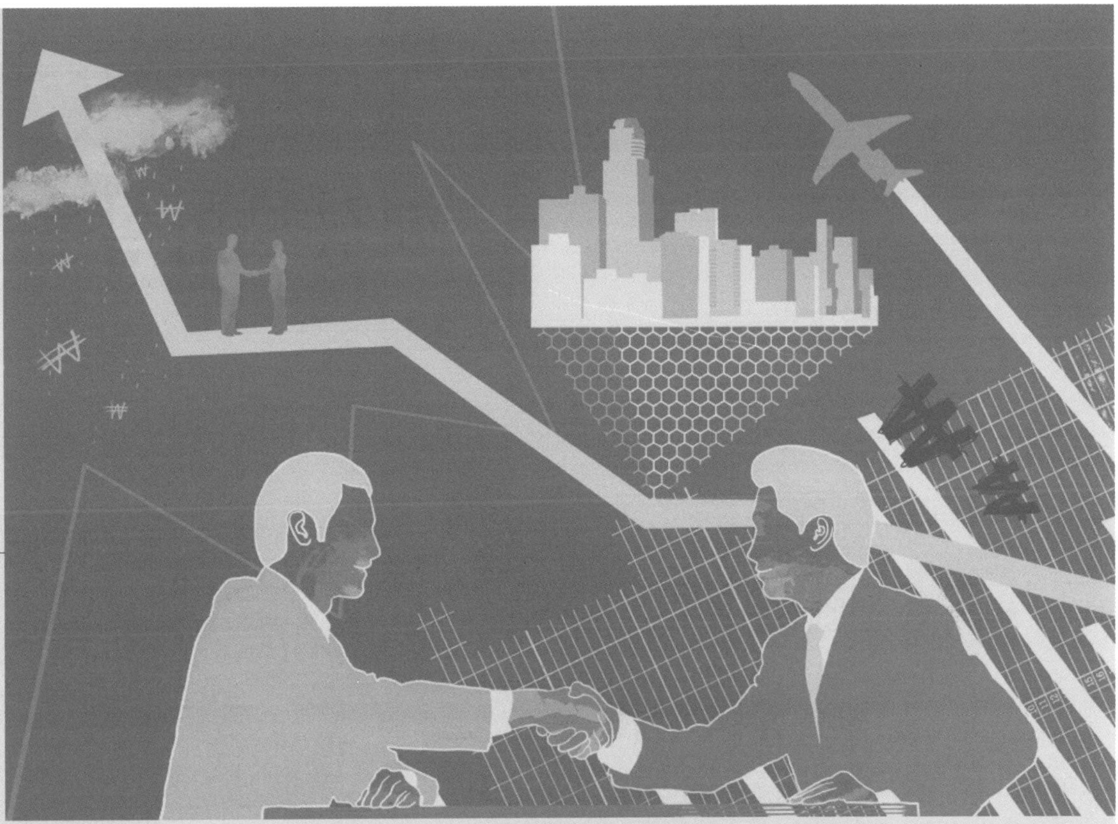

이 장에서는 지금까지 설명된 해상보험의 원리를 토대로 해상보험계약의 체결에서 클레임까지 해상보험의 주요 실무를 배우고자 한다.

Chapter 17

해상보험실무

01 적하보험실무

1. 적하보험계약의 체결

1-1 적하보험청약서

해상보험계약은 낙성계약이기 때문에 보험계약자가 청약을 하고 보험자가 이를 승낙했을 때 성립한다. 보험청약은 긴급한 경우에는 구두나 전화로 청약하기도 하지만 원칙적으로 소정의 청약서에 필요한 사항을 기입한 후 서명·날인하여 보험중개인 또는 보험자에게 제출해야 한다. 우리나라에서 적하보험계약이 체결될 경우 청약서에 기재해야 할 사항은 다음과 같다.[1)]

① 피보험자(Assured)·보험계약자(Applicant)

② 참고번호(Reference No.): 대개 신용장 번호·송장 번호 등을 기입하고 이들 서류의 사본을 첨부하여 부보내용을 명확히 하도록 한다.

③ 보험금 지급지(Claims, if any, payable at): 보험금 지불을 희망하는 장소를 기입하는데, 수입의 경우 보험회사의 본사로 하고 수출의 경우는 해당 도착지의 정산대리점 및 검정인을 지정한다.

④ 질권 은행(Endorsement Bank): 수입의 경우 만약 화물에 질권이 설정

1) 해상적하보험실무, 앞의 책, pp. 55-57.

되어 있으면 해당 은행명을 기입한다.[2)]

⑤ 선박/항공기명(Vessel/Aircraft): 화물을 적재한 본선명을 기입한다. 항공기의 경우는 'Aircraft', 우편으로 수송할 경우에는 'Sea Parcel Post', 'Air Parcel Post' 등을 기입한다. 수입의 경우 대개 선명 · 항공기명 등을 알 수 없으므로 'TBD'(To be declared) 혹은 'TBN'(To be noticed)으로 기입하고 나중에 선명 또는 항공기명을 고지한다.

⑥ 출항일(Sailing on or about) · 출발항(At and from) · 환적항(Transhipped at) · 도착항(Arrived at)

⑦ 최종 도착지(Thence to): 양하항 도착 후 다시 내륙지역까지 부보할 경우 최종 도착지를 기입한다.

⑧ 보험가입금액(Amount Insured) · 보험조건(Conditions) · 보험목적물

⑨ 특별 지시사항(Special Instructions): 수출의 경우 신용장에서 요구하는 보험조건을 기입할 때가 많다.

⑩ 포장상태(Packing): 포장상태는 보험요율에 영향을 미치는 중요한 사항이므로 정확하게 고지되어야 한다.

⑪ 보험증권의 필요 매수(Documents Required): 필요 매수를 신용장 등에서 특별히 지정한 경우에만 매수를 기입한다. 보험증권은 통상 2통(duplicate) 발행된다.

⑫ 증권발행일(Under Date) · 청약일(Signed Date) · 청약자의 서명(Signature of Applicant)[3)]

1-2 슬립 및 보험승낙서

보험계약은 보험자와 직접 체결되기도 하고 보험중개인을 통해서 체결되기도 한다. 우리나라의 경우는 보험중개인의 활동이 아직 미흡하지만, 로이즈와 보험계약을 체결하려면 반드시 보험중개인을 통해야 하므로 보험계약자는 보험중개인에게 청약서를 제출해야 한다. 이 때 슬립 · 부보각서 등 보험중개인이 발행하는 서류가 별도로 사용된다.

---

2) 수입업자가 은행 자금으로 화물을 수입할 경우 해당 은행은 수입 화물에 대해서 질권을 설정할 수 있다.

3) 기재사항에 관한 설명은 「제9장 해상보험증권 제2절」을 참고할 것.

■ 서식 17-1 해상적하보험청약서

해상 적하보험 청약서

동양화재해상보험 귀중

구 분	수입(501) ____	수출(502) ____	콘테이너(503) ____	어획물(504) ____

보험계약자(피보험자)	*화물에 대하여 피보험이익을 가지고 있는 개인/법인	
상 호(성 명) :	____________	*영문으로 기재할 것
사업자등록번호 :	____________	*개인일 경우 주민등록번호 기재
보험청약자	*보험료를 납부하는 개인/법인. 보험계약자와 동일한 경우 기재 생략	
상 호(성 명):	____________	*영문으로 기재할 것
사업자등록번호:	____________	*개인일 경우 주민등록번호 기재

일반사항	청 약 일 자	년 월 일	보험개시일자	년 월 일	소급유무 소급/비소급
	증 권 번 호		보험금지급장소	코드 ____	지역명 ____
	담 보 구 간	화물출발항(공항) ☐☐☐☐ ____		화물도착항(공항) ☐☐☐☐ ____	
		*내륙운송확장담보(ITE) 추가부보시 내륙지역 기재하지 않아도 담보됨.			
	선박/항공기명	☐☐☐ ____		*수출적하보험의 경우 반드시 기재	
	신용장번호 등 참고번호	☐ ____ ☐ ____		질권은행	☐☐☐☐☐☐☐
참고사항	선 박 제 원	*수출적하보험의 경우 반드시 기재하고 선박할증보험료 해당여부 확인			지점명 ____
	건조년월 ____ 국적 ____ 총톤수 ____ ton 선급 ____ 정기선/부정기선(1/2) ☐				
	인수승인번호	*인수제한대상 확인		증권발행	원본 ____ 부 / 사본 ____ 부
인수지분		동양( )%			*참여사 및 참여지분기재
보험의 목적		품목코드 ☐☐☐ ☐☐ *화물명 영문기재			
기타 표시문구		SPECIMEN *보험증권에 별도로 인쇄하여야 할 내용 기재			
보험가입금액		☐ ____ (송장금액) ____% (희망이익) X @ ____ (전신환매도율)			
		☐ ____ (보험가입금액)			
		관세 보험가입금액	☐ ____ (송장금액) X ____ % (관세율)		
		*희망이익은 계약자의 의사에 따라 100%-130%에서 결정(130%초과시 본사와 사전협의)			

보험조건및요율	기 본 조 건		부 가 조 건					
	기 본 요 율		부 가 요 율					
	특 약 조 건		범 위 요 율					
	*해당품목의 적용특칙을 반드시 확인하여 처리할것							
	보험계약자	기간:	보험료:	천원		손해율		
	실 적	할 인 할 증 율		최종적용요율				
	*적하보험 인수지침서 반드시 확인하여 처리할 것							

보 험 료	적하보험료	관세보험료		합 계	
실 명 확 인		취 급 부 점		전 산	심 사 / 팀 장
권 유 자		취 급 자			

(1) 슬립(Slip)

보험중개인을 통해서 보험계약을 체결하려면 보험계약자는 먼저 보험청약서에 필요한 사항을 기재하여 이를 보험중개인에게 제출해야 한다. 보험중개인은 보험청약서의 기재사항 중에서 특히 중요하다고 판단되는 사항만을 요약한 서류를 작성하여 보험자에게 제출하는데, 이를 슬립이라 한다. 슬립은 중개인의 규모에 따라 개인중개인이 직접 작성하는 경우도 있고 중개인 회사의 책임자가 작성하는 경우도 있다. 슬립에는 대개 운송용구 · 항로 · 보험금액 · 보험가액 · 보험료 등을 기재한다.

(2) 보험승낙서

보험중개인은 청약서를 기초로 슬립을 작성한 후 이를 보험자에게 제시하고 보험계약의 승낙을 받는다. 만약 여러 보험자와 보험계약을 체결할 경우에는 각 보험자의 인수금액을 슬립에 기재하고 서명을 받는다. 이와 같이 보험계약의 인수(placing)가 끝나면 보험중개인은 피보험자에게 보험계약이 체결되었다는 사실을 확인시키기 위해 보험승낙서(cover note)를 발행한다.

보험승낙서는 보험계약이 체결되었다는 단순한 통지서이고, 보험중개인이 발행하기 때문에 보험서류로서 법적으로 인정되지 않는다. 현행 신용장통일규칙(제34조 c항)에 의하면 보험중개인이 발행한 보험승낙서는 신용장상에 별도 허용되어 있지 않는 한 은행이 수리하지 않는다. 그러나 슬립·부보각서 등은 보험계약의 청약이 승낙된 시기를 증명하는 서류로 사용될 수 있다(영국 해상보험법 제21조).

1-3 예정보험계약

보험계약의 청약은 위험이 개시되기 전에 행하는 것이 원칙이다. 그러나 위험이 개시되기 전 보험계약을 청약하려고 해도 화물의 수량, 보험가입금액, 적재선박 등 보험계약의 내용이 미상인 경우가 많으므로 사후에 기재사항이 확정되는 대로 지체 없이 보험자에게 통고할 것을 조건으로 보험계약이 체결되는데, 이를 예정보험이라 한다. 예정보험은 개별예정보험과 포괄예정보험으로 구분된다.

(1) 개별예정보험

수입 화물을 부보할 경우에는 수출업자로부터 선적완료통지를 받은 후에야 모든 사항이 확정되므로 이런 경우 수량 · 금액 등에 대해서는 신용장 금액으로 하고 선박명은 미상인 채로 우선 개별예정보험계약을 체결한다. 개별예정보험계약은 개개의 선적마다 체결되어도 괜찮지만 여러 번에 분할해서 선적되는 매매계약에 대해서 그 여러 선적을 하나의 개별예정보험계약으로 체결할 수도 있다.

개별예정보험의 청약이 있으면 보험자는 개별예정보험증권(provisional policy)을 발행한다. 개별예정보험증권은 통상 적재선박명이 미상인 채로 발행되기 때문에 선명미상보험증권(floating policy)이 된다. 개별예정보험계약을 체결했을 경우에는 그 후 미상인 사항이 확정되면 반드시 확정 통지를 하여 보험자의 배서(endorsement)를 받아야 한다.

(2) 포괄예정보험

장기간에 걸쳐 수출 또는 수입하는 종합상사 등은 예정보험을 청약해야 하는 사정이 계속 생기기 때문에 매 건마다 개별적으로 보험계약을 체결하지 않고 미리 이들 모두를 포함하는 포괄예정보험계약(open cover)을 체결할 수 있다. 이 때 발행되는 보험증권을 포괄보험증권(open policy)이라 하며 이 포괄보험증권의 원본에 의해서 개개의 화물이 부보되어 있음을 증명하는 약식 보험서류를 보험증명서(insurance certificate)라 한다.[4)]

포괄보험에서 제일 먼저 사용된 증권은 선명미상보험증권이다. 이 증권은 총부보금액을 정하고 그 한도 내에서 모든 선적 화물이 자동으로 부보되는 포괄보험에서 발행되었는데, 19세기부터 사용되기 시작하였다. 선명미상보험증권의 단점은 계약을 체결할 때 보험료를 일시에 지급해야 하므로 보험료의 부담이 따르고 약정된 한도를 초과할 경우에는 별도로 보험계약을 체결해야 하는 점이다. 그러나 요즘의 포괄보험증권은 일정 기간을 약정하여 그 기간 내의 모든 선적 화물은 자동 부보되고 보험료도 월 · 분기별로 나누어 지불하도록 한다.

4) 현행 신용장통일규칙(제28조 d항)에서는 신용장이 특별히 금지하고 있지 않으면 은행은 보험회사나 대리인이 사전에 서명한 보험증명서나 예정보험에 의한 확인서를 수리하도록 규정하고 있다.

포괄예정보험계약을 체결하려면 먼저 화물의 종류, 운송용구, 보험가액 및 보험가입금액의 산정기준, 보험조건, 보험요율 등을 결정해야 한다. 그리고 보험계약자는 약정된 범위에 속하는 모든 선적에 대해 빠짐없이 보험계약을 체결할 것을 약속하고 매 선적시 화물의 명세 · 운송용구 등 필요한 사항을 통지해야 한다.[5]

포괄예정보험계약이 체결되어 있는 경우에는 만일 청약이 누락되거나 지연이 있어도 그것이 보험계약자의 고의 또는 중대한 과실에 의한 것이 아님이 입증되면 보험자는 손해보상의 책임을 진다. 반대로 청약이 누락되어 있는 화물이 무사고로 도착했을 경우라도 피보험자는 반드시 확정 통지를 하고 그 만큼의 보험료를 지불할 의무가 있다.

포괄예정보험계약을 체결하면 피보험자는 매선적시마다 보험계약을 체결해야 하는 불편을 덜 수 있고 계약체결이 누락되는 것도 방지할 수 있다. 그러나 화물이 일시에 선적되거나 부두나 보세지역에 선적 대기중일 때는 자칫 대형사고가 발생하여 보험자의 부담이 누적될 수 있다. 이에 따라 포괄예정보험계약에서는 통상 보험자의 최고보상액을 매선적당 정해 둔다.

2. 적하보험조건의 종류와 선정

적하보험에서 이용되고 있는 보험조건은 기본조건, 부가조건 및 부가위험, 특수 화물에 적용되는 기본조건 등이 있다.

2-1 적하보험 기본조건

적하보험의 기본조건은 보험자의 담보범위에 따라 협회적하약관(ICC) A약관(A/R) · B약관(W/A) 및 C약관(FPA) 세 가지가 있다. 담보범위는 A약관이 가장 넓고 그 다음 B약관 · C약관의 순이며 이에 따라 A약관에 적용되는 보험요율이 제일 높다. 보험계약자는 화물의 종류, 운송구간, 운송시기 등을 고려하여 세 가지 조건 중 하나를 반드시 선택해야 한다.

---

5) 포괄보험으로서의 선명미상보험증권은 외국에서는 널리 사용되고 있으나 우리나라에서는 원칙적으로 허용되지 않는다. 따라서 우리나라에서 의미하는 선명미상보험증권은 개별예정보험에서 발행되는 보험증권이다.

2-2 적하보험 부가조건 및 부가위험

기본조건만으로 모든 손해를 보상받을 수 없기 때문에 여러 가지 부가조건이 활용되고 있다. 예를 들어 기본조건 중 담보범위가 가장 넓은 A약관에서도 전쟁위험 및 동맹파업위험은 면책위험이기 때문에 이러한 위험으로 인한 손해를 보상받으려면 전쟁위험과 동맹파업위험을 담보하는 부가조건을 별도로 이용해야 한다. 적하보험에서 많이 이용되는 부가조건은 다음과 같다.

(1) 협회전쟁약관(Institute War Clauses)

전쟁위험을 담보하는 약관이다.

(2) 협회동맹파업약관(Institute Strikes Clauses)

동맹파업 · 폭동 · 소요 등의 위험을 담보하는 약관이다.

(3) 도난 · 발하 및 불착 담보약관
(Theft, Pilferage and Non-Delivery; TPND Clause)

도난 · 좀도둑 및 포장단위의 불착위험을 담보한다.

(4) 투하 · 갑판유실 담보약관(Jettison, Washing Over Board; JWOB Clause)

화물을 바다에 버리거나, 갑판에 적재된 화물이 파도에 씻겨 내려가는 위험을 담보하는 약관이다.

(5) 빗물 및 담수위험 담보약관
(Rain and/or Fresh Water Damage; RFWD Clause)

바닷물 이외의 물에 젖는 위험을 말하며 대개 비오는 날에 하역을 함으로써 발생하는 위험이다.

(6) 기름위험 담보약관(Contact with Oil and/or Other Cargo; COOC Clause)

연료 기름이나 기계의 기름이 다른 화물에 묻게 되면 그 화물은 상품으로서의 가치를 상실할 수 있으므로 이러한 위험을 담보하는 약관이다.

(7) 땀 및 열위험 담보약관(Sweat & Heating Clause)

선창 내의 열이 너무 올라가서 생기는 위험과 급격한 온도 변화 때문에 생기는 수증기로 야기되는 위험을 담보하는 약관이다. 특히 피혁제품과 어분 같은 화물이 땀 및 열의 위험에 약하며, 또한 동서로 항해하는 선박보다 남북, 즉 온대지방과 열대지방을 항해하는 선박에서 많이 일어나는 위험이다.

(8) 원산지 손해약관(Country Damage Clause)

원면이 경작지에서 포장된 후 선적되기까지 비바람에 노출되거나 지면의 습기가 스며들어 발생하는 손해 등 수입 면화의 원산지 손해를 담보하는 약관이다. 그러나 외항선에 적재되기 전에 발생하는 홍수·해일·호우 등에 의한 손해와 외항선에 적재될 때 명백하게 밝혀진 손해는 보상하지 않는다.

(9) 냉동기관약관(Refrigerating Machinery Clause)

육류 및 생선에 첨부하는 약관으로 선박의 냉동실에 보관되어 있는 동안 냉동기의 고장 및 파열에 연유해서 생긴 멸실이나 손상을 담보한다.

(10) 기계수선특별약관(Special Replacement Clause)

기계류의 일부가 손해를 입은 경우 그 부분을 수리하는 비용을 보상하는 약관이다. 그 부분의 부품을 신규 구입할 때 관세를 지불했으면 화물의 관세액이 보험금액에 포함되는 경우에 한해 관세까지 보상한다.

(11) 상표약관(Label Clause)

캔 통조림·병 통조림·술 등 라벨이 붙은 화물에는 원칙적으로 이 약관이 첨부되는데, 상표만 손상되었을 경우에는 원상 회복에 필요한 비용과 신상표 및 상표 재부착 비용만을 보상한다.

(12) 통관거부위험 담보약관(Rejection Clause)

식품류 등에 첨부되는데, 수입국 정부 또는 대행기관의 품질검사에서 수입불합격 판정을 받을 때 피보험자가 입는 경제적 손실을 보상해 주는 특별약관으로 현행은 선적당 150,000달러로 보험자의 책임을 제한하고 있다.

(13) 관세약관(Custom Duty Clause)

화물 자체의 보험과 별개로 수입세를 보험에 붙이는 경우에 적용한다. 세관에 관세를 납부한 이후 담보위험으로 인하여 화물이 손상된 경우 관세 손실을 보상해 준다.

(14) 내륙운송연장담보약관(Inland Transit Extension; ITE Clause)

해상운송과 연계하여 육상운송을 할 경우 해상보험에 의한 담보의 구간을 내륙지점까지 확장 담보하는 약관이다.

(15) 내륙장치기간연장담보약관(Inland Storage Extension; ISE Clause)

세관통관이 지연됨으로써 화물을 보세창고 등에 장기간 보관할 경우 해상보험의 담보기간을 연장하는 약관이다.[6]

2-3 특수화물 기본약관

특수한 화물에 관해서는 각각의 화물성질 · 운송실태 등에 맞춰서 협회적하약관(ICC)의 일부를 수정한 전용의 특별약관이 사용되는데, 몇 가지 실례를 들어보면 다음과 같다.

(1) 원당약관(Raw Sugar Clause)

원당의 보험에 사용되며 첫째, 포장된 적재화물의 경우는 도난 · 부족 · 불착 · 폭발 · 담수 · 기름 및 다른 화물에 의한 손해를 담보하며, 둘째 산적한 경우는 도난 · 폭발 · 담수 · 기름 및 다른 화물에 의한 손해와 선적 · 환적 · 하역 중의 사고에 의한 부족손해를 담보한다.

(2) 고무약관(Rubber Clause)

고무류에 사용되는 약관으로 도난 · 불착 · 폭발 · 담수 · 선창 내 응결(한손) · 갈고리손, 다른 물체 또는 액체의 누출, 다른 화물에 의한 손해, 습기에 의한 손해, 곰팡이 손해 등이 면책률 없이 보상된다. 단 곰팡이 손해는 이

6) 해상보험요율서에는 내륙운송연장담보(ITE) · 내륙장치기간연장담보(ISE) · 환적(T/S) 등을 부가위험으로 분류하고 있다.

보험에서 담보되고 있는 운송 과정에서 각 포장단위가 해수 · 담수 혹은 선창 내 응결 등과 직접 접촉하여 생긴 것이 아닌 한 보상되지 않는다. 보험기간은 도착항 창고에 인도된 때 종료하지만 그 창고가 제조업자의 창고가 아닌 때는 거기에서 30일간을 한도로 담보된다.

(3) 원목거래협회약관(Timber Trade Federation Clause)

원목의 보험에 사용되는 약관으로 갑판 적재의 경우에는 C약관(FPA)을 기초로 투하 · 유실위험을 담보하고 선창 내 적재되는 경우는 A약관(A/R)으로 담보된다. 보험자의 책임은 원목이 운송용구에 적재된 때 또는 수면상에 뜨게 된 때부터 시작하고 최종 도착지에서 수하인에게 인도된 때 종료한다. 그러나 최종 양륙되는 장소에 보관되는 경우에는 피보험자 또는 수취인에게 아직 인도되지 않았다 하더라도 화재에 대한 보험자의 보상책임은 양륙이 최종 완료된 후 15일이 한도이다.

(4) 벌크석유약관(Bulk Oil Clause)

벌크 석유에 사용하는 약관으로 담보 범위는 다음과 같다.

첫째, 선박 혹은 부선의 좌초 · 침몰 · 대화재 · 충돌, 다른 물체와의 접촉 · 화재 · 폭발 또는 화물의 강제하역에 의한 부족손 · 누손 및 오염손을 보상한다(단, 악천후에 의한 오염손해는 보상한다).

둘째, 적재 · 환적 · 하역시의 접속용 파이프 라인(pipe line)에서 기름이 유출된 경우는 통상적인 감량액을 공제하고 보상한다.

셋째, 기관의 파열, 차륜의 파손, 기관 · 선체 또는 속구의 잠재 하자 및 선박의 항해상 과실 혹은 선박취급상의 과실에서 생긴 부족손 · 누손 · 오염손을 포함한 모든 손해를 보상한다.

2-4 적하보험조건의 선정

적하보험계약을 체결하려면 피보험자는 기본조건 A약관 · B약관 및 C약관 중 하나를 먼저 선정해야 한다. 기본조건만으로 예상되는 위험을 충분히 담보할 수 없다고 판단되면 부가조건을 별도로 이용할 수 있다. 일반적으로 보험조건을 선정할 때는 거래조건 · 보험료 · 화물의 성질 · 포장상태 등 화물과 관련되는 여러 가지 상황을 고려해야 한다.

(1) 거래조건

대부분의 경우 보험계약자가 보험조건을 산정하지만 CIF 거래조건에서는 Incoterms의 의무규정에 따라 보험조건이 정해져 있어 수출업자는 최소의 부보조건인 C약관으로 보험계약을 체결해야 한다. 만약 상대방 수입업자가 C약관보다 담보범위가 넓은 보험조건을 요구한다면 수출업자는 그러한 조건으로 보험계약을 체결해 주고 보험료 차액을 요구할 수 있다.

(2) 보 험 료

보험조건에 따라 보험요율이 차등 적용되기 때문에 보험조건을 선정할 때는 보험료의 부담 여부를 고려해야 한다. 만약 보험료에 대한 걱정 없이 보상범위가 가장 넓은 보험조건을 선정한다면 기본약관으로 A약관을 정하고 A약관에서 보상하지 않는 전쟁위험과 동맹파업위험을 각각 보상하는 협회적하약관 및 협회동맹파업약관으로 특약을 체결하면 된다. 즉 'ICC A Clause including War/Strikes'로 보험계약을 체결하면 현재의 적하보험에서 보상받을 수 있는 가장 넓은 보험조건이 되지만 이에 대한 보험료는 엄청나게 올라간다.

정반대로 'ICC C Clause' 조건으로 보험계약을 체결하면 보험료의 부담은 최소한으로 줄어들지만 그만큼 담보범위가 좁아져 보험사고가 발생해도 보상받지 못하는 경우가 있을 수 있다. 이렇게 되면 보험계약을 체결한 의의가 없으며 호미로 막을 것을 가래로 막는 결과가 될 수도 있다.

(3) 화물의 성질

화물의 성질에 따라 기본조건과 부가조건을 적절히 활용할 수 있는데, 만약 화물이 습기나 열에 의해서 곰팡이가 생길 우려가 있으면 이러한 곰팡이의 위험(mould and mildew risk)을 특별히 담보해 주는 약관을 이용할 수 있다. 또한 소금이나 인모(human hair) 같은 것은 수분이 줄면 무게에 상당한 감량이 생기고 양지(paper)는 일정한 수분이 없으면 너무 팽팽해져서 찢어지는 수가 있다.[7] 이런 화물은 수분이 항해중의 온도 상승으로 증발되어 화물에 손상을 주기 때문에 증발(evaporation)의 위험을 담보하는 약관을 이용하는 것이 바람직하다.

7) 박대위, 앞의 책, p. 250.

한편 화물의 특성에 따라 보험자가 담보위험을 제한하기도 한다. 예를 들어 석탄은 C조건으로만 인수함을 원칙으로 하고 자연발화 담보조건을 추가할 수 있다. 그리고 원목도 C조건으로만 인수하고 갑판적일 때는 갑판적비율에 따라 JWOB 조건을 추가로 부보할 수 있다.

(4) 포장상태

화물을 컨테이너에 적재해서 운송하지 않는 경우에는 화물의 포장상태도 보험조건의 선정에 영향을 미칠 수 있다. 만약 화물이 마대 같은 것에 포장되면 화물을 하역할 때 인부들의 갈고리에 의해 손상이 발생할 수도 있기 때문에 이런 위험을 담보해 주는 갈고리의 위험(hook and hole risk)으로 특약을 체결할 수 있다.

이외에도 보험조건을 산정할 때는 운송선박 · 항구조건 · 기후조건 등 여러 요인을 고려해야 한다. 다음에서는 적합한 보험조건을 선정하는 예를 들어 보기로 한다.

대전에 위치한 수입업자가 FOB 조건으로 일본 고베에서 신문용지를 수입하는데 7월 선적조건이었다. FOB 조건이기 때문에 수입업자가 적하보험계약을 체결해야 하므로 수입업자는 먼저 기본조건의 C조건을 정하였다. 왜냐하면 고베항에서 부산항까지 운송구간이 매우 짧아서 A조건이 필요하지 않고 B조건도 고려해 볼만 하지만, B조건에서 담보하고 C조건에서는 담보하지 않는 위험이 이런 운송에는 일어날 확률이 드물기 때문이었다.[8)]

그런데 운송 시기가 7월 장마철이고, 수입 화물이 신문용지인 점을 고려해서 빗물에 의한 위험이 우려되어 이를 담보하는 RFWD 약관으로 특약을 체결하였다. 부산항에서 하역되어 대전으로 운송되는 구간까지 이미 체결한 해상보험으로 담보받기 위해서 ITE 조건을 활용하여 다음과 같은 적하보험계약이 체결되었다.

ICC C Clause including RFWD and ITE(대전)

8) B조건에서는 담보하고 C조건에서는 담보하지 않는 위험은 첫째, 파도에 의한 갑판상의 유실, 둘째 선박 · 부선 · 선창 · 운송용구 · 컨테이너 · 리프트밴 또는 보관소에 해수 · 호수 또는 하천수의 유입, 셋째 선박 또는 부선에 선적 또는 양하작업중 해수면으로 낙하하여 멸실되거나 추락하여 발생된 포장단위당 전손이다.

3. 적하보험요율의 체계

현재 우리나라에서 사용하고 있는 적하보험요율은 대한손해보험협회에서 산정한 협정요율이다. 대한손해보험협회는 적하보험요율을 수록한 해상보험 요율서를 작성하고 모든 보험회사는 이 요율서에 정해진 바에 따라 보험료를 징수하도록 하고 있다. 그러나 악의손해위험 등 몇 가지 특수한 위험에 대해서는 재보험자와 협의한 요율을 적용할 수 있도록 허용함으로써 부분적으로 자유경쟁요율을 채택하고 있다.[9]

적하보험요율은 화물의 종류에 따른 기본적인 보험요율 외에 보다 합리적인 보험요율의 산정이 가능하도록 지역구분, 공통적용사항 및 요율, 부가조건 및 부가위험요율 등으로 구분되어 있다.

3-1 지역구분

지역을 항해구간에 따라 〈표 17-1〉과 같이 구분하고 있다.[10]

3-2 복합요율의 적용

A조건을 제외한 기본조건에 하나 이상의 부가조건이 결부된 복합조건에 대한 적용요율은 당해 화물의 A조건에 대한 기본요율을 초과할 수 없다.[11] 다만 부가위험(ITE · ISE · T/S 등)을 추가로 담보할 경우에는 당해 추가보험료를 별도로 적용한다.

3-3 운송선박 및 방법

운송선박 및 방법에 관해서는 다음의 사항이 공통으로 적용된다.

9) 현재 재보험자가 제시한 요율을 적용하는 특수약관은 다음과 같다.
① 선주의 책임을 담보하는 선주책임약관(Shipowner's Liability Clause)
② 해상결과 손해를 담보하는 해상결과손해담보약관(Marine Consequential Loss Clause)
③ 악의손해를 담보하는 협회악의손해약관(Institute Malicious Clause)
④ 운송주선인의 하주에 대한 책임을 담보하는 운송주선인책임약관(Forwarder's Liability Clause)

10) 해상보험요율서(2011년 8월)에 영문으로 표기된 것은 가능한 한 우리나라 말로 바꾸어 표현하였음.

11) 예를 들어 ICC A에 적용되는 요율은 'ICC B including TPND'에 적용되는 요율보다 높아야

■ 표 17-1 적하보험요율의 지역구분

구 분	범 위
1. 보세-외항	보세지역 - 외항본선인도
2. 국내 연안	국내 연안 및 도서
3. 일 본	일본(오끼나와 및 북위 45° 이남 러시아 극동지역 포함)
4. 대만·홍콩	대만·홍콩 및 사할린(대만·홍콩 동북지역과 북위 45°~60° 사이의 러시아 극동지역 포함)
5. 동 남 아	동경 90° 이동의 남동아시아(대만 및 홍콩 제외)
6. 중 동 아	동경 90° 이서부터 포트 세이드까지의 아시아 및 케이프 타운 이동의 아프리카 지역(포트 세이드·케이프 타운·방글라데시·마우리티어스 포함)
7. 호주지역	호주 및 뉴질랜드(피지·사모아·타이티 및 뉴기니아 포함)
8. 구 라 파	유럽 및 케이프 타운 이서의 아프리카 지역과 지중해 연안(라스팔마스 포함)
9. 북미(동)	북미-동(파나마 및 그레나다 포함)
10. 북미(서)	북미-서(하와이·괌 및 파나마 포함)
11. 남미(동)	남미-동(아루바 포함)
12. 남미(서)	남미-서

(1) 갑판 적재화물 제한

보험계약체결 당시 갑판적재화물 여부를 알지 못할 경우 해당 화물은 C조건 또는 C조건에 WOB를 추가하여 인수함을 원칙으로 한다.[12] 그러나 C조건에 WOB를 추가한 조건보다 높은 요율로 인수한 계약이 갑판적으로 판명되었을 경우에는 갑판적약관을 적용한다.[13] 그리고 보험계약체결 당시 갑판적화물인 것을 알 경우 갑판적화물에 대하여 C조건 보다 넓은 조건으로 인수하고자 할 경우에는 선창내적재 화물요율의 50%를 가산 적용한다.

(2) 목조선 화물

목조선으로 운송하는 화물은 C조건에 WOB가 추가된 조건에 한하여 인수한다.

한다. 'ICC B including TPND'의 요율이 더 높으면 차라리 ICC A로 보험계약을 체결하는 것이 유리하다. 왜냐하면 ICC A는 포괄책임원칙이기 때문에 아무리 부가조건을 많이 열거하더라도 ICC A의 담보범위가 넓기 때문이다.

12) WOB는 'washing over board'의 약어이다.

13) 갑판적약관(On deck Clause)은 화물이 갑판에 적재된 경우에는 보험조건을 위험이 개시하는 시점부터 C약관(FPA) 및 JWOB 조건으로 변경시키는 약관을 말한다. B조건보다 넓은 조건으로 인수되는 계약에 적용한다.

(3) 부선 화물

부선으로 운송하는 화물은 'TLO by TLV' 조건으로 인수(유류 제외)함을 원칙으로 하고[14] 이 부선이 예인될 경우에는 공인된 검정인의 예인계획서(Towage Arrangement)에 대한 사전 승인을 받아야 한다. 유류부선이 예인될 경우에는 동일 항구 내인 경우에 한하여 공인검정인의 예인계획서에 대한 사전 승인을 면제한다. 그러나 보세지역에서 외항본선인도 또는 외항본선에서 보세지역까지의 운송화물에 대해서는 보험조건을 제한하지 않는다. 부선 화물(보세 · 외항 제외)을 'TLO by TLV' 이외의 조건으로 인수할 경우에는 보험조건과 운송방법에 따라 재보험자가 제시한 요율을 적용한다.

(4) 컨테이너 화물

컨테이너 화물에 대해서는 컨테이너 화물이 아닌 통상 화물의 요율과 동일하게 적용한다.

(5) 무선하증권의 화물

선하증권(운송인 책임이 명시되고 선적량이 확인된 운송계약서 · 용선계약서 및 운송대행계약서 포함) 없이 운송하는 화물은 'TLO by TLV' 조건으로만 인수된다.

(6) 복합운송화물

해상 및 항공으로 복합운송하는 경우에는 해당지역의 A조건 요율을 적용하며 추가위험요율은 별도로 부과한다.

3-4 할증요율

선박 · 보험금액 · 지역 등에 따라 다음과 같은 할증요율이 적용된다.

(1) 선박할증

협회선급약관(Institute Classification Clause)에서 인정하고 있는 적격선박(approved vessel)[15]이 아닌 경우 할증요율이 적용된다.

---

14) 'TLO by TLV' 조건은 'Total Loss Only caused by Total Loss Vessel' 의 약어이다.

15) 적격선박에 관한 자세한 내용은 「제 6 장 해상보험료」를 참고할 것.

(2) 보험금액할증

보험금액이 보험가액(CIF 송장가액)의 130%에서 150%까지 이르는 계약에는 할증요율이 적용된다. 그러나 B조건 또는 C조건으로 인수하는 계약과 수입 화물에 있어 선적 전에 국제시세의 현저한 앙등으로 보험가액이 변동된 경우에는 위험 개시 전에 한하여 국내 공공기관의 시세 증명에 표시된 금액을 보험금액으로 한 계약에 대해서는 할증을 적용하지 아니한다.

(3) 지역할증

지역할증이 적용되는 경우는 다음과 같다.

첫째, 몬로비아 · 네팔 · 라고스 등의 지역을 도착항으로 운송하는 화물에 대하여 A조건 또는 부가조건(TPND · Leakage/Shortage에 한함)을 첨가하여 인수하는 계약.

둘째, 첫째 사항을 제외한 홍콩 이남(홍콩 · 싱카포르 · 괌 제외)의 동남아 및 중동아 지역 중 케이프 타운 이동의 아프리카 지역과 유럽 지역 중 케이프 타운 이서의 아프리카 지역(라스팔마스 및 이집트의 알렉산드리아 항은 제외)을 도착항으로 운송하는 화물에 대하여 A조건 또는 부가조건(TPND · Leakage/Shortage에 한함)을 첨가하여 인수하는 계약.

셋째, 비지역할증항을 경유하여 지역할증 지역으로 육로운송하는 화물에 대해서는 지역할증을 적용하지 아니하고 해당 ITE 요율의 2배만을 적용한다(네팔 지역은 제외).

넷째, 특정 품목별 적용 특칙에 규정한 지역할증의 부가조건(TPND · Leakage/Shortage)에 대해서도 지역할증요율을 중복 적용한다.

단 국제입찰에 의하여 수출되는 화물 · 해외건설용 기자재와 플랜트 수출화물 · 비료수출 · 외국 정부기관이 도입하는 군수물자는 제외한다.

3-5 할인요율

정부가 직접 도입하거나 정부가 대행업자로 하여금 실수요자인 정부의 물자를 도입하는 경우의 보험계약에는 일반요율에서 20%를 인하하여 적용한다. 그러나 전쟁요율 · 동맹파업요율 및 선박할증요율에 대해서는 인하율을 적용하지 않는다.

3-6 최저보험료

보험계약건당 최저보험료는 US $10.00로 한다. 다만 원화로는 계약당일 한국외환은행의 대고객 전신환매도율에 의한 해당 원화로 한다.

3-7 부가조건 및 부가위험요율

(1) 부가조건의 요율

해상보험요율서에 따라 적하보험의 부가조건에 적용되는 요율은 〈표 17-2〉와 같다.

(2) 부가위험의 요율

해상보험요율서에 따라 적하보험의 부가위험에 적용되는 요율은 〈표 17-3〉과 같다.

4. 적하보험의 클레임

4-1 보험사고의 통지

부보 화물에 손해가 발생하면 피보험자는 이러한 사실을 아는 즉시 보험자에게 통지해야 할 의무가 있다.[16] 피보험자의 통지의무를 실무에서는 예비적 이재통지(preliminary loss advice; PLA)라고 하는데 이러한 통지의무를 부과하는 이유는 피보험자로 하여금 보험사고가 발생한 사실을 신속히 통지하도록 함으로써 보험자가 손해의 원인·범위 등을 조사하고 그에 대한 적절한 조치를 취하도록 하기 위해서이다. 만약 피보험자가 이러한 통지의무를 소홀히 하여 손해가 증대되면 보험자는 보험금을 감액할 수 있다.

손해통지의 방법으로는 구두(전화) 혹은 서면 어느 것이라도 무방하며 통지해야 할 내용은 대략 다음과 같다.[17]

---

16) 상법 제657조.
17) 해상적하보험실무, 앞의 책 p. 67.

■ 표 17-2 부가조건의 요율

부가조건	요 율	부가조건	요 율
Theft, Pilferage & Non-Delivery(TPND)	0.077%	Contamination(Excl. Contamination Caused by Improper Tank Cleaning)	0.39%
Rain and/or Fresh Water Damage (RFWD)	0.016%(Case) 0.039%(Bag) 0.087%(Bulk)	Hook & Hole	0.016%
Breakage	0.092%	Sweat & Heating(S&H)	0.039%
Leakage/Shortage	0.092%	Denting & Bending	0.053%
Washing Overboard (WOB)	ICC(C) rate	Contact with Oil and/or Other Cargo(COOC)	0.016%

■ 표 17-3 부가위험의 요율

부가위험	요 건	요 율
Transhipment(T/S)	ICC(B), ICC(C), ICC(Air) With Additional Conditions, ICC(A) Container Feeder(조건불구)	매회마다 0.04% 매회마다 0.06%
Inland Transit Extension(ITE)	TLO ICC(B), ICC(C), W.O.B. With Additional Conditions, ICC(A), ICC(Air) 단, '보세-외항' 구간과 관련한 ITE 담보위험의 경우 선적항 부두 내의 보세구역 이외의 창고(보험증권에 기재된 선적항 동일 행정구역에 소재)로부터 담보시는 상기 해당요율의 50%를 적용한다.	0.053% 0.08% 0.15%
Inland Storage Extension(ISE)	기간 30일 · 60일 · 90일 초과. 요율 0.039 0.077 0.116 10일에 0.013씩 가산 적용함	

(1) 보험계약의 내용

보험증권번호, 화물의 명세, 선명, 보험금액, 보험조건 등 보험계약의 주요 내용을 먼저 통지한다.

(2) 화물의 손상 상태

화물의 손상 상태를 통지하는데, 예를 들면 "전부 열 상자 중 세 상자가 해수손(seawater damage)을 입고, 그 중 두 상자는 특히 그 정도가 심하다" 등과 같이 수량과 외관상 손상 정도에 대해서 통지한다.

(3) 화물의 보관장소 및 그 후의 예정

예를 들면 "현재 부선상에 있으나 즉시 양하하여 ○○창고에 반입하고 손해 정도에 따라 상·중·하로 분류할 예정" 등으로 통지한다. 보험자는 이러한 통지에 의해 어느 시점에서 입회조사를 실시할지 또는 전문 검정기관의 입회조사가 필요한지 아닌지 등을 결정한다.

4-2 피보험자의 의무사항

보험사고가 발생할 경우 피보험자 및 그 대리인은 손해방지의무와 손해배상청구권의 보전의무가 있다.[18)]

(1) 손해방지의무

피보험자 및 그 대리인은 화물의 손해를 방지 또는 경감할 의무가 있으며 만약 피보험자가 이러한 의무를 소홀히 하여 손해가 증대되면 보험자는 증대된 손해에 대해서는 보상하지 않는다. 따라서 피보험자는 화물이 조난당하면 될 수 있는 한 신속하게 구조하고 또한 건조 · 세척 · 수선 · 도난방지 등의 조치가 필요하면 신속히 취해야 한다.

(2) 손해배상청구권 보전의무

보험사고가 발생할 경우 피보험자는 제 3 자에 대한 손해배상청구권을 확보할 다음과 같은 의무가 있다.[19)]

① 운송인 · 항만 당국 혹은 수탁자에게 어떠한 유실물에 대해서도 즉시 보상 청구할 것.

② 화물이 불명한 상태에 있으면 해난보고서가 발급된 경우를 제외하고는 어떠한 경우에도 무사고 수령증을 교부하지 말 것.

③ 컨테이너에 의하여 화물이 인도된 경우 피보험자 또는 대리인의 책임있는 직원이 즉시 컨테이너 및 해당 봉인을 검사할 것. 만약 컨테이너 자체

---

18) 이에 관한 것은 협회적하약관 제15조 피보험자의무약관을 참고할 것.

19) 적하보험증권의 본문에 적색으로 인쇄된 중요약관(Important Clauses)을 참조할 것.

가 손상되었거나 봉인이 이상한 경우 이를 화물수령증에 기재하고 하자가 있거나 규격이 틀린 봉인은 확인을 위하여 보관할 것.

④ 멸실 및 손상이 명백할 경우 운송인이나 기타 수탁자의 대리인들에게 검정을 즉시 의뢰하고 검정시 밝혀진 멸실 및 손상에 대하여 운송인 또는 기타 수탁자에게 보상 청구할 것.

⑤ 화물이 인도된 때 멸실이나 손상이 명백히 나타나지 않았으면 인도 후 3일 이내에 운송인이나 가타 수탁자에게 서면으로 통지할 것.

4-3 손해의 사정

대체로 손해가 경미하고 보편적으로 일어나는 형태이면 보험자가 직접 손해를 사정하고 만약 서류상 손해액 등이 구체적으로 확인되면 손해사정을 생략할 수도 있다. 그러나 손해액이 큰 경우와 운송인 등 제3자에 대한 손해배상청구가 가능한 경우에는 원칙적으로 전문검정기관에 입회조사를 의뢰해야 한다. 특히 공동해손이 선언되어 있는 경우나 원면·곡물류 등 검정인이 지정되어 있는 경우에는 전문검정기관에 의한 입회조사가 반드시 필요하다.[20]

전문검정기관은 전문적 지식을 가진 공평한 제3자로서 보험자 및 피보험자의 어느 한 쪽에도 치우치지 않는 입장에서 손해의 원인과 범위를 조사하고 손해의 정도(감가율)를 사정한다. 대표적인 검정기관들은 주요 항만이나 도시에 사무소가 있으며 전화 혹은 서면에 의한 의뢰를 받는다.

전문검정기관이 발급하는 검정보고서는 보험금 청구시 피보험자가 반드시 제출해야 할 서류로서 보상 여부가 결정되는 중요한 서류이다. 우리나라에서는 수입 화물의 경우 피보험자가 전국 주요 항만에 있는 검정기관에게 입회조사를 의뢰한다. 그리고 수출 화물의 경우는 세계 주요 항구에 손해사정대리점이 있기 때문에 손해가 발생하면 수하인은 보험증권에 기재된 보험자의 손해사정대리점에 지체 없이 그 사실을 통지하고 차후 수속을 밟아 나간다.

---

20) 수입 원면을 부보할 때 첨부되는 특별검정약관(Special Survey Clause)에는 보험증권상에 지정된 검정인이 발행한 검정보고서를 반드시 제출하도록 규정하고 있다.

4-4 보험금 청구 구비서류

중요약관에 따르면 보험금을 청구할 때 피보험자가 통상 구비해야 할 서류는 보험증권의 원본이나 부본 · 선하증권 · 상업송장 · 포장명세서 · 검정보고서 등이다. 그러나 보험사고의 유형에 따라 이들 서류 외에 다른 서류가 필요한데, 예를 들면 선박이 침몰하여 전손이 발생했을 경우에는 선하증권의 전통(full set)을 제출해야 하며 만약 기계가 손상되어 수리한 경우에는 수리비용의 청구서 등도 제출해야 한다.

(1) 보험증권의 원본 · 부본

만약 보험증권을 분실했을 경우에는 피보험자는 보험증권의 분실에 따른 모든 책임을 부담한다는 각서를 대신 제출할 수 있다.

(2) 선하증권

선하증권에는 화물의 선적상태 · 선박명 · 출항일자 · 항해구간 등이 기재되어 있기 때문에 손해의 발생장소와 시기를 알아내는 데 선하증권이 중요한 자료가 되며 또한 보험자가 운송인에 대해 대위권을 행사할 때에도 필요하다.

(3) 상업송장

상업송장은 수출업자가 수입업자 앞으로 작성해서 보내는 매매거래의 명세서이다.[21] 매매거래에 관한 모든 구체적인 사항은 상업송장에 기재되어 있기 때문에 이 서류를 보고 손해액을 산출하기도 하고 보험금의 수취권을 증명하기도 한다. 가령, 상업송장에 명기되어 있는 거래조건을 보고 손해발생 시 화물의 소유권이 이전되어 보험금 청구자에게 이를 수취할 수 있는 권한이 있음을 증명할 수 있다.

(4) 포장명세서

선적 화물의 포장단위별 명세와 총중량 · 순중량 등을 기재하여 상업송장을 보완하는 서류이다. 상업송장만으로 손해액을 산정하는 것이 어렵기 때문

21) 현행 신용장통일규칙(제18조 a항)에 따르면 신용장에 별도의 명시가 없는 한 상업송장은 문면상 신용장에 지명된 수익자(수출업자)에 의해 발행된 것이어야 하고 신용장개설의뢰인(수입업자) 앞으로 작성되어야 한다.

■ 서식 17-2 보험금청구서

Claim for Cargo Loss and/or Damage

Policy No.:

Amount:

Shipment:

Conveyance:

We enclose here with documents in support of a claim for in the abovementioned shipment together with our claim statement amounting to

In this connection, we trust that you, upon examination, will find this in good order and justify in accordance with the terms of the above insurance policy issued for this goods.

In our opinion, this full set of claim documents can be accepted as sufficient proof of the above loss and/or damage.

Your settlement of the claim amount is anticipated at your earliest convenience.

Signature

Documents:

1. Claim Statement showing the Claim Amount
2. Survey Report or Other Certificate of Loss and/or Damage
3. Letter of Claim against Shipping Company and their Reply
4. Bill of Lading with Packing List
5. Commercial Invoice
6. Original Policy or Certificate of Insurance

에 포장명세서를 상업송장과 함께 제출하도록 한다. 그리고 포장명세서는 화물의 특성에 따라 적합한 포장을 했는지의 여부를 파악하는 근거서류가 되기도 한다.[22)]

(5) 검정보고서

전문검정기관이 작성한 검정보고서에는 손해의 원인 · 정도, 손상품의 처리 · 추천 등이 상세히 기재되어 있어 보험자는 이 서류를 보고 보험금의 지급 여부를 결정한다.

검정보고서와 함께 피보험자는 검정수수료 영수증도 제출해야 한다. 검정비용은 B약관 · C약관에서는 보험사고로 판명되어야만 보험자가 부담하고 A약관에서는 보험사고의 성립 여부에 상관없이 지급되는 것이 해상보험의 관례이다.[23)]

(6) 화물부송장(Cargo Boat Note)

선주 또는 그 대리인인 일등항해사와 수하인 또는 하역업자 사이에서 작성되는 화물인수증이다.[24)] 이 서류는 화물이 무사히 목적지에 도착하여 양륙되었음을 증명하는 서류이므로 여기에 기재되지 않은 화물의 손상 또는 수량의 부족에 대해서 운송인은 특별한 사정이 없는 한 면책을 주장할 수 있다.

(7) 해난보고서(Sea Protest)

악천후로 선박 · 화물 등이 피해를 입은 경우 입항 후 선장이 일정 기간 내에 공증인 또는 선박소속국의 영사공증을 거친 후 항만 당국에 제출하는 해난보고서이다. 오늘날에는 해난에 관계 없이 선박회사들이 의례적으로 이 보고서를 제출한다.

---

22) 협회적하약관(2009)의 면책조항에 의하면 보험자는 포장의 불완전 또는 부적합으로 야기되는 손해에 대해서 보상책임이 없다.

23) 김정수, 앞의 책, p. 363.

24) 선적항에서 선주 또는 그 대리인인 일등항해사와 송하인 사이에서 작성되는 화물인수증인 본선수취증(Mate's Receipt)에 대립되는 서류이다.

(8) 입고협정서(Warehouse Convention)

화물이 하역된 후 부두 내의 창고에 입고될 때 인도된 화물의 수량 및 포장상태를 기록한 서류이다.

(9) 화물적부도(Stowage Plan)

선적이 완료되면 양하항 또는 선창별로 적재 화물의 품명 · 수량 · 중량 등을 기재한 화물적부도가 작성된다.

4-5 보험금의 지급

보험자는 구비 서류를 받아 보험금 청구가 타당하다고 인정되면 보험금 영수증(claim receipt) 및 대위권 양도서(letter of subrogation)와 교환하여 보험금을 지불한다. 대위권 양도서는 피보험자가 선박회사 등 제3자에 대한 자신의 손해배상청구권이나 기타 이것에 관한 일체의 권리를 보험자에게 양도한다는 취지와 보험자가 대위권을 행사하는 데 모든 협조를 제공한다는 취지의 서류이다.

보험자는 담보위험에 근인한 손해에 대해서 보상을 하지만 실무에서는 다음과 같은 방법에 의해 보험금을 지급하기도 한다.

(1) 특혜지급(Ex gratia Payment)

담보위험에 근인한 손해가 아님에도 불구하고 피보험자의 과거 보험실적이 양호할 경우, 보험자는 향후의 거래선을 확보하기 위해 보험금을 지급하는데 이를 특혜지급이라 한다. 우리나라에서는 특혜지급이 인정되지 않고 있다.

(2) 특례지급(Without Prejudice Settlement)

보상 여부에 대하여 보험자와 피보험자간의 의견이 끝까지 상반되면 법적 소송이 제기될 수밖에 없는데, 이를 피하기 위해 장차에는 이와 유사한 클레임을 제기하지 않겠다는 약속하에 손해액의 전부 혹은 일부를 지급하는 방식을 말한다.

■ 서식 17-3 대위권 양도서

To: Oriental Fire & Marine Insurance Co.,Ltd.

25-1, Yoido-Dong, Youngdungpo-Gu, Seoul, 150-010, KOREA
(P.O. Box Yoido 674, Seoul)

In consideration of your payment to us the sum of ______________________
being in full settlement of claim filed With your Claim No. ____________________
for ____________________ of ______________________________
per ______________ under your Policy No. ______________________
dated ________________ with its Insurance period from __________ to _______.

Subrogation of Claims

We, the undersigned, hereby assign and transfer to Oriental Fire and Marine Insurance Co.,Ltd. (Hereinafter called the insurer) all our rights, title and interest in the said subject matter and also any claims to any sum or sums of money which may be payable to or recoverable by us or in our name in respect of the said interest, whether on account of salvage therefrom or any other account whatsoever. Further, we authorize the insurer to use our name in any action or proceedings the insurer may be advised to bring in relation to any of the matters hereby assigned and transferred to the insurer, and undertake ourselves to concur in any matters or proceedings, which the insurer may deem expedient or necessary in any such action or proceedings.

Release of Claims

We also hereby fully and forever release, acquit and discharge the insurer from any and all liability now accrued or hereafter to accrue on account of any and all claims or causes of action which we now or may hereafter have against the insurer. Further we hereby declare that we fully understand the terms of this settlement and that we voluntarily accept said sum for the purpose of making a full and final compromise, adjustment and settlement of the above mentioned.

Refund of Payment

We hereby further agree to refund the said amount to the insurer in full without delay, should it be ascertained after the payment of this claim that the insurer is not liable to pay this claim to us under the said Insurance Policy.

Date :
Address :

____
Authorized Signature

(3) 대부금형식의 보상(Loan Form Payment)

선하증권상에 보험자로부터 보상받는 화물의 손해에 대해서 운송인은 책임지지 않는다는 보험이익공여약관이 있을 때 이에 대항하기 위해서 보험자는 피보험자에게 보험금을 지급하는 것이 아니라 보험금에 상당하는 금액을 빌려주는 방식을 취하는데, 이를 대부금형식의 보상이라 한다. 피보험자는 실제 보상받았지만 겉으로는 보험자로부터 대부받은 것이기 때문에 선하증권의 보험이익공여약관에 해당되지 않는다.

또한 제3자에 의해 보험사고가 발생했을 경우 피보험자 또는 보험자는 가해자에게 손해배상을 제기한다. 그러나 가해자는 이미 보상이 이루어진 손해에 대해서 보상을 하지 않으려고 하거나 일부만 보상하려는 심리가 있기 때문에 손해배상을 청구하는 것이 매우 어렵다. 이런 점을 감안하여 보험사고가 발생하여 보험금이 확정되더라도 보험금을 지급하지 않고 대신 대부금을 지급하는 형식을 취하기도 한다.

(4) 구조물차감보상방식(Salvage Loss Settlement)

운송 도중 화물손해가 발생하여 손상된 화물을 목적지까지 운송하는 것보다 중간항에서 판매처분하는 것이 경제적으로 유리할 경우 손상품의 판매대금을 보험금에서 공제한 후 그 차액을 보험금으로 지급하는 방식을 말한다.[25] 그리고 화물손해를 전손으로 처리할 때 그 화물의 잔존가치를 산정하여 당해 보험금에서 차감한 후 보상하고 잔존물에 관한 권리를 피보험자에게 양도하는데, 이 경우도 구조물차감보상방식에 해당된다.

25) 예를 들어 냉장고, 1,000대를 U$400,000로 보험계약을 체결했는데 운송 중 400대가 해수침손을 입고 상품가치가 떨어졌다. 이를 목적지까지 운송하는 것이 불가능하여 중간항구에서 손상입은 냉장고를 공개 매각 처분하였는데 총매득금이 U$80,000이었다. 해수침손을 입은 400대 냉장고의 정품시가가 U$160,000이라고 하면 보험자는 구조물차감보상방식으로 U$80,000만 지급하면 된다.

02 선박보험실무

1. 선박보험계약의 체결

1-1 선박보험청약서

선박보험계약은 적하보험계약과 마찬가지로 낙성계약이기 때문에 보험자와 피보험자간의 의사만 합치되면 보험계약은 성립한다. 선박보험에서는 보험요율을 산정하는 것이 어렵고 보험금액이 거액이기 때문에 보험자가 적합한 보험조건과 해당 보험요율을 보험계약자에게 제시하고 보험계약자가 서면 혹은 구두로 이를 수락한다는 의사표시를 함으로써 계약이 체결된다.

적하보험은 매일매일 수많은 상품이 거래되어 보험계약을 체결할 시간이 촉박하며 또한 보험계약의 내용이 거의 비슷하여 보험청약서의 역할이 그렇게 강조되지 않기 때문에 실무에서는 간혹 청약서를 작성하지 않은 채 보험계약이 체결되기도 한다. 반면에 선박보험은 우선 보험가액이 크고, 당사자 간에 협정해야 할 사항이 많기 때문에 보험계약을 둘러 싼 분쟁을 방지하기 위해 보험계약자로 하여금 보험청약서를 반드시 작성하도록 한다. 보험자는 청약서의 내용을 심사한 후 보험료가 입금되면 보험증권을 발급한다.

선박보험청약서에는 보험계약의 주요 내용이 모두 기재되는데, 구체적인 기재사항은 다음과 같다.[26)]

① 선박명(Vessel Name)

② 피보험자-선주 · 선박관리자 · 나용선자

③ 선종(Nature of Trade) · 선급(Classification) · 건조연도

④ 총톤수(Gross Tonnage) · 재화중량톤수(Dead Weight Tonnage)

⑤ 길이×넓이×깊이(Length×Breadth×Depth)

⑥ 보험기간

⑦ 보험가액 · 보험금액

⑧ 항해구역(Trading Limit)

---

26) 선박보험업무지침서, 앞의 책, p. 427.

⑨ 보험조건(Terms & Conditions)

⑩ 보험요율 및 보험료(Rate & Premium)

⑪ 질권 은행(Endorsement Bank)

⑫ 비고(Remarks): 각종 담보 사항[27)]

1-2 선박보험의 담보

선박보험은 적하보험에 비해 보험기간이 길기 때문에 보험자는 여러 가지 담보(warranty)를 보험증권상에 명시하여 피보험자로 하여금 이를 준수하도록 한다. 담보는 반드시 충족되어야 하므로 만약 피보험자가 이를 위반하면 보험자는 보험계약을 해지할 수 있다. 선박보험에서 실무적으로 많이 이용되는 담보 몇 가지를 살펴보면 다음과 같다.

(1) 선급유지담보

Warranted (   ) class and maintained(With all outstanding recommendations complied with).

(   ) 선급을 취득 및 유지하여야 함(당해 선급의 모든 권고사항을 반드시 충족할 것).

[설 명]

보험자가 인정할 수 있는 선급협회의 선급 취득 및 유지를 담보조건으로 하는 사항이다. 현재 국제선급협회(International Association of Classification Societies)의 정회원 선급인 한국선급(Korea Register of Shipping; KR)을 포함하여 11개 선급만이 인정되고 있다.[28)]

27) 기재 사항에 관한 자세한 내용은 「제 9 장 해상보험증권 제 2 절」을 참고할 것.

28) 현재 인정되고 있는 11개 선급의 명단은 「제 9 장 해상보험증권 제 2 절」을 참고할 것.

(2) 무선급 선박의 내항성담보

Warranted seaworthiness certificate comparable to annual survey by KR Surveyor or London Salvage Association Surveyor and all their recommendations complied with.

KR 또는 LSA 검사관이 실시하는 연차검사에 준하는 내항성 검사를 받아야 하며 검사관의 모든 권고사항이 충족되어야 함.

[설 명]

무선급 선박의 내항성 여부를 확인하기 위해 보험자가 지정하는 검사기관 (KR 또는 LSA)의 규정에서 정하는 연차검사에 준하는 검사를 위험개시일 전에 반드시 받아야 하고 향후 1년마다 정기적으로 수검하고 이에 따른 권고사항을 준수하도록 요구하는 담보이다.

(3) 현장검사담보

Warranted satisfactory condition survey report issued by KR or London Salvage Association surveyor prior to attachment.

( ) KR 또는 LSA 검사관의 선박관리상태가 양호함을 보증하는 현장검사보고서를 위험개시 전에 발급받아야 함.

[설 명]

부보된 선박이 노령선인 경우, 보험계약자가 담보조건을 확대할 경우 또는 새로 보험계약을 체결할 경우 선박의 하자 및 기존의 손상 부위와 정도를 현장검사를 통하여 확인하는 담보이다.

1-3 선박보험조건

선박보험은 피보험이익의 종류에 따라 여러 가지로 구분되고 그에 따른 보험조건도 다양하다. 선박보험의 주류를 이루고 있는 선체 및 기관보험 (hull & machinery insurance)에서 이용되는 보험조건의 예를 들어보면 다음과 같다.

보험조건의 예 MARINE INSURANCE

ITC (Hulls)	3/4 COL	EXC. USD 10,000.00
기본보험조건	충돌배상책임	공제액

위의 예에서처럼 선박보험계약을 체결할 때는 보험조건과 더불어 충돌배상책임 및 공제액 등을 분명히 해 둔다.

(1) 기본보험조건

선체 및 기관보험에서 이용되는 기본보험조건에는 다음 세 가지가 있다.

① TLO SC/SL: Institute Time Clauses(Hulls), Total Loss Only (Including Salvage Charges and Sue and Labour)

가장 기본이 되는 보험조건으로서 협회기간약관에서 담보되는 위험으로 인한 전손 · 구조비용 및 손해방지비용만을 담보하는 조건이다. 통상 선급이 없는 선박이나 선령이 20년을 초과하는 노후선박에 대해서는 이 조건으로만 인수하고 있다.

② FPL Unless etc.: Institute Time Clauses(Hulls) But Free of any claim in respect of Partial Loss ……

이 조건은 앞의 조건에서 담보되는 손해를 제외하고 침몰 · 좌초 · 화재 · 폭발 · 충돌 및 물 이외의 다른 물체와의 접촉(얼음 포함) 위험을 근인으로 하여 발생된 분손 및 공동해손 손해를 담보한다.

③ ITC(Hulls): Institute Time Clauses(Hulls)

협회기간약관에서 담보되는 위험으로 인한 모든 손해를 보상하는 선박보험의 전위험담보조건(All Risks)에 해당된다.

세 가지 기본보험조건의 보상범위를 간추리면 〈표 17-4〉와 같다.

■ 표 17-4 기본보험조건의 보상범위

보험조건	전 손	손해방지 비 용	구 조 비	공동해손	분 손	충돌배상 책 임
TLO SC/SL	○	○	○	×	×	×
FPL Unless etc	○	○	○	○	*	○
ITC(Hulls)	○	○	○	○	○	○

○: 담보, ×: 무담보, *: 좌초 · 침몰 · 화재 · 폭발 · 충돌로 인한 분손만 담보.

(2) 충돌배상책임

기본보험조건 중에서 'TLO SC/SL' 조건은 보험목적물의 물적 손해와 비용손해만을 담보해 주기 때문에 선박의 충돌에 따른 상대 선박, 즉 제 3 자에 대한 충돌배상책임을 담보하지 않는다.

그러나 FPL 조건 및 ITC(Hulls) 조건에서는 보험증권상에 명기된 보험금액을 초과하지 않는 범위 내에서 충돌에 따른 법적 배상책임을 3/4만큼 보상한다.[29] 또한 TLO SC/SL 조건에서도 추가보험료를 납부하면 충돌배상책임도 담보 가능하다.

(3) 공제액(Deductible)

공제액은 보험계약을 체결할 때 보험증권에 명시된 금액을 보험금에서 차감할 것을 보험자와 합의한 금액이다. 공제액은 전손 · 추정전손 및 좌초 후 선저검사비용에는 적용하지 않지만, 1회의 사고에서 발생한 다음의 클레임에는 모두 적용된다.[30]

① 단독해손 수선비
② 손해방지비용
③ 공동해손 희생으로 인한 수선비
④ 구조비
⑤ 충돌손해배상금

29) 협회기간약관(ITC-Hulls) 제 8 조 3/4 충돌손해배상책임약관.
30) 협회기간약관(ITC-Hulls) 제12조 공제약관.

(4) 부가보험조건

선박보험에서 이용되는 부가보험조건에는 다음과 같은 것이 있다.

① CRO(Cancelling Returns Only)

보험계약을 해지하는 경우를 제외하고는 어떠한 경우도 보험료를 환급하지 않는다는 조건이다. 보험계약자는 선박의 휴항기간에 대하여 휴항환급금을 신청할 수 있는 권리를 포기하고 대신 연간 보험료의 5% 또는 소정의 보험료를 할인받는다.

② MDAD(Machinery Damage Additional Deductible)

ITC(Hulls) 조건에 첨부되는 약관으로서 기계류 사고에 대해서는 기본조건의 공제액 이외에 추가로 합의된 공제액을 더 적용하는 기계류 손상 추가 공제약관이다. 주로 기계류 · 차축 · 전기장비 및 배선 · 기관 등의 멸실 또는 손상이 협회기간약관의 제6조 위험약관 6 · 2 · 2에서 6 · 2 · 5까지에 열거된 위험에 기인하거나 기계류 공간에서 생긴 화재 또는 폭발에 기인하여 발생된 경우에는 그 손해에 대하여 공제액을 추가로 적용한다.

1-4 선박보험요율

우리나라의 현행 선박보험요율은 그 성격에 따라 협정요율과 자유요율로 구분된다.

(1) 협정요율

500톤 미만의 선급을 보유한 선박 및 무선급 원양어선의 경우 '500톤 미만 선박보험요율서'의 요율을 표준요율로 하고 ±5% 내에서 범위요율을 운영한다. 범위요율의 예를 들어보면 다음과 같다.[31]

① 신규계약자 · 선령초과 선박 · 무선급 선박 · 비국적 선박 등을 제외하고 표준요율에 대하여 5% 한도 내에서 할인될 수 있다.

② 선령이 30년을 초과한 선박에 대해서는 3% 이상 할증하고 편의치적선에 대해서는 5% 할증한다.

31) 선박보험업무지침서, 앞의 책, p. 425.

(2) 자유요율

500톤 이상의 선박과 협정요율이 정해지지 않는 선박의 보험요율은 매 건별로 보험자가 보험개발원 · 재보험자 · 해외재보험자 등에 요율구득을 의뢰하여 결정한다. 우리나라의 코리언 리(Korean Re)는 신규선박요율이나 신조선의 요율 또는 새로운 위험을 인수할 때는 런던보험시장의 요율을 구득하여 원보험자에게 제시하고, 경험이 있는 갱신계약이나 보험금액이 낮은 소형조선에 대해서는 나름대로의 일정한 방식에 의하여 요율을 산정하고 있다.

(3) 갱신요율

선박보험계약을 갱신할 때는 선주 또는 선박관리자의 운항 실적에 따라 갱신요율이 별도로 적용된다. 선박보험의 갱신은 런던보험자협회(ILU)와 로이즈보험자협회(LUA)의 합동선박위원회가 마련한 선박보험합동지침(Joint Hull Understandings)에 따른다. 영국뿐만 아니라 우리나라처럼 해상보험에 관해서 영국의 법률과 관습을 따르는 국가는 이 규정을 선박보험의 갱신요율로 산정하는 기준으로 활용하고 있다.

2. 선박보험의 출재

2-1 재보험의 의의

재보험(reinsurance)은 보험계약자로부터 보험을 직접 인수한 보험자가 보험금액의 일부 또는 전부를 다른 보험자에게 다시 인수시킨 보험을 말한다.[32)] 보험계약자와 직접 보험계약을 체결한 보험자를 원보험자 또는 원수보험자라 하고, 원보험자로부터 보험을 인수받은 보험자를 재보험자(reinsurer)라 한다. 그리고 재보험자는 자기가 인수한 보험계약의 일부 또는 전부를 다른 보험자에게 또 다시 인수시킬 수 있는데, 이런 재보험을 재재보험(retrocession)이라 하고 이를 인수한 보험자를 재재보험자(retrocessionaire)라 한다.

재보험거래에서 원보험자가 재보험자에게 보험계약을 인수시키는 것을 출재라 하고, 재보험자는 이를 수재라 한다. 따라서 선박보험의 출재는 보험

32) 이런 의미에서 재보험을 보험의 보험(the insurance of insurance)이라 한다.

계약자로부터 선박보험을 인수한 원보험자가 재보험자에게 선박보험의 재보험을 의뢰하는 것을 말한다.

해상보험을 비롯한 대부분의 손해보험에서는 재보험이 널리 이용되고 있는데, 이는 혼자 감당할 수 없는 큰 위험을 인수할 경우 보험자가 자신의 위험을 분산시키기 위해서이다. 선박보험은 보험가입금액이 거액이기 때문에 보험자가 부담하는 위험이 적하보험에 비해서 매우 크다. 이런 위험을 보험자 단독으로 부담하면 보험자나 피보험자 모두가 위험스럽기 때문에 선박보험에서는 보험가입금액의 최고한도를 정해 놓고 그 한도를 초과하는 위험 부분은 재보험자에게 재차 인수시키도록 한다.

재보험 거래를 하는 또 하나의 이유는 경험이 부족한 원보험자가 전혀 인수해 본 적이 없는 위험이나 매우 큰 위험을 인수할 때 재보험을 통해서 경험이 풍부한 재보험자로부터 기술적인 충고를 받을 수 있기 때문이다. 선박보험에서 선박신조단가보다 현저히 높은 가액으로 보험에 가입하는 경우에는 재보험자와 협의하여 결정하며, 또한 신조 선박 · 대형 선박 · 특수 선박 등의 보험요율은 로이즈 보험시장의 재보험자로부터 구득하는 경우가 많다.

2-2 재보험의 방법

재보험은 보험자와 재보험자간의 거래 방법에 따라 크게 특약재보험과 임의재보험으로 구분된다.

(1) 특약재보험

특약재보험(treaty reinsurance)은 일정 기간 원보험자가 보험금액 또는 손해액을 기준으로 정해진 금액을 출재하기로 하고 재보험자는 이를 자동으로 인수하는 특약을 맺어 시행하는 재보험 거래인데 흔히 자동재보험(automatic reinsurance)이라 한다. 특약재보험은 특약의 내용에 따라 여러 가지로 구분되지만 선박보험에서는 주로 선박초과액 재보험특약 및 선박초과손해액 재보험특약이 활용된다.

선박초과액 재보험특약(hull surplus treaty reinsurance)은 원보험자의 보유한도를 초과하는 금액을 자동으로 출재하는 재보험의 형태이다. 사전 약정에 의해 일정한 기준액을 책정해 놓고 그 기준액을 초과하는 보험계약은 모두

재보험자에게 출재한다.

선박초과손해액 재보험특약(hull excess of loss treaty reinsurance)은 원보험자가 보유하기로 합의한 보유한도(retention limit)를 초과하여 사고가 발생할 경우 그 초과분의 손실을 경감하기 위한 재보험이다. 원보험자와 재보험자간에는 원보험에서 담보하는 위험의 발생으로 인해 원보험자가 부담해야 할 손실액의 한도액을 합의해 둔다. 만약 재보험자가 자동으로 인수한 보험계약 중에서 이 한도액을 초과하여 손실이 발생할 경우에는 초과부분에 해당하는 손실액을 재보험자가 부담한다.

(2) 임의재보험

임의재보험(facultative reinsurance)은 원보험자가 재보험으로 보내고자 하는 위험을 매건마다 재보험자에게 통보하고 재보험자는 이의 인수 여부를 결정하는 재보험방법을 말한다. 원보험자는 자기가 원하는 위험만을 출재할 수 있고 재보험자는 인수를 요구하는 위험을 검토해서 인수하거나 거절할 수 있다. 선박보험의 임의보험은 보험금액 중 특약 한도를 초과하는 금액과 특약에서 제외되는 특수 위험 등을 국내 및 해외재보험자에게 임의로 출재하는 재보험 형태이다. 임의재보험의 경우 원보험자는 국내 임의재보험(domestic facultative reinsurance)이나 해외 임의재보험(overseas facultative reinsurance) 중 선택하여 출재할 수 있다.

그러나 국내 재보험 기술이 선진외국에 비해 상대적으로 낙후되어 있고 위험을 인수할 수 있는 능력에 한계가 있어 특수한 위험은 해외 재보험에 출재된다. 예를 들어 보험가입금액이 고액인 선박보험이나 시추선(drilling barges) · 선대(platform) · 송유관 · 집하장 등 해상구조물에 관련된 보험은 대부분 해외로 재보험이 나간다.

해외 임의재보험거래에는 반드시 재보험 브로커가 개입하므로 원보험자는 모든 업무과정에서 재보험 브로커를 통하여 재보험자와 거래해야 한다. 따라서 원보험 계약이 체결되고 해외로 임의재보험 출재가 결정되면 원보험자는 서면 · 팩스 및 텔렉스 등으로 보험금액 및 보험조건이 기재된 최종 오더(order)를 재보험 브로커에게 송부하여 위험이 즉각 인수될 수 있도록 조치한다. 위험의 인수가 완료되면 브로커는 보험승낙통지서(cover note) 및 차변표(debit note)를 원보험자에게 송부하고, 원보험자는 차변표를 확인한 후 재보험료를 브로커에게 송금한다.

3. P&I 클럽

3-1 P&I 클럽의 의의

해상사업은 다른 육상사업에 비해 매우 위험스럽다. 선박은 항상 자연의 위험에 노출되어 있어 언제 폭풍을 만나 침몰될지 모른다. 이런 위험에 대비하기 위해 선주는 보험료를 부담하면서까지 선박보험에 가입하지만 선박보험은 모든 위험을 담보하는 것이 아니다. 아무리 보험료를 많이 지급하더라도 보험조건에 의해 보상되지 않는 손해가 있다. 예를 들어 협회기관약관(ITC-Hull)에서도 선박의 충돌에 따른 배상책임손해를 전부 보상하는 것이 아니고 3/4만 보상한다. 나머지 1/4의 배상책임손해는 선주 자신이 부담할 수밖에 없다. 선주들은 이런 손해를 보상해 주는 자발적인 단체를 운영하고 있는데, 이를 P&I 클럽(Protection & Indemnity Club)이라 한다.

P&I 클럽은 선주들이 일정한 기금을 모아 사고를 당한 구성원에게 손해를 보상해 주는데, 구성원이 각자 기금을 각출하고 구성원에 한하여 혜택을 주기 때문에 P&I 클럽은 상호보험(mutual insurance)의 원리에 입각한 공제조합에 해당된다. 그리고 이 클럽은 선주들이 자발적으로 만든 단체이기 때문에 비영리로 운영되고 있다.[33]

현재 P&I 클럽은 영국을 중심으로 약 20여 개가 설립·운영 중인데 특히 주요 13개 P&I 클럽은 국제 P&I 클럽(International Group of P&I Clubs)을 형성하여 상호 협의 및 공조 체제를 구축하고 있다.[34] 13개 국제 P&I 클럽 중 U·K Club이 가장 규모가 크며, 아시아에서는 일본(1950), 중국(1984), 이란(1997)이 P&I 클럽을 설립하여 운영하고 있다.

그리고 우리나라에는 두 종류의 P&I 클럽이 있는데 그 중 하나는 한국해

33) 선주들이 P & I 클럽에 들어가면서 내는 가입금(entry fee)을 콜(call)이라고도 한다. P & I 클럽을 보험으로 본다면 이 콜은 보험료에 해당한다.

34) 13개 주요 클럽의 명칭의 American, Britannia Steamship, Gard, Japan, London, North of England, Shipowner's Protection, Skuld, Standard, Steamship Mutual, Swedish Club, UK Club 및 West of England이다.

운조합법(1961. 12. 30, 법률 제917호)에 의해 해운조합(Korea Shipping Association)이 운영하고 있는 공제사업과 그리고 선주상호조합법(1999. 2. 5 법률 제5804호)에 의해 국내 선주들에 의해 설립된 Korea P&I Club(The Korea Shipowner's Mutual Protection & Indemnity Association; 한국선주상호보험조합)이다. 두 기관 모두 선주를 대상으로 한 공제사업을 실시하고 있지만 해운조합의 P&I 보험은 주로 연안 항해 선박을 대상으로 하고 Korea P&I Club은 외항 항해 선박을 대상으로 한다.

3-2 P&I 클럽의 담보위험

P&I 클럽에서 담보하는 위험은 국가별 · 클럽별로 다소 차이가 나지만 주로 선원 · 하주 등 제3자에 대한 법적 배상책임손해이며 이외에 동맹파업위험 · 전쟁위험 · 선임 및 체선료위험도 담보한다. U.K. P&I 클럽의 규약에 명시된 담보위험을 살펴보면 다음과 같다.[35)]

(1) 통상 위험

주로 인명의 사상이나 선원에 관련되는 선주의 배상책임손해인데, 몇 가지 예를 들어 보기로 한다.

① 인명의 사상: 선원의 항해, 선박관리상의 부주의 등으로 선주가 결과적으로 책임을 부담하는 인명의 사상이나 질병에 대하여 보상한다.

② 본국송환비용: 해상사고, 인명의 사상 혹은 질병의 결과 본선의 선원을 본국에 송환하게 될 때 송환비용을 보상한다.

③ 선원교체비용: 본선에서 사망하거나 질병이 발생한 선원을 보충하기 위하여 발생하는 비용도 보상한다.

④ 충돌손해배상책임: 선주가 보험자로부터 보상받지 못하는 충돌손해배상책임을 부담한다. 따라서 선박이 충돌할 경우 배상책임손해 중에서 3/4은 보험자로부터 보상받고 1/4은 P&I 클럽에서 보상받을 수 있다.

⑤ 난파선의 제거비용: 침몰한 선박의 인양 · 제거 · 폭발 · 조명 혹은 표시를 법적으로 시행하게 되었을 때 발생하는 비용이나 그로 인하여 부수적으로 발생하는 모든 경비를 담보한다.

35) 심재두, 「해상보험법」(길안사, 1995), pp. 467-475.

(2) 동맹파업위험

동맹파업으로 인하여 지연 사고가 발생할 경우 이로 인한 손해는 P&I 클럽에서 담보한다.

(3) 전쟁위험

P&I 클럽의 담보위험을 피하기 위하여 클럽의 명령을 이행하거나 클럽의 승인하에 선박을 유치하게 되었을 경우 선주에게 발생하는 경비를 보상한다.

(4) 선임 및 체선료위험

선임과 체선료에 관련된 본선의 권리를 수행하고 각종 손해배상청구에 대해 그 청구를 저지하기 위해 소요되는 비용을 부담한다.

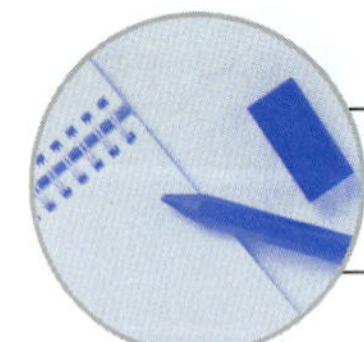

복습 및 토의 문제

01 적하보험청약서와 슬립을 비교 토의해 보시오.

02 보험승낙서, 보험증명서 및 보험증권에 대해서 비교 토의해 보시오.

03 예정보험계약에 대해서 토의해 보시오.

04 적하보험의 기본조건 3가지를 비교 토의해 보시오.

05 적하보험에서 가장 보상범위가 넓다고 볼 수 있는 보험조건을 만들어 보고 그 이유에 대해서 토의해 보시오.

06 선박보험의 기본조건 3가지를 비교 토의해 보시오.

07 보험사고가 발생할 경우 피보험자가 지켜야 할 두 가지 의무에 대해서 설명해 보시오.

08 보험금 지급방식에 대해서 토의해 보시오.

09 재보험의 의의와 방법에 대해서 설명해 보시오.

10 우리나라 P&I Club을 검색해 보고 국제 P&I Club의 전망에 대해 토의해 보시오.

MARINE INSURANCE

Appendix

부록 01

THE MARINE INSURANCE ACT, 1906

THE MARINE INSURANCE ACT, 1906

An Act to codify the Law relating to Marine Insurance
(21st December, 1906)

Be it enacted by the King's most Excellent Majesty, by and with the advice and consent of the Lord's Spiritual and Temporal, and Commons, in this present Parliament assembled, and by the authority of the same, as follows:-

MARINE INSURANCE

Marine Insurance Defined

1. A contract of marine insurance is a contract whereby the insurer undertakes to indemnify the assured, in manner and to the extent thereby agreed, against marine losses, that is to say, the losses incident to marine adventure.

Mixed Sea and Land Risks

2.-(1) A contract of marine insurance may, by its express terms or by usage of trade, be extended so as to protect the assured against losses on inland waters or on any land risk which may be incidental to any sea voyage.

(2) Where a ship in course of building, or the launch of a ship, or any adventure analogous to a marine adventure, is covered by a policy in the form of a

marine policy, the provisions of this Act, in so far as applicable, shall apply thereto; but, except as by this section provided, nothing in this Act shall alter or affect any rule of law applicable to any contract of insurance other than a contract of marine insurance as by this Act defined.

Marine Adventure and Maritime Perils Defined

3.-(1) Subject to the provisions of this Act, every lawful marine adventure may be the subject of a contract of marine insurance.

(2) In particular there is a marine adventure where-

(a) any ship goods or other moveables are exposed to maritime perils. Such property is in this Act referred to as "insurable property";

(b) the earning or acquisition of any freight, passage money, commission, profit, or other pecuniary benefit, or the security for any advances, loan, or disbursements, is endangered by the exposure of insurable property to maritime perils;

(c) any liability to a third party may be incurred by the owner of, or other person interested in or responsible for, insurable property, by reason of maritime perils.

"Maritime perils" means the perils consequent on, or incidental to, the navigation of the sea, that is to say, perils of the seas, fire, war perils, pirates, rovers, thieves, captures, seizures, restraints, and detainments of princes and peoples, jettisons, barratry, and any other perils, either of the like kind or which may be designated by the policy.

INSURABLE INTEREST

Avoidance of Wagering or Gaming Contracts

4.-(1) Every contract of marine insurance by way of gaming or wagering is void.

(2) A contract of marine insurance is deemed to be a gaming or wagering contract-

(a) where the assured has not an insurable interest as defined by this Act, and the contract is entered into with no expectation of acquiring such an interest; or

(b) where the policy is made "interest or no interest," or "without further proof of interest than the policy itself," or "without benefit of salvage to the insurer," or subject to any other like term:

Provided that, where there is no possibility of salvage, a policy may be effected without benefit of salvage to the insurer.

Insurable Interest Defined

5.−(1) Subject to the provisions of this Act, every person has an insurable interest who is interested in a marine adventure.

(2) In particular a person is interested in a marine adventure where he stands in any legal or equitable relation to the adventure or to any insurable property at risk therein, in consequence of which he may benefit by the safety or due arrival of insurable property, or may be prejudiced by its loss, or by damage thereto, or by the detention thereof, or may incur liability in respect thereof.

When Interest Must Attach

6.−(1) The assured must be interested in the subject-matter insured at the time of the loss though he need not be interested when the insurance is effected:

Provided that where the subject-matter is insured "lost or not lost," the assured may recover although he may not have acquired his interest until after the loss, unless at the time of effecting the contract of insurance the assured was aware of the loss, and the insurer was not.

(2) Where the assured has no interest at the time of the loss, he cannot acquire interest by any act or election after he is aware of the loss.

Defeasible or Contingent Interest

7.−(1) A defeasible interest is insurable, as also is a contingent interest.

(2) In particular, where the buyer of goods has insured them, he has an insurable interest, notwithstanding that he might, at his election, have rejected the goods, or have treated them as at the seller's risk, by reason of the latter's delay in making delivery or otherwise.

Partial Interest

8.− A partial interest of any nature is insurable.

Re-insurance

9.−(1) The insurer under a contract of marine insurance has an insurable interest in his risk, and may re-insure in respect of it.

(2) Unless the policy otherwise provides, the original assured has no right or interest in respect of such re-insurance.

Bottomry

10. The lender of money on bottomry or respondentia has an insurable interest in respect of the loan.

Master's and Seamen's Wages

11. The master or any member of the crew of a ship has an insurable interest in respect of his wages.

Advance Freight

12. In the case of advance freight, the person advancing the freight has an insurable interest, in so far as such freight is not repayable in case of loss.

Charges of Insurance

13. The assured has an insurable interest in the charges of any insurance which he may effect.

Quantum of Interest

14.-(1) Where the subject-matter insured is mortgaged, the mortgagor has an insurable interest in the full value thereof, and the mortgagee has an insurable interest in respect of any sum due or to become due under the mortgage.

(2) A mortgagee, consignee, or other person having an interest in the subject-matter insured may insure on behalf and for the benefit of other persons interested as well as for his own benefit.

(3) The owner of insurable property has an insurable interest in respect of the full value thereof, notwithstanding that some third person may have agreed, or be liable, to indemnify him in case of loss.

Assignment of Interest

15. Where the assured assigns or otherwise parts with his interest in the subject-matter insured, he does not thereby transfer to the assignee his rights under the contract of insurance, unless there be an express or implied agreement with the assignee to that effect.

But the provisions of this section do not affect a transmission of interest by operation of law.

INSURABLE VALUE

Measure of Insurable Value

16. Subject to any express provision or valuation in the policy, the insurable value of the subject-matter insured must be ascertained as follows:—

(1) In insurance on ship, the insurable value is the value, at the commencement of the risk, of the ship, including her outfit, provisions and stores for the officers and crew, money advanced for seamen's wages, and other disbursements (if any) incurred to make the ship fit for the voyage or adventure contemplated by the policy, plus the charges of insurance upon the whole.

The insurable value, in the case of a steamship, includes also the machinery, boilers, and coals and engine stores if owned by the assured, and, in the case of a ship engaged in a special trade, the ordinary fittings requisite for that trade;

(2) In insurance on freight, whether paid in advance or otherwise, the insurable value is the gross amount of the freight at the risk of the assured, plus the charges of insurance;

(3) In insurance on goods or merchandise, the insurable value is the prime cost of the property insured, plus the expenses of and incidental to shipping and the charges of insurance upon the whole;

(4) In insurance on any other subject-matter, the insurable value is the amount at the risk of the assured when the policy attaches, plus the charges of insurance.

DISCLOSURE AND REPRESENTATIONS

Insurance is Uberrimae Fidei

17. A contract of marine insurance is a contract based upon the utmost good faith, and, if the utmost good faith be not observed by either party, the contract may be avoided by the other party.

Disclosure by Assured

18.—(1) Subject to the provisions of this section, the assured must disclose to the insurer, before the contract is concluded, every material circumstance which is known to the assured, and the assured is deemed to know every circumstance which, in the ordinary course of business, ought to be known by him. If the assured fails to make such disclosure, the insurer may avoid the contract.

(2) Every circumstance is material which would influence the judgement of a prudent insurer in fixing the premium, or determining whether he will take the risk.

(3) In the absence of inquiry the following circumstances need not be disclosed, namely:–

(a) any circumstance which diminishes the risk;

(b) any circumstance which is known or presumed to be known to the insurer. The insurer is presumed to know matters of common notoriety or knowledge, and matters which an insurer in the ordinary course of his business, as such, ought to know;

(c) any circumstance as to which information is waived by the insurer;

(d) any circumstance which it is superfluous to disclose by reason of any express or implied warranty.

(4) Whether any particular circumstance, which is not disclosed, be material or not is, in each case, a question of fact.

(5) The term "circumstance" includes any communication made to, or information received by, the assured.

Disclosure by Agent Effecting Insurance

19. Subject to the provisions of the preceding section as to circumstances which need not be disclosed, where an insurance is effected for the assured by an agent, the agent must disclose to the insurer –

(a) every material circumstance which is known to himself, and an agent to insure is deemed to know every circumstance which in the ordinary course of business ought to be known by, or to have been communicated to, him; and

(b) every material circumstance which the assured is bound to disclose, unless it come to his knowlege too late to communicate it to the agent.

Representations Pending Negotiation of Contract

20.–(1) Every material representation made by the assured or his agent to the insurer during the negotiations for the contract, and before the contract is concluded, must be true. If it be untrue the insurer may avoid the contract.

(2) A representation is material which would influence the judgement of a prudent insurer in fixing the premium, or determining whether he will take the risk.

(3) A representation may be either a representation as to a matter of fact, or as to a matter of expectation or belief.

(4) A representation as to a matter of fact is true, if it be substantially correct, that is to say, if the difference between what is represented and what is actually correct would not be considered material by a prudent insurer.

(5) A representation as to a matter of expectation or belief is true if it be made in good faith.

(6) A representation may be withdrawn or corrected before the contract is concluded.

(7) Whether a particular representation be material or not is, in each case, a question of fact.

When Contract is Deemed to be Concluded.

21. A contract of marine insurance is deemed to be concluded when the proposal of the assured is accepted by the insurer, whether the policy be then issued or not; and, for the purpose of showing when the proposal was accepted, reference may be made to the slip or covering note or other customary memorandum of the contract, although it be unstamped.[1)]

THE POLICY

Contract Must be Embodied in Policy

22. Subject to the provisions of any statute, a contract of marine insurance is inadmissible in evidence unless it is embodied in a marine policy in accordance with this Act. The policy may be executed and issued either at the time when the contract is concluded, or afterwards.

What Policy Must Specify

23. A marine policy must specify –

(1) The name of the assured, or of some person who effects the insurance on his behalf:

(2) The subject-matter insured and the risk insured against:

(3) The voyage, or period of time, or both, as the case may be, covered by the insurance:

(4) The sum or sums insured:

(5) The name or names of the insurers.[2)]

---

1) Section 21, the last four words repealed by Finance Act, 1959.

2) Section 23, paragraph (2) to (5) and Section 25, subsection (2) repealed by Finance Act, 1959.

Signature of Insurer

24.－(1) A marine policy must be signed by or on behalf of the insurer, provided that in the case of a corporation the corporate seal may be sufficient, but nothing in this section shall be construed as requiring the subscription of a corporation to be under seal.

(2) Where a policy is subscribed by or on behalf of two or more insurers, each subscription, unless the contrary be expressed, constitutes a distinct contract with the assured.

Voyage and Time Policies

25.－(1) Where the contract is to insure the subject-matter "at and from," or from one place to another or others, the policy is called a "voyage policy," and where the contract is to insure the subject-matter for a definite period of time the policy is called a "time policy." A contract for both voyage and time may be included in the same policy.

(2) Subject to the provisions of section eleven of the Finance Act, 1901, a time policy which is made for any time exceeding twelve months is invalid.[3)]

Designation of Subject-matter

26.－(1) The subject-matter insured must be designated in a marine policy with reasonable certainty.

(2) The nature and extent of the interest of the assured in the subject-matter insured need not be specified in the policy.

(3) Where the policy designates the subject-matter insured in general terms, it shall be construed to apply to the interest intended by the assured to be covered.

(4) In the application of this section regard shall be had to any usage regulating the designation of the subject-matter insured.

Valued Policy

27.－(1) A policy may be either valued or unvalued.

(2) A valued policy is a policy which specifies the agreed value of the subject-matter insured.

---

3) Section 23, paragraph (2) to (5) and Section 25, subsection (2) repealed by Finance Act, 1959.

(3) Subject to provisions of this Act, and in the absence of fraud, the value fixed by the policy is, as between the insurer and assured, conclusive of the insurable value of the subject intended to be insured, whether the loss be total or partial.

(4) Unless the policy otherwise provides, the value fixed by the policy is not conclusive for the purpose of determining whether there has been a constructive total loss.

Unvalued Policy

28. An unvalued policy is a policy which does not specify the value of the subject-matter insured, but, subject to the limit of the sum insured, leaves the insurable value to be subsequently ascertained, in the manner hereinbefore specified.

Floating Policy by Ship or Ships

29.(1) A floating policy is a policy which describes the insurance in general terms, and leaves the name of the ship or ships and other particulars to be defined by subsequent declaration.

(2) The subsequent declaration or declarations may be made by indorsement on the policy, or in other customary manner.

(3) Unless the policy otherwise provides, the declarations must be made in the order of dispatch or shipment. They must, in the case of goods, comprise all consignments within the terms of the policy, and the value of the goods or other property must be honestly stated, but an omission or erroneous declaration may be rectified even after loss or arrival, provided the omission or declaration was made in good faith.

(4) Unless the policy otherwise provides, where a declaration of value is not made until after notice of loss or arrival, the policy must be treated as an unvalued policy as regards the subject-matter of that declaration.

Construction of Terms in Policy

30.−(1) A policy may be in the form in the First Schedule to this Act.

(2) Subject to the provisions of this Act, and unless the context of the policy otherwise requires, the terms and expressions mentioned in the First Schedule to this Act shall be construed as having the scope and meaning in that schedule assigned to them.

Premium to be Arranged

31.－(1) Where an insurance is effected at a premium to be arranged, and no arrangement is made, a reasonable premium is payable.

(2) Where an insurance is effected on the terms that an additional premium is to be arranged in a given event, and that event happens but no arrangement is made, then a reasonable additional premium is payable.

DOUBLE INSURANCE

Double Insurance

32.－(1) Where two or more policies are effected by or on behalf of the assured on the same adventure and interest or any part thereof, and the sums insured exceed the indemnity allowed by this Act, the assured is said to be over-insured by double-insurance.

(2) Where the assured is over-insured by double-insurance－

(a) the assured, unless the policy otherwise provides, may claim payment from the insurers in such order as he may think fit, provided that he is not entitled to receive any sum in excess of the indemnity allowed by this Act;

(b) where the policy under which the assured claims is a valued policy, the assured must give credit as against the valuation for any sum received by him under any other policy without regard to the actual value of the subject-matter insured;

(c) where the policy under which the assured claims is an unvalued policy he must give credit, as against the full insurable value, for any sum received by him under any other policy;

(d) where the assured receives any sum in excess of the indemnity allowed by this Act, he is deemed to hold such sum in trust for the insurers, according to their right of contribution among themselves.

WARRANTIES, & C.

Nature of Warranty

33.－(1) A warranty, in the following sections relating to warranties, means a promissory warranty, that is to say, a warranty by which the assured undertakes that some particular thing shall or shall not be done, or that some condition shall be fulfilled, or whereby he affirms or negatives the existence of a particular state of facts.

(2) A warranty may be expressed or implied.

(3) A warranty, as above defined, is a condition which must be exactly complied with, whether it be material to the risk or not. If it be not so complied with, then, subject to any express provision in the policy, the insurer is discharged from liability as from the date of the breach of warranty, but without prejudice to any liability incurred by him before that date.

When Breach of Warranty Excused

34.–(1) Non-compliance with a warranty is excused when, by reason of a change of circumstances, the warranty ceases to be applicable to the circumstances of the contract, or when compliance with the warranty is rendered unlawful by any subsequent law.

(2) Where a warranty is broken, the assured cannot avail himself of the defence that the breach has been remedied, and the warranty complied with, before loss.

(3) A breach of warranty may be waived by the insurer.

Express Warranties

35.–(1) An express warranty may be in any form of words from which the intention to warrant is to be inferred.

(2) An express warranty must be included in, or written upon, the policy, or must be contained in some document incorporated by reference into the policy.

(3) An express warranty does not exclude an implied warranty, unless it be inconsistent therewith.

Warranty of Neutrality

36.–(1) Where insurable property, whether ship or goods, is expressly warranted neutral, there is an implied condition that the property shall have a neutral character at the commencement of the risk, and that, so far as the assured can control the matter, its neutral character shall be preserved during the risk.

(2) Where a ship is expressly warranted "neutral" there is also an implied condition that, so far as the assured can control the matter, she shall be properly documented, that is to say, that she shall carry the necessary papers to establish her neutrality, and that she shall not falsify or suppress her papers, or use simulated papers. If any loss occurs through breach of this condition, the insurer may avoid the contract.

No Implied Warranty of Nationality

37. There is no implied warranty as to the nationality of a ship, or that her nationality shall not be changed during the risk.

Warranty of Good Safety

38. Where the subject-matter insured is warranted "well" or "in good safety" on a particular day, it is sufficient if it be safe at any time during that day.

Warranty of Seaworthiness of Ship

39.-(1) In a voyage policy there is an implied warranty that at the commencement of the voyage the ship shall be seaworthy for the purpose of the particular adventure insured.

(2) Where the policy attaches while the ship is in port, there is also an implied warranty that she shall, at the commencement of the risk, be reasonably fit to encounter the ordinary perils of the port.

(3) Where the policy relates to a voyage which is performed in different stages, during which the ship requires different kinds of or further preparation or equipment, there is an implied warranty that at the commencement of each stage the ship is seaworthy in respect of such preparation or equipment for the purposes of that stage.

(4) A ship is deemed to be seaworthy when she is reasonably fit in all respects to encounter the ordinary perils of the seas of the adventure insured.

(5) In a time policy there is no implied warranty that the ship shall be seaworthy at any stage of the adventure, but where, with the privity of the assured, the ship is sent to sea in an unseaworthy state, the insurer is not liable for any loss attributable to unseaworthiness.

No Implied Warranty that Goods are Seaworthy

40.-(1) In a policy on goods or other moveables there is no implied warranty that the goods or moveables are seaworthy.

(2) In a voyage policy on goods or other moveables there is an implied warranty that at the commencement of the voyage the ship is not only seaworthy as a ship, but also that she is reasonably fit to carry the goods or other moveables to the destination contemplated by the policy.

Warranty of Legality

41. There is an implied warranty that the adventure insured is a lawful one, and that, so far as the assured can control the matter, the adventure shall be carried out in a lawful manner.

THE VOYAGE

Implied Condition as to Commencement of Risk

42.–(1) Where the subject-matter is insured by a voyage policy "at and from" or "from" a particular place, it is not necessary that the ship should be at that place when the contract is concluded, but there is an implied condition that the adventure shall be commenced within a reasonable time, and that if the adventure be not so commenced the insurer may avoid the contract.

(2) The implied condition may be negatived by showing that the delay was caused by circumstances known to the insurer before the contract was concluded, or by showing that he waived the condition.

Alteration of Port of Departure

43. Where the place of departure is specified by the policy, and the ship instead of sailing from that place sails from any other place, the risk does not attach.

Sailing for Different Destination

44. Where the destination is specified in the policy, and the ship, instead of sailing for that destination, sails for any other destination, the risk does not attach.

Change of Voyage

45.–(1) Where, after the commencement of the risk, the destination of the ship is voluntarily changed from the destination contemplated by the policy, there is said to be a change of voyage.

(2) Unless the policy otherwise provides, where there is a change of voyage, the insurer is discharged from liability as from the time of change, that is to say, as from the time when the determination to change it is manifested; and it is immaterial that the ship may not in fact have left the course of voyage contemplated by the policy when the loss occurs.

Deviation

46.-(1) Where a ship, without lawful excuse, deviates from the voyage contemplated by the policy, the insurer is discharged from liability as from the time of deviation, and it is immaterial that the ship may have regained her route before any loss occurs.

(2) There is a deviation from the voyage contemplated by the policy-

(a) where the course of the voyage is specifically designated by the policy, and that course is departed from; or

(b) where the course of the voyage is not specifically designated by the policy, but the usual and customary course is departed from.

(3) The intention to deviate is immaterial; there must be a deviation in fact to discharge the insurer from his liability under the contract.

Several Ports of Discharge

47.-(1) Where several ports of discharge are specified by the policy, the ship may proceed to all or any of them, but, in the absence of any usage or sufficient cause to the contrary, she must proceed to them, or such of them as she goes to, in the order designated by the policy. If she does not there is a deviation.

(2) Where the policy is to "ports of discharge", within a given area, which are not named, the ship, must, in the absence of any usage or sufficient cause to the contrary, proceed to them, or such of them as she goes to, in their geographical order. If she does not there is a deviation.

Delay in Voyage

48. In the case of a voyage policy, the adventure insured must be prosecuted throughout its course with reasonable dispatch, and, if without lawful excuse it is not so prosecuted, the insurer is discharged from liability as from the time when the delay became unreasonable.

Excuses for Deviation or Delay

49.-(1) Deviation or delay in prosecuting the voyage contemplated by the policy is excused-

(a) where authorized by any special term in the policy; or

(b) where caused by circumstances beyond the control of the master and his employer; or

(c) where reasonably necessary in order to comply with an express or implied warranty; or

(d) where reasonably necessary for the safety of the ship or subject-matter insured; or

(e) for the purpose of saving human life, or aiding a ship in distress where human life may be in danger; or

(f) where reasonably necessary for the purpose of obtaining medical or surgical aid for any person on board the ship; or

(g) where caused by the barratrous conduct of the master or crew, if barratry be one of the perils insured against.

(2) When the cause excusing the deviation or delay ceases to operate, the ship must resume her course, and prosecute her voyage, with reasonable dispatch.

ASSIGNMENT OF POLICY

When and How Policy is Assignable

50.-(1) A marine policy is assignable unless it contains terms expressly prohibiting assignment. It may be assigned either before or after loss.

(2) Where a marine policy has been assigned so as to pass the beneficial interest in such policy, the assignee of the policy is entitled to sue thereon in his own name; and the defendant is entitled to make any defence arising out of the contract which he would have been entitled to make if the action had been brought in the name of the person by or on behalf of whom the policy was effected.

(3) A marine policy may be assigned by indorsement thereon or in other customary manner.

Assured Who Has No Interest Cannot Assign

51. Where the assured has parted with or lost his interest in the subject-matter insured, and has not, before or at the time of so doing, expressly or impliedly agreed to assign the policy, any subsequent assignment of the policy is inoperative.

Provided that nothing in this section affects the assignment of a policy after loss.

THE PREMIUM

When Premium Payable

52. Unless otherwise agreed, the duty of the assured or his agent to pay the

premium, and the duty of the insurer to issue the policy to the assured or his agent, are concurrent conditions, and the insurer is not bound to issue the policy until payment or tender of the premium.

Policy Effected Through Broker

53.-(1) Unless otherwise agreed, where a marine policy is effected on behalf of the assured by a broker, the broker is directly responsible to the insurer for the premium, and the insurer is directly responsible to the assured for the amount which may be payable in respect of losses, or in respect of returnable premium.

(2) Unless otherwise agreed, the broker has, as against the assured, a lien upon the policy for the amount of the premium and his charges in respect of effecting the policy; and, where he has dealt with the person who employs him as a principal, he has also a lien on the policy in respect of any balance on any insurance account which may be due to him from such person, unless when the debt was incurred he had reason to believe that such person was only an agent.

Effect of Receipt on Policy

54. Where a marine policy effected on behalf of the assured by a broker acknowledges the receipt of the premium, such acknowledement is, in the absence of fraud, conclusive as between the insurer and the assured, but not as between the insurer and broker.

LOSS AND ABANDONMENT

Included and Excluded Losses

55.-(1) Subject to the provisions of this Act, and unless the policy otherwise provides, the insurer is liable for any loss proximately caused by a peril insured against, but, subject as aforesaid, he is not liable for any loss which is not proximately caused by a peril insured against.

(2) In particular-

(a) the insurer is not liable for any loss attributable to the wilful misconduct of the assured, but, unless the policy otherwise provides, he is liable for any loss proximately caused by a peril insured against, even though the loss would not have happened but for the misconduct or negligence of the master or crew;

(b) unless the policy otherwise provides, the insurer on ship or goods is not liable for any loss proximately caused by delay, although the delay be caused by a peril insured against;

(c) unless the policy otherwise provides, the insurer is not liable for ordinary wear and tear, ordinary leakage and breakage, inherent vice or nature of the subject-matter insured, or for any loss proximately caused by rats or vermin, or for any injury to machinery not proximately caused by maritime perils.

Partial and Total Loss

56.-(1) A loss may be either total or partial. Any loss other than a total loss, as hereinafter defined, is a partial loss.

(2) A total loss may be either an actual total loss, or a constructive total loss.

(3) Unless a different intention appears from the terms of the policy, an insurance against total loss includes a constructive, as well as an actual, total loss.

(4) Where the assured brings an action for a total loss and the evidence proves only a partial loss, he may, unless the policy otherwise provides, recover for a partial loss.

(5) Where goods reach their destination in specie, but by reason of obliteration of marks, or otherwise, they are incapable of identification ,the loss, if any, is partial, and not total.

Actual Total Loss

57.-(1) Where the subject-matter insured is destroyed, or so damaged as to cease to be a thing of the kind insured, or where the assured is irretrievably deprived thereof, there is an actual total loss.

(2) In the case of an actual total loss no notice of abandonment need be given.

Missing Ship

58. Where the ship concerned in the adventure is missing, and after the lapse of a reasonable time no news of her has been received, an actual total loss may be presumed.

Effect of Transhipment, etc.

59. Where, by a peril insured against, the voyage is interrupted at an intermediate port or place, under such circumstances as, apart from any special stipulation in the contract of affreightment, to justify the master in landing and re-shipping the goods or other moveables, or in transhipping them, and sending them on to their destination, the liability of the insurer continues, notwithstanding the

landing or transhipment.

Constructive Total Loss Defined

60.–(1) Subject to any express provision in the policy, there is a constructive total loss where the subject-matter insured is reasonably abandoned on account of its actual total loss appearing to be unavoidable, or because it could not be preserved from actual total loss without an expenditure which would exceed its value when the expenditure had been incurred.

(2) In particular, there is a constructive total loss-

(i) Where the assured is deprived of the possession of his ship or goods by a peril insured against, and (a) it is unlikely that he can recover the ship or goods, as the case may be, or (b) the cost of recovering the ship or goods, as the case may be, would exceed their value when recovered; or

(ii) In the case of damage to a ship, where she is so damaged by a peril insured against that the cost of repairing the damage would exceed the value of the ship when repaired.

In estimating the cost of repairs, no deduction is to be made in respect of general average contributions to those repairs payable by other interests, but account is to be taken of the expense of future salvage operations and of any future general average contributions to which the ship would be liable if repaired; or

(iii) In the case of damage to goods, where the cost of repairing the damage and forwarding the goods to their destination would exceed their value on arrival.

Effect of Constructive Total Loss

61. Where there is a constructive total loss the assured may either treat the loss as a partial loss, or abandon the subject-matter insured to the insurer and treat the loss as if it were an actual total loss.

Notice of Abandonment

62–(1) Subject to the provisions of this section, where the assured elects to abandon the subject-matter insured to the insurer, he must give notice of abandonment. If he fails to do so the loss can only be treated as a partial loss.

(2) Notice of abandonment may be given in writing, or by word of mouth, or partly in writing and partly by word of mouth, and may be given in any terms which indicate the intention of the assured to abandon his insured interest in the subject-matter insured unconditionally to the insurer.

(3) Notice of abandonment must be given with reasonable diligence after the receipt of reliable information of the loss, but where the information is of a doubtful character the assured is entitled to a reasonable time to make inquiry.

(4) Where notice of abandonment is properly given, the rights of the assured are not prejudiced by the fact that the insurer refuses to accept the abandonment.

(5) The acceptance of an abandonment may be either express or implied from the conduct of the insurer. The mere silence of the insurer after notice is not an acceptance.

(6) Where notice of abandonment is accepted the abandonment is irrevocable. The acceptance of the notice conclusively admits liability for the loss and the sufficiency of the notice.

(7) Notice of abandonment is unnecessary where, at the time when the assured receives information of the loss, there would be no possibility of benefit to the insurer if notice were given to him.

(8) Notice of abandonment may be waived by the insurer.

(9) Where an insurer has re-insured his risk, no notice of abandonment need be given by him.

Effect of Abandonment

63.–(1) Where there is a valid abandonment the insurer is entitled to take over the interest of the assured in whatever may remain of the subject-matter insured, and all proprietary rights incidental thereto.

(2) Upon the abandonment of a ship, the insurer thereof is entitled to any freight in course of being earned, and which is earned by her subsequent to the casualty causing the loss, less the expenses of earning it incurred after the casualty; and, where the ship is carrying the owner' s goods, the insurer is entitled to a reasonable remuneration for the carriage of them subsequent to the casualty causing the loss.

PARTIAL LOSSES

(Including Salvage and General Average and Particular Average)

Particular Average Loss

64.(1) A particular average loss is a partial loss of the subject-matter insured, caused by a peril insured against, and which is not a general average loss.

(2) Expenses incurred by or on behalf of the assured for the safety or preservation of the subject-matter insured, other than general average and salvage charges, are called particular charges. Particular charges are not included in particular average.

Salvage Charges

65.–(1) Subject to any express provision in the policy, salvage charges incurred in preventing a loss by perils insured against may be recovered as a loss by those perils.

(2) "Salvage charges" means the charges recoverable under maritime law by a salvor independently of contract. They do not include the expenses of services in the nature of salvage rendered by the assured or his agents, or any person employed for hire by them, for the purpose of averting a peril insured against. Such expenses, where properly incurred, may be recovered as particular charges or as a general average loss, according to the circumstances under which they were incurred.

General Average Loss

66.–(1) A general average loss is a loss caused by or directly consequential on a general average act. It includes a general average expenditure as well as a general average sacrifice.

(2) There is a general average act where any extraordinary sacrifice or expenditure is voluntarily and reasonably made or incurred in time of peril for the purpose of preserving the property imperilled in the common adventure.

(3) Where there is a general average loss, the party on whom it falls is entitled, subject to the conditions imposed by maritime law, to a rateable contribution from the other parties interested, and such contribution is called a general average contribution.

(4) Subject to any express provision in the policy, where the assured has incurred a general average expenditure, he may recover from the insurer in respect of the proportion of the loss which falls upon him; and, in the case of a general average sacrifice, he may recover from the insurer in respect of the whole loss without having enforced his right of contribution from the other parties liable to contribute.

(5) Subject to any express provision in the policy, where the assured has paid, or is liable to pay, a general average contribution in respect of the subject insured, he may recover therefor from the insurer.

(6) In the absence of express stipulation, the insurer is not liable for any general average loss or contribution where the loss was not incurred for the purpose of avoiding, or in connection with the avoidance of, a peril insured against.

(7) Where ship, freight, and cargo, or any two of those interested, are owned by the same assured, the liability of the insurer in respect of general average losses or contributions is to be determined as if those subjects were owned by different persons.

MEASURE OF INDEMNITY

Extent of Liability of Insurer for Loss

67.–(1) The sum which the assured can recover in respect of a loss on a policy by which he is insured, in the case of an unvalued policy to the full extent of the insurable value, or, in the case of a valued policy to the full extent of the value fixed by the policy, is called the measure of indemnity.

(2) Where there is a loss recoverable under the policy, the insurer, or each insurer if there be more than one, is liable for such proportion of the measure of indemnity as the amount of his subscription bears to the value fixed by the policy in the case of a valued policy, or to the insurable value in the case of an unvalued policy.

Total Loss

68. Subject to the provisions of this Act and to any express provision in the policy, where there is a total loss of the subject-matter insured–

(1) If the policy be a valued policy, the measure of indemnity is the sum fixed by the policy:

(2) If the policy be an unvalued policy, the measure of indemnity is the insurable value of the subject-matter insured.

Partial Loss of Ship

69. Where a ship is damaged, but is not totally lost, the measure of indemnity, subject to any express provision in the policy, is as follows:-

(1) Where the ship has been repaired, the assured is entitled to the reasonable cost of the repairs, less the customary deductions, but not exceeding the sum insured in respect of any one casualty:

(2) Where the ship has been only partially repaired, the assured is entitled to

the reasonable cost of such repairs, computed as above, and also to be indemnified for the reasonable depreciation, if any, arising from the unrepaired damage, provided that the aggregate amount shall not exceed the cost of repairing the whole damage, computed as above:

(3) Where the ship has not been repaired, and has not been sold in her damaged state during the risk, the assured is entitled to be indemnified for the reasonable depreciation arising from the unrepaired damage, but not exceeding the reasonable cost of repairing such damage, computed as above.

Partial Loss of Freight

70. Subject to any express provision in the policy, where there is a partial loss of freight, the measure of indimnity is such proportion of the sum fixed by the policy in the case of a valued policy, or of the insurable value in the case of an unvalued policy, as the proportion of freight lost by the assured bears to the whole freight at the risk of the assured under the policy.

Partial Loss of Goods, Merchandise, etc.

71. Where there is a partial loss of goods, merchandise, or other moveables, the measure of indemnity, subject to any express provision in the policy, is as follows:-

(1) Where part of the goods, merchandise or other moveables insured by a valued policy is totally lost, the measure of indemnity is such proportion of the sum fixed by the policy as the insurable value of the part lost bears to the insurable value of the whole, ascertained as in the case of an unvalued policy;

(2) Where part of the goods, merchandise, or other moveables insured by an unvalued policy is totally lost, the measure of indemnity is the insurable value of the part lost, ascertained as in case of total loss;

(3) Where the whole or any part of the goods or merchandise insured has been delivered damaged at its destination, the measure of indemnity is such proportion of the sum fixed by the policy in the case of a valued policy, or of the insurable value in the case of an unvalued policy, as the difference between the gross sound and damaged values at the place of arrival bears to the gross sound value;

(4) "Gross value" means the wholesale price or, if there be no such price, the estimated value, with, in either case, freight, landing charges, and duty paid beforehand; provided that, in the case of goods or merchandise customarily sold in bond, the bonded price is deemed to be the gross value. "Gross proceeds" means the actual price obtained at a sale where all charges on sale are paid by the sellers.

Apportionment of Valuation

72.-(1) Where different species of property are insured under a single valuation, the valuation must be apportioned over the defferent species in proportion to their respective insurable values, as in the case of an unvalued policy. The insured value of any part of a species is such proportion of the total insured value of the same as the insurable value of the part bears to the insurable value of the whole, ascertained in both cases as provided by this Act.

(2) Where a valuation has to be apportioned, and particulars of the prime cost of each separate species, quality, or description of goods cannot be ascertained, the division of the valuation may be made over the net arrived sound values of the different species, qualities, or descriptions of goods.

General Average Contributions and Salvage Charges

73.-(1) Subject to any express provision in the policy, where the assured has paid, or is liable for, any general average contribution, the measure of indemnity is the full amount of such contribution, if the subject-matter liable to contribution is insured for its full contributory value; but, if such subject-matter be not insured for its full contributory value, or if only part of it be insured, the indemnity payable by the insurer must be reduced in proportion to the under insurance, and where there has been a particular average loss which constitutes a deduction from the contributory value, and for which the insurer is liable, that amount must be deducted from the insured value in order to ascertain what the insurer is liable to contribute.

(2) Where the insurer is liable for salvage charges the extent of his liability must be determined on the like principle.

Liabilities to Third Parties

74. Where the assured has effected an insurance in express terms against any liability to a third party, the measure of indemnity, subject to any express provision in the policy, is the amount paid or payable by him to such third party in respect of such liability.

General Provisions as to Measure of Indemnity

75.-(1) Where there has been a loss in respect of any subject-matter not expressly provided for in the foregoing provisions of this Act, the measure of indemnity shall be ascertained, as nearly as may be, in accordance with those provisions, in so far as applicable to the particular case.

(2) Nothing in the provisions of this Act relating to the measure of indemnity shall affect the rules relating to double insurance, or prohibit the insurer from disproving interest wholly or in part, or from showing that at the time of the loss the whole or any part of the subject-matter insured was not at risk under the policy.

Particular Average Warranties

76.-(1) Where the subject-matter insured is warranted free from particular average, the assured cannot recover for a loss of part, other than a loss incurred by a general average sacrifice, unless the contract contained in the policy be apportionable; but, if the contract be apportionable, the assured may recover for a total loss of any apportionable part.

(2) Where the subject-matter insured is warranted free from particular average, either wholly or under a certain percentage, the insurer is nevertheless liable for salvage charges, and for particular charges and other expenses properly incurred pursuant to the provisions of the suing and labouring clause in order to avert a loss insured against.

(3) Unless the policy otherwise provides, where the subject-matter insured is warranted free from particular average under a specified percentage, a general average loss cannot be added to a particular average loss to make up the specified percentage.

(4) For the purpose of ascertaining whether the specified percentage has been reached, regard shall be had only to the actual loss suffered by the subject-matter insured. Particular charges and the expenses of and incidental to ascertaining and proving the loss must be excluded.

Successive Losses

77.-(1) Unless the policy otherwise provides, and subject to the provisions of this Act, the insurer is liable for successive losses, even though the total amount of such losses may exceed the sum insured.

(2) Where, under the same policy, a partial loss, which has not been repaired or otherwise made good, is followed by a total loss, the assured can only recover in respect of the total loss:

Provided that nothing in this section shall affect the liability of the insurer under the suing and labouring clause.

Suing and Labouring Clause

78.－(1) Where the policy contains a suing and labouring clause, the engagement thereby entered into is deemed to be supplementary to the contract of insurance, and the assured may recover from the insurer any expenses properly incurred pursuant to the clause, notwithstanding that the insurer may have paid for a total loss, or that the subject-matter may have been warranted free from particular average, either wholly or under a certain percentage.

(2) General average losses and contributions and salvage charges, as defined by this Act, are not recoverable under the suing and labouring clause.

(3) Expenses incurred for the purpose of averting or diminishing any loss not covered by the policy are not recoverable under the suing and labouring clause.

(4) It is the duty of the assured and his agents, in all cases, to take such measures as may be reasonable for the purpose of averting or minimizing a loss.

RIGHTS OF INSURER ON PAYMENT

Right of Subrogation

79.－(1) Where the insurer pays for a total loss, either of the whole, or in the case of goods of any apportionable part, of the subject-matter insured, he thereupon becomes entitled to take over the interest of the assured in whatever may remain of the subject-matter so paid for, and he is thereby subrogated to all the rights and remedies of the assured in and in respect of that subject-matter as from the time of the casualty causing the loss.

(2) Subject to the foregoing provisions, where the insurer pays for a partial loss, he acquires no title to the subject-matter insured, or such part of it as may remain, but he is thereupon subrogated to all rights and remedies of the assured in and in respect of the subject-matter insured as from the time of the casualty causing the loss, in so far as the insured has been indemnified, according to this Act, by such payment for the loss.

Right of Contribution

80.－(1) Where the assured is over-insured by double insurance, each insurer is bound, as between himself and the other insurers, to contribute rateably to the loss in proportion to the amount for which he is liable under his contract.

(2) If any insurer pays more than his proportion of the loss, he is entitled to maintain an action for contribution against the other insurers, and is entitled to the

like remedies as a surety who has paid more than his proportion of the debt.

Effect of Under Insurance

81. Where the assured is insured for an amount less than the insurable value or, in the case of a vlaued policy, for an amount less than the policy valuation, he is deemed to be his own insurer in respect of the uninsured balance.

RETURN OF PREMIUM

Enforcement of Return

82. Where the premium, or a proportionate part therof is, by this Act, declared to be returnable-

(a) if already paid, it may be recovered by the assured from the insurer; and

(b) if unpaid, it may be retained by the assured or his agent.

Return by Agreement

83. Where the policy contains a stipulation for the return of the premium, or a proportionate part thereof, on the happening of a certain event, and that event happens, the premium, or, as the case may be, the proportionate part thereof, is thereupon returnable to the assured.

Return for Failure of Consideration

84.-(1) Where the consideration for the payment of the premium totally fails, and there has been no fraud or illegality on the part of the assured or his agents, the premium is thereupon returnable to the assured.

(2) Where the consideration for the payment of the premium is apportionable and there is a total failure of any apportionable part of the consideration, a proportionate part of the premium is, under the like conditions, thereupon returnable to the assured.

(3) In particular-

(a) where the policy is void, or is avoided by the insurer as from the commencement of the risk, the premium is returnable, provided that there has been no fraud or illegality on the part of the assured; but if the risk is not apportionable, and has once attached, the premium is not returnable;

(b) where the subject-matter insured, or part therof, has never been imperilled, the premium, or, as the case may be, a proportionate part thereof, is returnable;

Provided that where the subject-matter has been insured "lost or not lost", and has arrived in safety at the time when the contract is concluded, the premium is not returnable unless, at such time, the insurer knew of the safe arrival.

(c) where the assured has no insurable interest throughout the currency of the risk, the premium is returnable, provided that this rule does not apply to a policy effected by way of gaming or wagering;

(d) where the assured has a defeasible interest which is terminated during the currency of the risk, the premium is not returnable;

(e) where the assured has over-insured under an unvalued policy, a proportionate part of the premium is returnable;

(f) subject to the foregoing provisions, where the assured has over-insured by double insurance, a proportionate part of the several premiums is returnable:

Provided that, if the policies are effected at different times, and any earlier policy has at any time borne the entire risk, or if a claim has been paid on the policy in respect of the full sum insured thereby, no premium is returnable in respect of that policy, and when the double insurance is effected knowingly by the assured no premium is returnable.

MUTUAL INSURANCE

Modification of Act in Case of Mutual Insurance

85.–(1) Where two or more persons mutually agree to insure each other against marine losses there is said to be a mutual insurance.

(2) The provisions of this Act relating to the premium do not apply to mutual insurance, but a guarantee, or such other arrangement as may be agreed upon, may be substituted for the premium.

(3) The provisions of this Act, in so far as they may be modified by the agreement of the parties, may in the case of mutual insurance be modified by the terms of the policies issued by the association, or by the rules and regulations of the association.

(4) Subject to the exceptions mentioned in this section, the provisions of this Act apply to a mutual insurance.

SUPPLEMENTAL

Ratification by Assured

86. Where a contract of marine insurance is in good faith effected by one person on behalf of another, the person on whose behalf it is effected may ratify the contract even after he is aware of a loss.

Implied Obligations Varied by Agreement or Usage

87.-(1) Where any right, duty, or liability would arise under a contract of marine insurance by implication of law, it may be negatived or varied by express agreement, or by usage, if the usage be such as to bind both parties to the contract.

(2) The provisions of this section extend to any right, duty, or liability declared by this Act which may be lawfully modified by agreement.

Reasonable Time, etc., a Question of Fact

88. Where by this Act any reference is made to reasonable time, reasonable premium, or reasonable diligence, the question what is reasonable is a question of fact.

Slip as Evidence

89. Where there is a duly stamped policy, reference may be made, as heretofore, to the slip or covering note, in any legal proceeding.

Interpretation of Terms

90. In this Act, unless the context or subject-matter otherwise requires-

"Action" includes counter-claim and set off:

"Freight" includes the profit derivable by a shipowner from the employment of his ship to carry his own goods or moveables, as well as freight payable by a third party, but does not include passage money:

"Moveables" means any moveable tangible property, other than the ship, and includes money, valuable securities, and other documents:

"Policy" means a marine policy.

Savings

91.-(1) Nothing in this Act, or any repeal effected therby, shall affect-

(a) the provisions of the Stamp Act, 1891, or any enactment for the time being in force relating to the revenue;

(b) the provisions of the Companies Act, 1862, or any enactment amending or substituted for the same;

(c) the provisions of any statute not expressly repealed by this Act.

(2) The rules of the common law including the law merchant, save in so far as they are inconsistent with the express provisions of this Act, shall continue to apply to contracts of marine insurance.

Repeals

92. The enactments mentioned in the Second Schedule to this Act are hereby repealed to the extent specified in that schedule.

Commencement

93. This Act shall come into operation on the first day of January one thousand nine hundred and seven.

Short Title

94. This Act may be cited as the Marine Insurance Act, 1906.

SCHEDULES

First Schedule

Note.-The first portion of this Schedule consists of the S.G Form of Policy.

RULES FOR CONSTRUCTION OF POLICY

The following are the rules referred to by this Act for the construction of a policy in the above, or other like form, where the context does not otherwise require:–

Lost or Not Lost

1. Where the subject-matter is insured "lost or not lost", and the loss has occurred before the contract is concluded, the risk attaches unless, at such time the assured was aware of the loss, and the insurer was not.

From

2. Where the subject-matter is insured "from" a particular place, the risk does not attach until the ship starts on the voyage insured.

At and From

3.-(a) Where the ship is insured "at and from" a particular place, and she is at that place in good safety when the contract is concluded, the risk attaches immediately.

(b) If she be not at that place when the contract is concluded, the risk attaches as soon as she arrives there in good safety, and, unless the policy otherwise provides, it is immaterial that she is covered by another policy for a specified time after arrival.

(c) Where chartered freight is insured "at and from" a particular place, and the ship is at that place in good safety when the contract is concluded the risk attaches immediately. If she be not there when the contract is concluded, the risk attaches as soon as she arrives there in good safety.

(d) Where freight, other than chartered freight, is payable without special conditions and is insured "at and from" a particular place, the risk attaches pro rata as the goods or merchandise are shipped; provided that if there be cargo in readiness which belongs to the shipowner, or which some other person has contracted with him to ship, the risk attaches as soon as the ship is ready to receive such cargo.

From the Loading Thereof

4. Where goods or other moveables are insured "from the loading thereof", the risk does not attach until such goods or moveables are actually on board, and the insurer is not liable for them while in transit from the shore to the ship.

Safely Landed

5. Where the risk on goods or other moveables continues until they are "safely landed;" they must be landed in the customary manner and within a reasonble time after arrival at the port of discharge, and if they are not so landed the risk ceases.

Touch and Stay

6. In the absence of any further license or usage, the liberty to touch and stay "at any port or place whatsoever" does not authorize the ship to depart from the

course of her voyage from the port of departure to the port of destination.

Perils of the Seas

7. The term "perils of the seas" refers only to fortuitous accidents or casualties of the seas. It does not include the ordinary action of the winds and waves.

Pirates

8. The term "pirates" includes passengers who mutiny and rioters who attack the ship from the shore.

Thieves

9. The term "thieves" does not cover clandestine theft or a theft committed by any one of the ship' s company, whether crew or passengers.

Restraint of Princes

10. The term "arrests, etc., of king, princes, and people" refers to political or executive acts, and does not include a loss caused by riot or by ordinary judicial process.

Barratry

11. The term "barratry" includes every wrongful act wilfully committed by the master or crew to the prejudice of the owner, or, as the case may be, the charterer.

All Other Perils

12. The term "all other perils" includes only perils similar in kind to the perils specifically mentioned in the policy.

Average Unless General

13. The term "average unless general" means a partial loss of the subject-matter insured other than a general average loss, and does not include "particular charges."

Stranded

14. Where the ship has stranded, the insurer is liable for the excepted losses, although the loss is not attributable to the stranding, provided that when the stranding takes place the risk has attached and, if the policy be on goods, that the damaged goods are on board.

Ship

15. The term "ship" includes the hull, materials and outfit, stores and provisions for the officers and crew, and, in the case of vessels engaged in a special trade, the ordinary fittings requisite for the trade, and also, in the case of steamship, the machinery, boilers, and coals and engine stores, if owned by the assured.

Freight

16. The term "freight" includes the profit derivable by a shipowner from the employment of his ship to carry his own goods or moveables, as well as freight payable by a third party, but does not include passage money.

Goods

17. The term "goods" means in the nature of merchandise, and does not include personal effects or provisions and stores for use on board. In the absence of any usage to the contrary, deck cargo and living animals must be insured specifically, and not under the general denomination of goods.

SECOND SCHEDULE

Enactments Repealed

Session and Chapter	Title or Short Title	Extent of Repeal
19 Geo. 2, c. 37.	An Act to regulate insurance on ships belonging to the subjects of Great Britain, and on merchandises or effects laden thereon	The whole Act.
28 Geo. 3, c. 56.	An Act to repeal an Act made in the twenty-fifth year of the reign of his present Majesty, intituled "An Act for regulating Insurance of Ships, and on goods, merchandises, or effetcs", and for substituting other provisions for the like purpose in lieu thereof.	The whole Act as far as it relates to marine insurance.
31 & 32 Vict., c. 56.	The Policies of Marine Assurance Act. 1868.	The whole Act.

부록 02

YORK-ANTWERP RULES, 2004

YORK-ANTWERP RULES, 2004

RULE OF INTERPRETATION

In the adjustment of general average the following Rules shall apply to the exclusion of any Law and Practice inconsistent therewith.

Except as provided by the Rule Paramount and the numbered Rules, general average shall be adjusted according to the lettered Rules.

RULE PARAMOUNT

In no case shall there be any allowance for sacrifice or expenditure unless reasonably made or incurred.

RULE A

There is a general average act when, and only when, any extraordinary sacrifice or expenditure is intentionally and reasonably made or incurred for the common safety for the purpose of preserving from peril the property involved in a common maritime adventure.

General average sacrifices and expenditures shall be borne by the different contributing interests on the basis hereinafter provided.

RULE B

There is a common maritime adventure when one or more vessels are towing or pushing another vessel or vessels, provided that they are all involved in commercial activities and not in a salvage operation.

When measures are taken to preserve the vessels and their cargoes, if any, from a common peril, these Rules shall apply.

A vessel is not in common peril with another vessel or vessels if by simply disconnecting from the other vessel or vessels she is in safety; but if the disconnection is itself a general average act the common maritime adventure continues.

RULE C

Only such losses, damages or expenses which are the direct consequence of the general average act shall be allowed as general average.

In no case shall there be any allowance in general average for losses, damages or expenses incurred in respect of damage to the environment or in consequence of the escape or release of pollutant substances from the property involved in the common maritime adventure.

Demurrage, loss of market, and any loss or damage sustained or expense incurred by reason of delay, whether on the voyage or subsequently, and any indirect loss whatsoever, shall not be allowed as general average.

RULE D

Rights to contribution in general average shall not be affected, though the event which gave rise to the sacrifice or expenditure may have been due to the fault of one of the parties to the adventure, but this shall not prejudice any remedies or defences which may be open against or to that party in respect of such fault.

RULE E

The onus of proof is upon the party claiming in general average to show that the loss or expense claimed is properly allowable as general average.

All parties claiming in general average shall give notice in writing to the average adjuster of the loss or expense in respect of which they claim contribution within 12 months of the date of the termination of the common maritime adventure.

Failing such notification, or if within 12 months of a request for the same any of the parties shall fail to supply evidence in support of a notified claim, or particulars of value in respect of a contributory interest, the average adjuster shall be at liberty to estimate the extent of the allowance or the contributory value on the basis of the information available to him, which estimate may be challenged only on the ground that it is manifestly incorrect.

RULE F

Any additional expense incurred in place of another expense, which would have been allowable as general average shall be deemed to be general average and so allowed without regard to the saving, if any, to other interests, but only up to the amount of the general average expense avoided.

RULE G

General average shall be adjusted as regards both loss and contribution upon the basis of values at the time and place when and where the adventure ends.

This rule shall not affect the determination of the place at which the average statement is to be made up.

When a ship is at any port or place in circumstances which would give rise to an allowance in general average under the provisions of Rules X and XI, and the cargo or part thereof is forwarded to destination by other means, rights and liabilities in general average shall, subject to cargo interests being notified if practicable, remain as nearly as possible the same as they would have been in the absence of such forwarding, as if the adventure had continued in the original ship for so long as justifiable under the contract of affreightment and the applicable law.

The proportion attaching to cargo of the allowances made in general average by reason of applying the third paragraph of this Rule shall not exceed the cost which would have been borne by the owners of cargo if the cargo had been forwarded at their expense.

RULE Ⅰ. JETTISON OF CARGO

No jettison of cargo shall be allowed as general average, unless such cargo is carried in accordance with the recognised custom of the trade.

RULE Ⅱ. LOSS OR DAMAGE BY SACRIFICES FOR THE COMMON SAFETY

Loss of or damage to the property involved in the common maritime adventure by or in consequence of a sacrifice made for the common safety, and by water which goes down a ship' s hatches opened or other opening made for the purpose of making a jettison for the common safety, shall be allowed as general average.

RULE Ⅲ. EXTINGUISHING FIRE ON SHIPBOARD

Damage done to a ship and cargo, or either of them, by water or otherwise, including damage by beaching or scuttling a burning ship, in extinguishing a fire on board the ship, shall be allowed as general average; except that no allowance shall be made for damage by smoke however caused or by heat of the fire.

RULE Ⅳ. CUTTING AWAY WRECK

Loss or damage sustained by cutting away wreck or parts of the ship which have been previously carried away or are effectively lost by accident shall not be allowed as general average.

RULE Ⅴ. VOLUNTARY STRANDING

When a ship is intentionally run on shore for the common safety, whether or not she might have been driven on shore, the consequent loss or damage to the property involved in the common maritime adventure shall be allowed in general average.

RULE Ⅵ. SALVAGE REMUNERATION

a. Salvage payments, including interest thereon and legal fees associated with such payments, shall lie where they fall and shall not be allowed in general average, save only that if one party to the salvage shall have paid all or any of the proportion of salvage (including interest and legal fees) due from another party (calculated on the basis of salved values and not general average contributory values), the unpaid contribution to salvage due from that other party shall be credited in the adjustment to the party that has paid it, and debited to the party on whose behalf the payment was made.

b. Salvage payments referred to in paragraph (a) above shall include any salvage remuneration in which the skill and efforts of the salvors in preventing or minimising damage to the environment such as is referred to in Article 13 paragraph 1(b) of the International Convention on Salvage 1989 have been taken into account.

c. Special compensation payable to a salvor by the shipowner under Article 14 of the said Convention to the extent specified in paragraph 4 of that Article or under any other provision similar in substance (such as SCOPIC) shall not be allowed in general average and shall not be considered a salvage payment as referred to in paragraph (a) of this Rule.

RULE Ⅶ. DAMAGE TO MACHINERY AND BOILERS

Damage caused to any machinery and boilers of a ship which is ashore and in a position of peril, in endeavouring to refloat, shall be allowed in general average when shown to have arisen from an actual intention to float the ship for the common safety at the risk of such damage; but where a ship is afloat no loss or damage caused by working the propelling machinery and boilers shall in any circumstances be allowed as general average.

RULE Ⅷ. EXPENSES LIGHTENING A SHIP WHEN ASHORE AND CONSEQUENT DAMAGE

When a ship is ashore and cargo and ship' s fuel and stores or any of them are discharged as a general average act, the extra cost of lightening, lighter hire and reshipping (if incurred), and any loss or damage to the property involved in the common maritime adventure in consequence thereof, shall be allowed as general average.

RULE Ⅸ. CARGO, SHIP' S MATERIALS AND STORES USED FOR FUEL

Cargo, ship's materials and stores, or any of them, necessarily used for fuel for the common safety at a time of peril shall be allowed as general average, but when such an allowance is made for the cost of ship' s materials and stores the general average shall be credited with the estimated cost of the fuel which would otherwise have been consumed in prosecuting the intended voyage.

RULE Ⅹ. EXPENSES AT PORT OF REFUGE, ETC.

a. (i) When a ship shall have entered a port or place of refuge or shall have returned to her port or place of loading in consequence of accident, sacrifice or other extraordinary circumstances which render that necessary for the common safety, the expenses of entering such port or place shall be allowed as general average; and when she shall have sailed thence with her original cargo, or a part of it, the corresponding expenses of leaving such port or place consequent upon such entry or return shall likewise be allowed as general average.

(ii) When a ship is at any port or place of refuge and is necessarily removed to another port or place of refuge because repairs cannot be carried out in the first port or place, the provisions of this Rule shall be applied to the second port or place of refuge as if it were a port or place of refuge and the cost of such removal including temporary repairs and towage shall be allowed as general average. The provisions of Rule XI shall be applied to the prolongation of the voyage occasioned by such removal.

b. (i) The cost of handling on board or discharging cargo, fuel or stores whether at a port or place of loading, call or refuge, shall be allowed as general average, when the handling or discharge was necessary for the common safety or to enable damage to the ship caused by sacrifice or accident to be repaired, if the repairs were necessary for the safe prosecution of the voyage, except in cases where the damage to the ship is discovered at a port or place of loading or call without any accident or other extraordinary circumstances connected with such damage having taken place during the voyage.

(ii) The cost of handling on board or discharging cargo, fuel or stores shall not be allowable as general average when incurred solely for the purpose of restowage due to shifting during the voyage, unless such restowage is necessary for the common safety.

c. Whenever the cost of handling or discharging cargo, fuel or stores is allowable as general average, the costs of storage, including insurance if reasonably incurred, reloading and stowing of such cargo, fuel or stores shall likewise be allowed as general average. The provisions of Rule XI shall be applied to the extra period of detention occasioned by such reloading or restowing.

But when the ship is condemned or does not proceed on her original voyage, storage expenses shall be allowed as general average only up to the date of the ship's condemnation or of the abandonment of the voyage or up to the date of completion of discharge of cargo if the condemnation or abandonment takes place before that date.

RULE XI. WAGES AND MAINTENANCE OF CREW AND OTHER EXPENSES PUTTING IN TO AND AT A PORT OF REFUGE, ETC.

a. Wages and maintenance of master, officers and crew reasonably incurred and fuel and stores consumed during the prolongation of the voyage occasioned by a ship entering a port or place of refuge or returning to her port or place of loading shall be allowed as general average when the expenses of entering such port or place are allowable as general average in accordance with Rule X(a).

b. For the purpose of this and the other Rules wages shall include all payments made to or for the benefit of the master, officers and crew, whether such payments be imposed by law upon the shipowners or be made under the terms of articles of employment.

c. (i) When a ship shall have entered or been detained in any port or place in consequence of accident, sacrifice or other extraordinary circumstances which render that necessary for the common safety, or to enable damage to the ship caused by sacrifice or accident to be repaired, if the repairs were necessary for the safe prosecution of the voyage, fuel and stores consumed during the extra period of detention in such port or place until the ship shall or should have been made ready to proceed upon her voyage, shall be allowed as general average, except such fuel and stores as are consumed in effecting repairs not allowable in general average.

(ii) Port charges incurred during the extra period of detention shall likewise be allowed as general average except such charges as are incurred solely by reason of repairs not allowable in general average.

(iii) Provided that when damage to the ship is discovered at a port or place of loading or call without any accident or other extraordinary circumstance connected with such damage having taken place during the voyage, then fuel and stores consumed and port charges incurred during the extra detention for repairs to damages so discovered shall not be allowable as general average, even if the repairs are necessary for the safe prosecution of the voyage.

(iv) When the ship is condemned or does not proceed on her original voyage, fuel and stores consumed and port charges shall be allowed as general average only up to the date of the ship' s condemnation or of the abandonment of the voyage or up to the date of completion of discharge of cargo if the condemnation or abandonment takes place before that date.

d. The cost of measures undertaken to prevent or minimise damage to the environment shall be allowed in general average when incurred in any or all of the following circumstances:

(i) as part of an operation performed for the common safety which, had it been undertaken by a party outside the common maritime adventure, would have entitled such party to a salvage reward;

(ii) as a condition of entry into or departure from any port or place in the circumstances prescribed in Rule X(a);

(iii) as a condition of remaining at any port or place in the circumstances prescribed in Rule XI(c), provided that when there is an actual escape or release of pollutant substances the cost of any additional measures required on that account to prevent or minimise pollution or environmental damage shall not be allowed as general average;

(iv) necessarily in connection with the discharging, storing or reloading of cargo whenever the cost of those operations is allowable as general average.

RULE XII. DAMAGE TO CARGO IN DISCHARGING, ETC.

Damage to or loss of cargo, fuel or stores sustained in consequence of their handling, discharging, storing, reloading and stowing shall be allowed as general average, when and only when the cost of those measures respectively is allowed as general average.

RULE XIII. DEDUCTIONS FROM COST OF REPAIRS

a. Repairs to be allowed in general average shall not be subject to deductions in respect of "new for old" where old material or parts are replaced by new unless the ship is over fifteen years old in which case there shall be a deduction of one third. The deductions shall be regulated by the age of the ship from the 31st December of the year of completion of construction to the date of the general average act, except for insulation, life and similar boats, communications and navigational apparatus and equipment, machinery and boilers for which the deductions shall be regulated by the age of the particular parts to which they apply.

b. The deductions shall be made only from the cost of the new material or parts when finished and ready to be installed in the ship. No deduction shall be made in respect of provisions, stores, anchors and chain cables. Drydock and slipway dues and costs of shifting the ship shall be allowed in full.

c. The costs of cleaning, painting or coating of bottom shall not be allowed in general average unless the bottom has been painted or coated within the twelve months preceding the date of the general average act in which case one half of such costs shall be allowed.

RULE XIV. TEMPORARY REPAIRS

a. Where temporary repairs are effected to a ship at a port of loading, call or refuge, for the common safety, or of damage caused by general average sacrifice, the cost of such repairs shall be allowed as general average.

b. Where temporary repairs of accidental damage are effected in order to enable the adventure to be completed, the cost of such repairs shall be allowed as general average without regard to the saving, if any, to other interests, but only up to the saving in expense which would have been incurred and allowed in general average if such repairs had not been effected there. Provided tha such the purposes of this paragraph only, the cost of temporary repairs falling for consideration shall be lffeted to the extent tha sthe cost of temporary repairs effected a sthe port of loading, call or refuge, together with either the cost of permanent repairs eventually effected or, if unrepaired at the time of the adjustment, the reasonable depreciation in the value of the vessel at the completion of the voyage. exceeds the cost of permanent repairs had they been effected at the port of loading, call or refuge.

c. No deductions "new for old" shall be made from the cost of temporary repairs allowable as general average.

RULE XV. LOSS OF FREIGHT

Loss of freight arising from damage to or loss of cargo shall be allowed as general average, either when caused by a general average act, or when the damage to or loss of cargo is so allowed.

Deduction shall be made from the amount of gross freight lost, of the charges which the owner thereof would have incurred to earn such freight, but has, in consequence of the sacrifice, not incurred.

RULE XVI. AMOUNT TO BE ALLOWED FOR CARGO LOST OR DAMAGED BY SACRIFICE

a. The amount to be allowed as general average for damage to or loss of cargo sacrificed shall be the loss which has been sustained thereby based on the value at the time of discharge, ascertained from the commercial invoice rendered to the receiver or if there is no such invoice from the shipped value. The value at the time of discharge shall include the cost of insurance and freight except insofar as such freight is at the risk of interests other than the cargo.

b. When cargo so damaged is sold and the amount of the damage has not been otherwise agreed, the loss to be allowed in general average shall be the difference between the net proceeds of sale and the net sound value as computed in the first paragraph of this Rule.

RULE XVII. CONTRIBUTORY VALUES

a. (i) The contribution to a general average shall be made upon the actual net values of the property at the termination of the adventure except that the value of cargo shall be the value at the time of discharge, ascertained from the commercial invoice rendered to the receiver or if there is no such invoice from the shipped value.

(ii) The value of the cargo shall include the cost of insurance and freight unless and insofar as such freight is at the risk of interests other than the cargo, deducting therefrom any loss or damage suffered by the cargo prior to or at the time of discharge.

(iii) The value of the ship shall be assessed without taking into account the beneficial or detrimental effect of any demise or time charterparty to which the ship may be committed.

b. To these values shall be added the amount allowed as general average for property sacrificed, if not already included, deduction being made from the freight and passage money at risk of such charges and crew' s wages as would not have been incurred in earning the freight had the ship and cargo been totally lost at the date of the general average act and have not been allowed as general average; deduction being also made from the value of the property of all extra charges incurred in respect thereof subsequently to the general average act, except such charges as are allowed in general average or fall upon the ship by virtue of an award for special compensation under Art. 14 of the International Convention on Salvage, 1989 or under any other provision similar in substance.

c. In the circumstances envisaged in the third paragraph of Rule G, the cargo and other property shall contribute on the basis of its value upon delivery at original destination unless sold or otherwise disposed of short of that destination, and the ship shall contribute upon its actual net value at the time of completion of discharge of cargo.

d. Where cargo is sold short of destination, however, it shall contribute upon the actual net proceeds of sale, with the addition of any amount allowed as general average.

e. Mails, passengers' luggage, personal effects and accompanied private motor ved ples shall not contribute to general average.

RULE XVIII. DAMAGE TO SHIP

The amount to be allowed as general average for damage or loss to the ship, her machinery and/or gear caused by a general average act shall be as follows:

a. When repaired or replaced,

The actual reasonable cost of repairing or replacing such damage or loss, subject to deductions in accordance with Rule XIII;

b. When not repaired or replaced,

The reasonable depreciation arising from such damage or loss, but not exceeding the estimated cost of repairs. But where the ship is an actual total loss or when the cost of repairs of the damage would exceed the value of the ship when repaired, the amount to be allowed as general average shall be the difference between the estimated sound value of the ship after deducting therefrom the estimated cost of repairing damage which is not general average and the value of the ship in her damaged state which may be measured by the net proceeds of sale, if any.

RULE XIX. UNDECLARED OR WRONGFULLY DECLARED CARGO

a. Damage or loss caused to goods loaded without the knowledge of the shipowner or his agent or to goods wilfully misdescribed at time of shipment shall not be allowed as general average, but such goods shall remain liable to contribute, if saved.

b. Damage or loss caused to goods which have been wrongfully declared on shipment at a value which is lower than their real value shall be contributed for at the declared value, but such goods shall contribute upon their actual value.

RULE XX. PROVISION OF FUNDS

a. The capital loss sustained by the owners of goods sold for the purpose of raising funds to defray general average disbursements shall be allowed in general average.

b. The cost of insuring average disbursements shall also be allowed in general average.

RULE XXI. INTEREST ON LOSSES ALLOWED IN GENERAL AVERAGE

a. Interest shall be allowed on expenditure, sacrifices and allowances in general average until three months after the date of issue of the general average adjustment, due allowance being made for any payment on account by the contributory interests or from the general average deposit fund.

b. Each year the Assembly of the Comit? Maritime International shall decide the rate of interest which shall apply. This rate shall be used for calculating interest accruing during the following calendar year.

RULE XXII. TREATMENT OF CASH DEPOSITS

Where cash deposits have been collected in respect of cargo's liability for general average, salvage or special charges such deposits shall be paid without any delay into a special account in the joint names of a representative nominated on behalf of the shipowner and a representative nominated on behalf of the depositors in a bank to be approved by both. The sum so deposit a regether with accrued interest, if any, shall be held as security for payment to the parties entitled thereto of the general average, salvage or special charges payable by cargo in respect of which the deposits have been collectedargayments on account o of funds of deposits may be made if certifiea repid oniting by the average adjuster. Such deposits and payments or refunds shall be without prejudice to the ultimate liability of the parties.

RULE XXIII. TIME BAR FOR CONTRIBUTIONS TO GENERAL AVERAGE

a. Subject always to any mandatory rule on time limitation contained in any applicable law:

(i) Any rights to general average contribution, including any rights to claim under general average bonds and guarantees, shall be extinguished unless an action is brought by the party claiming such contribution within a period of one year after the date upon which the general average adjustment was issued. However, in no case shall such an action be brought after six years from the date of the termination of the common maritime adventure.

(ii) These periods may be extended if the parties so agree after the termination of the common maritime adventure.

b. This Rule shall not apply as between the parties to the general average and their respective insurers

부록 03

개정상법

개정상법[제 4 편 보험]

제1장 통　　칙

제638조 [의　　의] 보험계약은 당사자 일방이 약정한 보험료를 지급하고 상대방이 재산 또는 생명이나 신체에 관하여 불확정한 사고가 생길 경우에 일정한 보험금액 기타의 급여를 지급할 것을 약정함으로써 효력이 생긴다.

제638조의 2 [보험계약의 성립] ① 보험자가 보험계약자로부터 보험계약의 청약과 함께 보험료 상당액의 전부 또는 일부의 지급을 받은 때에는 다른 약정이 없으면 30日 내에 그 상대방에 대하여 낙부의 통지를 발송하여야 한다. 그러나 인보험계약의 피보험자가 신체검사를 받아야 하는 경우에는 그 기간은 신체검사를 받은 날부터 기산한다.
② 보험자가 제1항의 규정에 의한 기간 내에 낙부의 통지를 해태한 때에는 승낙한 것으로 본다.
③ 보험자가 보험계약자로부터 보험계약의 청약과 함께 보험료 상당액의 전부 또는 일부를 받은 경우에 그 청약을 승낙하기 전에 보험계약에서 정한 보험사고가 생긴 때에는 그 청약을 거절할 사유가 없는 한 보험자는 보험계약상의 책임을 진다. 그러나 인보험계약의 피보험자가 신체검사를 받아야 하는 경우에 그 검사를 받지 아니한 때에는 그러하지 아니하다.

제638조의 3 [보험계약의 교부 · 명시의무] ① 보험자는 보험계약을 체결할 때에 보험계약자에게 보험약관을 교부하고 그 약관의 중요한 내용을 알려 주어야 한다.

② 보험자가 제1항의 규정에 위반한 때에는 보험계약자는 보험계약이 성립한 날부터 1월 내에 그 계약을 취소할 수 있다.

제639조 [타인을 위한 보험] ① 보험계약자는 위임을 받거나 위임을 받지 아니하고 특정 또는 불특정의 타인을 위하여 보험계약을 체결할 수 있다. 그러나 손해보험계약의 경우에는 그 타인의 위임이 없는 때에는 보험계약자는 이를 보험자에게 고지하여야 하고, 그 고지가 없는 때에는 타인이 그 보험계약이 체결된 사실을 알지 못하였다는 사유로 보험자에게 대항하지 못한다.
② 제1항의 경우에는 그 타인은 당연히 그 약관의 이익을 받는다. 그러나 손해보험계약의 경우에 보험계약자가 그 타인에게 보험사고의 발생으로 생긴 손해의 배상을 한 때에는 보험계약자는 그 타인의 권리를 해하지 아니하는 범위 안에서 보험자에게 보험금액의 지급을 청구할 수 있다.
③ 제1항의 경우에는 보험계약자는 보험자에 대하여 보험료를 지급할 의무가 있다. 그러나 보험계약자가 파산선고를 받거나 보험료의 지급을 지체한 때에는 그 타인이 그 권리를 포기하지 아니하는 한 그 타인도 보험료를 지급할 의무가 있다.

제640조 [보험증권의 교부] ① 보험자는 보험계약이 성립한 때에는 지체 없이 보험증권을 작성하여 보험계약자에게 교부하여야 한다. 그러나 보험계약자가 보험료의 전부 또는 최초의 보험료를 지급하지 아니한 때에는 그러하지 아니한다.
② 기존의 보험계약을 연장하거나 변경한 경우에는 보험자는 그 보험증권에 그 사실을 기재함으로써 보험증권의 교부에 갈음할 수 있다.

제641조 [증권에 관한 이의약관의 효력] 보험계약의 당사자는 보험증권의 교부가 있는 날로부터 일정한 기간 내에 한하여 그 증권내용의 정부에 관한 의의를 할 수 있음을 약정할 수 있다. 이 기간은 1월을 내리지 못한다.

제642조 [증권의 재교부신청] 보험증권을 멸실 또는 현저하게 훼손한 때에는 보험계약자는 보험자에 대하여 증권의 재교부를 청구할 수 있다. 그 증권작성의 비용은 보험계약자의 부담으로 한다.

제643조 [소급보험] 보험계약은 그 계약 전의 어느 시기를 보험기간의 시기로 할 수 있다.

제644조 [보험사고의 객관적 확정의 효과] 보험계약 당시에 보험사고가 이미 발생하였거나 또는 발생할 수 없는 것인 때에는 그 계약은 무효로 한다. 그러나 당사자 쌍방과 보험자가 이를 알지 못한 때에는 그러하지 아니하다.

제645조 [보험사고의 주관적 확정의 효과]
〈삭 제〉

제646조 [대리인이 안 것의 효과] 대리인에 의하여 보험계약을 체결한 경우에 대리인이 안 사유는 그 본인이 안 것과 동일한 것으로 한다.

제647조 [특별위험의 소멸로 인한 보험료의 감액청구] 보험계약의 당사자가 특별한 위험을 예기하여 보험료의 액을 정한 경우에 보험기간 중 그 예기한 위험이 소멸한 때에는 보험계약자는 그 후의 보험료의 감액을 청구할 수 있다.

제648조 [보험계약의 무효로 인한 보험료반환청구] 보험계약의 전부 또는 일부가 무효인 경우에 보험계약자와 피보험자가 선의이며 중대한 과실이 없는 때에는 보험자에 대하여 보험료의 전부 또는 일부의 반환을 청구할 수 있다. 보험계약자와 보험수익자가 선의이며 중대한 과실이 없는 때에도 같다.

제649조 [사고발생 전의 임의해지] ① 보험사고가 발생하기 전에는 보험계약자는 언제든지 계약의 전부 또는 일부를 해지할 수 있다. 그러나 제639조의 보험계약의 경우에는 보험계약자는 그 타인의 동의를 얻지 아니하거나 보험증권을 소지하지 아니하면 그 계약을 해지하지 못한다.
② 보험사고의 발생으로 보험자가 보험금액을 지급한 때에도 보험금액이 감액되지 아니하는 보험의 경우에는 보험계약자는 그 사고발생 후에도 보험계약을 해지할 수 있다.
③ 제1항의 경우에는 보험계약자는 당사자간의 다른 약정이 없으면 미경과보험료의 반환을 청구할 수 있다.

제650조 [보험료의 지급과 지체의 효과] ① 보험계약자는 계약체결 후 지체 없이 보험료의 전부 또는 제1회 보험료를 지급하여야 하며, 보험계약자가 이를 지급하지 아니하는 경우에는 다른 약정이 없는 한 계약성립 후 2월이 경과하면 그 계약은 해제된 것으로 본다.
② 계속보험료가 약정한 시기에 지급되지 아니한 때에는 보험자는 상당한 기간을 정하여 보험계약자에게 催告하고 그 기간 내에 지급되지 아니한 때에는 그 계약을 해지할 수 있다.
③ 특정한 타인을 위한 보험의 경우에 보험계약자가 보험료의 지급을 지체한 때에는 보험자는 그 타인에게도 상당한 기간을 정하여 보험료의 지급을 催告한 후가 아니면 그 계약을 해제 또는 해지하지 못한다.

제650조의 2 [보험계약의 부활] 제659조 제2항에 따라 보험계약이 해지되고 해지환급금이 지급되지 아니한 경우에 보험계약자는 일정한 기간 내에 연체보험료에 약정이자를 붙여 보험자에게 지급하고 그 계약의 부활을 청구할 수 있다. 제638조의 2의 규정은 이 경우에 준용한다.

제651조 [고지의무위반으로 인한 계약해지] 보험계약 당시에 보험계약자 또는 피보험자가 고의 또는 중대한 과실로 인하여 중요한 사항을 고지하지 아니하거나 불실의 고지를 한 때에는 보험자는 그 사실을 안 날로부터 1월 내에, 계약을 체결한 날로부터 3년 내에 한하여 계약을 해지할 수 있다. 그러나 보험자가 계약 당시에 그 사실을 알았거나 중대한 과실로 인하여 알지 못한 때에는 그러하지 아니하다.

제651조의 2 [서면에 의한 질문의 효력] 보험자가 서면으로 질문한 사항은 중요한 사항으로 추정한다.

제652조 [위험변경증가의 통지와 계약해지] ① 보험기간중에 보험계약자 또는 피보험자가 사고발생의 위험이 현저하게 변경 또는 증가된 사실을 안 때에는 지체 없이 보험자에게 통지하여야 한다. 이를 해태한 때에는 보험자는 그 사실을 안 날로부터 1월 내에 한하여 계약을 해지할 수 있다.
② 보험자가 제1항의 위험변경증가의 통지를 받은 때에는 1월 내에 보험료의 증액을 청구하거나 계약을 해지할 수 있다.

제653조 [보험계약자 등의 고의나 중과실로 인한 위험증가와 계약해지] 보험기간중에 보험계약자, 피보험자 또는 보험수익자의 고의 또는 중대한 과실로 인하여 사고발생의 위험이 현저하게 변경 또는 증가된 때에는 보험자는 그 사실을 안 날로부터 1월 내에 보험료의 증액을 청구하거나 계약을 해지할 수 있다.

제654조 [보험자의 파산선고와 계약해지] ① 보험자가 파산의 선고를 받은 때에는 보험계약자는 계약을 해지할 수 있다.
② 제1항의 규정에 의하여 해지하지 아니한 보험계약은 파산선고 후 3월을 경과한 때에는 그 효력을 잃는다.

제655조 [계약해지와 보험금액청구권] 보험사고가 발생한 후에도 보험자가 제650조, 제651조, 제652조와 제653조의 규정에 의하여 계약을 해지한 때에는 보험금액을 지급할 책임이 없고, 이미 지급한 보험금액의 반환을 청구할 수 있다. 그러나 고지의무에 위반한 사실 또는 위험의 현저한 변경이나 증가된 사실이 보험사고의 발생에 영향을 미치지 아니하였음이 증명된 때에는 그러하지 아니하다.

제656조 [보험료의 지급과 보험자의 책임개시] 보험자의 책임은 당사자간에 다른 약정이 없으면 최초의 보험료의 지급을 받은 때로부터 개시한다.

제657조 [보험사고발생의 통지의무] ① 보험계약자 또는 피보험자나 보험수익자는 보험사고의 발생을 안 때에는 지체 없이 보험자에게 그 통지를 발송하여야 한다.

② 보험계약자 또는 피보험자나 보험수익자가 제1항의 통지의무를 해태함으로 인하여 손해가 증가된 때에는 보험자는 그 증가된 손해를 보상할 책임이 없다.

제658조 [보험금액의 지급] 보험자는 보험금액의 지급에 관하여 약정기간이 있는 경우에는 그 기간 내에, 약정기간이 없는 경우에는 제657조 제1항의 통지를 받은 후 지체 없이 지급할 보험금액을 정하고 그 정하여진 날부터 10일 내에 피보험자 또는 보험수익자에게 보험금액을 지급하여야 한다.

제659조 [보험자의 면책사유] ① 보험사고가 보험계약자 또는 피보험자나 보험수익자의 고의 또는 중대한 과실로 인하여 생긴 때에는 보험자는 보험금액을 지급할 책임이 없다.
② 삭제

제660조 [전쟁위험 등으로 인한 면책] 보험사고가 전쟁 기타 변란으로 인하여 생기 때에는 당사자간에 다른 약정이 없으면 보험자는 보험금액을 지급할 책임이 없다.

제661조 [재 보 험] 보험자는 보험사고로 인하여 부담할 책임에 대하여 다른 보험자와 재보험계약을 체결할 수 있다. 이 재보험계약은 원보험계약의 효력에 영향을 미치지 아니한다.

제662조 [소멸시효] 보험금액이 청구권과 보험료 또는 적립금의 반환청구권은 2년, 보험료의 청구권은 1년간 행사하지 아니하면 소멸시효가 완성한다.

제663조 [보험계약자 등의 불이익변경 금지] 이 편의 규정은 당사자간의 특약으로 보험계약자 또는 피보험자나 보험수익자의 불이익으로 변경하지 못한다. 그러나 재보험 및 해상보험 기타 이와 유사한 보험의 경우에는 그러하지 아니하다.

제664조 [상호보험에의 준용] 이 편의 규정은 그 성질이 상반되지 아니한 한도에서 상호보험에 준용한다.

제2장 손해보험

제1절 통 칙

제665조 [손해보험자의 책임] 손해보험계약의 보험자는 보험사고로 인하여 생길 피보험자의 재산상의 손해를 보상할 책임이 있다.

제666조 [손해보험증권] 손해보험증권에는 다음의 사항을 기재하고 보험자가 기명날인 또는 서명하여야 한다.
1. 보험의 목적
2. 보험사고의 성질
3. 보험금액
4. 보험료와 그 지급방법
5. 보험기간을 정한 때에는 그 시기와 종기
6. 무효와 질권의 사유
7. 보험계약자의 주소와 성명 또는 상호
8. 보험계약의 연월일
9. 보험증권의 작성지와 그 작성 연월일

제667조 [상실이익 등의 불산입] 보험사고로 인하여 상실된 피보험자가 얻을 이익이나 보수는 당사자간에 다른 약정이 없으면 보험자가 보상할 손해액에 산입하지 아니한다.

제668조 [보험계약의 목적] 보험계약은 금전으로 산정할 수 있는 이익에 한하여 보험계약의 목적으로 할 수 있다.

제669조 [초과보험] ① 보험금액이 보험계약의 목적의 가액을 현저하게 초과한 때에는 보험자 또는 보험계약자는 보험료와 보험금액의 감액을 청구할 수 있다. 그러나 보험료의 감액은 장래에 대하여서만 그 효력이 있다.
② 제1항의 가액은 계약당시의 가격에 의하여 정한다.
③ 제1항의 경우에 계약이 보험계약자의 사기로 인하여 체결된 때에는 그 계약은 무효로 한다. 그러나 보험자는 그 사실을 안 때까지의 보험료를 청구할 수 있다.
④ 제1항의 경우에 계약이 보험계약자의 사기로 인하여 체결된 때에는 그 계약은 무효로 한다. 그러나 보험자는 그 사실을 안 때까지의 보험료를 청구할 수 있다.

제670조 [기평가보험] 당사자간에 보험가액을 정한 때에는 그 가격은 사고발생시의 가액으로 정한 것으로 추정한다. 그러나 가액이 사고발생시의 가액을 현저하게 초과한 때에는 사고발생시의 가액을 보험가액으로 한다.

제671조 [미평가보험] 당사자간에 보험가액을 정하지 아니한 때에는 사고발생시의 가액을 보험가액으로 한다.

제672조 [중복보험] ① 동일한 보험계약의 목적과 동일한 사고에 관하여 수 개의 보험계약이 동시에 또는 순차로 체결된 경우에 그 보험금액의 총액이 보험가액을 초과한 때에는 보험자는 각자의 보험금액의 한도에서 연대책임을 진다. 이 경우에는 각 보험자의 보상책임은

각자의 보험금액의 비율에 따른다.
② 동일한 보험계약의 목적과 동일한 사고에 관하여 수 개의 보험계약을 체결하는 경우에는 보험계약자는 각 보험자에 대하여 각 보험계약의 내용을 통지하여야 한다.
③ 제669조 제4항의 규정은 제1항의 보험계약에 준용한다.

제673조 [중복보험과 보험자 1인에 대한 권리포기] 전항의 규정에 의한 수 개의 보험계약을 체결한 경우에 보험자 1인에 대한 권리의 포기는 다른 보험자의 권리의무에 영향을 미치지 아니한다.

제674조 [일부보험] 보험가액의 일부를 보험에 붙인 경우에는 보험자는 보험금액의 보험가액에 대한 비율에 따라 보상할 책임을 진다. 그러나 당사자간에 다른 약정이 있는 때에는 보험자는 보험금액의 한도 내에서 그 손해를 보상할 책임을 진다.

제675조 [사고발생 후의 목적멸실과 보상책임] 보험의 목적에 관하여 보험자가 부담할 손해가 생긴 경우에는 그 후 그 목적이 보험자가 부담하지 아니하는 보험사고의 발생으로 인하여 멸실된 때에도 보험자는 이미 생긴 손해를 보상할 책임을 면하지 못한다.

제676조 [손해액의 산정기준] ① 보험자가 보상할 손해액은 그 손해가 발생한 때와 곳의 가액에 의하여 산정한다. 그러나 당사자간에 다른 약정이 있는 때에는 그 신품가액에 의하여 손해액을 산정할 수 있다.
② 제1항의 손해액의 산정에 관한 비용은 보험자의 부담으로 한다.

제677조 [보험료체납과 보상액의 공제] 보험자가 손해를 보상할 경우에 보험료의 지급을 받지 아니한 잔액이 있으면 그 지급기일이 도래하지 아니한 때라도 보상할 금액에서 이를 공제할 수 있다.

제678조 [보험자의 면책사유] 보험의 목적의 성질, 하자 또는 자연소모로 인한 손해는 보험자가 이를 보상할 책임이 없다.

제679조 [보험목적의 양도] ① 피보험자가 보험의 목적을 양도한 때에는 양수인은 보험계약상의 권리와 의무를 승계한 것으로 추정한다.
② 제1항의 경우에 보험의 목적의 양도인 또는 양수인은 보험자에 대하여 지체 없이 그 사유를 통지하여야 한다.

제680조 [손해방지의무] ① 보험계약자와 피보험자는 손해의 방지와 경감을 위하여 노력하여야 한다. 그러나 이를 위하여 필요 또는 유익하였던 비용과 보상액이 보험금액을 초과한 경우라도 보험자가 이를 부담한다.

② 삭제

제681조 [보험목적에 관한 보험대위] 보험의 목적의 전부가 멸실한 경우에 보험금액의 전부를 지급한 보험자는 그 목적에 대한 피보험자의 권리를 취득한다. 그러나 보험가액의 일부를 보험에 붙인 경우에는 보험자가 취득할 권리는 보험금액의 보험가액에 대한 비율에 따라 이를 정한다.

제682조 [제 3 자에 대한 보험대위] 손해가 제3자의 행위로 인하여 생긴 경우에 보험금액을 지급한 보험자는 그 지급한 금액의 한도에서 그 제3자에 대한 보험계약자 또는 피보험자의 권리를 취득한다. 그러나 보험자가 보상할 보험금액의 일부를 지급한 때에는 피보험자의 권리를 해하지 아니하는 범위 내에서 그 권리를 행사할 수 있다.

제 2 절 화재보험

제683조 [화재보험자의 책임] 화재보험계약의 보험자는 화재로 인하여 생길 손해를 보상할 책임이 있다.

제684조 [소방 등의 조치로 인한 손해의 보상] 보험자는 화재의 소방 또는 손해의 감소에 필요한 조치로 인하여 생간 손해를 배상할 책임이 있다.

제685조 [화재보험증권] 화재보험증권에는 제666조에 게기한 사항 외에 다음의 사항을 기재하여야 한다.
1. 건물의 보험의 목적으로 한 때에는 그 소재지, 구조와 용도
2. 동물을 보험의 목적으로 한 때에는 그 존치한 장소의 상태와 용도
3. 보험가액을 정한 때에는 그 가액

제686조 [집합보험의 목적] 집합된 물건을 일괄하여 보험의 목적으로 한 때에는 피보험자의 가족과 사용인의 물건도 보험의 목적에 포함된 것으로 한다. 이 경우에는 그 보험은 그 가족 또는 사용인을 위하여서도 체결한 것으로 본다.

제687조 [同前] 집합된 물건을 일괄하여 보험의 목적으로 한 때에는 그 목적에 속한 물건이 보험기간 중에 수시로 대체된 경우에도 보험사고의 발생시에 현존한 물건은 보험이 목적에 포함된 것으로 한다.

제 3 절 운송보험

제688조 [운송보험자의 책임] 운송보험계약의 보험자는 다른 약정이 없으면 운송인이 운송

물을 수령한 때로부터 수하인에게 인도할 때까지 생길 손해를 보상할 책임이 있다.

제689조 [운송보험의 보험가액] ① 운송물의 보험에 있어서는 발송한 때와 곳의 가액과 도착지까지의 운임 기타의 비용을 보험가액으로 한다.
② 운송물의 도착으로 인하여 얻을 이익을 약정이 있는 때에 한하여 보험가액 중에 산입한다.

제690조 [운송보험증권] 운송보험증권에는 제666조에 게기한 사항 외에 다음의 사항을 기재하여야 한다.
1. 운송의 노순과 방법
2. 운송인의 주소와 성명 또는 상호
3. 운송물의 수령과 인도의 장소
4. 운송기간을 정한 때에는 그 기간
5. 보험가액을 정한 때에는 그 가액

제691조 [운송의 중지나 변경과 계약효력] 보험계약은 다른 약정이 없으면 운송의 필요에 의하여 일시운송을 중지하거나 운송의 노선 또는 방법을 변경한 경우에도 그 효력을 잃지 아니한다.

제692조 [운송보조자의 고의, 중과실과 보험자의 면책] 보험사고가 송하인 또는 수하인의 고의 또는 중대한 과실로 인하여 발생한 때에는 보험자는 이로 인하여 생긴 손해를 보상할 책임이 없다.

제 4 절 해상보험

제693조 [해상보험자의 책임] 해상보험계약의 보험자는 항해사업에 관한 사고로 인하여 생길 손해를 보상할 책임이 있다.

제694조 [공동해손분담액의 보상] 보험자는 피보험자가 지급할 공동해손의 분담액을 보상할 책임이 있다. 그러나 보험의 목적의 공동해손분담가액이 보험가액을 초과할 때에는 그 초과액에 대한 분담액은 보상하지 아니한다.

제694조의 2 [구조료의 보상] 보험자는 피보험자가 보험사고로 인하여 발생하는 손해를 방지하기 위하여 지급할 구조료를 보상할 책임이 있다. 그러나 보험의 목적물의 구조료 분담가액이 보험가액을 초과할 때에는 그 초과액에 대한 분담액은 보상하지 아니한다.

제694조의 3 [특별비용의 보상] 보험자는 보험의 목적의 안전이나 보존을 위하여 지급할 특별비용을 보험금액의 한도 내에서 보상할 책임이 있다.

제695조 [해상보험증권] 해상보험증권에는 제666조에 게기한 사항 외에 다음의 사항을 기재하여야 한다.

1. 선박을 보험에 붙인 경우에는 그 선박의 명칭, 국적과 종류 및 항해의 범위
2. 적하를 보험에 붙인 경우에는 선박의 명칭, 국적과 종류, 선적항, 양륙항 및 출하지와 도착지를 정한 때에는 그 지명
3. 보험가액을 정한 때에는 그 가액

제696조 [선박보험의 보험가액과 보험목적] ① 선박의 보험에 있어서는 보험자의 책임이 개시될 때의 선박가액을 보험가액으로 한다.
② 제1항의 경우에는 선박의 속구 · 연료 · 양식, 기타 항해에 필요한 모든 물건은 보험의 목전에 포함된 것으로 본다.

제697조 [적하보험의 보험가액] 적하의 보험에 있어서는 선적한 때와 곳의 적하의 가액과 선적 및 보험에 관한 비용을 보험가액으로 한다.

제698조 [희망이익보험의 보험가액] 적하의 도착으로 인하여 얻을 이익 또는 보수의 보험에 있어서는 계약으로 보험가액을 정하지 아니한 때에는 보험금액을 보험가액으로 한 것으로 추정한다.

제699조 [해상보험의 보험기간의 개시] ① 항해단위로 선박을 보험에 붙인 경우에는 보험기간은 *荷物* 또는 *底荷*의 선적에 착수한 때에 개시한다.
② 적하를 보험에 붙인 경우에는 보험기간은 *荷物*의 선적에 착수한 때에 개시한다. 그러나 출하지를 정한 경우에는 그곳에서 운송에 착수한 때에 개시한다.
③ *荷物* 또는 *底荷*의 선적에 착수한 후에 제1항 또는 제2항의 규정에 의한 보험계약이 체결된 경우에는 보험기간은 계약이 성립한 때에 개시한다.

제700조 [해상보험의 보험기간의 종료] 보험기간은 제699조 제1항의 경우에는 도착항에서 *荷物* 또는 *底荷*를 양륙한 때에, 동조 제2항의 경우에는 양륙항 또는 도착지에서 *荷物*을 인도한 때에 종료한다. 그러나 불가항력으로 인하지 아니하고 양륙이 지연된 때에는 그 양륙이 보통 종료될 때에 종료된 것으로 한다.

제701조 [항해변경의 효과] ① 선박이 보험계약에 정하여진 발항항이 아닌 다른 항에서 출항한 때에는 보험자는 책임을 지지 아니한다.
② 선박이 보험계약에서 정하여진 도착항이 아닌 다른 항을 향하여 출항한 때에는 제1항의 경우와 같다.
③ 보험자의 책임이 개시된 후에 보험계약에서 정하여진 도착항이 변경된 경우에는 보험자는 그 항해의 변경이 있는 때부터 책임을 지지 아니한다.

제701조의 2 [이　　로] 선박이 정당한 사유없이 보험계약에서 정하여진 항로를 이탈한 경우에는 보험자는 그 때부터 책임을 지지 아니한다. 선박이 손해발생전에 원항로로 돌아온 경우에도 같다.

제702조 [발항 또는 항해의 지연의 효과] 피보험자가 정당한 사유없이 발항 또는 항해를 지연한 때에는 보험자는 발항 또는 항해를 지체한 이후의 사고에 대하여 책임을 지지 아니한다.

제703조 [선박변경의 효과] 적하를 보험에 붙인 경우에 보험계약자 또는 피보험자의 책임있는 사유로 인하여 선박을 변경한 때에는 보험자는 그 변경 후의 사고에 대하여 책임을 지지 아니한다.

제703조의 2 [선박의 양도 등의 효과] 선박을 보험에 붙인 경우에 다음의 사유가 있을 때에는 보험계약은 종료한다. 그러나 보험자의 동의가 있는 때에는 그러하지 아니하다.
1. 선박을 양도한 때
2. 선박의 선급을 변경한 때
3. 선박을 새로운 관리로 옮긴 때

제704조 [선박미확정의 적하예정보험] ① 보험계약의 체결 당시에 荷物을 적재할 선박을 지정하지 아니한 경우에 보험계약자 또는 피보험자가 그 荷物이 선적되었음을 안 때에는 지체 없이 보험자에 대하여 그 선박의 명칭, 국적과 荷物의 종류, 수량과 가액의 통지를 발송하여야 한다.
② 제1항의 통지를 해태한 때에 보험자는 그 사실을 안 날로부터 1월 내에 계약을 해지할 수 있다.

제705조 [선장변경의 효과]
〈삭　제〉

제706조 [해상보험자의 면책사유] 보험자는 다음의 손해와 비용을 보상할 책임이 있다.
1. 선박 또는 운임을 보험에 붙인 경우에는 발항 당시 안전하게 항해를 하기에 필요한 준비를 하지 아니하거나 필요한 서류를 비치하지 아니함으로 인하여 생긴 손해
2. 적하를 보험에 붙인 경우에는 용선자, 송하인, 또는 수하인의 고의 또는 중대한 과실로 인하여 생긴 손해
3. 導船料, 입항료, 등대료, 검역료, 기타 선박 또는 적하에 관한 항해중의 통상비용

제707조 [소액의 손해나 비용에 대한 면책]
〈삭　제〉

제707조의 2 [선박의 일부손해의 보상] ① 선박의 일부가 훼손되어 그 훼손된 부분의 전부를 수선한 경우에는 보험자는 수선에 따른 비용을 1회의 사고에 대하여 보험금액을 한도로 보상할 책임이 있다.
② 선박의 일부가 훼손되어 그 훼손된 부분의 일부를 수선한 경우에는 보험자는 수선에 따른 비용과 수선하지 아니함으로써 생긴 감가액을 보상할 책임이 있다.
③ 선박의 일부가 훼손되었거나 이를 수선하지 아니한 경우에는 보험자는 그로 인한 감가액을 보상할 책임이 있다.

제708조 [적하의 일부손해의 보상] 보험의 목적인 적하가 훼손되어 양륙항에 도착한 때에는 보험자는 그 훼손된 상태의 가액과 훼손되지 아니한 상태의 가액과의 비율에 따라 보험가액의 일부에 대한 손해를 보상할 책임이 있다.

제709조 [적하매각으로 인한 손해의 보상] ① 항해 도중에 불가항력으로 보험의 목적인 적하를 매각한 때에는 보험자는 그 대금에서 운임, 기타 필요한 비용을 제외한 금액과 보험가액과의 차액을 보상하여야 한다.
② 제1항의 경우에 매수인이 대금을 지급하지 아니한 때에는 보험자는 그 금액을 지급하여야 한다. 보험자가 그 금액을 지급한 때에는 피보험자의 매수인에 대한 권리를 취득한다.

제710조 [보험위부의 원인] 다음의 경우에는 피보험자는 보험의 목적을 보험자에게 위부하고 그 보험금액의 전부를 청구할 수 있다.
1. 피보험자가 보험사고로 인하여 자기의 선박 또는 적하의 점유를 상실하여 이를 회복할 가능성이 없거나 회복하기 위한 비용이 회복하였을 때의 가액을 초과하리라고 예상될 경우
2. 선박이 보험사고로 인하여 심하게 훼손되어 이를 수선하기 위한 비용이 수선하였을 때의 가액을 초과하리라고 예상될 경우
3. 적하가 보험사고로 인하여 심하게 훼손되어서 이를 수선하기 위한 비용과 그 적하를 목적지까지 운송하기 위한 비용과의 합계액이 도착하는 때의 적하의 가액을 초과하리라고 상상될 경우

제711조 [선박의 행방불명] ① 선박의 존부가 2월간 분명하지 아니한 때에는 그 선박의 행방이 불명한 것으로 본다.
② 제1항의 경우에는 전손으로 추정한다.

제712조 [대선에 의한 운송의 계속과 위부권의 소멸] 제710조 제3호의 경우에 선장이 지체 없이 다른 선박으로 적하의 운송을 계속한 때에는 피보험자는 그 적하를 위부할 수 없다.

제713조 [위부의 통지] ① 피보험자가 위부를 하고자 할 때에는 상당한 기간 내에 보험자에 대하여 그 통지를 발송하여야 한다.
② 삭제

제714조 [위부권행사의 요건] ① 위부는 무조건이어야 한다.
② 위부는 보험의 목적의 전부에 대하여 이를 하여야 한다. 그러나 위부의 원인이 그 일부에 대하여 생긴 때에는 그 부분에 대하여서만 이를 할 수 있다.
③ 보험가액의 일부를 보험에 붙인 경우에는 위부는 보험금액의 보험가액에 대한 비율에 따라서만 이를 할 수 있다.

제715조 [다른 보험계약 등에 관한 통지] ① 피보험자가 위부를 함에 있어서는 보험자에 대하여 보험의 목적에 관한 다른 보험계약과 그 부담에 속한 채무의 유무와 그 종류 및 내용을 통지하여야 한다.
② 보험자는 제1항의 통지를 받을 때까지 보험금액의 지급을 거부할 수 있다.
③ 보험금액의 지급에 관한 기간의 약정이 있는 때에는 그 기간은 제1항의 통지를 받은 날로부터 기산한다.

제716조 [위부의 승인] 보험자가 위부를 승인한 후에는 그 위부에 대하여 이의를 하지 못한다.

제717조 [위부의 불승인] 보험자가 위부를 승인하지 아니한 때에는 피보험자는 위부의 원인을 증명하지 아니하면 보험금액의 지급을 청구하지 못한다.

제718조 [위부의 효과] ① 보험자는 위부로 인하여 그 보험의 목적에 관한 피보험자의 모든 권리를 취득한다.
② 피보험자가 위부를 한 때에는 보험의 목적에 관한 모든 서류를 피보험자에게 교부하여야 한다.

제5절 책임보험

제719조 [책임보험자의 책임] 책임보험계약의 보험자는 피보험자가 보험기간중의 사고로 인하여 제3자에게 배상할 책임을 진 경우에는 이를 보상할 책임이 있다.

제720조 [피보험자가 지출한 방어비용의 부담] ① 피보험자가 제3자의 청구를 방어하기 위하여 지출한 재판상 또는 재판 외의 필요비용은 보험의 목적에 포함된 것으로 한다. 피보험자는 보험자에 대하여 그 비용의 지급을 청구할 수 있다.
② 피보험자가 담보의 제공 또는 공탁으로서 재판의 집행을 면할 수 있는 경우에는 보험자에 대하여 보험금액의 한도 내에서 그 부보의 제공 또는 공탁을 청구할 수 있다.
③ 제1항 또는 제2항의 행위가 보험자의 지시에 의한 것인 경우에는 그 금액의 손해액을 가산한 금액이 보험금액을 초과하는 때에는 보험자가 이를 부담하여야 한다.

제721조 [영업책임보험의 목적] 피보험자가 운영하는 사업에 관한 책임을 보험의 목적으로 한 때에는 피보험자의 대리인 또는 그 사업감독자의 제3자에 대한 책임도 보험의 목적에 포함된 것으로 한다.

제722조 [피보험자의 사고통지의무] 피보험자가 제3자로부터 배상의 청구를 받은 때에는 지체 없이 보험자에게 그 통지를 발송하여야 한다.

제723조 [피보험자의 변제 등의 통지와 보험금액의 지급] ① 피보험자가 제3자에 대하여 변제 · 승인 · 화해 또는 재판으로 인하여 채무가 확정된 때에는 지체 없이 보험자에게 그 통지를 하여야 한다.
② 보험자는 특별한 기간의 약정이 없으면 전항의 통지를 받은 날로부터 10일 내에 보험금액을 지급하여야 한다.
③ 피보험자가 보험자의 동의없이 제3자에 대하여 변제 · 승인 또는 화해를 한 경우에는 보험자가 그 책임을 면하게 되는 합의가 있는 때에도 그 행위가 현저하게 부당한 것이 아니면 보험자는 보상할 책임을 면하지 못한다.

제724조 [보험자와 제 3 자와의 관계] ① 보험자는 피보험자가 책임을 질 사고로 인하여 생긴 손해에 대하여 제3자가 그 배상을 받기 전에는 보험금액의 전부 또는 일부를 피보험자에게 지급하지 못한다.
② 제2자는 피보험자가 책임을 질 사고로 입은 손해에 대하여 보험금액의 한도 내에서 보험자에게 직접 배상을 청구할 수 있다. 그러나 보험자는 피보험자가 그 사고에 관하여 가지는 항변으로써 제3자에게 대항할 수 있다.
③ 보험자가 제2항의 규정에 의한 청구를 받은 때에는 지체 없이 피보험자에게 이를 통지하여야 한다.
④ 제2항의 경우에 피보험자는 보험자의 요구가 있을 때에는 필요한 서류 · 증거의 제출, 증언 또는 증인의 출석에 협조하여야 한다.

제725조 [보관자의 책임보험] 임차인 기타 타인의 물건을 보관하는 자가 그 지급할 손해배상을 위하여 그 물건을 보험에 붙인 경우에는 그 물건의 소유자는 보험자에 대하여 직접 그 손해의 보상을 청구할 수 있다.

제725조의 2 [수 개의 책임보험] 피보험자가 동일한 사고로 제3자에게 배상책임을 짐으로써 입은 손해를 보상하는 수 개의 책임보험계약이 동시 또는 순차로 체결된 경우에 그 보험금액이 피보험자의 제3자에 대한 손해배상액을 초과하는 때에는 제672조와 제673조의 규정을 준용한다.

제726조 [재보험에의 적용] 이 절의 규정은 재보험계약에 준용한다.

제 6 절 자동차보험

제726조의 2 [자동차보험자의 책임] 자동차보험계약의 보험자는 피보험자가 자동차를 소유 · 사용 또는 관리하는 동안에 발생한 사고로 인하여 생긴 손해를 보상할 책임이 있다.

제726조의 3 [자동차보험증권] 자동차보험증권에는 제666조에 게기한 사항 외에 다음의 사항을 기재하여야 한다.
1. 자동차소유자와 그 밖의 보험자의 성명과 생년월일 또는 상호
2. 피보험자동차의 등록번호, 차대번호, 차형연식, 기계장치
3. 차량가액을 정한 때에는 그 가액

제726조의 4 [자동차의 양도] ① 피보험자가 보험기간중에 자동차를 양도한 때에는 양수인은 보험자의 승인을 얻은 경우에 한하여 보험계약으로 인하여 생긴 권리와 의무를 승계한다.
② 보험자가 양수인으로부터 양수사실을 통지받은 때에는 지체 없이 낙부를 통지하여야 하고 통지받은 날부터 10일 내에 낙부의 통지가 없을 때에는 승낙한 것으로 본다.

제 3 장 인 보 험

제 1 절 통 칙

제727조 [인보험자의 책임] 인보험계약의 보험자는 생명 또는 신체에 관하여 보험사고가 생길 경우에 보험계약의 정하는 바에 따라 보험금액 기타의 급여를 할 책임이 있다.

제728조 [인보험증권] 인보험증권에는 제666조에 게기한 사항 외에 다음의 사항을 기재하여야 한다.
1. 보험계약의 종류
2. 피보험자의 주소 · 성명 및 생년월일
3. 보험수익자를 정한 때에는 그 주소 · 성명 및 생년월일

제729조 [제 3 자에 대한 보험대위의 금지] 보험자는 보험사고로 인하여 생긴 보험계약자 또는 보험수익자의 제 3 자에 대한 권리를 대위하여 행사하지 못한다. 그러나 상해보험계약의 경우에 당사자간에 다른 약정이 있는 때에는 보험자는 피보험자의 권리를 해하지 아니하는 범위 안에서 그 권리를 대위하여 사용할 수 있다.

제 2 절 생명보험

제730조 [생명보험자의 책임] 생명보험계약의 보험자는 피보험자의 생명에 관한 보험사고가 생길 경우에 약정한 보험금액을 지급할 책임이 있다.

제731조 [타인의 생명의 보험] ① 타인의 사망을 보험사고로 하는 보험계약에는 보험계약 체결시에 그 타인의 서면에 의한 동의를 얻어야 한다.
② 보험계약으로 인하여 생긴 권리를 피보험자가 아닌 자에게 양도하는 경우에도 제1항과 같다.

제732조 [15세 미만자 등에 대한 계약의 금지] 15세 미만자, 심신상실자 또는 심신박약자의 사망을 보험사고로 한 보험계약은 무효로 한다.

제732조의 2 [중과실로 인한 보험사고] 사망을 보험사고로 한 보험계약에는 사고가 보험계약자 또는 피보험자나 보험수익자의 중대한 과실로 인하여 생긴 경우에도 보험자는 보험금액을 지급할 책임을 면하지 못한다.

제733조 [보험수익자의 지정 또는 변경의 권리] ① 보험계약자는 보험수익자를 지정 또는 변경할 권리가 있다.
② 보험계약자가 제1항의 지정권을 행사하지 아니하고 사망한 때에는 피보험자를 보험수익자로 하고 보험계약자가 제1항의 변경권을 행사하지 아니하고 사망한 때에는 보험수익자의 권리가 확정된다. 그러나 보험계약자가 사망한 경우에는 그 승계인이 제1항의 권리를 사용할 수 있다는 약정이 있는 때에는 그러하지 아니하다.
③ 보험수익자가 보험존속중에 사망한 때에는 보험계약자는 다시 보험수익자를 지정할 수 있다. 이 경우에 보험계약자가 지정권을 사용하지 아니하고 사망한 때에는 보험수익자의 상속인을 보험수익자로 한다.
④ 보험계약자가 제2항과 제3항의 지정권을 사용하기 전에 보험사고가 생긴 경우에는 피보험자 또는 보험수익자의 상속인을 보험수익자로 한다.

제734조 [보험수익자지정권 등의 통지] ① 보험계약자가 계약체결 후에 보험수익자를 지정 또는 변경할 때에는 보험자에 대하여 그 통지를 하지 아니하면 이로써 보험자에게 대항하지 못한다.
② 제731조 제1항의 규정은 제1항의 지정 또는 변경에 준용한다.

제735조 [양노보험] 피보험자의 사망을 보험사고로 한 보험계약에는 사고의 발생없이 보험기간이 종료한 때에도 보험금액을 지급할 것을 약정할 수 있다.

제735조의 2 [연금보험] 생명보험계약의 보험자는 피보험자의 생명에 관한 보험사고가 생긴 때에 약정에 따라 보험금액을 연금으로 분할하여 지급할 수 있다.

제735조의 3 [단체보험] ① 단체가 규약에 따라 구성원의 전부 또는 일부를 피보험자로 하는 생명보험계약을 체결하는 경우에는 제731조를 적용하지 아니한다.
② 제1항의 보험계약이 체결된 때에는 보험자는 보험계약자에 대해서만 보험증권을 교부한다.

제736조 [보험적립금반환의무 등] ① 제649조 내지 제665조의 규정에 의하여 보험계약이 해지된 때, 제660조의 규정에 의하여 보험금액의 지급책임이 면제된 때에는 보험자는 보험수익자를 위하여 적립한 금액을 보험계약자에게 지급하여야 한다. 그러나 다른 약정이 없으며 제659조 제1항의 보험사고가 보험계약자에 의하여 생긴 경우에는 그러하지 아니하다.

제3절 상해보험

제737조 [상해보험자의 책임] 상해보험계약의 보험자는 신체의 상해에 관한 보험사고가 생길 경우에 보험금액 기타의 급여를 할 책임이 있다.

제738조 [상해보험증권] 상해보험의 경우에 피보험자와 보험계약자가 동일인이 아닐 때에는 그 보험증권 기재사항중 제728조 제2호에 게기한 사항에 갈음하여 피보험자의 직무 또는 직위만을 기재할 수 있다.

제739조 [준용규정] 상해보험에 관하여는 제732조를 제외하고 생명보험에 관한 규정을 준용한다.

참고문헌

국내문헌

구종순, 「무역실무」(제 6 판), 박영사, 2015.
권 오, 「국제무역보험론」(개정판), 두남, 2009.
김동훈, 「보험론」(제 4 판), 학현사, 2011.
김성욱, 「해상보험」, 박영사, 1992.
김정수, 「해상보험론」(제 3 판), 박영사, 2003.
김준헌 외, 「신해상보험론」, 법문사, 1994.
박세민, 「보험법」, 박영사, 2011.
박용섭, 「해상법론」(개정판), 형설출판사, 1998.
방갑수, 「최신보험학」(제 5 전정판), 박영사, 1999.
송일(역), 「위험관리론」, 법문사, 1989.
송상현 · 김현, 「해상법원론」(제 4 판), 박영사, 2008.
서동희, 「실무해상법해상보험법」, 법문사, 2007.
신윤부, 「해상재보험」, 삼화출판사, 1980.
심재두, 「해상보험법」, 지산, 2001.
양승규, 「보험법」(제 3 판), 삼지원, 2000.
______, 「보험법 · 해상법」, 법문사, 1982.
오시학 · 박종삼, 「해상보험론」, 두남, 2008.
유기준 · 송대원, 「해상보험판례연구」(제 2 판), 박영사, 2009.
윤민현(역), 「P&I 개론」, 한국해사문제연구소, 1994.
이경룡, 「보험학원론」, 영지문화사, 2002.
이기수 · 최병규 · 김인현, 「보험 · 해상법」(제 8 판), 박영사, 2008.
이기태, 「해상보험」, 법문사, 1992.
이상선,「신선박보험약관해설」, 보험연수원, 1983.
이시환, 「해상적하보험약관론」, 두남, 2010.

이은섭, 「해상보험론」(제3판), 신영사, 1997.
이재복 · 허 연 · 박영섭 · 윤민현, 「해상보험과 리스크 관리」, 박영사, 2009.
장덕조, 「보험법」, 법문사, 2011.
정찬형, 「상법강의(하)」, 박영사, 2009.
조해균, 「최신보험경영론」(전정판), 박영사, 2000.
최기원, 「보험법」(제3판), 박영사, 2002.
한낙현 · 박영배, 「해상운송과 해상적하보험」, 두남, 2009.
한철 · 정상근, 「보험법 · 해상법」, 형설출판사, 2007.
현대해상(주), 「해상적하보험실무」, 1998.
______, 「업무매뉴얼」, 1998.

국외문헌

Baglini, Norman A., *Global Risk Management*, New York: Risk Management Society Publishing Co., 1983.

Bennett, Howard N., *The Law of Marine Insurance*(2nd ed.), Oxford: Oceana Pubns, 2007.

Bickelhaupt, David L., *General Insurance*(11th ed.), Homewood, Illinois: Richard D. Irwin, 1990.

Bird, J., *Modern Insurance Law*(3rd ed.), London: Sweet and Maxwell, 1993.

Brown, Robert H., *Analysis of Marine Insurance Clause*, London: Witherby & Co., Ltd., 1982.

______, *Marine Insurance vol. 1–Principles & Basic Practice*(6th ed.), London: Witherby & Co., Ltd., 1998.

______, *Marine Insurance vol.2–Cargo Practice*(4th ed.), London: Witherby & Co., Ltd., 1985.

______, *Marine Insurance vol.3–Hull Practice*, London: Witherby & Co., Ltd., 1975.

Buglass, Leslie J., *Marine Insurance and General Average in the United States*(3rd ed.), Cambridge: Cornell Maritime Press, 1991.

Chalmers, M. D., *Chalmer's Marine Insurance Act 1906*(10th ed.), London: Butterworths, 1993.

Colinvaux, Raoul, *The Law of Insurance*(4th ed.), London: Sweet & Maxwell, 1979.

Crane, Frederick G., *Insurance: Principle and Practices*(2nd ed.), New York: John Wiley and Sons, 1984.

Dickson, Gordon C. A. and Steele, John T., *Principles and Practice of Insurance*, London: The CII Tuition Service, 1981.

Dorfman, Mask S., *Introduction to Risk Management & Insurance*(10th ed.), New Jersey: Prentice-Hall, 2010.

Dover, Victor, Revised by R. H. Brown, *A Handbook to Marine Insurance*(8th ed.), London: Witherby & Co., Ltd., 1982.

Duer, John, *The Law Practice of Marine Insurance: Deduced from a Critical Examination of the Adjudged Cases*, New Jersey: Lawbook Exchange Ltd., 2007.

Dunt, John, *Marine Cargo Insurance*, New York: Int' l Specialized Book Service.

Goodacre J. Kenneth, *Marine Insurance Claims*(2nd ed.), London: Witherby & Co., Ltd., 1981.

Greene, Mark R., *Risk and Insurance*(4th ed.), Cincinnati: South-Western Publishing Co., 1977.

Greene, Mark R. and Serbein, Oscar N., *Risk Management, Text and Cases*, Reston, Virginia: Reston Publishing Co., 1983.

Hazelwood, S. J., *P&I Clubs: Law and Practice*, London: Lloyd's of London Press, Ltd., 1989.

Head, George L., *The Risk Management Process*, New York: Risk and Insurance Management Society, 1994.

Hodges, Suan, *Law of Marine Insurance*, London: Cavendish, 1996.

Hodgin, Ray, *Insurance Law: Text and materials*, London: Cavendish, 1998.

Hudson, N. Geoffrey, Madge, Tim, *Marine Insurance Clauses*, New York: Int' l Specialized Book Service Inc., 2005.

Ivamy, E. R. Hardy, *Chalmer' s Marine Insurance Act 1906*, London: Butterworths, 1993.

______, *Marine Insurance*(4th ed.), London: Butterworths, 1985.

______, *Carriage of Goods by Sea*, London: Butterworths, 1985.

Jagoe, John R., *Export Sales & Marketing Manual 2009*, New York: Export Inst., 2009.

Jervis Barrie, *Reeds Marine Insurance*, London: Adlard Coles Nautical, 2005.

Lambeth, R. J., *Templeman on Marine Insurance*, 6th ed., London: Pitman, 1986.

Martin, Frederick, *The History of Lloyd's and of Marine Insurance in Great Britain*, New Jersey: The Lawbook Exchange, Ltd., 2004.

Mehr, Robert I. and Cammack, Emerson, *Principles of Insurance*(7th ed.), Homewood, Illinois: Richard D. Irwin, 1980.

Mowbray, Albert H., Blanchard, Ralph H., and Williams, C. Arthur, *Insurance*(6th

ed.), New York: McGraw-Hill, 1969.

Mustill, Michael J. and Gilman, Jonathan C. B., *Arnould's Law of Marine Insurance and Average*, Vol. Ⅰ·Ⅱ, 16th ed., London: Stevens & Sons, 1981.

Nihaus, Gregory R., *Insurance and Risk Management*, New York: Edward Elgar, 2008.

Noussia, Kyriaki, *Principle of Indemnity in Marine Insurance Contracts: A Comparative Approach*, London: Springer, 2007.

O' May, Donald, *Marine Insurance: Law and Practice*, London: Sweet & Maxwell, 1993.

Park, James Allan, *A System of The Lae of Marine Insurance*, New Jersey: Lawbook Exchange Ltd., 2005.

Rejda, George E., *Principles of Risk Management and Insurance*(11th ed.), New York: Pearson Addison Wesley, 2011.

Rose, F. D., *General Average: Law and practice*, London: Lloyd' s of London Press Ltd., 1997.

Schmitthoff, Clive M., *Schmitthoff's Export Trade*, 10th ed., London: Stevens & Sons, 2000.

Soyer, Baris, *Warranties in Marine Insurance*, London: Routledge, 2007.

_______, *Reforming Marine and Commercial Insurance Law*, New York: Int' l Specialized Book Service Inc., 2008.

Tetley, William, *Marine Cargo Claims*, Toronto: Butterworths, 1978.

Thomas, D. Rhidian, *The Modern Law of Marine Insurance*, New York: Int' l Specialized Book Service Inc., 2010.

Trieschmann, James S., Hoyt, Robert E. and Sommer, David W., *Risk Management & Insurance*(12th ed.), Thomson, South-Western, 2005.

Walker, Alexander G., *Export Practice and Documentation*, 3rd ed., London: Butterworths, 1987.

Williams, C. Arthur and Heins, Robert M., *Risk Management and Insurance*(8th ed.), New York: McGraw-Hill, 1998.

York, H. Kenneth and Whlean, John W., *Insurance Law*, St. Paul, Minnesota: West Publishing Co., 1982.

영문 찾아보기

D

E

F

G

H

I

N

O

P

Q

R

국문 찾아보기

ㅎ

저자약력

구종순(具鍾淳) jskoo@cnu.ac.kr

서강대학교 경상대학 졸업
서강대학교 대학원 무역학과 졸업(경영학 석사)
고려대학교 대학원 무역학과 졸업(경영학 박사)
한남대학교 무역학과 조교수 역임
행정고시 · 관세사 출제위원 역임
콜로라도대학교 방문교수 역임
Fulbright Senior Research Scholar
대한상사중재원 중재인 역임
한국해운물류학회 회장 역임
현) 충남대학교 무역학과 명예교수

저서

「무역개론」, 유원북스
「무역실무」, 박영사
「무역대금결제론」, 박영사 외 다수

제 7 판
해상보험

저　자 | 구종순
발행인 | 이구만
발행처 | 유원북스 도서출판

04091 서울특별시 마포구 토정로 222, 416호
(신수동) 한국출판콘텐츠센터
TEL (02)593-1800 Fax (02)593-1801
www.uwonbooks.com uwbooks.daum.net
출판등록 2011. 9. 6 제25100-2012-3호

제7판 발행 | 2023. 2. 10.
제6판 인쇄 | 2016. 2. 20.
초 판 발행 | 1995. 8. 30.

ISBN 979-11-6288-163-7 93320

정가 | 36,000원